Francisco Zeferino Gonzalez, C.F. Noste

Die Philosophie des heiligen Thomas von Aquin

Francisco Zeferino Gonzalez, C.F. Noste

Die Philosophie des heiligen Thomas von Aquin

ISBN/EAN: 9783741167195

Hergestellt in Europa, USA, Kanada, Australien, Japan

Cover: Foto ©Lupo / pixelio.de

Manufactured and distributed by brebook publishing software (www.brebook.com)

Francisco Zeferino Gonzalez, C.F. Noste

Die Philosophie des heiligen Thomas von Aquin

Die Philosophie

des heiligen Thomas von Aquin.

Dargestellt

von

Franz Zephyrinus Gonzalez,

Cardinal-Erzbischof von Sevilla in Spanien, vormals Professor der Philosophie und Theologie zu
Manila auf den Philippinen, aus dem Dominikanerorden.

Mit Autorisation des Hochwürdigsten Herrn Verfassers aus dem Spanischen
übersetzt

von

C. J. Nolte,

Pfarrer.

Dritter Band.

Regensburg.
Druck und Verlag von Georg Joseph Manz.
1885.

Fünftes Buch.
Ideologie.

Erstes Kapitel.
Einleitung: Die inneren Sinne und die sensitiven Vorstellungen.

Wenn es wahr ist, daß jede Ideologie in notwendiger Beziehung zu der Theorie steht, die man über die Natur und die Vermögen oder Kräfte der Seele aufstellt: so tritt diese Wahrheit noch mehr in der Philosophie des heiligen Thomas hervor, dessen ideologisches System als eine wissenschaftliche Anwendung und eine logisch notwendige Folgerung aus seiner Psychologie angesehen werden kann. Obwohl man schon aus dem bisher Gesagten den Gedanken und die Lehre desselben über die Natur der Erkenntnisvermögen erkennen kann, wird es doch nicht überflüssig sein, uns in einige flüchtige Betrachtungen über die Existenz und die Bedingungen der Wahrnehmung seitens der Erkenntniskräfte der sensitiven Ordnung einzulassen.

Außer den fünf äußeren Sinnen nimmt der heilige Thomas vier innere Sinne an, nämlich:

1) Den Gemeinsinn (sensus communis), in welchem die äußeren Sensationen zusammenlaufen und sich vereinigen, und der die Fähigkeit besitzt, von Natur und instinktmäßig zwischen den Objekten der äußeren Sensationen zu unterscheiden, wie das z. B. der Fall ist, wenn er in den Körpern die Verschiedenheit des Weißen und des Süßen wahrnimmt. „Der Gemeinsinn," sagt der heilige

Thomas,¹) „der höher steht als der spezifische, besondere Sinn, erkennt, obwohl er ein einziges Vermögen ist, alles, was durch die fünf äußeren Sinne erkannt wird, und außerdem noch andere Dinge, die jene Sinne nicht wahrnehmen, z. B. die Verschiedenheit zwischen dem Weißen und dem Süßen." —

Die Meinung des heiligen Thomas hierüber scheint mit der des heiligen Augustin ganz übereinzustimmen, welch letzterer über diesen inneren Sinn folgendermaßen sich ausspricht:²) „Ich halte es für eine ausgemachte Sache, daß dieser innere Sinn nicht allein die Dinge, welche er von den fünf Sinnen des Körpers empfängt, wahrnimmt, sondern daß er auch diese Sinne selbst erkennt; denn sonst würden die Tiere sich nicht zu einem Dinge hinbewegen, das sie begehren, oder davor zurückweichen, wenn sie nicht erkännten, daß sie wahrnehmen, was natürlich nicht das eigentliche Wissen ist, denn dies ist allein Sache des Verstandes, sondern daß sie erkennen, daß sie sich bewegen müssen, was sie sicherlich nicht mit einem der fünf äußeren Sinne wahrnehmen oder erkennen."

2) Sich auf die Erfahrung stützend, welche uns lehrt, daß die Tiere das Vermögen besitzen, die Dinge als ihnen zuträglich oder als schädlich zu erkennen, nimmt der heilige Thomas noch einen anderen inneren Sinn an, den er facultas oder vis aestimativa (Instinkt) nennt. Das Schaf, das vor dem Wolfe flieht, zieht etwa wegen seiner Farbe, oder wegen irgend einer anderen, durch die äußeren Sinne wahrgenommenen Eigenschaft, sondern weil es diesen Gegenstand als seiner Natur zuwider oder schädlich erkennt, liefert uns ein Beispiel der Ausübung dieses inneren Sinnes. Wir haben schon früher angedeutet, daß dieses Vermögen, das bei den Tieren vis aestimativa heißt, beim Menschen den Namen vis cogitativa und ratio particularis bekommt, weil es wegen seiner Verwandtschaft und Annäherung an die ratio universalis oder den Intellekt eine gewisse Superiorität über die einfache vis aestimativa der Tiere erhält.

3) Ähnlich verhält es sich mit dem sensitiven Gedächtnis

---

¹) Sum. Theol. P. 1. Quaest. 57. art. 2: Sensus communis, qui est superior quam sensus proprius, licet sit unica potentia, omnia cognoscit, quae quinque sensibus exterioribus cognoscuntur, et quaedam alia quae nullus sensus exterior cognoscit, scilicet differentiam albi et dulcis. —
²) De Lib. Arbit. cap. 4.

(memoria), welches ebenfalls einer der inneren Sinne ist, und welches beim Menschen wegen der eben angedeuteten Superiorität reminiscentia (Erinnerung) heißt.

4) Der vierte und hauptsächlichste von den inneren Sinnen, die Thomas annimmt, ist die **Imagination** oder Einbildungskraft, Phantasie, deren Sache es ist, die Species, Bilder oder Vorstellungen der durch die anderen Sinne, sowohl die äußeren als auch die inneren, wahrgenommenen Gegenstände aufzunehmen, und die außerdem noch, wenigstens beim Menschen, die Fähigkeit besitzt, die Bilder oder Vorstellungen von zwei oder mehreren sinnlichen Gegenständen zu kombinieren, und sich auf diese Weise Dinge vorzustellen, die in der Wirklichkeit nicht existieren, und die darum imaginäre Dinge genannt werden, z. B. wenn ich die beiden sinnlichen Vorstellungen des Goldes und der Säule verbinde, stelle ich mir eine goldene Säule vor. Die Alten nannten die Imagination auch Phantasie, woher der Name „phantasmata" kommt, der sich in den scholastischen Schriften häufig findet, und der nichts anderes ist als die sinnlichen Bilder oder Vorstellungen (Phantasiebilder) der durch die Einbildungskraft wahrgenommenen Gegenstände.

Während die übrigen Sinne mit Recht passive Vermögen genannt werden können, nicht allein weil ihre Aktion von den Objekten abhängig und durch sie angeregt wird, sondern auch weil die Objekte es sind, die auf jene Sinne einwirken, welch letztere nichts weiter thun, als die Objekte oder vielmehr die Eindrücke, welche diese auf die Organe machen, wahrnehmen; erhebt sich die Imagination, ohne daß sie aus der Reihe der sensitiven Vermögen heraustritt, und obwohl sie von den rein intellektuellen Kräften noch immer ungeheuer weit absteht, dennoch weit über die übrigen Sinne, sowohl die äußeren wie die inneren Sinne. Der Grund dieser Erhabenheit und ihrer Superiorität über die übrigen Sinne liegt in ihrer Aktivität selbst, d. h. in dem Vermögen und der Fähigkeit, die sie besitzt, die verschiedenen Vorstellungen der einzelnen sinnlichen Objekte zusammenzusetzen und auseinander zu nehmen, zu vereinigen und zu trennen. Auf diese Weise ist die Imagination gerade wie der Intellekt ein aktives und passives Vermögen; und die durch die übrigen Sinne gelieferten Sensationen und Vorstellungen bilden die Elemente, an welchen sich ihre fruchtbare Aktivität ausübt und offenbart. Und diese Natur- oder Wesenheitserhabenheit und Superiorität über die anderen Sinne macht, daß die Imagination, zwischen den Sinnen und dem

Intellekte gleichsam in der Mitte stehend, imstande ist, dem Intellekte die Elemente zur Bildung des größten Teiles seiner Ideen zu liefern, wie wir später sehen werden.

Obgleich die Frage über die Anzahl der Sinne und über die Art und Weise, wie ihre Wahrnehmungen zu stande kommen, in der Ideologie des heiligen Thomas als eine sekundäre Frage betrachtet werden kann, so ist es doch angezeigt, diesen Punkt näher zu beleuchten und uns hierüber in einige Betrachtungen einzulassen, wenn auch nur zu dem Zwecke, um grobe Irrtümer zu beseitigen und Einseitigkeiten oder Fehlgriffen vorzubeugen, zu welchen die Erklärung des wahren Gedankens des heiligen Lehrers über diesen Gegenstand Veranlassung geben könnte.

Für jedermann, der über das schwierige Problem der intellektuellen Vorstellung ein wenig nachgedacht hat, muß es außer allem Zweifel sein, daß die Erkenntnis wesentlich die Vereinigung des Objektes mit dem Erkenntnisvermögen in sich schließt; und in dieser Hinsicht kann jeder Erkenntnisakt wesentlich assimilierend oder verähnlichend genannt werden. Hierüber bestand zwischen den verschiedenen philosophischen Schulen des Altertumes vollkommene Übereinstimmung. Der Atomismus des Demokrit und der absolute Spiritualismus Plato's harmonierten in diesem Punkte vollständig. Die Divergenz fing erst da an, wo es sich darum handelte, die Natur, das Mittel und die Bedingungen dieser Verähnlichung zu erklären. Hoc enim, sagt der heilige Thomas, animis omnium communiter inditum fuit, quod simile simili cognoscitur.

Auf diese Thatsache sich stützend, erklärt der heilige Lehrer die Vereinigung des äußeren Objektes mit der inneren Kraft der Sensibilität, die es wahrnimmt, mittels gewisser Abbilder oder Vorstellungen der Objekte: Vorstellungen, die von ihm sinnliche Species, species sensibiles, genannt werden, teils weil sie sich auf sinnliche und körperliche Eigenschaften und Objekte beziehen, teils weil sie sich auf singuläre Objekte beziehen zum Unterschiede von den Ideen, die vom Intellekte oder der Vernunft gebildet werden, welche einesteils immateriell sind, und sodann auch geistige und allgemeine Objekte darstellen können.

Was muß man sich nun unter diesen sinnlichen Species denken? was ist ihre wahre Natur und ihr Ursprung? Mir hat nie die Art und Weise gefallen können, wie die neuere Philosophie und auch nicht wenige Scholastiker den Gedanken des heiligen Lehrers über diese Frage dem Anscheine nach interpretiert haben, indem sie diese sinnlichen Species sich als eigentliche körperliche Bilder denken, die von den Objekten ausgehen und durch ein bestimmtes Medium zu den Sinnesorganen übergeleitet werden. Ich habe mich nie mit dem Gedanken vertraut machen können, daß die erhabene Intelligenz des heiligen Thomas zu einer seinen hohen philosophischen Principien so wenig entsprechenden und würdigen Auffassung gekommen sei. Sehen wir ihn nicht zu wiederholten Malen die Meinung des Demokrit mit allem Eifer bekämpfen, der die Sensationen mittels Ausflüsse oder Bilder, die von den Objekten ausgingen und dann die Sinne träfen und sie erregten, erklären wollte? Und ist es nicht klar, daß die auf diese Weise verstandenen sinnlichen Species den atomistischen Effluxen und materiellen Bildern des Demokrit sehr nahe kommen, wenn sie nicht sogar mit denselben ganz identisch sind?

Gewiß ist, daß es in den Werken des heiligen Lehrers ziemlich häufig heißt, die sinnlichen Species, mittels welcher die Sensation sich vollzieht, „kommen von den Objekten zu den Sinnesorganen"; „und die Ähnlichkeit, das Bild, des welchen Körpers werde in die Luft und in die Pupille aufgenommen:" Indessen diese und andere ähnliche Ausdrücke wollen bloß besagen, daß die Sensationen sich nur unter der Bedingung verwirklichen, und daß die Sinne nur dann die äußeren Objekte wahrnehmen, wenn diese entweder durch sich selbst oder mittels intermediärer Körper einen bestimmten Eindruck auf das jeweilige Organ hervorbringen, und daß die Vorstellung des Objektes, die in jedem Wahrnehmungsakte eingeschlossen ist, mit der Natur jenes Eindruckes und des Objektes, das diesen letzteren bestimmt, in Beziehung stehe. Wenn das Objekt wechselt oder die Bedingungen des Mittels sich ändern, wodurch das materielle Objekt im Sinnesorgane die Veränderung hervorbringt, so wird auch diese Veränderung eine andere, und mit ihr die objektive Vorstellung. Der im Auge verursachte Eindruck und die daraus resultierende Vorstellung des Objektes ist nicht dieselbe hinsichtlich eines Körpers, der uns nahe ist, und hinsichtlich desselben Körpers, der sehr weit von uns entfernt ist. Die Bedingungen der Luft oder eines anderen dazwischengestellten Körpers, z. B. Glas, durch welches die Lichtstrahlen hindurchgehen, bevor sie in das Auge eintreten, modifizieren ebenfalls den durch das Objekt hervorgebrachten Eindruck und sein sinnliches Bild oder Vorstellung. Dasselbe kann man von den übrigen Sinnen sagen, bei welchen man leicht beobachten kann, daß die Bedingungen der Körper, welche die Sensationen erregen, und der Intermedien, welche an dem organischen Eindrucke mitwirken und ihn bestimmen, sich in notwendiger direkter Beziehung zur Wahrnehmung und Vorstellung der Objekte befinden.

Ich sehe nun nicht ein, warum man nicht annehmen soll, daß die sinnlichen Species des heiligen Thomas nichts anderes sind, als die bestimmte partikuläre Veränderung oder Impression, die durch das äußere Objekt im Sinnesorgane hervorgebracht wird, insofern kraft dieser Veränderung oder Impression (insoweit sie die von den Körpern ausgehende und in den Sinn aufgenommene objektive Kraft involviert) die Seele auf diese oder jene Weise sich das äußere Objekt oder seine sinnfälligen Qualitäten vorstellt. Was mich betrifft, so bin ich sehr geneigt zu glauben, daß der Gedanke des heiligen Thomas hierüber kein anderer ist. Wir sagen also, daß die Objekte die sinnlichen Species hervorbringen, und daß diese Species dem Sinne übermittelt werden durch einen Körper, der ihnen als medium dient, z. B. die Luft, hinsichtlich des Gehörs, nicht als wenn diese Species eigentliche Bilder wären, die aus den Objekten herauskommen und durch das medium hindurchgehen, sondern weil die Objekte und das Medium in den Sinnesorganen einen ihrer Natur und ihren Verhältnissen entsprechenden Eindruck verursachen, ein Eindruck, der, die Aktivität der Seele in aktuelle Ausübung versetzend und von der Erkenntniskraft der Seele sozusagen objektiviert, ein Bild oder eine Vorstellung des äußeren Objektes wird, in welcher und durch welche die äußeren Objekte durch die Vermögen der Sensibilität wahrgenommen werden. Man beachte außerdem, daß für den heiligen Thomas die Sensation nicht in der alleinigen im Sinnesorgane hervorgebrachten Veränderung, sondern vielmehr in der Wahrnehmung dieser Sensation besteht, die sich mittels der eigentümlichen Erkenntniskraft der Seele vollzieht; folglich kann man sagen, daß der organische Eindruck die Ursache ist, mittels welcher die sensitiven Erkenntnisvermögen sich mit dem Objekte in Beziehung und Kommunikation setzen; und bekanntlich sind für Thomas die species, sowohl die sensitiven wie auch die intelligibeln, das, was der Seele dazu dient, um sich mit dem äußeren Objekte in Verbindung zu setzen, indem sie in der intellektuellen Ordnung sich mit ihm vereinigt und gewissermaßen mit ihm identisch wird. Darum behauptet er auch, daß die sensitiven Vermögen und Thätigkeiten nicht der Seele allein, und auch nicht dem Körper allein angehören, sondern vielmehr dem Kompositum, d. h. der Seele und dem Leibe zugleich; denn obgleich die innere, eigentümliche, vitale Aktivität der Seele die Hauptursache der Sensation ist, so hängt diese doch auch von dem durch die Objekte in dem Organe hervorgebrachten Eindrucke ab, woraus sich ergiebt, daß diese Thätigkeiten mittels körperlicher Organe sich vollziehen, zum Unterschiede von den Thätigkeiten des Intellekts, die an und für sich von den organischen Eindrücken unabhängig sind, und ohne dieselben und ohne körperliche Organe sich vollziehen können, wie man das bei der vom Körper getrennten Seele sieht.

„In Wahrheit und Wirklichkeit," sagt der heilige Thomas,¹) „ist das Sehen (visio) nicht die körperliche Veränderung selbst, sondern seine Hauptursache ist die aktive Kraft der Seele." — „Man muß beachten," sagt er weiter, „daß jene Sensation körperlich ist hinsichtlich der ersten Aufnahme der Form (des organischen Eindruckes), welche (Form) Ursache des Sehens ist; denn dieses Sehen ist nur mittels des körperlichen Organs die Aktion der Seele; und deshalb kann es nicht auffallend sein, daß der körperliche Eindruck als Ursache mit konkurriert, jedoch nicht etwa so, als wenn dieser Eindruck das Sehen selbst wäre."²) —

An einer anderen Stelle von der Fähigkeit sprechend, welche die sinnfälligen Objekte hinsichtlich der Hervorbringung der Sensationen besitzen, sagt er, diese Fähigkeit oder Kraft sei nicht ausreichend zur Hervorbringung der sinnlichen Species der Seinsweise nach, welche sie besitzt, während die Sensation sich vollzieht; „aber wohl hat der äußere Körper die Fähigkeit, die körperlichen Organe zu verändern, auf deren Veränderung die sensitive Wahrnehmung mittels der Aktivität der Seele erfolgt."³) — „Die Thätigkeit des Sinnes vollzieht sich, insofern er durch irgend ein sinnfälliges Ding verändert wird."⁴) —

Durch diese und andere ähnliche Stellen, die wir leicht anführen könnten, kann man erkennen:

1) daß, wenn ich auf diese Weise den Gedanken des heiligen Thomas in betreff der Natur, des Ursprungs und der Bedingungen der sinnlichen Species oder Vorstellungen und der Sensation erklärt habe, es darum geschehen ist, weil nach meiner Überzeugung diese

---

¹) De Sensu et Sensat. Lect. 4.
²) Ibid.
³) Quaest. Disput. de Malo. Quaest. 16. art. 12. ad 2.
⁴) Sum. Theol. P. 1. Quaest. 81. art. 6.

Anschauungsweise der echte Ausdruck seines Gedankens hierüber ist und auch mit seinen psychologischen Principien sich allein verträgt.

2) Obwohl man über die Unwissenheit und die Irrtümer der Scholastiker sehr viel gesprochen hat, so hat nichtsdestoweniger der heilige Thomas über diesen Punkt Ideen gebildet, die denen der modernen Philosophie durchaus nicht nachstehen, indem er, wie diese, die Sensation durch die innere Wahrnehmung des in den Sinnen hervorgebrachten Eindruckes erklärt. Wenn irgend ein Unterschied vorhanden ist, so kann er nur darin bestehen, daß die moderne Philosophie die Sensationen als rein subjektiv betrachtet, während der heilige Thomas diese Subjektivität der Sensation beilegt, insofern letztere die Aktion der Seele und die Wahrnehmung des äußeren Eindruckes involviert, sie aber auch zugleich als objektiv ansieht, insofern sie dazu dient, der Seele verschiedene Modifikationen der äußeren Objekte zu präsentieren, und besonders insofern sie mittels derselben sich mit den äußeren Körpern als den Erkenntnisobjekten in Verbindung setzt. —

Es war nicht allein der heilige Thomas, der diese Lehre aufstellt; Albertus Magnus hat ebenfalls gelehrt, daß die sinnfälligen Objekte es seien, welche unmittelbar auf die Sinne einwirken, und daß man nicht die Existenz von sinnlichen Species annehmen dürfe, die von den Objekten zu den Sinnesorganen übergingen.

Die Gründe angebend, warum man nicht auch einen sensus agens anzunehmen brauche, wie man dies hinsichtlich des intellectus agens notwendig thun müsse, sagt er:[1] „Der zweite Grund besteht darin, daß die Agens hinsichtlich der Sinne die Objekte sind; deshalb nimmt man nicht einen allgemeinen sensus agens an; jedoch hinsichtlich des Intellekts ist es anders; denn die sinnlichen Vorstellungen der Imagination bewegen nicht hinlänglich." —

Im Folgenden auf die sinnlichen Species näher eingehend, sagt er:[2] „Mögen sie aktiv sein oder nicht; gewiß ist, daß sie nicht in den Sinnen, sondern vielmehr in ihren Objekten wirken; denn die Objekte sind die ersten Beweger der Sinne; darum ist die Meinung falsch, wonach es heißt, daß die sinnlichen Species durch sich selbst auf die Sinne einwirken ... Wenn die sinnlichen Species auf den Sinn wirkten, indem sie ihn aus dem Zustande der Potenz in den Zustand des Aktes versetzen, so könnten sie auf ihn nur einwirken und ihn

---

[1] Opera. Tom. 19. Tract. 1. Quaest. 13. art. 1.
[2] Ibid. ad 1.

aus der Potenz in den Akt versetzen, wenn der Sinn durch dieselben bereits im Akte sich befände, was aber unmöglich ist."

Man sieht also, wollen wir zum Schlusse sagen, wenn man seine Aufmerksamkeit ein wenig auf die vorhergehenden Betrachtungen lenkt, daß der Gedanke des heiligen Thomas über die Natur und die Bedingungen der Wahrnehmungen der sensitiven Vermögen, wenn er mit der schottischen Philosophie im Grunde nicht absolut identisch ist, doch wenigstens nicht so weit davon entfernt ist, wie Einige glauben.

Zweites Kapitel.

Wesentlicher und primitiver Unterschied zwischen den sensitiven Vermögen und dem Intellekte.

Einer der Hauptpunkte der Philosophie des heiligen Thomas ist der radikale Unterschied zwischen den Sinnen und der Intelligenz. Da er die weitgreifende Bedeutung dieser Lehre kennt, so kommt er oft darauf zu sprechen und führt alle möglichen Beweise dafür an, und unterläßt nie, so oft sich die Gelegenheit bietet, auf die großen Irrtümer und Gefahren, welche ihre Leugnung mit sich bringt, aufmerksam zu machen. Wir wollen von seinen vielen Stellen, die hierüber handeln, bloß einige anführen.

1) „Der Sinn¹) findet sich bei allen Tieren; die Tiere haben aber

---

¹) Sum. cont. Gent. Lib. 2. cap. 66: Sensus enim in omnibus animalibus invenitur. Alia autem animalia ab homine, intellectum non habent: quod ex hoc apparet, quia non operantur diversa et opposita quasi intellectum habentia, sed sicut a natura mota ad determinatas quasdam operationes et uniformes in eadem specie; sicut omnis hirundo similiter nidificat; non est igitur idem, intellectus et sensus.

Adhuc: sensus non est cognoscitivus nisi singularium; cognoscit enim omnis sensitiva potentia per species rerum in organis corporalibus; intellectus est autem cognoscitivus universalis, ut per experimentum patet; differt igitur intellectus a sensu. —

Amplius: cognitio sensus non se extendit nisi ad corporalia; quod ex hoc patet, quod qualitates sensibiles, quae sunt propria objecta sensuum, non sunt nisi in corporalibus; sine eis autem sensus nihil cognoscit; intellectus autem cognoscit etiam incorporalia, sicut sapientiam, veritatem, et relationes rerum; non est igitur idem, intellectus et sensus. —

nicht, wie der Mensch, den Intellekt; was wir daraus ersehen, daß sie nicht verschiedene und entgegengesetzte Dinge wirken, wie das bei den intelligenten Agens der Fall ist; sie wirken vielmehr aus Naturnotwendigkeit einige bestimmte und in ihrer Art gleichförmige Dinge. So sehen wir z. B., daß jede Schwalbe ihr Nest auf dieselbe Weise baut. Also ist der Intellekt und der Sinn nicht ein und dasselbe. —

2) „Der Sinn erkennt allein das Singuläre; denn jedes sensitive Vermögen erkennt mittels individueller Species oder Vorstellungen, welche Species oder Vorstellungen er von ihren Objekten in körperliche Organe aufnimmt. Dagegen erkennt der Intellekt die Dinge unter einem allgemeinen Begriffe, wie das die Erfahrung klar und deutlich zeigt. Also ist der Intellekt von den Sinnen verschieden. —

3) „Die Erkenntnis der Sinne erstreckt sich nur auf die körperlichen Dinge. Dieses erkennt man mit vollster Evidenz, wenn man bedenkt, daß die sensitiven Eigenschaften, welche das eigentümliche Objekt der Sinne bilden, ausschließlich zu den körperlichen Dingen gehören, ohne welche der Sinn nichts erkennt. Da nun aber der Intellekt unkörperliche Dinge erkennt, wie z. B. die Weisheit, die Wahrheit, die verschiedenen Beziehungen der Wesen zu einander; muß folglich der Intellekt von den Sinnen verschieden sein. —

4) „Kein Sinn erkennt sich selbst, noch auch seine Thätigkeit; denn z. B. die Sehkraft sieht nicht, daß sie sieht, — was Sache eines höheren Vermögens ist —; der Intellekt aber erkennt sich selbst und erkennt, daß er erkennt oder denkt. Also kann der Intellekt nicht mit den Sinnen identisch sein." —

Wir richten jetzt an die enthusiastischen Verehrer des Cartesius, besonders an alle diejenigen, welche ihn den „Erfinder der experimentellen und psychologischen Methode" nennen, sowie auch an Jourdain die Bitte, daß sie uns sagen mögen, nachdem sie die eben angeführte Stelle gelesen, ob man auch nur mit einem Scheine von Wahrheit behaupten könne, daß der heilige Thomas in seiner Psychologie auf die Beobachtung nicht hinlängliches Gewicht lege, und daß er nur „zufällig und selten" auf die Beobachtung rekurriere! Die vier angeführten Gründe zum Beweise des Unterschiedes

---

Item: nullus sensus selpsum cognoscit, nec suam operationem; visus enim non videt se videre, sed hoc superioris potentiae est; intellectus autem cognoscit se ipsum, et cognoscit se intelligere; non est igitur idem, intellectus et sensus. —

zwischen den Sinnen und der Intelligenz sind alle auf die Erfahrung gestützt, und ein jeder von ihnen ist die Entwickelung einer Erfahrungsthatsache oder eines Phänomens des Selbstbewußtseins.

Es dürfte übrigens schwer sein, auf eine noch klarere und präcisere und dabei solidere und zweckmäßigere Weise den radikalen Unterschied und die absolute Verschiedenheit zwischen den intellektuellen Vermögen und den Vermögen der Sensibilität darzustellen. Diese Lehre, die — so kann man wohl sagen — eine der Hauptgrundlagen der Ideologie des heiligen Lehrers bildet, erhebt ihn unermeßlich weit über jedes materialistische oder sensualistische ideologische System. Worauf könnten sich hiernach die absurden Behauptungen einiger Schriftsteller stützen, wenn sie die psychologischen und ideologischen Lehren des heiligen Thomas als zum Materialismus und Sensualismus führend ansehen? Ich behaupte: nur die vollständigste Unkenntnis seiner Philosophie, und die leider zu weit verbreitete Gewohnheit sogar auch bei solchen, die für gelehrt gelten, die Schriftsteller zu beurteilen, ohne ihre Werke geprüft, ja ohne sie auch nur einmal angesehen zu haben, können uns diese Erscheinung erklären. Für jetzt möge es genug sein, die Lehre des heiligen Thomas kurz angedeutet zu haben. Wir werden später den großen Unterschied, der zwischen seiner Ideologie und der der sensualistischen Schule besteht, näher auseinandersetzen und weiter entwickeln.

Drittes Kapitel.

Die Existenz der intellektuellen Ideen. Die Ideae impressae und expressae (erkennbare und erkannte Ideen).

In der Philosophie des heiligen Thomas giebt es wenige Materien, bei welchen der Gedanke des heiligen Lehrers auf eine verkehrtere Weise aufgefaßt ist, als bei der gegenwärtigen. Die modernen Philosophen haben sich im allgemeinen damit begnügt, die Theorie des heiligen Thomas über die ideae impressae und expressae kurz zu erwähnen, ohne in seine philosophischen Gedanken einzudringen, ja auch ohne einmal den Wortsinn dieser Ausdrücke zu verstehen; und was noch schlimmer ist: man hat seine Lehre über diesen Gegenstand vollständig verdreht und entstellt. Geben wir darum den Gedanken des heiligen Lehrers über diesen wichtigen Punkt in Kürze wieder.

Die Existenz der intellektuellen Vorstellungen an sich betrachtet, und abgesehen von ihrer inneren Natur und von ihren Bedingungen und der Art und Weise ihrer Existenz, kann als eine Wahrheit des gesunden Sinnes betrachtet werden. Wenn man die Existenz der Ideen in diesem Sinne leugnen wollte, müßte man auch die Existenz der intellektuellen Erkenntnis leugnen. Sogar selbst die Sprache kommt uns hierbei zu Hilfe. Die Erfahrung und die Beobachtung lehren uns, daß der Gelehrte sowohl wie der Mann aus dem Volke in ihrer Sprache von „Ideen" sprechen, wenn sie die intellektuelle Erkenntnis im Auge haben. „Er hat schöne Ideen," sagt man; „er hat eine richtige Idee von der und der Wissenschaft, von diesem oder jenem Gegenstande;" — „seine Worte offenbaren Ideenverwirrung." — Diese und ähnliche Ausdrücke zeigen uns mit vollster Klarheit, daß das, was wir Ideen nennen, für uns in der wissenschaftlichen Ordnung etwas bedeutet.

Der menschliche Intellekt, der unvollkommenste und beschränkteste in der Reihe der Intelligenzen oder im Vergleiche mit dem göttlichen und dem englischen Intellekte, verhält sich als rein passive Potenz hinsichtlich seiner Objekte: est pura potentia in ordine intelligibili. Daher kommt es, daß, wie uns die Beobachtung der inneren Phänomene lehrt, unsere Vernunft im Anfange gleichsam schläft und der Ideen der verschiedenen Gegenstände, zu welchen ihre Thätigkeit gelangen kann, ermangelt; Ideen, die sie nach und nach erwirbt. Außer der Anregung und Ausübung der sensitiven Kräfte, die beständig in einer niederen Sphäre bleiben, als die intellektuelle Ordnung ist, verlangt die ursprüngliche Passivität des Intellektes notwendigerweise etwas, das zur rein intellektuellen Ordnung gehört, und das einerseits die Intelligenz aus dem Zustande der reinen Passivität herausführt, und das zugleich auch den hinreichenden Grund des intellektuellen Aktes, oder der Ausübung der Intelligenz, insofern sie sich gerade auf dieses oder jenes Objekt bezieht, enthält und mit sich bringt.

Denn es ist unleugbar, daß die Vernunft an sich indifferent und nicht determiniert ist, ihre intellektuelle Thätigkeit auf diesen oder auf einen anderen Gegenstand zu lenken. Also muß man beim Intellekte irgend etwas annehmen, das ihm diese objektive Indifferenz oder Unbestimmtheit zu benehmen vermag. Man kann hier nicht entgegnen, daß der Wille es sei, der die Intelligenz zur Erkenntnis dieses oder jenes Objektes bewege und bestimme; denn außerdem, daß nicht die objektive Bewegung oder Bestimmtheit, sondern vielmehr nur die Bewegung oder Bestimmtheit quoad exercitium Sache des Willens ist, welche Bewegung wir subjektiv nennen können, würde dieses so viel heißen, als der hinreichende Grund der objektiven Thätigkeit und Bestimmtheit des Intellektes sei etwas, das sich zu ihm als seine Wirkung verhält, und das notwendigerweise später ist, als seine Ausübung oder sein Akt; denn niemand wird leugnen, daß die Thätigkeit des Willens von Natur später ist, als die Thätigkeit des Intellektes; und darum heißt auch das Axiom: nihil volitum nisi praecognitum. Auf jeden Fall und auch wenn man diese relative und allgemeine Abhängigkeit des Aktes des Willens vom Akte des Intellektes hinsichtlich eines jedweden Objektes leugnen wollte, so würde die Schwierigkeit dennoch immer hinsichtlich des ersten Aktes des Intellektes, der jedenfalls jedem Akte des Willens vorhergeht, bestehen bleiben. Man muß also wenigstens hinsichtlich des ersten intellektuellen Aktes und des ersten durch unsere Intelligenz erkannten Objektes außer dem Willen etwas annehmen, das jene ursprüngliche objektive Indifferenz und Unbestimmtheit des Intellektes zu beseitigen vermag.

Wird man vielleicht sagen, das erkannte Objekt selbst reiche hin, um dem Intellekte jene Unbestimmtheit zu nehmen? Indessen gerade hierin liegt der stärkste und schlagendste Grund zu Gunsten der Theorie des heiligen Thomas. Jeder Erkenntnisakt involviert in seinem Begriffe irgend eine Vereinigung zwischen dem Erkenntnisvermögen und der erkannten Sache. Es ist nicht einmal möglich, auch nur die Erkenntnis oder Betrachtung eines Objektes zu begreifen, wenn nicht dieses Objekt auf irgend eine Weise sich in uns befindet, wie der heilige Thomas dieses ganz richtig lehrt mit den Worten: cognitio fit per hoc, quod cognitum est in cognoscente.

Andererseits ist es nicht weniger klar, daß bei der Mehrzahl unserer aktuellen Erkenntnisse das erkannte Objekt nicht an sich in uns existiert oder nach der Seinsweise, die es außerhalb unserer Seele besitzt. Wenn ich über die Natur und die Eigenschaften z. B. des Marmors, der Sonne, der Sterne, der Pflanzen nachdenke, so besteht gewiß eine Art von Vereinigung und zwar eine sehr innige Vereinigung zwischen diesen Dingen und meinem Gedanken; und doch sind weder der Marmor, noch die Sonne, oder die Sterne und Pflanzen ihrer Realität nach in mir. Also muß man zwischen dem realen Objekte, wie es außerhalb der Seele existiert, und welches das erkannte Ding ist, und dem Akte selbst, womit man dieses Objekt erfaßt oder erkennt, oder wenn man will: zwischen dem gedachten Objekte nd dem Gedanken, irgend etwas annehmen, das diese beiden Extreme „.iteinander in Berührung bringt und den hinreichenden Grund der innigen Vereinigung abgiebt, die wir zwischen dem intellektuellen Akte und dem gedachten Gegenstande wahrnehmen.

Es ist nach diesen Bemerkungen nun leicht zu verstehen, was die ideae impressae des heiligen Thomas bedeuten und besagen wollen. Dieses Etwas, das den Intellekt aus dem Zustande der Potentialität oder Passivität in den Zustand der Aktivität versetzt, ihn zum nächsten Princip der Erkenntnisthätigkeit machend; dieses Etwas, das ihn nötigt, seine Thätigkeit auf dieses oder jenes bestimmte Objekt zu richten, indem es von ihm die objektive Indifferenz oder Unbestimmtheit entfernt, in der er sich von vorn herein befindet; dieses Etwas, welches das geheimnisvolle Band zwischen dem Erkenntnisakte und dem erkannten Gegenstande, wie er außerhalb der Seele existiert, bildet: ist, was der heilige Thomas species oder idea impressa nennt, oder auch „intelligibele Species oder Idee", „Ähnlichkeit oder Bild des Dinges", „Form des erkannten Objektes": species impressa, similitudo rei, forma cogniti, species intelligibilis.

Die innere Erfahrung bezeugt uns, daß, wenn wir irgend etwas erkennen, unser Intellekt in sich eine Art Vorstellung des Objektes, in dem Maße, als es von ihm erkannt wird, erzeugt, und daß der Intellekt diese Erkenntnis, insoweit er sie erwirbt, gleichsam „zu sich selbst spricht oder ausdrückt" (exprimit). Dieses ist nun, was der heilige Thomas „idea expressa" nennt, oder auch verbum mentis, notitia, conceptus, notio, ratio rei (Begriff). Qui autem intelligit ex hoc ipso quod intelligit, procedit aliquid intra ipsum, quod est conceptio rei intellectae, ex vi intellectiva proveniens et ex ejus notitia procedens. Quam quidem conceptionem vox significat, et dicitur verbum cordis, significatum verbo vocis.[1]

Die idea impressa (erkennbare Idee) heißt so, weil sie im intellectus possibilis (in der möglichen Vernunft) teils durch die Objekte,

---

[1] Sum. Theol. P. I. Quaest. 27. art. 1: „Wenn der Geist denkt und die Erkenntnis befruchtet, entsteht in ihm etwas, nämlich der Begriff, der aus der Intelligenz kommt und aus der Erkenntnis des Objektes hervorgeht; und dieser Begriff, den das artikulierte Wort äußerlich ausdrückt, heißt inneres Wort, oder Wort des Herzens." —

lectus und insbesondere durch den intellectus agens (die thätige Vernunft) hervorgebracht wird. Die idea expressa (erkannte Idee) heißt so, weil sie der intelligibele Ausdruck der Erkenntnis ist, die der reinen Intellekte entspricht, und gewissermaßen das intelligibele Wort ist, das die Vernunft zu sich selber spricht, indem sie ihren Gedanken in dasselbe einkleidet: verbum mentis.

Die idea impressa verhält sich zur Vernunft als Form oder Princip der Erkenntnis; denn mittels derselben geht die Vernunft aus dem Zustande der reinen Passivität hinsichtlich des Gegenstandes, worauf sich diese Idee bezieht, heraus und erwirbt oder besitzt auf diese Weise eine der Hauptbedingungen für ihre Thätigkeit. Der intellectus possibilis, dem eigentlich und direkt die Erkenntnisthätigkeit gemäß der Theorie des heiligen Thomas zukommt, würde, obwohl er seiner Natur nach und wesentlich ein Erkenntnis-Vermögen ist, dessenungeachtet nicht zur Erkenntnis irgend eines Objektes im besondern gelangen, wenn er nicht hierzu durch irgend etwas bestimmt würde, das ihn mit dem Objekte in Kontakt und Beziehung setzt. In diesem Sinne wird der Intellekt durch die idea impressa determiniert und gleichsam informiert oder belebt. Nichts anderes will der heilige Thomas andeuten, wenn er sagt, die idea oder species impressa sei das Princip des Erkenntnisaktes: principium intelligendi.

Wie die idea impressa sich zum Erkenntnisakte in gewisser Weise wie sein Princip verhält, so verhält sich die idea expressa zu demselben wie sein Terminus; denn in der That setzt das verbum mentis nicht allein den Akt des Intellekts voraus, sondern es ist gleichsam sein Terminus, gewissermaßen die durch den Akt selbst hervorgebrachte Wirkung; es ist die Kenntnis, die Idee, welche er von dem Objekte, worauf er seinen Gedanken gerichtet hat, sich erworben hat. Verbum igitur cordis, sagt der heilige Lehrer [1]), est ultimum, quod potest intellectus in se operari. Und dieses innere Wort, das der Ausdruck des erkannten Dinges ist, ist von den direkten Akten des Intellektes sogar unzertrennlich. Quod verbum, quod est expressivum rei, quae intelligitur, non est reflexum, nec actio, qua formatur verbum ... est reflexa; alioquin omne intelligere esset reflexum; verbum intellectus perficitur per actum rectum. [2])

Die species impressa stellt das Objekt dar, bevor es erkannt

---

[1]) Opusc. 11.
[2]) Ibid.

wird, oder dient vielmehr dazu, den Intellekt mit dem Objekte vor dessen aktueller Erkenntnis in Kontakt zu bringen. Die species expressa stellt dem Intellekt das Objekt als erkannt dar. Hieraus resultiert ein weiterer Unterschied, nämlich daß die species impressa — auch die intelligibele Ordnung mit eingeschlossen — nicht formelle und eigentliche Vorstellung des Objektes genannt werden darf, sondern vielmehr virtuelle und implicite einbegriffene Vorstellung des Objektes, insofern sie die Aktion des Intellekt hinsichtlich eines gegebenen Objektes näher bestimmt; während dagegen nichts im Wege steht, die species expressa als eigentliche, formelle und ausdrückliche Vorstellung des Objektes in der intelligibeln Ordnung aufzufassen, da sie, wie wir bereits gesagt, der intelligibele Ausdruck des bereits erkannten Objektes und des Objektes als erkannt ist.

Dies ist in Kürze die Theorie des heiligen Thomas über diesen Punkt; dies sein wahrer philosophischer Gedanke; und nichts anderes ist zu verstehen unter seiner species impressa und expressa.

„Alle Scholastiker,“ sagt Balmes,[1] „erkannten diese Grenzscheide; indessen sie, wie so viele andere, redeten eine Sprache, die schlecht verstanden, sehr geeignet war, diese Grenzlinie zu verwischen. Sie nannten jede Idee Bild des Gegenstandes; sie erklärten den Erkenntnisakt in der Weise, daß sie im Intellekte eine Art Form annahmen, die den Gegenstand ausdrücke, ähnlich wie ein vor die Augen gestelltes Bild diesen das Bild des abgebildeten Dinges darbietet. Diese Sprachweise entsteht aus der beständigen Vergleichung, die zwischen dem höheren Erkennen und dem Sehen wie von selbst sich ergiebt. Wenn die Gegenstände nicht gegenwärtig sind, bedienen wir uns der Bilder; und da die Objekte nicht an sich unserem Intellekte gegenwärtig sein können, nahm man eine innere Form an, die die Stelle eines Bildes vertrat. Andererseits sind die einzigen Dinge, die sich für die eigentliche Vorstellung eignen, die sinnlichen Gegenstände; der einzige Fall, wo wir jene Form in uns finden, in welcher sich die Objekte abspiegeln, ist die Imaginationsvorstellung; und so war es gefährlich, diese Vorstellung „Idee“, und jede Idee „Imaginationsvorstellung“ zu nennen, worin das System Condillac's besteht.“

Die Betrachtungen, die hier der spanische Philosoph anstellt, sind ohne Zweifel im Grunde sehr richtig und wahr. Wir müssen indes bemerken, daß es nicht ganz richtig ist, allen Scholastikern die Lehre

---

[1] Filos. Fund. Lib. 4. cap. 4.

zuzuschreiben, die Idee sei ein eigentliches Bild oder Vorstellung des Objektes in der Weise, wie man das von den sinnlichen Vorstellungen zu sagen pflegt.

Es mag die Richtigkeit des Gedankens und des Ausdrucks bei den übrigen Scholastikern dahingestellt bleiben; beim heiligen Thomas ist es unbestreitbar, daß er, wenn er die intellektuellen Ideen „Ähnlichkeit des Objektes, Erkenntnisform, Idee, species intelligibilis", und auch einige Male „Bild des Objektes" nennt, sehr weit davon entfernt war, unter diesen Ausdrücken eigentliche Bilder, oder den sinnlichen Vorstellungen analoge Bilder zu verstehen. In fast allen seinen Schriften findet man bei jedem Schritte den absoluten und radikalen Unterschied zwischen den sensitiven Vorstellungen und den der intelligibeln Ordnung; und sogar die allgemeinen Principien und Lehren, die er aufstellt, um die vielfachen und tiefgehenden Unterschiede, welche die Dinge der sinnlichen Ordnung von den zur rein geistigen Ordnung gehörenden trennen, zu welch letzterer Ordnung er bekanntlich den Intellekt, seine Akte und die Ideen, deren er sich bedient, rechnet, genügen für sich allein, um uns zu beweisen, daß sein wahrer Gedanke hierüber mit dem Systeme Condillac's nichts gemein hat.

Wenn man demnach den wahren philosophischen Gedanken des heiligen Lehrers über die Natur der intellektuellen Ideen und besonders die verschiedene Vorstellungsweise der ideae impressae und expressae sich vor Augen hält; wenn man ferner seine Lehre, welche wir später entwickeln werden, über die Unmöglichkeit oder Nichtexistenz von eigentlichen sinnlichen Vorstellungen (phantasmata), für die geistigen Objekte und Naturen bedenkt; wenn man mit einem Worte auf die allgemeine Lehre seiner Philosophie über die radikalen, vielfachen und absoluten Unterschiede, welche die körperlichen von den geistigen Dingen und besonders die Bilder oder Vorstellungen der sensitiven Ordnung von den der rein intelligibeln Ordnung trennen, achtet: wird man leicht erkennen, daß der heilige Lehrer sehr weit von der fehlerhaften Lehre, von der Balmes spricht, und welche Viele aus Unkenntnis seiner wahren theologischen Lehre ihm fälschlicherweise zugeschrieben haben, entfernt war.

Denn wenn Thomas die intellektuellen Ideen Bilder oder Vorstellungen der Objekte nennt, so thut er weiter nichts, als auf ein Phänomen der rein intellektuellen Ordnung die Ausdrücke übertragen, die ihre ursprüngliche und eigentliche Bedeutung in einem anderen, analogen Phänomen der Sensibilität haben. Wenn er sie Vorstellungen nennt, meint er damit intelligibele Vorstellungen, d. h.

Vorstellungen, die mit den Bildern und Vorstellungen der sensitiven und körperlichen Ordnung wenig oder nichts gemein haben. Wenn er diese Namen der idea impressa beilegt, so will er bloß andeuten, daß diese letztere dazu dient, den Intellekt mit dem Objekte in Berührung zu bringen, indem sie zwischen diesen beiden die intelligibele Union und die notwendige Kommunikation vermittelt, damit die Erkenntnis stattthaben kann. Wenn er der idea expressa diesen Namen giebt, will er bloß andeuten, daß mittels derselben dem Intellekte das Objekt als erkannt präsent wird.

Es ist demnach durchaus verwerflich, wenn man dem heiligen Thomas die Lehre von den „Ideenbildern" in dem Sinne, wie man diesen Ausdruck gewöhnlich versteht, zuschreiben will.

Die Häufigkeit, mit der man in einen so großen Irrtum geraten ist, ist eines von den vielen Probestücken des unbeschreiblichen Leichtsinnes, mit dem der größte Teil der modernen Philosophen zu Werke gegangen sind, die über die Ideologie des heiligen Lehrers urteilen wollten, ohne seine Schriften und seine philosophischen Lehren gründlich studiert zu haben. Dies legt uns auch die Notwendigkeit nahe, den wahren philosophischen Gedanken desselben über diesen Gegenstand näher auseinanderzusetzen und festzustellen, was wir im gegenwärtigen Kapitel thun wollen; denn es wird gewiß endlich Zeit, daß die Ignoranz, die schweren Irrtümer und die namenlose Verkehrtheit, womit die Ideologie des heiligen Thomas in den letzten Jahrhunderten beurteilt ist, für immer verschwinden.

Ich habe schon angedeutet, daß es wenige Gegenstände in der Philosophie des heiligen Lehrers gebe, bei welchen sein Gedanke auf eine so irrige Weise aufgefaßt und auseinandergesetzt worden ist. Die Wahrheit dieser Behauptung, für die ich leicht viele Belege beibringen könnte, springt noch mehr in die Augen und schließt allen Zweifel aus, wenn man sogar sehr gelehrte Schriftsteller, bei welchen man gewiß eine größere Kenntnis und eine richtigere Beurteilung der Ideologie des heiligen Lehrers zu erwarten berechtigt ist, hierbei in große Irrtümer geraten sieht. Vernehmen wir als Beleg des Gesagten, wie sich die „Encyklopädie des XIX. Jahrhunderts" ausdrückt:

„Die Peripatetiker,[1] welche den Ursprung aller unserer Ideen auf die Sinne zurückführten, hatten kleine Bilder angenommen, welche sich von den Körpern losmachten und durch die Or-

---

[1] Tom. 14. Art. Idea. Idealis. Ideol.

gane in die Imagination gelangten, woselbst die Intelligenz sie erfaßte, sie vergeistigte, und dieselben sich zu eigen machend, daraus die Materie und das Objekt aller ihrer Erkenntnisse schöpfte. Dieses ist die alte Theorie der ideae expressae und impressae, oder mit anderen Worten: der ausgedrückten Bilder des Objektes, die alsdann in die Intelligenz eingedrückt werden, eine Theorie, die ehemals in den Schulen sehr in Ansehen stand."

Ich begreife nicht, wie es möglich war, so große und so seltsame Irrtümer in so wenige Worte zu fassen; ich weiß auch nicht, ob es möglich ist, daß man den Peripatetikern im allgemeinen eine noch materialistischere Sprache beilegen kann, wie es hier die Verfasser des erwähnten Artikels thun. Aber worüber bei Niemandem, der die Philosophie des heiligen Thomas studiert hat, ein Zweifel obwalten kann, ist, daß man in der citierten Stelle, neben vielen anderen und sehr großen Irrtümern, auch ihm, da er offenbar unter den Peripatetikern mitverstanden ist, die materialistische Lehre des Demokrit hinsichtlich der intellektuellen Ideen zuschreibt, die der heilige Lehrer in seiner Summa Theologica ganz ausdrücklich bekämpft.[1] „Demokrit behauptete, es gebe keine andere Ursache aller unserer Erkenntnisse, als die Bilder, welche von den uns umgebenden Körpern ausgingen und in unsere Seele eindrängen .... Demokrit behauptete, die Erkenntnis geschähe durch Bilder und Eindrücke. Und der Grund dieser Behauptung war der, daß sowohl Demokrit als auch noch andere alte Naturphilosophen leugneten, daß der Intellekt von den Sinnen verschieden sei."

Es unterliegt ebenfalls keinem Zweifel, daß in jener Stelle von den species expressae und impressae der Peripatetiker so gesprochen wird, als wenn diese mit diesem Namen bloß die „kleinen von den Körpern kommenden Bilder" bezeichnen wollten, d. h. als wenn die Peripatetiker, und unter ihnen der heilige Thomas, bloß sensitive Species oder Vorstellungen angenommen, aber keine intellektuellen Ideen. Und so macht man den heiligen Lehrer auch zu einem Sensualisten, nachdem man ihn bereits zu einem Anhänger des Materialismus

---

[1] Sum. Theol. I. P. Quaest 84. art. 6: Democritus enim posuit, quod nulla est alia causa cujuslibet nostrae cognitionis, nisi cum ab his corporibus contingamus, veniant atque intrant imagines in animas nostras.... Democritus posuit, cognitionem fieri per idola et defluxiones. Et hujus positionis ratio fuit, quia tum ipse Democritus quam alii antiqui naturales non ponebant, intellectum differre a sensu. —

des Demokrit gemacht hatte. Aber wie kann man sich wundern, daß man in solche Irrtümer gerät, wenn nicht einmal der natürliche Wortsinn jener Ausdrücke verstanden wird! Wir haben bereits gesehen, daß die species impressa (erkennbare Spezies) die ist, welche im intellectus possibilis durch den intellectus agens und die Objekte gebildet wird, während die species expressa (erkannte Spezies) naturgemäß später ist als die impressa, später auch als der Akt des Intellektes, und der Terminus und die Wirkung desselben ist; ebenso wie auch die impressa naturgemäß dem Akte vorangeht und Princip desselben ist. Indessen die Verfasser der „Encyklopädie" behaupten in einem Tone unerschütterlicher Sicherheit, daß für die Philosophen der Schule die species expressae die seien, welche aus den Objekten hervorgingen und von den Objekten hervorgebracht würden; und sie würden impressae genannt, insofern und wenn sie im Intellekte sich befänden!

Ein anderes nicht weniger bezeichnendes Beispiel als das eben angeführte über die Irrtümlichkeit, womit dieser Teil der Philosophie des heiligen Thomas beurteilt wird, bietet uns der Abbé Antonio Genovesi, der den Scholastikern im allgemeinen die seltsame, ja absurde Lehre zuschreibt, daß nämlich die idea impressa nichts anderes sei, als die materielle Idee, und daß allein die expressa die intellektuelle Idee sei! „Die scholastischen Philosophen," sagt er,[1] „nennen species impressa die materielle Idee; die intellektuelle Idee aber nennen sie species expressa." — Ich halte es nach dem bisher Gesagten nicht für nötig, mich mit der Widerlegung einer solchen Behauptung weiter zu befassen, die der Wahrheit schnurstracks entgegensteht, und die bei einem Schriftsteller wahrhaft empörend ist, der, wenn er die Werke des heiligen Thomas gelesen hat, wie er sagt, bei jedem Schritte auf die ausdrückliche und entschiedenste Negation einer solchen Behauptung stoßen mußte.

Übrigens würde derjenige sehr irren, der etwa glaubte, die Theorie des heiligen Thomas über die Existenz, die eigentümliche Natur und die Bedingungen der ideae impressae und expressae sei eine müßige Erfindung, oder sei nicht in Übereinstimmung mit den großen Traditionen der christlichen Philosophie. Hier wie bei allen wichtigen und bedeutsamen philosophischen Fragen ist die Lehre des heiligen Thomas nichts anderes als die wissenschaftliche Fortentwickelung des

---

[1] Art. Log. Crit. Lib. 2. cap. 1.

Gedankens des heiligen Augustin. Wir wollen einige Stellen von den vielen, die wir anführen könnten, hersetzen, um zu beweisen, daß der Gedanke des Bischofs von Hippo mit dem des heiligen Thomas über diesen Gegenstand im Grunde ganz identisch ist.

„Das, was wir zu sagen pflegen, nämlich, daß wir jene Objekte, die wir denken, in uns haben: dieses sagen wir gemäß eines gewissen Bildes, das wir von denselben eingeprägt (impressa) besitzen." [1] — „Unsere Seele [2]) bewahrt auf eine immaterielle Weise im Gedächtnisse die unkörperlichen Vorstellungen oder Bilder der Körper, mittels welcher sie über die Körper urteilt."

Der heilige Thomas behauptet beständig und lehrt bei jedem Schritte in seinen Werken, daß die idea expressa oder das verbum mentis, notio rei, das Erkennen immer begleite und auf dasselbe folge, und daß es eine Wirkung, eine Frucht der Thätigkeit des Intellektes sei: [3]) Verbum igitur cordis, sagt er, est ultimum, quod potest intellectus in se operari .... Semper cum actu intelligitur aliquid, verbum formatur.

Augustin lehrt seinerseits die nämliche Lehre; ihm zufolge, wie nach Thomas, begleitet die notitia oder das verbum mentis die Aktion des Intellektes und folgt auf sie als eine Produktion desselben. Quae autem reperiuntur, sagt er uns, [4]) quasi pariuntur: unde proli similia sunt; ubi, nisi in ipsa notitia? Ibi enim quasi expressa formantur. Nam etsi jam erant res, quas quaerendo invenimus, notitia tamen ipsa non erat, quam sicut prolem nascentem deputamus. —

Conceptam rerum veracem notitiam [5]), tanquam verbum apud nos habemus, et dicendo intus gignimus.

---

[1]) In Psalm. 189.
[2]) Epist. 149. cap. 16.
[3]) Opusc. 11.
[4]) De Trinit. Lib. 9. cap. 12.
[5]) Ibid. cap. 7.

Viertes Kapitel.
Die Ideen und der intellektuelle Erkenntnisakt.

„Derjenige, welcher etwas erkennt," sagt der heilige Thomas,[1] „steht als intelligentes Wesen mit vier Dingen in Beziehung, nämlich: mit dem erkannten Dinge; mit der intellektuellen Species, durch welche der Intellekt in den Akt versetzt wird; mit der Aktion des Erkennens selber, und mit dem Begriffe oder der Idee des Intellektes. Dieser Begriff ist von den drei eben genannten Dingen und auch von der erkannten Sache selbst verschieden, weil diese vielmals außerhalb des Intellektes existiert, während der Begriff des Intellektes im Intellekte selbst sich befindet ... Er ist auch von der species intelligibilis (Erkenntnisform, Erkenntnisbild) verschieden; denn die species intelligibilis, mittels welcher der Intellekt zum Akte gelangt, ist als das Princip der Aktion des Intellektes anzusehen, weil jedes Agens wirkt, insofern es im Akte ist, und zum Akte gelangt durch irgend eine Form, die das Princip der Aktion ist. Er ist auch von der Aktion des Intellektes verschieden, da der Begriff als der Terminus der Erkenntnisthätigkeit und als ein durch dieselbe gebildetes Produkt anzusehen ist; denn der Intellekt bildet mit seiner Thätigkeit die Definition des Dinges und den affirmativen oder negativen Satz hinsichtlich desselben.

„Dieser Begriff unseres Intellektes in uns heißt eigentlich verbum; und ist das, was wir mit dem äußeren Worte bezeichnen; denn dieses äußere Wort bezeichnet weder die intellektuelle Species, noch den Erkenntnisakt, noch die Conception des Intellektes, mittels welcher dieses äußere Wort sich auf das reale Objekt selbst bezieht. Dieser Begriff oder verbum, durch welchen unser Intellekt die von ihm verschiedenen Dinge erkennt, hat seinen Ursprung von einem Dinge, aber ein anderes Ding stellt er dar: er geht vom Intellekte mittels seines Aktes hervor, aber er ist die Darstellung des erkannten Dinges." —

Diese schöne und inhaltreiche Stelle, in welcher der heilige Thomas seinen ganzen Gedanken über die Notwendigkeit, Existenz und Natur der Ideen gewissermaßen kondensiert und zusammenfaßt, beweist augenscheinlich, daß in der Theorie des heiligen Lehrers irgend eine Art

---

[1] Quaest. Disput. De Pot. Quaest. 8. art. 1.

von realem Unterschiede zwischen den Ideen und dem intellektuellen Akte angenommen werden muß. Die Unterschiede, die er hier zwischen der species intelligibilis, welche die idea impressa ist, und dem Begriffe oder verbum des Intellektes, welcher (Begriff) die idea expressa ist, und folglich beider hinsichtlich der Aktion des Erkennens selber (ipsum intelligere), angiebt, genügen zur Erkenntnis seiner Lehre, ohne daß es nötig wäre, noch andere Stellen desselben anzuführen, in welchen er eben so bestimmt die nämliche Lehre vorträgt.

Auch unterliegt es keinem Zweifel, daß diese Lehre sowohl der Vernunft als auch der Beobachtung der inneren Phänomene durchaus konform ist. Wenn man sagt, jemand besitze diese oder jene Wissenschaft, so verstehen wir darunter, daß in diesem Menschen irgend etwas wirklich vorhanden ist, was in einem anderen Menschen, der diese Wissenschaft nicht hat, nicht existiert; und dieses ist nicht allein wahr hinsichtlich der aktuellen Betrachtung des Objektes oder der Objekte jener Wissenschaft, sondern auch rücksichtlich der habituellen Betrachtung oder Erkenntnis. Wenn wir von jemandem sprechen, der besondere Kenntnisse in einer Wissenschaft besitzt, so sind wir überzeugt, daß er, auch wenn er seine Aufmerksamkeit auf Gegenstände lenkt, die mit dieser Wissenschaft nichts gemein haben, ja wenn sogar das Subjekt jeden wissenschaftlichen intellektuellen Akt suspendiert, wie das während des Schlafes der Fall ist, dennoch eine Realität oder Vollkommenheit besitzt, die der entbehrt, der jene Kenntnisse nicht besitzt und vielleicht nicht einmal den Namen und das Objekt jener Wissenschaft kennt. Wenn nun die Ideen mit dem Akte des Intellektes selber absolut identisch sind, ist es schwer, jene Vollkommenheit oder Realität, welche die Wissenschaft bildet und die in dem Subjekte bleibt, wenn in diesem jede intellektuelle Thätigkeit hinsichtlich des Objektes einer gegebenen Wissenschaft aufhört, anzugeben.

Sollen wir etwa sagen, der Chemiker oder Metaphysiker verliere die Ideen, die er bezüglich dieser Wissenschaften besitzt, wenn er sich mit der Betrachtung von Gegenständen abgiebt, die denselben fremd sind, oder wenn er sich dem Schlafe überläßt? Eine solche Behauptung, welche gewiß weder mit der Sprache noch mit der gesunden Vernunft übereinstimmt, noch auch mit der psychologischen Beobachtung, ist indessen eine unausweichliche Konsequenz bei jener Hypothese, wonach die Ideen und der Akt des Intellektes ein und dasselbe sein sollen.

Bei ernstlichem Nachdenken finden wir, daß der Ursprung jener allgemeinen Überzeugung und jener gleichsam instinktiven Wahrheit,

die uns antreibt, die Notwendigkeit und Existenz der Ideen anzuerkennen, sich in dem nämlichen allgemeinen Selbstbewußtsein befindet,
das uns die intellektuelle Erkenntnis als einen wesentlich unitiven
Akt darstellt. Allein das Objekt ist nicht immer mit dem Intellekte
realiter oder wirklich vereinigt, auch nicht immer mit der Seele selbst;
denn wie der heilige Augustin sehr gut sagt: non enim omnino ipsa
corpora in anima sunt, cum ea cogitamus, sed eorum similitudines: darum die Notwendigkeit der intellektuellen Ideen, welche, das
Objekt dem Intellekte in der intelligibeln Ordnung gegenwärtig machend,
den Akt der Intelligenz mit dem realen Objekte selbst in Verbindung
setzen. Wenn also dieser Akt von dem gedachten Objekte real verschieden ist, so muß er es auch von der Idee sein, welche ihn mit
diesem Objekt in Kontakt setzt, und welche eben dieses Objekt in der
intelligibeln Ordnung ist: objectum in esse intelligibili.

Der große Metaphysiker Suarez, dessen philosophische Schriften
verdienen, daß die wahren Denker und die Freunde der Philosophie
sie häufiger, als es leider geschieht, zu Rate ziehen, faßt die Lehre der
Scholastiker und besonders des heiligen Thomas hierüber mit
seiner bekannten Meisterschaft kurz zusammen. In seinen Worten,
welche wir hersetzen wollen, sind die Hauptgründe, mit Ausnahme
derjenigen, die wir schon angegeben haben, worauf der heilige Thomas
sich stützt, um irgend einen realen Unterschied zwischen der Idee und
dem Akte des Intellektes aufzustellen, alle enthalten; und der spanische
Philosoph thut im Grunde weiter nichts, als die Theorie des heiligen
Thomas über die Ideen auseinandersetzen und weiter entwickeln.

„Der apriorische Grund hierfür ist,[1]) daß unser Erkenntnismodus
sich durch die Verähnlichung des Erkennenden mit dem erkannten Dinge
vollzieht. Wenn darum ein Objekt erkannt wird, wird es gleichsam
in den Erkennenden hineingezogen, wie ein jeder an sich selber erfahren
kann, wenn er erkennt. Folglich ist es wegen dieser Verähnlichung
nötig, daß das erkannte Objekt sich mit dem Erkennenden vereinige,
damit auf diese Weise die aktuelle Verähnlichung oder die Erkenntnis
sich vollziehen kann. Da aber die reale Vereinigung zwischen dem
Vermögen und dem Objekte teils rein unmöglich, teils zu unverhält-
nismäßig ist, muß man darum eine intellektuelle Vereinigung annehmen, welche sich mittels der Species oder Idee, welche die Stelle
des Objektes vertritt, vollzieht . . .

---

[1]) De Anim. lib. 3. cap. 1.

„Es ergiebt sich aus dem Gesagten, daß es falsch ist, daß der Intellekt durch die sensitiven Vorstellungen hinlänglich determiniert werde, weil erstens die sensitive Vorstellung, da sie materiell ist, und in einem Vermögen einer niederen Ordnung sich befindet, nicht genügen kann für die geistige Thätigkeit des höheren Vermögens.

„Zweitens; die sensitive Vorstellung kann den Intellekt nicht als eine demselben inhärierende Form bestimmen oder determinieren, weil sie materiell ist; auch nicht als Objekt, weil der Intellekt die Dinge nicht in der sensitiven Vorstellung erkennt; auch schließlich nicht als zu der Thätigkeit des Intellektes mitwirkend, da sie, weil sie materiell ist, nicht zu einem geistigen Akte mitwirken kann.

„Drittens; der Intellekt ist ein Vermögen, das von jedem Vermögen der sensitiven Ordnung verschieden und über dasselbe erhaben ist; folglich muß er in seinem eigenen Bereiche alle für den Erkenntnisakt notwendigen Dinge haben; diese Requisite sind: das Vermögen und das mit ihm vereinigte Objekt; folglich besitzt er dieselben in seinem eigenen geistigen Bereiche. Diese Vereinigung vollzieht sich mittels der Ideen; er besitzt also eigentümliche Ideen, die von den sinnlichen Vorstellungen verschieden sind . . .

„Viertens; unser Intellekt ist entweder der intelligibeln Species fähig oder nicht; sagt man ersteres, so wird er dieselben in sich aufnehmen, wenn wir nicht das Absurdum annehmen wollen, daß er, während er im Körper ist, immer seiner natürlichen Form und seiner notwendigen Vollkommenheit entbehre. Ist er aber dessen nicht fähig, so wird er, getrennt vom Körper, nicht natürlicherweise die intelligibeln Species oder Ideen aufnehmen können, und folglich auch nicht natürlicherweise erkennen können, weil in diesem Zustande der Trennung die sinnlichen Vorstellungen nicht vorhanden sind, die seine Thätigkeit bestimmen könnten." —

Man kann auch sagen, daß sogar die Schwierigkeit, welche wir bei der Erkenntnis und Erforschung der Fragen hinsichtlich der Ideen erfahren, der Lehre des heiligen Thomas zu Hilfe kommt und ihr bis zu einem gewissen Punkte als Gegenbeweis dient. Trotz der größeren Dunkelheit, welche die Erkenntnisse, die wir durch Reflexion besitzen, gegenüber den direkten Erkenntnissen, gewöhnlich begleitet, ist es dennoch unbestreitbar, daß zwischen diesen durch Reflexion erkannten Objekten keines sich uns mit solcher Klarheit darbietet, als der intellektuelle Akt selbst. Mag dieses daher kommen, daß dieser Akt das erste Objekt in der Reihe seiner reflexen Erkenntnisse ist, oder vielmehr daher, daß wir die Anschauung desselben haben: gewiß ist, daß wir ihn mit größerer Vollkommenheit und Klarheit erkennen als irgend eine von den anderen inneren Bedingungen der intellektuellen Erkenntnis. Verhält es sich auch so mit den Ideen? — Durchaus nicht. — Weder ihre Gegenwart im Selbstbewußtsein ist so vollkommen und klar, wie die des intellektuellen Akts, noch besitzen wir eine unmittelbare Anschauung derselben, noch erreicht die Erkenntnis, welche wir von den Ideen haben, jenen Grad von Klarheit und Vollkommenheit, welchen wir in betreff des intellektuellen Aktes beobachten. Zur Bestätigung dieses genügt ein Blick auf jene Mannigfaltigkeit von schwierigen, verwickelten, unlösbaren Fragen über diesen Gegenstand, welche die Aufmerksamkeit der Philosophen immer beschäftigt haben und stets beschäftigen werden, ohne daß sie jemals zu einer Übereinstimmung, sei es auch nur zu einer teilweisen, kommen werden. Also die Dunkelheit selbst, welche bei den Fragen herrscht, die sich auf die eigentümliche Natur der Ideen und die Schwierigkeit und Unvollkommenheit, die wir in ihrer Erkenntnis erfahren, wenigstens im Vergleich mit dem intellektuellen Akte, zeigt es deutlich, daß keine absolute reale Identität zwischen diesen zwei Dingen besteht.

Man darf indessen nicht außer acht lassen, daß der heilige Thomas, wenn er einen realen Unterschied zwischen der Idee und dem Akte des Intellektes annimmt, nicht von dem realen Unterschiede spricht, der zwischen zwei kompleten und voneinander trennbaren Wesen vorhanden ist, so daß die Idee und der intellektuelle Akt sich nicht voneinander unterscheiden tanquam res a re, sondern vielmehr tanquam modus a re; denn in der That ist die Idee eine Modifikation des Intellektes und eine Seinsweise des intellektuellen Aktes, die mit ihm unzertrennlich verbunden ist. Deshalb sagt der heilige Lehrer, wo er von der idea expressa oder dem verbum mentis spricht:[1]) Non enim est de essentia intellectus, sed est quasi passio ipsius. Non tamen est extrinsecum ab ipso intelligere intellectus, cum ipsum intelligere compleri non possit sine verbo praedicto. —

Ebenfalls darf man nicht vergessen, daß dieser reale Unterschied zwischen der Idee und dem Akte in gewisser Hinsicht als eine sekundäre Frage betrachtet werden kann, und in gewisser Weise von der im vorigen Kapitel behandelten Lehre unabhängig ist. Diese Lehre bildet

---

[1]) Ibidem.

sozusagen die Basis und den Kern des philosophischen Gedankens des heiligen Thomas über diesen Gegenstand; und wie auch der Modus des Unterschiedes, den man zwischen der Idee und dem intellektuellen Alte aufstellen will, beschaffen sein mag; so wird die Lehre desselben dieserhalb doch nichts von ihrer Wichtigkeit und Gelegenheit hinsichtlich der Notwendigkeit, der Existenz, der Natur, der Bedingungen und der Unterschiede zwischen den sensitiven Vorstellungen und den species oder ideae impressae und expressae verlieren. —

Fünftes Kapitel.
Allgemeine Theorie des menschlichen Intellektes.

Wir haben schon öfters Gelegenheit gehabt zu bemerken, daß einer der Hauptunterschiede, welche der heilige Thomas zwischen den intellektuellen Vermögen und den des vegetativen und sensitiven Lebens aufstellt, die Abhängigkeit von körperlichen Organen ist, in welcher die der Sensibilität angehörenden Wahrnehmungsvermögen sich befinden, während die Vermögen der rein intellektuellen Ordnung ihre Akte, ohne solcher Organe benötigt zu sein, ausüben können. Dieses durch das Selbstbewußtsein bezeugte psychologische Phänomen; diese Grundwahrheit in der Philosophie des heiligen Thomas, ist, während sie eine der solidesten Grundlagen der apriorischen Demonstration in der Psychologie und Ideologie bildet, zugleich eine notwendige Folgerung der erhabenen philosophischen Theorie desselben über den Ursprung und die Natur der menschlichen Natur.

Wir haben bereits gesehen, als wir die Theorie des heiligen Lehrers über die göttlichen Ideen auseinandersetzten, daß alle geschaffenen Wesen Nachahmungen der göttlichen Natur genannt werden können, in dem Sinne, daß ein jedes derselben die Verwirklichung irgend einer der unendlichen Ideentypen ist, die in der Wesenheit Gottes enthalten sind. Indessen auf dieser Stufenleiter findet sich eine Reihe von Wesen, die von allen übrigen durch eine fast unendliche Distanz getrennt sind. Dieses sind die mit Intelligenz begabten Wesen, welche wegen dieser Intelligenz nicht allein Nachahmungen der göttlichen Natur unter dem generischen Begriffe des Seins, der Substanz und des Lebendigen wie die übrigen Wesen sind, sondern auch eine Teilnahme an der göttlichen Wesenheit sind, wenn diese der höchsten Vollkommenheit und ihrer Species nach, secundum speciem, betrachtet wird.

Darum repräsentieren die übrigen niederen Wesen die göttliche Wesenheit bloß per modum vestigii; aber den intelligenten Wesen kommt diese Repräsentation per viam imaginis zu.

Indessen diese Repräsentationsweise kommt den intelligenten Wesen bloß hinsichtlich dieser Intelligenz zu, nicht aber auch hinsichtlich der übrigen Vollkommenheiten oder Eigenschaften, die in ihrer Natur sich finden. Darum sagt der heilige Thomas: in homine invenitur Dei similitudo per modum imaginis secundum mentem; sed secundum alias partes ejus, per modum vestigii.

Also die Intelligenz des Menschen ist eine Teilnahme an der göttlichen Intelligenz; die menschliche Vernunft ist ein Bild der göttlichen Vernunft; das Licht unseres Intellektes ist eine Ableitung aus dem unerschaffenen Lichte. Dieses ist der Gedanke des heiligen Thomas über die Natur und die Erhabenheit der menschlichen Vernunft; dies ist auch der Grund, weshalb der Mensch als intelligentes Wesen sich auf der Stufenleiter der Wesen in einem unermeßlichen Abstande von allen nicht intelligenten Wesen, wie auch sonst ihre Vollkommenheit beschaffen sein mag, befindet. Gestellt in die unmittelbare Nähe des Thrones Gottes und sozusagen mit einer Hand die Schwelle der Sphäre des unerschaffenen göttlichen Lichtes berührend, hat der Mensch in seiner Vernunft das Siegel der göttlichen Intelligenz; das intellektuelle Licht, das er in sich besitzt, ist ein Abdruck der Ersten Wahrheit, entwickelt sich durch diese Wahrheit, und in ihr und durch sie bildet es sich und erlangt seine höchste Vollendung. Per ipsam sigillationem divini luminis in nobis, omnia demonstrantur.[1] Ipsum lumen intellectus nostri nihil aliud est, quam quaedam impressio veritatis primae.[2] — Rationalis mens formatur immediate a Deo; vel sicut imago ab exemplari, quia non est facta ad alterius imaginem quam Dei; vel sicut subjectum ab ultima forma completiva, quia semper mens creata reputatur informis, nisi ipsi primae veritati inhaereat.[3]

Dieser hohe Rang der menschlichen Vernunft; diese Erhabenheit

---

[1] Sum. Theol. I. P. Quaest. 81. art. 5.
[2] Ibid. Quaest. 88. art. 3. ad 1.
[3] Ibid. Quaest. 105. art. 1. ad 3.

des Ursprunges und der Natur; diese subjektive Vollkommenheit des menschlichen Intellektes steht in schöner Harmonie mit seiner objektiven Vollkommenheit. Es giebt in der That nichts, das nicht innerhalb der Sphäre, zu welcher die Thätigkeit unserer Intelligenz gelangen kann, begriffen wäre. Das Unendliche und das Endliche, das substantielle und das accidentelle Sein, die Zeit und die Ewigkeit, die Körper und die Geister, die sensitive und die intelligibele Ordnung, das wirkliche und das mögliche Sein, Gott und die Geschöpfe: Alles befindet sich im Bereiche unserer Intelligenz; auf alles erstreckt sie ihre Thätigkeit; und wie der heilige Thomas mit seiner gewöhnlichen philosophischen Tiefe sagt: Der Intellekt hat zu seinem eigentümlichen Objekt den allgemeinen Begriff des Seins: intellectus autem respicit suum objectum secundum rationem entis. Darum ist alles, was auf irgend eine Weise am Begriffe des Seins und der Wahrheit Anteil hat, in dem Kreise seiner objektiven Thätigkeit enthalten: cognoscit secundum eandem rationem objecti, scilicet rationem entis et veri.[1]) — Objectum intellectus est commune quoddam, scilicet ens et verum. — Intellectus[2]) est cognoscitivus omnium entium. — Est enim proprium objectum intellectus[3]) ens intelligibile; quod quidem comprehendit omnes differentias et species entis possibiles; quidquid enim esse potest, intelligi potest. —

Und man beachte: in der herrlichen philosophischen Theorie des heiligen Thomas befindet sich die objektive Vollkommenheit unseres Intellektes in vollständiger Harmonie mit seiner subjektiven Vollkommenheit. Und in dieser harmonischen Beziehung des objektiven Charakters zu dem subjektiven Charakter unserer Intelligenz und in dem Adel und der Erhabenheit ihres Ursprunges muß der hinreichende Grund jener Größe und Würde des menschlichen Geistes gesucht werden, die von den größten Geistern aller Jahrhunderte um die Wette gefeiert worden sind.

„Seine Größe ist real," sagt der berühmte Fenelon;[4]) „er vereinigt ohne Konfusion das Vergangene und das Gegenwärtige, und bringt mittels seiner Vernunftschlüsse sogar in Zukunft ein. Er hat

---

[1]) Ibid. Quaest. 87. art. 4. ad 1.
[2]) Cont. Lib. 3. Dist. 14. art. 1. Quaest. 2.
[3]) Sum. cont. Gent. Lib. 2. cap. 98.
[4]) Abhandlung über das Dasein Gottes. Kap. 50.

die Idee der Körper und der Geister. Er besitzt die Idee selbst des Unendlichen; denn er behauptet von ihm alles, was ihm zukommt, und laugnet von ihm, was ihm nicht zukommt. Man sage ihm, das Unendliche sei dreieckig: und er wird ohne Zögern antworten, daß dasjenige, was keine Schranken hatte, auch durchaus keine Gestalt haben könne. Man sage ihm, er möge die erste von den Einheiten angeben, welche eine unendliche Zahl bilden: und er wird sofort antworten, daß es bei dem Unendlichen weder Anfang, noch Mitte, noch Ende geben könne; denn wenn man bei ihm eine erste oder letzte Einheit angeben könnte, so würde man auch irgend eine andere Einheit zu dieser hinzufügen, und folglich die Zahl vermehren können." —

„Wie groß ist der Geist des Menschen![*]) Er hat etwas in sich, worüber man sich wundern muß, und wodurch er sich selbst unendlich übertrifft. Die Ideen sind allgemein, ewig und unveränderlich . . . Diese Ideen ohne Schranken können sich nie in uns verändern, nie sich verwischen, nie alterirt werden. Sie bilden den Grundstock der Vernunft. Es ist unmöglich, wie sehr man sich auch anstrengen mag, jemals ernstlich an dem zu zweifeln, was diese Ideen uns mit Klarheit darbieten; z. B. ich kann nicht im Ernste daran zweifeln, ob das Ganze größer sei als einer seiner Teile; ob der Mittelpunkt eines Kreises von allen Punkten der Peripherie gleich weit entfernt sei." —

Indessen, die glänzende Seite unseres Geistes wird gleichsam verdunkelt und bis auf einen gewissen Punkt wieder aufgewogen durch die schwache und mangelhafte Seite desselben. Einerseits Gott sehr nahe, dessen Licht und dessen Ideen sich in unserer Intelligenz als einer Teilnahme an den ewigen Ideen abspiegeln, ist er andererseits bedeckt mit Finsternis und Schatten. Die Erhabenheit seines Ursprungs und die Allgemeinheit und der Umfang seines Objektes befinden sich nicht in absoluter Proportion mit der Energie und Wirksamkeit seiner Thätigkeit. Obgleich über alle materielle Wesen gestellt und über jede sinnliche Ordnung fast unendlich erhaben, nimmt er doch den niedrigsten Grad in der Reihe der intellektuellen Wesen ein. Die Vernunft des Menschen, ohne aufzuhören eine Teilnahme an der göttlichen Vernunft und ein Abglanz des unerschaffenen unendlichen Lichtes, wie die Intelligenz der Engel, zu sein, ist doch nicht eine so vollkommene und unmittelbare Teilnahme wie die Engelvernunft und befindet sich in einem größeren Abstande von dem allgemeinen Intel-

---

[*]) ibid. Kap. 52.

Fünftes Kapitel. Allgemeine Theorie des menschlichen Intellektes.

lektuellen Centrum, und reflektiert nicht mit einer solchen Lebhaftigkeit, wie die englischen Intelligenzen das göttliche Licht und die göttlichen Ideen.

Daher kommt es, daß die Engel, da ihr Intellekt sich immer in Thätigkeit befindet, teils weil sie die unmittelbare Anschauung ihrer eigenen Substanz haben, teils weil sie eingeborene Ideen der Objekte in sich besitzen, nicht nötig haben, diese Ideen zu bearbeiten, oder sie nach und nach zu erwerben, oder durch die Aktion der Sensibilität, wie der Mensch, angeregt zu werden; daß der Mensch dagegen, auch abgesehen davon, daß er sich ursprünglich und beim Anfange seiner intellektuellen Entwickelung in einem Schlaf- und Passivitätszustande befindet, seine Ideen und Kenntnisse sich erst mühsam erwerben muß, und nur nach und nach in den Besitz der Wissenschaft gelangt: hier findet sich der wahre Ursprung und die philosophische Erklärung dieser Dunkelheit des Intellektes, die wir neben der Erhabenheit seines Ursprunges und seines Objektes finden; jener Schwäche und Ohnmacht, die wir neben seiner Macht und Energie antreffen; jener vielfachen Irrtümer, jener unüberwindlichen Schwierigkeiten, die wir bei jedem Schritte auf dem Wege der Wahrheit und der Wissenschaft gewahren; jener Unwissenheit und jener Nebel, die wir in unserem Geiste neben seinen glänzenden Resultaten und seinen großen wissenschaftlichen Conceptionen finden.

Der heilige Thomas faßte diese Lehre in ein einziges Wort zusammen, in eins von jenen Worten, die durch ihre wissenschaftliche Einfachheit und Präcision, wie auch durch ihre philosophische Tiefe, die sie enthalten, so bewunderungswürdig sind: Intellectus humanus est pura potentia in ordine intelligibili: der menschliche Intellekt ist eine reine Potenz in der intelligibeln Ordnung. Darum besitzt unser Geist nicht die unmittelbare Anschauung seiner Substanz und Wesenheit wie die Engel; darum besitzt er auch von seinen eigenen Akten nur unter der Bedingung die Anschauung, daß er zuvor seine Thätigkeit auf irgend ein anderes Objekt hinlenkt; darum findet er so viele Schwierigkeiten und sieht sich von Nebeln und Dunkelheit umgeben, wenn er sich selbst und die Bedingungen seiner intellektuellen Thätigkeit kennen lernen will; darum muß er auch, da er anfänglich der Akte und Objekte ermangelt, durch die Aktion der sensitiven Vermögen angeregt werden und kann nur nach und nach seine Ideen erwerben: Intellectus humanus est pura potentia in ordine intelligibili. Dieses ist ein tiefsinniger Gedanke, der die wissenschaftliche Erklärung und den apriorischen Grund jenes Phänomens einschließt, das nicht weniger durch die Geschichte der Philosophie als durch das menschliche Bewußtsein bezeugt wird; dieses ist die philosophische Erklärung jener Schwäche und Ohnmacht der Vernunft des Menschen, die wir mit ihrer Größe, Macht und Würde immer beisammen finden.

Wir können unmöglich dieser so herrlichen, so soliden, so erhabenen und vollständigen Theorie der menschlichen Vernunft unsere Anerkennung verweigern. Wir können unmöglich dieser Theorie, die uns gleichsam mit dem Finger den Seinsgrund und den wahren Ursprung dieser geheimnisvollen Vermengung von Größe und Armseligkeit, von Kraft und Schwäche angiebt, welche die Erfahrung und das Selbstbewußtsein in Übereinstimmung mit der Geschichte in der menschlichen Vernunft uns bezeugen, unsere Bewunderung versagen. Aber nicht allein dieses: nachdem der heilige Thomas die glänzende und die dunkele Seite der menschlichen Vernunft analysiert hat; nachdem er den Ursprung ihrer Erhabenheit und Kraft, und ebenfalls auch den Ursprung ihrer Schwäche und Armseligkeit angegeben hat; nachdem er die vollständige Theorie der Vernunft, welche die wichtigsten Anwendungen in sich schließt, entwickelt hat: faßt er diese ganze große Theorie in eins von jenen einfachen und zugleich fruchtbaren Worten zusammen, dessen Geheimnis er allein besitzt: „Die menschliche Vernunft," sagt er uns, „ist eine Teilnahme an der unerschaffenen Intelligenz; ist ein Abglanz des göttlichen Lichtes in unserer Seele." Jene menschliche Vernunft, die bei jedem Schritte auf dem Wege der Wahrheit strauchelt; jene menschliche Vernunft, die tausend Widersprüchen und Armseligkeiten ausgesetzt ist; jene menschliche Vernunft, die sich voller Schatten und Dunkelheiten weiß: ist die nämliche menschliche Vernunft, die Erfindungen und Entdeckungen macht, die eine Kraft in sich enthalten, die über alle menschliche Kraft erhaben ist; ist die nämliche menschliche Vernunft, die, nachdem sie die unermeßlichen Räume des Himmels und die Tiefen der Erde durchmustert hat, sich über die Welt der Körper hinausschwingt, um alle Gebiete und Verhältnisse der Wahrheit zu durcheilen. Und wie ist dieses möglich? Darum, weil die menschliche Vernunft bloß ein Abglanz, eine Teilnahme ist. Dieses ist der Ursprung ihrer Schwäche. Aber sie ist eine Teilnahme an der unerschaffenen Intelligenz, ein Abglanz des göttlichen Lichtes in unserer Seele. Dieses ist der Ursprung ihrer Größe. Soviel alle großen Denker hierüber geschrieben haben; die ganze Geschichte der menschlichen Vernunft mit ihrer Größe und ihrer Armseligkeit, mit ihrer Macht und ihrer Schwäche: alles findet sich konzentriert in diesem einfachen, aber tief philosophischen Worte: Participatio luminis increati; impressio divini luminis in nobis. —

Sechstes Kapitel.
Der Intellectus possibilis und der Intellectus agens. Die Vernunft und der Verstand.

„Weil wir bemerken," sagt der heilige Thomas, „daß der Mensch einesteils aktuell erkennt, und andernteils in der Potenz zu dieser Aktion sich befindet, so müssen wir beim Menschen irgend ein intellektuelles Princip annehmen, das die Potenz oder das Vermögen für alle intelligibeln Objekte ist. Dieses Princip nennt der ‚Philosoph' intellectus possibilis, mögliche Vernunft. Dieser intellectus possibilis muß sich in der Potenz bezüglich aller Dinge befinden, die vom Menschen erkannt werden können, mit der Fähigkeit, sie aufzunehmen, da er sie von vornherein nicht besitzt. Denn alles, was fähig ist, ein Ding zu empfangen oder aufzunehmen, muß sich in der Potenz zu diesem Dinge befinden, insofern man voraussetzt, daß es desselben entbehrt. Darum sehen wir, daß die Pupille, die alle Farben aufnehmen kann, eben deswegen aller und jeder Farbe entbehrt. Der Mensch hat das Vermögen, über alle sinnlichen Dinge nachzudenken und sie zu erkennen; es muß deshalb auch sein intellectus possibilis jeder sinnlichen Materie und Natur entbehren, und darf darum auch kein körperliches Organ besitzen . . . Durch diesen Beweis des ‚Philosophen' wird die Meinung der alten Philosophen beseitigt, die behaupteten, der Intellekt sei nicht von den sensitiven Vermögen verschieden; und im allgemeinen wird die Meinung aller derjenigen widerlegt, die behaupten, das intelligente Princip beim Menschen sei irgend eine, wie die übrigen materiellen Formen oder Kräfte, mit dem Körper vereinigte Form oder Kraft."

Diese Worte bedürfen keines Kommentars; durch sie erkennt man leicht, daß der intellectus possibilis nichts anderes als das höhere menschliche Erkenntnisvermögen ist, das an und für sich und in seinem Anfange betrachtet, sich in der Potenz zu seinen Akten befindet, d. h. hinsichtlich der Entwickelung seiner Thätigkeit und der Erwerbung oder

Aufnahme der intelligibeln Ideen und Objekte. Diese Lehre ist nicht eine willkürliche oder müßige Annahme; sie befindet sich vielmehr mit der Erfahrung und der psychologischen Beobachtung in vollster Übereinstimmung, worauf der heilige Thomas auch hinweist.

Niemand kann in der That in Zweifel ziehen, wenn er nicht dem Zeugnisse des gesunden Sinnes offen widersprechen will, daß unser Intellekt anfangs jeden Aktes ermangelt und gleichsam schläft, und einer gewissen Entwickelung der Organe des Körpers, wie auch der Anregung und Ausübung der sensitiven Vermögen benötigt ist, um sich in Thätigkeit zu setzen und seine intellektuellen Funktionen auszuüben. Ebensowenig kann man daran zweifeln, daß diese Akte und Funktionen nur unter der Bedingung der Erwerbung und der Aufnahme der intellektuellen Ideen in dem Intellekt sich vollziehen, mittels welcher Ideen die Erkenntnis der Objekte zustande kommt; und daß diese Erwerbung und Aufnahme nach und nach geschehen, indem die Objekte, eines nach dem anderen, in das höhere Erkenntnisvermögen gelangen. Der intellectus possibilis des heiligen Thomas ist somit eine Lehre, die in jeder gesunden Philosophie allgemein angenommen ist; und in der That können auch nur die strengen Anhänger der angeborenen Ideen, oder die enthusiastischen Verehrer des Cartesius, die, über den gesunden Sinn und das Zeugnis des Selbstbewußtseins sich hinwegsetzend, das Wesen der menschlichen Seele in dem aktuellen Gedanken bestehen lassen, dieselbe verwerfen.

Weil nun der intellectus possibilis bestimmte Bedingungen erfordert, um vom Zustande der Potenz zur wirklichen Erkenntnis überzugehen, und weil er von vornherein der Idee entbehrt, ohne welche dieser Übergang zum aktuellen Gedanken sich nicht vollzieht, da er von vornherein bloß die Rezeptivität für alle intelligibeln Objekte besitzt: muß man in dem nämlichen Erkenntnisvermögen irgend eine aktive Kraft annehmen, die auf diesen intellectus possibilis einen Einfluß auszuüben vermag, indem sie seinen Übergang vom Zustande der Potenz zum Zustande der Aktion bestimmt, ihm die intelligibeln Ideen oder Objekte darbietend, auf welche diese Aktion sich bezieht. Diese aktive Kraft der intelligibeln Ordnung nennt der heilige Thomas intellectus agens, thätige Vernunft.

Wir müssen hier eine wichtige Bemerkung einflechten, um schweren Irrtümern und schiefen Auffassungen vorzubeugen. Wer sich bloß an die Namen „possibilis" und „passive Potenz" hält, welche der heilige Thomas dem Vermögen, welches die intellektuellen Ideen aufnimmt, oder was dasselbe ist: dem intellectus possibilis beilegt, und glauben wollte, daß dieser intellectus ein rein passives Vermögen, eine reine Receptivität der Ideen sei, würde sehr irren. Diese Bemerkungen entsprechen dem Intellekte bloß in Bezug auf sein Objekt: weil dieser Intellekt die intellektuellen Ideen aufnimmt, heißt er potentia passiva, was hier soviel heißt als rezeptives Vermögen; weil er jedes intellektuelle Objekt aufnehmen, erkennen und darüber nachdenken kann, heißt er intellectus possibilis. Indessen dieser nämliche Intellekt, an und für sich und sozusagen subjektiv betrachtet, ist mehr ein aktives als ein passives Vermögen, da er das Princip der intellektuellen Aktion ist, die eine reale Aktion ist, welche aus jenem vitalen Vermögen, das wir Intellekt nennen, hervorgeht. Diese Bemerkung, welche bei Vermeidung weittragender Irrtümer diejenigen nicht aus den Augen verlieren dürfen, welche die Psychologie und Ideologie des heiligen Thomas studieren und verstehen wollen, ist bereits vom heiligen Lehrer selbst gemacht: Non enim distinguitur potentia activa a passiva ex hoc quod habet operationem; quia cum cujuslibet potentiae animae, tam activae quam passivae, sit operatio aliqua, quaelibet potentia animae esset activa. Cognoscitur autem eorum distinctio per comparationem potentiae ad objectum. Si enim objectum se habeat ad potentiam ut patiens et transmutatum, sic erit potentia activa; si autem e converso se habeat ut agens et movens, sic erit potentia passiva.... Circa intellectum vero, aliqua potentia est activa, aliqua passiva, eo quod per intellectum, intelligibile in potentia, fit intelligibile actu, quod est intellectus agentis; et sic intellectus agens est potentia activa. Ipsum etiam intelligibile in actu facit intellectum in potentia esse intellectum in actu; et sic intellectus possibilis erit potentia passiva. [1]) —

Die voraufgehenden Betrachtungen erinnern uns an die verkehrte Auffassung, welche der Graf de Maistre sich hat zu schulden kommen lassen. Da, wo der berühmte Schriftsteller vom heiligen Thomas und seiner Theorie über den menschlichen Intellekt und die Ideen spricht, drückt er sich folgendermaßen aus:[2] „Vernehmt ihn, wie er sich über den Intellekt und die Ideen ausspricht: er unterscheidet sorgfältig den intellectus passivus oder jenes Vermögen, das die

---

[1]) Quaest. Disput. De Verit. Quaest. 16. art. 1. ad 13.
[2]) Abendstunden von St. Petersburg. 2. Abend.

Eindrücke aufnimmt, vom intellectus activus (den er auch possibilis nennt) oder dem eigentlichen Erkenntnisvermögen, das über die Eindrücke urteilt." —

Neben der Dunkelheit in der Sprache, die diese Stelle enthält, und neben der etwas seltsamen Benennung, die er hier dem Intellekte giebt, enthält sie drei recht große Unrichtigkeiten, die Veranlassung geben können, daß man sich einen ganz falschen Begriff vom Gedanken des heiligen Thomas über diesen Gegenstand bildet. Erstens meint er, der intellectus passivus, der die Eindrücke der Objekte aufnimmt, gehöre zur intellektuellen Ordnung und sei ein Teil oder eine Modifikation dessen, was wir eigentlich Intellekt oder Vernunft nennen. Wir werden später sehen, daß nach dem heiligen Thomas der intellectus passivus nichts mit der menschlichen Vernunft zu thun hat, da er nur ein Name ist, den er zuweilen einem der inneren Sinne giebt. Und bekanntlich befindet sich gemäß seiner psychologischen Principien jedes sensitive Vermögen unermeßlich weit unter dem Intellekte.

Die Verwechselung und Identifizierung des intellectus activus oder des intellectus agens mit dem intellectus possibilis ist die zweite Unrichtigkeit in der citierten Stelle. Wir brauchen uns nur daran zu erinnern, was ich im gegenwärtigen Kapitel gesagt habe, um zu erkennen, daß der intellectus agens und possibilis zwei verschiedene Fähigkeiten, oder vielmehr zwei verschiedene Manifestationen des einen höheren Erkenntnisvermögens sind. Hieraus entsteht auch die dritte Unrichtigkeit unseres Schriftstellers, wenn er meint, das eigentliche höhere Erkenntnisvermögen sei vom intellectus activus und possibilis verschieden. In der Theorie des heiligen Thomas sind der intellectus agens und der intellectus possibilis nicht verschieden von der menschlichen Vernunft, vielmehr sind sie die menschliche Vernunft selbst, bilden die Intelligenz des Menschen, bilden das, was wir intellektuelles Erkenntnisvermögen nennen; und diese doppelte Benennung drückt bloß eine zweifache Seite des einen und nämlichen Vermögens aus; diese zwei Namen bezeichnen zwei verschiedene Funktionen oder Manifestationen der menschlichen Intelligenz.

Es ist nicht allein der Graf de Maistre, der über den uns beschäftigenden Gegenstand verkehrte und falsche Ansichten hat. Es giebt viele Beispiele, die sich anführen ließen, wo man noch viel verkehrter geurteilt hat, als der Verfasser der „Abendstunden". Solche Urteile finden sich bei jeder Klasse von Schriftstellern, selbst bei solchen, bei denen man infolge ihrer Stellung und der speciellen Studien, wodurch sie sich einen Namen erworben haben, erwarten sollte, daß sie auf eine richtigere und vollständigere Weise diese Lehren wiedergegeben und beurteilt hätten. Als Beispiel möge der Verfasser der „Untersuchungen über das menschliche Erkenntnisvermögen" dienen; man höre, wie sich der Hauptrepräsentant der schottischen Schule, Reid (sprich Ried), ausdrückt: [1] „Aristoteles meinte, die Materie könne ohne Form existieren; aber er glaubte nicht, daß die Formen ohne die Materie existieren könnten. Er lehrte nichtsdestoweniger zugleich, daß es weder Sensation, noch Imagination, noch Erkenntnis geben könne, wenn nicht die Formen, Phantasmen oder Species der Dinge im Geiste gegenwärtig wären .... Die Lehre seiner Schüler war noch bestimmter; sie behaupteten geradezu, daß diese species intelligibiles und sensibiles aus den Objekten emanierten und sich in den intellectus passivus eindrückten, in dessen Schoß sie vom intellectus agens wahrgenommen würden. Diese Meinung war allgemein angenommen, solange die scholastische Philosophie herrschte." —

Es ist gewiß nicht leicht gewesen, so viele falsche Behauptungen und so viele Unrichtigkeiten in so wenige Worte zu fassen. Diejenigen, welche der Entwickelung der ideologischen Theorie des heiligen Thomas, welche den Gegenstand dieses Buches bildet, aufmerksam folgen werden, werden sich hiervon leicht überzeugen können. Es möge indessen gestattet sein, die Aufmerksamkeit des Lesers auf einige dieser Irrtümer zu lenken.

1) Aristoteles war so weit davon entfernt zu meinen, die Materie könne ohne Form existieren, daß es vielmehr einer der Hauptpunkte seiner Theorie über die konstitutiven Principien der Körper ist, daß nämlich die Materie auf keine Weise ohne die Form existieren könne, eine Behauptung, die übrigens nur eine notwendige logische Consequenz der angegebenen Theorie ist. Was seine Schüler, nämlich die Scholastiker, die Reid hier offenbar meint, betrifft, so stimmten sie mit Aristoteles hierin nicht allein überein, sondern viele von ihnen fügten noch hinzu, daß die Existenz der ersten Materie ohne irgend eine Form einen Widerspruch enthalte, und deshalb auch für die göttliche Allmacht unmöglich sei.

2) Aristoteles sowohl, als auch seine Schüler, die Scholastiker, nahmen nicht allein die Möglichkeit, sondern auch die Wirklichkeit von Formen an, die ohne die Materie existieren. Und gewiß würden

---

[1] Sämtliche Werke. Bd. 2, Kap. 7.

die Scholastiker und besonders der heilige Thomas die Existenz von Formen ohne Materie nicht gut leugnen können, da sie einerseits nicht allein die vernünftige Seele, sondern auch die Engel Formen nannten, und andererseits behaupteten und bewiesen, daß sowohl diese als jene geistige, unsterbliche, von der Materie unabhängige und in sich selbst subsistierende Substanzen seien.

3) Die Formen, von welchen Aristoteles und die Scholastiker sprachen, als sie von der Möglichkeit und der Existenz der Materie ohne die Form und dieser letzteren ohne jene Materie handelten, sind die Formen, welche sie substantielle nannten, die von den intelligibeln und sensitiven Formen, von welchen sie bei der Lehre über die intellektuelle und sensitive Erkenntnis sprachen, sehr verschieden sind und nichts damit zu thun haben. Es ist darum falsch, die einen mit den anderen zu verwechseln, wie dieses der schottische Philosoph zu thun scheint.

4) Die Lehre derjenigen, welche Reid Schüler des Aristoteles nennt, d. h. der Scholastiker, lautet nicht allein nicht sensualistischer als die des Aristoteles, wie der ehemalige Professor von Glasgow annimmt; sondern man kann und muß entschieden das Gegenteil behaupten, da die Mehrzahl der Scholastiker die Theorien des Aristoteles über die Vermögen der Seele und die intellektuelle Erkenntnis mehr oder weniger im spiritualistischen Sinne modifizierten.

Wenn das Haupt der schottischen Schule behauptet, die Scholastiker lehrten geradezu, die sensitiven wie auch die intelligibeln Species emanierten aus den Objekten, so drückt er sich auf eine ganz unklare Weise aus, die leicht zu Irrtümern Veranlassung geben kann. Wenn man von den Scholastikern im allgemeinen spricht, so ist das Höchste, was man einräumen kann, dieses, daß viele von ihnen sensitive Species annahmen, die von den Objekten emanierten; aber was die intelligibeln Species betrifft, so waren sie weit davon entfernt, diese unmittelbar aus den Objekten emanieren zu lassen, wie Reid anzudeuten scheint; sie behaupteten vielmehr, daß diese Species oder Ideen dem Intellekte selbst ihren Ursprung verdankten, der sie aus den durch die Einbildungskraft gelieferten Vorstellungen der Objekte sich gewinne. So verhält es sich mit den Scholastikern im allgemeinen. Wenn wir uns aber auf einige von ihnen und besonders auf den heiligen Thomas beschränken, so haben wir schon gesehen, daß der heilige Lehrer jene Emanation der sinnlichen Species aus den Objekten nicht annimmt; und was noch mehr ist: wir werden später sehen, daß wir nach seiner ideologischen Theorie viele Ideen erwerben und besitzen, die von den

Objekten weder herrühren noch emanieren, nicht einmal auf eine mittelbare Weise.

6) Abgesehen davon, daß der Name passivus, den er dem intellectus possibilis giebt, nicht richtig ist, ist es absolut falsch, daß die Schüler des Aristoteles jemals gelehrt hätten, der intellectus agens — oder passivus, wie ihn unser Schriftsteller nennt — sei derjenige, welcher im intellectus possibilis die Intelligibeln Species wahrnähme. Die Scholastiker waren von einer derartigen Behauptung so weit entfernt, daß sie vielmehr einstimmig bekennen und behaupten, die Wahrnehmung und Erkenntnis der Dinge sei die eigentümliche und ausschließliche Sache des intellectus possibilis, ebenso wie es auch die ausschließliche Funktion und der eigentümliche Akt des intellectus agens darin bestehe, die species intelligibiles, oder die Ideen, welche in den intellectus possibilis aufgenommen werden, zu abstrahieren, zu bearbeiten und zu bilden. Während also der Hauptrepräsentant der schottischen Schule den Scholastikern die Meinung beilegt, daß die Species oder Ideen zuerst in den intellectus possibilis aufgenommen würden, und daß sie dann vom intellectus agens erkannt würden, und daß folglich die Funktion des intellectus possibilis früher sei als die des intellectus agens; lehren diese gerade das Gegenteil, nämlich 1) daß das Wahrnehmen und Erkennen nicht dem intellectus agens, sondern ausschließlich dem intellectus possibilis angehöre; 2) daß die Thätigkeit jenes von Natur aus eher ist als die Thätigkeit dieses letzteren.

Schließlich wollen wir noch darauf aufmerksam machen, daß die Scholastiker nicht zu sagen pflegten, der Intellekt nehme die Species oder Ideen wahr, wie das der schottische Philosoph von ihnen behauptet; denn sie wußten sehr wohl, daß dasjenige, was vom Intellekte wahrgenommen und erkannt wird, in der Regel wenigstens und bei den direkten Akten, nicht die Ideen, sondern die realen Objekte sind; species intelligibilis, sagt der heilige Thomas, non est id, quod intelligitur, sed id, quo intelligitur.

Das bisher Gesagte ist eine Wahrheit, wenn wir uns auf den heiligen Thomas und die Scholastiker im allgemeinen beschränken. Wenn wir nun zu einigen Scholastikern im besonderen herabsteigen würden, und der Plan dieses Werkes es uns erlaubte; so würde es uns nicht schwer werden, Reid und der ganzen schottischen Schule mit Texten in der Hand zu beweisen, daß die Theorie über die menschliche Erkenntnis einiger von jenen Schülern des Aristoteles nicht allein mit der sensualistischen Theorie nichts gemein hat, sondern daß sie eher der idealistischen Theorie des Plato und Malebranche sich nähert, wenngleich sie die Ideen des ersteren in einem christlichen Sinne zu deuten suchten, und die gefährlichen Übertreibungen des letzteren hinsichtlich der Anschauung der Dinge in Gott vermieden. Man lese nur das Itinerarium mentis ad Deum des heiligen Bonaventura; man lese dieses herrliche Buch, das von Gerson nicht ohne Grund ein opus immensum genannt wird, cujus laus superior est ore mortalium; und man wird sehen, daß alle seine Seiten eminent ontologische Tendenzen atmen, und daß die wissenschaftliche Entwickelung der Gottesidee, die dieser große Scholastiker hier giebt, die so viel gerühmten Beweise des Cartesius über diesen Gegenstand weit hinter sich zurück läßt, und daß seine Theorie über die menschliche Erkenntnis als eine wahre Antithese der sensualistischen Theorie angesehen werden kann. Sed cum ipsa mens nostra [1]) sit commutabilis, illam (veritatem) sic incommutabiliter relucentem non potest videre, nisi per aliquam aliam lucem omnium incommutabiliter radiantem, quam impossibile est, esse creaturam mutabilem. Scit igitur in illa luce, quae illuminat omnem hominem venientem in hunc mundum, quae est lux vera, et Verbum in principio apud Deum. . . . Hujusmodi igitur illationis necessitas non venit ab existentia rei et materia, quia est contingens; nec ab existentia rei in anima, quia tunc esset fictio, si non esset in re. Venit igitur ab exemplaritate in arte aeterna, secundum quam res habent aptitudinem et habitudinem ad invicem. . . . Ex quo manifeste apparet, quod conjunctus sit intellectus noster ipsi aeternae veritati; dum nisi per illam docentem, nihil verum potest certitudinaliter capere.

Diese Stelle, die aus vielen anderen analogen des nämlichen Werkes herausgegriffen ist, zeigt hinlänglich den ungeheueren Abstand, der zwischen der ideologischen Idee des heiligen Bonaventura und der sensualistischen Schule besteht; ein Abstand, über den diejenigen gar nicht werden zweifeln können, welche sich die Mühe nehmen und das fragliche Werk lesen, um durch Vergleichung und Analysierung seiner Stellen seine Lehren und Tendenzen zu würdigen.

Bekanntlich gebrauchen wir ohne Unterschied die Namen „Vernunft" (intellectus) und „Verstand" (ratio), um das Denkvermögen zu bezeichnen, das in unserer Seele residiert. Der heilige Thomas macht

---

[1]) Itiner. ment. ad Deum. Cap. 3.

hierüber einige ebenso philosophische als auch sonst sehr beachtenswerte Bemerkungen. Davon ausgehend, daß die Vernunft und der Verstand in uns im Grunde ein und dasselbe und nicht verschiedene Vermögen sind, giebt er den wissenschaftlichen Grund dieser doppelten Benennung an, die wir unserem höheren Erkenntnisvermögen beilegen.

Zwischen den Engeln und dem Menschen, als intelligente Wesen betrachtet, besteht ein Unterschied, den man nicht aus dem Auge verlieren darf. Obgleich beide imstande sind, die Wahrheit zu erreichen und zu erkennen, so ist doch die Art und Weise, wie sie diese Wahrheit in den Objekten erreichen, nicht dieselbe bei den einen und bei dem anderen. Die Engel, als Wesen und Intelligenzen, die Gott näher sind, gleichen diesem mehr, was die Erkenntnisweise betrifft, d. h. sie erkennen die Objekte und betrachten in ihnen die Wahrheit mittels eines einfachen Aktes des Intellektes und sozusagen auf den ersten Blick, ohne daß sie weitläufiger Prozesse und Vernunftschlüsse bedürfen, um ein unbekanntes Ding aus einem bekannten zu erschließen. Man kann sagen, daß sie weiter keinen intellektuellen Akt besitzen als die einfache Wahrnehmung oder Anschauung des Objektes, in welcher und durch welche sie alle in demselben enthaltenen Wahrheiten entdecken.

Dasselbe ist aber nicht bei dem Menschen der Fall. Die Erfahrung selbst zeigt es uns, daß, im allgemeinen gesprochen, der Mensch zu der mehr oder weniger vollständigen Erkenntnis eines Objektes und der auf dasselbe sich beziehenden Wahrheiten nicht durch seine einfache Wahrnehmung gelangt; wir gelangen vielmehr zum Besitze dieser Wahrheit nur mittels mannigfacher, weitläufiger Prozesse und besonders mittels der Schlußfolgerung.[1]) Naturalis enim modus cognoscendi et proprius naturae angelicae est, ut veritatem cognoscat sine inquisitione et discursu; humanae vero proprium est, ut ad veritatem cognoscendam perveniat, inquirendo, et ab uno in aliud discurrendo.

Sogar bei den leichtesten und einfachsten Objekten müssen wir abstrahieren, vergleichen, überlegen, Schlüsse machen u. s. w. Darum kann das Ratiocinium als der natürlichste und allgemeinste Prozeß des menschlichen Intellektes angesehen werden, während beim Engel, und besonders bei Gott, die einfache Wahrnehmung oder Anschauung des Objektes den natürlichen Prozeß bildet, um in den Besitz der Wahr-

---

[1]) Quaest. Disput. De Verit. Quaest. 16. art. 1.

heit zu gelangen. „Daher kommt es, schließt der heilige Lehrer, daß unsere Seelen rationelle Substanzen genannt werden; die Engel dagegen intellektuelle, aber nicht rationelle, Substanzen genannt werden." —

Indessen, obgleich der natürliche Proceß des menschlichen Intellektes die Schlußfolgerung ist, so nimmt er doch auch an der Erkenntnisweise der Engel teil; denn da einer seiner eigentümlichen Akte die einfache Wahrnehmung oder Erkenntnis der Objekte ist; so kommt er zuweilen auch zur Erkenntnis und zum Besitze der Wahrheit mittels dieser Operation. Dieses sieht man klar bei den ersten Principien der Vernunft und der Wissenschaft, deren Wahrheit wir durch einfache Einsicht oder Erkenntnis, intellectus principiorum, erreichen, ohne eines Ratiociniums oder einer Schlußfolgerung benötigt zu sein. Anima humana,[1]) quantum ad id, quod in ipsa supremum est, aliquid attingit de eo, quod proprium est naturae angelicae, ut scilicet aliquorum cognitionem subito et sine inquisitione habeat. —

Der menschliche Intellekt ist somit zugleich Verstand und Vernunft: Vernunft hinsichtlich der einfachen Wahrnehmung der Objekte und besonders hinsichtlich der Erkenntnis der veritates per se notae oder der ersten Principien der Wissenschaft; Verstand hinsichtlich der Art und Weise, wie er bei der Erforschung und Erlangung der Wahrheit gewöhnlich verfährt. Die Vernunft bezeichnet den Intellekt wie er gleichsam in Ruhe sich befindet, insofern er die Wahrheit mittels einer einfachen, ruhigen Anschauung derselben erreicht und erkennt. Der Verstand ist dieser selbe Intellekt, aber Anstrengungen machend, um zu der verborgenen Wahrheit zu gelangen, deren Schattenrisse er in den bereits erkannten Dingen entdeckt; er ist die progressive Bewegung dieses nämlichen Intellektes, der sich auf dem wissenschaftlichen Gebiete fortbewegt und entwickelt, indem er sich anstrengt, um die Wahrheit stückweise zu erlangen, die er nicht mit einem Schlage erlangen kann. Somit sind der Verstand und die Vernunft nicht zwei verschiedene Vermögen; sie sind der Ausdruck der zwei Aktionsweisen einer und derselben intelligenten Kraft; sind zwei verschiedene Seiten und Manifestationen des menschlichen Intellektes; sind zwei Phasen seiner Entwickelung. Jedoch vernehmen wir, wie

---

[1]) Ibidem.

Sechstes Kapitel. Der intellectus possibilis und der intellectus agens 45

der heilige Thomas diese Lehre auseinandersetzt und entwickelt, aus der wir viele wichtige Folgerungen ziehen können:

„Die Vernunft und der Verstand beim Menschen[1]) können nicht zwei verschiedene Vermögen sein, was wir mit voller Evidenz erkennen, wenn wir den eigentümlichen Akt selber betrachten. Intellektuell oder mit der Vernunft erkennen heißt die intelligibele Wahrheit einfach wahrnehmen; dagegen Schlußfolgerungen machen oder mit dem Verstande erkennen, heißt von der Erkenntnis einer Sache zur anderen fortschreiten, um die intelligibele Wahrheit zu erkennen. Und deshalb haben die Engel, die nach der Einrichtung ihrer Natur die Erkenntnis der intelligibeln Wahrheit vollkommen besitzen, nicht nötig, von einem Dinge zum anderen überzugehen; sie nehmen vielmehr ohne Diskurs die Wahrheit in den Dingen einfach wahr. Aber die Menschen gelangen zur Erkenntnis der intelligibeln Wahrheit, indem sie von einem Dinge zum anderen übergehen; und deshalb nennt man sie rationelle Wesen.

„Es ist demnach klar, daß das Schlußfolgern sich zum Erkennen verhält, wie die Bewegung zur Ruhe, wie die Erwerbung zum Besitze; das eine bezeichnet etwas Unvollkommenes, das andere etwas Vollkommenes. Da aber die Bewegung immer von der Ruhe anfängt und in der Ruhe endigt, so folgt hieraus, daß die menschliche Schlußfol=

---

[1]) Sum. Theol. I. P. Quaest. 79. art. 8: Ratio et intellectus in homine non possunt esse diversae potentiae. Quod manifeste cognoscitur, si utriusque actus consideretur. Intelligere enim est simpliciter veritatem intelligibilem apprehendere; ratiocinari autem, est procedere de uno intellecto ad aliud, ad veritatem intelligibilem cognoscendam. Et ideo angeli, qui perfecte possident secundum modum suae naturae cognitionem intelligibilis veritatis, non habent necesse, procedere de uno ad aliud, sed simpliciter et sine discursu veritatem rerum apprehendunt. Homines autem ad intelligibilem veritatem cognoscendam perveniunt procedendo de uno ad aliud; et ideo rationales dicuntur. Patet ergo, quod ratiocinari comparatur ad intelligere, sicut moveri ad quiescere, vel acquirere ad habere, quorum unum est perfectum, aliud autem imperfectum. Et quia motus semper ab immobili procedit, et ad aliquid quietum terminatur, inde est quod ratiocinatio humana secundum viam acquisitionis vel inventionis a quibusdam simpliciter intellectis, quae sunt prima principia; et rursus in via judicii resolvendo, redit ad prima principia, ad quae, inventa examinat. Manifestum est autem, quod quiescere et moveri non reducuntur ad diversas potentias, sed ad unam et eandem, etiam in naturalibus rebus; quia per eandem naturam aliquid movetur ad locum, et quiescit in loco. Multo ergo magis per eandem potentiam intelligimus et ratiocinamur. Et sic patet, quod in homine eadem potentia est ratio et intellectus. —

gemäß, um zur Auffindung oder Erwerbung von Wahrheiten zu gelangen, von gewissen einfach erkannten Wahrheiten ausgeht, welches nämlich die ersten Principien sind; und daß sie, wenn sie ein Urteil über die erforschten Dinge abgiebt, diese Dinge auf die ersten Principien wieder zurückführt, nach denen sie prüft, was sie gefunden hat. Nun aber ist es klar, daß die Ruhe und die Bewegung nicht zwei verschiedenen Kräften angehören, was selbst von den körperlichen Dingen gilt; sie gehören vielmehr einer und derselben Kraft an; denn es ist die nämliche Ursache, die einen Gegenstand von einem Orte zum anderen bewegt und ihn an einem Orte in Ruhe versetzt. Um so mehr muß es somit dieselbe Kraft sein, mit der wir schlußfolgern und intellektuell erkennen. Es sind also beim Menschen die Vernunft und der Verstand ein und dasselbe Vermögen." —

„Es giebt höhere geistige Substanzen," sagt er an einer anderen Stelle,[1]) „welche ohne Bewegung und ohne Ratiocinium die Wahrheit mittels einer einfachen und augenblicklichen Erfassung derselben erkennen. Dieses sind die Engel, von denen man deshalb sagt, sie hätten einen quasi göttlichen Intellekt. Es giebt noch andere, niedere Substanzen, die zur vollkommenen Erkenntnis der Wahrheit nur mittels einer gewissen Bewegung gelangen, wodurch sie von einem Dinge zum anderen fortschreiten, um mittels der bekannten Dinge zu den unbekannten zu gelangen. Dies ist beim menschlichen Geiste der Fall. Darum heißen die Engel intellektuelle Substanzen, während unsere Seelen rationell genannt werden.

„Die Vernunft scheint somit eine einfache und absolute Erkenntnisweise anzudeuten; denn man sagt, jemand erkenne intellektuell, insofern er die Wahrheit innerlich im Wesen des Dinges selber liest. Der Verstand bezeichnet dagegen einen Diskurs oder ein Ratiocinium, durch welches die menschliche Seele eine Sache mittels einer anderen erkennt ... Wie also die Bewegung sich zur Ruhe wie zu ihrem Anfangs- und ihrem Endpunkte verhält; so verhält sich auch der Verstand zur Vernunft wie zu seinem Anfangs- und Endpunkte. Zu seinem Anfangspunkte: denn der menschliche Intellekt würde nicht von einem Dinge auf das andere schließen können, ohne daß dieses Ratiocinium sich auf irgend eine einfache Perception irgend einer Wahrheit stützte; und diese Perception ist die Erkenntnis der ersten Principien.

---

[1]) Quaest. Disput. De Verit. Quaest. 15. art. 1.

„Andererseits würde das Ratiocinium des Verstandes nicht zur Gewißheit bei dieser Erkenntnis gelangen, wenn nicht im Lichte dieser ersten Principien geprüft wird, was mittels des Ratiociniums gefunden worden ist; so daß hiernach also die Vernunft der Ausgangspunkt des Verstandes in betreff des Prozesses der Invention ist, und zugleich sein Ziel- oder Endpunkt hinsichtlich des Prozesses des Urteils, insofern wir die Objekte analysieren und über die Wahrheiten, welche wir erforschen und entdecken, nach dem Lichte der ersten Principien urteilen, was Sache der Vernunft ist." —

Es wird nicht unnütz sein, daran zu erinnern, daß das Urteil, von dem hier die Rede ist, nicht die allgemeine Urteilskraft des Intellektes ist, sondern vielmehr das diskretive Urteil in der wissenschaftlichen Ordnung, durch welches wir die partikulären Schlüsse und Wahrheiten auf die ersten Principien der Vernunft zurückführen, welche die unmittelbare Basis und der zureichende Grund der wissenschaftlichen Gewißheit hinsichtlich dieser partikulären Wahrheiten sind.

Die soeben auseinandergesetzte Lehre führt uns zu folgenden Folgerungen:

1) Vernunft (intellectus) und Verstand (ratio) sind zwei verschiedene Manifestationen eines und desselben Vermögens; und das Denkvermögen des Menschen, das dieses Vermögen ist, kann und muß zugleich Verstand und Vernunft genannt werden: Vernunft, insofern es die Fähigkeit hat, gewisse Ideen, Objekte und Wahrheiten augenblicklich und sozusagen durch eine gewisse Art plötzlicher Anschauung zu erkennen: eine inquisitione. Verstand, insofern die natürliche und gewöhnliche Art und Weise, wie unser Denkvermögen bei der Erforschung der Wahrheit zu Werke geht und in ihren Besitz gelangt, das Ratiocinium oder die Schlußfolgerung ist, d. h. eine Bewegung von einer Sache zur anderen (discurrendo), ein graduelller, allmählicher, schwieriger und mühevoller Prozeß von Vergleichung, Analyse und Reflexion, wodurch es in den mehr oder weniger vollkommenen Besitz der Wahrheit gelangt. Und da diese zweite Verfahrungsweise in unserem Denkvermögen häufiger und gewöhnlicher ist als die erstere, kommt dem Menschen der Name rationell viel eher als der Name intellektuell zu.

2) Das menschliche Denkvermögen als Vernunft ist das Princip und Komplement, der unmittelbare Ursprung und der Terminus des Verstandes. Die Vernunft ist Princip und Ursprung des Verstandes; denn jede diskursive Bewegung kann nur unter der Bedingung legitim sein und in den Besitz der Wahrheit führen, daß sie irgend eine un-

beweisbare Wahrheit, und folglich irgend eines von den ersten Principien oder Wahrheiten von unmittelbarer Evidenz, deren Erkenntnis, wie wir gesehen, dem Denkvermögen als Vernunft eigen ist, zur Basis hat und zum Ausgangspunkte nimmt. Die Vernunft ist auch Komplement und Terminus des Verstandes; denn der Mensch kann hinsichtlich der durch das Ratiocinium erlangten Wahrheit keine Sicherheit haben, kann auch nicht in den vollen, vollkommenen und sicheren Besitz derselben gelangen, wenn er nicht ihre notwendige Verbindung und ihren Zusammenhang mit jenem ersten Principe oder jener ersten Wahrheit von unmittelbarer Evidenz einsieht, welche dem Ratiocinium zur Basis und als Ausgangspunkt dient. Mithin ist die Vernunft der Gipfel, der Terminus und die höchste Vollendung des Verstandes, ebenso wie sie auch seine notwendige Basis, seine Wurzel und sein Princip ist.

3) Diese Theorie des heiligen Thomas über die Vernunft und den Verstand enthält den hinreichenden Grund des Unterschiedes zwischen dem Genie und dem einfachen Talente, und kann zugleich als der Schlüssel hierzu betrachtet werden. Welches ist der Charakter des einfachen Talentes? — Die Fülle und Ordnung in den Ideen, der größere oder geringere Scharfblick des Urteils, die Sicherheit und Exaktheit im Ratiocinium, die größere oder geringere Kraft der Reflexion und Analyse. Ohne Zweifel beziehen sich alle diese Eigenschaften auf die allmähliche Entwickelung und die Bewegung der intellektuellen Thätigkeit. Sie müssen also als direkte Manifestationen des Verstandes angesehen werden. Welches ist nun aber der Charakter des Genies? Die Invention und besonders die Inspiration. Ein Genie sucht nicht, bewegt sich nicht, schlußfolgert nicht; es entdeckt augenblicklich die Wahrheit, sieht sie, hat ihre Anschauung, erfaßt mit einem einzigen Gedanken, was die anderen nur mit vielerlei Gedanken erfassen; erfaßt und betrachtet mit Klarheit, was für die übrigen mit Schatten und Finsternis umgeben ist. Und ist dieses nicht auch der Charakter, den Thomas der Vernunft beilegt? Sagt er uns nicht, daß diese plötzlich die Wahrheit erfaßt und in ihren Besitz gelangt, ohne die diskursive Bewegung und sogar ohne Nachforschung, sine inquisitione et discursu? Also kann und muß das Genie als die eigentliche Manifestation der Vernunft betrachtet werden, wie das einfache Talent sich direkt und hauptsächlich auf das Denkvermögen als Verstand bezieht. Wir können also sagen, das einfache Talent ist das Vorherrschen des Verstandes über die Vernunft, und das Genie das Vorherrschen der Vernunft über den Verstand. —

Siebentes Kapitel.
Der intellectus agens (thätige Vernunft).

Wir haben im Verlaufe dieses Werkes mehr als einmal Gelegenheit gehabt zu bemerken, daß eine der traurigsten Wirkungen des Empirismus Baco's und des Cartesianismus mit ihren gefährlichen Prätensionen, eine vollständig neue Philosophie zu gründen, nicht allein das Vergessen und die Verachtung der guten Lehren, welche die alte christliche Philosophie enthielt, sondern auch eine fast vollständige Ignoranz des wahren Geistes dieser Philosophie und ihrer Lehren gewesen ist, wie sie von ihren hauptsächlichsten Repräsentanten gelehrt worden ist. Auch in einem der vorhergehenden Kapitel haben wir bereits darauf hingewiesen, daß auch unser gegenwärtiges Jahrhundert an dieser Unwissenheit mehr selbst, als man gewöhnlich glaubt, ungeachtet der heilsamen Reaktion, die in dieser Hinsicht geschehen ist.

Denn wenn wir nicht allein die gewöhnlichen Geister, sondern selbst diejenigen, die einen großen Namen haben und über die Anderen weit hervorragen, in große Täuschungen und Irrtümer in diesem Stücke geraten sehen; so muß man bekennen, daß das wahre Studium der Geschichte der Philosophie mehr Schein als Wahrheit ist. Beweis hiervon ist Maret und die „Encyklopädie des neunzehnten Jahrhunderts"; Beweis hiervon auch Bonald der jüngere, den sein ausgezeichnetes Talent und seine philosophischen Arbeiten nicht vor großen und weittragenden Irrtümern zu bewahren vermocht haben: Irrtümer, die keine andere Ursache haben können, als eine zu oberflächliche Kenntniß der Geschichte der Philosophie, oder wenigstens des Teiles derselben, der sich auf die scholastische Philosophie und ihre größten Repräsentanten bezieht. Wir können jedoch hinzufügen, daß Bonald, wenn er auch in diesem Stücke mit sich selbst nicht übereinstimmt, so doch wenigstens mit der Philosophie, die er lehrt; denn bekanntlich läßt sich Bonald vollständig durch die cartesianische Philosophie beherrschen und ist ein sehr eifriger Anhänger des Cartesius.

Sehen wir nun, was dieser Schriftsteller über die Lehre des heiligen Thomas hinsichtlich des intellectus agens für Ansichten hat.[1)]

[1)] Eloge de Mr. Bonald.

„Kein Schriftsteller gebraucht heutzutage diesen etwas barbarischen Ausdruck (intellectus agens), der mit Recht aus der philosophischen Sprache verbannt ist; denn er enthält eine falsche Idee. Der heilige Thomas bediente sich desselben nur mit Widerstreben und weil er ihn bei Aristoteles fand, dessen Lehre er erklärte. Aber er führte ihn auf seinen wahren Wert zurück. Er zeigt, daß dieser intellectus agens des heidnischen Philosophen nur ein absurder Widerspruch gegen den katholischen Glauben sei; und daß dieser Ausdruck, wenn man ihn anwenden wolle, nur von dem Lichte, das jedes vernünftige Geschöpf erleuchtet, verstanden werden dürfe." —

Es wäre zu wünschen und von Interesse, daß uns Bonald auch die Stelle angegeben hätte, in welcher der heilige Thomas zeigt, daß der intellectus agens des Aristoteles nichts anderes als ein absurder Widerspruch gegen den katholischen Glauben sei. Ich glaube die Werke des heiligen Thomas in etwa zu kennen; habe aber nie das Glück gehabt, jenen Beweis anzutreffen, auf den Bonald anspielt. Gerade das Gegenteil habe ich in den Schriften des heiligen Thomas gefunden, nämlich nicht bloß eine, sondern hundert Stellen, in welchen er die Lehre des griechischen Philosophen approbiert, bestätigt, weiter entwickelt und zu der seinigen macht, indem gerade diese Lehre eine der Hauptgrundlagen seiner herrlichen theologischen Theorie bildet. Citieren wir einige Stellen über diesen Gegenstand.

Es fragt der heilige Lehrer in der Theologischen Summa,[1]) ob man den intellectus agens annehmen müsse; und schließt den Artikel mit folgenden Worten: „Man muß also irgend eine aktive Kraft im Intellekte annehmen, mittels welcher die Objekte aktuell intelligibel gemacht werden durch die Abstrahierung der Ideen, welche die Objekte ohne die materiellen Bedingungen darstellen. Darum muß man einen intellectus agens annehmen." Oportet igitur ponere aliquam virtutem ex parte intellectus, qui faciat intelligibilia in actu per abstractionem specierum a conditionibus materialibus. Et haec est necessitas ponendi intellectum agentem. Darauf antwortet er auf die Einwendungen, die gegen diese Notwendigkeit vorgebracht werden können, in einer dieser Antworten behauptend: ad intelligendum[2]) non sufficeret immaterialitas intellectus pos-

---

[1]) Quaest. 79. art. 3.
[2]) Ibid. art. 3.

Siebentes Kapitel. Der intellectus agens (thätige Vernunft).

sibilis, nisi adesset intellectus agens, qui faceret intelligibilia actu per modum abstractionis. —

Respondeo dicendum, sagt er weiter¹), quod intellectus agens, de quo Philosophus loquitur, est aliquid animae; und fügt hinzu: Unde oportet dicere, quod in ipsa (anima) sit aliqua virtus derivata a superiori intellectu, per quam possit phantasmata illustrare ... et ideo Aristoteles comparavit intellectum agentem lumini. —

Die nämliche Lehre lehrt er in der klarsten und ausdrücklichsten Weise in der Summa contra Gentiles wie auch in dem größten Teile seiner übrigen Schriften. „Es müssen also die Principien, denen diese Aktionen zugeschrieben werden, nämlich der intellectus possibilis und agens, Vermögen oder Kräfte sein, die in unserer Seele als subjektive Formen oder Vollkommenheiten derselben vorhanden sind."²) Oportet igitur quod principia, quibus attribuuntur hae actiones, scilicet intellectus possibilis et agens, sint virtutes quaedam in nobis formaliter existentes. „Es existiert also," sagt er weiter,³) „in der vernünftigen Seele ein aktives Vermögen, das die sinnlichen Vorstellungen bearbeitet, sie aktuell intelligibel machend; und dieses Vermögen der Seele heißt intellectus agens." Est igitur in anima intellectiva virtus activa in phantasmata, faciens ea intelligibilia actu; et haec potentia animae vocatur intellectus agens. —

Respondeo dicendum, sagt er anderswo,⁴) quod necesse est ponere intellectum agentem. Oportet igitur esse in nobis aliquod principium formale, quo recipiamus intelligibilia, et aliud, quo abstrahamus ea. Et hujusmodi principia nominantur intellectus possibilis et agens. —

„Wir sehen auch,⁵) daß, wie dem Menschen die Thätigkeit des intellectus possibilis beigelegt wird, die in der Aufnahme der intelligibeln Dinge oder Objekte besteht, ihm ebenso auch die Thätigkeit des intellectus agens zukommt, die in der Abstrahierung der intellektuellen Dinge besteht. Dieses könnte aber nicht stattfinden, wenn das formale Princip dieser Thätigkeit dem Menschen seinem Sein

---

¹) Ibid. art. 4.
²) Sum. cont. Gent. Lib. 2. cap. 76.
³) Ibid. cap. 77.
⁴) Quaest. Disput. De Spirit. Creat. Quaest. 2. art. 4.
⁵) De Anima Lib. 2. Lect. 10.

noch nicht inhärent und mit ihm verbunden wäre." Videmus etiam, quod sicut operatio intellectus possibilis, quae est recipere intelligibilia, attribuitur homini, ita et operatio intellectus agentis, quae est abstrahere intelligibilia. Hoc autem non posset esse, nisi principium formale hujus actionis esset ei secundum esse conjunctum. —

„Die Thätigkeit des intellectus possibilis," sagt er schließlich an einem anderen Orte,[1]) „besteht darin, die intelligibeln Objekte aufzunehmen und zu erkennen; die Thätigkeit des intellectus agens aber besteht darin, mittels der Abstraktion diese Objekte intelligibel zu machen. Sowohl der eine wie der andere kommt diesem Menschen zu; denn dieser Mensch z. B. Sokrates oder Plato, ist es, welcher die intelligibeln Objekte in sich aufnimmt, welcher sie abstrahiert und erkennt, nachdem sie abstrahiert sind." Est enim actio intellectus possibilis recipere intellecta et intelligere ea; actio autem intellectus agentis, facere intellecta in actu abstrahendo ea. Utrumque autem horum huic homini convenit; nam hic homo, ut Socrates vel Plato, et recipit intellecta, et abstrahit, et intelligit abstracta. —

Sic igitur[2]) ad intelligendum, primo necessarium est nobis intellectus possibilis, qui est receptivus specierum intelligibilium; secundo, intellectus agens, qui facit intelligibilia actu. —

Wenn diese Texte Bonald noch nicht genügen sollten, um ihn zu überzeugen, wie weit er von der Wahrheit sich entfernt hat mit seiner Behauptung, der heilige Thomas habe den intellectus agens des Aristoteles für einen absurden Widerspruch gegen den katholischen Glauben gehalten, so verweisen wir ihn auf das folgende Kapitel, in welchem wir den ganzen philosophischen Gedanken des heiligen Lehrers über diesen Punkt vorführen werden.

Zuvor sei uns aber noch erlaubt, auf einen anderen schweren Irrtum des berühmten Schriftstellers aufmerksam zu machen. Wir haben ihn in der mitgeteilten Stelle sagen hören, daß der Ausdruck intellectus agens mit Recht aus der philosophischen Sprache verbannt sei, weil er eine falsche Idee enthalte. Was für eine falsche Idee wird nun der intellectus agens des Philosophen von Stagyra enthalten? Das vernehmen wir aus dem Munde Bonald's selber,

---

[1]) Opusc. 8. cap. 86.
[2]) Ibid. cap. 83.

der seinen vollständigen Gedanken in folgenden Worten ausspricht: „Man hat diesen Ausdruck aufgegeben, aus Furcht, er möchte zu dem Irrtum des Aristoteles verleiten, welcher nämlich zwei Principe im Menschen annahm, eines für die animalischen Thätigkeiten, und das andere für die intellektuellen Akte." —

Diese Behauptung stellt sich der soeben von uns bekämpften ebenbürtig an die Seite; und dieser Stelle nach zu urteilen ist die Kenntnis der Geschichte nicht die starke Seite des französischen Schriftstellers. Wer kennt nicht die Meinung des Aristoteles über die Einheit des Lebensprincips? Der letzte Schüler der Philosophie weiß, daß Plato, d. h. das Idol und der Lehrmeister Bonald's es ist, der den animalischen Dualismus im Menschen lehrte, und daß Aristoteles weit davon entfernt ist, diese Lehre zu bekennen; er verwirft sie vielmehr ganz ausdrücklich und bekämpft deshalb ganz energisch seinen Lehrer (Plato), weil dieser sie angenommen hatte.

Der heilige Thomas, der ohne Zweifel ein wenig die Meinungen des Aristoteles kannte, und der wahrscheinlich eben so gut wie Bonald seinen philosophischen Gedanken erfaßt hatte, glaubt gerade umgekehrt wie dieser, nämlich daß Aristoteles die Einheit des Lebensprincips im Menschen lehre; und er hält die Gründe, worauf sich dieser Philosoph bei der Bekämpfung des animalischen Dualismus Plato's stützt, für konkludent. Man erinnere sich nur an die Stelle, die wir bei Besprechung seiner Lehre über diesen Gegenstand angeführt haben (4. Buch, 17. Kapitel).

„Plato lehrt," sagt der heilige Lehrer,[1] „in einem Körper gebe es verschiedene Seelen, eine Meinung, die Aristoteles bekämpft, im 3. Buche de Anima... Die Ansicht Plato's könnte in Wahrheit aufrecht erhalten werden, wenn die Seele mit dem Körper nicht als Form, sondern als Beweger vereinigt wäre, wie Plato dachte... Wenn man aber annimmt, daß die Seele mit dem Körper als Form vereinigt ist, ist es absolut unmöglich, daß ein und derselbe Körper mehrere ihrer Wesenheit oder Substanz nach verschiedene Seelen habe, was sich durch drei Gründe beweisen läßt. Erstens, ein animal, das mehrere Seelen hätte, würde nicht wahrhaft Eins sein... Wenn also dem Menschen das Lebendigsein durch eine Form, nämlich durch die vegetative Seele zukäme; und durch eine andere Form, nämlich durch die sensitive Seele, das Animalsein; und wiederum durch eine

---

[1] Sum. Theol. I. P. Quaest. 76. art. 3.

andere Form, nämlich durch die vernünftige Seele, das Menschsein: würde folgen, daß der Mensch nicht wahrhaft Einer wäre, wie Aristoteles gegen Plato argumentiert im 3. Buche der Metaphysik ... Darum vergleicht Aristoteles im 8. Buche der Metaphysik die Wesenheiten der Naturdinge mit den Zahlen, welche durch Addition oder Subtraktion der Einheit der Art nach verschieden sind; und im 2. Buche de Anima vergleicht er die verschiedenen Seelen mit den Wesenheiten von Figuren, von welchen die eine die andere enthält, wie z. B. das Fünfeck das Viereck enthält und noch etwas mehr." ...

Übrigens war Bonald nur consequent, als er die Lehre des intellectus agens verwarf. Denn als entschiedener Anhänger der Lehre von den angeborenen Ideen Plato's und Cartesius' konnte er, ja mußte er sie verwerfen, wenn er nicht mit sich selber in Widerspruch geraten wollte. Aber behaupten, der heilige Thomas betrachte den intellectus agens des Aristoteles als einen absurden Widerspruch gegen den katholischen Glauben; behaupten, diese Lehre könne zu einem anderen Irrtum des Aristoteles verleiten, nämlich zu der Existenz von zwei Principien im Menschen oder zum animalischen Dualismus: heißt ohne allen Zweifel entweder die durch die Geschichte der Philosophie allgemein angenommene Lehre verkennen und vergessen, oder der Unwissenheit und Leichtgläubigkeit der Leser allzuviel zutrauen. —

Achtes Kapitel.

Theorie des Intellectus agens.

„Da Aristoteles nicht annahm," sagt der heilige Thomas,[1]) „daß die Naturen oder Wesenheiten der sinnlichen Dinge für sich

---

[1]) Quaest. Disput. De Spiritu Creat. Quaest. 1. art. 10: Respondeo dicendam, quod sicut prius dictum fuit, necesse est ponere intellectum agentem Aristoteli, qui non poterat naturas rerum sensibilium per se subsistere absque materia, ut sint intelligibilia actu. Et ideo oportuit esse aliquam virtutem, quae faceret eas intelligibiles actu, abstrahendo a materia individuali; et haec virtus dicitur intellectus agens.

Quam quidam posuerunt, esse quandam substantiam separatam non multiplicatam secundum multitudinem hominum. Quidam vero posuerunt, selber, getrennt von der Materie, existierten, und aktuell intelligibel wären; mußte er notwendig den intellectus agens annehmen. Es

> ipsam esse quamdam virtutem animae, et multiplicari in multis hominibus. Quod quidem utrumque aliqualiter est verum. Oportet enim, quod supra animam humanam sit aliquis intellectus, a quo dependet suum intelligere; quod quidem ex tribus potest esse manifestum.
> Primo quidem, quia omne quod convenit alicui per participationem, prius est in aliquo substantialiter, sicut si ferrum est ignitum, oportet esse in rebus aliquid, quod sit ignis secundum suam substantiam et naturam; anima autem humana est intellectiva per participationem; ... oportet igitur esse aliquid superius anima, quod sit intellectus secundum totam suam naturam, a quo intellectualitas animae derivetur; et a quo ejus intelligere dependeat.
> Secundo, quia necesse est, quod ante omne mobile inveniatur aliquid immobile ... omnis enim motus causatur ab aliquo immobili. Ipsum autem intelligere animae humanae, est per modum motus; intelligit enim anima discurrendo de effectibus in causas, et de causis in effectus, et de oppositis in opposita; oportet ergo esse supra animam aliquem intellectum, cujus intelligere sit fixum et quietum absque hujusmodi discursu.
> Tertio, quia necesse est, quod licet in uno et eodem, potentia sit prior quam actus, tamen simpliciter, actus praecedit potentiam in altero. Et similiter ante omne imperfectum, necesse est esse aliquid perfectum. Anima autem humana invenitur in principio in potentia ad intelligibilia, et invenitur imperfecta in intelligendo, quia nunquam consequitur in hac vita omnem intelligibilem veritatem. Oportet ergo supra animam esse aliquam intellectum semper in actu existentem et totaliter perfectum intelligentia veritatis. Non potest autem dici, quod iste intellectus superior faciat intelligibilia actu in nobis immediate absque aliqua virtute, quam ab eo anima nostra participet; hoc enim communiter invenitur etiam in rebus corporalibus, quod in rebus inferioribus inveniuntur virtutes particulares activae ad determinatos effectus praeter virtutes universales agentes. ...
> Anima autem humana est perfectissimum eorum, quae sunt in rebus inferioribus. Unde oportet, quod praeter virtutem universalem intellectus superioris, participetur in ipsa, aliqua virtus quasi particularis ad bonc effectum determinatum, ut scilicet fiant intelligibilia actu. Et quod hoc verum sit, expirimento apparet. Unus enim homo particularis, ut Socrates vel Plato, facit cum vult intelligibilia in actu, abstrahendo scilicet universale a particularibus, dum secernit id quod est commune omnibus individuis hominum, ab his quae sunt propria singulis. Sic ergo actio intellectus agentis, quae est abstrahere universale, est actio hujus hominis, sicut et considerare vel judicare de natura communi, quod est actio intellectus possibilis.
> Omne autem agens quamcunque actionem, habet formaliter in seipso virtutem, quae est talis actionis principium; unde sicut necessarium est, quod intellectus possibilis sit aliquid formaliter inhaerens homini, ut prius

mußte irgend eine Kraft geben, die diese Wesenheiten aktuell intelligibel macht, sie von den Bedingungen der individuellen Materie abstrahierend. Und diese Kraft heißt intellectus agens.

---

ostendimus, ita necessarium est, quod intellectus agens sit aliquid formaliter inhaerens homini.

Quis autem sit iste intellectus separatus, a quo intelligere animae humanae dependet, considerandum est. Quidam enim dixerunt, hunc intellectum esse infimam substantiarum separatarum, quae suo lumine continuantur cum animabus nostris. Sed hoc multipliciter repugnat veritati fidei.

Primo quidem, quia cum istud lumen intellectuale ad naturam animae pertineat, ab illo solo est, a quo animae natura creatur. Solus autem Deus est creator animae, non autem aliqua substantia separata, quam Angelum dicimus; unde significanter dicitur Genesis 1. quod ipse Deus in faciem hominis spiravit spiraculum vitae. Unde relinquitur, quod lumen intellectus agentis non causatur in anima ab aliqua alia substantia separata, sed immediate a Deo.

Secundo, quia ultima perfectio uniuscujusque agentis est, quod possit pertingere ad suum principium. Ultima autem perfectio sive beatitudo hominis est secundum intellectualem operationem, ut etiam Philosophus dicit 4. Ethicorum: si ergo principium et causa intellectualitatis hominum esset aliqua alia substantia separata, oporteret, quod ultima hominis beatitudo esset constituta in illa substantia creata. Et hoc manifeste ponunt ponentes hanc positionem; ponunt enim quod ultima hominis felicitas, est continuari intellectui agenti. Fides autem recta ponit, ultimam hominis beatitudinem esse in solo Deo, secundum illud Johannis 17: Haec est vita aeterna, ut cognoscant te solum verum Deum; et in hujusmodi beatitudinis participatione, hominem Angelis esse aequales, ut habetur Lucae 10.

Tertio, quia si homo participaret lumen intelligibile ab Angelo, sequeretur, quod homo secundum mentem non esset ad imaginem Dei, sed Angelorum: contra id quod dicitur Genesis primo: Faciamus hominem ad imaginem et similitudinem nostram, id est, ad communem Trinitatis imaginem, non ad imaginem Angelorum.

Unde dicimus, quod lumen intellectus agentis, de quo Arist. loquitur, est nobis immediate impressum a Deo, et secundum quod discernimus verum a falso, et bonum a malo.

Sic igitur id, quod facit in nobis intelligibilia actu per modum luminis participati, est aliquid animae, et multiplicatur secundum multitudinem animarum et hominum. Illud vero, quod facit intelligibilia per modum solis illuminantis, est unum separatum, quod est Deus. Non autem potest hoc unum separatum nostrae cognitionis principium, intelligi per intellectum agentem, de quo Philosophus loquitur, ut Themistius dicit; quia Deus non est in natura animae, sed intellectus agens, ab Arist. nominatur, lumen receptum in anima nostra a Deo.

Achtes Kapitel. Theorie des Intellectus agens.

„Einige sagten, diese Kraft sei eine separierte Substanz, die sich nicht nach der Vielheit der Menschen vervielfache. Andere dagegen meinten, sie sei eine Kraft der Seele, und werde vervielfacht je nach der Vielheit der Menschen. Beide Behauptungen sind in irgend einem Sinne richtig. Man muß nämlich annehmen, daß über der menschlichen Seele irgend ein Intellekt vorhanden ist, von dem ihre Erkenntnis abhängig ist; und dieses ergiebt sich aus drei Gründen:

1) „Alles das, was irgend einem durch Teilnahme zukommt, muß zuvor in irgend einem anderen Wesen substantiell oder wesentlich existieren, wie z. B. das Feurigsein eines Eisenstückes die Existenz irgend eines Dinges voraussetzt, das seiner Substanz oder Natur nach Feuer ist. Da nun die menschliche Seele intellektuell durch Teilnahme ist ... muß über ihr ein Wesen existieren, das seiner ganzen Natur nach Erkenntnis ist, von welchem die Erkenntnisfähigkeit der Seele sich ableitet, und von welchem auch ihre Erkenntnisthätigkeit abhängt.

2) „Es muß vor jedem beweglichen Dinge etwas Unbewegliches geben ... denn jede Bewegung hat ihren ersten Ursprung in irgend einem unbeweglichen Dinge. Da nun die Erkenntnis unserer Seele sich mittels einer Bewegung vollzieht, wenn sie erkennt, indem sie von den Ursachen zu den Wirkungen, und von diesen zu jenen, von ähnlichen Dingen zu anderen ähnlichen, von entgegengesetzten zu anderen entgegengesetzten Dingen u. s. w. übergeht; so muß deshalb über unserer Seele eine andere Intelligenz existieren, deren Erkenntnisakt fest, unbeweglich und unveränderlich ist, und folglich dieser successiven Bewegung ermangelt, die wir in unserer Seele bemerken.

3) „Wenn auch hinsichtlich eines gegebenen Dinges die Potenz früher ist als der Akt, so muß doch, absolut gesprochen, der Akt der Potenz vorhergehen, da dieser Akt in einem anderen Wesen, das von dem sich in der Potenz befindenden verschieden ist, präexistieren muß; und ebenso muß, ehe irgend ein unvollkommenes Ding existiert, ein anderes Wesen existieren, das vollkommen ist. Da nun die menschliche Seele anfänglich sich in der Potenz hinsichtlich der intelligibeln Objekte befindet, und wir durch Erfahrung wissen, daß sie in ihrer wissenschaftlichen Erkenntnis oder Entwickelung unvollkommen ist, und in diesem Leben auch niemals die ganze intellektuelle Wahrheit erlangt; muß notwendig über unserer Seele irgend eine Intelligenz existieren, die immer im Akte und absolut vollkommen ist mittels der vollkommenen aktuellen Erkenntnis der Wahrheit.

„Es kann aber nicht behauptet werden, daß dieser höhere Intellekt die aktuell intelligibeln Dinge, d. h. die intellektuellen Ideen, mittels welcher wir die Objekte und ihre Wahrheit erkennen, in uns unmittelbar hervorbringe ohne irgend eine Fähigkeit oder Kraft, die unsere Seele von ihm empfängt; denn wir finden gewöhnlich auch bei den körperlichen Dingen, daß bei den niederen Wesen außer den allgemeinen Kräften sich auch partikuläre aktive Kräfte finden, um bestimmte Wirkungen hervorzubringen. . . . Da aber die menschliche Seele das vollkommenste unter den niederen Dingen ist, so muß sie außer der allgemeinen Kraft oder des allgemeinen Einflusses jener höheren Intelligenz, von dieser Intelligenz eine besondere Kraft empfangen, um durch sich allein diese bestimmte Wirkung, nämlich die Objekte aktuell intelligibel zu machen, hervorzubringen. Daß dieses wahr ist, sehen wir durch die Erfahrung; denn wir sehen, daß ein Einzelmensch, z. B. Sokrates oder Plato, diese Dinge aktuell intelligibel macht, wann es ihm beliebt, indem er den allgemeinen Begriff eines Objektes nimmt und das allen Menschen Gemeinsame von dem trennt, was einem jeden Einzelnen eigen ist. Die Thätigkeit des intellectus agens also, die in der Abstrahierung der allgemeinen Idee besteht, ist eine Thätigkeit, die diesem Menschen ebenso eignet, wie die Betrachtung und Beurteilung der gemeinsamen und allgemeinen Natur, worin nämlich die Thätigkeit des intellectus possibilis besteht.

„Da nun aber jedes Agens, das eine Aktion hervorbringt, formell in sich selbst die Kraft besitzt, welche das Princip dieser Aktion ist; so muß, wie der intellectus possibilis eine dem Menschen inhärierende innere Kraft ist, ebenso auch der intellectus agens eine dem Menschen inhärierende innere Kraft sein. . . .

„Sehen wir nun, welches jener getrennte Intellekt ist, von dem die Erkenntnis unserer Seele abhängt. — Einige sagten, jener Intellekt sei die unterste Intelligenz unter den getrennten Substanzen (die Engel), welche mittels ihres intellektuellen Lichtes mit unserer Seele in Verbindung stehe. Daß diese Meinung der Wahrheit des Glaubens widerstreitet, ergiebt sich:

1) „daraus, daß das intellektuelle Licht, da es zur Wesenheit unserer Seele gehört, allein von demjenigen hervorgehen kann, der unsere Seele geschaffen hat. Da nur allein Gott, und nicht irgend eine getrennte Substanz, die wir Engel nennen, der Schöpfer unserer Seele ist, und es deshalb im ersten Kapitel der Genesis ausdrücklich heißt: Gott hauchte in das Antlitz des Menschen den Odem des Lebens; so muß man annehmen, daß das Licht des intellectus

agens in unserer Seele nicht durch irgend eine getrennte Substanz, sondern unmittelbar von Gott selbst verursacht ist.

2) „Die höchste Vollkommenheit eines jedweden Agens besteht darin, daß es mit seinem ersten Principe vereinigt wird. Die höchste Vollkommenheit oder Seligkeit des Menschen kommt ihm der intellektuellen Thätigkeit nach zu; also muß die höchste Glückseligkeit des Menschen, wenn das erste Princip und die erste Ursache der Erkenntnisfähigkeit der Menschen irgend eine getrennte Substanz wäre, in dem Besitze dieser geschaffenen Substanz bestehen.... Indessen der rechte Glaube lehrt uns, daß die höchste Glückseligkeit allein in Gott besteht, wie auch der heilige Johannes lehrt, indem er sagt: Das ist das ewige Leben, daß sie dich den allein wahren Gott erkennen; und daß hinsichtlich dieser Teilnahme an der Glückseligkeit die Menschen mit den Engeln gleichstehen.

3) „Wenn der Mensch von einem Engel das intellektuelle Licht empfinge, so würde folgen, daß der Mensch nicht nach dem Ebenbilde Gottes gemacht sei, sondern nach dem Ebenbilde der Engel, was gegen die Genesis ist, wo es heißt: „Laßt uns den Menschen machen nach unserem Bilde und Gleichniß," d. h. nach dem gemeinsamen Bilde der Trinität, und nicht nach dem Bilde der Engel.

„Deshalb behaupte ich, daß das Licht des intellectus agens, von dem Aristoteles spricht, unmittelbar von Gott selber uns eingeprägt ist; und mittels dieses Lichtes unterscheiden wir das Wahre vom Falschen, das Gute vom Bösen.

„Aus dem bisher Gesagten ergiebt sich, daß jenes, das in uns die aktuell intelligibeln Dinge erzeugt, in Weise des participierten intellektuellen Lichtes, ein der Seele inhärierendes, inneres Ding ist, und sich vervielfacht je nach dem Mehrwerden der Seelen und Menschen. Dagegen ist jenes, das in uns die aktuell intelligibeln Dinge in der Weise, wie die Sonne erleuchtet, hervorbringt, ein von uns getrenntes Wesen; und dieses Wesen ist Gott ... Aber dieses von unserer Erkenntnis getrennte Princip ist nicht jenes, das unter dem intellectus agens verstanden werden muß, von dem Aristoteles spricht; denn Gott gehört nicht zum Wesen unserer Seele; was Aristoteles intellectus agens nennt, ist das von Gott empfangene intellektuelle Licht, das in unserer Seele existiert." —

Mit Absicht habe ich die letzten Worte unterstrichen, damit man an ihnen sehe, wie wenig glücklich Conald war, als er zur Erhärtung der seltsamen Behauptung, womit wir uns im vorigen Kapitel beschäftigten, wo er meinte, der heilige Thomas habe den intellectus agens des Aristoteles verworfen, weil er ein absurder Widerspruch gegen den Glauben sei, die folgenden Worte des heiligen Lehrers anführt: Intellectus separatus, secundum nostrae fidei documenta, est ipse Deus, qui est creator animae, et in quo solo beatificatur.

Wenn Bonald die oben angeführte Stelle gelesen hätte, so würde er sich leicht haben überzeugen können, daß der intellectus separatus, von dem der heilige Thomas in der von ihm citierten Stelle spricht, weder der intellectus agens des Aristoteles ist, noch der intellectus agens des heiligen Thomas und der Schulen. Der heilige Thomas sagt hier ganz klar und deutlich, daß der intellectus agens, der in den Schulen allgemein als notwendig angenommen war, wie auch er selbst dieses that, um für das wichtige und schwierige ideologische Problem über den Ursprung und die Natur der intellektuellen Erkenntnis eine passende und richtige Lösung zu finden, eine unserer Natur inhärierende innere Kraft sei, eine Teilnahme an der höchsten Intelligenz, welch letztere als erster Ursprung und bewirkendes Princip dieser intellektuellen Kraft, mit der wir die intellektuellen Ideen abstrahieren und bilden, oder wie der heilige Lehrer sagt: die Dinge aktuell intelligibel machen, mit Recht unser getrennter intellectus agens genannt werden kann. Mit anderen Worten: Gott ist der intellectus agens separatus, weil er in unserer Seele das intellektuelle Licht verursacht und erzeugt. Aber der intellectus agens des Aristoteles und der Philosophie des heiligen Thomas ist jene von Gott gegebene und mitgeteilte Aktivität, jene Ähnlichkeit mit der unerschaffenen Wahrheit, quaedam similitudo increatae veritatis in nobis resultantis,[1]) jenes lumen receptum in anima a Deo, das uns die Fähigkeit verleiht, die universalen Ideen zu abstrahieren und zu bilden: oportuit esse aliquam virtutem, quae faceret eas (naturas rerum) intelligibiles actu ... et haec virtus vocatur intellectus agens ... Sicut necessarium est, quod intellectus possibilis sit aliquid formaliter inhaerens homini, ita necessarium est, quod intellectus agens sit aliquid formaliter inhaerens homini. Der Gedanke des heiligen Thomas konnte also nicht klarer und deutlicher sein.

Aber Bonald brauchte nicht einmal diese Stelle zu kennen, um

---

[1]) Quaest. Disput. De Verit. Quaest. 11. art. 1.

nicht in einen so kläglichen Irrtum zu geraten; er hätte nur den Artikel, in welchem die von ihm angeführten Worte stehen, zu lesen brauchen, um sich davon zu überzeugen, daß der intellectus agens separatus von dem eigentlichen intellectus agens, der in uns existiert und eine Kraft unserer Seele ist, mit der wir die allgemeinen Ideen abstrahieren und bilden, sehr verschieden ist und nichts mit ihm zu thun hat. Man vernehme nur, was der heilige Thomas in dem angegebenen Artikel hinzufügt, nachdem er die Meinung Einiger angeführt, die meinten, der intellectus agens sei eine getrennte Intelligenz oder Substanz:[1])

„Aber auch wenn wir irgend einen solchen intellectus agens separatus annehmen, so muß man trotzdem in der menschlichen Seele selber irgend eine Kraft annehmen, die von jenem höheren Intellekte sich herleitet, und durch welche die Seele die Dinge aktuell intelligibel macht." —

Ja er macht sich sogar in dem nämlichen Artikel den Einwurf: „Die Wirkung des intellectus agens besteht darin, die Seele zu erleuchten und sie so in den Stand zu setzen, zu erkennen. Da nun aber dieses in uns durch ein höheres Wesen, als die Seele ist, geschieht, nach dem Worte des heiligen Johannes: Dieses war das wahre Licht, welches alle Menschen, die in diese Welt kommen, erleuchtet; so ist mithin der intellectus agens nicht eine der Seele innewohnende Kraft." Er antwortet, indem er den Unterschied hervorhebt, der zwischen dem intellectus agens separatus, nämlich Gott, die allgemeine Ursache und erstes Licht unserer Intelligenz, und zwischen dem eigentlichen intellectus agens besteht, d. h. insofern er eine partikuläre Kraft ist, die sich von Gott, dem allgemeinen Quell und Princip jedes intellektuellen Lichtes, herleitet, aber der Seele inhäriert. Dicendum, quod illa lux vera illuminat sicut causa universalis, a qua anima participat quandam particularem virtutem, ut dictum est.[2])

Wenn dieses alles nun nicht genügen sollte, um Bonald und alle diejenigen, welche eben so falsch wie er den Gedanken des heiligen Thomas verstanden und beurteilt haben, zu überzeugen; so raten wir

---

[1]) Sum. Theol. 1. P. Quaest. 79. art. 4: Sed dato quod sit aliquis talis intellectus agens separatus, nihilominus tamen oportet ponere in ipsa anima humana aliquam virtutem ab illo intellectu superiori participatam, per quam anima facit intelligibilia in actu.

[2]) Ibid. ad 1.

ihnen, die Summa contra Gentiles zur Hand zu nehmen, in welcher sie ein Kapitel (Lib. 2. cap. 78.) finden werden, das gerade folgende Überschrift hat: Quod non suit sententia Aristotelis, quod intellectus agens sit substantia separata, sed magis quod sit aliquid animae. —

Neuntes Kapitel.
Weitere Entwickelung der vorigen Theorie des heiligen Thomas. Existenz des intellectus agens.

Obgleich die innigen Beziehungen, die zwischen diesem Probleme und den „angeborenen Ideen" bestehen, bis auf einen gewissen Punkt es unmöglich machen, daß man, ehe jener Gegenstand untersucht ist, die volle Wahrheit und Wichtigkeit erkenne, die in der Theorie des heiligen Thomas enthalten ist, die wir im vorigen Kapitel über den intellectus agens mitgeteilt; so wird es doch gut sein, über sie einige Betrachtungen anzustellen, wenn auch nur zu dem Zwecke, um zu verhüten, daß man über diese seine Lehre sich eben so verkehrte Ideen bilde, wie wir solche bei Bonald gefunden haben. Andererseits wird die gewissenhafte Prüfung der Hauptpunkte dieser Theorie dem Leser den Weg öffnen, um alsdann ihre ganze ideologische Wichtigkeit erkennen und beurteilen zu können.

Nachdem er sich zu einem der solidesten und konkludentesten Beweise über das Dasein Gottes erhoben, sich stützend auf die Unvollkommenheit der intellektuellen Kraft, die in unserer Seele existiert und die wir aus Erfahrung kennen; nachdem er in der Tiefe des Ich die Grundlage für den Beweis des Daseins Gottes erforscht und gefunden, den so viel gerühmten Beweis des Cartesius also lange zuvor liefernd; nachdem die notwendige Existenz des unendlich vollkommenen Wesens durch die Existenz der unvollkommenen und beschränkten Intelligenz des Menschen bewiesen: geht der heilige Lehrer über zur Untersuchung des philosophischen Ursprungs und der Notwendigkeit der Existenz des intellectus agens. Und man glaube nicht, daß es sich hier um abstruse Schlußfolgerungen oder um metaphysische Spitzfindigkeiten handle; im Gegenteil, es handelt sich hier um Beweise und Reflexionen, die ihrem größeren Teile nach sich auf die strenge Beobachtung der Phänomene stützen, die sich in unserem Selbstbewußtsein offenbaren.

In der That; die Erfahrung in Übereinstimmung mit dem gesunden Sinne sagt uns, unsere Seele ermangle in ihrem Ursprunge und in den ersten Zeiten ihrer Existenz der intellektuellen Ideen und Erkenntnisse: Ideen und Erkenntnisse, die sich in derselben nach und nach bilden und entwickeln, in dem Maße, als sie ihre intellektuellen Kräfte oder ihre intellektuelle Aktivität auf die sensitiven Wahrnehmungen und Vorstellungen hinwendend, in den Besitz der Wahrheit gelangt, welche die Intelligenz allein erreicht, da sie sich außerhalb der sensitiven Kräfte befindet.

Eine andere, ebenfalls durch die Vernunft und die Erfahrung bezeugte Thatsache ist, daß, abgesehen von den Wahrnehmungen des inneren Sinnes, unsere intellektuellen Ideen und Erkenntnisse sich direkt und zunächst auf die sinnlichen Naturen oder Objekte beziehen. Ohne daß wir den wahren apriorischen Grund dieses Phänomens für jetzt angeben wollen, kann es als eine Konsequenz des früher Gesagten angesehen werden. Weil die Entwickelung der intellektuellen Aktivität und Erkenntnisse von der Erkenntnis der sinnlichen Ordnung und der Ausübung ihrer Kräfte abhangen, ist es sehr natürlich, daß die ersten Erkenntnisse der Intelligenz, oder wenn man will, die ersten allgemeinen intellektuellen Ideen, die einzigen, welche die Erkenntnisse der eigentlich wissenschaftlichen Ordnung bilden, sich auf die sinnlichen Gegenstände beziehen. Und man beachte, daß dieses Phänomen unabhängig ist von der Meinung, die man über die Natur und die Bedingungen der Abhängigkeit und der Beziehungen zwischen der rein intellektuellen und der sinnlichen Ordnung anzunehmen beliebt. Auch berührt dieses jene Meinung nicht, daß nämlich der Intellekt, einmal in Thätigkeit gesetzt hinsichtlich dieser Objekte, sich nachher von selber zu höheren Ideen und Erkenntnissen, die von jeder sinnlichen Ordnung unabhängig sind, erheben könnte.

Nun muß man außerdem notwendig annehmen, — wenn man nicht eine der inneren, durch das Selbstbewußtsein bezeugten Thatsachen leugnen will, und wenn man nicht die Grenzlinie ausstreichen will, welche die rein intellektuelle Erkenntnis von der Erkenntnis, die den perceptiven Vermögen der Sensibilität angehört, trennt, was so viel heißen würde, als dem Sensualismus Thür und Thor öffnen — daß das Objekt der sensitiven Wahrnehmungen und Vermögen sehr verschieden ist vom Objekte der Intelligenz. Das Objekt der ersteren ist immer ein materieller, sinnlicher, veränderlicher, zufälliger und vor allem ein singulärer Gegenstand; das Objekt des reinen Intellektes dagegen kann absolut geistig und immateriell sein; und vor allem, mag diese Erkenntnis sich auf materielle oder immaterielle Dinge beziehen, kann sein Objekt immer nur allgemein, abstrakt, unveränderlich und notwendig sein. Intellectus autem possibilis, sagt deshalb der heilige Thomas,[1]) accipit species alterius generis, quam sint in imaginatione, cum intellectus possibilis accipiat species (Ideen) universales, et imaginatio non contineat nisi species particulares.

„Der Sinn," sagt er an einer anderen Stelle,[2]) „nimmt die Vorstellungen der sinnlichen Dinge in körperliche Organe auf, und erkennt allein die Einzeldinge; der Intellekt dagegen nimmt die Ideen der Dinge ohne körperliche Organe auf, und kann die allgemeinen Dinge erkennen." Sensus recipit species sensibilium in organis corporalibus, et est cognoscitivus particularium; intellectus autem recipit species rerum absque organo corporali, et est cognoscitivus universalium.

Ein und dasselbe Ding kann Gegenstand sein für die sinnlichen Vermögen und für den Intellekt. Ich nehme mit den verschiedenen Sinnen einzelne Menschen wahr, ihre Farbe, ihre Gestalt, ihre Größe u. s. w. Dann nehme ich die nämlichen Menschen wahr unter einer allgemeinen Vorstellung oder Idee, desgleichen ihre verschiedenen Modifikationen, innere oder äußere, indem ich alles dieses miteinander vergleiche, darüber nachdenke, urteile und schlußfolgere, aber immer mittels allgemeiner und notwendiger Ideen; und ich kann sogar durch Analysierung und Abstrahierung des allgemeinen Begriffes Mensch zu Ideen oder Begriffen kommen, die von aller Materie völlig unabhängig sind, als da sind: die Begriffe des Seins, der Substanz u. s. w. Darum sagt der heilige Thomas,[3]) der Intellekt könne alles erkennen, was die Sinne erkennen, aber auf eine vollkommenere Weise als diese; denn die Sinne erkennen die Gegenstände bloß in betreff der materiellen Modifikationen und der äußeren Accidenzen, während der Intellekt bis zum Innern und zum Wesen des Dinges vordringe: Intellectus cognoscere potest ea, quae cognoscit sensus, altiori tamen modo quam sensus; sensus cognoscit ea quantum

---

[1]) Quaest. Disput. De Spirit. Creat. Quaest. 2. art. 1. ad 5.
[2]) Ibid. art. 13. ad 19.
[3]) Ibid. De Verit. Quaest. 10. art. 5. ad 5.

ad dispositiones materiales et accidentia exteriora; sed intellectus penetrat ad intimam naturam speciei.

Wie hat sich dieser geheimnisvolle Übergang vollzogen? Wie erklärt es sich, daß der menschliche Geist vom Sinnlichen und Materiellen zum Immateriellen und Übersinnlichen, von der kontingenten Wahrnehmung zur notwendigen Wahrnehmung, vom Konkreten zu abstrakten Begriffen und endlich vom Singulären zum Allgemeinen übergegangen ist? Wenn die hervorgebrachte reale Wirkung das Dasein einer realen Ursache voraussetzt; wenn das Kausalitätsprincip etwas zu bedeuten hat: dann muß man auch annehmen, daß im menschlichen Geiste irgend etwas existiert, das diesen Übergang zu vollbringen vermag; daß dieser menschliche Geist, der in jeder gesunden Philosophie, besonders was seinen intellektuellen Teil betrifft, nicht als eine rein passive Substanz, sondern als ein mit Aktivität begabtes Wesen betrachtet werden muß, eine Kraft in sich enthält, mittels welcher dieser Übergang zustande kommt, eine Aktivität, die als hinreichender Grund dieses durch das Selbstbewußtsein bezeugten Phänomens anzusehen ist. Diese Kraft nun, dieses Vermögen, diese Aktivität, dieses Etwas, womit der menschliche Geist sich selber in der rein intellektuellen Ordnung konstituiert, nachdem er durch die Sensibilität hindurchgegangen ist, ist das, was der heilige Thomas intellectus agens nennt. Es kommt wenig darauf an, ob man diesen Namen beibehalten, oder ihn mit einem anderen vertauschen will. Der Kern und das Wesentliche des Gedankens des heiligen Thomas ist, daß man die Notwendigkeit anerkenne, im menschlichen Geiste eine aktive intellektuelle Kraft anzunehmen, die eine unmittelbare Teilnahme an der göttlichen Intelligenz ist, welche Kraft auf die sinnlichen Vorstellungen, die als solche und weil sie sich auf singuläre und zufällige Objekte beziehen, für den Intellekt bloß der Potenz nach intelligibel sind, einwirkend, dem Intellekte die allgemeinen Ideen, oder wie der heilige Thomas sagt, die aktuell intelligibelen Dinge, bildet und unterbreitet: Ideen, welche die wahren Elemente der menschlichen Vernunft sind, und welche allein die rein intellektuelle Erkenntnis, die wissenschaftliche Ordnung und die Erwerbung und den Besitz der Wahrheit seitens des menschlichen Geistes bilden und erklären können. „Es findet sich auch in der Seele," sagt uns der heilige Lehrer,[1] „eine gewisse immaterielle aktive Kraft, welche die sinn-

---

[1] Ibid. De Spiritu Creat. Quaest. 2. art. 4. ad 5.

lichen Vorstellungen bearbeitet und von den materiellen Bedingungen abstrahiert; und dieses thut der intellectus agens; so daß der intellectus agens wie eine Kraft anzusehen ist, die an einer höheren Substanz, Gott nämlich, teilnimmt:" Est etiam in anima invenire quaedam virtutem activam immaterialem quae ipsa phantasmata a materialibus conditionibus abstrahit; et hoc pertinet ad intellectum agentem, ut intellectus agens sit quasi quaedam virtus participata ex aliqua substantia superiori, scilicet Deo.

Man wird vielleicht sagen, diese aktuell intelligibelen Dinge oder Ideen präexistierten schon im Intellekte und folglich habe der menschliche Geist gar keinen aktiven Anteil an ihrer Bearbeitung.

Jedoch dieser Einwand will weiter nichts sagen, als daß die strengen Anhänger der angeborenen Ideen, diejenigen nämlich, welche die völlig fertige, aktuelle Präexistenz aller unserer Ideen annehmen, die einzigen sind, welche konsequenterweise die Notwendigkeit des Intellectus agens leugnen.

Also wenigstens jede Philosophie, welche das Dasein der angeborenen Ideen nicht anerkennt, muß notwendigerweise unter diesem oder jenem Namen eine Aktivität, ein aktives Vermögen oder Kraft hinsichtlich der Bildung der intellektuellen Ideen annehmen. Und da die strengen Anhänger der angeborenen Ideen nicht sehr zahlreich sind, so folgt hieraus, daß die ungeheuere Mehrzahl der Philosophen den intellectus agens annehmen müssen und auch wirklich annehmen, wenn sie sich auch dieses scholastischen Wortes nicht bedienen und dafür ein anderes gleichbedeutendes an die Stelle setzen.

Auf jeden Fall würden die innigen und notwendigen Beziehungen, die zwischen dieser Frage und dem Probleme hinsichtlich der angeborenen und erworbenen Ideen bestehen, hinreichen, um den Leichtsinn zu kennzeichnen, dessen sich die schuldig gemacht, welche diese Lehre lächerlich gemacht haben, da sie in ihr weiter nichts sahen, als eine müßige Hypothese oder eine Spitzfindigkeit der scholastischen Philosophie; denn dieses heißt im Grunde nichts anderes, als die nur zu sehr begründete Meinung derjenigen, welche das Dasein der angeborenen Ideen leugnen, für eine müßige Hypothese ausgeben.

Es entging dem heiligen Thomas die Thatsache nicht, die wir über die Affinität und die innigen Beziehungen zwischen der Frage über den Ursprung und die Existenzweise der Ideen und der Notwendigkeit des intellectus agens angegeben haben. Darum sehen wir ihn an zahlreichen Stellen seiner Werke, wo er diese Punkte berührt, die Verschiedenheit der Meinungen in betreff der Existenz oder Nichtexistenz des intellectus agens als eine strenge und notwendige Folgerung aus der Verschiedenheit der Meinungen hinsichtlich der Existenz oder Nichtexistenz der angeborenen Ideen angeben.

„Nach der Ansicht Plato's," sagt er an einer dieser Stellen,[1]) „lag keine Notwendigkeit vor, den intellectus agens behufs Hervorbringung der in actu intelligibelen Dinge anzunehmen. . . . Denn Plato meinte, die Wesenheiten oder Formen der Naturdinge existierten an und für sich, ohne Materie, und seien folglich an und für sich aktuell intelligibel, da ein Ding insoweit und insofern intelligibel ist, als es immateriell ist; und diese Wesenheiten nannte er species oder Ideen. . . . Da aber nach Aristoteles die Wesenheiten oder Formen der Naturdinge nicht ohne die Materie subsistieren, und da außerdem die in der Materie existierenden Formen nicht in actu intelligibel sind: so folgt hieraus, daß die Naturen oder Formen der sensitiven Dinge, die wir intellektuell auffassen und erkennen, nicht aktuell intelligibel waren." —

„Wenn die Universalien," sagt er an einer anderen Stelle,[2]) „in der Natur für sich selbst existierten, wie die Platoniker meinten, dann würde gar keine Notwendigkeit vorliegen, den intellectus agens anzunehmen; denn in diesem Falle wären die Objekte schon aktuell intelligibel und würden darum durch sich selbst den intellectus possibilis in Bewegung setzen. Darum scheint Aristoteles zur Annahme des intellectus agens aus dem Grunde genötigt worden zu sein, weil er die Meinung Plato's über die präexistierenden Ideen nicht annahm. Es giebt indessen einige aktuell intelligibele Dinge, die dieses an und für sich sind, und in der Natur realiter subsistieren, nämlich die immateriellen Substanzen." —

Man achte auf die letzten Worte dieser Stelle; sie enthalten eine

---

[1]) Sum. Theol. Quaest. 79. art. 3: Respondeo dicendum, quod secundum opinionem Platonis nulla necessitas erat ponere intellectum agentem ad faciendam intelligibilia in actu. . . . Posuit enim Plato formas rerum naturalium sine materia subsistere, et per consequens eas intelligibiles esse, quia ex hoc est aliquid intelligibile actu, quod est immateriale; et hujusmodi vocabat species sive ideas. . . . Sed quia Aristoteles non posuit formas rerum naturalium subsistere sine materia, formae autem in materia existentes non sunt intelligibiles actu, sequebatur, quod naturae seu formae rerum sensibilium quas intelligimus, non essent intelligibiles actu. —

[2]) Quaest. Disput. De Spir. Creat. Quaest. 2. art. 4.

höchst lichtvolle Andeutung und einen der fundamentalsten Punkte, um die wahre ideologische Theorie des heiligen Lehrers zu verstehen, wie wir später noch näher zeigen werden.

Obwohl die bisher gemachten Bemerkungen mehr als genügen, um die Existenz des intellectus agens darzuthun, so führt doch der heilige Thomas noch weitere Beweise auf, welche die philosophische Gediegenheit und Wichtigkeit dieser Lehre ins klare Licht stellen. Wir haben bereits gesehen, wie der heilige Thomas bei der Feststellung und Entwickelung der wahren Natur des intellectus agens die Erfahrung zu Hilfe rief und sich auf die Beobachtung der inneren Phänomene stützte, um seine Notwendigkeit und Existenz zu beweisen. Ganz besonders stützt sich der heilige Thomas auf diesen Beweis, ihn häufig als einen der beweiskräftigsten zu Gunsten der Existenz des intellectus agens darstellend. So sehen wir ihn in der „Theologischen Summa" folgende Worte schreiben: „Darum muß man sagen, daß in der Seele eine gewisse Kraft oder Aktivität existiert, die von einem höheren Intellekte herrührt, mittels welcher sie die phantasmata beleuchten kann. Und dieses wissen wir aus der Erfahrung, da wir in unserem Innern wahrnehmen, daß wir die allgemeinen Ideen oder Formen von den partikulären Dingen abstrahieren, was so viel ist, als die Dinge aktuell intelligibel machen"; — Et hoc experimento cognoscimus, dum percipimus, nos abstrahere formas universales a conditionibus particularibus, quod est facere actu intelligibilia. —

In jeder guten Philosophie bilden die Universalien nicht allein das eigentümliche Objekt unseres Intellektes, sondern auch nur sie allein können den eigentlichen Grund der intellektuellen Erkenntnis bilden und die wissenschaftliche Ordnung erklären. Die eigentliche Wahrheit findet sich nur in den allgemeinen Begriffen; und darum ist diese Wahrheit das ausschließliche Eigentum der menschlichen Intelligenz; denn wenn auch die unvernünftigen Wesen ohne allen Zweifel Erkenntnisse besitzen, so sind doch diese als rein sensitive Erkenntnisse wesentlich individuell und beziehen sich nur auf singuläre Gegenstände, die zur Befriedigung ihrer Bedürfnisse dienen.

Es ist so unbestreitbar, daß die Wahrheit sich bloß in den allgemeinen Begriffen findet; es ist der rein intellektuellen Erkenntnis die Allgemeinheit so wesentlich, daß selbst bei solchen Behauptungen, die ihrer Natur nach mehr individualisiert erscheinen, da sie sich auf singuläre Objekte beziehen, ausdrücklich oder stillschweigend immer irgend eine allgemeine Wahrheit sich beigemischt findet. Wenn man genau zusieht, wird man finden, daß sogar die Sätze, welche singulär heißen, weil sie ein singuläres Subjekt haben, und die eben als solche sich nicht in so unmittelbarer und notwendiger Beziehung zu der wissenschaftlichen Ordnung befinden, in ihrem Prädikate irgend einen allgemeinen Begriff enthalten. „Sokrates war ein großer Philosoph." „Sokrates war der Lehrer Plato's." „Der Mond ist ein runder Körper." — Dies sind logisch singuläre Behauptungen oder Sätze, und doch enthalten sie unstreitig im Prädikate allgemeine Ideen oder Begriffe. So ist es also, abgesehen davon, daß der Intellekt auch die singulären Dinge erkennen kann, in jeder gesunden Metaphysik eine beständige und unleugbare Thatsache, daß die Allgemeinheit des Objektes durchweg als wesentliches, notwendiges und konstitutives Element der rein intellektuellen Ordnung auftritt.

Wenn man nun noch eine andere, nicht weniger beständige und allgemein anerkannte Thatsache sich vor Augen hält, daß nämlich in der Natur die Wesenheiten und Objekte nicht als allgemeine, sondern nur als singuläre existieren; und daß alle realen Wesen, soviel sie auch unter sich Analogien und Ähnlichkeiten haben mögen, doch immer an und für sich individuelle, und nicht allgemeine Wesen sind: so sehen wir uns genötigt, irgend etwas anzunehmen, wodurch diese singulären Wesen die Formen der Allgemeinheit bekommen, und mittels dieser Allgemeinheit in die intellektuelle und wissenschaftliche Ordnung eintreten können. Man muß also irgend ein Agens annehmen, das die Bedingungen dieser Einzelwesen modifizieren kann, auf daß sie in die erwähnte rein intellektuelle und wissenschaftliche Ordnung eintreten können. In jeder gesunden Philosophie muß man also den intellectus agens des heiligen Thomas, was den Kern und das Wesen betrifft, annehmen, da man in jeder guten Philosophie irgend eine Kraft, ein Vermögen, eine Ursache, ein Agens, oder wie man es nennen mag, annehmen muß, das so oder anders an den sinnlichen Vorstellungen und den singulären Objekten herumarbeitet, um den Übergang aus der sensitiven Ordnung in die intelligibele, aus der nicht wissenschaftlichen Ordnung in die wissenschaftliche, aus der singulären in die rein intellektuelle Ordnung zu bewerkstelligen.

Diese unsere bisher gemachten Bemerkungen sind der Lehre des heiligen Thomas nicht etwa fremd: im Gegenteil, sie bilden den Kern seines Hauptbeweises, um die Notwendigkeit und die Existenz des intellectus agens darzuthun, so daß wir eigentlich nichts weiter gethan haben, als seinen Gedanken hierüber entwickeln, der in folgenden Worten enthalten ist:

„Man muß beachten, daß, da der intellectus possibilis sich hinsichtlich der intelligibelen Objekte im Zustande der Potenz befindet, diese intelligibelen Objekte es sein müssen, die diesen Intellekt bewegen. Allein das intelligibele Objekt für den intellectus possibilis sind nicht die Dinge, sowie sie in der Natur existieren, und zwar aus dem Grunde, weil unser Intellekt die Dinge unter einem allgemeinen Begriffe erkennt, und ihnen diese Seinsweise nicht nach der Daseinsweise, die sie in der Natur haben, zukommt. Wenn also der Intellekt durch das intelligibele Objekt in Thätigkeit gesetzt werden muß; so muß notwendigerweise dieses Objekt durch den Intellekt selbst intelligibel gemacht werden. Und da dieses der intellectus possibilis aus dem Grunde, weil er in Bezug auf die intellektuellen Objekte sich in der Potenz befindet, nicht bewerkstelligen kann; so muß man außer dem intellectus possibilis noch den intellectus agens annehmen, der die Objekte in die intellektuelle Ordnung versetzt, dadurch daß er sie aktuell intelligibel macht, damit sie den intellectus possibilis bewegen können. Die Art und Weise, wie dieser intellectus agens die Objekte in die intellektuelle Ordnung versetzt, besteht darin, daß er sie mittels der Abstraktion von der Materie und den materiellen Bedingungen, welche die Principien der Individuation sind, allgemein macht." —

Zehntes Kapitel.
Die „eingeborenen" Ideen.

Die Frage über die eingeborenen oder angeborenen Ideen hat beständig das Vorrecht gehabt, die Aufmerksamkeit aller großen Denker seit den ersten philosophischen Zeiten bis auf unsere Tage auf eine vorzügliche Weise zu beschäftigen, und zwar deshalb, weil alle großen ideologischen Probleme auf eine mehr oder weniger ausdrückliche Weise in dieser Frage eingeschlossen sind. Die Probleme, die sich beziehen auf den Ursprung und die Bedingungen des menschlichen Intellektes, auf die Natur der Intelligenz im Menschen, und auf den Ursprung der Ideen, sind hiervon ein evidenter Beweis. Daher kommt es, daß wir, sobald wir die Lösung dieser Probleme seitens einer philosophischen

Schule hören, auch schon die Lösung kennen, welche das Problem der eingeborenen Ideen von seiten dieser Schule erfahren hat.

Bekanntlich verdient Plato mit Recht der Hauptrepräsentant des Systems der **angeborenen Ideen** genannt zu werden. Seine viel besprochene Theorie über die Ideen, die dieses System enthält, giebt ihm unstreitig das Recht, als Gründer desselben angesehen zu werden. Die Neuplatoniker und die eklektische Schule Alexandriens behielten die Lehren des griechischen Philosophen über diesen Punkt bei, wenngleich sie von seiten einzelner derselben modifiziert und unter einer anderen Gestalt dargestellt wurden.

Was den heiligen Augustin betrifft, so muß man, obwohl die Mehrzahl der Schriftsteller ihn zu den Anhängern der angeborenen Ideen zählen, dennoch gestehen, daß sein wahrer Gedanke über diesen Gegenstand nicht so klar und deutlich ist, wie die Anhänger dieses Systems behaupten. Wenn es sicher ist, daß seine Schriften eine offene Vorliebe für die Philosophie Plato's und besonders für seine Ideen offenbaren, so ist es nicht weniger gewiß, daß der heilige Lehrer tiefe Modifikationen an dieser Philosophie vornahm; und man kann beifügen, daß diese Modifikationen noch tiefer und augenscheinlicher sind bei den Fragen, die sich auf die Theorie jener Ideen beziehen. Die göttlichen Ideen des heiligen Augustin sind von den platonischen Ideen ebenso verschieden, wie über dieselben erhaben; und in seinen Schriften finden sich Stellen, in denen er sich mehr den erworbenen als den angeborenen Ideen nähert. Und sogar auch abgesehen von diesen Stellen: würde nicht das von ihm in den letzten Jahren seiner litterarischen Laufbahn Gesagte genügen, um ihn nicht auf eine absolute Weise unter die Anhänger der eingeborenen Ideen zu rechnen, wie viele Schriftsteller thun? Laus quoque ipsa, qua Platonem et Platonicos, seu academicos philosophos, tantum extuli, quantum impios homines non oportuit, non immerito mihi displicuit; quorum contra errores magnos defendenda est christiana doctrina.[1])

Mit mehr Wahrheit und Gerechtigkeit verfahren die, welche unter die Anhänger der eingeborenen Ideen Leibniz und vor allen Malebranche mit den übrigen Cartesianern zählen, die bei ihrem Meister dieselbe Lehre zu finden glaubten. Und in der That zeigte Cartesius sich auch als Anhänger dieses Systems, zu welchem der allgemeine

---

[1]) Retract. Lib. 1. cap. 1.

Geist seiner Philosophie auf eine sehr ausgeprägte Weise hinneigt; indessen, wie bei vielen anderen Fragen, zeigt der große „Vater der modernen Philosophie und der Emancipator des menschlichen Gedankens" eine Unsicherheit und Ideenverwirrung, die mit seinem großen Namen wenig zu harmonieren scheinen; so kommt wenigstens uns die Sache vor. Nachdem er die Lehre von den eingeborenen Ideen, und besonders mit Rücksicht auf die Gottesidee, vorgetragen, und nun von seiten seiner Gegner mit Einwendungen bestürmt wurde, ließ er die Gottesidee in dem natürlichen Vermögen bestehen, das wir besitzen, Gott zu erkennen, d. h. in der Negation der eingeborenen Ideen hinsichtlich dieses Gegenstandes. Vernehmen wir seine Worte:

„Obgleich die Gottesidee[1]) sich in unserem Geiste auf solche Weise eingeprägt findet, daß jedermann in sich das Vermögen, sie zu erkennen, findet" u. s. w. — „Bei dieser Gelegenheit will ich hier bemerken," sagt er anderswo,[2]) „daß ich mit eingeborenen Ideen niemals etwas anderes bezeichnen wollte, als daß wir von Natur aus ein Vermögen besitzen, wodurch wir Gott erkennen können" u. s. w. —

Was den heiligen Thomas betrifft, so ist sein Gedanke und seine Lehre über diesen Gegenstand zu klar und deutlich, als daß hierüber bei denjenigen irgend ein Zweifel entstehen könnte, die auch nur eine ganz oberflächliche Kenntnis seiner Schriften besitzen. Es würde auch schon das von uns in den vorhergehenden Kapiteln Angeführte genügen, um einzusehen, daß die Ideologie des heiligen Lehrers die Theorie der eingeborenen Ideen mit Notwendigkeit ausschließt. Ich will jedoch einige Stellen hersetzen, worin er seinen Gedanken hierüber entwickelt, sowohl um die Bedeutung zu erkennen, die er dieser hochwichtigen Frage beilegte, als auch um die innige Verbindung und Beziehung zu den Lösungen zu gewahren, die er den interessantesten Problemen aus der Psychologie und Ideologie gegeben hat; und vor allem, um zu erkennen, daß der heilige Thomas bereits die vernünftigsten und solidesten Grundlagen gelegt hat, auf die sich jene stützen, welche die Lehre von den eingeborenen Ideen nicht annehmen. Seine Worte lauten:[3])

---
[1]) Brief 117.
[2]) Brief 99.
[3]) Quaest. Disp. De Verit. Quaest. 10. Art. 6: Respondeo dicendum, quod circa hanc quaestionem multiplex fuit antiquorum opinio. Quidam

Zehntes Kapitel. Die „eingeborenen" Ideen. 73

„Bei dieser Frage herrschte unter den Alten eine große Meinungsverschiedenheit. Einige behaupteten, der Ursprung unserer Erkenntnis

enim posuerunt, ortum scientiae nostrae totaliter a causa exteriori esse, quae est a materia separata, quae in duas sectas dividitur. Quidam enim, ut Platonici, posuerunt formas rerum sensibilium esse a materia separatas; et eo esse intelligibiles actu, et per earum participationem a materia sensibili, effici individua in natura; earum vero participatione in anima, humanas mentes scientiam habere. Et sic ponebant praedictas formas esse principium generationis et scientiae. . . .

Et ideo alii non ponentes formas sensibilium separatas, sed intelligentias tantum, quas nos Angelos dicimus, posuerunt originem nostrae scientiae totaliter ab hujusmodi substantiis separatis esse. . . . Sed ista opinio non videtur rationabilis; quia secundum hoc non esset dependentia necessaria inter cognitionem mentis humanae et virtutes sensitivas; cujus contrarium apparet manifeste tum ex hoc, quod deficiente sensu, deficit scientia de suis sensibilibus; tum ex hoc, quod mens nostra non potest actu considerare, etiam quae habitualiter scit, nisi formando aliqua phantasmata. Unde etiam laeso organo phantasiae, impeditur consideratio. Et praeterea praedicta positio tollit proxima rerum principia, si omnia inferiora ex substantia separata immediate formas consequuntur tam intelligibiles quam sensibiles.

Alia opinio fuit ponentium nostrae scientiae originem totaliter a causa interiori esse. Quae etiam in duas sectas dividitur. Quidam enim posuerunt humanas animas in seipsis continere omnium rerum notitiam, sed per conjunctionem ad corpus praedictam cognitionem obtenebrari. Et ideo dicebant, nos indigere studio et sensibus, ut impedimenta scientiae tollerentur, dicentes, addiscere nihil aliud esse quam reminisci, sicut et manifeste apparet, quod ex his, quae audivimus et vidimus, reminiscimur ea quae prius sciebamus.

Sed haec positio non videtur esse rationabilis; si enim conjunctio animae ad corpus naturalis sit, non potest esse, quod per eam totaliter naturalis scientia impediatur; et ita, si haec opinio vera esset, non pateremur omnimodam ignorantiam eorum, quorum sensum non habemus. Esset autem opinio consona illi positioni, quae ponit animas ante corpora fuisse creatas, et postmodum corporibus unitas; quia tunc compositio corporis et animae non esset naturalis, sed accidentaliter proveniens ipsi animae. Quae quidem opinio et secundum fidem et secundum philosophorum sententias reprobanda judicatur.

Alii vero dixerunt, quod anima sibi ipsi est scientiae causa; non enim a sensibilibus scientiam accipit, quasi actione sensibilium aliquo modo similitudines rerum ad animam perveniant; sed ipsa anima ad praesentiam sensibilium in se similitudines sensibilium format.

Sed haec positio non videtur totaliter rationabilis; nullum enim agens, nisi secundum quod est actu, agit; unde si anima format in se similitudines rerum, oportet quod actu habeat illas similitudines rerum; et sic

oder unseres Wissens gehe totaliter von einer außerhalb der Materie existierenden äußeren Ursache aus; und diese Meinung teilte sich in zwei Seiten. Einige, wie die Platoniker, sagten, die Formen oder Wesenheiten der sensitiven Dinge existierten getrennt von der Materie, und seien darum aktuell intelligibel, und mittels ihrer Teilnahme seitens der sensitiven Materie bildeten sich die Individuen in der Natur; und mittels ihrer Teilnahme in unserem Geiste bilde sich die Wissenschaft in uns; deshalb behaupteten sie, daß die genannten Formen das Princip der Generation und der Wissenschaft seien ... Andere nahmen diese von der Materie getrennten Wesenheiten nicht an, sondern bloß die Intelligenzen, die wir Engel nennen; und sagten, von diesen Intelligenzen gehe totaliter der Ursprung unseres Wissens aus ... Indessen scheint diese Meinung nicht vernünftiger zu sein als die erstere; denn nach dieser würde keine notwendige Abhängigkeit zwischen der intellektuellen Erkenntnis und den sensitiven Vermögen bestehen: was offenbar der Erfahrung widerstreitet, einmal, weil wir sehen, daß, wo irgend ein (äußerer) Sinn fehlt, auch die intellektuelle Erkenntnis der Objekte jenes Sinnes fehlt; und dann, weil unser Intellekt auch nicht einmal diejenigen Dinge, von denen er eine habituelle Erkenntnis

---

redibit in praedictam opinionem, quae ponit omnium rerum scientiam; animas naturaliter insitam esse.

Et ideo prae omnibus praedictis positionibus rationabilior videtur sententia Philosophi, qui ponit scientiam mentis nostrae partim ab intrinseco esse, partim ab extrinseco, non solum in rebus a materia separatis, sed etiam in ipsis sensibilibus.

Cum enim mens nostra comparatur ad res sensibiles, quae sunt extra animam, invenitur se habere ad eas in duplici habitudine. Uno modo, ut actus ad potentiam, in quantum scilicet res, quae sunt extra animam, sunt intelligibiles in potentia; ipsa vero mens est intelligibilis in actu, et secundum hoc ponitur in ea intellectus agens, quae faciat intelligibilia in potentia, intelligibilia actu. —

Alio modo, ut potentia ad actum, prout scilicet in mente nostra formae rerum determinatae sunt in potentia tantum, quae in rebus extra animam sunt in actu; et secundum hoc ponitur in anima nostra intellectus possibilis, cujus est recipere formas a rebus sensibilibus abstractas, factas intelligibiles actu per lumen intellectus agentis. Quod quidem lumen intellectus agentis in anima rationali procedit, sicut a prima origine, a substantiis separatis, praecipue a Deo.

Et secundum hoc verum est, quod scientiam a sensibilibus mens nostra accipit; nihilominus tamen, ipsa anima in se similitudines rerum format, in quantum per lumen intellectus agentis efficiuntur formae a sensibilibus abstractae intelligibiles actu, ut in intellectu possibili recipi possint. —

hat, aktuell betrachten kann, ohne zugleich einige Phantasiebilder in betreff des Objektes, das er betrachtet, zu bilden. Und daher rührt es auch, daß, wenn das Organ der Imagination eine Störung oder Verletzung erleidet, auch die intellektuelle Betrachtung gehindert wird. Außerdem schließt diese Meinung die Erforschung der nächsten Prinzipien der Dinge aus, weil ihr zufolge alle niedrigeren Naturen ihre Formen, die intelligibeln wie die sensitiven, unmittelbar von den getrennten Substanzen empfangen.

„Andere meinten wieder, der totale Ursprung unserer Wissenschaft finde sich in einer inneren Ursache, eine Meinung, die sich ebenfalls in zwei Äste teilte. Einige sagten, die menschlichen Seelen hätten in sich selbst die Idee oder den Begriff aller Dinge, jedoch werde diese Erkenntnis durch die Vereinigung der Seele mit dem Körper verdunkelt. Darum sagten die Anhänger dieser Meinung, wir bedürften des Studiums und der Sinne bloß zur Beseitigung der Hindernisse der Wissenschaft; und Lernen sei nichts weiter als sich Erinnern, ungefähr in der Weise, wie wir uns durch die Dinge, die wir hören und sehen, an das wieder erinnern, was wir bereits wußten.

„Jedoch auch diese Meinung ist nicht haltbar; denn wenn die Vereinigung der Seele mit dem Körper eine natürliche Vereinigung ist, kann man nicht behaupten, daß aus dieser Ursache die natürliche Wissenschaft total verhindert werde; und wir wären dann auch nicht, wenn diese Meinung wahr wäre, nicht in Unkenntnis (wenigstens in keiner vollständigen) der auf irgend einen Sinn, der uns fehlt, bezüglichen Dinge. Diese Meinung steht zu der Meinung derjenigen in Beziehung und folgt aus ihr, welche sagen, die Seelen seien vor den Körpern erschaffen, mit denen sie sich später vereinigten; denn bei dieser Hypothese wäre die Vereinigung der Seele mit dem Körper für die Seele keine natürliche, sondern bloß eine accidentelle Vereinigung. Jedoch diese Meinung ist zu verwerfen, sowohl vom Standpunkte des Glaubens als auch nach der Ansicht der Philosophen.

„Andere sagten, die Seele sei die Ursache der Wissenschaft aus und durch sich selbst und sie empfange die Wissenschaft nicht von den sensitiven Dingen, welche dieser Meinung zufolge mit ihrer Aktion zur Bestimmung oder Hervorbringung der Vorstellungen oder Ideen der Dinge in der Seele nichts beitragen; vielmehr sei es die Seele selber, die in sich diese Vorstellungen bei Gegenwart der sensitiven Objekte bilde.

„Diese Meinung scheint durchaus nicht richtig zu sein; denn jedes

Agens wirkt nur, wenn es im Akte ist; und so müßte man sagen, wenn die Seele aus sich allein die genannten Ideen bildete, daß sie dieselben schon im voraus in sich enthalte, so daß also diese Meinung im Grunde mit der zusammenfällt, die sagt, die Erkenntnis oder Wissenschaft präexistiere von Natur aus in der Seele.

„Darum erscheint die Meinung des „Philosophen" besser als alle die erwähnten, der lehrt, daß die intellektuelle Wissenschaft oder Erkenntnis teils aus dem Innern, teils aus dem Äußern hervorgehe, und daß sie nicht allein von immateriellen Agens oder Substanzen, sondern auch von den sensitiven Dingen entspringe.

„Wenn man unsere Intelligenz mit den außerhalb der Seele existierenden sensitiven Dingen vergleicht, so entdeckt man in der ersteren eine doppelte Beziehung zu den zweiten. Sie kann erstens mit den äußeren sensitiven Dingen wie der Akt mit der Potenz verglichen werden, insofern die Dinge, wie sie außerhalb der Seele existieren, bloß in der Potenz intelligibel sind, dagegen die Seele selbst intelligibel im Akte ist; und darum muß in der Seele der Intellectus agens vorhanden sein, der aktuell intelligibel macht, was bloß potentiell intelligibel ist. — Zweitens verhält sich unser Intellekt zu den sensitiven Dingen wie die Potenz zum Akt, insofern die bestimmten Vorstellungen der sinnlichen Dinge in unserer Seele nicht aktuell, sondern bloß der Potenz nach sind; und darum muß man den intellectus possibilis annehmen, dessen Sache es ist, die von den sinnlichen Dingen abstrahierten intellektuellen Vorstellungen oder Ideen aufzunehmen, die aktuell intelligibel werden mittels des Lichtes des intellectus agens, ein Licht, das von den getrennten Substanzen und hauptsächlich von Gott als von seinem Ursprunge hervorgehet.

„Dem Gesagten zufolge ist es also richtig zu sagen, unsere Intelligenz empfange die Wissenschaft von den sinnlichen Dingen oder Objekten; aber zugleich muß man auch sagen, unsere Intelligenz bilde in sich die Vorstellungen oder Ideen der Dinge, insofern die Naturen oder Objekte mittels der Thätigkeit des intellectus agens aktuell intelligibel werden, die es vorher bloß der Potenz nach waren... In dieser Hinsicht ist die Meinung wahr, die sagt, wir besäßen im voraus die Erkenntnisse, die wir erwerben." —

Ich glaube, man wird mir diese lange Stelle wegen ihrer Wichtigkeit und ihres unbestreitbaren Verdienstes gern verzeihen. Die Geschichte der Philosophie gründlich kennend, bespricht der heilige Thomas, nachdem er die verschiedenen Meinungen und Phasen, die dieses Problem bis zu seiner Zeit darbot, scharf skizziert hat, diese Meinungen mit seiner gewöhnlichen Mäßigung, um mittels einer scharfsinnigen und echt philosophischen Analyse das Falsche einiger dieser Meinungen und den Teil von Wahrheit, den andere enthalten, zu bestimmen.

Der heilige Thomas zeigt sich von vornherein als Gegner der eingeborenen Ideen in dem eigentlichen strengen Sinne dieses Wortes. Sagen, die Seele enthalte in sich selbst die Objekte in der intelligibeln Ordnung; behaupten, daß die Ideen aller Dinge vor jeder Einwirkung der äußeren Dinge auf die Sinne, und dieser Sinne auf die Entwickelung der intellektuellen Thätigkeit schon vollständig fertig vorhanden seien: heißt behaupten, daß die Sensibilität gar keinen Einfluß auf den Ursprung, die Bestimmtheit und Entwickelung der intellektuellen Erkenntnis ausübe, daß gar kein Kausalitätsverhältnis, nicht einmal ein materiales, geschweige denn ein bewirkendes, zwischen den Vermögen der Sensibilität und den intellektuellen Vermögen existiere. Und doch, wenn gar keine reale und wahre Abhängigkeit zwischen diesen Vermögen besteht; wenn die sensitiven Vermögen bei der Bestimmung der wissenschaftlichen und intellektuellen Phänomene nichts bedeuten, oder bloß entfernte Bedingungen sind; wenn, um es mit einem Worte zu sagen, die sinnliche Ordnung der intellektuellen vollständig fremd ist: worum entbehrt die Intelligenz, nachdem sie in Thätigkeit gesetzt ist, auch dann noch der Erkenntnisse, ja sogar jeder Idee in betreff der Objekte jenes Sinnes, dessen der Mensch seit seiner Geburt sich beraubt sieht?

Wenn die Sinne bei der intellektuellen Erkenntnis gar keinen Einfluß haben, oder wenn sie bloße Bedingungen sine qua non sind, oder pure Erregungsmittel der intellektuellen Thätigkeit der Seele; dann ist es klar, daß die Seele, nachdem einmal diese Thätigkeit durch die Aktion der übrigen Sinne angeregt ist, irgend eine Erkenntnis, und wenn auch nur unvollständige, von den Objekten erlangen möchte, die auf den nicht vorhandenen Sinn Bezug haben, besonders da man jene intellektuelle Aktivität oder Kraft als Eine und unteilbar annehmen muß.

So verzweifelte Anstrengungen die Anhänger der angeborenen Ideen zur Stütze ihres Systems auch machen mögen; so spitzfindig ihre Argumente auch sein mögen; so erhaben auch die Spekulationen der Anhänger dieser Theorie erscheinen: jene Anstrengungen und diese Spekulationen werden immer an der unübersteiglichen Mauer des gesunden Menschenverstandes zerschellen, der sich außerdem auf die Erfahrung stützt und mit ihr in voller Übereinstimmung ist. Trotz aller Argumente und ungeachtet aller Behauptungen der Verfechter der eingeborenen Ideen wird die gewöhnliche Menschheit und mit ihr die ungeheuere Mehrzahl der Philosophen, die nicht glauben, daß die wahre Philosophie sich mit dem Zeugnisse des gesunden Menschenverstandes in Widerspruch setzen dürfe, fortfahren zu glauben wie bisher, daß zwischen den Vermögen der Sensibilität und den intellektuellen Erkenntnissen etwas mehr als bloße gelegenheitliche Beziehungen oder reine Konkomitanzverhältnisse bestehen. Und die Erfahrung, die uns bezeugt, daß die Verletzung der Organe der sensitiven Vermögen die Störung des Vernunftgebrauches mit sich bringt; die Erfahrung, die uns lehrt, daß die Ausübung des reinen Intellektes immer begleitet ist von der Ausübung der sensitiven Vermögen, und vor allem, daß die intellektuelle Bearbeitung der Ideen notwendigerweise von den sinnlichen Vorstellungen abhängt und hiermit in Beziehung stehet, und dies sogar auch dann, wenn es sich um rein intelligibele Ideen oder Objekte handelt; diese Erfahrung, sage ich, wird immer das Zeugnis des gesunden Sinnes bekräftigen und ihm als Gegenbeweis dienen. Denn „die Erfahrung lehrt," sagen wir mit dem berühmten Philosophen Balmes,[1] „daß diese Verbindung durch ein Gesetz des menschlichen Geistes existiert. Dieses Gesetz leugnen, heißt gegen eine vom gesunden Menschenverstande bezeugte Wahrheit ankämpfen; es zerstören wollen, ist ein verwegenes Unternehmen; heißt eine Art Selbstmord des Geistes begehen. Aus diesem Grunde hat die Schule, von der ich sprach, und welche die Existenz der eingeborenen Ideen leugnet, indem sie die Thatsachen nahm, wie die innere Erfahrung sie uns bezeugt, diese Thatsachen zu erklären gesucht dadurch, daß sie die Punkte bezeichnete, bei welchen die sensitive und die intellektuelle Ordnung miteinander in Verbindung stehen, ohne sich gegenseitig aufzuheben oder zu vermischen." —

Der heilige Thomas giebt hier die überzeugendsten Beweise und die kräftigsten Argumente, deren sich auch noch heutigen Tages die Wissenschaft bedient, um das System der angeborenen Ideen zu bekämpfen. An vielen Stellen seiner Werke finden sich hierüber noch verschiedene andere Beweise, wie er auch an anderen Stellen die Beweise noch weiter entwickelt, die er in der gegenwärtigen Stelle gleichsam bloß angedeutet hat; denn wie man durch die Lektüre seiner

---

[1] Phil. Fund. Lib. 4. Cap. 9.

Werke erkennt, legte der heilige Lehrer auf die richtige Lösung dieses ideologischen Problems ein sehr großes Gewicht.

Darum sehen wir ihn in der Summa contra Gentiles wie in der Theologischen Summa die wissenschaftlichen Grundlagen, die er in gegenwärtiger Stelle nur so eben andeutet, weiter entwickeln und unter neuen Gesichtspunkten darstellen.

„Aus dem was wir erfahren," sagt er,[1] „ergiebt sich mit voller Evidenz, daß die Seele der Sinne bedarf; denn der, welcher irgend eines Sinnes entbehrt, besitzt keine Wissenschaft von den sinnlichen Gegenständen, die durch jenen Sinn wahrgenommen werden, wie z. B. der Blindgeborene gar keine Wissenschaft von den Farben hat. Und außerdem, wenn die Sinne der menschlichen Seele für die höhere Erkenntnis nicht nötig wären, würde beim Menschen keine Ordnung oder Beziehung zwischen der sensitiven und intellektuellen Erkenntnis bestehen, was aber aller Erfahrung widerspricht; denn mittels der Sinne bilden sich in uns die singulären Vorstellungen, durch welche wir die Erfahrung von den Dingen bekommen und schließlich mittels dieser Induktion zu den allgemeinen Principien der Wissenschaften und Künste gelangen." —

Man gestatte mir, die Aufmerksamkeit der Leser und besonders Herrn Jourdain auf das jetzige und das vorige Kapitel zu lenken, damit uns der französische Schriftsteller beim Anblicke derselben sage, ob der heilige Thomas die Induktionsmethode kannte, und ob er sich der Erfahrungsmethode bloß „selten und nur so zufällig" bediente.

Einer der Hauptbeweise gegen das System der eingeborenen Ideen ist unserer Überzeugung nach das psychologische Argument, das bei der Annahme von eingeborenen Ideen auf die Unmöglichkeit hinweist, die Vereinigung der Seele mit dem Körper befriedigend zu erklären. In der That; mag man mit den alten Platonikern sagen,

---

[1] Sum. c. Gent. L. 2. c. 83: Videtur autem manifeste, per id quod experimur, quod indigeat sensibus; quia qui caret sensu aliquo non habet scientiam de sensibilibus quae cognoscuntur per sensum illum; sicut coecus natus nullam scientiam habet nec aliquid intelligit de coloribus. Et praeterea, si non sunt necessarii humanae animae sensus ad intelligendum, non inveniretur in homine aliquis ordo sensitivae et intellectivae cognitionis; cujus contrarium experimur, nam ex sensibus fiunt in nobis memoriae ex quibus experimenta de rebus accipimus, per quae ad comprehendendum universalia scientiarum et artium principia pervenimus. —

die Seele präexistiere mit ihrer Wissenschaft, mit ihren Erkenntnissen und intellektuellen Ideen, die alle ganz fertig gebildet seien; diese Ideen blieben aber verdunkelt und seien wie eingeschläfert wegen der Vereinigung der Seele mit dem Körper; oder mag man mit den gemäßigteren Anhängern dieser Lehre bloß behaupten, die Seele existiere nicht vor dem Körper, habe aber die Ideen der Dinge aktuell in sich: immer ist es unmöglich, die so innige wie natürliche Verbindung der Seele mit dem Leibe auf eine befriedigende Weise zu erklären und den zureichenden Grund dafür anzugeben. Im ersteren Falle wäre die Verbindung der Seele mit dem Körper gewaltsam und widernatürlich: was gewiß dem gesunden Menschenverstande wenig zusagt und in jeder guten Philosophie unerhört ist; denn, wie derselbe heilige Thomas an der angeführten Stelle sagt: nulli rei natura adjungit aliquid, per quod sua operatio impediatur; sed magis ea, per quae fiat convenientior.

Ähnliche Übelstände finden sich auch bei der zweiten Hypothese; denn wenn die Seele schon im voraus durch sich selbst und unabhängig vom Körper und von der Ausübung der Sensibilität die Ideen aller Dinge besitzt; dann ist ihre Verbindung mit dem Leibe zum wenigsten überflüssig, und darum wissenschaftlich unerklärbar. „Denn was kann nicht sagen," sagt derselbe heilige Lehrer,[1]) „daß die intelligente Seele sich mit dem Körper durch den Körper vereinige; denn weder die Form richtet sich hin auf die Materie, noch der Beweger auf das zu Bewegende, sondern vielmehr umgekehrt. Und wenn der Körper in irgend einem Sinne der Seele notwendig ist, dann muß er es sicher in betreff ihrer eigentümlichen Thätigkeit sein, welche das Denken oder das höhere Erkennen ist; denn was ihre Existenz betrifft, ist die Seele vom Körper unabhängig und bedarf seiner nicht. Wenn die Seele durch ihre eigene Natur bestimmt oder determiniert ist, die intellektuellen Ideen allein mittels des Einflusses einiger höherer Principien oder Agens zu empfangen, und dieselben nicht von den sinnlichen Dingen empfängt, dann bedarf sie des Körpers für die höhere Erkenntnis nicht. Mithin wäre sie ohne Zweck mit dem Körper verbunden." —

Vergeblich würde man sich bemühen, die Stärke dieses Argumentes mit der etwaigen Behauptung zu beseitigen, daß, obwohl der Körper und die sensitiven Vermögen bei der Bildung und Bestimmung der intellektuellen Ideen eigentlich nicht mitwirkten und dazu beitrügen,

---

[1]) Sum. Theol. 1. P. Quaest. 84. art. 4.

deſſenungeachtet die Vereinigung der Seele mit dem Körper notwendig ſei, weil dieſer und die Sinne die Bedingungen sine qua non und die Erregungsmittel der intellektuellen Thätigkeit ſeien; denn wenn man nur ein wenig nachdenkt, ſo wird man leicht erkennen, daß dies im Grunde die Meinung Plato's und ſeiner Schüler annehmen heißt, d. h. daß die Vereinigung der Seele mit dem Körper nicht allein nicht natürlich, ſondern auch gegen die Vollkommenheit der Seele ſein wird.

Fürwahr, behaupten wollen, die Seele habe alle intellektuellen Ideen vollſtändig fertig gebildet und in aktueller Exiſtenz in ſich, ſie bedürfe aber zugleich der Anregung ſeitens der Sinne, heißt ſagen, die Vereinigung der Seele mit dem Körper verhindere die Ausübung oder den Gebrauch der in ihr präexiſtierenden Ideen, und dieſes Hindernis werde mittels der Ausübung der ſenſitiven Vermögen beſeitigt. Hoc enim non videtur sufficere, ſagt ſehr richtig der heilige Thomas, quia hujusmodi excitatio non videtur necessaria animae, nisi in quantum est consopita quodammodo et obliviosa propter unionem ad corpus; et sic sensus non proficerent animae intellectivae nisi ad tollendum impedimentum, quod animae provenit ex corporis unione. Remanet igitur quaerendum, quae sit causa unionis animae ad corpus. —

Elftes Kapitel.

Unrichtige Anſichten Bonald's über dieſen Gegenſtand.

Nach dem in den letzten Kapiteln Geſagten ſcheint es abſolut unglaublich, daß in unſerem jetzigen Jahrhundert Männer, und zwar Männer, die als Philoſophen einen Namen haben, und benen Alle eine große Gelehrſamkeit zuſchreiben, ſozuſagen in Gegenwart aller Gelehrten und vor den Augen der ganzen Welt den heiligen Thomas unter die Anhänger der angeborenen Ideen zu rechnen wagen.

Und doch iſt nichts gewiſſer als dies. Der Vicomte von Bonald (Sohn), deſſen ſeltſame Behauptungen über den intellectus agens wir bereits vernommen, zeigt ſich hier als eben ſo großen Kenner des Gedankens und der Philoſophie des heiligen Thomas über die angeborenen Ideen, wie er dieses hinsichtlich seiner Lehre über den intellectus agens bewiesen hat.

Als P. Ventura ganz richtig Plato, Cartesius und Leibnitz unter den Anhängern der eingeborenen Ideen aufgeführt, sagt ihm unser Schriftsteller, er hätte zu diesen Namen noch die Namen von "Augustin, Thomas, Bonaventura, Bossuet, Fenelon, Malebranche" u. s. w. hinzusetzen sollen. — Wir haben bereits unsere Gedanken über den heiligen Augustin angegeben; und was den heiligen Bonaventura betrifft, so finden sich bei ihm allerdings etwas ontologistische Tendenzen; allein seine Theorie über die Ideen ist im Grunde die allgemeine Theorie der Scholastiker; und mir will scheinen, daß Herr von Bonald mit dem Beweise, daß er unter die eigentlichen Anhänger der eingeborenen Ideen gerechnet werden müsse, ein wenig in Verlegenheit kommen dürfte, wenn es überhaupt für den eine Verlegenheit geben kann, der den heiligen Thomas neben Plato und Cartesius und auf dieselbe Linie stellt: den heiligen Thomas nämlich, der auf jeder Seite seiner Schriften die Lehre Plato's über die Ideen bekämpft; der häufig in seinen Werken das System der eingeborenen Ideen angreift; der alle Argumente und Beweise, die gegen dieses System sprechen, anführt und entwickelt, und mit wunderbarer Schärfe und einer unbeugsamen gewaltigen Logik auf alle Ungereimtheiten hinweist, die dieses System mit sich bringt; den heiligen Thomas endlich, der, wenn er die Lehre vom intellectus agens zu der seinigen macht, sie vervollständigend und vervollkommnend, dieses deshalb thut, weil er sie für notwendig hält, um den Ursprung der menschlichen Erkenntnis auf eine philosophischere und mit der Beobachtung der inneren Phänomene besser übereinstimmende Weise zu erklären, als dieses bei der Theorie der eingeborenen Ideen möglich ist.

Nach der vorhin angeführten Behauptung kann es uns jetzt nicht mehr überraschen, wenn wir den französischen Philosophen folgendes sagen hören: "Wenn die Lehre wahr ist, welche die von Plato und Cartesius gelehrten eingeborenen Ideen leugnet, dann ist die Seele anfangs nur eine tabula rasa, wie Aristoteles sagte: tabula rasa, in qua nihil est scriptum. Jedoch, wenn die Heiden dieses glauben konnten: die Christen dürfen es nicht sagen." —

Ich weiß nicht, ob Herr von Bonald Anstand nehmen wird, zu den Christen auch den heiligen Thomas zu rechnen; was ich aber weiß, und was ich dem berühmten französischen Schriftsteller versichern kann, ist, daß, wenn er sich die Mühe geben und die Schriften des heiligen Lehrers durchblättern will, hundert Stellen für eine finden wird, worin er die Lehre vorträgt, daß die menschliche Seele in ihrem Anfange und in betreff der intellektuellen Ideen, wenigstens derjenigen, welche sich auf die materiellen sinnlichen Objekte beziehen, ist wie eine tabula rasa, in qua nihil est scriptum, und zwar ohne irgendwie Furcht zu verraten, daß er deshalb aufhöre, Christ zu sein. Als Probe führe ich eine dieser Stellen an:[1])

Intellectus autem humanus, qui est infimus in ordine intellectuum, et maxime remotus a perfectione divini intellectus, est in potentia respectu intelligibilium, et in principio est sicut tabula rasa, in qua nihil est scriptum. —

Wir wollen Bonald nicht weiter folgen, um seine weiteren Behauptungen über diesen Gegenstand zu vernehmen. Um das Gewicht kennen zu lernen, das seine Ansichten hierüber verdienen, genügt es zu beachten, daß ihm zufolge die Lehre von den eingeborenen Ideen die allgemeine Lehre aller Philosophen sei. „Im Gegenteil scheint es, daß alle Philosophen bis auf den heutigen Tag gedacht haben, diese Ideen bildeten sich nicht erst, sondern seien von Natur aus vollständig fix und fertig gebildet in uns vorhanden." — Wir haben früher Gelegenheit zu der Bemerkung gehabt, daß die Geschichte der Philosophie nicht die starke Seite des Verfassers der „Rechtfertigung des Cartesius" zu sein scheine; wir können dieses unser Urteil nur einfach wiederholen. —

Bevor wir indessen dieses Kapitel schließen und um den Leser vor unrichtigen Ansichten und weittragenden Irrtümern zu bewahren, müssen wir noch bemerken, daß, wenn der heilige Thomas sagt, die Seele sei wie eine tabula rasa, und wenn er sie eine pura potentia in ordine intelligibili nennt, diese und ähnliche Ausdrücke bloß den Zustand der Potentialität der Seele in betreff des aktuellen Besitzes der Ideen, oder was dasselbe ist: den Mangel und die Abwesenheit von aktuellen, vollständig fertig gebildeten Ideen meint, bevor die sensitiven Vermögen in Übung getreten, und die sinnlichen Vorstellungen in der Seele vorhanden sind, und der Intellectus agens in Thätigkeit getreten ist.

---
[1]) Sum Theol. Quaest. 79. art. 2: Der menschliche Intellekt, der auf der untersten Stufe der Intellekte steht und am weitesten von der Vollkommenheit des göttlichen Intellektes entfernt ist, befindet sich in der Potenz hinsichtlich der intelligibelen Dinge; und im Anfange ist er wie „eine ausgelöschte Tafel, auf der nichts geschrieben ist". —

Es würde darum ungereimt sein, wenn man diese Potentialität im absoluten Sinne verstehen wollte; denn nach der Lehre des heiligen Thomas besitzt nicht bloß die Seele aus und in sich selbst bei ihrem Anfange und vor allen den genannten Bedingungen den intellectus possibilis oder die angeborene Erkenntniskraft, die ein vitales Vermögen, eine wahre aktive Potenz, eine reale Aktivität ist; sondern sie hat auch seit ihrem Ursprunge den intellectus agens, der das nächste Princip der Ideen ist, und der als eine unmittelbare Participation an der unendlichen Intelligenz und an den ewigen Ideen gleichsam keimartig und virtuell alle intellektuellen Ideen, und ganz besonders die Elemente der ersten Principien der Vernunft enthält, wie wir später sehen werden.

Aus dem Gesagten ergiebt sich, daß man den heiligen Thomas nicht zu den Anhängern der eingeborenen Ideen rechnen darf, ohne gegen die wahre Geschichte der Philosophie aufs gröblichste zu verstoßen; und daß man noch verkehrter und noch mehr aller Wahrheit zuwider handeln würde, wenn man seine Lehre hierüber mit der der Materialisten und Sensualisten identificieren oder auch nur in nähere Berührung bringen wollte.

Nach den Materialisten besitzt der Mensch keine weiteren Erkenntnisse, als die er durch die Sinne erlangt; und da diese ihnen zufolge das Resultat der Organisation der Materie sind, so ist die menschliche Erkenntnis ein reines Produkt des körperlichen Organismus.

Und die Sensualisten, wenngleich sie mit Worten die Existenz des Geistes anerkennen, leugnen ihn doch in der Wirklichkeit, da sie ihm bloß sensitive Vermögen zuschreiben.

Was kann es Gemeinschaftliches geben zwischen diesen entsetzlichen Irrtümern und der erhabenen psychologischen Theorie des heiligen Thomas? Absolut nichts! Nach jenen reduciert sich alles auf die Materie, auf die Organisation und die Sensationen; diesem zufolge steht über der Materie, der Organisation und den Sensationen der Geist, die Intelligenz und der intellectus agens, der unmittelbare Seinsgrund und die Hauptquelle der intellektuellen Erkenntnis. Nach jenen sind die Wissenschaft und die intellektuelle Erkenntnis rein äußerlich in ihrem Ursprunge; diesem zufolge haben die Wissenschaft und die intellektuelle Erkenntnis zu ihrer Hauptquelle eine innere Kraft, nämlich die intellektuelle Aktivität, die als unmittelbare Participation an der unerschaffenen Wahrheit und als Abdruck der göttlichen Ideen den Keim der Ideen in sich enthält; und zu ihrer sekundären und entfernteren Quelle die Sinne und die äußeren Objekte. Scientiam mentis nostrae partim ab intrinseco esse, partim ab extrinseco, sagte der heilige Lehrer an der im vorigen Kapitel angeführten Stelle.

Zwölftes Kapitel.

Unrichtige Meinung von Balmes über den intellectus agens. Philosophische Richtigkeit der Lehre des heiligen Thomas über diesen Punkt.

„Da die Aristoteliker," sagt der berühmte spanische Philosoph Balmes,[1]) „von ihrer Lieblingsidee, alles durch Materie und Form zu erklären, beherrscht wurden, zu welchem Behufe sie die Bedeutung dieser Worte änderten, je nachdem der Gegenstand, auf den sie dieselben anwandten, es erforderte; so betrachteten sie auch die Vermögen der Seele als eine Art Potenzen, die nicht zu wirken vermochten, bis eine Form sich mit ihnen verband und sie in Akt versetzte. So erklärten sie die Sensationen durch Species oder Formen, welche das sensitive Vermögen in Akt versetzten ... Auf diese Weise die Phänomene des äußeren Sinnes und der Imagination erklärt, suchten die Aristoteliker ebenso auch die der intellektuellen Ordnung zu erklären, wobei sie in wirklich geistreicher Weise ein Hilfsmittel erdachten, das sie intellectus agens nannten ... Die sinnlichen Species, in der Einbildungskraft enthalten und ein wahres Abbild der äußeren Welt, waren nicht durch sich selbst intelligibel, weil sie, wenn auch nicht mit der eigentlichen Materie, so doch mit materiellen Formen umhüllt waren, auf welche sich der intellektuelle Akt nicht direkt beziehen konnte.

„Wenn man also eine Kraft, ein Vermögen ausfindig machen konnte, dem es oblag, das, was nicht intelligibel ist, intelligibel zu machen; dann hatte man dieses schwierige Problem hinreichend gelöst; denn dann konnten die sinnlichen Species, sobald der geheimnisvolle Umbilder seine Thätigkeit auf sie richtete, dem intellektuellen Akte dienen, indem sie durch ihn aus der Kategorie der Phantasiegebilde

---

[1]) Fil. Fund. Lib. 4. Cap. 7.

(phantasmata) zu der der reinen Ideen oder intelligibeln Species erhoben wurden. Dieses Vermögen nun ist der intellectus agens...

„Diese Erfindung sollte vielmehr poetisch als lächerlich genannt werden, und verdient eher das Prädikat geistreich als extravagant." —

Es ist gewiß sehr merkwürdig, daß ein Mann von solch einem gediegenen philosophischen Geiste; ein Mann, der in seinen Schriften zeigt, daß er besser als irgend ein anderer moderner Schriftsteller den wahren Geist der Lehre der Schulen und besonders die Tiefe, die Wahrheit und den Werth der Philosophie des heiligen Thomas verstanden hat: in der Lehre vom intellectus agens weiter nichts, als „**eine geistreiche poetische Erfindung**" zu sehen vermocht hat.

Und noch mehr muß man sich wundern, wenn man bedenkt, daß die von diesem Philosophen dem wichtigen und schwierigen Problem über den Ursprung der intellektuellen Erkenntniß gegebene Lösung mit der Lösung des heiligen Thomas im Grunde identisch ist oder ihr doch wenigstens sehr nahe kommt, und daß er, wie dieser, das System der eingeborenen Ideen bekämpft. Wir haben bereits die Affinität und die innigen Beziehungen kennen gelernt, die diese Lehre mit dem intellectus agens einschließt, mag man ihn nun so oder anders nennen, seine Akte oder Funktionen so oder anders erklären.

Daher sehen wir Balmes, sozusagen durch die Macht der Wahrheit selbst gezwungen, nachher bis zu einem gewissen Punkte das annehmen, was er hier verworfen hatte. „Der intellectus agens der Aristoteliker," sagt er,¹) „den man in jeder gesunden Philosophie zulassen kann, insofern er eine auf die sinnlichen Vorstellungen angewandte Aktivität der Seele ist, scheint dieses nicht bloß zu sein, wenn man ihn als Hervorbringer neuer, vom intellektuellen Akte selbst verschiedener Vorstellungen ansieht." —

Aus diesen Worten ergiebt sich, 1) daß unser Philosoph die Existenz einer Aktivität der Seele in Bezug auf die sinnlichen Vorstellungen als zulässig in der Philosophie anerkennt. Nun gut; dieses heißt aber den intellectus agens des heiligen Thomas annehmen, da nach dem heiligen Lehrer der intellectus agens im Grunde und in der Wirklichkeit nichts anderes ist, als eine Aktivität der Seele in Bezug auf die sinnlichen Vorstellungen.

2) Ergiebt sich hieraus, daß der Hauptgrund, der den Verfasser

---

¹) Ibid. Cap. 20.

der Filosofia Fundamental dazu bewog, den intellectus agens in seiner Totalität nicht anzunehmen, die Meinung ist, die intellektuellen Vorstellungen oder Ideen seien nicht verschieden vom intellektuellen Akte. Wir wollen die Probabilität einer solchen Meinung nicht leugnen; aber zu gleicher Zeit wird auch niemand uns gegenüber leugnen können, daß die gegenteilige Meinung, die einen modalen Unterschied zwischen der Idee und dem intellektuellen Akte annimmt, indem sie jene als einen Motus betrachtet, der zu diesem Akte hinzukommt, wenigstens eben so probabel ist als diejenige, welche diese beiden Dinge absolut miteinander identifizieren will: mag man die Frage an sich und hinsichtlich ihrer wissenschaftlichen Grundlagen, oder mag man sie in Anbetracht der großen Männer untersuchen, die diese Meinung verteidigt haben.

Wenn demnach das einzige philosophische Hindernis der vollen absoluten Annahme des intellectus agens der Aristoteliker die Identifizierung der Ideen mit dem intellektuellen Akte ist; dann müssen diejenigen, welche die Probabilität der Meinung, die einen modalen Unterschied zwischen beiden behauptet, gelten lassen, auch das Vorhandensein des intellectus agens wenigstens als probabel gelten lassen. Unser Philosoph hätte also das Dasein dieses intellectus agens wenigstens als probabel bezeichnen müssen, da ihm zufolge die Probabilität der Meinung, welche den Unterschied zwischen der Idee und dem intellektuellen Akte behauptet, indirekt auch die Existenz des genannten Intellektes berührt. Auf alle Fälle also ist die Existenz des intellectus agens der Aristoteliker etwas mehr, als eine „geistreiche poetische Erfindung".

Andererseits, wenn dieser Schriftsteller es für so sicher und wahr hält, daß die Idee und der intellektuelle Akt ein und dasselbe sind, dann war es unnötig, viele Seiten zu schreiben, um die Existenz der eingeborenen Ideen zu bekämpfen, wie er später thut, indem er ihre verschiedenen Klassifikationen durchgeht. Sobald man diese Hypothese aufstellt, hat die Frage, ob es eingeborene Ideen gebe, keinen Sinn mehr; denn in diesem Falle die eingeborenen Ideen annehmen wollen, hieße sagen, die intellektuellen Akte existierten früher als sie existieren.

Indessen können wir uns nicht wundern, daß dieser große Philosoph das Dasein und die Notwendigkeit des intellectus agens, die er anfangs nicht zulassen wollte, schließlich doch annimmt, wenigstens implicite. Denn dies ergiebt sich unserer Ansicht nach aus folgenden

Worten, womit er seine Bekämpfung der eingeborenen Ideen beschließt:[1])

„Statt uns derartigen Voraussetzungen zu überlassen, müssen wir, so will es uns scheinen, in unserem Geiste eine angeborene Aktivität annehmen, die den Gesetzen, die ihr die unendliche Intelligenz, von der sie geschaffen worden, gegeben hat, unterworfen ist. Selbst wenn man behauptet, daß die Ideen von den perceptiven Akten verschieden seien, braucht man sie nicht als präexistierend anzunehmen. In diesem Falle muß man aber in unserem Geiste ein die repräsentativen Species hervorbringendes Vermögen annehmen, woran wir auch dann nicht vorbeikommen, wenn wir die Ideen mit den Perceptionen identificieren." —

Also, „man muß in unserem Geiste ein die repräsentativen Species hervorbringendes Vermögen annehmen"; und dies ist nötig, ob man behauptet, daß die Ideen von den perceptiven Akten verschieden seien; oder ob man das Gegenteil behauptet, indem man die Ideen mit den Perceptionen identificiert. Diese Stelle kann nicht klarer und deutlicher sein. In derselben spricht er sich offen über die Notwendigkeit des intellectus agens aus und nimmt ihn an, da dieser, wenigstens nach der Theorie des heiligen Thomas, in Wirklichkeit nichts anderes ist, als eben ein die repräsentativen Species der intellektuellen Ordnung hervorbringendes Vermögen.

Wenn darum die Aristoteliker die Lehre vom intellectus agens bekannten, so geschah es gewiß nicht deshalb, weil sie von ihrer Lieblingsidee, alles durch Materie und Form zu erklären, beherrscht wurden. Es war etwas mehr wie dieses; es waren hier erhabenere Motive und philosophischere Gründe vorhanden, als der angegebene. Die Notwendigkeit, den Übergang aus der sinnlichen Ordnung in die intelligibele zu erklären, ohne die Scheidungslinie, welche diese beiden Ordnungen trennt, zu verwischen; die Unmöglichkeit, den Übergang von den singulären Conceptionen der Sinnesvermögen zu den allgemeinen, notwendigen und abstrakten Conceptionen des reinen Intellektes zu erklären, ohne sich genötigt zu sehen, die Lehre von den eingeborenen Ideen anzunehmen, die von der Vernunft und der Erfahrung abgewiesen werden: waren für die Aristoteliker Gründe genug und ohne Zweifel auch erhabener als

---
[1]) Ibid. Cap. 30.

Zwölftes Kapitel. Unrichtige Meinung von Balmes ꝛc.

die, welche der berühmte Verfasser der Filosofia Fundamental angiebt, um die Notwendigkeit des intellectus agens zu behaupten.

Indessen, wenn dieses noch nicht genügen sollte, um zu zeigen, daß die Aristoteliker nicht leichtsinnigerweise hierbei zu Werke gingen, möchte ich noch hinzufügen, daß jede spiritualistische Philosophie die Theorie des intellectus agens annehmen muß, seitdem der heilige Thomas, ihr das Siegel seines erhabenen Geistes aufdrückend, ihr jene wissenschaftliche Entwickelung gab, die man allein von der Größe seines Geistes erwarten konnte, die großen innigen Beziehungen zwischen dieser Lehre und den Hauptproblemen der Psychologie und Ideologie entwickelte, und sie endlich zu ihrem höchsten wissenschaftlichen Ausdrucke erhob, indem er sie sozusagen veredelte und christianisierte. Denn man muß es wissen: wie der heilige Augustin die Ideen Plato's vervollkommnete und christianisierte, so hat der heilige Thomas die Theorie des intellectus agens vervollkommnet und christianisiert.

Aristoteles hatte die Notwendigkeit und das Dasein des intellectus agens gelehrt, aber ohne auf eine präcise Weise seinen Ursprung, den Ursprung seiner Kraft und Aktivität zu bestimmen. Der heilige Thomas, bei seinen Spekulationen im Besitze der christlichen Idee und von ihr geleitet und gestärkt, sucht und findet den apriorischen rationellen Ursprung und Grund des intellectus agens in der Annäherung und Verbindung der menschlichen Intelligenz mit der göttlichen Intelligenz.

Für den heiligen Thomas ist der intellectus agens ein unmittelbarer Abdruck des Ersten intelligenten Agens, eine Teilnahme am unerschaffenen Lichte, ein Reflex der ewigen Ideen, die in der unendlichen Intelligenz Gottes enthalten sind: „Eine von dem Höheren Intellekte abstammende Kraft, durch die er die phantasmata (Phantasiebilder) beleuchten kann."[1] — „Eine Kraft, die an dem Höchsten Intellekte participiert."[2] — „Eine participierte Ähnlichkeit des unerschaffenen Lichtes, in welchem die ewigen Ideen enthalten sind."[3] — „Das Licht des intellectus agens wird in der Seele nicht von irgend einer getrennten Substanz verursacht, sondern unmittelbar von Gott."[4] —

---

[1] Sum. theol. 1. P. Quaest. 79. art. 4.
[2] Ibid. ad 5.
[3] Ibid. Quaest. 84. art. 5.
[4] Quaest. Disp. De Spir. Creat. Quaest. 1. art. 10.

„Gleichsam eine in uns wiederstrahlende Ähnlichkeit der unerschaffenen Wahrheit."¹) — „Ein gewisses intelligibeles Licht, das die intellektive Seele als Nachahmung der höheren intelligenten Substanzen in sich besitzt."²) — „Der intellectus agens," sagte auch Albert der Große, „ist ein gewisses Abbild und Gleichniß des Lichtes der Ersten Ursache, oder Gottes . . ., er ist nämlich das Abbild des ersten göttlichen Lichtes, wodurch alles Intelligibele, dem einfachen Sein nach genommen, wie es im Ersten Lichte war, aktuell intelligibel wird."³) —

Daher schreibt sich das Geheimniß seiner Kraft; daher diese wunderbare Macht, die unsere Seele besitzt, die singulären Vorstellungen der Sinne in allgemeine Vorstellungen der Vernunft umzuwandeln; denn seitdem wir im intellectus agens eine unmittelbare Teilnahme und einen Wiederschein der höchsten Intelligenz, einen Abdruck der göttlichen Ideen erblicken, kann für uns keine Schwierigkeit mehr vorhanden sein, unserer Seele das Vermögen zuzuschreiben, die allgemeinen Ideen von den durch die Sinne gelieferten materiellen Objekten zu abstrahieren und zu bilden. Seit diesem Augenblicke giebt es für uns nichts mehr, das uns abhalten könnte, im intellectus agens eine Kraft anzuerkennen, die mächtig genug ist, die sinnlichen Vorstellungen in intellektuelle Ideen umzuwandeln. Ein bewunderungswürdiges Abbild der göttlichen Intelligenz sowie der höchsten Kausalität und Aktivität, hat der intellectus agens den Keim der göttlichen Ideen in sich. Wie können wir uns also wundern ob seiner erstaunlichen Macht in betreff der Bildung der Ideen? Ist es nicht der Philosophie mehr entsprechend, mit dem heiligen Thomas zu sagen, diese participierte Ähnlichkeit des unerschaffenen Lichtes sei von Gott eben wegen ihres edlen und erhabenen Ursprunges mit einer höheren Kraft versehen, als wir sie bei allen übrigen materiellen Wesen finden? mit einer Assimilationskraft, die fähig ist, die Objekte aus der materiellen singulären Ordnung in die immaterielle allgemeine Ordnung zu versetzen? „Eine gewisse aktive immaterielle Kraft, anderes, nämlich das Materielle, sich ähnlich zu machen."⁴) —

Ich möchte hier die Aufmerksamkeit der Leser auf die Beziehungen und den Zusammenhang dieser herrlichen lichtvollen Theorie des heiligen

---

¹) Ibid. De Verit. Quaest. 11. art. 1.
²) Opusc. 3. Cap. 68.
³) Tom. 18. Tract. 15. Quaest. 83.
⁴) De Anima. Lib. 3. Lect. 10.

Thomas über den intellectus agens mit den interessanten Problemen der intellektuellen Vorstellung, mit der Frage über die Kriterien und die Theorie der Wahrheit lenken. Bekanntlich sind die Fragen hinsichtlich des Überganges aus der idealen, intellektuellen Ordnung in die reale Ordnung beständig das Kreuz der Philosophie gewesen. Der menschliche Geist findet und wird immer ernste und große Schwierigkeiten finden, wenn er die Legitimität des Überganges vom Ich zum Nichtich, vom Subjekt zum Objekt darthun will.

Nun enthält aber ohne allen Zweifel die von uns auseinandergesetzte Lehre des heiligen Thomas eine der erhabensten Lösungen, die ein so schwieriges Problem erfahren kann. Die intellektuellen Ideen beziehen sich durch sich selbst auf die äußeren Objekte, und befinden sich mit diesen in notwendiger Beziehung und vollkommener Übereinstimmung, weil der intellectus agens, der ihre nächste Ursache ist, seinerseits in unmittelbarer Beziehung zum göttlichen Intellekte, der bewirkenden Ursache und dem apriorischen Grunde jener Objekte sowie unserer intellektuellen Ideen steht; denn der intellectus agens als unmittelbare Ableitung aus dem unerschaffenen Lichte ist ein lebendiger und umfassender Reflex der göttlichen Ideen, die der apriorische Grund und das Maß der Realität, Wahrheit und Verschiedenheit der Dinge sind. Mithin involviert der vom heiligen Thomas gelehrte intellectus agens den rationellen Grund der primitiven und fundamentalen Harmonie und Konformität zwischen der subjektiven und objektiven Ordnung, erklärt die Legitimität des Kriteriums der Evidenz, enthält die philosophische Grundlage dessen, was man intellektuellen Instinkt nennt, und ist das wissenschaftliche Band, das die Beziehungen zwischen der realen und der idealen Ordnung, zwischen der Erkenntniswahrheit und der transcendentalen Wahrheit des Objektes, zwischen der Unveränderlichkeit der Wahrheit und der Veränderlichkeit der endlichen Existenzen erklärt und miteinander verbindet. „Denn es ist auch das Licht des intellectus agens erforderlich, durch welches wir die unveränderliche Wahrheit in den veränderlichen Dingen erkennen und die Dinge selbst von ihren Bildern oder Gleichnissen unterscheiden können."[1] —

Man vergleiche nun die Lehre des heiligen Thomas mit der-

---

[1] Sum. theol. 1. P. Quaest. 84. art. 6. ad 1: Requiritur enim lumen intellectus agentis, per quod immutabiliter veritatem in rebus mutabilibus cognoscamus, et discernamus ipsas a similitudinibus rerum.

jenigen der Anhänger der eingeborenen Ideen, und man wird in ihr nicht bloß eine erhabene Theorie, die von jedwedem nachdenkenden Geiste angenommen zu werden verdient, erblicken, sondern auch eine Theorie, die ungeheuere Vorteile vor der Theorie der eingeborenen Ideen voraus hat.

Während die Anhänger dieses Systems behaupten, unsere Seele empfange von ihrem Urheber alle Ideen, welche die Elemente der menschlichen Erkenntnis bilden; während sie den menschlichen Geist fast jeglicher Aktivität in betreff der Erwerbung der allgemeinen Ideen, welche die Elemente der Vernunft sind, berauben; während sie mit einem Worte unseren Geist auf ein rein passives Wesen in betreff des Ursprunges und der Bildung der intellektuellen Erkenntnisse reduzieren: hält der heilige Thomas dagegen unseren Geist für wesentlich aktiv in der intellektuellen Ordnung, erblickt in unserer Seele ein aktives Vermögen, eine intellektuelle Kraft oder Aktivität, die den menschlichen Geist als wahre bewirkende Ursache der intellektuellen Erkenntnis und ihrer graduellen allmählichen Entwickelung, die wir in uns erfahren, hinstellt. Wie Gott, die höchste und unendlich aktive Intelligenz, in sich selbst ein Ewiges Wort, das unerschaffene Verbum, hervorbringt; so hat auch der durch den intellectus agens befruchtete menschliche Geist, der eine unmittelbare Ableitung aus jener höchsten Intelligenz und ein Abdruck der göttlichen Ideen ist, die wunderbare Kraft, in seinem Inneren die allgemeinen Ideen zu bilden und zu bestimmen, die Vorstellungen aus der sensitiven Ordnung in rein intellektuelle Vorstellungen umzubilden, in gewisser Weise die menschliche Vernunft zu schaffen, indem er, wenngleich mit Abhängigkeit von dem durch die Sinne gelieferten Materiale, die Ideen hervorbringt, die seine aktuellen konstitutiven Elemente sind.

Kann man auf eine erhabenere und wissenschaftlichere Weise die Größe und die Würde des menschlichen Geistes darstellen? Kann man auf eine philosophischere Weise den wahren zureichenden Grund von jener majestätischen Erhabenheit der Intelligenz des Menschen, von jener Kraft und Macht, worüber die Menschheit stolz ist, angeben? Bloß in der Theorie des heiligen Thomas kann man die rationelle Erklärung der Erhabenheit und des Adels des Menschen finden; denn sie allein kann den wahren Ursprung und den apriorischen Grund der Energie, der Würde und der erstaunlichen Macht der menschlichen Vernunft angeben.

Man sage uns nicht, auch die Anhänger der eingeborenen Ideen anerkannten die Aktivität des menschlichen Geistes, da sie in ihm die Kraft für die Reflexion und das Ratiocinium annehmen, die ein aktives Vermögen ist; denn dieses würde nur beweisen, daß der menschliche Geist in der intellektuellen Ordnung in betreff der allmählichen Entwickelung und Evolution der wissenschaftlichen Erkenntnisse aktiv ist. Allein hierum handelt es sich hier nicht; ja dieses berührt nicht einmal unsere Frage. Der hervorspringende Punkt zwischen den Anhängern der eingeborenen Ideen und dem intellectus agens des heiligen Thomas, die Differenz zwischen den beiden Theorien, worauf sich der vorhin angegebene Vergleich über die Aktivität des menschlichen Geistes in der wissenschaftlichen Ordnung bezieht, ist vor allem von einer primitiven und fundamentalen Aktivität, von einer Aktivität, die sich auf den Ursprung, auf die anfängliche Entwickelung der intellektuellen Erkenntnis bezieht, zu verstehen.

Es handelt sich also hier nicht darum, ob das Ratiociniumvermögen ein aktives Vermögen ist, oder nicht; warum es sich hier handelt, ist: ob dieser Geist aktiv ist vor der Ausübung dieses Vermögens; mit anderen Worten: ob der menschliche Geist nicht bloß aktiv ist hinsichtlich der Reflexion und des Ratiociniums, sondern auch hinsichtlich der Bildung der Ideen, die die Basis sind und die Urelemente für das Ratiocinium liefern. Denn niemand wird uns abstreiten können, daß jedes Ratiocinium die ersten Principien als Basis voraussetzt, und daß diese durch Ideen gebildet werden. Ist der menschliche Geist aktiv, oder ist er rein passiv in Bezug auf diese Principien und die Ideen, welche sie bilden? Dies ist die wahre Gestalt der Frage zwischen den Anhängern der eingeborenen Ideen mit der Leugnung des intellectus agens und der Theorie des heiligen Thomas.

Die Ersteren sagen, in dieser Hinsicht sei unser Geist rein passiv, weil er von seinem Ursprunge an diese Ideen besitze, die von der Hand des Allmächtigen selbst in unsere Intelligenz eingegraben seien. Der heilige Thomas glaubt dagegen, der menschliche Geist sei in Bezug auf diese Ideen aktiv, und behauptet, dieser Geist, von jener aktiven Kraft befruchtet, die eine unmittelbare Ableitung aus der Intelligenz des Allmächtigen ist, ein Abbild und eine Teilnahme an den göttlichen Ideen, und von ihm intellectus agens genannt, besitze die nötige Aktivität und Energie zur Bildung der Ideen.

Die Behauptung der ersteren setzt nicht bloß die Würde und Macht des menschlichen Geistes herab, sondern ist im Grunde auch nur der Wiederhall des Wortes, das der Haupterneuerer des Systems der eingeborenen Ideen in der modernen Philosophie geschrieben: intellectio enim proprie mentis passio est:[1]) die intellektuelle Erkenntnis ist eigentlich ein Leiden der Seele. — Der heilige Thomas sichert dem menschlichen Geiste seine Erhabenheit und Würde; denn er findet in ihm eine mächtige Aktivität, eine Art schöpferische Kraft, die der wahre Ursprung seiner Größe und Macht ist. Außerdem ist seine Theorie über diesen Punkt nicht allein nicht in Opposition mit dem gesunden Sinne der Menschheit und noch weniger mit der psychologischen Beobachtung, sondern sie ist auch in vollständiger Harmonie mit der inneren Erfahrung, deren Phänomene uns sagen, daß der Intellekt seine Ideen ausarbeite und bilde; „denn wir würden von diesen zwei Aktionen nichts wissen, wenn wir sie nicht in uns selbst erführen," sagt der heilige Thomas: non enim aliter in notitiam harum actionum (intellectus possibilis et intellectus agentis) venissemus, nisi eas in nobis experiremur.[2])

Ein anderer Vorzug dieser Lehre des heiligen Thomas, und im allgemeinen auch seiner Theorie über den Ursprung der menschlichen Erkenntnis, besteht darin, daß sie gleichweit vom idealistischen wie vom materialistischen System entfernt ist, eine Entfernung, die zu einem Gegenbeweise ihrer Wahrheit wird.

Daß das System der eingeborenen Ideen logischerweise zum Idealismus führt, brauche ich nicht erst zu beweisen; ich halte es für unnötig nach dem, was man über diesen Gegenstand bereits geschrieben hat. Dies ist eine Thatsache, die im Bewußtsein aller Gelehrten, die diese Frage unparteiisch prüfen, vorhanden ist.

Wenn der Mensch die Ideen seit seinem Ursprunge in sich hat; wenn die intellektuellen Vorstellungen der Objekte unabhängig von seiner intellektuellen Aktivität und vor Ausübung der Sinne und selbst der Vernunft in ihm vorhanden sind; wenn die sinnliche Ordnung mit der intelligibeln Ordnung nichts zu schaffen hat; wenn keine Kausalitätsverbindung und keine wahre Abhängigkeit zwischen den Vermögen der Sensibilität und denjenigen der rein intellektuellen Ordnung existiert; wenn die Sinne nichts weiter als Veranlassungen oder höchstens Bedingungen sine qua non in Bezug auf die Entwickelung der Aktivität des menschlichen Intellektes sind; wenn sie endlich gar keinen

---

[1]) Cartesius, Brief 84.
[2]) Sum. cont. Gent. Lib. 2. cap. 76.

Einfluß auf die Existenz, Bestimmung und Entwickelung der intellektuellen Erkenntnisse ausüben: dann ist es nicht schwer, hieraus zu schließen, daß die intellektuelle Welt mit der realen Welt nichts gemein hat, daß die Welt der Geister die einzige ist, die für uns mit Sicherheit vorhanden ist, und daß die sensitiven Phänomene und die Körperwelt sich außerhalb der Sphäre unserer Intelligenz in der wissenschaftlichen Ordnung befinden.

Es ist klar, daß von hier bis zum Idealismus nur Ein Schritt ist, wenn überhaupt noch ein Schritt zu machen ist, um die Distanz zu überwinden. Mithin hat das System der eingeborenen Ideen in seinem Schoße den Keim des idealistischen Systems, auf welches es mit seinem ganzen Gewichte losfteuert.

Die Theorie des heiligen Thomas zerstört die materialistischen und sensualistischen Systeme in der Basis, dadurch daß sie im menschlichen Geiste die Intelligenz als ein primitives, höheres und von allen sensitiven Vermögen wesentlich verschiedenes Vermögen aufstellt. Aber diese sensitiven Vermögen, obwohl niedriger als die Intelligenz und wesentlich von ihr verschieden, liefern dieser doch das Material, an welchem sie arbeiten kann; diese Vermögen, obwohl sie niemals den fast unendlichen Abstand, der sie von den intellektuellen Vermögen trennt, überschreiten können, stehen dennoch mit ihnen in direkter Verbindung. Auf diese Weise steht die intellektuelle Welt mit der realen Welt, die Welt der Geister mit der Welt der Körper notwendigerweise in Verbindung; die innere Welt geht über zur äußeren, und diese zu jener mittels der sinnlichen Vorstellungen, in denen sie in die innigste Berührung und Verbindung miteinander kommen; die subjektive Ordnung nähert sich, vereinigt sich, identificiert sich mit der objektiven Ordnung. Die Theorie des heiligen Thomas ist wie die Antithese der sensualistischen Theorie, so auch die Negation der idealistischen Theorie.

Wir können darum mit vollem Rechte behaupten: 1) Jede spiritualistische Schule, die das System der eingeborenen Ideen verwirft, muß den intellectus agens, was den Kern der durch dieses Wort ausgedrückten Sache betrifft, annehmen. 2) Die Theorie des intellectus agens, wie sie der heilige Thomas modifiziert, entwickelt und darstellt, befindet sich nicht allein mit der Vernunft und der inneren Erfahrung in vollständiger Harmonie, sondern schließt auch eine philosophische Tragweite in sich, die eben so unbestreitbar als wirklich und positiv ist. —

Dreizehntes Kapitel.

Neue Phase des Pantheismus und neue Widerlegung desselben seitens des heiligen Thomas.

Eine der merkwürdigsten Erscheinungen, die der Pantheismus in seiner allmählichen Entwickelung seit seinem Ursprunge bis auf unsere Zeiten dargeboten hat, ist diejenige, welche zur Zeit des heiligen Thomas sich zeigte, wo derselbe die absolute numerische Einheit der menschlichen Intelligenz, oder besser gesagt: die absolute Einheit der intelligenten Substanzen behaupten wollte. Um zu diesem Resultate zu gelangen, gingen einige von der Einheit des intellectus agens aus, indem sie diesen als eine von dem Menschen getrennte Substanz betrachteten, die, weil einzig und identisch, ihre Thätigkeit an jedem einzelnen Individuum der Menschheit äußerte. Der heilige Lehrer bekämpft an vielen Stellen seiner Werke die pantheistischen Tendenzen, die diese Meinung einschließt, indem er zeigt, daß der intellectus agens eine innere Kraft und ein aktives Vermögen der Seele ist.

Indessen, diese pantheistischen Tendenzen traten bei den Averroisten als strenge Behauptungen auf, die, ihrem Lehrer folgend, sagten, der intellectus possibilis oder das intellektive Vermögen existiere nicht wirklich im Menschen. Averroes und seinen Schülern zufolge zur Zeit des heiligen Thomas war das, was man intellectus possibilis oder höheres Erkenntnisvermögen nennt, eine vom Menschen getrennte und von ihm unabhängige Substanz; und dieser heißt nur intelligent, insofern er mittels der sinnlichen Vorstellungen sich mit jener Substanz in Verbindung setzt, ihre Aktion und ihren Einfluß in sich aufnehmend.

Die unmittelbaren Konsequenzen dieser Lehre waren einerseits der psychologische Pantheismus, der alle Menschen als intelligente Wesen in der absoluten Einheit identificierte; und andererseits und als notwendige Folgerung hieraus, die Auflösung des einzelnen Menschen in ein rein sinnliches und materielles Wesen. Die numerische Verschiedenheit existierte also nicht in der Menschheit als intelligent; mithin war jeder einzelne Mensch nichts weiter als eine Manifestation, eine Erscheinung der einzigen intelligenten Substanz.

Der heilige Thomas, den wir den Pantheismus in allen seinen Formen und Erscheinungen haben bekämpfen sehen, bekämpfte ihn sofort und zwar mit aller Energie auch in dieser neuen Gestalt, zumal dieser monströse Irrtum, wie wir aus seinen Worten entnehmen können, bei vielen damaligen Philosophen günstige Aufnahme fand. Darum schrieb er, nachdem er ihn bereits in fast allen seinen Werken widerlegt hatte, sein Buch De Unitate intellectus contra Averroistas, das die vollständigste und siegreichste Widerlegung dieses psychologischen Pantheismus enthält, der da große Anstrengungen machte, sich in die philosophischen Schulen des christlichen Europa einzudrängen. Im Besitze einer ganz ungewöhnlichen Gelehrsamkeit und einer kräftigen Argumentation bringt er, nachdem er bewiesen, daß eine derartige Lehre mit der des Aristoteles nichts gemein habe, alle Arten von Beweisen, angefangen von der Autorität der Kirchenväter, der orientalischen wie der abendländischen, bis zu derjenigen der Philosophen, der griechischen sowohl wie der lateinischen und arabischen, und vom ontologischen und psychologischen Ratiocinium bis herab zu den Beweisen aus dem Selbstbewußtsein und aus der Erfahrung, vor, um die ganze Absurdität dieses Pantheismus zu zeigen, mag man ihn an und für sich betrachten, oder mag man ihn in seinen materialistischen und sensualistischen Anwendungen, oder mag man ihn endlich hinsichtlich seiner subversiven Konsequenzen auf dem socialen, moralischen und religiösen Gebiete betrachten.

Da es weder möglich noch notwendig ist, ihm in der Entwickelung dieser siegreichen Bekämpfung dieses ideologisch-psychologischen Pantheismus zu folgen, so wollen wir bloß einige von seinen Bemerkungen hersetzen, und verweisen diejenigen von unseren Lesern, die sich von dem wissenschaftlichen Werte und der Kraft seiner Bekämpfung selbst überzeugen wollen, auf das erwähnte Werk.

„Wie alle Menschen von Natur aus die Wahrheit wissen wollen,[1])

---

[1]) Opusc. 9: Sicut omnes homines scire desiderant veritatem, ita naturale desiderium inest hominibus fugiendi errores, et eos, quum facultas adfuerit, confutandi. Inter alios autem errores indecentior videtur esse error, quo circa intellectum erratur, per quem nati sumus, devitatis erroribus, cognoscere veritatem. Inolevit siquidem jamdudum circa intellectum error apud multos, ex dictis Averroïs sumens exordium, qui asserere nititur, intellectum quem Aristoteles possibilem vocat, ipse autem inconvenienti nomine materialem, esse quamdam substantiam secundum esse a corpore separatam, et aliquo modo uniri ei ut formam: et ulterius, quod

so ist auch in ihnen das natürliche Verlangen vorhanden, die Irrtümer zu vermeiden und sie zu widerlegen, wenn es möglich ist. Unter

---

intellectus possibilis sit unus omnium. Contra quem jampridem conscripsimus. Sed quia errantium impudentia non cessat veritati reniti, propositum nostrae intentionis est, iterato contra eundem errorem conscribere alia, quibus manifeste praedictus error confutaretur. Nec id nunc agendum est, ut positionem praedictam ostendamus erroneam, quia repugnat veritati fidei christianae; hoc enim cuique satis in promptu apparere potest. Subtracta enim ab hominibus diversitate intellectus, qui solus inter partes animae incorruptibilis et immortalis apparet, sequitur, post mortem nihil de animabus hominum remanere nisi unitatem intellectus; et sic tollitur retributio praemiorum et poenarum, et diversitas eorumdem. Intendimus autem ostendere positionem praedictam non minus contra philosophiae principia esse, quam contra fidei documenta. Et quia quibusdam in hac materia verba Latinorum non sapiunt, sed Peripateticorum verba sectari se dicunt, quorum libros in hac materia nunquam viderunt, nisi Aristotelis, qui fuit sectae Peripateticae institutor, ostendemus, positionem praedictam, ejus verbis, et sententiae repugnare omnino. ...

Adhuc; secundum istorum positionem destruuntur moralis philosophiae principia; subtrahitur enim quidquid est in nobis. Non enim est aliquid in nobis nisi per voluntatem, unde et hoc ipsum voluntarium dicitur, quod in nobis est. Voluntas autem in intellectu est. ... Si igitur intellectus non est aliquid hujus hominis, vel non est vere unum cum eo, sed unitur ei per phantasmata, vel sicut motor, non erit in hoc homine voluntas, sed in intellectu separato; et ita hic homo non erit dominus sui actus, nec aliquis ejus actus erit laudabilis vel vituperabilis: quod est divellere principia moralis philosophiae. Quod cum sit absurdum et vitae humanae contrarium (nec enim esset necesse consiliari, nec leges ferre), sequitur quod intellectus sic unitur nobis, ut vere ex eo et nobis fiat unum, quod vero non potest esse, nisi eo modo quo dictum est, ut sit etiam potentia animae, quae unitur nobis ut forma.

Relinquitur igitur hoc absque omni dubitatione tenendum, non solum propter revelationem fidei, ut dicunt, sed quia hoc subtrahere, est niti contra manifeste apparentia. ... Consideret autem qui hoc dicit, quod si hoc intellectivum principium, quo nos intelligimus, esset secundum esse separatum, et distinctum ab anima, quae est corporis nostri forma, esset secundum intelligens et intellectum; nec quandoque intelligeret, quandoque non; neque etiam esset conveniens quod ad intelligendum, indigeret phantasmatibus nostris. Non enim invenitur in rerum ordine, quod superiores substantiae ad suas principales perfectiones, indigeant inferioribus substantiis.

Manifestum est autem, quod intellectus est id quod est principale in homine, et quod utitur omnibus potentiis animae et membris corporis tanquam organis; propter hoc Aristoteles subtiliter dixit, quod homo est in-

den übrigen Irrthümern scheint der am meisten verwerflich zu sein, der sich auf den Intellekt selbst bezieht, mittels dessen wir das Ver-

---

tellectus maxime. Si igitur sit unus intellectus omnium, ex necessitate sequitur, quod sit unus intelligens, et per consequens unus volens, et unus utens prae suae voluntatis arbitrio omnibus illis, secundum quae homines diversificantur ad invicem. Ex hoc ulterius sequitur, quod nulla differentia sit inter homines quantum ad liberam voluntatis electionem, sed eadem sit omnium, si intellectus, apud quem solus residet principalitas, et dominium utendi omnibus aliis, est unus et idem in diversis hominibus, quod est manifeste falsum et impossibile. Repugnat enim his quae apparent, et destruit totam scientiam moralem, et omnia quae pertinent ad conversationem civilem, quae est omnibus naturalis.

Adhuc; si omnes homines intelligunt uno intellectu, qualitercunque eis uniatur, aut ut forma, sive ut motor, de necessitate sequitur, quod omnium hominum sit unum numero ipsum intelligere, quod est simul et respectu unius intelligibilis, puta : . . si essent multi homines habentes unum oculum, omnium visio non esset nisi una respectu ejusdem objecti in eodem tempore. Similiter ergo, si intellectus sit unus omnium, sequitur quod omnium hominum idem intelligentium eodem tempore, sit una actio intellectualis tantum. —

Patet autem falsum esse quod dicunt, hoc fuisse principium apud omnes philosophantes, et Arabes et Peripateticos, quod intellectus non multiplicaretur numeraliter, licet apud Latinos non. Algazel enim Latinus non fuit, sed Arabs; Avicenna etiam, qui Arabs fuit, sic dicit. . . . Et ut Graecos non omittamus, ponenda sunt circa hoc verba Themistii. . . .

Ergo patet quod Aristoteles et Theophrastus et ipse Plato non habuerunt pro principio, quod intellectus possibilis sit unus in omnibus. Patet etiam quod Averroes perverse refert sententiam Themistii et Theophrasti de intellectu possibili et agente; unde merito supra diximus eum philosophiae peripateticae perversorem. Unde mirum est quomodo aliqui solum commentum Averrois videntes, pronuntiare praesumunt, quod ipse dicit, hoc sensisse omnes philosophos Graecos et Arabes, praeter Latinos.

Est etiam majori admiratione vel etiam indignatione dignum, quod aliquis christianum se profitens, tam irreverenter de christiana fide loqui praesumpserit, sicut eum dicit, quod Latini pro principiis eorum hoc non recipiunt, scilicet quod sit unus intellectus tantum, quia forte lex eorum est in contrarium. Ubi duo sunt mala: primo, quia dubitat an hoc sit contra fidem; secundo, quia alienum se innuit ab hac lege. Et quod postmodum dicit: haec est ratio, per quam catholici videntur habere hanc positionem: ubi sententiam fidei positionem nominat.

Nec minoris praesumptionis est quod postmodum asserere audet, Deum facere non posse, quod sint multi intellectus, quia implicat contradictionem.

Adhuc autem gravius est quod postmodum dicit: Per rationem concludo de necessitate, quod intellectus est unus numero; firmiter tamen

mögen besitzen, die Wahrheit zu erkennen und die Irrtümer zu vermeiden. Vor einiger Zeit tauchte bei vielen ein Irrtum auf, der seinen Ursprung in den Worten des Averroes hat, der behaupten will, der Intellekt, den Aristoteles möglich, possibilis, nennt, sei hinsichtlich seines Seins eine gewisse vom Körper getrennte Substanz . . . und der intellectus possibilis sei in allen Menschen ein und derselbe. Wir haben schon früher diesem Irrtum widerlegt; da indessen die Verwegenheit derjenigen, welche ihn behaupten, nicht aufhört, der Wahrheit zu widerstreben; so wollen wir von neuem gegen ihn schreiben, und zwar so, daß er nach allen Seiten hin widerlegt wird.

„Es ist nicht meine Absicht, zu beweisen, daß eine solche Meinung falsch ist, weil sie der Wahrheit des christlichen Glaubens widerstreitet; denn dieses erkennt jedermann leicht. Denn wenn beim Menschen die reale Verschiedenheit des Intellektes geleugnet wird, der es ist, der die Unvergänglichkeit und Unsterblichkeit der Seele mit sich bringt, so folgt, daß nach dem Tode von der Seele nichts weiter als die Einheit des Intellektes übrig bleibt; es verschwindet folglich auch Lohn und Strafe und ihr Unterschied.

„Was wir aber beweisen wollen, ist, daß diese Meinung ebensosehr den philosophischen Principien wie der Glaubenslehre widerspricht. Und da sie in diesem Stücke die Autorität und die Worte der latei-

---

teneo oppositum per fidem. Ergo sentit, quod fides sit de aliquibus, quorum contraria de necessitate concludi possunt. Cum autem de necessitate concludi non possit nisi verum necessarium, cujus oppositum est falsum et impossibili, sequitur, secundum ejus dictum, quod fides sit de falso et impossibili, quod etiam Deus facere non potest; quod fidelium aures ferre non possunt.

Non caret etiam magna temeritate, quod de his quae ad philosophiam non pertinent, sed sunt purae fidei, disputare praesumit, sicut quod anima patiatur ab igne inferni; et dicere, sententias Doctorum de hoc esse reprobandas. Pari ergo ratione posset disputare de Trinitate, de Incarnatione et aliis hujusmodi, de quibus nonnisi balbutiens loqueretur.

Haec igitur sunt, quae in destructionem praedicti erroris conscripsimus, non per documenta fidei, sed per ipsorum Philosophorum rationes et dicta. Si quis autem gloriabundus de falsi nominis scientia velit contra haec quae scripsimus, aliquid dicere, non loquatur in angulis, nec coram pueris, qui nesciunt de causis arduis judicare, sed contra hoc scriptum scribat, si audet; et inveniet non solum me, qui aliorum sum minimus, sed multos alios, qui veritatis sunt cultores, per quos ejus errori resistitur, vel ignorantiae consuletur. —

Dreizehntes Kapitel. Neue Phase des Pantheismus ꝛc. 101

nischen Schriftsteller nicht anerkennen und nur allein der Lehre der Peripatetiker folgen wollen, deren Bücher über diesen Gegenstand sie nimmer gesehen haben mit Ausnahme der Bücher des Aristoteles, des Gründers dieser Schule; so werden wir zeigen, daß diese Meinung den Worten und der Lehre desselben absolut widerspricht ...

„Ferner, wenn die Behauptung dieser richtig ist (d. h. derjenigen, welche die Einheit des Intellektes lehren), dann fallen alle Principien der philosophischen Moral zu Boden; denn es werden die Akte geleugnet und beseitigt, die in uns sind, insofern sie unserer Macht unterworfen sind. In uns und in unserer Macht befindet sich ein Akt mittels des Willens; darum nennen wir freiwillig das, was sich in uns befindet. Es gründet sich aber der Wille auf den Intellekt ... Wenn also der Intellekt nicht diesem Menschen angehört oder nicht mit ihm wahrhaft eins ist, sondern sich bloß mittels der Vorstellungen der Imagination mit ihm verbindet; dann ist in diesem Menschen gar kein Wille vorhanden, sondern bloß in jener getrennten Intelligenz; folglich ist dieser Mensch nicht Herr seiner Thaten, und folglich sind diese weder lobens- noch tadelnswert: was die Grundlagen der philosophischen Moral zerstören heißt. Da dieses absurd und dem Selbstbewußtsein und selbst der Existenz der Menschheit entgegen ist (denn es bedürfte alsdann weder der Ratschläge noch der Gesetze), so folgt hieraus, daß der Intellekt so mit uns verbunden ist, daß er nur ein einziges Wesen in jedem Individuum bildet, was auf keinen Fall sein könnte, wenn er nicht, wie wir bereits gesagt, ein Vermögen oder eine Kraft der Seele ist, die mit uns als innere Form oder Vollkommenheit verbunden ist. Es ergiebt sich also, daß dies die wahre Union ist, die man annehmen muß, nicht allein weil die geoffenbarte Glaubenslehre es so lehrt, wie die Gegner meinen, sondern auch weil dies, wenn man sie leugnet, gegen die offenbare Evidenz streiten heißt ... Es mögen auch unsere Gegner beachten, daß, wenn dieses intellektuelle Princip, durch das wir verstehen, denken, in seiner Wesenheit von der Seele, welche die Form unseres Körpers ist, verschieden und von ihr getrennt wäre, es alsdann in sich selbst zugleich intelligent und intelligibel wäre, und zuweilen intelligent und dann wieder nicht, und sich selbst nicht durch intelligible Ideen und durch seine Akte erkennen würde, sondern durch seine Wesenheit wie die übrigen getrennten intellektuellen Substanzen. Es bedürfte auch nicht, wie wir, der Phantasiebilder, um zu erkennen oder zu denken; denn es liegt nicht in der Ordnung und Natur der Wesen, daß die höheren Substanzen der niederen bedürfen, um ihre Hauptvollkommenheiten zu erreichen oder ihre Hauptthätigkeiten zu vollbringen . . .

„Es ist klar, der Intellekt ist das Hauptsächlichste im Menschen und er gebraucht alle Vermögen der Seele und alle Glieder des Leibes als seine Werkzeuge; darum sagt Aristoteles sehr schön: „Der Mensch ist vor allem Intellekt." Wenn es also für alle Menschen nur einen einzigen Intellekt gäbe, so würde folgen, daß es auch nur eine Intelligenz, nur einen Wollenden, nur Einen gäbe, der nach dem Belieben seines Willens alle jene Dinge gebraucht, hinsichtlich welcher die Menschen unter sich verschieden sind. Es würde auch hieraus folgen, daß es unter den Menschen keine Verschiedenheit hinsichtlich des freien Gebrauches des Willens gäbe, der vielmehr ein und derselbe für alle wäre, wenn der Intellekt, in dem allein die Herrschaft und Gewalt liegt, sich aller übrigen Kräfte oder Attribute zu bedienen, der nämliche bei allen Menschen ist: was offenbar falsch und unmöglich ist. Denn dieses widerstreitet aller Evidenz und zerstört jede moralische Wissenschaft wie auch alles, was sich auf die Erhaltung der bürgerlichen Gesellschaft bezieht, die jedem Menschen natürlich ist, wie Aristoteles sagt.

„Ferner; wenn alle Menschen mittels eines einzigen Intellektes denken, auf welche Weise immer er mit ihnen vereinigt sein mag, ob als Form oder als Beweger, so folgt notwendig, daß es der Zahl nach nur eine einzige Denkthätigkeit bei allen Menschen in betreff eines jedweden Objektes giebt, gerade wie z. B. wenn es möglich wäre, daß viele Menschen nur ein einziges Auge hätten, das Sehen Aller ein und das nämliche sein würde hinsichtlich desselben Objektes zu einer gegebenen Zeit. Ebenso würde folgen, wenn alle Menschen ein und denselben Intellekt hätten, daß, wenn diese dasselbe Objekt zur selbigen Zeit denken, die Aktion Aller ein und dieselbe oder identisch sein würde." —

Wir haben bereits im Anfange gesagt, es sei unsere Absicht nicht, dem heiligen Lehrer bei der Vielheit und Mannigfaltigkeit seiner Gründe und Beweise zu folgen, mit denen er aus allen Kräften diese neue Gestalt des Pantheismus bekämpft, der sich zu seiner Zeit drohend erhob, da er in die Schulen eindrang und sich auf eine alarmierende Weise durch die litterarischen Mittelpunkte des christlichen Europa verbreitete. Die Gegenwart dieser großen Gefahr war es ohne Zweifel, die dem heiligen Thomas die energischen Worte eingab, womit er seine Bekämpfung dieses psychologischen Pantheismus beschließt. Wie der

Leser sehen wird, gebraucht er hier eine ungeheuer energische Sprache, die man sogar hart und auffallend nennen könnte, wenn man sie mit der Ruhe und Mäßigung vergleicht, die ihm sonst eigen sind, wenn er die irrtümlichen Lehren seiner Gegner bekämpft.

„Es ist also klar, daß es falsch ist, was sie sagen, daß es nämlich bei allen Philosophen, arabischen sowohl als peripatetischen, wenn auch nicht bei den lateinischen, als Princip festständе, daß der Intellekt bei den Menschen nicht vervielfacht werde oder numerisch verschieden sei. Algazel war nicht Lateiner, er war Araber; Avicenna, der auch Araber war, sagt Folgendes: ... Und zu den Griechen übergehend führen wir Themistius an ...

„Es ist also gewiß, daß weder Aristoteles, noch Theophrastus, noch Plato als Princip aufstellten, daß der intellectus possibilis bei allen Menschen ein und derselbe sei. Es ist auch klar, daß Averroes die Meinung des Themistius und Theophrastus bezüglich des intellectus possibilis und agens falsch darstellt; darum haben wir vorhin gesagt, er habe die peripatetische Philosophie gefälscht. Darum ist es sehr sonderbar, daß Einige, die weiter nichts als den Kommentar des Averroes gesehen haben, so verwegen sind, dasselbe wie er zu sagen, nämlich, daß dies die Meinung aller griechischen und arabischen Philosophen sei, und nur die lateinischen machten eine Ausnahme.

„Noch mehr muß man sich wundern, ja sogar darüber empört sein, daß jemand, der sich Christ nennt, mit so wenig Ehrfurcht vom christlichen Glauben zu sprechen wagt, wie es der Fall ist, wenn er sagt, die Lateiner nähmen nur darum nicht unter ihre Principien auf, daß der Intellekt bei allen nur einer sei, weil vielleicht ihr Glaube das Gegenteil lehre. Dieses enthält zweierlei, was eine scharfe Rüge verdient: 1) daß in Zweifel gezogen wird, ob dies zum Glauben gehöre; 2) daß angedeutet wird, daß man sich mit diesem Glauben wenig in Übereinstimmung befinde, und daß bald darauf hinzugefügt wird: Dies ist der Grund, warum die Katholiken so meinen, wo also für eine bloße Meinung gehalten wird, was ein Glaubensartikel ist. — Was nun folgt, zeigt eine noch größere Verwegenheit, nämlich, Gott könne nicht machen, daß es mehrere Intellekte gebe, weil dies einen Widerspruch enthalte.

„Doch noch viel schlimmer ist folgendes: Die Vernunft zwingt mich anzunehmen, daß es nur einen Intellekt giebt, das Gegenteil halte ich aber fest durch den Glauben. — Man meint also, der Glaube stelle uns Lehren vor, deren Gegenteil durch die Vernunft bewiesen werden könne. Da es nun aber nur bei einer notwendigen Wahrheit, deren Gegenteil falsch und unmöglich ist, eine notwendige Schlußfolgerung giebt; so folgt nach diesen Worten hieraus, daß der Glaube das Falsche und Unmögliche zum Gegenstande haben könne: was weder Gott selbst nicht machen kann, noch die Ohren der Gläubigen zu ertragen vermögen.

„Desgleichen ist sehr verwegen, daß Dinge in Zweifel gezogen werden, die nicht zur Philosophie, sondern zum Glauben gehören, z. B. ob die Seele durch das Feuer der Hölle leide; und außerdem behauptet wird, die Meinungen der Lehrer hierüber müßten verworfen werden. So könnte man also die Geheimnisse der Dreifaltigkeit, der Menschwerdung und andere dergleichen dem Urteile der Vernunft unterwerfen, worüber sie nur wie ein stammelndes Kind sprechen kann.

„Dies ist es, was wir haben schreiben wollen, um den genannten Irrtum zu widerlegen, nicht durch die Vorschriften des Glaubens, sondern allein durch die Aussprüche und Gründe der Philosophen. Wenn nun jemand, stolz auf sein vermeintliches Wissen, gegen das, was wir in unserer Schrift gesagt haben, etwas einzuwenden haben sollte; so möge er nicht im Verborgenen, oder vor jungen Leuten sprechen, die nicht imstande sind, schwierige Fragen zu lösen; sondern er mag gegen diese unsere Schrift schreiben, wenn er will; und er wird nicht allein mich finden, der ich der geringste von allen bin, sondern auch viele andere Verteidiger der Wahrheit, die seine Irrtümer zu widerlegen und seine Unwissenheit aufzuhellen wissen werden." —

Vierzehntes Kapitel.
Der heilige Thomas und die sensualistische Schule.

Zwischen dem heiligen Thomas und der sensualistischen Schule ist bloß die Behauptung gemeinsam, daß die Sinne der Ausgangspunkt für die intellektuelle Erkenntnis und die Wissenschaft sind. Aber diese Behauptung, die den beiden Schulen gemeinsam ist, so lange sie bloß im allgemeinen und dem Wortlaute nach genommen wird, hört auf gemeinsam zu sein, sobald man beachtet, was sie in einer jeden von beiden Schulen bedeutet, und man die Entwickelung und die Anwendungen derselben berücksichtigt.

Der sensualistischen Schule zufolge sind die Sinne die bewirkende Ursache und das Maß der menschlichen Erkenntnis in der wissenschaftlichen Ordnung. Wenn nach dem heiligen Thomas die Sinne etwas zur intellektuellen Erkenntnis mitwirken und beitragen, so ist dies von ihnen nur, insofern sie der Ausgangspunkt derselben sind, zu verstehen; und nur insofern die sensitive Erkenntnis von Natur früher ist als die intellektuelle und wissenschaftliche Erkenntnis; nur insofern die Ausübung der perceptiven Vermögen der Sensibilität der Ausübung der Intelligenz vorausgeht, und die Aktivität dieser letzteren von der Ausübung der äußeren und inneren Sinne als von einer conditio sine qua non in ihrer weiteren Entwickelung abhängt, wie sie auch durch sie zuerst angeregt wird.

Die sensualistische Schule sagt: Alle aktuelle menschliche Erkenntnis ist entweder eine Sensation oder eine umgeformte Sensation.

Der heilige Thomas sagt: Die sensitiven Vermögen sind von der intellektuellen Aktivität wesentlich verschieden; und so vollkommen man sich auch eine Sensation denken mag, sie kann niemals in eine intellektuelle Erkenntnis umschlagen, und dies deshalb nicht, weil diese zwei Vermögen und ihre Thätigkeiten zwei ganz verschiedenen Seinsgattungen angehören.

Obwohl die sensitive Erkenntnis in gewisser Weise der Intelligenz das Material liefert, so vollzieht sich doch die Thätigkeit der Intelligenz in einer unendlich höheren Sphäre und Ordnung als die Thätigkeit der Sinne. Die wissenschaftliche Erkenntnis, weit entfernt in irgend einem Sinne eine Umbildung oder Modifikation der Sensation zu sein, hat nichts mit dieser gemein weder hinsichtlich der intellektuellen Fähigkeit und Thätigkeit, die, absolut an und für sich betrachtet, von jedem Körper und jedem materiellen Organe unabhängig ist, während die Sensation ohne den Eindruck des körperlichen Organs nicht bestehen kann; noch hinsichtlich des Objektes, da die Sensation auf die körperliche, sensitive Ordnung beschränkt ist, während der Intellekt, sich über jede Ordnung der körperlichen Wesen erhebend, die rein immateriellen und geistigen Dinge wahrnimmt und Ideen und Begriffe bildet, die mit den Körpern nichts zu thun haben, z. B. die Idee der Wahrheit, Tugend, des Seins, der Substanz, der Relation; noch endlich hinsichtlich der Wirkungsweise, da die sensitiven Vermögen nur in direkter Richtung wirken, indem sie teils die äußeren Objekte, teils die inneren Affektionen und Modifikationen wahrnehmen, und der Reflexion entbehren; denn, wie der heilige Thomas sagt, sieht das Gesicht sich nicht selbst noch seine Thätigkeit. Dagegen involviert die intellektuelle Erkenntnis auch das Reflexionsvermögen; denn die innere Erfahrung selbst sagt uns, daß der Intellekt außer den direkten Akten, womit er die äußeren Objekte wahrnimmt, auch reflexe Akte besitzt, womit er sich selbst erkennt, und denen der direkte Akt als Objekt dient.

Es kann in der Theorie des heiligen Thomas die Sensation niemals und in keiner Weise mit der Thätigkeit des Intellektes verwechselt und identificiert werden. Wir haben schon früher gesehen, daß in dieser Theorie die Ausübung der sensitiven Vermögen nicht in der vom Körper getrennten Seele bestehen bleibt, da diese Vermögen in ihren Funktionen von den körperlichen Organen abhangen, wogegen die Vermögen der intellektuellen Ordnung in der getrennten Seele in Ausübung bleiben. Wir brauchen nicht auf die radikale Negation der sensualistischen Lehren aufmerksam zu machen, die eine derartige Behauptung enthält; denn sie würde falsch und sogar sinnlos sein, wenn die Thätigkeiten der Intelligenz irgendwie als eine Entwickelung oder als eine Umbildung der Sensation aufgefaßt werden könnten.

Endlich, wenn diese Bemerkungen noch nicht genügen sollten, um die tiefe Kluft, die zwischen der Psychologie und Ideologie der sensualistischen Schule und der Theorie des heiligen Thomas über diesen Gegenstand besteht, außer allem Zweifel zu setzen, so braucht man sich nur noch an zwei Hauptsätze desselben zu erinnern, nämlich daß die Vermögen oder Fähigkeiten der Seele sich specificieren, oder was dasselbe ist: unter sich specifisch und wesentlich verschieden sind je nach der Verschiedenheit des Objektes, worauf sie sich beziehen, so daß z. B. das Gesicht ein vom Ohre verschiedenes Vermögen ist, weil es sich auf die Farben als auf sein eigentümliches Objekt bezieht, während das zweite sich auf die Töne hinrichtet. Ich will hier nicht den wissenschaftlichen Wert dieser Lehre besprechen, sondern bloß auf eine Thatsache aufmerksam machen, über welche unmöglich ein Zweifel obwalten kann, da man nur irgend ein beliebiges Werk des heiligen Lehrers aufzuschlagen braucht, um fast bei jedem Schritte die Formel zu finden, womit er diese Behauptung ausdrückt: Potentiae specificantur per objecta = die Vermögen werden durch die Objekte specificiert.

Der zweite Satz, der mit dem ersteren in Beziehung stehet, und

Vierzehntes Kapitel. Der hl. Thomas und die sensualistische Schule.

der sich ebenso häufig in den Schriften des heiligen Lehrers findet, lautet: „Das Objekt für die Sinne ist immer ein singuläres oder individuelles Ding, und bloß dem Intellekte gehört die Erkenntnis der allgemeinen Dinge, der Universalien, an, da dieser das einzige Vermögen im Menschen ist, das die Objekte mittels Ideen oder Begriffe dieser Art wahrnimmt und erkennt." Sensus est singularium, intellectus vero universalium (= der Sinn hat es mit den singulären Dingen zu thun, der Intellekt aber mit den allgemeinen), sagt und wiederholt er bei jedem Schritte; und wir fordern Jedermann auf, uns auch nur eine einzige Stelle in seinen Schriften zu zeigen, worin er sagt, sei es auch nur implicite, die Sinne hätten die Fähigkeit, die Objekte unter einem allgemeinen Begriffe zu erkennen oder allgemeine Ideen zu bilden und zu fassen.

Die Sensualisten dagegen müssen, da sich nicht leugnen läßt, wenn man sich nicht mit dem Zeugnisse des Selbstbewußtseins in Widerspruch setzen will, daß wir diese Erkenntnisweise besitzen, zugeben und sagen, der Sinn könne auf diese oder jene Weise zu diesen allgemeinen Erkenntnissen gelangen.

Wie ich bereits angedeutet, weist der heilige Thomas nicht bloß den Irrtum derjenigen, die die sensitiven Vermögen in irgend einer Weise mit dem Intellekte identificieren, häufig zurück, sondern er bekämpft ihn auch in seinen Tendenzen, indem er auf die gefährlichen Folgerungen hinweist, zu denen er führt. Der Glaube an die Seelenwanderung, so weit verbreitet in der heidnischen Philosophie, stützte sich zum Teil auf diese Identificierung der Sinne mit dem Intellekte, und war nur eine Folgerung aus derselben, wie der heilige Thomas sagt. „Diese Meinung," sagt er, „ging aus zwei falschen Wurzeln hervor; erstens nämlich, daß man sagte, die vernünftige Seele verbinde sich nicht wesentlich mit dem Körper wie die Form mit der Materie, sondern bloß accidentell, wie der Beweger mit dem Bewegten oder der Mensch mit der Kleidung. . . . Zweitens, daß man behauptete, der Intellekt sei vom Sinne bloß accidentell verschieden, so daß vom Menschen nur deßhalb gesagt werde, er besitze Intellekt, aber nicht die übrigen Tiere, weil in ihm das sensitive Vermögen wegen der vollkommenen Komplexion des Körpers stärker sei. Schon hieraus konnten sie folgern, daß die Seele des Menschen in den Körper des Tieres übergehe." —

Es verdient bemerkt zu werden, wie viele von denjenigen, die der scholastischen Philosophie sensualistische Maximen und Tendenzen vorzuwerfen sich nicht scheuen, gerade diejenigen sind, welche bei der Besprechung der Vermögen des menschlichen Geistes in die gröbsten Irrtümer geraten, und sich in diesem Punkte der sensualistischen Schule sehr nähern. Die schottische Schule liefert uns hierfür ein schlagendes Beispiel. Diese Schule, die mit mehr oder weniger Grund als eine Wiederherstellerin des philosophischen Spiritualismus betrachtet worden ist; diese Schule, die sich das rühmliche Ziel der Wiederherstellung der spiritualistischen Philosophie steckte; diese Schule, die darum den Sensualismus Condillac's bekämpft und die materialistischen Systeme des vorigen Jahrhunderts widerlegt: fällt zum Teil selbst in diesen Sensualismus, den sie bekämpfen wollte, indem sie analoge Ideen, wie dieser, hinsichtlich der Natur und Klassifikation der Vermögen des menschlichen Geistes annahm. Vernehmen wir nur, wie sich Reid, ihr Hauptrepräsentant, bei der Einteilung der genannten Vermögen ausdrückt, und zwar nachdem er an vielen Stellen seiner Werke behauptet hat, daß nicht bloß Aristoteles, sondern auch alle Scholastiker ohne Ausnahme alle höheren Ideen und Erkenntnisse aus den äußeren Objekten herleiteten.

„Unter dem Worte Wille," sagt er uns, „verstehe ich alle unsere aktiven Vermögen und alle Prinzipien, die uns zum Handeln hinführen, als da sind die Appetite, die Passionen, die Affektionen. Der Intellekt umfaßt unsere kontemplativen Vermögen, mittels deren wir die Objekte wahrnehmen und benennen, miteinander vergleichen, über sie urteilen und schlußfolgern." —

Also nach dem Chef der schottischen Schule, der mit seinem Spiritualismus so sehr groß thut, sind die sensitiven Passionen mit dem Willen identisch; und die Sinne, die äußeren so gut wie die inneren, die von ihm unter der Zahl der kontemplativen Vermögen zusammengefaßt werden, wie es aus vielen Stellen seiner Werke mit aller Klarheit sich ergiebt, fallen mit dem Intellekte zusammen und sind mit ihm eins!

In Übereinstimmung mit dieser Klassificierung der Vermögen des menschlichen Geistes behauptet unser Schriftsteller bald darauf ganz offen, „die Wahrnehmung eines Gegenstandes durch die Sinne sei eine der Thätigkeiten des Intellektes." — Entweder täuschen wir uns sehr, oder diese Lehre steht der sensualistischen Lehre viel näher — ich will nicht sagen als diejenige der Scholastiker und des heiligen Thomas, sondern auch als die des Aristoteles.

Vierzehntes Kapitel. Der hl. Thomas und die sensualistische Schule.

„Eine Sensation, z. B. der Geruch," sagt er an einer anderen Stelle, „kann sich dem Geiste unter einer dreifachen Form darbieten: wir können sie erfahren; wir können uns daran erinnern; wir können sie uns vorstellen oder eine Idee von derselben bilden. . . . Im dritten Falle ist sie von keinem Glauben an ihre Existenz und keiner Idee von derselben begleitet; sie ist gerade das, was die Logiker einfache Auffassung nennen." —

Es bedarf nicht vielen Nachdenkens, um einzusehen, daß hier die Imaginationsvorstellung mit der Vorstellung des Intellektes und mit der Idee verwechselt und identificiert wird; und doch „ist es ein ungeheurer Unterschied," wollen wir hier mit Rosmini sagen, „ob man eine Imaginationsvorstellung von einem sinnlichen Dinge, oder ob man eine Idee davon hat; und dennoch verwechselt Reid diese beiden Thätigkeiten: das Phantasiebild, von den Scholastikern auch phantasma genannt, und welches dem animalischen Sein, und die Idee, die dem intelligenten Wesen angehört." —

Übrigens läßt es sich Reid selber angelegen sein, allen Zweifel hierüber zu beseitigen; denn nicht nur hält er die einfache Auffassung des Intellektes und die Phantasievorstellung für identisch und wiederholt dieses bei jedem Schritte, sondern er identificiert letztere auch mit dem Gedanken, ja sogar mit dem Urteile, das in jeder Hinsicht ein eigentümlicher und ausschließlicher Akt des Intellektes ist. „Die Worte auffassen, imaginieren, in unserer Sprache gewöhnlich als synonym gebraucht, drücken aus, was die Logiker einfache Auffassung nennen." — „Denken, annehmen, imaginieren, auffassen," setzt er alsbald hinzu, „sind die Worte, die wir anwenden, um die einfache Auffassung auszudrücken; und sie alle werden auch häufig gebraucht, um ein Urteil auszudrücken." —

Bekanntlich war eine Hauptaufgabe, die sich die schottische Schule vorsetzte, den sensualistischen Theorien des Locke und Condillac einen Damm entgegenzustellen; indessen kann man sagen, wenn man nach den von uns citierten Worten und anderen ähnlichen, die wir aus den Werken der Hauptrepräsentanten anführen könnten, urteilen will, daß jene Philosophie viel geeigneter war, die Entwickelung der sensualistischen Theorie zu begünstigen, als ihr einen Damm entgegenzustellen. —

Fünfzehntes Kapitel.

Grobe Irrtümer Jourdain's über diesen Gegenstand.

Nach dem bereits Gesagten und besonders angesichts der erhabenen Theorie des heiligen Lehrers über den Ursprung und die Natur der menschlichen Erkenntnis, die wir zum Teil bereits mitgeteilt und im Folgenden noch weiter entwickeln werden, scheint es unglaublich, daß man zu so falschen und verkehrten Ansichten hierüber hat kommen können. Wer muß nicht staunen, wenn er Schriftsteller, die sich rühmen, seine Philosophie zu kennen, ganz ruhig behaupten hört, der heilige Thomas werde folgenden Satz nicht zurückweisen: „All unsere intellektuelle Erkenntnis ist nur eine umgeformte Sensation." — „Jedoch der heilige Lehrer geht noch weiter," sagt uns Jourdain; „er erklärt, daß alle Erkenntnis aus der Sensibilität ihren Ursprung habe; und er würde diesen berühmten Satz: daß die intellektuelle Erkenntnis nur eine umgeformte Sensation sei, nicht von sich weisen." —

Wer hätte sagen sollen, als der heilige Lehrer so vielmals und mit so viel Sorgfalt den Intellekt von jedem sensitiven Vermögen trennte, indem er die intellektuelle Erkenntnis immer in einen fast unendlichen Abstand von den sensitiven Vermögen brachte, daß eine Zeit kommen werde, wo man ihm die Lehre zuschreiben werde, die intellektuelle Erkenntnis sei nichts weiter als eine umgeformte Sensation? Wer hätte sagen sollen, als er schrieb, daß „in den von den sensitiven Vermögen wahrgenommenen und dargestellten Objekten der Intellekt viele Dinge wahrnimmt und allgemeine Ideen und Begriffe bildet, zu welchen die Sensationen auf keine Weise gelangen können"; daß „die Vorstellungen der Sinne singulär und materiell, dagegen diejenigen des Intellektes in seiner Vorstellungsweise allgemein und immateriell seien und durch den intellectus agens gebildet würden"; daß diese aktive Kraft des Intellektes „eine Partizipation, Teilnahme an der höchsten Intelligenz sei"; daß „die menschliche Seele alle Dinge in den ewigen Ideen erkenne, . . . weil das intellektuelle Licht oder die Vernunft, die in uns existiert, nichts anderes ist als eine partizipierte Ähnlichkeit mit dem unerschaffenen Lichte, in welchem die ewigen Ideen enthalten sind"; wenn er endlich die erhabenen Schriften verfaßte, in denen er eine Theorie entwickelt, die fast ihrer Totalität nach auf den Gedanken und selbst auf die Worte des heiligen Augustin gestützt ist; wer hätte sagen sollen, wiederhole ich, daß mit der Zeit seine Ideologie an die Seite der materialistischen Philosophie des achtzehnten Jahrhunderts gestellt und mit der sensualistischen Ideologie Condillac's identificiert werden würde?

Und worauf stützt dieser Schriftsteller seine so ungerechte wie empörende Anklage? — Darauf, daß dem heiligen Lehrer zufolge unsere Erkenntnis ihren Ursprung in der Sensibilität hat. Fürwahr, ein überzeugender Grund! Das heißt also, jedes ideologische System, das den ersten Ursprung der Entwickelung der intellektuellen Thätigkeit in den Sinnen sucht, wenn auch nur als conditio sine qua non für die Anregung und Ausübung dieser Thätigkeit, muß ein sensualistisches System sein, und muß deshalb ohne weiteres lehren, die intellektuelle Erkenntnis oder die Ausübung der Intelligenz sei eine umgeformte Sensation! Da sind dann alle diejenigen, welche die Existenz der eingeborenen oder eingegossenen Ideen nicht annehmen wollen, zu Anhängern des Sensualismus, und folglich auch des Materialismus, gemacht!

Der heilige Thomas sagt, die intellektuelle Erkenntnis habe ihren Ursprung in der Sensibilität. Ja, gewiß; aber ich habe bereits angedeutet, daß dieses ein vages, unbestimmtes Wort ist, und viele, sehr verschiedene Bedeutungen enthält. Dieses allein genügt nicht, um seine Ideologie zu einer sensualistischen zu stempeln; man muß vielmehr diese Behauptung mit den übrigen Behauptungen seiner Lehre vergleichen.

Bei dieser Vergleichung und Prüfung würde Jourdain gefunden haben, wie weit der heilige Thomas davon entfernt war, die Sinne mit der Intelligenz zu verwechseln, und überhaupt die intellektuelle Erkenntnis mit der Sensation zu identificieren.

Wenn der heilige Thomas behauptet, die Sensibilität sei der Ursprung der intellektuellen Erkenntnis, so geschah dieses, weil er mit Recht meinte, daß diese Erkenntnis ohne die Ausübung und Entwickelung der intellektuellen Aktivität nicht existieren könne, und daß diese Ausübung und Entwickelung nur unter der Bedingung der vorausgehenden Ausübung der sensitiven Vermögen möglich sei, wie das auch die Erfahrung bezeugt. Man denke sich einen Menschen, der jeder Sensation, sowohl der inneren wie der äußeren, beraubt ist: und seine intellektuelle Aktivität wird ohne Entwickelung und wie im Schlafe bleiben.

Die Sensibilität wird auch vom heiligen Thomas Ursprung der menschlichen Erkenntnis genannt: 1) weil die sensitive Erkenntnis früher ist als die intellektuelle; 2) weil die sinnlichen, materiellen und körperlichen Objekte, die durch die Sinne wahrgenommen werden, und deren Vorstellungen in der Phantasie sich befinden und darin aufbewahrt werden, die ersten sind, zu welchen sich die intellektuelle Thätigkeit naturgemäß hinwendet, eben weil letztere durch die Ausübung der sinnlichen Vermögen angeregt wird, um sich nachher zu rein intelligibeln, immateriellen, geistigen Dingen zu erheben; 3) weil jene Vorstellungen dem intellectus agens als Materie dienen, um allgemeine Ideen aus den genannten Objekten zu bilden; jedoch nicht um alle Ideen, welche in der rein intellektuellen Erkenntnis sich finden und sie ausmachen, daraus zu bilden, was höchstens in einer indirekten und entfernten Weise der Fall ist in dem ersten und zweiten soeben genannten Sinne, d. h. insofern alle Ideen die vorausgehende Ausübung der sensitiven Vermögen notwendig voraussetzen, da die Ausübung dieser eine conditio sine qua non der Entwickelung der intellektuellen Thätigkeit ist, und auch insofern die sinnliche Erkenntnis von Natur aus früher ist im Menschen als die intellektuelle; aber nicht, weil die Sensationen oder sinnlichen Vorstellungen unmittelbar die Materie zu allen intellektuellen Ideen liefern; denn viele von diesen werden allein dem durch irgend eine andere Idee einmal in Thätigkeit gesetzten Intellekt verdankt, wenn auch diese andere Idee schließlich aus den sinnlichen Vorstellungen abstrahiert und gebildet worden ist, da sie sich direkt auf materielle und sinnliche Objekte bezieht.

Ein Beispiel wird diese Lehre noch klarer machen. Ich nehme mit den Sinnen wahr und halte in der Phantasie fest die Bilder oder Vorstellungen von verschiedenen einzelnen Steinen, die zur Klasse des Marmors gehören. Wenn ich von den individuellen Bedingungen und Unterschieden absehe und bloß das betrachte, worin diese und alle anderen Individuen derselben Art spezifisch übereinkommen, dann habe ich eine allgemeine Idee abstrahiert und gebildet, da ich mir das Objekt ohne die individuellen Unterschiede vorstelle; und in betreff dieser Idee sagt man ganz richtig, ihre Materie sei durch die Sinne geliefert; denn das Objekt, worauf sie sich bezieht, der Marmor nämlich, ist ein Objekt, das natürlicherweise in dem Wahrnehmungskreise der Sinnesvermögen enthalten ist. Indessen, wenn die Intelligenz mittels dieser Idee und der Wahrnehmung des Objektes, worauf sie sich bezieht, einmal in Thätigkeit gesetzt ist, bleibt die intellektuelle Thätigkeit hierbei nicht stehen, sondern macht diese Idee selbst gleichsam zu einer Veranlassung und zu einem Ausgangspunkte für eine weitere intellektuelle Entwickelung. Indem sie diese Idee und das durch sie vorgestellte Objekt analysiert und mit anderen Objekten und Ideen vergleicht, nimmt sie viel höhere und ganz andere Ideen als die des Marmors wahr, und kommt zu den allgemeinsten, notwendigen und unveränderlichen Ideen und zu der Wahrnehmung von absolut immateriellen, notwendigen und über alle körperliche Ordnung und über das Bereich der Sensibilität hinausliegenden Objekten und Begriffen, als da sind: die Substanz, die Wahrheit, die Ordnung, die Relation, Gott, die Engel: Objekte, von denen der Intellekt Ideen hat, ohne sie unmittelbar von den Sinnen oder von den in der Einbildungskraft enthaltenen Vorstellungen abstrahiert oder empfangen zu haben. Dieses ist der wahre Gedanke des heiligen Thomas, wenn er sagt, die intellektuelle Erkenntnis habe ihren Ursprung in der Sensibilität.

Nach dem heiligen Lehrer ist der Intellekt kein Vermögen, das dazu bestimmt ist, ausschließlich an den durch die Sinne gelieferten Vorstellungen und Materialien zu arbeiten; er ist vielmehr eine produktive und schöpferische Kraft; eine Kraft, welche die allgemeinsten und erhabensten Ideen wie im latenten und virtuellen Zustande in sich enthält; welche die Spuren der ewigen Ideen und den fruchtbaren Keim der notwendigen Begriffe in sich schließt: denn diese Intelligenz ist eine Teilnahme an der Höchsten Vernunft und an dem unerschaffenen Lichte, ist ein Abdruck der Ersten Wahrheit in uns: „denn das intellektuelle Licht selbst, das in uns ist, ist nichts anderes, als eine Teilname und ein Bild des unerschaffenen Lichtes, worin die ewigen Ideen enthalten sind."[1] — „Das Licht unseres Intellektes ist nichts anderes, als ein gewisser Abdruck der Ersten Wahrheit."[2]

Diese ganze Lehre begreift sich besser, wenn man beachtet, daß man in der Theorie des heiligen Thomas festhalten muß, daß die intellektuelle Erkenntnis, ohne aufzuhören, rein intellektuell und von

---

[1] Sum. Theol. I. P. Quaest. 84. art. 5: Ipsum enim lumen intellectuale, quod est in nobis, nihil est aliud, quam quaedam participata similitudo luminis increati, in quo continentur rationes aeternae. —

[2] Ibid. Quaest. 88. art. 3. ad 1: Ipsum lumen intellectus nostri nihil est aliud, quam quaedam impressio veritatis primae. —

der Sensation vollständig verschieden zu sein hinsichtlich des wirkenden Vermögens, hinsichtlich der Thätigkeitsweise und hinsichtlich der Species oder Ideen, deren sie sich bedient, sich in zwei Klassen teilt, wenn man sie in betreff der Objekte, worauf sie sich bezieht, betrachtet: 1) in die intellektuelle Erkenntnis der materiellen und sinnlichen Objekte, die folglich in der Einbildungskraft sich darstellen lassen; 2) in die intellektuelle Erkenntnis bezüglich der allgemeinsten Ideen, deren objektive Seinsgründe von der Materie unabhängig sind, und bezüglich der rein geistigen Objekte, als da sind: Gott und die Engel, die mit den Sinnen nicht wahrgenommen werden können und von denen es in der Einbildungskraft keine eigentlichen Vorstellungen geben kann.

Die intellektuelle Erkenntnis der ersteren Art hat eine ohne Vergleich viel größere Abhängigkeit von der Sensibilität, als die der zweiten Art. Die Sensibilität übt bei der ersteren ihren Einfluß nicht bloß als Erregungsmittel der intellektuellen Thätigkeit, sondern liefert auch die unmittelbare Materie zur Bildung und Existenz der Ideen, die zu genannter Erkenntnis konkurrieren, insofern die Objekte, worauf sie sich bezieht, vorher von den Sinnen wahrgenommen und repräsentiert werden, obwohl immer unter anderen Bedingungen als wie im Intellekte; denn die Ideen dieses letzteren sind immateriell und allgemein, dagegen die Vorstellungen der Sinne materiell, kontingent und individuell oder singulär. Daher kommt es, daß Thomas, von dieser intellektuellen Erkenntnis sprechend, ihren Ursprung auf die Sinne bezieht, aber nicht als auf ihre totale und eigentliche Ursache, sondern vielmehr auf sie als auf die Materiallieferanten für die wahre Ursache, welche die Aktivität der Intelligenz selbst ist, die von vornherein mit den göttlichen Ideen, da sie eine Teilnahme und ein Abdruck derselben ist, befruchtet ist: „Man kann nicht sagen, die sinnliche Erkenntnis sei die totale und vollkommene Ursache der intellektuellen Erkenntnis; sie ist vielmehr gewissermaßen die Materie der Ursache."[1] —

Dasselbe findet aber bei der intellektuellen Erkenntnis der zweiten Art bei weitem nicht statt; man muß vielmehr sagen, daß diese von der Sensibilität bloß als einem Erregungsmittel und einer conditio sine qua non ihren Ursprung nimmt und von ihr abhängt; und

---

[1] Sum. theol. 1. P. Quaest. 84. art. 6: Non potest dici, quod sensibilis cognitio sit totalis et perfecta causa intellectualis cognitionis, sed magis quodammodo materia causae. —

wenn man auch annehmen kann und muß, daß die Sensationen als Materie zu dieser Erkenntnis dienen, so bilden sie doch bloß eine indirekte und entfernte Materie derselben. Die Intelligenz hat nicht bloß die Kraft, die materiellen sinnlichen Objekte unter allgemeinen Begriffen zu erkennen, sondern sie kann diese Objekte auch als singulär erkennen, oder mit anderen Worten: sie erkennt die Phänomene und Thatsachen der sinnlichen materiellen Welt nicht weniger als die im Selbstbewußtsein geoffenbarten Phänomene unserer Seele, und ihre Existenz und Bedingungen dienen ihr als Ausgangspunkt, um sich zur Erkenntnis des Daseins und der Eigenschaften Gottes zu erheben. Unter diesem Gesichtspunkte kann die Sensibilität entfernte und indirekte Materie der intellektuellen Erkenntnis der zweiten Art genannt werden. Nur in diesem Sinne, sagt darum der heilige Thomas, daß wir Gott per excessum et remotionem erkennen, was nichts anderes besagen will, als daß die singulären Thatsachen und die Vergleichung der Ideen und Begriffe, die wir in den niederen Objekten finden, uns als Ausgangspunkt dienen, um zu mehr oder weniger exakten Ideen von der Natur Gottes und seinen Vollkommenheiten zu gelangen:

„Wir erkennen Gott als Ursache sowohl im Wege der Remotion (indem wir alles Unvollkommene der Geschöpfe von ihm leugnen), als auch im Wege der Überschreitung (d. h. durch Übertragung alles Vollkommenen der Geschöpfe auf Gott im ausgezeichneten Sinne)."[1] —

„Aus den Wirkungen Gottes kann bewiesen werden, daß Gott ist, obwohl wir durch sie ihn nicht seiner Wesenheit nach vollkommen erkennen können."[2] — „Es ergiebt sich auch hieraus, daß, obwohl Gott über alles Sinnliche und jeden Sinn hinausragt, seine Wirkungen, aus denen der Beweis für sein Dasein genommen wird, dennoch sinnfällig sind; und somit ist der Ursprung unserer Erkenntnis in den Sinnen, sogar auch bei den Dingen, die den Sinn überschreiten."[3] —

Es ist also klar, daß die intellektuelle Erkenntnis, die wir während

---

[1] Ibid. art. 7. ad 8: Deum autem cognoscimus ut causam et per excessum et per remotionem. —

[2] Ibid. Quaest. 2. art. 2. ad 8: Ex effectibus Dei potest demonstrari Deum esse, licet per eos non perfecte possimus eum cognoscere secundum essentiam.

[3] Sum. c. Gent. Lib. 1. cap. 12: Patet etiam ex hoc, quod etsi Deus sensibilia omnia et sensum excedat, ejus tamen effectus, ex quibus demonstratio sumitur ad probandum Deum esse, sensibiles sunt, et sic nostrae cognitionis origo in sensu est, etiam de his quae sensum excedunt. —

des gegenwärtigen Lebens von Gott in der natürlichen Ordnung erreichen, von der Sensibilität ihren Ursprung nimmt und von ihr abhängt, insofern diese der Intelligenz das empirische Element liefert. Aber dieses Element würde unfruchtbar und ungenügend sein, uns zur wissenschaftlichen Erkenntnis Gottes und seiner Vollkommenheiten zu führen, wenn wir es nicht mittels seiner Kombination nicht nur mit jenen allgemeinen Ideen, welche die Intelligenz durch die Gegenwart von bestimmten sinnlichen Vorstellungen in ihrem Innern bilden kann, und von denen man deshalb sagen kann, daß sie mehr oder weniger unmittelbar von den Sinnen abhangen und sich darauf beziehen, wie wenn wir z. B. von Gott den Begriff des Körpers, der Ausdehnung, der Teilbarkeit, der Zusammensetzung u. s. w. entfernen; sondern es muß jenes Element auch durch Ideen der rein intellektuellen Ordnung befruchtet werden, d. h. durch Ideen, die auf objektive Seinsgründe, die an und für sich von der Materie unabhängig und höher als die Sinne sind, sich beziehend, der Intelligenz nicht als direkte und unmittelbare Materie dienen können, um sie zu bilden, wie das bei den ersteren der Fall ist. Solches sind die allgemeinsten Ideen des Seins, der Beziehung, der Notwendigkeit, der Kontingenz, der Einheit, Ursache, Wirkung, Existenz und andere ähnliche, ohne deren Entwickelung und Anwendung auf die sinnlichen Phänomene und die Einzelthatsachen wir zu keiner wissenschaftlichen Erkenntnis Gottes und seiner Eigenschaften kommen würden, wofür der heilige Thomas selbst als praktischer Beweis gelten kann; denn nicht allein bei der Entwickelung der Idee der göttlichen Wesenheit und ihrer Attribute, sondern auch bei dem Beweise des Daseins Gottes verbindet er das empirische Element mit einer von den angegebenen Ideen, nämlich mit der Idee der Notwendigkeit, der Kontingenz, der Vollkommenheit, der Kausalität.

Jetzt ist es leicht einzusehen, wie es zu verstehen ist, wenn der heilige Thomas sagt, „die unkörperlichen Dinge würden von uns erkannt durch Vergleichung mit den körperlichen, die wir kennen, und die getrennten oder immateriellen Substanzen durch Species, die von materiellen Dingen herrühren." —

Diese und andere ähnliche Ausdrücke bezeichnen nicht, daß wir von den materiellen, durch die Sinne dargestellten Dingen, und noch weniger von den Sensationen, welche die immateriellen Substanzen darstellen, Ideen bilden, in der Weise, wie wir intellektuelle Ideen bilden, die uns auf eine allgemeine Weise die Körper, ihre äußeren Eigenschaften und Modifikationen darstellen, die durch die Sinne auf eine individuelle Weise repräsentiert werden; sondern daß die Ideen der materiellen und sinnlichen Dinge, die in dem jetzigen Zustande der Verbindung der Seele mit dem Leibe unserer Seele sich eher darbieten als diejenigen der geistigen Dinge, uns teilweise zur Erkenntnis dieser geistigen Objekte dienen, von denen wir die Begriffe des Körpers, der Ausdehnung u. s. w. entfernen; und wenn es sich um Gott handelt, so können sie auch bezeichnen, daß die Beobachtung und Existenz der körperlichen Dinge dem Intellekte als erstes Element und als Ausgangspunkt dienen, um sein Dasein zu erkennen.

Hierüber kann kein Zweifel obwalten, wenn man die Werke des heiligen Lehrers gelesen hat, in denen er mit aller Klarheit und ohne Umschweife lehrt, daß eines der Hauptmittel, deren wir uns bedienen, um zur Erkenntnis der geistigen Substanzen zu gelangen, die Erkenntnis unserer Seele ist, eine Erkenntnis, bei der die sinnlichen Vorstellungen zur Bildung von Ideen gewiß nicht beitragen, wie bei den materiellen Dingen, sondern die sich vollzieht und verwirklicht durch die Anschauung ihrer Akte selbst und durch die Anwendung der rein intellektuellen Ideen.

Andererseits behauptet derselbe heilige Lehrer geradezu, daß die Erkenntnis der immateriellen Substanzen, unter welchem Ausdrucke er nicht allein Gott begreift, sondern auch die Engel, sich nicht verwirklicht durch Abstrahierung der Ideen von ihren sinnlichen Vorstellungen, wie es bei materiellen Substanzen der Fall ist, weil hinsichtlich jener keine solche Vorstellungen existieren. „Es läßt sich in der That hieraus folgern, daß das, was unsere Seele von den unkörperlichen Substanzen erkennt, durch sich selbst erkennen kann. Dadurch nämlich, daß unsere Seele sich selbst erkennt, ist sie disponiert und wie angethan zur Erkenntnis der unkörperlichen Substanzen, soweit es ihr gegeben ist, solche zu besitzen; denn sie erkennt dieselben nicht auf eine absolute und vollkommene Weise, wenn sie sich selbst erkennt."[1] —

„Die Seele wird nicht durch eine von den Sinnen abstrahierte Species erkannt, als ob man erkännte, jene Species sei eine Ähnlichkeit der Seele; sondern dadurch, daß die Natur der von dem Sinnlichen ab-

---

[1] Sum. Theol. Qu. 88. art. 1. ad 1: Haberi potest, quod illud quod mens nostra de cognitione incorporalium rerum accipit, per se ipsam cognoscere possit. Per hoc enim, quod anima nostra cognoscit seipsam, pertingit ad cognitionem aliquam habendam de substantiis incorporeis, qualem eam contingit habere. —

ſtrahierten Species betrachtet wird, wird die Natur der Seele erkannt, in welche dieſe Species aufgenommen wird."¹) —

Hier ſehen wir alſo den heiligen Lehrer ganz beſtimmt behaupten, daß, wenn es heißt, wir erkännten die Seele mittels der von den ſinnlichen Dingen abſtrahierten Ideen, dies nicht in dem Sinne verſtanden werden dürfe, als wenn dieſe Ideen die Seele an ſich repräſentierten, wie das bei den materiellen Objekten zutrifft, ſondern ſo, daß die Reflexion und die Erkenntnis dieſer Ideen uns zur Erkenntnis der Seele dient oder hinführt. Und dieſes iſt der Fall bei der abſtraktiven und diskurſiven Erkenntnis, deren wir uns zuweilen bei der Erforſchung der Natur und Eigenſchaften der Seele im allgemeinen bedienen; denn wenn es ſich um die intuitive Erkenntnis handelt, ſo iſt dieſe unabhängig von jeder Vorſtellung oder Idee, indem ſie durch die Akte der Seele ſelber unmittelbar zuſtande kommt, wie wir ſpäter ſehen werden. „Unſere Seele erkennt nicht auf dieſelbe Weiſe die materiellen und die immateriellen Subſtanzen; denn ſie erkennt die erſteren durch Abſtraktion, was aber hinſichtlich der zweiten nicht ſtattfindet, da es keine Phantaſiebilder von denſelben giebt."²) — Darum lehrt der heilige Thomas ausdrücklich, daß, obwohl der erſte Urſprung der menſchlichen Erkenntnis die Sinne ſind, dies nicht hindert, daß der Intellekt Dinge erkennen kann und in der That auch erkennt, die den Sinnen weder an ſich noch hinſichtlich ihrer Wirkungen unterworfen ſind; und eine dieſer Urſachen iſt unſer Intellekt ſelber, den wir unmittelbar durch ſeine Akte erkennen: „Der Anfang der menſchlichen Erkenntnis geht aus von den Sinnen; es iſt jedoch nicht nötig, daß das, was vom Menſchen erkannt wird, dem Sinne unterworfen ſei, oder durch eine ſinnliche Wirkung unmittelbar erkannt werde; denn der Intellekt ſelber erkennt ſich ſelbſt durch ſeinen Akt, der den Sinnen nicht unterworfen iſt."³) —

---

¹) Quaest. Disp. De Verit. Quaest. 1. art. 8: Anima non cognoscitur per speciem a sensibus abstractam, quasi intelligatur species illa esse animae similitudo; sed naturam speciei considerando quae a sensibilibus abstrahitur, invenitur natura animae, in qua hujusmodi species recipitur. —

²) Sum. theol. Quaest. 88. art. 1. ad 5: Non eodem modo intelliguntur substantiae materiales, quae intelliguntur per modum abstractionis, et substantiae immateriales, quae non possunt sic a nobis intelligi, quia non sunt earum aliqua phantasmata.

³) Quaest. Disput. De Malo. Quaest. 6. art. 1: Principium humanae cognitionis est a sensu; non tamen oportet quod quidquid ab homine cog-

Sechzehntes Kapitel.

Fortsetzung: Weitere Aufschlüsse über diese Lehre.

Obgleich die im vorigen Kapitel gemachten Bemerkungen mehr als genügen, um die Wahrheit und Richtigkeit des aufgestellten Unterschiedes zwischen den zwei Arten der intellektuellen Erkenntnis zu erkennen, die unserer Überzeugung nach in der ideologischen Theorie des heiligen Thomas angenommen werden müssen, wird es doch nicht unnütz sein, sie noch mehr zu entwickeln und weiter aufzuhellen, teils wegen ihrer Wichtigkeit an sich, teils um jeden Zweifel hieran zu zerstreuen.

Diejenigen, welche die Werke des heiligen Lehrers durchgemacht haben, werden wissen, daß eine seiner konstantesten Behauptungen, auf die er bei den wichtigsten und weittragendsten Fragen über die Wissenschaft der Seele sehr häufig zurückkommt, die ist, daß in unserer Seele einige „von Natur aus erkannte" Principien vorhanden sind, die er auch conceptiones animae communes, oder auch „angeborene" Wahrheiten nennt. Dies sind jene Sätze, in welchen als Elemente die Ideen erscheinen, die wir die „allgemeinsten" genannt haben, also besonders die Ideen des Seins und Nichtseins, sowie auch diejenigen, die sich mehr unmittelbar auf diese beziehen; und darum nennt sie auch der heilige Thomas „erste Principien" der menschlichen Erkenntnis und der wissenschaftlichen Ordnung. Hominibus sunt innata prima principia: dem Menschen sind die ersten Principien angeboren:[1] — „Die allgemeinen Begriffe, deren Erkenntnis wir von Natur besitzen, sind wie gewisse Keime aller übrigen Erkenntnisse." —

Wenn man nun bedenkt, daß es andererseits unbestreitbar ist, daß der heilige Thomas, wie wir bereits gesehen, die Existenz von eigentlich angeborenen Ideen, oder wenn man will, von aktuellen, bestimmten, ausdrücklichen, in der Seele präexistierenden Ideen positiv verwirft; so folgt mit aller Klarheit, daß man, wenn man den heiligen Lehrer nicht mit sich selbst, und dies nicht einmal, sondern vielmals, in

---

noscitur, sit sensui subjectum, vel per effectum sensibilem immediate cognoscatur. Nam et ipse intellectus intelligit se ipsum per actum suum, qui non est sensui subjectus. —

[1] Metaph. Lib. 1. Lect. 5.

Widerspruch bringen will, sagen muß, daß die Ideen, die in jenen angeborenen und quasi natürlichen Wahrheiten, und in jenen allgemeinen Begriffen der Seele als Elemente auftreten, nicht in strengem Sinne angeboren sind, d. h. daß sie in der Seele nicht als bestimmte, ausdrückliche und vollständig fertige Ideen präexistieren, oder auch nicht eigentlich erworben sind, weder auf eine totale Weise, noch direkt und unmittelbar von den Sinnen oder den sinnlichen Vorstellungen der materiellen Objekte abstrahiert sind, sondern daß sie sich virtuell und wie in fieri proximo et immediato im intellectus agens eingeschlossen finden, insofern dieser ein Abdruck der Ersten Wahrheit, eine Teilnahme an der unerschaffenen Vernunft ist, die die ewigen Ideen in sich enthält: similitudo participata luminis increati, in quo continentur rationes aeternae. Diese im intellectus agens virtuell präexistierenden Ideen haben bloß nötig, daß die aktive Kraft dieses Intellektes in Thätigkeit und in aktuelle Ausübung versetzt wird, um in den Zustand der ausdrücklichen und aktuellen Ideen überzugehen; und wenn es gewiß ist, daß sie von den sinnlichen Vorstellungen abhängen, so ist doch diese Abhängigkeit nur eine indirekte und entfernte; denn ihr unmittelbarer Ursprung ist einerseits der intellectus agens selbst als Abdruck der göttlichen Ideen, und andererseits die Vergleichung der Ideen, die sich auf die sinnlichen Objekte beziehen, die Analysis und Reflexion über dieselben, über die singulären Thatsachen und über die Phänomene des Selbstbewußtseins. Unter diesem Gesichtspunkte kann man sagen, daß sie bloß von der Sensibilität als von einer conditio sine qua non abhangen und insofern diese der erste und natürliche Erreger der intellektuellen Thätigkeit in dem jetzigen Zustande der Vereinigung der Seele mit dem Körper ist. Deshalb sagt der heilige Lehrer, die wissenschaftliche Erkenntnis entstehe teils von außen, teils aus unserem Innern: scientiam mentis nostrae partim ab intrinseco esse, partim ab extrinseco.[1] — Darum sagt er auch, die Erkenntnis, auch der materiellen Dinge, geschehe nicht durch die alleinige Teilnahme an den ewigen Ideen im Lichte des intellectus agens, sondern es seien auch die Ideen jener materiellen und mittels der Sinne empfangenen Objekte, d. h. die von den sinnlichen Vorstellungen abstrahierten Ideen, nötig. „Nicht allein durch die Teilnahme an den ewigen Ideen haben wir eine Erkenntnis der sinnlichen Dinge, wie die Platoniker meinten, daß

---

[1] Ibid. Quaest. 10. art. 6.

Sechzehntes Kapitel. Fortsetzung: Weitere Aufschlüsse über diese Lehre. 121

allein die Teilnahme an den Ideen zur Erlangung der Wissenschaft
genüge."[1]) — Deshalb sagt er endlich, daß „im Lichte des intellectus agens uns gewissermaßen alle Wissenschaft ursprünglich gegeben
sei mittels der allgemeinen Begriffe, welche sogleich durch das Licht
des Intellektes erkannt werden, und durch welche wir wie durch allgemeine Principien über das übrige urteilen und es in ihnen im
voraus erkennen."[2]) —

Diese ganze Lehre ergiebt sich auch mit aller Klarheit aus vielen
Stellen, in welchen der heilige Lehrer klar und deutlich sagt, im
Menschen präexistiere eine virtuelle und eingeschlossene (implicite) Erkenntnis von gewissen ersten Principien oder Wahrheiten,
und folglich auch von Ideen, die die Elemente derselben bilden, bevor
sie aktuell erkannt werden. „Der Mensch," sagt er, „erkennt mittels
des Lichtes des intellectus agens sofort aktuell die ersten von Natur
aus erkannten Principien:" Homo per lumen intellectus agentis
statim cognoscit actu principia naturaliter cognita. Also geht
der aktuellen Erkenntnis dieser Principien ihre natürliche Erkenntnis
voraus, die wir virtuell oder habituell nennen können in dem
vorhin angegebenen Sinne. „Im Lichte des intellectus agens," sagt
seinerseits Albert der Große, „sind die ersten Principien enthalten,
ohne welche keine Wissenschaft im intellectus possibilis existiert . . .
Denn die ersten Principien sind gleichsam die Instrumente des intellectus agens, mittels welcher er den intellectus possibilis bewegt
und in Thätigkeit versetzt." . . . Principia enim sunt sicut instru-
menta intellectus agentis, quibus possibilem ducit in actum. —

Nach der Lehre des heiligen Thomas erkennen bekanntlich die
Engel die Naturdinge, die materiellen sowohl, wie die immateriellen,
durch aktuelle, klare und deutliche Teilnahme an den ewigen Ideen,
oder was dasselbe ist: durch angeborene Ideen, die sie bei ihrer
Schöpfung unmittelbar von Gott empfangen haben. Nun gut; derselbe heilige Lehrer findet gerade in unserer Intelligenz einen gewissen

---

[1]) Sum. Theol. I. P. Quaest. 84. art. 5: Nos per solam participationem
rationum aeternarum de rebus materialibus notitiam habemus, sicut Platonici posuerunt, quod sola idearum participatio sufficit ad scientiam
habendam. —

[2]) Quaest. Disp. l. c.: In lumine intellectus agentis nobis est quodammodo omnis scientia originaliter indita, mediantibus universalibus con-
ceptionibus, quae statim lumine intellectus cognoscuntur, per quas, sicut
per universalia principia, judicamus de aliis, et praecognoscimus in ipsis. —

Abdruck dieser ewigen, in der Intelligenz Gottes vorhandenen Ideen, welcher Abdruck in gewisser Weise demjenigen analog und ähnlich ist, der die eingeborenen Ideen bei den Engeln bildet und bestimmt. „Die Seele wendet sich hin zu den ewigen Ideen, insofern in unserer Intelligenz ein gewisser Abdruck dieser ewigen Ideen existiert, nämlich die ersten von Natur aus erkannten Principien, mittels deren sie über alle Dinge urteilt. Und derartige Abdrücke, die in den Engeln existieren, sind in ihnen die Ideen, mit welchen sie die Dinge erkennen:" Anima convertitur rationibus aeternis, in quantum impressio quaedam rationum aeternarum est in mente nostra, sicut sunt principia naturaliter cognita, per quas de omnibus judicat. Et hujusmodi etiam impressiones sunt in Angelis similitudines rerum, per quas cognoscunt. „Die ersten Principien," sagt er anderswo, „deren Erkenntnis uns angeboren ist, sind gewisse Ähnlichkeiten oder Abbilder der unerschaffenen Wahrheit." —

Es wäre leicht, noch eine Menge derartiger Stellen anzuführen; jedoch ich glaube, wenn man über die angeführten richtig nachdenkt, und sie zugleich mit anderen Behauptungen des heiligen Thomas und mit dem Gesamtinhalte seiner Philosophie vergleicht, so wird man sie für beweiskräftig genug halten, um aus ihnen zu erkennen, daß dieses seine wahre Theorie über die Natur und den Ursprung der intellektuellen Erkenntnis ist.

Ich weiß, daß vielleicht Einige hier eine mit der Lehre des heiligen Thomas wenig übereinstimmende Interpretation derselben zu entdecken glauben werden, und vielleicht der Vermutung Raum gestatten, daß diese Betrachtungsweise seiner Ideologie nur aus unserem Wunsche hervorgehe, den Abstand zwischen dem heiligen Thomas und den Lehren der sensualistischen Schule möglichst groß und tiefgehend darzustellen. Solche, die dieses vermuten, will ich bloß darauf aufmerksam machen, daß, wie ich bereits gesagt, der fundamentale Unterschied zwischen den sinnlichen Vorstellungen und den intellektuellen Ideen, den der heilige Thomas lehrt; desgleichen die radikale Verschiedenheit zwischen der Sensibilität und dem Intellekte, die von ihm als primitive und wesentlich verschiedene Vermögen des Menschen angesehen werden, sollsam genügen, um jene tiefe und unübersteigliche Kluft aufzuzeigen. Es wäre folglich unnütz und überflüssig gewesen, den Gedanken des heiligen Thomas auf die Weise, wie ich es gethan, zu interpretieren und auseinanderzusetzen, wenn ich bloß jenen vermeintlichen Zweck hätte erreichen wollen.

Um mit der gebührenden Entrüstung die absurde Behauptung Jourdain's zurückzuweisen, wenn er sagt, der heilige Thomas würde vor dem Satze nicht zurückschrecken, daß die intellektuelle Erkenntnis eine umgeformte Sensation sei; um die ganze Falschheit einer solchen Behauptung zu erkennen, brauchten wir also nur, indem wir nicht bloß einen großen Unterschied, sondern sogar einen diametralen Gegensatz zwischen dem Systeme Condillac's und dem des heiligen Thomas aufzeigten, den absoluten Unterschied zwischen der sensitiven und der intellektuellen Ordnung, wie er sich aus der Vergleichung der intellektuellen Ideen, welche immer sie sein mögen, mit den sinnlichen Vorstellungen ergiebt, und die radikale und primitive Verschiedenheit zwischen der Sensibilität und der Intelligenz auseinanderzusetzen. Hierbei habe ich zu meiner Stütze einen Schriftsteller, der ohne Zweifel die Systeme und Lehren mit mehr Wahrheit und größerer Urteilsfähigkeit zu würdigen wußte als der französische Schriftsteller. Hören wir, wie sich der spanische Philosoph Balmes hierüber ausspricht. Er sagt:[1])

„In den Schulen ging man von dem Grundsatze des Aristoteles aus: Nihil est in intellectu, quod prius non fuerit in sensu: Es giebt nichts im Intellekte, was nicht vorher in den Sinnen gewesen ist. In Übereinstimmung mit diesem Grundsatze pflegte man auch zu sagen, der Intellekt sei, bevor die Seele die Eindrücke der Sinne empfange, wie eine abgewischte Tafel, auf der nichts Geschriebenes sich befinde: sicut tabula rasa, in qua nihil est scriptum. Gemäß dieser Lehre gingen alle unsere Erkenntnisse aus den Sinnen hervor; und auf den ersten Blick konnte es scheinen, daß das System der Schulen mit dem des Condillac identisch oder doch wenigstens ihm sehr ähnlich sei. In beiden suchte man den Ursprung unserer Erkenntnisse in der Sensation; in beiden lehrte man, daß es vor den Sensationen keine Idee in unserem Intellekte gäbe. Indessen, ungeachtet eines solchen Scheines sind die beiden Systeme dennoch sehr verschieden, ja diametral entgegengesetzt.

„Der Hauptgrundsatz der Theorie Condillac's besteht darin, daß die Sensation die einzige Operation der Seele ist, und daß alles, was in unserem Geiste existiert, nichts anderes als eine auf verschiedene Weise umgeformte Sensation ist. Vor den sinnlichen Eindrücken nimmt diese Philosophie gar kein Vermögen an; die Entwickelung der Sen-

---

[1]) Fil. Fund. Lib. 4. cap. 7.

sation ist das einzige, was die Seele befruchtet, aber nicht etwa indem sie die Vermögen derselben erregt, sondern indem sie dieselben förmlich erzeugt. Die Schule der Aristoteliker nahm die Sensationen zum Ausgangspunkte, aber betrachtete sie nicht als Schöpferin der Intelligenz; im Gegenteil, man unterschied sehr sorgfältig zwischen dem Intellekte und den sensitiven Vermögen, indem man jenem eine eigentümliche, angeborene und über alle Vermögen der sinnlichen Ordnung hinausragende Thätigkeit zuerkannte. Man braucht nur einige der zahllosen Werke jener Schule zu öffnen, um bei jedem Schritte Ausdrücke wie: intellektuelle Kraft, Licht der Vernunft, Teilnahme am Göttlichen Lichte, und andere dergleichen anzutreffen, in denen eine ursprüngliche Thätigkeit unseres Geistes, die nicht durch die Sensationen verliehen wird, sondern schon vor ihnen existiert, ausdrücklich gelehrt wird. Der intellectus agens, der in jenem ideologischen Systeme eine so große Rolle spielte, war eine beständige Verurteilung des Systems der ungeformten Sensation, wie Condillac diese lehrt." —

Etwas später hebt er von neuem mit Nachdruck hervor, daß die Scholastiker eben so sehr wie Kant den Abstand zwischen der Sensibilität und der Intelligenz betont hätten. Nachdem er eine Stelle des deutschen Philosophen, worin dieser jenen Abstand behauptet, angeführt hat, setzt er hinzu:[1])

„In dieser Lehre Kant's muß man zweierlei unterscheiden: erstens die Thatsachen, worauf sie sich stützt; zweitens die Art und Weise, wie er sie untersucht und erklärt, und die Folgerungen, die er daraus zieht.

„Sofort springt der radikale Unterschied zwischen dem Systeme Kant's und dem des Condillac in betreff der Beobachtung der ideologischen Thatsachen in die Augen. Während dieser im Geiste keine andere Thatsache als die Sensation, und kein anderes Vermögen, als das Wahrnehmungsvermögen erblickt, nimmt jener als einen Hauptgrundsatz den Unterschied zwischen der Sensibilität und dem Intellekte an. Hierin triumphiert der deutsche Philosoph über den französischen, da er zu seiner Stütze die Beobachtung dessen besitzt, was die Erfahrung bezeugt. Indessen, diesen Triumph über den Sensualismus hatten schon früher viele andere Philosophen errungen, besonders die Scholastiker. Auch diese nahmen mit Kant und Condillac an, daß alle unsere Erkenntnisse von den Sinnen kämen; aber sie hatten auch bemerkt, was Kant sah, Condillac aber entging, daß nämlich die Sensationen für

---

[1]) ibid. cap. 8.

Sechzehntes Kapitel. Fortsetzung: Weitere Aufschlüsse über diese Lehre. 125

sich allein nicht genügten, alle Phänomene unseres Geistes zu erklären, und daß man außer dem sensitiven Vermögen noch ein anderes, hiervon ganz verschiedenes Vermögen, nämlich den Intellekt, annehmen müsse." —

Aus diesen Stellen ergiebt sich, daß wir, um den heiligen Thomas von Condillac und den umgeformten Sensationen zu scheiden, seine Theorie nicht so ausführlich zu entwickeln brauchten, wie wir gethan; und wenn wir es dennoch gethan, so geschah es einzig deshalb, weil wir sie als den echten Ausdruck seines Gedankens hinsichtlich dieses ideologischen Problems angesehen haben.

Ich weiß wohl, daß man bei der Mehrzahl der scholastischen Schriftsteller diese Lehre, die ich auseinandergesetzt habe, nicht ausdrücklich erwähnt findet; aber nicht minder weiß ich, daß sie, wenn sie dieselbe auch nicht offen lehren, sie auch nicht positiv verwerfen. Sie sahen zum Teil von dieser Frage ab, weil dieses ideologische Problem damals nicht die Wichtigkeit und Bedeutung besaß, die es nachher in der Geschichte der Philosophie erlangt hat. Da damals niemand im Traume daran dachte, die Ideologie des heiligen Thomas als eine sensualistische Ideologie anzusehen, so begnügte man sich, ihren Abstand vom alten Sensualismus unter dem Gesichtspunkte der Unterscheidung der beiden Vermögen des Menschen, der Sensibilität und der Intelligenz, anzugeben. Jedoch heute, wo dieses Problem eine große Wichtigkeit wegen der innigen Beziehungen, die zwischen seiner Lösung und der Lösung anderer Hauptprobleme der Philosophie bestehen, erlangt hat; heute, wo man die erhabenen philosophischen Lehren des heiligen Thomas wenig oder fast gar nicht kennt; wo diejenigen wenig zahlreich sind, die seine Werke studieren und zu Rate ziehen; wo so falsche und grundlose Beurteilungen seiner Philosophie vorkommen, wie die Jourdain's; heute wo man in den Schriften einiger katholischer Philosophen ziemlich ausgeprägte Tendenzen zum Ontologismus Plato's und Malebranche's antrifft, zu einem Ontologismus, wie ihn Globerti auf eine besondere systematische und exklusive Weise entwickelt und auf die Spitze getrieben hat; heute endlich, wo dieses ideologische Problem außer der rein ontologistischen und sensualistischen Lösung andere Lösungen erfährt, die mehr oder weniger zu der einen oder zu der anderen von ihnen hinneigen, indem sie sich in verschiedene Farben kleiden: war es nötig, etwas näher an diese Frage heranzutreten und ihr bis auf den Grund zu gehen, sie mit der möglichst größten Exaktheit zu beleuchten und zu analysieren, und ihren Sinn definitiv festzustellen, um auf den ersten Blick ihre Verwandtschafts- und Distanzverhältnisse hinsichtlich der übrigen Lösungen dieses Problems erkennen zu können. —

Anmerkung.

Wir führen hier eine andere Stelle aus Balmes an, worin er den Abstand, der die Ideologie des heiligen Thomas von der Ideologie der sensualistischen Schule trennt, selbst wenn man von dem absieht, was ich in der Abhandlung als den wahren Sinn des heiligen Lehrers angeführt habe, klar angiebt.[1]

„Die Geschichte der ideologischen Wissenschaften zeigt uns zwei Schulen: die eine nimmt nur die Sensation an, und erklärt alle Affektionen und Thätigkeiten der Seele durch die Umbildung der Sensationen; die andere nimmt primitive, von der Sensation verschiedene Thatsachen an und Vermögen, die vom Empfindungsvermögen verschieden sind, und anerkennt im Geiste eine Linie, welche die sensitive Ordnung von der intelligibeln trennt.

„Diese letztere Schule teilt sich in zwei Klassen, von welchen die eine die sensitive Ordnung nicht bloß als verschieden von der intellektuellen Ordnung, sondern auch als getrennt von ihr, und gewissermaßen als im Streite mit ihr betrachtet; und behauptet folgerichtig, daß die intellektuelle Ordnung von der sinnlichen nichts empfangen könne, als nur schädliche Maßnehmen, die ihre Thätigkeit behindern oder auf Abwege führen. Daher das System der eingeborenen Ideen in seiner ganzen Reinheit; daher jene Metaphysik einer intellektuellen Ordnung, die von den sinnlichen Eindrücken ganz exempt ist: eine Metaphysik, die, von eminenten Geistern kultiviert, in der neueren Zeit vom Verfasser der „Erforschung der Wahrheit" mit erhabener Übertreibung gelehrt worden ist. Die andere Verzweigung der genannten Schule glaubt nicht, obwohl sie die reine intellektuelle Ordnung annimmt, daß diese letzten sich beflecke, wenn sie sich mit den sinnlichen Phänomenen in Verbindung setzt; im Gegenteil meint sie, daß die Probleme der menschlichen Intelligenz, wie sie sich einmal im gegenwärtigen Leben befindet, nicht gelöst werden können, ohne auf diese Verbindung Rücksicht zu nehmen.

„Die Erfahrung lehrt, daß diese Verbindung durch ein Gesetz des menschlichen Geistes besteht. Gegen dieses Gesetz kämpfen wollen, heißt gegen eine durch das Selbstbewußtsein bezeugte Thatsache streiten wollen; es zerstören wollen, heißt ein verwegenes Vorhaben begehen; heißt sich einer Art Geistesmord schuldig machen. Darum hat die Schule, von der ich spreche, die Thatsachen nehmend, wie sie die innere Erfahrung uns zeigt, sie zu erklären gesucht, indem sie die Punkte angab, in welchen die sinnliche und die intellektuelle Ordnung in Verbindung sein können, ohne daß sie sich gegenseitig zerstören oder konfundieren.

„Diese Schule, welche das Vorhandensein der beiden Ordnungen, der sinnlichen nämlich und der intellektuellen, annimmt, und sie zugleich die Möglichkeit und die Wirklichkeit ihrer Verbindung und ihres wechselseitigen Einflusses behauptet, verkündet als Hauptgrundsatz, daß der Ursprung aller Erkenntnisse in den Sinnen liege, indem diese die Erreger der intellektuellen Thätigkeit und wie eine Art Arbeiter sind, die die Materialien liefern, welche der Intellekt alsdann auf die passende Art verbindet, um das wissenschaftliche Gebäude aufzuführen.

„Bis hierher gehen Kant und die Scholastiker zusammen; aber dann trennen

---

[1] Fundamente der Philos. 1 Buch 9 Kap.

Siebzehntes Kapitel. Neue Verhältnisphase ꝛc.

sie sich in einem Punkte von der größten Tragweite, woher es kommt, daß sie zu ganz entgegengesetzten Konsequenzen gelangen. Die Scholastiker glauben, daß es im reinen Intellekte wahre Ideen mit wahren Objekten giebt, über die man mit vollständiger Sicherheit disturieren kann, unabhängig von der sinnlichen Ordnung. Obwohl sie den Grundsatz annehmen, daß nichts im Intellekte ist, was nicht vorher im Sinne gewesen ist, so behaupten sie dennoch, daß es im Intellekte realiter etwas gebe, das zur Erkenntnis der Wahrheit der Dinge an und für sich, nicht bloß der materiellen, sondern auch der immateriellen, führen kann. Die Ideen der rein intellektuellen Ordnung werden von den Sinnen als den Erregern der intellektuellen Thätigkeit verursacht; aber diese Thätigkeit hat sich mittels der Abstraktion und der übrigen Operationen eigene Ideen gebildet, mit deren Hilfe sie die Wahrheit außerhalb der sinnlichen Ordnung aufsuchen kann."

Siebzehntes Kapitel.

Neue Verhältnisphase zwischen der Intellektuellen und der sinnlichen Ordnung.

„Es ist unmöglich," sagt der heilige Thomas,[1] „daß unser Verstand unter den Bedingungen des gegenwärtigen Lebens, die ihn mit

---

[1] Sum. Theol. Quaest. 84. art. 7: Respondeo dicendum, quod impossibile est, intellectum secundum praesentis vitae stadium, quo passibili corpori conjungitur, aliquid intelligere in actu, nisi convertendo se ad phantasmata. Et hoc duobus indiciis apparet. Primo quidem, quia, cum intellectus sit vis quaedam non utens corporali organo, nullo modo impediretur in suo actu per laesionem alicujus corporalis organi, si non requireretur ad ejus actum, actus alicujus potentiae utentis organo corporali. Utuntur autem organo corporali sensus et imaginatio et aliae vires pertinentes ad partem sensitivam. Unde manifestum est, quod ad hoc, quod intellectus acte intelligat, non solum accipiendo scientiam de novo, sed etiam utendo scientia jam acquisita, requiritur actus imaginationis et caeterarum virtutum. Videmus enim quod impedito actu virtutis imaginativae per laesionem organi, ut in phreneticis; et similiter impedito actu memorativae virtutis, ut in lethargicis, impeditur homo ab intelligendo in actu etiam ea, quorum scientiam praeaccepit.

Secundo, quia hoc quilibet in seipso experiri potest, quod quando aliquis conatur aliquid intelligere, format sibi aliqua phantasmata per modum exemplorum, in quibus quasi inspiciat, quod intelligere studet. Et inde est etiam, quod quando aliquem volumus facere aliquid intelligere, proponimus ei exempla, ex quibus sibi phantasmata formare possit ad intelligendum. —

einem Körper verbindet, etwas aktuell erkennen könne ohne Beihilfe der Phantasiebilder. Diese Wahrheit erhellt aus zwei Gründen: Erstens, da unser Verstand ein von jedem körperlichen Organe unabhängiges Vermögen ist, so würde er durch die Verletzung eines körperlichen Organs keineswegs an seiner Thätigkeit verhindert werden, wenn er, um im Akte zu sein, nicht des Aktes eines Vermögens bedürfte, das durch ein körperliches Organ thätig ist. Nun sind aber die Vermögen, die durch ein körperliches Organ thätig sind, der Sinn, die Einbildungskraft und die übrigen Kräfte der Sensibilität. Darum ist es klar, daß unser Verstand, um im Akte zu sein, nicht allein wenn er eine neue Wissenschaft erwirbt, sondern auch wenn er eine bereits erworbene anwenden will, der Mithilfe der Phantasie und der übrigen sensitiven Vermögen hierzu bedarf; denn wir sehen, daß, wenn die Aktion der Einbildungskraft wegen der Verletzung ihres Organes verhindert ist, wie das z. B. bei den Wahnsinnigen der Fall ist, und ebenso wenn die Aktion oder Thätigkeit des Gedächtnisses verhindert ist, wie das bei gewissen Ohnmachten zutrifft, auch der Mensch gehindert wird, zu betrachten oder zu denken.

„Zweitens; jedweder kann an sich selber die Erfahrung machen, daß, wenn er etwas erkennen oder verstehen will, in seinem Innern sich gewisse sensitive Vorstellungen bilden, eine Art Bilder, in denen er sehen kann, was er erkennen will. Hierdurch kommt es auch, daß wir, wenn wir jemanden etwas erklären oder begreiflich machen wollen, ihm Beispiele vorführen, mittels welcher er sich sinnliche Vorstellungen bilden kann, die ihm helfen, dasjenige zu begreifen, was wir ihm beibringen wollen." —

Diese Lehre des heiligen Thomas, die sich, wie man sieht, auf die genaue Beobachtung von psychologischen Phänomenen stützt, die jeder an sich selber beobachten kann, kann als der philosophische Ausdruck einer neuen Phase des uns beschäftigenden ideologischen Problems angesehen werden. Die Erfahrung lehrt uns in der That, daß alle unsere intellektuellen Begriffe, so abstrakt sie an und für sich und in Bezug auf ihre Objekte auch sein mögen, immer von sinnlichen Vorstellungen und von der Ausübung der Vermögen der Sensibilität begleitet sind. Es kann also diese letztere Ursprung der intellektuellen Erkenntnis genannt werden, nicht allein in dem Sinne, der bereits von uns erklärt wurde, d. h. insofern ihre Akte und Vorstellungen die materia proxima für die intellektuellen Ideen liefern, die sich auf die materiellen Objekte beziehen, welche Akte und Vorstellungen bei dem Übergange der allgemeinsten Urideen aus dem virtuellen Zustande in den Zustand der aktuellen Ideen ebenfalls indirekt mitwirken, und als Erreger und allgemeine conditio sine qua non für die einen wie für die anderen und für die Entwickelung der intellektuellen Aktivität dienen: sondern auch insofern die Konkomitanz und Gleichzeitigkeit ihrer Funktionen hinsichtlich der Ausübung der intellektuellen Aktivität ein notwendiges Gesetz ist, dem sich unser Geist während des Zustandes der Union mit dem Körper unterworfen sieht.

Hier müssen wir auf einen ziemlich groben Irrtum aufmerksam machen, in den Maret bei Gelegenheit dieser Lehre fällt, indem er meint, diese Vorstellungen der Sensibilität, phantasmata, seien es, die dem Verstande unmittelbar dazu dienten, die allgemeine Natur oder Wesenheit, die in dem von den sinnlichen Vermögen wahrgenommenen und vorgestellten singulären Objekte enthalten ist, zu erkennen.

„Dieses ist der Gegenstand,[1]) bei dem sich die Aktivität der Seele entfaltet; dies ist der Gegenstand, aus welchem sie ihre geistigen Erkenntnisse, die sensitiven Bilder, die in gewisser Weise von der Materie losgelöst sind, schöpft. Die aktive Intelligenz, die sich diesen Bildern zuwendet, macht sie intelligibel: facit phantasmata a sensibus accepta intelligibilia; und mittels dieser nimmt die Intelligenz die allgemeine Natur in einem partikulären Objekte wahr: Necesse est ad hoc, quod intellectus actu intelligat suum objectum proprium, quod convertat se ad phantasmata, ut speculetur naturam universalem in particulari existentem." —

Dieses heißt, so können wir unsererseits sagen, den heiligen Thomas mit einem Federstriche fast zum vollständigen Sensualisten machen; dieses heißt sein ganzes ideologisches System völlig umkehren; und dieses heißt, den heiligen Lehrer in handgreiflichen Widerspruch mit sich selber bringen.

In der That; dem heiligen Lehrer die Behauptung unterschieben, wie es hier Maret thut, daß der Verstand sein eigentümliches Objekt mittels der sensitiven Bilder wahrnehme, heißt mit Einem Schlage den gewaltigen Unterschied verwischen, der seine Lehre von derjenigen der Sensualisten trennt. Dieses würde auch eben so viel sein als die Notwendigkeit und Existenz des intellectus agens leugnen, worauf der heilige Thomas so sehr besteht; denn das Hauptfundament, ja sogar der Hauptgrund seiner Existenz ist die Abstraktion und Bildung

---

[1]) Philos. u. Religion. Bd. I, Lett. 5. S. 111.

der intellektuellen Ideen, die von den sensitiven Bildern und Vorstellungen völlig verschieden sind.

Gerade die radikale Verschiedenheit der sinnlichen Species oder Vorstellungen, phantasmata, von den intellektuellen Ideen ist einer der Hauptpunkte der Ideologie des heiligen Thomas. Die ersteren bekommen, obwohl sie im eigentlichen Sinne nicht materiell und körperlich sind, die Benennung „materiell", weil sie in Vermögen sich befinden und von Vermögen abhangen, die mittels materieller Organe thätig sind, wie solches bei den sensitiven Vermögen der Fall ist; und weil sie äußere Objekte mit den materiellen Bedingungen und singulären Bestimmungen darstellen. Die anderen sind absolut immateriell und stellen das Objekt ohne jene Bedingungen dar. Die ersteren stellen singuläre, und die anderen stellen allgemeine Objekte dar. Die ersteren beziehen sich allein auf materielle und sensitive Naturen; die anderen können sich ohne Unterschied auf körperliche Objekte, wie auch auf rein geistige Objekte, z. B. Gott, beziehen. Die ersteren befinden sich und werden aufbewahrt in der Einbildungskraft und in den übrigen sensitiven Vermögen wie in ihrem eigentümlichen Subjekte; die anderen befinden sich und werden habituell aufbewahrt im intellectus possibilis, der ein Teil oder eine Manifestation der Intelligenz des Menschen, und folglich ein rein geistiges Vermögen ist: Species conservatae in intellecta possibili, in eo existunt habitualiter, quando actu non intelligit.

Ferner meint Maret, dem heiligen Thomas sei der intellectus possibilis — oder „passivus", wie Maret ihn nennt — dasselbe was die Einbildungskraft ist; allein dieses beweist bloß, daß er, der in diesem Punkte auf eine so unqualifizierbare Weise sich irrte, den wahren Sinn der beiden lateinischen Stellen, die er anführt, um so mehr so mißverstehen konnte, wie er that: facit phantasmata a sensibus accepta intelligibilia: Necesse est ad hoc, quod intellectus actu intelligat suum objectum proprium, quod convertat se ad phantasmata, ut speculetur naturam universalem in particulari existentium.

Der erste dieser zwei Texte will nicht sagen, wie Maret annimmt, daß der Verstand die allgemeine Natur oder das allgemeine Objekt mittels der sinnlichen Vorstellungen wahrnehme, sondern daß diese vorausgehenden Vorstellungen singulärer körperlicher Gegenstände, die in der Einbildungskraft sich befinden, dem intellectus agens als Materie dienen, um im intellectus possibilis die intel-

Siebzehntes Kapitel. Neue Verhältnisphase ꝛc. 131

aktuellen allgemeinen Ideen, die sich auf die materiellen Dinge oder Objekte beziehen, zu abstrahiren, zu bilden oder zu bestimmen. In dem anderen Texte will der heilige Thomas, nach Voraussetzung des allgemeinen Phänomens, daß nämlich die aktuelle Betrachtung des Verstandes, mag das betrachtete Objekt sein, welches es will, die Coexistenz und gleichzeitige Ausübung der sensitiven Vermögen mit sich bringt, sagen, daß dieses psychologische Phänomen eine specielle Seins= weise und einen speciellen Seinsgrund habe, wenn die Betrachtung des Verstandes sich auf dasjenige bezieht, was er e i g e n t ü m l i c h e s Objekt des Verstandes im Zustande der Vereinigung mit dem Körper nennt, welches sind die materiellen und sensitiven Naturen oder Wesen= heiten: quidditas rei materialis.

Dieses sieht man noch deutlicher, wenn man über die Worte nachdenkt, die Thomas nach jenen Worten, die wir am Anfange des gegenwärtigen Kapitels angeführt, gebraucht; denn der heilige Lehrer geht, nachdem er auf die Thatsache des Selbstbewußtseins und seine psychologischen Fundamente hingewiesen, zu der rationellen und gewisser= maßen ontologischen Erklärung des Phänomens über.

„Der Grund hiervon ist,“ sagt er,¹) „daß das erkennende Ver= mögen im Verhältnisse oder in Proportion mit dem Objekte sich be= finden muß, das von ihm erkannt werden kann. Darum muß das

---

¹) Sum. Theol. Quaest. 84. art. 7: Hujus autem ratio est, quia potentia cognoscitiva proportionatur cognoscibili. Unde intellectus Angeli, qui est totaliter a corpore separatus, objectum proprium est substantia intelligibilis a corpore separata; et per hujusmodi intelligibile materialia cognoscit. Intellectus humani, qui est conjunctus corpori, proprium objectum, est quidditas sive natura in materia corporali existens; et per hujusmodi naturas visibilium rerum etiam in invisibilium rerum aliqualem cognitionem ascendit. De ratione autem hujus naturae est, quod in aliquo individuo existat, quod non est absque materia corporali, sicut de ratione naturae lapidis est, quod sit in hoc lapide, et de ratione naturae equi est, quod sit in hoc equo, et sic de aliis. Unde natura lapidis vel cujuscumque materialis rei cognosci non potest complete et vere, nisi secundum quod cognoscitur, ut in particulari existens. Particulare autem apprehendimus per sensum et imaginationem. Et ideo necesse est ad hoc, quod intelligat intellectus suum objectum proprium, quod convertat se ad phantasmata, ut speculetur naturam universalem in particulari existentem. Si autem proprium objectum intellectus nostri esset forma separata, vel si formae rerum sensibilium subsisterent non in particularibus, secundum Platonicos, non oporteret, quod intellectus noster semper intelligendo converteret se ad phantasmata.

9*

eigentümliche Objekt des Engels, der von der Materie vollständig getrennt ist, die vom Körper getrennte intelligibile Substanz sein; und mittels dieses Intelligibeln erkennt er die materiellen Dinge. Aber das eigentümliche Objekt des menschlichen Verstandes, der mit einem Körper verbunden ist, ist die Natur oder Wesenheit, die in der sensitiven Materie sich befindet; und mittels dieser Naturen der sichtbaren Dinge gelangt er dahin, auf irgend eine Weise die unsichtbaren Dinge zu erkennen. Im Begriffe dieser Natur ist eingeschlossen, daß sie in irgend einem Einzeldinge existiert, was nicht ohne die körperliche Materie der Fall sein kann, wie wir an dem Begriffe der Natur des Steines sehen können, die in diesem Steine vorhanden ist, und am Begriffe der Natur des Pferdes, die in diesem Pferde existiert; und dasselbe ist auch mit den übrigen materiellen Naturen der Fall. Also kann die Natur des Steines oder jedweden anderen materiellen Dinges nur auf eine absolute und vollständige Weise erkannt werden, wenn man sie erkennt, insofern sie in irgend einem partikulären Einzeldinge sich befindet. Die körperlichen Dinge nehmen wir mittels der Sinne und der Einbildungskraft wahr; damit also der Verstand sein eigentümliches Objekt vollständig erkenne, muß er seine Aufmerksamkeit auf die sinnlichen Vorstellungen richten, um die allgemeine Natur zu betrachten, die im Partikulären existiert. Wenn das eigentümliche Objekt unseres Verstandes die wirklich von der Materie getrennten Naturen wären, oder wenn die Wesenheiten der sinnlichen Dinge für sich außerhalb des Singulären subsistierten, wie die Platoniker wollten; dann wäre es nicht nötig, daß unser Verstand sich immer zu den sinnlichen Vorstellungen hinwende, wenn er etwas erkennt oder denkt." —

Man sehe in dieser Stelle, wie der heilige Thomas bei Angabe des Grundes dieser Erscheinung ausschließlich darauf hinweist, was notwendig geschehen muß, wenn der Verstand sein eigentümliches Objekt, nämlich die materiellen Wesen, erkennen will, wie das sogar aus den Beispielen sich ergiebt, die er anführt. Hieraus folgt, daß dieses psychologische Phänomen, beim ersten Blicke ein einziges, in Wirklichkeit zwei verschiedene Phasen oder Manifestationen enthält.

Um dieses leichter zu verstehen, wollen wir seine Lehre in Bezug auf die Bestimmung des Verstandesobjektes näher auseinandersetzen, eine Lehre, die auch dazu dienen wird, viele andere Punkte seiner Psychologie und Ideologie, mit denen sie in Beziehung steht, aufzuhellen.

Der menschliche Verstand kann in dreifacher verschiedener Hinsicht betrachtet werden: 1) nach dem Zustande, den er im gegenwärtigen

Leben hat, während welches die intelligente Seele mit dem Körper verbunden ist; 2) im Zustande der Trennung vom Körper; 3) an und für sich, d. h. seiner eigentümlichen Natur nach betrachtet und abgesehen von der Vereinigung oder Trennung.

An und für sich betrachtet, entspricht ihm als Objekt das Sein; denn alles, was den Seinsbegriff hat oder in Beziehung zu diesem Begriffe aufgefaßt werden kann, kann von ihm auf die eine oder die andere Weise vollkommen oder unvollkommen erfaßt und erkannt werden. Die innere Erfahrung selber, die uns bezeugt, daß wir die Idee des Seins haben, beweist folglich, daß jedes Objekt, das ein Sein ist oder mit Beziehung zu dieser Seinsidee aufgefaßt werden kann, zum Bereiche der intellektuellen Thätigkeit gehört. Deshalb sagten die Scholastiker mit viel Grund und mit noch größerer philosophischer Tiefe, das extensive, terminative und adäquate Objekt des Verstandes sei der Seinsbegriff: Objectum extensivum et adaequatum intellectus est ens in tota sua latitudine. Darum sagt auch der heilige Thomas:[1]) „Der Intellekt betrachtet sein Objekt unter dem allgemeinen Begriffe des Seins, weil der intellectus possibilis es ist, wodurch der Geist alle intelligibeln Dinge wird. Die Verschiedenheit der Dinge kann also nicht eine analoge Verschiedenheit im intellectus possibilis herbeiführen." —

Unser Verstand in seinem Zustande der Trennung vom Körper nach dem Tode betrachtet, so entsprechen ihm als eigentümliches Objekt die geistigen Substanzen, als da sind: Gott, die Engel und die vernünftigen Seelen, welche Wesen sind, die über den materiellen Dingen stehen. Ohne also das extensive und adäquate Objekt, d. h. alles, was unter den Begriff des Seins fällt, auszuschließen, richtet die vom Körper getrennte Seele, deren Objekt eben dadurch, daß es dem Verstande an und für sich entspricht, ihr auch in allen Zuständen entspricht, ihre intellektuelle Thätigkeit primo et per se auf die Erkenntnis der immateriellen Substanzen, welche das unmittelbare Objekt ihrer Intelligenz in diesem Zustande bilden. Dieses eigentümliche Objekt heißt auch proportioniertes, konnaturales und bewegendes Objekt. Der heilige Thomas giebt mit seiner gewöhnlichen

---

[1]) Sum. Theol. Quaest. 79. art. 7: Intellectus respicit suum objectum secundum communem rationem entis, eo quod intellectus possibilis est, quo est omnia fieri; unde secundum nullam differentiam entium diversificatur differentia intellectus possibilis. —

philosophischen Tiefe den apriorischen Grund dieser Veränderung des Objektes in der vom Körper getrennten Seele an. Es muß nämlich die Thätigkeitsweise eines Dinges mit der Seinsweise des nämlichen Dinges im Verhältnisse stehen und mit ihr übereinstimmen. Wie also die Seele, so lange sie mit dem Körper verbunden ist, ihre intellektuelle Thätigkeit zuerst auf die materiellen Objekte lenkt und sich zu den sensitiven Dingen hinwendet, per conversionem ad phantasmata; so nimmt sie dagegen, sobald sie vom Körper getrennt ist, da ihre Seinsweise derjenigen des Engels analog geworden ist, auch an der Erkenntnisweise der Engel teil, indem sie ihre intellektuelle Thätigkeit auf die geistigen Substanzen richtet: per conversionem ad superiora. —

Endlich der Verstand, seinem ersten Zustande nach, d. h. während der Union der Seele mit dem Körper, betrachtet, so hat er zum eigentümlichen Objekte die materiellen und sensitiven Naturen oder Wesenheiten, quidditas rei materialis: was nicht sagen will, daß er bloß diese Naturen erkenne, sondern daß er, so lange die Seele, deren intellektuelle Aktivität sich nur mittels der Erregung seitens der Sinne entwickelt, mit dem Körper verbunden ist, von Natur aus diese Thätigkeit auf die materiellen Objekte richtet; daß er sich der intellektuellen Ideen, die er aus diesen sensitiven Dingen bildet, bedient, um die geistigen Substanzen zu erkennen, indem er diese Ideen per comparationem et remotionem auf sie anwendet; und endlich, daß der Verstand, selbst wenn er während dieses Zustandes sich zu den allgemeinsten Ideen und zur direkten Erkenntnis der geistigen Dinge, die von der Materie unabhängig sind und die sich nicht auf vorausgehende unmittelbare Vorstellungen der Sinne beziehen, auf die sensitiven Vermögen einwirkt, sie gleichsam nötigend, Vorstellungen zu bilden, die den von ihm aktuell betrachteten Objekten mehr oder weniger analog sind. Dieses will der heilige Thomas andeuten, wenn er sagt, das eigentümliche Objekt unseres Verstandes in dem gegenwärtigen Zustande der Verbindung mit dem Leibe seien die materiellen Dinge, und wenn er behauptet, wir erkännten die unkörperlichen Dinge durch Vergleichung mit den sensitiven Körpern: incorporea, quorum non sunt phantasmata, cognoscuntur a nobis per comparationem ad corpora sensibilia:[1] ein Ausdruck, der nicht bloß sagen will, daß alle unsere intellektuellen Erkenntnisse ihren Ursprung in der Sensibilität (in den Sinnen) in dem Sinne, wie in den vorigen Kapiteln

---

[1] Ibid. Quaest. 84. art. 7. ad 3.

Siebzehntes Kapitel. Neue Verhältnisphase ꝛc.

angegeben, haben; sondern er enthält auch eine neue Art und Weise, wie die intellektuelle Erkenntnis von der Sensibilität abhängt, daß nämlich auch die rein intellektuelle Erkenntnis, mag sie sich auch auf rein immaterielle Ideen und Objekte beziehen, nicht zustande kommt, ohne daß die Einbildungskraft hierzu mitwirkt, indem sie sinnliche Vorstellungen bildet, die dem vom Verstande betrachteten Objekte entsprechen.

Nach diesen Bemerkungen ist es leicht zu erkennen, warum wir vorhin gesagt, das Phänomen der Konkomitanz und Gleichzeitigkeit der Thätigkeit der sensitiven Vermögen mit der Thätigkeit des Verstandes habe, obwohl es ein einziges sei, im allgemeinen genommen, dennoch zwei verschiedene Phasen oder Gestalten. Wenn die intellektuelle Betrachtung sich um materielle Objekte bewegt, deren intellektuelle Idee von den sinnlichen Vorstellungen jener Objekte abstrahiert worden ist, dann ist oder kann wenigstens die sinnliche Species oder Vorstellung, in welcher der Verstand das Objekt als singulär wahrnimmt, die nämliche sein, die dem Verstande zur Materie diente, um die intellektuelle Idee, die jenes Objekt als allgemein dar- oder vorstellt, zu abstrahieren und zu bilden. Z. B. ich nehme die Vorstellung oder das Bild eines bestimmten Individuums des menschlichen Geschlechts, des Petrus, wahr, und habe es in der Einbildungskraft. Der Verstand abstrahiert von dieser singulären Vorstellung die intellektuelle Idee, mittels welcher er die menschliche Natur als allgemein erkennt und betrachtet, d. h. indem er von den individuellen Bedingungen absieht. Dann lenkt der Verstand, der nicht damit zufrieden ist, dieses Objekt als allgemein zu erkennen, seine Aufmerksamkeit und Thätigkeit auf die sinnliche Vorstellung, von der er die Idee, die ihm zur Erkenntnis und Betrachtung des Objektes aktuell diente, abstrahiert hatte; und mittels dieser Vorstellung erkennt er dasselbe Objekt als singulär.

Diese Art von Reflexion, die der Verstand anstellt, wenn er von der Anschauung seines Aktes und von der Wahrnehmung des Objektes in der allgemeinen Idee zu der Wahrnehmung desselben als singulär übergeht, wird immer von der Thätigkeit der Einbildungskraft begleitet, in welcher die sinnlichen Vorstellungen sich befinden, auf welche die Seele ihre Aufmerksamkeit und Thätigkeit hinrichtet, nachdem sie sich derselben bedient hat, um die allgemeine Idee zu bilden.

Indessen, wenn die Erkenntnis zur rein intellektuellen Ordnung hinsichtlich des erkannten Objektes gehört, wie das der Fall ist, wenn sie sich auf die allgemeinsten Ideen des Seins, der Einheit, der Relation u. s. w. bezieht; oder wenn sie sich auf rein geistige Wesen bezieht, dann wendet sich der Verstand, da er sich nicht mit der Erkenntnis per remotionem begnügt, für welche die von den materiellen Dingen abstrahierten Ideen hinreichen würden, sondern da er sich vielmehr bemüht, direkte Begriffe oder Ideen von den Engeln, von Gott und seinen Attributen zu bilden, diese Objekte aber, wie wir gesehen, keine vorausgehenden sinnlichen Vorstellungen besitzen, zu den Phantasiebildern, in einem anderen Sinne, d. h. insofern eben die Anstrengung und Bemühung des Verstandes, um diese Art von Objekten zu erkennen, wieder auf die sensitiven Vermögen, besonders auf das Gedächtnis und die Einbildungskraft, zurückgreift, sie in Thätigkeit und Bewegung versetzend, damit sie sinnliche Bilder oder Vorstellungen bilden, die ihm als Beispiele dienen sollen, um in ihnen seine allgemeinen und abstrakten Begriffe gleichsam anblicken und partikularisieren zu können. „Er bildet sich gewisse Phantasiebilder, die ihm als Beispiele dienen, in welchen er gewissermaßen zu erblicken sucht, was er erkennen will."[1] —

Wenn man nun nach dem Ursprunge dieser Koexistenz- und Gleichzeitigkeitsthätigkeit der sensitiven Vermögen mit der Intelligenz fragen und den philosophischen Grund dieser allgemeinen Erscheinung angeben will, so kann man als ziemlich gewiß behaupten, daß der Zustand der Vereinigung der Seele mit dem Leibe der wahre Ursprung und der primitive hinreichende Grund dieser psychologischen Erscheinung ist, als allgemeine Thatsache betrachtet. Die Seele, die in ihrem Zustande der Vereinigung mit dem Körper, wie wir gesehen haben, ihre intellektuelle Wirksamkeit nur unter der Bedingung der vorherigen Erregung seitens der Sensibilität entwickelt, muß ihre Aktivität naturnotwendig vor allem auf die sinnlichen Vorstellungen richten, um, wie der heilige Thomas sagt, ihren Blick auf sie hinrichten;[2] und hierdurch kommt es, daß sie bei Ausübung ihrer intellektuellen Thätigkeit zugleich die sensitiven Vermögen in Thätigkeit setzt.

Diese Erklärung erscheint noch viel wahrscheinlicher und wird noch mehr bestärkt, wenn man sich an die Lehre des heiligen Thomas über

---

[1] Sum. Theol. Quaest. 84. art. 7: Format sibi aliqua phantasmata per modum exemplorum, in quibus, quasi inspiciat, quod intelligere studet. —
[2] Quaest. Disp. De Spir. Creat. Q 2. art. 16: Anima intellectiva humana ex unione ad corpus, habet aspectum inclinatum ad phantasmata. —

die Einheit des Lebensprincipes im Menschen erinnert. Man sieht in der That leicht ein, daß kraft der Beziehungen und der Verwandtschaft, die zwischen den sensitiven Vermögen, wodurch wir die Körper mit ihren singulären Modifikationen wahrnehmen, und dem Verstande bestehen, insofern jene mit diesem darin übereinstimmen, daß sie beide perceptive Erkenntnisvermögen sind, wenn auch jene unendlich weit unter diesem stehen: man sieht leicht ein, sage ich, daß sich im Zustande der Union der Seele mit dem Leibe eine Art Sympathie zwischen diesen beiden Arten von Erkenntnisvermögen bildet, da es absolut ein und das nämliche Lebensprincip ist, in welchem sie wurzeln, nämlich die Substanz der vernünftigen Seele.

Im Vorbeigehen beachte man hier den schönen Zusammenhang der philosophischen Lehren des heiligen Thomas. Die Anhänger des Vitalismus und diejenigen, welche beim Menschen unter der einen oder anderen Form irgend eine vom intelligenten Principe verschiedene sensitive Seele annehmen, können diese Erscheinung sehr schwer erklären oder einen genügenden Grund hiervon angeben, während es eine natürliche, selbstverständige und fast notwendige Konsequenz der vom heiligen Thomas gelehrten Einheit des Lebensprincipes und gleichsam ein Gegenbeweis dieser Lehre ist.

Eine ähnliche Bemerkung kann man auch in betreff des Systems der eingeborenen Ideen machen. Die Anhänger dieser Lehre; diejenigen, welche in der Sensibilität eine bloße Bedingung hinsichtlich aller Ideen und intellektuellen Erkenntnisse erblicken; diejenigen, welche die Sensibilität und die Intelligenz beim Menschen als Vermögen betrachten, die sich gegenseitig vollständig fremd sind; endlich diejenigen, die alle Ideen, die in der menschlichen Erkenntnis sich finden, als präexistierend und vollständig fertig gebildet im Verstande annehmen: welchen Grund können sie angeben, um diese gleichzeitige Thätigkeit, diese beständige Beziehung und Abhängigkeit zu erklären, die, wie die Erfahrung uns bestätigt, zwischen der in Ausübung getretenen intellektuellen Thätigkeit und der Aktion der sensitiven Vermögen bestehen? Ist es bei dieser Hypothese möglich, eine vernünftige Erklärung von dieser psychologischen Erscheinung zu geben? — Hier triumphiert somit die Psychologie und Ideologie des heiligen Thomas von neuem, und erscheint hoch über jener Philosophie, die sich von seinen Lehren zu trennen beliebte.

Kant erkannte die Wahrheit und Wichtigkeit der hier von Thomas aufgestellten Lehre; und darum sehen wir ihn auch in seinen Schriften vielmals auf diese Beziehungen der Sensibilität zum Verstande hinweisen, indem er die Sensibilität für durchaus nötig hielt, um die menschlichen Erkenntnisse zu erklären, aber zugleich diese zwei Vermögen sorgfältig auseinanderhielt und unterschied. Allein während der deutsche Philosoph in diesem wie in vielen anderen Punkten sich einerseits der Lehre des heiligen Thomas nähert, entfernt er sich andererseits von ihr, indem er ihre Anwendungen übertrieb und Veranlassung von ihr nahm, die Existenz der intellektuellen Anschauung und den objektiven Wert der Ideen des reinen Verstandes zu leugnen. Vernehmen wir, wie er sich ausdrückt:

„Die Fähigkeit (Receptivität), Vorstellungen durch die Art, wie von Gegenständen afficiert werden, zu bekommen, heißt Sinnlichkeit. Vermittelst der Sinnlichkeit also werden uns Gegenstände gegeben, und sie allein liefert uns Anschauungen; durch den Verstand aber werden sie gedacht und von ihm entspringen Begriffe. Alles Denken aber muß sich, es sei geradezu (directe), oder im Umschweife (indirecte), vermittelst gewisser Merkmale, zuletzt auf Anschauungen, mithin, bei uns, auf Sinnlichkeit beziehen, weil uns auf andere Weise kein Gegenstand gegeben werden kann." —

Vorläufig von der Behauptung absehend, daß allein die Sensibilität uns Anschauungen liefere, eine Behauptung, mit der wir uns später beschäftigen werden, geht aus den letzten Worten dieser Stelle hervor, daß jeder Gedanke sich auf sinnliche Anschauungen beziehen müsse. Wenn der Königsberger Philosoph mit diesen Worten bloß das allgemeine Phänomen der beständigen Koexistenz und Gleichzeitigkeit des aktuellen Gedankens und der sinnlichen Vorstellungen ausdrücken will, absehend von dem bestimmten partikulären Modus, wie dieses Phänomen stattfindet; so hat Kant ganz recht und stellt eine Lehre auf, die mit der Erfahrung und dem heiligen Thomas völlig übereinstimmt. Wenn er aber, wie seine Worte anzudeuten scheinen, ausdrücken will, daß jeder Gedanke sich direkt oder indirekt auf vorausgehende sinnliche Anschauungen oder Vorstellungen beziehe, so daß jedes durch den reinen Verstand gedachte Objekt zuvor in den Anschauungen der Sensibilität wahrgenommen und vorgestellt sein muß; dann ist die Behauptung Kant's weder an sich wahr, noch stimmt sie mit der Lehre des heiligen Thomas überein, der ausdrücklich behauptet, daß der reine Intellekt Objekte denken und erkennen kann, die vorher in der Sensibilität nicht vorgestellt werden können, wie das der Fall ist mit den Begriffen des Seins, der Beziehung, der Sub-

Siebzehntes Kapitel. Neue Verhältnisphase ꝛc.   139

sistenz u. s. w. und mit den immateriellen Substanzen, als da sind: Gott, die Engel u. s. w. quorum non sunt phantasmata (von denen es keine Phantasiebilder giebt).

Die sinnlichen Vorstellungen, welche die Aktion des Verstandes begleiten, wenn sie sich auf diese Objekte bezieht, sind vielmehr der Natur nach später als diese Verstandesthätigkeit, da sie als eine Wirkung derselben auf die sensitiven Erkenntnisvermögen anzusehen sind.

Wenn Kant sagt, kein Gegenstand könne uns auf andere Weise gegeben werden, nämlich ohne die sinnlichen Anschauungen, giebt er hinlänglich zu verstehen, daß er in dem zweiten angegebenen Sinne spricht, eine Vermutung, die hinlänglich durch das bestätigt wird, was er an einer anderen Stelle sagt, nämlich, „daß der Gegenstand einem Begriffe nicht anders gegeben werden kann, als in der Anschauung, und wenn eine reine Anschauung noch vor dem Gegenstande a priori möglich ist, so kann doch auch diese selbst ihren Gegenstand, mithin die objektive Gültigkeit, nur durch die empirische Anschauung bekommen, wovon sie die bloße Form ist." — Hier behauptet der deutsche Philosoph, daß der Begriff sein Objekt von der Anschauung bekomme, und nimmt von dieser Lehre Veranlassung, den objektiven Wert der Ideen oder Begriffe der reinen Vernunft zu leugnen. Dieses ist mithin ein neuer Triumph des heiligen Thomas über die rationalistische Philosophie der Gegenwart. —

Anmerkung.

Der berühmte Philosoph aus Vich (Balmes) erkannte die Existenz des psychologischen Phänomens an, das der heilige Thomas mit wahrhaft philosophischer Schärfe analysierte: ein Phänomen, von dem man behaupten kann, daß es gleichsam einen Gegenbeweis für die Wahrheit seiner ideologischen Theorie bildet. Man muß indessen beachten, daß Balmes den Gedanken des heiligen Thomas nicht ganz richtig wiedergab, wenn er behauptet, daß die Vorstellung der Phantasie dem intellektuellen Akte immer vorausgehe; jedoch abgesehen von diesem kleinen Fehler giebt der spanische Philosoph den Gedanken des heiligen Thomas vollständig richtig wieder. Vernehmen wir seine Worte:[1]

„Der heilige Thomas nennt die Vorstellungen der Einbildungskraft „phantasmata", und sagt, daß die Seele, solange sie mit dem Körper vereinigt sei, nicht erkennen könne, wenn sie sich nicht zu den Phantasiebildern hinwende (per conversionem ad phantasmata), d. h. daß sie nicht erkennen könne, ohne daß ein intellektueller Akt die Vorstellung der Phantasie voraussetze und sie begleite, welche Vorstellung ihr als Material zur Bildung der Ideen zu dienen hat und mithelfen muß, um sie klar und deutlich zu machen. Die Erfahrung lehrt uns beständig, daß in unserem Geiste, so oft wir erkennen, immer sinnliche Formen,

---

[1] Fil. fund. III Buch. 4. Kap.

die sich auf das uns beschäftigende Objekt beziehen, herumtummeln. Bald sind es die Bilder der Figur und Farbe des Objektes, wenn dieses dergleichen besitzt; bald sind es die Bilder von jenen Objekten, mit denen man es vergleichen kann; bald sind es die Worte, womit man es in der gewöhnlichen Umgangssprache ausdrückt. Sogar wenn wir an Gott denken, bewahrheitet sich dieses; denn in dem Akte selbst, womit wir behaupten, er sei ein reiner Geist, stellt er sich uns in der Einbildungskraft unter einer sinnlichen Form dar. Wenn wir von seiner Ewigkeit sprechen, sehen wir den Alten der Tage, gerade so, wie wir ihn in unseren Tempeln haben dargestellt gesehen; wenn von seiner unendlichen Weisheit, so denken wir uns vielleicht ein Lichtmeer; wenn von seiner unendlichen Barmherzigkeit, so stellen wir uns ein mitleidsvolles Gesicht, und wenn von seiner Gerechtigkeit, ein erzürntes Antlitz vor. Wenn wir uns anstrengen, uns ein Bild von der Schöpfung zu machen, stellt sich uns eine Quelle vor Augen, aus der das Licht und das Leben entspringen; und die Unermeßlichkeit versinnlichen wir uns, indem wir uns eine Ausdehnung ohne Grenzen vorstellen.

„Die Einbildungskraft begleitet immer die Idee; aber sie ist nicht die Idee. Der klare und unwiderlegliche Beweis hiervon findet sich darin, daß, wenn man in dem Akte selbst, wo wir das Bild oder die Vorstellung von einem Lichtmeere, von dem Alten der Tage, von einem mitleidsvollen oder erzürnten Angesichte, von einer Quelle, von der Ausdehnung u. s. w. u. s. w. besitzen, uns fragt, ob Gott etwas von jenen Dingen sei; ob er etwas habe, das diesen Dingen gleiche; wir sofort antworten: Nein! das ist nicht möglich! was das Dasein einer Idee beweist, die mit jenen Vorstellungen nichts zu schaffen, und die wesentlich ausschließt, was jene einschließen.

„Das über die Gottesidee Gesagte läßt sich auf vieles andere anwenden. Kaum erkennen wir etwas, ohne daß die Idee der Relation oder Beziehung als durchaus notwendiges Element sich zeigt. Und wie stellt man sich die Relation vor? In der Phantasie auf tausenderlei Weise: als Berührungspunkt zweier Objekte; als Fäden, die sie verbinden. Allein, ist die Beziehung etwas von diesen? Nein! Wenn man uns fragt, worin sie bestehe, haben wir da den geringsten Zweifel, ob sie etwas hiervon sein könne? Nein!" —

Achtzehntes Kapitel.

Zwei Einwendungen gegen die in den vorigen Kapiteln vorgetragene Lehre.

Die Lösung, welche wir dem ideologischen Probleme über den Ursprung und die Abhängigkeit der intellektuellen Erkenntnis von der Sensibilität gegeben haben, kann Denjenigen, welche glauben, wir hätten den Gedanken des heiligen Lehrers hierüber nicht ganz richtig wiedergegeben, zu zwei Haupteinwendungen Veranlassung geben. Erstens könnte man behaupten, daß diese Interpretation mit der vom heiligen Thomas vorgetragenen Lehre über die relative Priorität der Idee des Seins vor den übrigen intellektuellen Ideen unverträglich sei. Wenn die Seinsidee, wird man sagen, durch die Sinne nicht unmittelbar geliefert und abstrahiert wird, und wenn diese Sinne bloß das unmittelbare Material zu den intellektuellen Ideen, die sich auf materielle und sensitive Objekte beziehen, liefern, so folge hieraus, daß das erste vom reinen Intellekte wahrgenommene Ding irgend eine materielle Natur und nicht die Seinsidee sei, wie der heilige Thomas lehre, indem er bei jedem Schritte behaupte: ens est primum cognitum ab intellectu: prima conceptio intellectus. —

Das Gewicht dieses Einwandes ist mehr scheinbar als wirklich; und um seine völlige Grundlosigkeit einzusehen, braucht man nur zu beachten, daß es nicht dasselbe ist zu sagen, die erste von den Sinnen empfangene Idee müsse sich auf materielle Objekte beziehen, und zu sagen, der erste vom Verstande wahrgenommene objektive Begriff müsse ein materielles Objekt sein. Etwas anderes ist es, eine Idee, die sich auf ein materielles Objekt bezieht, mittels des intellectus agens von den sensitiven Vorstellungen abstrahieren und bilden; und wieder etwas ganz anderes ist die aktuelle Wahrnehmung dieses Objektes durch den intellectus possibilis. Etwas anderes ist es, den intellectus agens anregen und in Thätigkeit setzen; und wieder etwas ganz anderes ist es, im intellectus possibilis die Idee dieses oder jenes objektiven Begriffes hervorbringen und die Erkenntnis desselben bestimmen. Ich sehe mithin darin nichts Unzuträgliches, wenn man annimmt, daß die erste von den Sinnen empfangene und vom Verstande abstrahierte Idee eine Idee ist, die sich auf materielle Objekte bezieht; denn die Sensibilität ist es, welche die intellektuelle Aktivität anregt; ist diejenige, welche das unmittelbare Material für diese Klasse von Ideen liefert, und unsere Seele, wie der heilige Lehrer mit Recht sagt, ex unione ad corpus habet aspectum inclinatum ad phantasmata. Aber ebenso wenig sehe ich, daß es sehr logisch ist, hieraus zu schließen, daß das erste vom intellectus possibilis aufgefaßte Objekt gerade irgend eines von jenen materiellen Objekten sein müsse.

Ich habe schon früher gesagt, daß diese allgemeinsten Ideen, die innatae simpliciter, oder innatae in fieri proximo et secundum quid genannt werden können, und unter welchen die Seinsidee eine vorzügliche Stelle einnimmt, indem man sie, wenn auch nicht angeboren im strengen Sinne, doch wenigstens quasi angeboren nennen kann und muß, im intellectus agens virtuell präexistieren, insofern dieser dem heiligen Thomas zufolge eine Teilnahme an den ewigen Ideen oder Begriffen ist, die im göttlichen Verstande existieren: participata similitudo luminis increati, in quo continentur rationes aeternae; und deshalb ist, damit sie von dem fieri zum esse completum, aus dem Zustande der unfertigen Ideen zu dem der fertig gebildeten Ideen, aus dem virtuellen und latenten Zustande zu dem aktuellen Zustande übergehen, bloß die Erregung der Intellektuellen Thätigkeit seitens der Sensibilität nötig, sowie daß der intellectus agens sich in aktuelle Thätigkeit versetze. Also in dem Augenblicke, wo dieses sich verwirklicht, und wo der intellectus agens irgend eine intellektuelle Idee in betreff der in der Sensibilität vorgestellten materiellen Objekte abstrahiert oder bildet, geschieht dieser Übergang von dem virtuellen zu dem aktuellen Zustande; und der intellectus agens kann in dem intellectus possibilis die Erkenntnis des objektiven Begriffes bilden, der der Seinsidee entspricht, welch letztere auf diese Weise der fundamentale und primitive Begriff des Verstandes wird. Mit einem Worte: die intellektuellen Ideen der materiellen Objekte sind der Natur nach und hinsichtlich des Verhältnisses und der Vergleichung des intellectus agens mit der Sensibilität eher als die Seinsidee; jedoch ist die Seinsidee eher als jene hinsichtlich des Verhältnisses und der Vergleichung desselben mit dem intellectus possibilis. Mithin ist die Unverträglichkeit, worauf der Einwand gegen diese zwei Lehren des heiligen Thomas sich stützt, bloß scheinbar und entbehrt in der Wirklichkeit jeglichen Grundes.

Der zweite Einwand, der gegen die Lehre des heiligen Thomas, wie wir sie auseinander gesetzt haben, erhoben werden kann, lautet, daß man dieser Theorie zufolge annehmen müsse, daß einige Ideen in unserem Verstande präexistierten, eine Präexistenz, die mit der von ihm so oft ausgesprochenen Behauptung, die wie ein Axiom angesehen werden muß, im Widerspruche stehe, daß nämlich der Verstand bei seinem Anfange und vor der Sinnenerregung gar keine Ideen besitze: intellectus est tanquam tabula rasa, in qua nihil est scriptum, sagten gewöhnlich die Scholastiker.

Diesen Einwand können wir sofort widerlegen durch folgende Bemerkung: Die Präexistenz von Ideen, die der heilige Thomas, und mit ihm die Scholastiker, leugnen, ist zu verstehen von den fertig gebildeten, aktuellen Ideen. Die Ideen, welche wir als im Ver-

Achtzehntes Kapitel. Zwei Einwendungen ꝛc.   143

stande präexistierend angenommen haben, befinden sich bloß in fieri proximo, und präexistieren vielmehr keimartig und virtuell, als aktuell, indem sie der vorausgehenden Thätigkeit und der Aktion des intellectus agens bedürfen, um zu fertigen und aktuellen Ideen zu werden und die intellektuelle Erkenntnis der Objekte oder objektiven Begriffe, worauf sie sich beziehen, bestimmen zu können.

Ja, ich sehe nicht, was man dagegen erwidern könnte, wenn jemand sagt, das erwähnte Axiom, daß die Präexistenz von Ideen im Verstande leugnet, spreche bloß vom intellectus possibilis, aber nicht vom intellectus agens. Diese Meinung scheint mir sehr gegründet und mit der Ausdrucksweise des heiligen Thomas völlig übereinzustimmen; denn er spricht vom intellectus possibilis, wenn er sagt, er sei ein passives Vermögen, eine Benennung, die er ihm giebt, insofern er die Ideen empfängt, mittels welcher er die intellektuelle Erkenntnis verwirklicht oder zustande bringt. Von demselben Intellekte spricht er, wenn er sagt: Intellectus possibilis est, quo est omnia fieri.

Endlich, wie man hat bemerken können, beziehen sich alle Texte des heiligen Lehrers, in denen er jedes Vorhandensein im Verstande von impliciten angeborenen und quasi konnaturellen Ideen lehrt, direkt auf den intellectus agens, aber nicht auf den intellectus possibilis. Also kann man, selbst wenn man den Mangel von Ideen, der in der allgemeinen Behauptung: Intellectus est tanquam tabula rasa, in qua nihil est scriptum, ausgedrückt ist, in strengem Sinne nehmen will, indem man diese Behauptung auf den intellectus possibilis bezieht, wie es in der That auch geschehen muß, in keiner Weise den Wert der Lösung bemängeln oder bestreiten, die wir dem heiligen Thomas in betreff des ideologischen Problems über das Verhältnis der Sensibilität zur menschlichen Erkenntnis, wie über den Ursprung der Ideen und der intellektuellen Erkenntnis als die seinige zugeschrieben haben.

Es ergiebt sich aus all dem bisher Gesagten, daß der Gedanke des heiligen Thomas über den Ursprung der Ideen und der intellektuellen Erkenntnis in folgende Punkte zusammengefaßt werden kann:

1) Die Ausübung oder Thätigkeit der Vermögen der Sensibilität ist beim Menschen während des gegenwärtigen Lebens von Natur aus früher als die Thätigkeit des Verstandes, und folglich ist die sinnliche Wahrnehmung früher als die intellektuelle. In dieser Hinsicht ist die Behauptung wahr, daß die intellektuelle Erkenntnis und die Wissen-

ſchaft ihren Urſprung von den Sinnen hat: Principium humanae cognitionis est a sensu.

2) Der menſchliche Verſtand oder Intellekt beſitzt an ſich und von vornherein keine angeborene Idee in ſtrengem Sinne genommen, d. h. keine fertige, aktuelle Idee; er beſitzt aber an ſich und von vornherein das Vermögen, jede Klaſſe von Ideen in ſich aufzunehmen und auf eine mehr oder weniger vollkommene Weiſe alle Objekte, wie ihre Natur auch beſchaffen ſein mag, zu erkennen. Daher die Benennung: reine Potenz und intellectus possibilis; denn urſprünglich ermangelt er jeglicher intellektuellen Idee und heißt darum pura potentia in ordine intelligibili; ferner kann er alle Objekte wahrnehmen und erkennen, und heißt darum intellectus possibilis.

3) Während der gegenwärtigen Vereinigung der Seele mit dem Leibe und eben wegen dieſer Vereinigung und der Verhältniſſe und Verwandtſchaft der ſenſitiven und der intellektuellen Vermögen, die alle in der vernünftigen Seele wurzeln, die eine einzige und einfache, und als Lebensprincip des Menſchen mit ſich ſelber identiſche Subſtanz iſt, ſind die ſenſitiven, materiellen Objekte die erſten, welche ſich dem Verſtande darbieten, und die er auf eine leichtere, unmittelbarere und konnaturelle Weiſe wahrnimmt, und die häufiger ſeine Aktivität beſchäftigen und ſeine Aufmerkſamkeit erregen. In dieſer Hinſicht und unter dieſem Geſichtspunkte iſt es wahr, daß das erſte Objekt unſeres Verſtandes die materiellen Dinge, die ſenſitiven Naturen oder Weſenheiten ſind: Objectum intellectus est quidditas rei sensibilis: sunt res naturales. Anima intellectiva humana ex unione ad corpus, habet aspectum inclinatum ad phantasmata. Circa naturas rerum sensibilium, primo figitur intuitus intellectus nostri ... ex hoc autem ulterius assurgit ad cognoscendum spiritum creatum.

4) Außer dem Vermögen, alle Ideen in ſich aufzunehmen und alle Objekte zu erkennen, beſitzt der menſchliche Intellekt weſentlich eine aktive Kraft, eine gewaltige, energiſche Aktivität, mittels welcher er, da er eine unmittelbare Teilnahme an der göttlichen Intelligenz iſt, das Vermögen beſitzt, in der Seele allgemeine Ideen zu abſtrahieren, zu bilden oder zu beſtimmen; und er enthält, als ein Abdruck der unerſchaffenen Wahrheit und der göttlichen Ideen, dieſe Ideen und beſonders die allgemeinſten, von der Materie unabhängigſten und notwendigſten Ideen, wie im Keime und virtuell in ſich. Dieſe weſentliche, primitive und mächtige Aktivität des menſchlichen Verſtandes iſt,

was man intellectus agens nennt: Virtus derivata a superiori intellectu, per quam possit phantasmata illustrare: virtus quae a supremo intellectu participatur. Quaedam participata similitudo luminis increati, in quo continentur rationes aeternae.

5) Obgleich jede intellektuelle Erkenntnis als solche mittels allgemeiner Ideen, die folglich von den sinnlichen Vorstellungen wesentlich verschieden sind, sich vollzieht; so können doch diese allgemeinen Ideen in drei Klassen eingeteilt werden: a) in Ideen, die sich auf materielle sinnliche Objekte beziehen, wie z. B. die Idee der Ausdehnung, des Körpers, der Farbe, der Bewegung, der Gestalt u. s. w.; b) in Ideen, die sich auf objektive Seinsbegriffe, die sich sowohl bei den materiellen, als auch bei den geistigen und unsichtbaren Dingen befinden können, beziehen, wie z. B. die Ideen der Substanz, der Ursache, der Wirkung, der Einheit, der Zufälligkeit, der Notwendigkeit, der Beziehung u. s. w., und ebenfalls die Ideen, die sich auf rein geistige Objekte, als da sind: Gott und die Engel, beziehen; c) in die Idee des Seins, die nicht allein jede intellektuelle Erkenntnis begleitet und eine notwendige Bedingung derselben ist, sondern auch in allen übrigen Ideen enthalten ist.

6) Alle diese Ideen gehen aus zwei verschiedenen Ursachen hervor und hangen in ihrer Bildung oder Erzeugung davon ab: die erstere von diesen Ursachen ist aktiv und steht an erster Stelle; und diese ist der intellectus agens; die andere Ursache, die passiv ist und an zweiter Stelle steht, sind die Sinne, oder vielmehr die sinnlichen Vorstellungen der Einbildungskraft. Indessen, wenn auch alle drei Klassen von Ideen darin übereinstimmen, daß sie von den sinnlichen Vorstellungen abhangen und daraus hervorgehen, so ist doch bei ihnen die Art und Weise dieser Abhängigkeit verschieden. Die erste Klasse hängt von den Sinnen und den sinnlichen Vorstellungen direkt und im eigentlichen Sinne ab und geht daraus hervor; denn die zu dieser Klasse gehörenden Ideen beziehen sich auf Objekte, die von den Sinnen wahrgenommen werden, und deren sinnliche Vorstellungen in der Einbildungskraft sich befinden und darin aufbewahrt werden können. Von dieser ersten Klasse ist es im eigentlichen und strengen Sinne wahr, daß der intellectus agens die intellektuellen Ideen durch Abstraktion von den sinnlichen Vorstellungen bildet: abstrahendo a phantasmatibus. Die Ideen der zweiten Klasse befinden sich einerseits wurzelhaft und virtuell im intellectus agens auf eine vollkommenere Weise als die der ersten Klasse; denn diese Ideen, da sie al-

gemeiner, notwendiger und unabhängiger von der Materie sind, als diejenigen, welche sich auf die Materie beziehen, sind dem intellectus agens als Abglanz der unendlichen Intelligenz und als Ausdruck der ewigen Ideen oder ewigen Begriffe näher. Anderseits beziehen sich diese Ideen auf objektive Begriffe oder auf reale Objekte, die von der Materie und den Sinnen unabhängig sind und über diese hinausliegen, und in betreff welcher folglich keine direkte und unmittelbare sinnliche Vorstellungen existieren: quorum non sunt phantasmata. Daher kommt es, daß diese Ideen nur in einem uneigentlichen Sinne und nur auf indirekte Weise als durch Abstraktion gebildet genannt werden können; denn in Wirklichkeit entstehen diese Ideen in unserem Intellekte durch Vergleichung, Abstrahierung und Analysierung der intellektuellen Ideen der ersteren Klasse, und auch durch Vergleichung, Analysierung und Reflexion über die inneren Phänomene unserer Seele, die uns per analogiam zur Erkenntnis der rein geistigen Objekte führen. Also einerseits ist die virtuelle Präexistenz jener Ideen im intellectus agens (universales conceptiones, quarum cognitio est nobis naturaliter insita), und andererseits ist die intellektuelle Aktivität, indem sie, nicht unmittelbar an den sinnlichen Vorstellungen arbeitend, sondern mit den von denselben zuvor abstrahierten Ideen und hauptsächlich mit den Phänomenen des Gemeinsinnes sich beschäftigt, der wahre Ursprung dieser zweiten Klasse von Ideen: Impressio quaedam rationum aeternarum est in mente nostra. Non eodem modo intelliguntur substantiae materiales, quae intelliguntur per modum abstractionis, et substantiae immateriales, quae non possunt sic a nobis intelligi, quia non sunt earum quaedam phantasmata. Per hoc enim, quod anima nostra cognoscit seipsam, pertingit ad cognitionem aliquam habendam de substantiis incorporeis. Per considerationem intellectus nostri deducimur in cognitionem substantiarum separatarum.

Die dritte Klasse oder die Idee des Seins muß, wenn auch nicht im strengen Sinne, so doch wenigstens als eine quasi angeborene Idee betrachtet werden, da sie ein notwendiges Gesetz der Ausübung und Entwickelung der intellektuellen Thätigkeit ist, und sich in allen übrigen Ideen als ein notwendiges Grundelement derselben befindet. Nihil percipitur ab intellectu nisi sub ratione entis. Quod primo cadit in apprehensionem est ens, cujus intellectus includitur in omnibus, quaecumque quis apprehendit. Somit hängt also die Seinsidee bloß von den Sinnen und den sinnlichen

Vorstellungen ab und geht aus ihnen hervor als aus einer anregenden gelegenheitlichen Ursache und Bedingung sine qua non. Diese Idee ist solchermaßen fundamental und primitiv in unserem Geiste, daß alle übrigen als nähere Bestimmungen derselben angesehen werden können; sie ist eine spontane Manifestation des Verstandes, der nur in ihr und mit ihr etwas denken und erkennen kann. Illud autem, quod primo intellectus concipit quasi potissimum, est ens ... unde oportet, quod omnes aliae conceptiones intellectus accipiantur ex additione ad ens. Nec aliquid hac operatione potest mente concipi, nisi intelligatur ens.

7) Außer dem angegebenen Sinne, nach welchem gesagt werden kann, daß die sensitiven Vermögen und Vorstellungen der allgemeine Ursprung der intellektuellen Erkenntnis und der Ideen sind, können noch zwei andere Weisen oder Gesichtspunkte angegeben werden, nach denen man annehmen muß, daß alle unsere intellektuellen Erkenntnisse und alle unsere Ideen von den Sinnen abhangen. Erstens nämlich, insofern die Ausübung der Vermögen der Sensibilität hinsichtlich ihrer Objekte der Ausübung der intellektuellen Thätigkeit vorausgeht, mithin der allgemeine Ausgangspunkt für die menschliche Erkenntnis ist. Cognitio sensus, qui est cognoscitivus singularium, in nobis praecedit cognitionem intellectualem, quae est universalium. Zweitens, insofern die Ausübung dieser Vermögen und die Existenz von sinnlichen Vorstellungen jede Thätigkeit des Verstandes derartig begleitet, daß, selbst wenn letztere sich auf rein geistige und unsichtbare Ideen oder Objekte bezieht, jene sinnlichen Vorstellungen unerläßliche Bedingungen für die Thätigkeit der Intelligenz während des gegenwärtigen Lebens sind. Impossibile est, intellectum secundum praesentis vitae statum, quo passibili corpori conjungitur, aliquid intelligere in actu, nisi convertendo se ad phantasmata.

Dies ist in Kürze die Theorie des heiligen Thomas über den Ursprung der Ideen. Ihre einfache Lektüre genügt, um auf den ersten Blick zu erkennen, wie weit diejenigen von der Wahrheit entfernt sind, die sie mit der sensualistischen Theorie haben identifizieren wollen, oder wenigstens behauptet haben, sie streife nahe an die sensualistische Theorie. Um sie von dieser Theorie vollständig zu trennen, braucht man nur den absoluten wesentlichen Unterschied zwischen den sinnlichen Vorstellungen und den intellektuellen Ideen, zwischen den Vermögen der Sensibilität und denjenigen der rein intellektuellen Ordnung sich vor Augen zu halten, ein Unterschied, auf den der heilige Thomas fortwährend mit aller Energie aufmerksam macht.

Indessen, wie man sieht, begnügt sich der heilige Thomas hiermit nicht; er geht noch weiter; er nimmt nicht allein die virtuelle und wurzelhafte Präexistenz von vielen allgemeinen Ideen in der Intelligenz an, sondern er lehrt auch, daß diese Ideen nicht durch Abstraktion von den Sinnen gebildet werden; er lehrt, daß auf diese Weise, nämlich durch direkte und unmittelbare Abstraktion, bloß die Ideen gebildet werden, die sich auf sinnliche und materielle Objekte beziehen; er behauptet endlich, daß in unserem Erkenntnisvermögen eine quasi angeborene Idee existiere, nämlich die Idee des Seins: eine fundamentale und primitive Idee in unserem Geiste, eine Mutteridee, die ein in allen übrigen Ideen enthaltenes notwendiges und allgemeines Element bilde. Folglich ist die Theorie des heiligen Thomas über den Ursprung der Ideen eben so weit vom Sensualismus Condillac's als vom Idealismus Plato's und Malebranche's entfernt; sie vermeidet die groben Irrtümer der sensualistischen Schule, ohne in die rein idealistische Theorie und in die Übertreibungen des Ontologismus zu geraten. —

Neunzehntes Kapitel.
Maret und die ideologische Theorie des heiligen Thomas.

In seinem Werke: „Philosophie und Religion" prüft dieser französische Schriftsteller die Theorie des heiligen Thomas über den Ursprung der Ideen, und widmet dieser Untersuchung eine ganze Lektion. Wer in der Lehre des heiligen Thomas auch nur in etwa zu Hause ist, braucht nur einen Blick in diese Lektion zu werfen, um zu erkennen, daß Maret nicht allein nicht imstande war, die herrliche und lichtvolle Ideologie des heiligen Lehrers richtig zu würdigen, dieselbe in ihren Einzelheiten und Anwendungen betrachtet, sondern auch nicht einmal die Lösung, die der heilige Lehrer dem Grundprobleme der Ideologie giebt, im Allgemeinen und im Ganzen richtig verstanden hat. Indessen hierüber kann man sich nicht wundern, wenn man bedenkt, daß Maret dem Anscheine nach nicht einmal die gewöhnlichsten Sätze und Begriffe der philosophischen Lehre des heiligen Thomas und die elementaren Principien seiner Psychologie kannte.

Es ist meine Absicht nicht und ich halte es auch nicht für notwendig, die falschen Ansichten und Unrichtigkeiten aller Art, in die dieser Schriftsteller bei der Darstellung der Lehre des heiligen Thomas über den Ursprung der menschlichen Erkenntnis verfällt, einer weitläufigen Prüfung zu unterwerfen; denn dieses würde eine zu weitläufige Diskussion erfordern, da wir viele Lehren und viele Stellen des heiligen Lehrers anführen, analysieren und miteinander vergleichen müßten. Ich werde mich darum begnügen, auf einige dieser Unrichtigkeiten und Irrtümer aufmerksam zu machen, die hinreichen werden, um aus ihnen das Vertrauen zu erkennen, das dieser Schriftsteller hinsichtlich der übrigen Punkte verdient.

Wir haben bereits Gelegenheit gehabt, auf die Unrichtigkeit hinzuweisen, mit der er den Gedanken des Thomas hinsichtlich des Modus interpretiert, wie der intellectus agens an den sinnlichen Vorstellungen seine Thätigkeit ausübt, um die intellektuellen Ideen zu bilden, desgleichen hinsichtlich der wahren ideologischen Bedeutung und Wichtigkeit der Konkomitanz und Gleichzeitigkeit der Thätigkeit des reinen Verstandes und der Ausübung der sensitiven Vermögen. Einige der damals citierten Worte verraten bereits eine neue falsche Beurteilung von seiten Maret's, daß nämlich nach dem heiligen Thomas alle geistigen Erkenntnisse unseres Verstandes aus sinnlichen Bildern entständen, eine Meinung, die er an anderen Stellen noch klarer und deutlicher ausspricht.

„Er nimmt (nämlich der heilige Thomas) mit Aristoteles an,[1]) es gebe keine Gedanken ohne Bilder, und die Intelligenz sei anfangs wie eine abgewischte Tafel, auf der nichts Geschriebenes stehe. Die Sinne und die Sensationen sind nach dem heiligen Thomas nicht einfach die Bedingungen, die gelegentlichen Ursachen unserer geistigen Erkenntnisse." —

Ja, gewiß; nach dem heiligen Thomas sind die Sinne nicht bloße Ursachen oder reine Bedingungen unserer geistigen Erkenntnisse, wenn man unter diesem Namen alle und jede intellektuelle Erkenntnis versteht; denn nach dem heiligen Thomas sind die Sinne, oder vielmehr die sinnlichen Vorstellungen der Einbildungskraft (phantasmata), gewissermaßen materielle Ursachen, allerdings nicht jeder intellektuellen Erkenntnis, sondern bloß derjenigen, die sich unmittelbar auf die materiellen Objekte beziehen, die einzigen, welche in den Vermögen der Sensibilität dargestellt werden und auf die Sinne wirken können.

---

[1]) Philos. u. Relig. Lect. 5. S. 107.

Man erinnere sich an das, was wir in den vorigen Kapiteln über die doppelte intellektuelle Erkenntnis, die der heilige Lehrer annimmt, gesagt haben; und dieses allein wird genügen, um zu erkennen, daß hier eine offenbare Unrichtigkeit und Ideenverwirrung obwaltet. Was versteht Marei unter „geistigen Erkenntnissen"? Wenn er unter diesem Ausdrucke jedwede intellektuelle Erkenntnis versteht, wie auch der Modus und die Bedingungen, wie sie zustande kommt, und das Objekt, worauf sie sich bezieht, beschaffen sein mögen, was der einzig wahre und zulässige Sinn dieses Ausdruckes in der Lehre des heiligen Thomas ist, dem zufolge jedwede intellektuelle Erkenntnis geistig ist, da sie eine Thätigkeit oder Ausübung eines geistigen Vermögens ist, und außerdem mittels immaterieller Ideen sich vollzieht; dann ist es in dieser Hinsicht sehr gewiß, daß in der Theorie des heiligen Thomas die Sinne nicht reine Bedingungen und Veranlassungen in betreff unserer geistigen Erkenntnisse sind; denn dieses ist bloß von einigen, aber nicht von allen zu verstehen. Wenn er aber unter diesem Ausdrucke die Erkenntnisse, die sich auf rein geistige Objekte beziehen, als da sind Gott und die Engel, und ebenfalls die Erkenntnisse versteht, die sich auf die allgemeinsten Ideen beziehen, die wir quasi angeborene Ideen genannt haben; dann ist es absolut falsch, daß die Sinne und die Sensationen nach dem heiligen Thomas nicht einfach die Bedingungen, die gelegenheitlichen Ursachen unserer geistigen Erkenntnisse sind.

Ferner, um einzusehen, wie absolut irrig die Behauptung des französischen Schriftstellers ist, genügt es, auch abgesehen von dem bereits Gesagten, sich zu erinnern, daß der heilige Thomas lehrt, nicht bloß an einer, sondern an vielen Stellen seiner Werke, daß die Intelligenz, einmal in Thätigkeit versetzt, durch Reflexion, durch Vergleichung und Analysierung der intellektuellen Ideen, deren sie sich bedient, um die Objekte aktuell oder habituell zu erkennen, neue Ideen hinsichtlich der genannten Objekte bildet. Also ist es in jeder Hinsicht falsch, daß nach dem heiligen Thomas die Sinne und die Sensationen die Ursache aller unserer Erkenntnisse sind; und noch falscher ist, daß ihm zufolge die intellektuelle Erkenntnis eine Umbildung der Sensation sei, wie der französische Schriftsteller ihm ungerechterweise zuschreibt, wenn er weiterhin sagt:[1]

„Somit entstehen nach der peripatetischen Philosophie des Mittel-

---

[1] Tal. S. 111.

alters alle allgemeinen Ideen, alle ersten Principien, die in der Intelligenz vorhanden sind, aus den Sensationen und aus der Arbeit der Intelligenz an den Sensationen. Obwohl die Sensation das Material liefert, würde sie allein keine geistige Erkenntnisse geben; es ist die Thätigkeit der Intelligenz nötig, um die Erkenntnisse aus den Sensationen hervorzuziehen. Und die Art Umbildung, die sich vollzieht, ist derartig, daß die Intelligenz die Körper mit einer immateriellen, allgemeinen und notwendigen Erkenntnis erkennt. . . .

„Nach dem heiligen Lehrer besitzt diese Intelligenz keine Ideen ohne Bilder; alles, was in ihr Idee ist, ist ursprünglich Sensation gewesen; und die Sensation ist das erste Material der geistigen Erkenntnisse. Wie will man die Erhabenheit dieser Intelligenz, die ein Strahl des ewigen Lichtes ist, mit der Niedrigkeit dieser Ursprünge aussöhnen!" —

Immer die nämlichen Irrtümer! immer dieselben Unrichtigkeiten! Weder ist nach dem heiligen Thomas jede Idee zuvor Sensation gewesen, denn wie wir gesehen haben, behauptet der heilige Lehrer, nicht bloß einmal, sondern vielmals, daß der Verstand Ideen besitze und Objekte erkenne, von denen es keine sinnlichen Vorstellungen gebe (quorum non sunt phantasmata), noch liefert die Sensation das Material für alle unsere geistigen Erkenntnisse. Mithin ist es gegen alle Wahrheit, ist es absolut falsch, daß dem heiligen Thomas zufolge die Erkenntnis eine Umbildung der Sensationen genannt werden könne, wie der französische Schriftsteller anzudeuten scheint.

Der heilige Thomas lehrt allerdings, daß die Beziehungen zwischen der Sensibilität und der intellektuellen Erkenntnis nicht auf reine Bedingungen sine qua non und gelegenheitliche Ursachen, wenigstens hinsichtlich gewisser Klassen von Objekten und intellektuellen Erkenntnissen, beschränkt werden dürfen; der heilige Thomas glaubt in der That, daß der durch die Erfahrung bezeugte Kontakt zwischen der Sensibilität und dem reinen Verstande etwas mehr als dieses in sich schließe; der heilige Thomas endlich behauptet ganz bestimmt, daß die Rolle, welche die sensitiven Vermögen bei der menschlichen Erkenntnis spielen, etwas wichtiger und unmittelbarer ist, als diejenige, welche die Anhänger der angeborenen Ideen, und die verstohlenen Ontologisten, die wie Maret sich den Ideen Plato's und den brillanten Träumereien des Verfassers der „Wahrheitsermittelung" nähern, ihnen zuschreiben. Wenn aber der heilige Thomas dieses lehrt, so stellt er sich nicht allein unermeßlich weit über die umgebildete Sensation, sondern er trennt sich auch von der rein intellektualistischen und ontologistischen Schule. Sich zum wahren Echo der psychologischen Beobachtung machend, die der französische Schriftsteller als enthusiastischer Verehrer und Anhänger des Cartesius so sehr rühmt und empfiehlt, stellt er eine eben so solide, wie der Erfahrung der inneren Phänomene entsprechende Ideologie auf, eine Ideologie, die gleich weit vom Sensualismus wie vom reinen Ontologismus entfernt ist.

So ist die wahre Schule des heiligen Thomas; diese und keine andere ist seine wahre ideologische Theorie, die den Vergleich mit jeder anderen auf das vorteilhafteste bestehen wird. Von dieser ideologischen Schule sagt der unsterbliche Balmes sehr richtig:[1] „Wenn sie gleich die rein intellektuelle Ordnung annimmt, so glaubt sie doch nicht, daß man sie beflecke, wenn man sie mit den sensitiven Phänomenen in Verbindung bringe; im Gegenteil glaubt sie, man könne die Probleme der menschlichen Intelligenz, sowie sie im gegenwärtigen Leben beschaffen ist, nicht lösen, ohne auf diese Verbindung Rücksicht zu nehmen.

„Die Erfahrung lehrt, daß diese Verbindung durch ein Gesetz des menschlichen Geistes besteht; dieses Gesetz leugnen, heißt gegen eine durch das Selbstbewußtsein bezeugte Wahrheit ankämpfen; es zerstören wollen, heißt ein tollkühnes Unternehmen anfangen, heißt eine Art Selbstmord des Geistes begehen. Aus diesem Grunde hat die Schule, von der ich eben sprach, die Thatsachen nehmend, wie die innere Erfahrung sie uns darbietet, gesucht, sie zu erklären, indem sie auf die Punkte hinwies, bei denen die sensitive und die intellektuelle Ordnung in Verbindung treten können, ohne sich gegenseitig zu vernichten oder ineinander überzugehen." —

Und was will Moret damit sagen, wenn er dem heiligen Thomas die seltsame Meinung zuschreibt, die sich nirgends in seinen Werken findet, daß nämlich die Intelligenz keine Ideen ohne Bilder habe? Wir würden dem französischen Schriftsteller sehr dankbar sein, wenn er uns eine derartige Behauptung in den Schriften des heiligen Lehrers zeigen wollte.

Zunächst ist es durchaus falsch, daß der heilige Thomas Bilder im Verstande annehme, und eben so falsch ist die Behauptung, die unser Kritiker in der am Anfange dieses Kapitels citierten Stelle thut, daß es keine Gedanken ohne Bilder gebe. Der heilige Thomas gebraucht das Wort „Bild" gewöhnlich bei den körperlichen Dingen,

---

[1] Fil. Fund. Lib. 4. cap. 9.

zuweilen wendet er es auch bei den sinnlichen Vorstellungen an, insofern sie nämlich materiell in dem Sinne sind, wie wir dieses früher erklärt haben; das aber, was dazu dient, um die Intelligenz mit dem erkannten Objekte in Berührung und Verbindung zu bringen, wird von ihm Idee genannt, manchesmal auch Ähnlichkeit des Objektes, Form, meistens aber species intelligibilis: alles Namen, die hinsichtlich der intellektuellen Ordnung in der Terminologie des heiligen Thomas mit dem Ausdrucke „Idee" als synonym angesehen werden können. Wenn Maret sich darauf beschränkt hätte zu sagen, dem heiligen Thomas zufolge gebe es keine Gedanken ohne intellektuelle Vorstellungen oder Ideen, so wäre diese Behauptung, wenn auch nicht durchaus exakt, — denn der heilige Lehrer nimmt in unserer Seele auch intuitive Erkenntnisse an — wenigstens erträglich, aber nimmer, daß es keine Gedanken ohne Bilder gebe.

Noch mehr ist zu rügen und es verrät eine nicht zu entschuldigende Unwissenheit in der Ideologie des heiligen Thomas, wenn Maret behauptet, die Intelligenz habe keine Ideen ohne Bilder; denn er scheint unter dem Namen „Bild" in der Theorie des heiligen Thomas die intellektuelle Vorstellung des Objektes, das, was der heilige Lehrer species intelligibilis oder Idee nennt, zu verstehen; und nun sagen, die Intelligenz besitze keine Ideen ohne Bilder, ist nicht allein an und für sich falsch, sondern in der Theorie des heiligen Thomas heißt es auch soviel als sagen wollen: die Intelligenz besitze keine Ideen ohne Ideen.

Die Ursache des Irrtumes des französischen Schriftstellers liegt darin, daß er die Ideen, deren sich die Intelligenz bedient, mit dem durch die Intelligenz erkannten Dinge verwechselt, mithin die Idee mit dem Objekte identificiert. Hierbei ist Maret sich selber treu; denn dieses ist weiter nichts als eine Reminiscenz an die Lehre Plato's, zu welcher dieser Schriftsteller sehr stark hinneigt; aber nimmer durfte er den heiligen Thomas in diesem Punkte mit dem griechischen Philosophen zusammenbringen; denn ein Schriftsteller, der es unternimmt, eine rationelle Analyse der ideologischen Theorie des heiligen Lehrers herauszugeben, mußte wissen, daß dieser lehrt, die Idee, species intelligibilis, sei nicht das erkannte Ding, sondern vielmehr das, wodurch die Intelligenz das Objekt erkennt, wenn sie sich mit diesem in Berührung setzt, und folglich die Ideen seien nicht mit dem Objekte identisch. Die Idee kann ebenfalls das Objekt des Verstandes werden: id quod intelligitur, aber nur als sekundäres und Reflexionsobjekt, d. h. insofern der Verstand, nachdem er das Objekt, worauf sich die Idee bezieht, erkannt hat, nunmehr mittels eines reflexen Aktes den direkten Akt und die Idee zum Objekte nehmen kann.¹) „Die species intelligibilis ist in Bezug auf den Verstand das, wodurch er erkennt.... Da aber der Verstand über sich selber nachdenken kann, erkennt er mittels dieser Reflexion wie seinen intellektuellen Akt, so auch die Species, durch welche dieser Akt sich vollzieht. Auf diese Weise wird die erkannte Species in sekundärer Weise das Ding selber, das man erkennt; allein das, was man zuerst erkennt, ist das reale Objekt, dessen Bild die species intelligibilis ist." —

Desgleichen mußte der französische Schriftsteller wissen, daß der heilige Thomas gerade diese Meinung Plato's bekämpft. „Diese Meinung,"²) sagt er, „ist offenbar falsch... denn die Dinge, die wir erkennen, sind die nämlichen, welche das Objekt der Wissenschaft bilden. Wenn also die von uns erkannten Dinge bloß die Ideen wären, die wir in der Seele besitzen, würde folgen, daß alle Wissenschaften sich nicht auf die außer uns existierenden Dinge beziehen, sondern bloß die Ideen zum Objekte haben, die wir in unserer Seele besitzen, wie die Platoniker sagten, nach welchen alle Wissenschaften nur die Ideen zum Objekte haben, die ihnen zufolge immer aktuell erkannt werden."—

Und man beachte, daß die Lehre des heiligen Thomas über dieses theologische Problem, das viel wichtiger ist, als es auf den ersten Blick zu sein scheint, von der Meinung, die man über die Natur der Ideen annimmt, unabhängig ist. Ob man sie als intellektuelle Vorstellungen oder Ähnlichkeiten des Objektes betrachtet; oder ob man ihnen diese Vorstellungskraft abspricht; ob man sie als verschieden von

---

¹) Sum. Theol. I. P. Quaest. 85. art. 2: Species intelligibilis se habet ad intellectum ut quo intelligit intellectus... Sed quia intellectus supra seipsum reflectitur, secundum eandem reflexionem intelligit, et suum intelligere et speciem qua intelligit. Et sic species intellecta, secundario est id quod intelligitur; sed id, quod intelligitur primo, est res, cujus species intelligibilis est similitudo. —

²) Ibidem: Sed haec opinio manifeste apparet falsa... quia eadem sunt, quae intelligimus, et de quibus sunt scientiae. Si igitur ea, quae intelligimus, essent solum species quae sunt in anima, sequeretur quod scientiae omnes non essent de rebus, quae sunt extra animam, sed solum de speciebus intelligibilibus, quae sunt in anima: sicut secundum Platonicos omnes scientiae sunt de ideis quas ponebant esse intellectus in actu. —

der Aktion des Verstandes selber ansieht, oder ob man sie mit dieser Aktion identifiziert: die Lehre des heiligen Thomas über diesen Punkt wird immer ihre Wahrheit und Solidität behalten. Die entgegengesetzte Meinung aber; die Meinung, die Maret, dem Plato folgend, mit besonderer Vorliebe betrachtet; die Meinung, welche die Idee mit dem erkannten oder gedachten Objekte identifiziert, steht einem System sehr nahe, das in der Geschichte der Verirrungen der Philosophie einen wohlbekannten Namen hat; denn man braucht nicht lange nachzudenken, um einzusehen, daß eine derartige Meinung den menschlichen Geist ganz wie von selbst zum Idealismus führt.

Wenn ich Maret Schritt für Schritt folgen könnte, würde ich jetzt über seinen Zweifel sprechen, ob nämlich das Licht, das der heilige Thomas intellectus agens nennt, geschaffen oder unerschaffen sei; ferner über die Ideenkonfusion, die er zeigt, wenn er über die Anschauung der ewigen Wahrheiten und der ewigen Ideen nach der Meinung des heiligen Augustin sich ausläßt; desgleichen über die groben Irrtümer, in die er verfällt bei der Beurteilung des Modus, wie nach Thomas der allgemeine Begriff gebildet wird und die notwendigen absoluten Wahrheiten in unserem Verstande vorhanden sind: und der Leser würde sehen, wie leichtsinnig Maret bei der Beurteilung der Ideologie des heiligen Thomas verfahren ist. Indessen diese Untersuchung würde mich zu weit führen und größere Dimensionen annehmen, als sie unser Buch gestattet. Außerdem halte ich dieses bis auf einen gewissen Punkt für überflüssig; denn die Kritik Maret's verliert all ihren Wert und ist ohne alle wissenschaftliche und reale Bedeutung, sobald man nur bedenkt, daß er nicht einmal die Begriffe dieser selben Philosophie, die er darstellen und analysieren will, kennt. Welchen Wert kann das Wort eines Schriftstellers haben, wenn er die Lehre des heiligen Thomas über das Allgemeine und über die allgemeinen und notwendigen Wahrheiten darstellt und analysiert, und nicht einmal die Zahl und die gewöhnlichsten Begriffe von den Universalien kennt? Nun hat aber der französische Schriftsteller entdeckt, daß es nach der scholastischen Philosophie oder der Philosophie des Mittelalters, vier Universalien gebe, und er giebt von einigen eine Definition, die in der Philosophie des Mittelalters sicher ganz unbekannt war.

„Im Mittelalter," sagt unser Schriftsteller,[1) „scheint man unter

---
[1)] Ebendas. S. 115.

dem Namen „universale" hauptsächlich die Ideen des genus, der species, des proprium und des accidens verstanden zu haben. Die Idee des genus z. B. ist die des animal; der Mensch stellt die Idee der species in diesem genus des animal dar; der individuelle Mensch die des proprium; und dieses Individuum mit dieser oder jener Eigenschaft die des accidens. Gewiß ist, daß die ewigen Zänkereien des Mittelalters über die Universalien sich um diese vier Dinge drehten." —

Ich würde meine Leser beleidigen, wenn ich mich mit dieser wirklich erstaunlichen Unwissenheit, die diese Stelle hinsichtlich der Elemente der alten Philosophie an den Tag legt, näher befassen wollte. Wenn Maret doch nur, ich will nicht einmal sagen, die Werke des heiligen Thomas oder die der Hauptschriftsteller der Schule, sondern bloß irgend ein Handbuch, das über die scholastische Philosophie handelt, gelesen hätte, dann würde er gesehen haben, daß der Universalien nicht vier sind, und daß die Erklärung, die er vom proprium und accidens giebt, mit der wahren Idee und Definition dieser beiden Universalien nichts gemein hat. Und dann spricht er in einem Magistertone von den ewigen Zänkereien des Mittelalters über die Universalien! Wenn Maret sich die Mühe gegeben hätte, diese Universalien zu studieren; so würde er ohne Zweifel erkannt haben, daß jene ewigen Zänkereien eine philosophische Bedeutung hatten, die etwas größer ist, als er meint; er würde auch eingesehen haben, daß die dem Probleme der Universalien gegebene Lösung mit der sensualistischen oder spiritualistischen Lösung in betreff des ideologischen Problems, das sich auf den Ursprung der menschlichen Erkenntnisse bezieht, in innigster Beziehung stand; er hätte erkannt, daß im tiefsten Grunde dieser dem Anscheine nach unnützen und unfruchtbaren Frage der Pantheismus und der Idealismus verborgen lag.

Wir machen noch auf eine andere Stelle aufmerksam, die der soeben besprochenen vollständig würdig ist. Die Lehre des heiligen Thomas über die erste Erzeugung unserer intellektuellen Erkenntnisse, wie Maret sagt, auseinander setzend, und nachdem er von den sinnlichen Vorstellungen oder Species der körperlichen Objekte in den Sinnen gesprochen, fährt er weiter fort:[1] „Diese Bilder, diese sensitiven Formen, werden durch die äußeren Sinne dem inneren oder Gemeinsinne übermittelt, der sie annimmt und zu einer gewissen

---

[1] Ebendas. S. 109 und flg.

Einheit verbindet. Die Phantasie oder Einbildungskraft dient dazu, um diese sensitiven Formen festzuhalten; das Gedächtnis, um sie aufzubewahren. Diese Vermögen teilen alsdann die Formen dem Urteile mit, das, zwischen ihnen Vergleichungen anstellend, ihre Intentionen oder Qualitäten beurteilt.

„Diese verschiedenen Vermögen, der innere oder Gemeinsinn, der die verschiedenen Eindrücke der Sinne zu einer Einheit verbindet; die Einbildungskraft, welche sie festhält; das Gedächtnis, das sie aufbewahrt; das Urteil, das sie miteinander vergleicht, gehören zu der passiven Intelligenz. Der große Lehrer lehrt ausdrücklich, daß, da Denken so viel heiße als etwas erleiden oder erfahren, die Intelligenz ein passives Vermögen sei: cum intelligere sit quoddam pati, intellectus est potentia passiva." —

Vielleicht glaubt der eine oder andere, wir hätten bisher zu hart und rücksichtslos über Maret gesprochen; indessen die soeben mitgeteilte Stelle rechtfertigt unser Verhalten vollständig. Es scheint nicht möglich, so große und bedeutende Irrtümer in so wenige Worte fassen zu können. Dieses geschieht aber seitens eines Mannes, der ex professo die Lehre des heiligen Thomas darstellt und analysiert; denn wenn diese falschen Behauptungen so nebenbei und wie aus Zufall geschehen wären, obwohl sie auch dann noch bei einem Philosophen wie Maret nicht zu entschuldigen wären, wären sie weniger tadelnswert und zu verurteilen.

Weder lehrt der heilige Thomas, daß das Urteil ein Vermögen oder eine Potenz sei, wie Maret behauptet, und noch weniger lehrt er, daß das Urteil zur Ordnung der sensitiven Vermögen gehöre, oder wie unser Schriftsteller sagt, daß diese sensitiven Vermögen die Formen dem Urteile mitteilen, noch daß die Intelligenz ein passives Vermögen sei, und das Denken ein Leiden in dem Sinne, wie Maret sich ausdrückt; und noch weniger, daß der intellectus possibilis, den er unrichtigerweise intelligentia passiva nennt, mit dem inneren Sinne, dem Gedächtnisse und der Einbildungskraft identisch sei.

Es bedarf nicht eines langen Studiums, man braucht nur ganz oberflächlich die Lehre des heiligen Thomas zu studieren, um zu wissen, daß es ein Grunddogma, eine der gewöhnlichsten und am öftesten wiederholten Behauptungen in seiner Philosophie ist, daß die Funktionen oder Akte des reinen Intellektes als eines Vermögens, das von denjenigen der sensitiven Ordnung ganz verschieden und höher als sie ist, drei sind: nämlich die einfache Wahrnehmung der Objekte (simplex apprehensio, indivisibilium intelligentia); zweitens das Urteil oder die Behauptung oder Verneinung hinsichtlich derselben, von ihm compositio et divisio, oder intellectus componens et dividens genannt; und drittens das Ratiocinium oder die Schlußfolgerung (ratiocinatio, discursus). Folglich das Urteil zu den sensitiven Vermögen, wie solche die Einbildungskraft und das sensitive Gedächtnis sind, rechnen, heißt die Grundprincipien dieser Philosophie verkennen; sagen, diese Vermögen teilten dem Urteile die Formen mit, heißt den philosophischen Gedanken des heiligen Thomas völlig verkennen, da das eigentliche oder das intellektive Urteil verwechselt wird mit dem instinktiven Urteile, das zu den sensitiven Urteilen gehört und das den Namen „Urteil" bloß wegen einer Art Analogie und in einem völlig anderen Sinne bekommt, als wenn man von dem eigentlichen Urteilsakte der Vernunft spricht. Das sensitive Vermögen, das bei den Tieren vis aestimativa oder Instinkt und beim Menschen vis cogitativa und ratio particularis (Instinkt, Beurteilungskraft) wegen einer gewissen Vollkommenheit, die dieser innere Sinn beim Menschen kraft seiner Annäherung, Verwandtschaft und Vereinigung mit dem Verstande erhält, genannt wird, ist das, was einige zur Zeit des heiligen Thomas und was Aristoteles selber zuweilen intellectus passivus genannt haben. Indessen diese accidentelle Vollkommenheit, welche die vis aestimativa beim Menschen erhält und hinsichtlich welcher sie die Benennung: vis cogitativa, intellectus passivus, ratio particularis bekommt, erhebt sie nicht über die Ordnung der sensitiven Vermögen, bleibt folglich immer in einem fast unendlichen Abstande vom reinen Intellekte. Die accidentelle Vollkommenheit, die sie beim Menschen erhält, verleiht ihr die Fähigkeit, die durch dieselbe wahrgenommenen singulären Modifikationen auf irgend eine Weise zu vergleichen. Wie also die Wahrnehmung dieses Vermögens, obwohl beim Menschen vollkommener als bei den Tieren, nichts gemein hat mit der intellektuellen Wahrnehmung, die sich auf allgemeine objektive Begriffe bezieht und unter der Form der Allgemeinheit sich vollzieht, während die Wahrnehmung der vis cogitativa sich ausschließlich auf partikuläre Objekte bezieht; so hat auch das sogenannte Urteil, das die Thätigkeit der vis cogitativa oder des intellectus passivus begleitet, nichts mit dem eigentlichen Urteile, das ein Akt der Vernunft ist, gemein; denn das Urteil, das dem intellectus passivus angehört, bezieht sich nicht allein ausschließlich auf singuläre Dinge oder Wahrnehmungen, sondern ist auch notwendig rein instinktiv, wie es sich auch bei Tieren den findet, je nachdem sie Abneigung oder Hinneigung zu irgend einem Objekte verspüren.

Ich brauche nicht zu bemerken, daß ich hier nicht über den Wert dieser Lehre spreche, auch nicht über die eigentliche oder uneigentliche Bedeutung dieser Ausdrücke mich ergehe. Ich will hier bloß auf die Thatsache hinweisen, daß der intellectus passivus, von dem der heilige Thomas einige Male in seinen Werken spricht, nichts mit dem eigentlichen Intellekte gemein hat; denn jener ist nichts anderes als einer von den inneren Sinnen des Menschen, der der vis aestimativa der Tiere entspricht.

Es geriet also Maret in einen unverzeihlichen Irrtum, indem er das uneigentliche und rein instinktive und notwendige Urteil der Tiere mit dem eigentlichen Urteile oder dem Urteile der intellektuellen Ordnung verwechselte. Und was noch mehr zu verwundern, ist, daß diese Lehre, nämlich der absolute Unterschied zwischen diesen zwei Klassen von Urteil, sich gerade in der nämlichen Stelle beim heiligen Thomas findet, die dieser Schriftsteller unten in der Anmerkung zur Stütze seiner irrigen Idee anführt.¹) „Denn die Tiere nehmen dergleichen Intentionen oder Qualitäten bloß durch den natürlichen Instinkt wahr, der Mensch aber durch eine gewisse Vergleichung. Und darum wird, was beim Tiere vis aestimativa heißt, beim Menschen vis cogitativa genannt; denn diese Intentionen wirken durch eine gewisse Vergleichung auf den Menschen, die in seinem Geiste stattgefunden. Darum heißt sie auch ratio particularis (partikulärer Verstand), der die Ärzte ein gewisses Organ anweisen, nämlich die Mitte des Kopfes; denn sie hat die Vergleichung der individuellen Intentionen zum Objekte, während der intellektive Verstand die allgemeinen Ideen erfaßt und vergleicht." —

Indessen der gröbste und gefährlichste Irrtum des französischen Schriftstellers besteht darin, daß er die Intelligenz mit dem Vermögen der sensitiven Ordnung verwechselt hat, indem er den intellectus possibilis mit dem Gemeinsinne und der Einbildungskraft identificierte.

---

¹) Sum. Theol. Quaest. 78. art. 4: Nam alia animalia percipiunt hujusmodi intentiones solum naturali instinctu, homo autem per quandam collationem. Et ideo quae in aliis animalibus dicitur aestimativa naturalis, in homine dicitur cogitativa, quae per collationem quandam hujusmodi intentiones adinvenit. Unde etiam dicitur ratio particularis, cui medici assignant determinatum organum, scilicet mediam partem capitis. Est enim collativa intentionum individualium, sicut ratio intellectiva intentionum universalium. —

Nachdem unser Schriftsteller seine seltsame Behauptung aufgestellt, führt er zur Bekräftigung seiner Meinung die Lehre des heiligen Thomas bezüglich der Passivität der intellektiven Potenz an, was offenbar beweist, daß dieser Schriftsteller unter seiner passiven Intelligenz das intellektuelle Vermögen versteht, von welchem der heilige Thomas in dem von ihm citierten Artikel spricht. Wer weiß nun aber nicht, daß der heilige Lehrer in jenem Artikel vom intellektuellen Vermögen spricht, das er intellectus possibilis nennt: jenes Vermögen, das in Verbindung mit dem intellectus agens, der ihm die intelligibeln Species unterbreitet, alle Objekte erkennen kann, und das aus keinem anderen Grunde possibilis heißt, als weil es, an und für sich jeglicher Idee ermangelnd, nach und nach die verschiedenen Ideen, wodurch es die Objekte erkennt, erlangt? Dieses muß jeder wissen, der auch nur ein Handbuch der scholastischen Philosophie zur Hand genommen hat, ohne die Werke des heiligen Thomas gelesen zu haben, in denen bei jedem Schritte diese Lehre vorkommt.

Wenn Maret nur ein wenig seine Aufmerksamkeit auf die Überschrift und den Inhalt der Quästion, oder auch nur auf die Überschrift über dem Artikel, welcher der von ihm citierten Quästion unmittelbar vorhergeht, gelenkt hätte; hätte er nicht in einen so beklagenswerten und völlig unbegreiflichen Irrtum geraten können; denn er würde hier gefunden haben, daß die Überschrift der von ihm citierten Quästion lautet: De potentiis intellectivis, während der heilige Lehrer in der unmittelbar vorhergehenden Quästion von den sensitiven Vermögen gesprochen hatte. In dieser letzteren Quästion widmet er einen Artikel der Frage, wie viel äußere Sinne es gebe; und in einem anderen Artikel, welcher der von Maret citierten 79. Quästion gerade unmittelbar vorhergeht, fragt er, wie viel innere sensitive Vermögen es gebe; unter welchen er den Gemeinsinn, das Gedächtnis und die Einbildungskraft aufzählt, aber nicht den intellectus possibilis, der mit den Vermögen der sensitiven Ordnung nichts gemein hat, sondern ausschließlich der rein intellektuellen Ordnung angehört. — „Und somit ist es nicht nötig,“ schließt der heilige Lehrer,[1]) „mehr als vier innere Kräfte in der sensitiven Seele anzunehmen, nämlich den Gemeinsinn, die Einbildungskraft,

---

[1]) Sum. Theol. Quaest. 78. art. 4: Et sic non est necesse ponere nisi quatuor vires interiores sensitivae partis, scilicet sensum communem, et imaginationem, aestimativam et memoriam. —

die facultas aestimativa (den Instinkt), um das sensitive Gedächtnis." —

Was aber ebenfalls recht merkwürdig ist und Staunen bei uns erregen muß, ist, daß in dem nämlichen von Maret citierten Artikel, um zu beweisen, daß dem heiligen Thomas zufolge intelligere est quoddam pati, oder wie er es fehlerhaft übersetzt: "Denken heißt Leiden" (penser est souffrir), mit klaren Worten der Unterschied und die Verschiedenheit des intellectus possibilis von der Einbildungskraft und den übrigen sensitiven Vermögen sich angegeben findet. Die Vergleichung, die er hier zwischen der menschlichen Vernunft und der Vernunft Gottes und der Engel anstellt, genügt allein schon, um jede Idee von Identifizierung der menschlichen Vernunft, die in die mögliche (possibilis) und in die thätige (agens) sich teilt, mit den sensitiven Vermögen unmöglich zu machen.

Andererseits enthüllen die Art und Weise, wie der heilige Thomas die dem Intellekte eigene Passivität erklärt, und der Sinn, den er mit dem Ausspruche des Aristoteles: Intelligere est quoddam pati, verbindet, vollständig den Irrtum des französischen Schriftstellers. In einem dreifachen Sinne kann man nach dem heiligen Lehrer sagen, ein Ding erleide etwas; erstens nämlich: wenn es irgend eine seiner Natur oder seiner natürlichen Neigung widerstrebende Modifikation empfängt; z. B. wenn das Wasser die Wärme empfängt, die seiner natürlichen Kälte widerstrebt, oder wenn der Mensch krank wird. Zweitens, wenn er aufhört, irgend ein Accidenz oder eine Modifikation zu besitzen, mag dieses der Natur gemäß sein oder nicht; z. B. wenn der Mensch von der Gesundheit zur Krankheit, von der Traurigkeit zur Fröhlichkeit und umgekehrt übergeht. Drittens sagt man, ein Ding erleide etwas, insofern es etwas empfängt, hinsichtlich dessen es sich in der bloßen Potenz befand. Und diese dritte Art und Weise des Erleidens (passio) ist die einzige, die dem intellectus possibilis zukommt; und man sagt, er erleide etwas, insofern er, von vornherein der Ideen ermangelnd, die Potenz hat, sie zu empfangen, oder die Receptivität aller Ideen besitzt, und insofern er aus der Potenz, zu erkennen, zum Akte der Erkenntnis übergeht. "Drittens sagt man auch schon aus dem Grunde,[1]) ein Ding erleide

---

[1]) Sum. Theol. Quaest. 79. a. 2: Tertio, dicitur aliquid pati communiter ex hoc solo, quod id, quod est in potentia ad aliquid, recipit illud, ad quod erat in potentia, absque hoc quod aliquid objiciatur. Secundum

etwas, wenn das, was zu irgend etwas in der Potenz sich befindet, das empfängt, zu welchem es sich in der Potenz befand, also abgesehen davon, was einem Dinge genommen wird. Auf diese Weise kann alles, was aus der Potenz in den Akt übergeht, passiv genannt werden, selbst wenn es vervollkommnet wird. Und somit ist unsere intellektuelle Erkenntnis ein Erleiden . . .

„Der menschliche Intellekt aber, der in der Reihe der Intellekte der unterste und von der Vollkommenheit des göttlichen Intellektes am meisten entfernt ist, befindet sich hinsichtlich der intelligibeln Dinge in der Potenz, und ist anfangs wie eine ausgelöschte Tafel, auf der nichts geschrieben steht. Dies ergiebt sich mit aller Klarheit daraus, daß wir anfangs nur der Potenz nach erkennend sind, und später nach und nach zum Akte der Erkenntnis gelangen. Somit ist es offenbar, daß unser Erkennen ein gewisses Leiden oder Erleiden ist, nach der dritten Art und Weise der Passion; und folglich ist der Intellekt ein passives Vermögen." —

Indessen nicht allein dieses: es lehrt der heilige Thomas im nämlichen Artikel ausdrücklich, daß der intellectus passivus, ein Name, den Einige teils dem sensitiven Begehrungsvermögen, teils dem inneren Sinne, der bei den Tieren vis aestimativa und beim Menschen wegen der accidentellen Vollkommenheit, die er besitzt, vis cogitativa und ratio particularis heißt, gegeben haben, nichts mit dem intellectus possibilis zu thun hat, von dem in dem Artikel gesprochen wird; denn der intellectus passivus kann auch die zwei anderen Arten von Passion besitzen, da die sensitiven Vermögen von einem körperlichen Organe abhängen, während dagegen dem intellectus possibilis nur die dritte Art von Passion zukommen kann, da er als ein geistiges und unvergängliches Vermögen von jedem körperlichen Organe unabhängig ist. „Intellectus passivus[1]) wird nach Einigen

---

quem modum, omne quod exit de potentia in actum, potest dici pati, etiam cum perficitur. Et sic intelligere nostrum est pati. . . .
Intellectus autem humanus, qui est infimus in ordine intellectuum, et maxime remotus a perfectione divini intellectus, est in potentia respectu intelligibilium; et in principio est sicut tabula rasa, in qua nihil est scriptum. Quod manifeste apparet ex hoc, quod in principio sumus intelligentes solum in potentia, postmodum autem efficimur intelligentes in actu. Sic igitur patet, quod intelligere nostrum est quoddam pati, secundum tertium modum passionis; et per consequens intellectus est potentia passiva. —

[1]) Ibidem ad 2: Intellectus passivus secundum quosdam dicitur appetitus sensitivus, in quo sunt animae passiones, qui etiam in 1. Ethic.

Neunzehntes Kapitel. Maret und die ideologische Theorie des hl. Thomas. 163

das sensitive Begehrungsvermögen genannt, in welchem die Passionen der Seele ihren Sitz haben; im ersten Buche der Ethik wird er auch, durch Übertragung, rationell genannt, weil er nämlich dem Verstande gehorcht. Nach Anderen ist der intellectus passivus die vis cogitativa, welche ratio particularis genannt wird. Sowohl nach der einen wie nach der anderen Meinung kann das Wort passiv in dem ersten und zweiten Sinne, die wir ihm gegeben haben, genommen werden; denn der also verstandene Intellekt ist immer der Akt eines körperlichen Organs; jedoch der Intellekt, der sich in betreff der intelligibeln Dinge in der Potenz befindet, den Aristoteles deshalb intellectus possibilis nennt, ist bloß nach der dritten Art und Weise passiv, da er nicht der Akt eines körperlichen Organes ist." — Diese Stelle kann nicht klarer und deutlicher sein; und ihre Lektüre erweckt unwillkürlich den Verdacht, daß Maret den Artikel, den er citiert, entweder gar nicht, oder doch wenigstens sehr oberflächlich gelesen hat, da man sich sonst diese auffallende Ideenverwirrung, die er in der von uns untersuchten Stelle verrät, und vor allem den sehr groben und unqualifizierbaren Irrtum, in den er bei der Identifizierung der passiven Intelligenz (die der heilige Thomas intellectus possibilis nennt) mit der Einbildungskraft oder mit jedwedem anderen Vermögen der sensitiven Ordnung gerät, nicht erklären kann.

Wir haben bereits gesehen, daß nicht allein der Intellekt und mit ihm die intellektuelle Ordnung von der sensitiven Ordnung absolut getrennt und von jedem sensitiven Vermögen absolut verschieden ist, sondern auch daß dieser Intellekt oder die menschliche Intelligenz zwei Vermögen umfaßt: den intellectus agens nämlich, der den intellectus possibilis aus dem Zustande der Potenz in den des Aktes versetzt, und der ihn mittels der Ideen, die er ihm unterbreitet, in Thätigkeit bringt; und den intellectus possibilis, der diese Ideen aufnimmt, und der mittels derselben die intelligibeln Objekte erkennt, so daß der intellectus possibilis nicht allein ein Vermögen der rein intellektuellen Ordnung ist, wie auch dieses der intellectus agens ist,

---

dicitur rationalis per participationem, quia obedit rationi. Secundum alios autem, intellectus passivus dicitur virtus cogitativa, quae nominatur ratio particularis. Et utroque modo passivum accipi potest secundum primos duos modos passionis, in quantum talis sic dictus, est actus alicujus organi corporalis: sed intellectus, qui est in potentia ad intelligibilia, quem Aristoteles ad hoc nominat intellectum possibilem, non est passivus nisi tertio modo, quia non est actus organi corporalis. —

sondern daß im eigentlichen und strengen Sinne ihm die Erkenntnisaktion angehört, wenn gleich die Aktion des intellectus agens vorhergeht und hierzu mitwirkt. „Die beiden Intellekte,[1]) nämlich der thätige und der mögliche, haben zwei Aktionen; der Akt des intellectus possibilis besteht darin, die intelligibeln Dinge in sich aufzunehmen; die Thätigkeit des intellectus agens aber darin, die intelligibeln Dinge zu abstrahieren. Hieraus folgt aber nicht, daß es beim Menschen ein zweifaches intellektuelles Erkennen gebe; denn zu dem einen intellektuellen Erkennen müssen beide Thätigkeiten zusammenwirken." —

Übrigens, wenn wir alle Stellen anführen wollten, in denen der heilige Thomas lehrt, einmal daß der intellectus passivus von dem intellectus possibilis völlig verschieden sei; und dann, daß letzterer mit der Einbildungskraft und den übrigen sensitiven Vermögen nichts gemein habe; und ferner, daß die intellektuelle Erkenntnisthätigkeit, wodurch der Mensch sich von den Tieren und die intellektuelle Ordnung von der sensitiven unterscheidet, von den Vermögen dieser letzteren Ordnung vollständig verschieden sei, da sie dem intellectus possibilis eigentümlich ist: müßten wir einen großen Teil der Schriften des heiligen Lehrers hersetzen. Bloß einige, aufs Geratewohl herausgenommen, wollen wir anführen: „Es sagt nämlich Averroes,[2]) der Mensch sei der Art nach vom Tiere verschieden durch den Intellekt, den Aristoteles intellectus passivus nenne, der die vis oder facultas cogitativa ist ... Daß dieses aber falsch verstanden und irrig ist, erhellt offenbar" u. s. w.

„Daß der intellectus possibilis nicht der Akt irgend eines Körpers ist, wird dadurch bewiesen, daß er alle sensitiven Formen in einer allgemeinen Weise erkennt."[3]) — Wir brauchen nicht daran zu

---

[1]) Quaest. Disp. De Spir. Creat. Q. 2. a. 4. ad 6: Duorum intellectuum, scilicet possibilis et agentis, sunt duae actiones; nam actus intellectus possibilis est recipere intelligibilia; actio autem intellectus agentis est abstrahere intelligibilia. Nec tamen sequitur, quod sit duplex intelligere in homine, quia ad unum intelligere oportet, quod utraque istarum actionum concurrat. —

[2]) Sum. c. Gent. L. 2. cap. 60: Dicit enim praedictus Averroes quod homo differt specie a brutis per intellectum, quem Aristoteles vocat intellectum passivum, qui est ipsa vis cogitativa ... quod autem haec sint falsa et abusive dicta, evidenter apparet etc.

[3]) Ibid. No. 4: Intellectus possibilis probatur non esse actus corporis alicujus, propter hoc quod est cognoscitivus omnium formarum sensibilium in universali. —

erinnern, daß in der Theorie des heiligen Lehrers die sensitiven Vermögen von materiellen Organen abhangen, indem dieses einen der Hauptunterschiede derselben von den Vermögen der rein intellektuellen Ordnung bildet. Denkend betrachtet[1]) ... kann nicht Sache des intellectus passivus sein, ist vielmehr Sache des intellectus possibilis; denn damit irgend ein Vermögen intellektuell erkenne, darf es nicht der Akt irgend eines Körpers sein; also befindet sich auch der Habitus der Wissenschaft nicht im intellectus passivus, sondern vielmehr im intellectus possibilis." —

„Die allgemeinen Species oder Formen können nicht im intellectus passivus sein, da er ein Vermögen ist, das eines körperlichen Organes bedarf, sondern bloß im intellectus possibilis. Die Wissenschaft ist mithin nicht im intellectus passivus, sondern allein im intellectus possibilis."[2]) —

„Einige meinten, der intellectus possibilis sei nichts anderes als die Einbildungskraft, was offenbar falsch ist" u. s. w.[3]) —

„Die Einbildungskraft[4]) beschäftigt sich bloß mit den körperlichen und singulären Dingen ..., der Intellekt dagegen mit den allgemeinen und unkörperlichen; folglich ist der intellectus possibilis nicht die Einbildungskraft." —

„Es ist somit unmöglich,[5]) daß der intellectus possibilis und die Einbildungskraft ein und dasselbe sei." —

„Wenn man sagt, die Species dieses Menschen[6]) ... werde durch

---

[1]) Ibid. Nr. 9: Considerare intelligendo ... non potest esse intellectus passivi, sed est ipsius intellectus possibilis; ad hoc enim, quod aliqua potentia intelligat, oportet quod non sit actus corporis alicujus; ergo et habitus scientiae non est in intellectu passivo, sed in intellectu possibili. —

[2]) Ibid. Nr. 10: Species autem universales non possunt in intellectu passivo esse, cum sit potentia utens organo corporali, sed solum in intellectu possibili; scientia igitur non est in intellectu passivo, sed solum in intellectu possibili.

[3]) Ibid. Nr. 67: Quidam posuerunt intellectum possibilem non esse aliud quam imaginationem, quod quidem patet esse falsum etc.

[4]) Ibid. Nr. 2: Imaginatio non est nisi corporalium et singularium ... intellectus autem universalium et incorporalium est; non est igitur intellectus possibilis imaginatio. —

[5]) Ibid. Nr. 8: impossibile est igitur, quod sit idem intellectus possibilis et imaginatio. —

[6]) Ibid. Nr. 73: Si autem dicatur, quod hic homo sortitur speciem ... a virtutibus in quibus sunt phantasmata, scilicet imaginativa, memorativa et cogitativa ... quam Aristoteles passivum intellectum vocat, adhuc se-

die Vermögen bestimmt, in welchen die Phantasiebilder sich befinden, nämlich von der Einbildungskraft, vom sensitiven Gedächtnis und von der virtus cogitativa (Instinkt), welch letztere Aristoteles intellectus passivus nennt, so bleiben die nämlichen Schwierigkeiten bestehen; denn da die virtus cogitativa es allein mit den partikulären Dingen zu thun hat,... und eines körperlichen Organes bedarf, überschreitet sie nicht die Ordnung der sensitiven Seele." —

„Die virtus cogitativa,[1]) die durch ein körperliches Organ thätig ist, ist nicht das, wodurch wir intellektuell erkennen, da das intellektuelle Erkennen nicht die Operation irgend eines Organes ist." —

„Deshalb sagen sie,[2]) das Subjekt des Habitus der Wissenschaft sei nicht der intellectus possibilis, sondern der intellectus passivus und die virtus cogitativa; das kann aber nicht sein" u. s. w.

„Die Wissenschaft befindet sich in jenem Vermögen,[3]) das die allgemeinen Dinge erkennt; der intellectus passivus aber erkennt nicht die allgemeinen, sondern vielmehr die partikulären Intentionen oder Qualitäten." —

„Andere sagten, der intellectus possibilis sei nichts anderes als die Einbildungskraft[4])... auch das ist unmöglich... Es ist nicht möglich, daß die Einbildungskraft der intellectus possibilis ist."

„Der intellectus possibilis aber[5]) nimmt die Species einer anderen Gattung auf, als wie solche in der Einbildungskraft sind;

---

quoniam eadem inconvenientia; quia cum virtus cogitativa habeat operationem solum circa particularia... et habeat organum corporale, non transcendit genus animae sensitivae. —

[1]) Ibid. Nr. 7: Virtus cogitativa cum operatur per organum, non est id quo intelligimus, cum intelligere non sit operatio alicujus organi. —

[2]) Ibid. Nr. 18: Sed ad hoc dicunt, quod subjectum habitus scientiae non est intellectus possibilis, sed intellectus passivus et virtus cogitativa, quod quidem esse non potest etc. —

[3]) Ibid. Nr. 19: Scientia est in illa virtute quae est cognoscitiva universalium; intellectus autem passivus non est cognoscitivus universalium sed particularium intentionum. —

[4]) Sent. L. 2. D. 17. Q. 2. a. 1: Alii dixerunt quod intellectus possibilis nihil aliud est quam virtus imaginativa... sed hoc etiam est impossibile. Impossibile est, quod virtus imaginativa sit intellectus possibilis. —

[5]) Quaest. Disp. De Spir. Creat. Q. 2. a. 4. ad 5: Intellectus autem possibilis recipit species alterius generis, quam sint in imaginatione, cum intellectus possibilis recipiat species universales, et imaginatio non contineat nisi particulares. —

denn der intellectus possibilis nimmt die allgemeinen Species auf, während die Einbildungskraft bloß partikuläre Species enthält." —

„Das intellektuelle Erkennen selber aber,[1] das eine Operation des intellectus possibilis ist, kann dem Objekte nach ein vielfältiges sein." —

„Denn der intellectus possibilis,[2] durch den wir intellektuell erkennende Wesen sind" u. s. w.

„Der Intellekt im Akte[3] begreift den intellectus possibilis und den intellectus agens in sich; und es ist eine der Seele beständig und immerwährend innewohnende Eigentümlichkeit, den intellectus agens und possibilis zu besitzen; denn die übrigen Teile der Seele sind nicht ohne den Körper." — Er spricht hier von den potentiellen Teilen oder Kräften oder Vermögen der Seele.

„Denn es ist klar,[4] daß diese Thätigkeit, nämlich das intellektuelle Erkennen, aus dem intellectus possibilis als aus dem ersten Principe, durch welches wir intellektuell erkennen, hervorgeht." —

Am Schlusse seiner Auseinandersetzung der ideologischen Theorie des heiligen Thomas, nachdem er auf eine so klägliche Weise den wahren ideologischen Gedanken des heiligen Lehrers entstellt, und nachdem er so traurige und unbegreifliche Irrtümer zu Tage gefördert, fügt Maret hinzu: „Die Principien des heiligen Thomas über die menschliche Erkenntnis scheinen schwer verständlich zu sein und sind nicht leicht miteinander in Einklang zu bringen." —

Dies ist ohne allen Zweifel wahr; und hier hat Maret eher recht als wie an jeder anderen Stelle seiner „Lektion", die er der Untersuchung und Analysierung der Ideologie des heiligen Thomas widmet. Denn in der That; für jemanden, der wie Maret glaubt, daß nach dem heiligen Thomas die Idee und das Erkenntnisobjekt

---

[1] Ibid. art. 3: Ipsum ergo intelligere, quod est operatio intellectus possibilis, potest quidem multiplicari secundum objecta. —

[2] Ibid. art. 5: Etenim intellectus possibilis, secundum quem sumus intelligentes etc. —

[3] Ibid. ad 4: Intellectus enim in actu comprehendit et intellectum possibilem et intellectum agentem; et hoc solum animae est separatum et perpetuum et immortale, quod continet intellectum agentem et possibilem; nam ceterae partes animae non sunt sine corpore. —

[4] Ibid. art. 3: Manifestum est enim, quod haec operatio, quae est intelligere, egreditur ab intellectu possibili, sicut a primo principio, per quod intelligimus. —

ein und dasselbe sei; der nicht weiß, ob das intellektuelle Licht, vom heiligen Thomas intellectus agens genannt, geschaffen oder unerschaffen ist; der ihm die Lehre unterschiebt, daß die intellektuelle Erkenntnis eine Art Transformation der sinnlichen Vorstellungen sei; der ihn behaupten läßt, die Intelligenz habe keine Ideen ohne Bilder, und alles, was Idee in unserem Verstande ist, sei vorher Sensation gewesen; für ihn endlich, der meint, der heilige Thomas lehre, daß die sensitiven Vermögen dem Urteile die Formen mitteilten; und vor allem, daß der innere Sinn, die Einbildungskraft und das Gedächtnis zur passiven Intelligenz gehörten und mit dem intellectus possibilis identisch seien: für jemanden, sage ich, der auf eine solche Weise den ideologischen Gedanken des heiligen Thomas verstümmelt, entstellt und verfälscht, müssen die ideologischen Principien des heiligen Lehrers nicht allein schwer zu verstehen und miteinander in Einklang zu bringen sein; sondern sie müssen vielmehr absolut unverständlich und unversöhnbar sein, und es wäre ein wahres Meisterstück, unter solchen Bedingungen diese Principien zu verstehen und miteinander in Einklang zu bringen. Dieses alles beweist aber nur, daß diejenigen, welche die psychologische und ideologische Lehre des heiligen Thomas fast gar nicht kennen und nicht einmal die gewöhnlichsten Begriffe und die Grundprincipien seiner Philosophie wissen, gewiß nicht imstande sind, seine Principien über die menschliche Erkenntnis zu verstehen und in Einklang zu bringen; aber es beweist nicht, daß diejenigen, welche sich nicht mit der oberflächlichen Lektüre einiger Fragen oder Artikel begnügt, sondern seine ideologische Theorie mit jener Sorgfalt und Gründlichkeit anhaltend studiert haben, wie es die große Anzahl und die Wichtigkeit seiner Werke erfordern, dieses nicht vermöchten. Diese werden nicht allein keine Schwierigkeit haben, die ideologischen Principien des heiligen Lehrers zu verstehen und miteinander in Einklang zu bringen; sondern sie werden vielmehr darin eine erhabene Psychologie und eine tief philosophische Ideologie finden. Ein Mann von der wissenschaftlichen Bedeutung wie der heilige Thomas kann nicht nach Encyklopädien, Diktionären, biographischen Artikeln oder durch eine oberflächliche Lektüre richtig beurteilt werden.

Der Verfasser der „Philosophie und Religion" würde weniger Schwierigkeit gehabt haben, die Principien des heiligen Thomas über die menschliche Erkenntnis zu verstehen und miteinander in Einklang zu bringen, wenn er unter vielen anderen Dingen darauf geachtet hätte, daß das Wort „intellectus" sich in den Werken des heiligen Thomas mit verschiedenen Bedeutungen findet, die aber klar und bestimmt angegeben werden. In diesen Werken spricht er: 1) vom intellectus humanus, d. h. von dem, was gewöhnlich Verstand, Vernunft, Intelligenz oder Denkvermögen genannt wird; und es ist das komplete intellektuelle Erkenntnisvermögen des Menschen; 2) von der thätigen Vernunft: intellectus agens; 3) von der möglichen Vernunft: intellectus possibilis; 4) vom passiven Intellekte: intellectus passivus, der auch ratio particularis, vis cogitativa heißt. Der menschliche Intellekt, oder die vollständige Intelligenz des Menschen teilt sich in zwei Teile, oder vielmehr enthält zwei Haupt- und Grundmanifestationen: 1) Das Vermögen oder die Kraft, die Ideen, mittels welcher die intellektuelle Erkenntnis in den meisten Fällen sich vollzieht, im Intellekte zu abstrahieren und näher zu bestimmen. Diese Manifestation des menschlichen Intellektes heißt intellectus agens. 2) Die Fähigkeit oder das Vermögen, diese Ideen in sich aufzunehmen und mittels derselben die Objekte zu erkennen, in dem Sinne und auf die Weise, wie wir es in den früheren Kapiteln auseinandergesetzt haben. Diese Fähigkeit oder Manifestation ist die mögliche Vernunft: der intellectus possibilis. Dieser intellectus possibilis ist sowohl ein aktives wie auch ein passives Vermögen; er ist ein aktives Vermögen, insofern er das aktive und nächste vitale Princip der Erkenntnis ist, so daß die Erkenntnisaktion, die eine wahre vitale Aktion ist, unmittelbar aus dem intellectus possibilis hervorgeht und darin wurzelt: Haec operatio, quae est intelligere, egreditur ab intellectu possibili. Er ist aber auch ein passives Vermögen, insofern er an und für sich und ursprünglich gar keine Idee besitzt, aber doch die Fähigkeit hat, sie zu erlangen, d. i. die Receptivität hinsichtlich aller intellektuellen Ideen. Darum kann, weil jedes Ding, das etwas erhält, was es nicht hat, im uneigentlichen Sinne passiv genannt wird, der intellectus possibilis ein passives Vermögen in dem angegebenen Sinne genannt werden. „Man sagt, ein Ding erleide etwas, wenn das, was sich zu irgend etwas in der Potenz befindet, das empfängt, zu welchem es sich in der Potenz befand . . . Und somit ist unsere intellektuelle Erkenntnis ein Erleiden": intelligere nostrum est quoddam pati.

Der passive Intellekt, intellectus passivus, ist einer von den vier inneren Sinnen, welcher der vis aestimativa naturalis (dem natürlichen Instinkt) der Tiere entspricht, der er nur eine gewisse accidentelle Vollkommenheit hinzufügt.

Hieraus ergiebt sich: 1) daß der intellectus possibilis ein passives Vermögen genannt werden kann; denn er empfängt die Ideen und geht aus dem Zustande der Potenz in den Zustand des Actes über; aber niemals kann noch darf er passive Intelligenz, oder passiver Intellekt, intellectus passivus, genannt werden; denn dieser ist ein Vermögen der sensitiven Ordnung, während der intellectus possibilis mit dem reinen Intellekte identisch ist. 2) Zwischen diesem intellectus passivus und einem jeden von den erwähnten drei anderen Intellekten, nämlich dem intellectus humanus, intellectus agens und intellectus possibilis, ist der nämliche Abstand, wie er zwischen den Vermögen der Sensibilität und den der rein intellektuellen Ordnung obwaltet. —

Zwanzigstes Kapitel.

Fortsetzung: Die Ideologie des heiligen Thomas und des heiligen Augustin.

Einer der hauptsächlichsten und bedeutendsten Irrthümer Maret's ist derjenige, welcher sich auf den Vergleich der ideologischen Lehre des heiligen Thomas mit der des heiligen Augustin bezieht. Wenn man die Darstellung, die er von der Lehre des Bischofs von Hippo giebt, mit der vergleicht, die er für die Lehre des heiligen Thomas aufstellt, sieht man sofort, daß unser Schriftsteller die beiden Theorien nicht allein als vollständig voneinander verschieden, sondern vielmehr als sich geradezu entgegengesetzt betrachtet. Übrigens brauchen wir uns nicht zu wundern, daß Maret, der auf die Weise, wie wir gesehen haben, den ideologischen Gedanken des heiligen Thomas verstanden hatte, geglaubt hat, er stimme mit dem des heiligen Augustin nicht überein.

Es gehört nicht zur Aufgabe dieses unseres Werkes, die Richtigkeit der Beurteilung, wie solche der einstige Dekan der Pariser theologischen Fakultät (Maret) der Lehre des heiligen Augustin hat widerfahren lassen, einer weitläufigen Prüfung zu unterwerfen; auch ist es nicht meine Absicht, eine Vergleichung zwischen der Ideologie desselben und der des heiligen Thomas anzustellen: eine Arbeit, die ihrer Natur nach, um vollständig zu sein, weitläufige Untersuchungen und vielfache Citate erfordern würde, womit man mehrere Kapitel anfüllen könnte.

Andererseits halte ich diese Arbeit für nicht notwendig, da, um die fast vollständige Übereinstimmung, die zwischen dem ideologischen Gedanken dieser beiden großen Geister besteht, zu erkennen, auch schon eine weniger vollständige und tiefe Kenntnis des Gesamtinhaltes der Lehren und der hauptsächlichsten Werke des heiligen Thomas hierzu hinreicht. Und wer sich hiervon überzeugen will, braucht nur in der Summa theologica, in den Quaestiones disputatae, und in der Summa contra Gentiles die Quästionen und Artikel zu lesen, die hiervon handeln. Dieses allein wird hinreichen, um sich zu überzeugen, daß die Ideologie des heiligen Thomas der des heiligen Augustin etwas näher steht, als Maret denkt und voraussetzt. Daselbst wird man sehen, daß der heilige Lehrer fast alle seine ideologischen und psychologischen Lehren auf die Worte und Ideen des heiligen Augustin stützt; daselbst wird man ihn alle großen Wahrheiten, worauf der „Lehrer der Gnade" zuvor hingewiesen hatte, auseinandersetzen, weiter entwickeln und konsolidieren sehen; mit einem Worte: daselbst wird man finden, daß der Gedanke des heiligen Thomas der Wiederhall des Gedankens des heiligen Augustin ist, und daß die ganze Ideologie des ersteren im Grunde nichts anderes ist, als die philosophische Entwickelung der Ideologie des anderen.

Sogar die Gedanken, die Maret als die Hauptpunkte der Ideologie des heiligen Augustin hat darstellen wollen, sind im Grunde mit den des heiligen Thomas identisch; und dieses verhält sich so trotz der ontologistischen Färbung, womit er jene Gedanken zu umkleiden bestrebt gewesen ist, und auch ungeachtet der unrichtigen und unvollständigen Weise, womit er einige derselben auseinandersetzt. Nehmen wir als Beispiel nur einige dieser Gedanken, wie sie Maret citiert und auseinandersetzt.

Augustin sagt nach Maret:[1]) „Alles, was unter die Sinne fällt, alles, was sensitiv ist, ist wesentlich der Veränderung unterworfen ... Was vorübergeht und sich verändert, kann nicht das Objekt der Wissenschaft sein. Suche also die Wahrheit nicht in den Sinnen ... Über die Wahrheit zu urteilen, ist ihre Sache nicht. Um sie zu finden, müssen wir den Blick von dieser Welt wegwenden." —

Der heilige Thomas sagt seinerseits: „Alle singulären sensitiven Dinge sind kontingent und veränderlich; darum können sie nicht das Objekt der Wissenschaft sein, nicht einmal derjenigen Wissenschaften,

---

[1]) Phil. u. Rel. Lett. 4. S. 24.

die sich auf materielle sensitive Dinge beziehen. Das Objekt der Wissenschaft ist das Allgemeine und die notwendigen, ewigen und unveränderlichen Verhältnisse der Dinge. Die allgemeinen und notwendigen Begriffe der kontingenten Dinge werden direkt durch den Intellekt erkannt."[1] — „Die Objekte der Einbildungskraft und des Sinnes sind gewisse Accidenzen.[2] ... Ebenso übersteigt die intellektuelle Anschauung dadurch die Einbildungskraft und den Sinn, daß sie sich auf das erstreckt, was durch seine Wesenheit intelligibel ist. Darum schreibt ihr dieses der heilige Augustin als eine Eigentümlichkeit zu, obwohl sie auch die materiellen Dinge, die durch ihre Bilder erkennbar sind, erkennen kann. Deshalb sagt Augustin, durch den Geist würden auch diese niederen Dinge beurteilt und jene Dinge gewußt, die weder Körper sind, noch irgend welche körperliche Formen haben." — „Alles von uns Gewußte ist notwendig."[3] — „Es giebt eine Wissenschaft von den veränderlichen und kontingenten Dingen, insofern sich in ihnen etwas Allgemeines oder Notwendiges befindet."[4] —

Die Wahrheit gehört dem Sinne bloß in der Weise an, wie sie jedwedem realen Dinge angehört, d. h. insofern sie reale Wesen sind; die Erkenntnis der Wahrheit aber ist nicht bloß dem Verstande als seine eigentümliche Vollkommenheit eigen, sondern sie befindet sich eigentlich nur in der zweiten Operation des Intellektes, oder im Urteile, das etwas von den Objekten behauptet oder verneint. „Die Wahrheit[5])

---

[1] Sum. Theol. I. P. Q. 86. a. 8: Rationes autem universales et necessarias contingentium cognoscuntur per intellectum. —

[2] Quaest. Disp. De Verit. Q. 10. a. 4. ad 1: Objecta enim imaginationis et sensus sunt quaedam accidentia. ... Similiter etiam intellectualis visio in hoc transcendit imaginationem et sensum, quod ad illa se extendit, quae per essentiam suam sunt intelligibilia. Et ideo hoc ei attribuit Augustinus quasi proprium, quamvis etiam cognoscere possit materialia quae per suas similitudines cognoscibilia sunt. Unde dicit August. 12. super Gen. ad litt. quod per mentem etiam ista inferiora dijudicantur, et ea sciuntur, quae neque sunt corpora, neque ullas gerunt formas similes corporum. —

[3] Sum. Theol. Q. 14. a. 13: Omne scitum a nobis est necessarium. —

[4] Ibid. Q. 84. a. 1: Scientia est de mobilibus et contingentibus, secundum quod in eis est aliquid universale vel necessarium. —

[5] Ibid. Q. 16. a. 2: Veritas potest esse in sensu ... ut in quadam re vera, non autem ut cognitum in cognoscente, quod importat nomen veri. Perfectio enim intellectus est verum, ut cognitum. Et ideo proprie loquendo, veritas est in intellectu componente et dividente, non autem in sensu. —

kann in dem Sinne sein, wie in irgend einer wahren Sache, nicht aber als das Erkannte im Erkennenden, was der Begriff des Wahren besagen will. Denn die Vollkommenheit des Intellektes ist das Wahre als erkannt. Deshalb befindet sich im eigentlichen Sinne die Wahrheit nur im bejahenden und verneinenden Intellekte, nicht aber in den Sinnen." — Nach meiner Meinung kann man dieses ganz gut den philosophischen Ausdruck dessen nennen, was der heilige Augustin in der gerade von Maret citierten Stelle sagt: Non est judicium veritatis constitutum in sensibus (das Urteil über die Wahrheit befindet sich nicht in den Sinnen).

Der heilige Augustin sagt:[1]) „Etwas anderes ist es (durch die Sinne) wahrnehmen; und etwas anderes (durch den Intellekt) erkennen. Wenn wir also irgend ein Ding intellektuell erkennen, dann ist es die Intelligenz, in der diese Erkenntnis sich befindet; sie allein ist es, die diese Dinge begreift oder versteht." —

Der heilige Thomas sagt: Die Sinne sind wesentlich vom Intellekte verschieden. Die Thätigkeit der Intelligenz erstreckt sich auf vieles, das die Wahrnehmung der sensitiven Vermögen nicht erreicht. Die Einbildungskraft und die Sinne nehmen bloß singuläre und materielle Dinge wahr, der Intellekt aber die allgemeinen Begriffe und die geistigen Objekte. Die Wissenschaft und die Wahrheit gehören dem Intellekte, nicht aber den Sinnen an. „Das sensitive und das intellektive Vermögen sind also verschieden."[2]) —

„Die Einbildungskraft und der intellectus possibilis sind mithin nicht ein und dasselbe."[3]) — „Der Habitus der Wissenschaften befindet sich nicht in irgend einem zur sensitiven Seele gehörenden Teile wie in seinem Subjekte."[4]) — „Dergleichen Geister, die völlig ohne alle Materie existieren, erkennt sie (nämlich unsere Seele mittels des Verstandes), und gelangt dann weiter zu irgend einer Erkenntnis Gottes selbst."[5]) — „Und weil er nicht dahin gelangt, zu erkennen,

---

[1]) Phil. u. Rel. S. 85.

[2]) Sum. c. Gent. L. 2. c. 66: Est igitur alia virtus sensitiva et intellectiva. —

[3]) Ibid. cap. 67: Non est igitur idem imaginatio et intellectus possibilis.

[4]) Quaest. Disp. De Spir. Creat. Q. 2. a. 3: Nec habitus scientiarum sunt sicut in subjecto, in aliqua parte pertinente ad animam sensitivam. —

[5]) Ibid. De Verit. Q. 15. a. 1: Hujusmodi spiritus penitus sine materia existentes cognoscit (anima nostra per medium intellectus) et ex hoc alterius pertingit in aliquam cognitionem ipsius Dei. —

daß der Intellekt ein gewisses Vermögen für die Wahrheit ist, d. h. dessen Objekt das Wahre ist, und der alle übrigen Kräfte der Seele überragt." ¹) —

„Obwohl die Wahrheit sich in den sinnlichen Dingen in der Weise findet, wie sie den realen Dingen zukommt, so wird doch der Begriff der Wahrheit allein vom Intellekte erkannt." ²)

Sankt Augustin sagt nach Maret: „Wer darf sagen, die Wahrheit sei sein Eigentum? Es ist auch klar, daß die Wahrheit ein gemeinsames Gut ist. . . . Die Wahrheit gehört nicht mir, oder dir, oder einem anderen; sie gehört allen an; denn wir alle sind zu ihrer Teilnahme berufen. . . . Die Wahrheit duldet niemals den Irrtum, die stabile Wahrheit; es würde die Wahrheit bleiben, wenn auch die ganze Welt zu Grunde ginge. . . . Ein anderes ist die Seele, ein anderes die Wahrheit. . . . Wenn es irgend eine Gleichheit zwischen der Seele und der Wahrheit gäbe, würde die Wahrheit veränderlich sein; denn unsere Geister sehen die Wahrheit bald mehr bald weniger. Und hierin liegt der Beweis ihrer Unvollkommenheit; denn da die Wahrheit immer mit sich identisch ist, gewinnt sie nichts, wenn wir sie gut auffassen, und sie verliert nichts, wenn sie unseren Augen verborgen bleibt." —

Der heilige Thomas sagt: Die Erste Wahrheit ist der Ursprung aller Wahrheit, ist über unsere Seele erhaben; und nach ihr beurteilen wir alle Dinge. Diese Wahrheit kann mit größerer oder geringerer Vollkommenheit von den Geschöpfen participiert werden, aber sie selbst ist an und für sich unveränderlich, sie vermehrt und vermindert sich nicht. „Darum ist die Wahrheit des göttlichen Verstandes unveränderlich; aber die Wahrheit unseres Verstandes ist veränderlich, nicht als wenn sie selber sich änderte, sondern insofern unser Verstand sich ändert, indem er von der Wahrheit zum Irrtume übergeht."³) —

---

¹) De Anim. L. 1. Lect. 3: Et quia non pervenit ad hoc quod cognosceret intellectum esse potentiam quandam quae est circa veritatem, id est cujus objectum est verum, et excedit omnes alias potentias animae. —

²) Sent. Lib. 1. Dist. 19. a. 1. ad 6: Quamvis veritas sit in rebus sensibilibus, prout dicitur esse veritas in rebus, tamen intentio veritatis solo intellectu percipitur. —

³) Sum. Theol. 1. P Q. 16. a 8: Unde veritas divini intellectus est immutabilis; veritas autem intellectus nostri mutabilis est, non quod ipsa sit subjectum mutationis; sed in quantum intellectus noster mutatur de veritate in falsitatem. —

„Da also Gott der erste Intellekt und das erste Intelligibele ist, so muß die Wahrheit eines jeglichen Intellektes nach seiner Wahrheit gemessen werden."[1] — „Die Seele urteilt nicht nach irgend welcher Wahrheit über alle Dinge, sondern vielmehr nach der Ersten Wahrheit, die durch die ersten Principien sich in ihr wie in einem Spiegel bricht. Die Erste Wahrheit ist folglich größer als die Seele."[2] —

„Die Wahrheit aller Dinge, aller Urteile, aller Erkenntnisse ist ewig; und nach der Ewigkeit einer derartigen Wahrheit sucht Augustin in den ‚Soliloquien'. . . . Diese Erste Wahrheit kann aber nur eine einzige sein."[3] —

„Darum sind zwar die geschaffenen Dinge in der Teilnahme an der Ersten Wahrheit einander nicht gleich; die Erste Wahrheit selber aber, nach welcher sie wahr genannt werden, ändert sich auf keine Weise. Dieses ist es, was Augustin in seinem Buche ‚Vom freien Willen' sagt: ‚Unser Geist sieht bald mehr bald weniger von der Wahrheit; die Wahrheit selber aber bleibt stets dieselbe, sie nimmt nicht ab und nimmt nicht zu.'"[4] —

Ich habe bereits bemerkt, daß ich mich darauf beschränke, die Lehre des heiligen Augustin zu vergleichen so wie sie uns Claret mitteilt, d. h. nach Citaten, die ganz unvollständig und vag sind, so daß es den Anschein gewinnt, als ob sie zum platonischen Ontologismus hinneigte, zu dem unser französischer Kritiker stark hinneigt. Wir setzen sie einfach her, ohne uns in eine Untersuchung des wahren Sinnes der einzelnen Stellen einzulassen. Und dennoch zeigen die flüchtigen Andeutungen, die ich bisher gemacht habe, mit hinlänglicher Klarheit, daß die großen ideologischen Principien und Lehren des heiligen Augustin im Grunde mit denjenigen des heiligen Thomas voll-

---

[1] Sum. c. Gent L. 1. c. 62: Cum ergo Deus sit primus intellectus et primum intelligibile, oportet quod veritas intellectus cujaslibet, ejus veritate mensuretur. —

[2] Sum. th Q. 16. a. 6. ad 1: Anima non secundum quamcunque veritatem judicat de rebus omnibus, sed secundum Veritatem primam, in quantum resultat in ea sicut in speculo secundum prima intelligibilia. Unde sequitur, quod Veritas prima sit major anima. —

[3] Quaest. Disp. De Verit. Q. 1. a. 5.

[4] Ibid. art. 6: Unde res creatae variantur quidem in participatione veritatis primae; ipsa autem veritas prima secundum quam dicuntur vera, nullo modo mutatur. Et hoc est quod Augustinus dicit in libro De Libero arbitrio: Mentes nostrae aliquando plus aliquando minus vident de ipsa veritate, sed ipsa in se manens, nec proficit nec deficit. —

ständig identisch sind. Es wäre nichts leichter, als diese Vergleichung weiter zu verfolgen, wenn es nicht ganz außerhalb des Planes unseres Werkes läge. Auch nichts wäre leichter als zu beweisen, daß, wenn die Ideologie des großen Bischofs von Hippo sich etwas von der des Doktor Angelikus entfernt, dieses nur hinsichtlich einiger sehr unwichtiger Punkte der Fall ist; und daß auch bei manchen derselben die Divergenz mehr scheinbar als wirklich ist; denn wie der heilige Thomas mit Recht bemerkt, führt Augustin bei den philosophischen Fragen oftmals die Meinungen Plato's an, aber nicht als ob er demselben absolut zustimmte, sondern bloß dieselben referierend: In multis autem, quae ad philosophiam pertinent, Augustinus utitur opinionibus Platonis, non asserendo, sed recitando.

„Indessen die Sinne und die sensitiven Dinge," fährt Maret fort,¹) „können für den heiligen Augustin nur eine Veranlassung oder eine Bedingung der Entwickelung der Intelligenz sein; und man muß auf sie anwenden, was er von der Sprache sagt, in der er nur einen Erreger sieht, der uns einladet, in der Wahrheit selber zu lesen: Verbis fortasse, ut consolamus admoniti." —

Dies ist einer der vielen Beweise, die wir anführen könnten, wie falsch Maret die Philosophie des heiligen Augustin beurteilt, und wie sehr er irrt, wenn er den heiligen Augustin dem Plato so sehr nahe bringen will. Wenn er sich damit begnügt hätte zu sagen, Augustin lege der Sensibilität und den sensitiven Phänomenen nicht einen solchen Einfluß und Bedeutung beim Ursprunge und bei der Entwickelung der menschlichen Erkenntnis bei wie der heilige Thomas, dann könnte man diese Behauptung hingehen lassen; allein da er in einer so absoluten Weise behauptet, daß nach dem heiligen Augustin die Sinne und die sinnlichen Dinge nicht mehr Beziehung zur menschlichen Erkenntnis und zur Entwickelung der Intelligenz hätten, als daß sie bloße Veranlassungen und Bedingungen seien; so heißt dieses den großen christlichen Philosophen mit einem Federstriche zu einem blinden Anhänger der „eingeborenen Ideen" und der Theorie des „Vergessens und der Wiedererinnerung" Plato's machen; es heißt, ihn nicht bloß mit dem gesunden Menschenverstande und der inneren Erfahrung, sondern auch mit sich selber in Widerspruch bringen; denn es würde sehr leicht sein, eine Menge Stellen aus dem heiligen Lehrer anzuführen, in welchen er klar und deutlich andeutet, daß er den Sinnen und

---

¹) Ebendas. S. 85.

den sinnlichen Dingen einen etwas bedeutsameren und direkteren Einfluß zuschreibt, als wie Maret meint. „Unser Geist also, der durch die Sinne des Körpers die Erkenntnis der Körperwelt empfängt, erhält die Erkenntnis der unkörperlichen Dinge durch sich selber."[1] —

„Haben sie,[2] da sie sehr richtig sagen und mit unwiderleglichen Argumenten beweisen, daß alle körperlichen Dinge nach den ewigen Ideen geschaffen sind, deshalb auch in den ewigen Ideen sehen und aus ihnen entnehmen können, welches die Arten der Tiere sind, wie die einzelnen Tiere entstanden und wie ihre Entwickelung vor sich gegangen ist? Haben sie dieses alles etwa von jener unveränderlichen Weisheit, und nicht vielmehr von der Geschichte der verschiedenen Orte und Zeiten erfahren wollen, und die Erfahrungen Anderer ... einfach geglaubt?" —

Aber noch mehr; der heilige Augustin ist so weit davon entfernt, die Sinne für einfache Veranlassungen der menschlichen Erkenntnis zu halten, daß er vielmehr ausdrücklich lehrt, die intellektuelle Erkenntnis der materiellen oder körperlichen Dinge geschehe mittels Species oder Vorstellungen, die von den Sinnen und den sinnlichen Vorstellungen herrühren, so daß in Wahrheit gesagt werden kann, seine ideologische Theorie sei in diesem Punkte mit der des heiligen Thomas vollständig gleich.

„Der Sinn," sagt uns der heilige Lehrer, „empfängt die Species des Körpers, den wir wahrnehmen; vom Sinne empfängt sie das Gedächtnis, und von diesem die Denkkraft."[3] —

Wie man sieht, ist dieses die nämliche Ordnung und der nämliche Hergang, die der heilige Thomas für die intellektuelle Erkenntnis der materiellen und sensitiven Objekte annimmt. Das Objekt wirkt auf die äußeren Sinne, aus diesem Eindrucke und der darauf erfol-

---

[1] De Trinit. L. 9. c. 3: Mens ergo ipsa sicut corporearum rerum notitias per sensus corporis colligit, sic incorporearum rerum per semetipsam. —

[2] Ibid. L. 4. c. 16: Numquid enim quia verissime disputant et documentis certissimis persuadent, aeternis rationibus omnia temporalia fieri, propterea potuerunt in ipsis rationibus perspicere, vel ex ipsis colligere, quae sint animalium genera, quae semina singulorum in exordiis, qui modus incrementi? ... Nonne ista omnia, non per illam incommutabilem sapientiam, sed per locorum ac temporum historiam quaesierunt, et ab aliis experta ... crediderunt? —

[3] Ibid. L. 11. c. 3: Sensus enim accipit speciem ab eo corpore quod sentimus, et a sensu memoria, a memoria vero acies cogitantis. —

gendeu Sensation resultiert in der Einbildungskraft eine andere Species oder Vorstellung des Objektes, die im Gedächtnis aufbewahrt wird, und durch welches wir uns das Objekt vorstellen können, wenn wir es auch nicht vor Augen haben; endlich dient diese sensitive Vorstellung dem Intellekte als Materie, um die *allgemeine Species, oder Vorstellung oder Idee des Objektes zu bilden*. Ist dieses nicht derselbe Gedanke, den vorhin der heilige Augustin in kurze und präcise Worte gefaßt hat? Und so klar und deutlich dieser sein Gedanke ist, so drückt er denselben doch auf eine noch klarere und deutlichere Weise, so daß jeder Zweifel ausgeschlossen wird, mit folgenden Worten aus, die er bald auf jene obigen folgen läßt: „Aus der Species des Körpers, der gesehen wird, entsteht das, was in dem Sinne des Sehenden wird; und aus diesem das, was im Gedächtnisse wird, und aus diesem das, was in der Denkkraft wird." [1] —

Deshalb darf der heilige Augustin durchaus nicht als Anhänger der eingeborenen Ideen betrachtet werden; seine theologische Theorie giebt durchaus kein Recht, ihn zu den Anhängern des Ontologismus zu zählen, wie Maret thut und mit ihm manche Andere.

Wenn sein theologischer Gedanke so wäre, dann würde er nicht behaupten, daß wir mittels der Sinne die Vorstellungen von den Körpern empfingen, aus denen der Gedanke gebildet wird: „Was wir in den Sinnen des Körpers fanden, und in diesem das, was durch sie in unseren Geist im Bilde gelangte . . . damit wir die Bilder der Körper in uns im Gedächtnisse ausgeprägt besitzen, aus denen der Gedanke gebildet wird."[2] — Er würde sich nicht derselben Argumente bedienen, die der heilige Thomas gebraucht, um zu beweisen, daß es in uns keine eingeborenen Ideen giebt: „Daher kommt es, daß die von Geburt an Blinden, wenn man sie über das Licht und die Farben frägt, nicht wissen, was sie antworten sollen."[3] — Er würde die Theorie der alten Platoniker über das Vergessen und die Wieder-

---

[1] Ibid. cap. 9: A specie quippe corporis quod cernitur, exoritur ea quae fit in sensu cernentis; et ab hac ea quae fit in memoria; et ab hac, ea quae fit in acie cogitantis. —

[2] Ibid. L. 12. c. 15: Sicut inveniebamus in sensibus corporis, et in his quae per eos in animam vel spiritum nostrum imaginaliter intraverunt ... ut intus corporum similitudines haberemus impressas memoriae, ex quibus cogitatio formaretur. —

[3] Epist. 7. c. 3: Hinc est quod a prima aetate caeci, cum de luce coloribusque interrogantur, quid respondeant non inveniunt. —

Erinnerung der vernünftigen Seele in betreff der intellektuellen Ideen nicht als falsch und absurd verwerfen: „Nicht weil sie es einst gewußt und wieder vergessen haben, was Plato und Andere meinten; gegen welche Meinung ich ... im zwölften Buche de Trinitate gesprochen habe." [1] —

Er würde endlich nicht dasselbe lehren, was der heilige Thomas lehrt, daß nämlich die Abhängigkeit unseres Intellektes von den Sinnen hinsichtlich der Erkenntnis der Körper größer ist als diejenige, die er hat, wenn er bloß sich selber erkennen will: „Was wir intellektuelle Erkenntnis nennen, entsteht auf zweierlei Weise in uns: entweder durch den Geist und Verstand in uns, wenn wir erkennen, daß wir erkennen; [2] oder durch Belehrung seitens der Sinne, wenn wir einen Körper erkennen. ... Da dieses unzweifelhaft ist, so kann nur derjenige von jenem Körper erkennen, ob er ist, dem der Sinn etwas von ihm mitgeteilt hat." —

Es ist folglich eine eben so ungerechte als falsche Behauptung, daß die ideologische Theorie des heiligen Augustin eine andere sei als die des heiligen Thomas; denn weder ist die Theorie des ersteren ontologistisch, noch die des zweiten sensualistisch. Die Theorie des heiligen Augustin ist ontologistisch und sensualistisch zugleich, wie dieses ebenfalls auch die Theorie des heiligen Thomas ist. Allein der von diesen zwei großen christlichen Lehrern gelehrte Sensualismus ist von dem Sensualismus Condillac's und seiner Schule sehr verschieden, wie auch ihr Ontologismus von der Lehre Plato's und Malebranche's sehr weit absteht. Sie sind Sensualisten, insofern ihre ideologische Theorie den sensitiven Vermögen einen bestimmten Einfluß auf die Hervorbringung und nähere Bestimmung der intellektuellen Ideen und Erkenntnisse, die sich auf die sensitiven körperlichen Objekte beziehen, einräumen; sie sind Ontologisten, insofern ihnen zufolge die menschliche Vernunft als Ableitung und Teilnahme an der göttlichen Intelligenz, in der die ewigen Ideen enthalten sind, und als

---

[1] Retract. L. 1. c. 4: Non quia ea noverant aliquando et obliti sunt; quod Platoni vel talibus visum est; contra opinionem ... in libro duodecimo de Trinitate disserui. —

[2] Epist. 13. n. 4: Illud quod intelligere appellamus, duobus modis in nobis fieri; aut ipsa per se mente atque ratione intrinsecus, ut cum intelligimus, esse ipsum intellectum; aut admonitione a sensibus, ut cum intelligimus esse corpus. ... Quae si rata sunt, nemo de illo corpore, utrum sit, intelligere potest, nisi cui sensus quidquam de illo nuntiarit. —

Teilnahme an den göttlichen Ideen, die allgemeinsten Ideen, die den wichtigsten Teil der intellektuellen Ordnung bilden, und die ersten Principien oder notwendigen Wahrheiten, welche die Basis der wissenschaftlichen sind und der Entwickelung der Vernunft vorstehen, quasi naturaliter in sich enthält.

So und nicht anders ist die ideologische Theorie des heiligen Augustin und die ideologische Theorie des heiligen Thomas; so und nicht anders ist der Gedanke des heiligen Augustin und der Gedanke des heiligen Thomas. Es wird nunmehr Zeit, daß diese unbegründeten Vorurteile, diese falschen und irrtümlichen Urteile, die viele sich gebildet haben und noch bilden, verschwinden, indem man den heiligen Augustin absolut zum Anhänger des platonischen Systems machen und seine Theorie über den Ursprung der menschlichen Erkenntnis zu einer rein ontologistischen Theorie stempeln will, während man andererseits den heiligen Thomas zu einem blind nachsprechenden Schüler des Aristoteles zu machen und seine Theorie über den Ursprung der Ideen und der menschlichen Erkenntnis für eine sensualistische Theorie auszugeben sucht.

In Übereinstimmung mit dieser Betrachtungsweise der Lehre des heiligen Augustin und immer von der Idee beherrscht, ihn zu einem reinen Ontologisten zu stempeln und vom heiligen Thomas zu trennen, geht Maret, nachdem er ihm die Behauptung in den Mund gelegt, Gott sei unserer Vernunft unmittelbar gegenwärtig, eine Behauptung, die, ihrem wahren Sinne nach genommen, jeder christliche Philosoph annehmen muß, dazu über, zu folgern, das letzte Wort der Theorie des heiligen Augustin über die menschliche Erkenntnis sei, daß unsere Intelligenz die Wahrheit in Gott schaue. „So ist," sagt er,[1]) „nach der augustinischen Theorie der menschlichen Erkenntnis die Vernunft des Menschen eine Teilnahme an der Vernunft Gottes, und wenn die Intelligenz irgend eine notwendige, allgemeine, unveränderliche Wahrheit erkennt, so erleuchtet sie irgend etwas von Gott, und zwischen ihr und Gott entsteht eine wunderbare Vereinigung. Die Intelligenz ist das Vermögen, die Wahrheit in Gott zu schauen, in dem sie sich befindet, und die Anschauung in Gott ist die höchste Funktion der Vernunft." —

Daß die Intelligenz eine Teilnahme an der göttlichen Vernunft ist; daß diese letztere unsere Intelligenz erleuchtet, wenn sie die notwendigen und unveränderlichen Wahrheiten wahrnimmt, welche der

---

[1]) Ebendas. S. 99.

heilige Thomas echt philosophisch prima intelligibilia (erste Erkenntnis=
objekte) nennt, sind Behauptungen, die, wie wir gesehen, der heilige
Thomas nicht allein nicht verwirft, sondern vielmehr geradezu und
ausdrücklich lehrt. Allein hieraus schließen wollen, daß nach dem hei=
ligen Augustin die Intelligenz das Vermögen sei, unmittelbar in Gott
die Wahrheit als Objekt zu schauen, wie das Maret anzudeuten scheint,
und daß diese Anschauung der Wahrheiten in Gott die eigentümliche
Funktion der Intelligenz während des gegenwärtigen Lebens sei, heißt
den heiligen Augustin mir nichts dir nichts zum Anhänger der Träume=
reien Malebranche's machen; und es ist dieses eine Folgerung, deren
logische Richtigkeit zu beweisen dem Dekan der theologischen Fakultät
(Maret) schwer werden dürfte.

Ich für meinen Teil werde bloß die Lehre des heiligen Thomas
hersetzen, in der er wie der heilige Augustin lehrt, daß wir die Wahr=
heit in Gott oder in den ewigen Ideen erkennen, aber ohne hieraus
die Notwendigkeit der unmittelbaren Anschauung der Dinge in Gott
zu folgern, und ohne zu glauben, daß dieses der Gedanke des heiligen
Augustin sei, wie es der französische Schriftsteller glaubt, wenn er
sagt:¹) „Nach Plato und nach dem heiligen Augustin sind die Ideen
das erhabenste Objekt der menschlichen Erkenntnis und das wahre Licht
des Geistes; und der heilige Augustin, Plato übertreffend, zeigt uns
in dem Schoße unserer Seelen, in diesem Lichte der Ideen das gött=
liche Licht selber, durch welches wir alle notwendigen, allgemeinen und
unveränderlichen Wahrheiten erkennen." — Dies sind unbestimmte,
nichtssagende Worte; eher poetische als philosophische Ausdrücke; unklare
und konfuse Gedanken, die eben so gut eine wahre als eine unrichtige
Idee enthalten können. Man vergleiche diese Begriffskonfusion, die
bei jedem Schritte sich zeigt, wo Maret die Theorie des heiligen
Augustin über den Ursprung der menschlichen Erkenntnis auseinander=
setzt, mit der philosophischen Präcision des heiligen Thomas, wo er
das Problem hinsichtlich der Anschauung der Wahrheit in Gott bespricht.

„Der heilige Augustin, der in den Lehren der Platoniker unterrichtet
und herangebildet war,²) machte von denjenigen Lehren Gebrauch, die

---

¹) Ebendas. Lect. 5. S. 119.
²) Sum. Theol. I. P. Q. 84. a. 5: Et ideo Augustinus, qui doctrinis
Platonicorum imbutus fuerat, si qua invenit fidei accommoda in eorum
dictis, assumpsit; quae vero invenit fidei nostrae adversa, in melius com=
mutavit. Posuit autem Plato, formas rerum subsistere a materia separatas,
quas ideas vocabat . . . Sed quia videtur esse alienum a fide, quod

er mit dem Glauben in Übereinstimmung fand, und verbesserte jene, die mit dem Glauben in Widerspruch standen. Plato hatte gesagt, die Wesenheiten der Dinge subsistirten außerhalb aller Materie für sich selber, welche getrennte Wesenheiten er Ideen nannte... Allein da es dem Glauben zu widersprechen schien, die Existenz dieser Naturen außerhalb der Dinge und getrennt von der Materie zu behaupten, wie das die Platoniker thaten,... lehrte darum Augustin, im Gegensatze zu jenen Ideen Plato's, daß die Ideen aller Dinge in der göttlichen Intelligenz existierten, nach welchen Ideen alle Dinge gebildet seien und nach welchen auch unsere Seele alle Dinge erkenne.

„Wenn man also fragt, ob die menschliche Seele alle Dinge in den ewigen Ideen erkenne, muß man antworten, daß etwas in einem anderen auf zweifache Weise erkannt werden könne; erstens nämlich, wie in dem erkannten Objekte selber, wie man z. B. in einem Spiegel die Gegenstände sieht, deren Bild in ihm reflektiert wird. In diesem Sinne kann die Seele während des gegenwärtigen Lebens nicht alle Dinge in den ewigen Ideen sehen; auf diese Weise erkennen alle Dinge in den ewigen Ideen bloß die Seligen im Himmel, die Gott schauen und in ihm alle Dinge.

formae rerum extra res per se subsistant absque materia, sicut Platonici posuerunt, ideo Augustinus posuit loco harum idearum, quas Plato ponebat, rationes omnium creaturarum in mente divina existere, secundum quas omnia formantur, et secundum quas etiam anima humana omnia cognoscit.

Cum ergo quaeritur, utrum anima humana in rationibus aeternis omnia cognoscat, dicendum est, quod aliquid in alio dicitur cognosci dupliciter. Uno modo, sicut in objecto cognito; sicut aliqula videt in speculo ea, quorum imagines in speculo resultant. Et hoc modo anima in statu praesentis vitae non potest videre omnia in rationibus aeternis; sicut cognoscunt omnia beati, qui Deum vident, et omnia in ipso.

Alio modo, dicitur aliquid cognosci in aliquo, sicut in cognitionis principio, sicut si dicamus, quod in sole videntur ea, quae videntur per solem. Et sic necesse est dicere, quod anima humana omnia cognoscat in rationibus aeternis; per quarum participationem omnia cognoscimus. Ipsum enim lumen intellectuale, quod est in nobis, nihil est aliud, quam quaedam participata similitudo luminis increati, in quo continentur rationes aeternae. Unde in Ps 4. dicitur: Signatum est super nos lumen vultus tui, Domine. ... Quod autem Augustinus non sic intellexerit, omnia cognosci in rationibus aeternis, vel in incommutabili veritate, quasi ipsae rationes aeternae videantur, patet per hoc, quod ipse dicit in lib. 83. Quaest., quod rationalis animae, non omnis, et quaecumque, sed quae sancta, et pura fuerit, asseritur illi visioni, scilicet, rationum aeternarum, esse idonea; sicut sunt animae beatorum. —

„Ein Ding kann zweitens in einem anderen erkannt werden, wie in dem Principe dieser Erkenntnis, wie wenn wir z. B. sagen, die Dinge, die durch das Licht der Sonne gesehen werden, würden in der Sonne gesehen. Und in diesem Sinne muß man sagen, die menschliche Seele erkenne alle Dinge in den ewigen Ideen, durch deren Teilnahme wir alle Dinge erkennen. Denn das in uns vorhandene intellektuelle Licht ist nichts anderes als eine gewisse Teilnahme an dem unerschaffenen Lichte, in welchem die ewigen Ideen enthalten sind. Darum heißt es im 4. Psalm: „Das Licht deines Angesichtes, o Herr, ist gezeichnet über uns;" was so viel heißt als: durch den Abdruck des göttlichen Lichtes selber in uns werden uns alle Dinge offenbar ... Und daß es die Meinung des heiligen Augustin nicht ist, daß wir alle Dinge in den ewigen Ideen in dem Sinne erkännten, daß wir die ewigen oder göttlichen Ideen in sich selber schauten, ergiebt sich aus dem, was er in den „83 Fragen" sagt, daß nämlich nicht jedwede vernünftige Seele ohne Unterschied für diese Anschauung, nämlich der ewigen Ideen, geeignet sei, sondern bloß die, welche rein und heilig war, wie das bei den Seelen der Seligen der Fall ist." —

Wir wollen es dem Leser überlassen, einen Vergleich anzustellen zwischen der Art und Weise, wie Morel den Gedanken des heiligen Augustin versteht und erklärt, und wie ihn der heilige Thomas auffaßt, indem wir bloß darauf aufmerksam machen wollen, daß das, was der heilige Thomas über den Modus sagt, wie in den ewigen Ideen oder in der ewigen Wahrheit uns die Dinge offenbar würden, als eine treue Wiedergabe des Gedankens des heiligen Augustin angesehen werden kann, wenn dieser letztere sagt:[1]) „Denn diese Wahrheit zeigt alle anderen Wahrheiten ... denn wie diejenigen, die im Lichte der Sonne erwählten, was sie gerne haben und an dessen Anblick sie sich ergötzen; und welche, wenn sie etwa mit lebhaften, gesunden und starken Augen versehen sind, nichts lieber als die Sonne selber betrachten, die auch das übrige, an denen sich schwächere Augen ergötzen, beleuchtet; so wendet sich auch ein gesunder kräftiger Geist, nachdem er viele andere unveränderliche Wahrheiten mit Gewißheit erkannt hat, der Wahrheit selber zu, durch die alles andere erkannt wird." —

Somit ist, wenn der heilige Thomas sagt, die Intelligenz als Teilnahme am unerschaffenen Lichte und an den ewigen Ideen und als Abdruck der Ersten Wahrheit enthalte das in sich, was er

---

[1]) De Lib. Arbit. Lib. 2. cap. 13.

conceptiones animi communes und prima intelligibilia nennt, nach denen sie über alle übrigen Dinge urteile und in welchen unveränderlichen Wahrheiten, die gleichsam eine unmittelbare Teilnahme an den göttlichen Ideen und an der Ersten Wahrheit sind, sie alle partikulären Wahrheiten schaue, diese Ausdrucksweise ist, sagen wir, nichts anderes als der philosophische Ausdruck des Gedankens des heiligen Augustin, wenn dieser letztere, nachdem er die Kraft unserer Intelligenz, die notwendigen und unveränderlichen Wahrheiten, die ursprünglich in den ewigen Ideen begründet und eine Teilnahme an denselben sind, gefeiert hat, die Erste Wahrheit, die ewigen Ideen und diese unveränderlichen Wahrheiten als das Fundament der Vernunft und als Regel und Maß aller partikulären Wahrheiten betrachtet und anerkennt. „Und wir urteilen über diese," sagt der heilige Lehrer,[1] „nach jenen inneren Regeln der Wahrheit, die wir alle sehen; über jene Regeln selbst aber urteilt durchaus niemand." —

Man braucht nicht lange nachzudenken, um zu erkennen, daß der Gedanke des heiligen Augustin in dieser Stelle wie in der vorhergehenden, im Grunde mit dem Gedanken des heiligen Thomas absolut identisch ist, und in völliger Übereinstimmung mit der Lehre dieses letzteren sich befindet, wenn Augustin uns sagt: Da wir mittels der natürlichen Erkenntnis der ersten Principien, die ein Bild oder eine Teilnahme an der unserem Verstande unauslöschlich aufgedrückten Ersten Wahrheit sind, die anderen Wahrheiten untersuchen und über alle Dinge urteilen; da unsere Seele sich zu den ewigen Ideen hinwendet, insofern in unserem Geiste ein gewisser Abdruck der göttlichen Ideen vorhanden ist, mittels deren er über alle Dinge urteilt; da die Wahrheit der ersten Principien, nach welcher wir über die übrigen Wahrheiten urteilen, eine nachbildliche Teilnahme an der Ersten Wahrheit ist: man sehr wohl sagen könne, wir urteilten über alle Dinge gemäß der Ersten Wahrheit. „Diese unvergängliche Wahrheit,[2] deren Bild unserer Seele aufgedrückt ist, insofern wir einige Dinge von Natur aus, als an und für sich klar, erkennen, gemäß welchen wir alles andere untersuchen, alles andere nach ihnen beurteilend" u. s. w. —
„Die Seele wendet sich den ewigen Ideen zu, insofern ein gewisser

---

[1] Ibid. cap. 12.
[2] Ibid. cap. 12: Hanc autem inviolabilem Veritatem in sui similitudine, quae est menti nostrae impressa, in quantum aliqua naturaliter cognoscimus, ut per se nota, ad quae omnia alia examinamus, secundum ea de omnibus judicantes.

Abdruck der ewigen Ideen in unserem Geiste vorhanden ist, wie das die von Natur aus erkannten Principien sind, gemäß welchen er alles beurteilt."[1] — „Von der Wahrheit des göttlichen Verstandes geht in nachbildlicher Weise in unseren Verstand die Wahrheit der ersten Principien über, nach denen wir über alles andere urteilen; und weil wir nach ihr nur urteilen können, insofern sie ein Bild der Ersten Wahrheit ist, so sagt man, daß wir nach der Ersten Wahrheit über alles urteilen."[2] — „Die Wahrheit," sagt er endlich,[3] „nach der unsere Seele über alle Dinge urteilt, ist die Erste Wahrheit." —

Anmerkung.

Wer sich noch mehr davon überzeugen will, daß der Gedanke des heiligen Augustin so ist, wie Thomas ihn erklärt, aber nicht so, wie Maret will, mag die „dreiundvierzig Fragen" des heiligen Lehrers zu Rate ziehen. Der ganze Text der sechsundvierzigsten Frage, worin er von den Ideen handelt, zeigt klar und deutlich, daß das Anschauungsvermögen, das er unserer Seele hinsichtlich der ewigen Ideen zuschreibt, sich auf die unmittelbare Anschauung bezieht, welche diejenige Seele besitzt, quae sit beatissima harum idearum visione, wie dieselbe sich ausdrückt, nämlich die Seele der Seligen.

Es leuchtet ein, daß, wenn die Intelligenz die Fähigkeit besäße, die Wahrheit in Gott zu schauen; und wenn dieses Schauen eine natürliche Funktion des Menschen wäre, wie Maret will, diese Anschauung der Ideen und der Wahrheit in ihnen notwendigerweise allen Menschen eigen sein müßte; denn alle besitzen die Intelligenz und die Fähigkeit, die natürliche Wahrheit zu erkennen. Allein der heilige Augustin ist weit davon entfernt, diese Anschauung allen Menschen zuzuschreiben; er legt sie nur sehr wenigen bei: paucissimis.

Wir führen noch einige Stellen an, die für sich allein hinreichen, um die Übereinstimmung des Gedankens des heiligen Augustin und des heiligen Thomas über diesen Punkt zu beweisen. „Nur die vernünftige Seele kann sie (die ewigen Ideen) schauen, und zwar mittels ihres vorzüglichsten Teiles, d. h. mit ihrer Vernunft oder Intelligenz, gleichsam wie mit einem inneren Geistesauge. Aber nicht jedwede vernünftige Seele schauet sie, sondern bloß diejenige, welche rein und heilig gewesen ist. Nur die Seele ist zu dieser Anschauung fähig, deren Auge, womit jene geschauet werden, gesund, unverletzt, unverdorben und jener

[1] Ibid. Quaest. 8. art. 7. ad 3: Anima convertitur rationibus aeternis, in quantum impressio quaedam rationum aeternarum est in mente nostra, sicut sunt principia naturaliter cognita, per quae de omnibus judicat. —

[2] Ibid. Quaest. 1. art. 4. ad 5: A veritate intellectus divini exemplariter procedit in intellectum nostrum veritas primorum principiorum, secundum quam de omnibus judicamus; et quia per eam judicare non possumus, nisi secundum quod est similitudo primae Veritatis, ideo secundum primam Veritatem de omnibus dicimur judicare. —

[3] Ibid.: Veritas secundum quam anima de omnibus judicat, est Veritas prima. —

Dingen ähnlich ist, die es schauen will. Welcher religiöse und wahrhaft fromme Mensch aber, obwohl er diese Ideen noch nicht geschauet hat" u. s. w. . . .

„Die vernünftige Seele übertrifft alle anderen von Gott geschaffenen Dinge, und ist ihm am nächsten, wenn sie rein ist; und je mehr sie mit Ihm durch Liebe verbunden ist, desto mehr wird sie, von Ihm mit jenem Erkenntnißlichte gleichsam überschüttet und erleuchtet, freilich nicht mit körperlichen Augen, sondern mittels ihres vorzüglichsten Teiles, nämlich mit ihrer Intelligenz, jene ewigen Ideen schauen, durch deren Anschauung sie höchst selig wird. Diese Ideen, wie gesagt, kann man Begriffe, oder Formen, oder Species, oder Ideen nennen; dieses zu thun, wird Vielen gewährt, sie aber zu schauen, nur sehr Wenigen." — So der heilige Augustin.

Einundzwanzigstes Kapitel.

Kant und der heilige Thomas.

Kant muß mit Recht als der Haupturheber der großen philosophischen Bewegung, die sich am Anfange des jetzigen Jahrhunderts vollzog, betrachtet werden: eine philosophische Bewegung, die ohne Zweifel zu den merkwürdigsten gehört, welche die Geschichte der Philosophie kennt. Von der Idee beherrscht, den sensualistischen Tendenzen der Philosophie des vorigen Jahrhunderts entgegenzutreten, schrieb Kant seine „Kritik der reinen Vernunft" und seine übrigen philosophischen Werke, um den Spiritualismus wieder aufzurichten. Allein statt zu diesem Resultate zu gelangen, kam der Philosoph von Königsberg zu dem gerade entgegegesetzten Resultate; und statt das philosophische Gleichgewicht auf wahrhaft spiritualistischen Grundlagen herzustellen, that er weiter nichts, als der philosophischen Wissenschaft eine rein pantheistische Richtung geben und ihr einen idealistischen und zugleich sensualistischen Charakter aufdrücken.

Wir haben bereits Gelegenheit gehabt, zu bemerken, daß die Absicht Kant's, die sensualistischen Lehren zu bekämpfen und den Spiritualismus wieder herzustellen, ihn öfters der Philosophie des heiligen Thomas nahe brachte; aber sei es, daß er von der Idee der Originalität beherrscht wurde; sei es, daß er dessen Lehren nicht richtig verstanden; oder sei es, daß Gott der Welt einen neuen Beweis davon geben wollte, was die menschliche Vernunft vermag, wenn sie in ihrem unsinnigen Stolze das Gebäude der Wissenschaft auferbauen will, hierbei von jeglichem religiösen Elemente und von den Traditionen der christlichen

Philosophie gänzlich absehend: der Verfasser der „Kritik der reinen Vernunft" fälschte den philosophischen Gedanken des heiligen Lehrers, indem er sich einige Male von ihm in den Hauptpunkten entfernte, und andere Male übertriebene und falsche Anwendungen davon machte. Die Systeme Fichte's, Schelling's und Hegel's, der deutsche Pantheismus und der französische Eklekticismus, deren traurigen Einfluß auf alle Zweige der Wissenschaft wir kennen und tief beklagen, mußten sein und waren auch in der That die natürlichen und notwendigen Folgen hiervon und das Endresultat der durch Kant ins Werk gesetzten philosophischen Bewegung.

Auch Balmes erkannte mit seinem philosophischen Scharfblicke die falsche Richtung, die Kant den Lehren der scholastischen Philosophie gegeben hat. „Obwohl der deutsche Philosoph," sagt er,[1]) „mit den Scholastikern in der Beobachtung der primitiven Vermögen unseres Geistes übereinstimmt, so entfernt er sich aber doch alsbald von ihnen; und während jene schließlich zu einem philosophischen Dogmatismus gelangen, wird er zu einem verzweifelten Skepticismus geführt. Nichts von all dem, was die hervorragendsten Philosophen für gewiß und unbestreitbar ausgegeben haben, fand vor dem deutschen Philosophen Gnade. Er hat zwar die sensitive Ordnung von der intellektuellen unterschieden; er hat zwei primitive Vermögen in unserer Seele anerkannt: die Sensibilität und die Vernunft; er hat die Linie angegeben, welche sie trennt, und besonders betont, daß man sie niemals verwischen dürfe; dagegen aber hat er die sensitive Welt auf eine Summe von reinen Phänomenen reduziert, indem er den Raum in der Weise erklärte, daß es sehr schwer ist, den Idealismus Berkeley's zu vermeiden; und andererseits umgab er die Vernunft mit einem Walle und schnitt ihr jede Verbindung ab, die sich über die sensitive Erfahrung hinaus erstreckt; er reduzierte alle Elemente, die in ihr sich befinden, auf leere Formen, die zu nichts nützen, falls man sie auf das Nichtsinnliche anwenden will; die uns über die großen ontologischen, psychologischen und kosmologischen Probleme nichts sagen können: jene Probleme, die der Gegenstand des Nachdenkens seitens der größten Metaphysiker waren, und bei deren Lösung ein wahrer Schatz von erhabenen Lehren zu Tage gefördert wurde; die ein gerechter Grund edlen Stolzes für den menschlichen Geist sind, der die erhabene Würde seiner Natur erkennt, der beweist, woher er stammt,

---

[1]) Fil. Fund. Lib. 4. cap. 8.

und ahnt, wohin er geht." — „Die Aristoteliker[1]) bauen auf ihre Principien ein ganzes System von metaphysischer Wissenschaft, die sie als die erhabenste von allen Wissenschaften und als ein hellleuchtendes Licht, das alle übrigen Wissenschaften leitet und befruchtet, ansehen. Kant dagegen, von den nämlichen Thatsachen ausgehend, richtet die metaphysische Wissenschaft zu Grunde, da er sie jeden Wertes, wenn es sich um Erkennung der Objekte an sich handelt, beraubt."

Wir haben bereits früher gesehen, daß Kant die Idee des heiligen Thomas über die gleichzeitige Thätigkeit der sensitiven und der intellektuellen Vermögen übertrieb.

Der heilige Thomas hatte gelehrt, das Objekt der Sinne sei von dem Objekte des Verstandes wesentlich verschieden; jene nähmen bloß die Accidenzen oder Modifikationen der Körper wahr, während der Verstand selbst bis zur Wahrnehmung ihrer Natur oder Wesenheit vordringen könne; und daß die ersteren nur körperliche und singuläre Dinge erkennen, während der andere sich auch bis zur Erkennung der rein geistigen Dinge ausdehnen, und sein Objekt, sei es geistig oder körperlich, unter allgemeinen Begriffen wahrnehmen könne. Der heilige Thomas hatte ebenfalls in Übereinstimmung hiermit gelehrt, daß die Ausdehnung die Basis von allen übrigen Modifikationen der Körper sei, welche unsere Sinne affizieren. Diese Bemerkung des heiligen Thomas ist eben so exakt als wahr; denn in der That nehmen wir nicht die Gestalt, die Härte, die Farbe in einer unteilbaren und unausgedehnten Substanz wahr; mithin ist die Ausdehnung eine notwendige Bedingung und die allgemeine Grundlage der sensitiven körperlichen Modifikationen.

Kant, von einigen dieser Behauptungen sich trennend, und andere übertreibend und eine falsche Anwendung davon machend, betrachtet die Zeit und den Raum als rein subjektive Formen der Sensibilität. Was der heilige Thomas über den Raum oder die Ausdehnung als objektive Bedingung der Sensibilität gelehrt hatte, übertrug Kant auf den Raum oder die Ausdehnung als subjektive Form und apriorische Bedingung der Sensibilität.

Es ist indessen nicht meine Absicht, einen weiteren Vergleich anzustellen oder auch nur auf die vielen Punkte aufmerksam zu machen, hinsichtlich welcher Kant, nachdem er sich dem heiligen Thomas mehr oder weniger genähert hat, sich alsdann von ihm trennt. Ich will bloß auf den großen Abstand hinweisen, der zwischen diesen beiden hinsichtlich

---

[1]) Ibid. cap. 9.

des objektiven Wertes der Ideen oder Begriffe der reinen Vernunft und hinsichtlich der Existenz der intellektuellen Anschauung obwaltet; denn diese Fragen stehen nicht allein mit der ideologischen Theorie, womit wir uns jetzt beschäftigen, in engster Verbindung, sondern sie berühren auch alle großen Probleme der Ontologie, Kosmologie und Psychologie.

Die Lehre des heiligen Thomas hinsichtlich der Natur der Intelligenz, als einer unmittelbaren Teilnahme, wie er sie nennt, an der Höchsten Vernunft und den göttlichen Ideen, und als eines Vermögens, das das Siegel und den Abdruck der Ersten Wahrheit an sich trägt; desgleichen seine Theorie über den Ursprung und die Entwickelung der menschlichen Erkenntnis, involviert notwendig die Legitimität der objektiven Ideen. Wenn man außerdem betrachtet, welche Bedeutung er dem Principe des Widerspruchs beilegt, indem er dasselbe als das Grundgesetz der Intelligenz ansieht sowohl in der realen Ordnung wie in der Ordnung der möglichen Dinge, in der sensitiven wie in der intellektuellen Ordnung, ihm folglich eine wahrhaft transcendentale Bedeutung und Tragweite beilegend, d. h. eine Bedeutung und Tragweite, die von den empirischen Vorstellungen und Anschauungen der Sensibilität unabhängig ist; wenn man alles dieses beachtet, sage ich, dann wird man leicht erkennen, warum eine der hauptsächlichsten Behauptungen und gewissermaßen die Grundlage der Philosophie des heiligen Thomas das Dasein des objektiven Wertes der einfachen sowohl wie der komplexen Begriffe des Verstandes ist. Deshalb lehrt auch der heilige Lehrer mit Recht, daß die intellektuellen Ideen, deren sich der Verstand bedient, um sich mit den Objekten in Berührung zu setzen, nicht das sind, was dieser direkt und unmittelbar erkennt, sondern daß sie, die Intelligenz zur Erkenntnis der durch sie dargestellten Objekte bestimmend, in dem Sinne, wie die Darstellung in der rein intellektuellen Ordnung möglich ist, bloß sekundär und mittels der Reflexion erkannt werden, insofern der Verstand, nachdem er irgend ein Objekt wahrgenommen hat, die Fähigkeit besitzt, zu sich selbst sich zurückzuwenden und den direkten Akt und die ihn begleitenden Bedingungen zum Objekte zu nehmen. Die einfachen Worte des heiligen Thomas, die wir bereits früher citiert, genügen für sich allein, um eine unübersteigliche Schranke zwischen seiner erhabenen Philosophie und jedweder idealistischen Schule aufzurichten.[1]) „Die intellektuelle

---

[1]) Sum. Theol. 1. P. Q. 85. art. 2: Species intelligibilis se habet ad intellectum, ut quo intelligit intellectus. Non est id quod intelligitur, sed

Species verhält sich zum Verstande wie das, wodurch der Verstand erkennt. Sie ist nicht das, was erkannt wird, sondern das, wodurch der Verstand erkennt. Weil aber der Verstand über sich selbst nachdenkt, erkennt er durch dieses Nachdenken sowohl sein Erkennen als auch die Species, durch die er erkennt; und auf diese Weise ist die Species in sekundärer Weise das, was erkannt wird. Was aber zuerst erkannt wird, ist das Ding, dessen Bild die intellektuelle Species ist." — „Was der Verstand erkennt," sagt er an einem anderen Orte, „ist die Natur oder das Sein, das sich in den Dingen findet, aber nicht die species intelligibilis selber, es sei denn, daß der Verstand sich zu sich selber zurückwendet mittels der Reflexion. Denn es ist klar, daß die Wissenschaften sich auf die Dinge selber, die außerhalb der Seele existieren, beziehen, und sich nicht mit den intellektuellen Species oder Ideen befassen. Hieraus folgt offenbar, daß das Objekt des Verstandes nicht die Idee des erkannten Dinges ist, sondern vielmehr dessen reale Natur oder Wesenheit." [1] —

Welche Lösung giebt nun Kant von diesem Probleme? Nachdem er dem heiligen Thomas in der Behauptung des Unterschiedes und der Superiorität der Intelligenz über die Sensibilität gefolgt ist; nachdem er wie dieser das Dasein dieser beiden primitiven Vermögen des menschlichen Geistes anerkannt, ohne sie miteinander zu verwechseln oder zu identificieren; nachdem er die Linie angegeben, welche die sensitive Ordnung von der rein intellektuellen trennt: ordnet Kant, hier wie anderwärts die Lehre des heiligen Thomas übertreibend und sich plötzlich von ihm trennend, die intellektuelle Ordnung der sensitiven Ordnung vollständig unter, übertreibt die Beziehungen und den Einfluß der Sensibilität auf den Ursprung, die Natur und die Entwickelung der intellektuellen Erkenntnis, um schließlich bei der Leugnung jeden objektiven Wertes der Ideen oder Begriffe der reinen Vernunft, mit Ausnahme der Anschauungen der Sensibilität, anzulangen.

Es ist nicht nötig, weitläufige Stellen anzuführen, um diese Behauptung zu beweisen; denn, obwohl die Klarheit des Stiles und der

---

id quo intelligit intellectus. Sed quia intellectus supra seipsum reflectitur, secundum eandem reflexionem intelligit, et suum intelligere, et speciem, qua intelligit; et sic species intellecta, secundario est id quod intelligitur. Sed id quod intelligitur primo, est res cujus species intelligibilis est similitudo. —

[1] De Anim. Lib. 3. Lect. 8.

Einundzwanzigstes Kapitel. Kant und der heilige Thomas.

Ideen nicht die starke Seite des deutschen Philosophen ist, so ist doch sein Gedanke über diesen Punkt vollständig klar und deutlich.

„Der transcendentale Gebrauch," sagt er uns, „eines Begriffes in irgend einem Grundsatze ist dieser, daß er auf Dinge überhaupt und an sich selbst, der empirische aber, wenn er bloß auf Erscheinungen, d. i. Gegenstände einer möglichen Erfahrung, bezogen wird. Daß aber überall nur der letztere stattfinden könne, ersieht man hieraus. Zu jedem Begriffe wird erstlich die logische Form eines Begriffes (des Denkens) überhaupt, und dann zweitens auch die Möglichkeit, ihm einen Gegenstand zu geben, erfordert. Ohne diesen letzteren hat er keinen Sinn und ist völlig leer an Inhalt, ob er gleich noch immer die logische Funktion enthalten mag, aus etwanigen datis einen Begriff zu machen. Nun kann der Gegenstand einem Begriffe nicht anders gegeben werden, als in der Anschauung, und wenn eine reine Anschauung noch vor dem Gegenstande a priori möglich ist, so kann doch auch diese selbst ihren Gegenstand, mithin die objektive Gültigkeit, nur durch die empirische Anschauung bekommen, wovon sie die bloße Form ist. Also beziehen sich alle Begriffe und mit ihnen alle Grundsätze, so sehr sie auch a priori möglich sein mögen, dennoch auf empirische Anschauungen, d. i. auf data zur möglichen Erfahrung. Ohne dieses haben sie gar keine objektive Gültigkeit, sondern sind ein bloßes Spiel, es sei der Einbildungskraft, oder des Verstandes, respektive mit ihren Vorstellungen." —

Darauf von den Kategorien sprechend, wiederholt er dem Wesen nach die nämliche Lehre in folgenden Worten: „Daß dieses aber auch der Fall mit allen Kategorien und den daraus gesponnenen Grundsätzen sei, erhellt auch daraus: daß wir sogar keine einzige derselben real definieren, d. i. die Möglichkeit ihres Objektes verständlich machen können, ohne uns sofort zu Bedingungen der Sinnlichkeit, mithin der Form der Erscheinungen, herabzulassen, als auf welche, als ihre einzigen Gegenstände, sie folglich eingeschränkt sein müssen, weil, wenn man diese Bedingung wegnimmt, alle Bedeutung, d. i. Beziehung aufs Objekt, wegfällt und man durch kein Beispiel sich selbst faßlich machen kann, was unter dergleichen Begriffen denn eigentlich für ein Ding gemeint sei." . . .

„Hieraus fließt nun unwidersprechlich: daß die reinen Verstandesbegriffe niemals von transcendentalem, sondern jederzeit nur von empirischem Gebrauche sein können." —

Die traurigen Konsequenzen, die unmittelbar und notwendig aus dieser Lehre sich ergeben, sind zu offenbar, als daß wir noch darauf aufmerksam zu machen brauchten. Wenn die Kategorien der Vernunft, wenn die reinen Begriffe des Verstandes in der realen objektiven Ordnung unabhängig von den Phänomenen der Sensibilität nichts zu bedeuten haben; wenn der Verstand seine Begriffe nur empirisch anwenden kann, und seine apriorischen Principien nur objektive Gültigkeit haben, wenn sie sich auf empirische Anschauungen beziehen: worauf anders als auf ein bloßes Verstandesspiel reduzieren sich alsdann alle Wissenschaften? Ist es nicht klar, daß eine derartige Lehre einen absoluten Idealismus auf dem intellektuellen und wissenschaftlichen Gebiete in sich enthält, und daß der Skepticismus ihr letztes Wort sein muß?

Hier fällt also Kant, nachdem er den Unterschied zwischen der Sensibilität und dem Intellekte gelehrt; nachdem er die respektiven Eigenschaften dieser beiden primitiven Vermögen des menschlichen Geistes angegeben; kurz, nachdem er sich für einen Augenblick zu den Regionen der spiritualistischen Philosophie erhoben, um sich dem Sensualismus seiner Zeit entgegenzustellen, in diesen nämlichen Sensualismus zurück, den er bekämpfen will, indem er mit der einen Hand das Gebäude niederreißt, das er mit der anderen aufbauen will. Denn es ist gewiß, daß, wenn die apriorischen Principien der Vernunft, die Grundlagen der Wahrheit auf wissenschaftlichem Gebiete; und wenn die Begriffe des reinen Verstandes außerhalb der phänomenellen Ordnung, und wenn sie sich nicht auf empirische Anschauungen beziehen, keine objektive Gültigkeit haben: dann bedeutet dieses von Kant „reine Vernunft" genannte Vermögen sehr wenig, da die wissenschaftliche Ordnung in Wirklichkeit auf die rein sensitive Erkenntnis beschränkt bleibt. Folglich ist im tiefsten Grunde dieser Lehre des deutschen Philosophen der Sensualismus enthalten: eine Folgerung, die noch klarer und deutlicher hervortritt, wenn man die Lehre desselben über die Existenz der intellektuellen Anschauung berücksichtigt: eine Lehre, worin sich der deutsche Philosoph von neuem vom heiligen Thomas trennt.

Bekanntlich leugnet Kant nicht allein das Vorhandensein, sondern sogar die Möglichkeit einer von der sensitiven verschiedenen, oder einer rein intellektuellen Anschauung, selbst seitens der von unserem Geiste verschiedenen Geister. Der heilige Thomas dagegen behauptet nicht allein die Möglichkeit, sondern auch die wirkliche Existenz dieser Anschauung. Nach dem heiligen Lehrer ist die Erkenntnis, die

Gott von sich selber besitzt, eine rein intuitive. Gott sieht unmittelbar seine Wesenheit, und in ihr sieht er auch alle möglichen und wirklichen Wesen. Seine Intelligenz hat eine eben so unmittelbare als vollständige Anschauung seiner Wesenheit, mit der sie identisch ist; und diese Wesenheit verhält sich zur göttlichen Intelligenz als Idee und als Objekt zu gleicher Zeit. Bei uns sind das, wodurch etwas erkannt wird, und dasjenige, was erkannt wird, zwei verschiedene Dinge. Dieses ist aber nicht bei Gott der Fall, bei welchem hinsichtlich dieser zwei Dinge absolute Identität herrscht. „Man muß folglich sagen,[1]) Gott erkennt sich in sich selber, da er sich in seiner Wesenheit sieht. Die anderen von ihm verschiedenen Dinge sieht er nicht in ihnen, sondern in sich selber, da seine Wesenheit ihr Bild enthält." —

„Da Gott nichts Potentielles in sich enthält,[2]) sondern reiner Akt ist, so muß bei ihm die Intelligenz und das Intelligibile durchaus ein und dasselbe sein, so daß ... die species intelligibilis von der Substanz des göttlichen Intellektes nicht verschieden ist, wie das bei unserem Verstande der Fall ist, wenn er aktuell erkennt, vielmehr ist die intellektuelle Species der göttliche Intellekt selber; und somit erkennt er sich durch sich selber." —

Allein der heilige Thomas geht noch weiter; er lehrt nicht allein die Möglichkeit und wirkliche Existenz der intellektuellen Anschauung bei den anderen von uns verschiedenen Geistern und im anderen Leben; sondern er behauptet auch, daß auch im gegenwärtigen Leben für uns die Anschauung der rein intellektuellen Ordnung vorhanden sei. Wenn die intellektuelle Aktivität mittels der Erkenntnis oder Betrachtung irgend eines Objektes einmal in Thätigkeit versetzt ist, erkennt die Seele nach dem heiligen Lehrer sich selbst durch ihre Gegenwart, oder vielmehr durch die Anschauung ihrer Akte: eine Anschauung oder Erkenntnis, die der Intelligenz als Basis und Ausgangspunkt dient, um zur all-

---

[1]) Sum. Theol. I. P. Q. 14. a. 5: Sic igitur dicendum est, quod Deus seipsum videt in seipso, quia seipsum videt per essentiam suam. Alia autem a se, videt non in ipsis, sed in seipso, in quantum essentia sua continet similitudinem aliorum a se. —

[2]) Ibid. art. 2: Cum igitur Deus nihil potentialitatis habeat, sed sit actus purus, oportet, quod in eo intellectus et intellectum sint idem omnibus modis; ita scilicet, ut ... neque species intelligibilis sit aliud a substantia intellectus divini, sicut accidit in intellectu nostro cum est actu intelligens; sed ipsa species intelligibilis est ipse intellectus divinus; et sic seipsum per seipsum intelligit. —

gemeinen, bisturſiven und wiſſenſchaftlichen Erkenntnis der Natur und Attribute der Seele zu gelangen. Nachdem er geſagt, unſere vernünftige Seele erkenne ſich ſelber durch ihren Akt, fährt er fort:[1])

„Dieſes geſchieht auf zweifache Weiſe: erſtens auf eine partikuläre Weiſe, inſofern nämlich Sokrates oder Plato erkennt, daß er eine intellektive Seele hat, eben dadurch, daß er in ſich ſelber findet, daß er denkt. Zweitens auf eine allgemeine Weiſe, inſofern wir die Natur der menſchlichen Seele mittels des Aktes des Verſtandes erforſchen.

„Es iſt indeſſen wahr, daß die Richtigkeit und Wirkſamkeit dieſer Erkenntnis, die wir von der Natur der Seele haben, uns durch eine Art Emanation der göttlichen Wahrheit in unſere Seele zu teil wird; denn in der göttlichen Wahrheit befinden ſich die ewigen Ideen aller Dinge. Deshalb ſagt der heilige Auguſtin im neunten Buche De Trinit.: Wir ſehen die unvergängliche Wahrheit, durch welche wir genau beſtimmen können, nicht was in Wirklichkeit die Seele eines jedweden Menſchen iſt, ſondern was ſie nach den ewigen Ideen ſein muß. Es beſteht jedoch ein Unterſchied zwiſchen dieſen beiden Erkenntnisarten; denn für die erſtere Erkenntnis genügt die Gegenwart der Seele, die das Princip des Aktes iſt, durch den der Geiſt ſich ſelber erkennt; und

---

[1]) Sum. Theol. 1. P. Q. 87. a. 1: Et hoc dupliciter: uno quidem modo particulariter, secundum quod Socrates vel Plato percipit se habere animam intellectivam, ex hoc quod percipit se intelligere. Alio modo in universali, secundum quod naturam humanae mentis ex actu intellectus consideramus.

Sed verum est quod judicium et efficacia hujus cognitionis, per quam naturam animae cognoscimus, competit nobis secundum derivationem luminis intellectus nostri a veritate divina, in qua rationes omnium rerum continentur. Unde Augustinus dicit in lib. 9. De Trin.: „Intuemur inviolabilem veritatem, ex qua perfecte quantum possumus definimus, non qualis sit uniuscujusque hominis mens, sed qualis esse sempiternis rationibus debeat." — Est autem differentia inter has duas cognitiones. Nam ad primam cognitionem de mente habendam sufficit ipsa mentis praesentia, quae est principium actus, ex quo mens percipit seipsam. Et ideo dicitur se cognoscere per suam praesentiam. Sed ad secundam cognitionem de mente habendam, non sufficit ejus praesentia, sed requiritur diligens et subtilis inquisitio. Unde et multi naturam animae ignorant, et multi etiam circa naturam animae erraverunt. Propter quod Augustinus dicit (10. De Trin) de tali inquisitione mentis: „Non velut absentem se quaerat mens cernere, sed praesentem quaerat discernere," id est, cognoscere differentiam suam ab aliis rebus; quod est cognoscere quidditatem et naturam suam. —

Einundzwanzigstes Kapitel. Kant und der heilige Thomas.

aus diesem Grunde sagt man, die Seele erkenne sich selbst durch ihre Gegenwart. Jedoch für die andere Erkenntnis genügt die bloße Gegenwart der Seele nicht, sondern es muß auch eine aufmerksame und genaue Forschung hinzukommen. Darum kennen viele die Natur der Seele nicht, und manche sind in betreff ihrer Natur in Irrtum geraten. Von dieser Forschung sprechend, welche die Erkenntnis der Seele zum Objekte hat, sagt der heilige Augustin (10. De Trinit.): „Die Seele muß sich selbst suchen, nicht wie man einen Abwesenden sucht, um ihn zu sehen; sondern wie man einen gegenwärtigen Menschen beobachtet, um ihn zu erkennen, d. h. um zu erkennen, wodurch er sich von anderen unterscheidet. Und dieses heißt erkennen, was er ist, nämlich seine wahre Natur oder Wesenheit." —

Dieselbe Lehre findet sich auch an vielen anderen Stellen seiner Werke, wo er nicht allein lehrt, daß der Verstand die Anschauung seiner Akte habe, sondern daß diese Anschauung auch auf irgend eine Weise auf die Wahrheit der dem erkennenden Verstande gegenwärtigen Seele sich erstrecke, so daß nach dem heiligen Lehrer gesagt werden kann und muß, daß wir eine unmittelbare Anschauung der Akte des Verstandes und eine mittelbare Anschauung der Wesenheit oder Substanz der Seele besitzen, insofern sie unserem Verstande in seinen Akten intelligibiliter präsent wird. „Damit die Seele erkenne,[1]) daß sie ist, und wahrnehme, was in ihr vorgeht, ist nicht irgend ein Habitus erforderlich; sondern hierzu genügt die bloße Wesenheit der Seele, die dem Verstande gegenwärtig ist; denn aus ihm gehen Akte hervor, in denen sie selber aktuell erkannt wird." — „Wie Gott sich selbst durch sich selber erkennt,[2]) so erkennt sich auch auf eine gewisse Weise die Seele durch ihre Wesenheit." —

Es wird uns sicher niemand abstreiten, daß diese Lehre des heiligen Thomas solider ist und der exakten Beobachtung der inneren Phänomene mehr entspricht, und vor allem geeigneter ist zur Bekämpfung der sensualistischen Theorien, als die von Kant gelehrte, der beim Menschen im gegenwärtigen Zustande bloß die sinnliche Anschauung annimmt.

---

[1]) Quaest. Disp. De Ver. Q. 10. a. 8: Ad hoc autem quod percipiat anima se esse et quid in seipsa agatur attendat, non requiritur aliquis habitus; sed ad hoc sufficit sola essentia animae, quae menti est praesens; ex ea enim actus progrediuntur, in quibus actualiter ipsa percipitur.

[2]) Ibid. ad 9: Sicut Deus seipso seipsum cognoscit, sic anima seipsam quodammodo cognoscit per essentiam suam. —

„Diese Anschauung, sagt der deutsche Philosoph,[1]) findet aber nur statt, sofern uns der Gegenstand gegeben wird; dieses aber ist wiederum, uns Menschen wenigstens, nur dadurch möglich, daß er das Gemüt auf gewisse Weise afficiere. Die Fähigkeit (Receptivität), Vorstellungen durch die Art, wie wir von Gegenständen afficiert werden, zu bekommen, heißt Sinnlichkeit. Vermittels der Sinnlichkeit also werden uns Gegenstände gegeben, und sie allein liefert uns Anschauungen." —

„Es giebt aber außer der Anschauung," sagt er an einer anderen Stelle,[2]) „keine andere Art, zu erkennen, als durch Begriffe. Also ist die Erkenntnis eines jeden, wenigstens des menschlichen Verstandes, eine Erkenntnis durch Begriffe, nicht intuitiv, sondern diskursiv. Alle Anschauungen, als sinnlich, beruhen auf Affektionen." —

„Unsere Natur," sagt er anderswo,[3]) „bringt es so mit sich, daß die Anschauung niemals anders als sinnlich sein kann, d. h. nur die Art enthält, wie wir von Gegenständen afficiert werden." —

Ich habe schon vorhin bemerkt: diese Lehre in Verbindung mit der Leugnung des objektiven Wertes der Begriffe und Principien a priori des reinen Verstandes, schließt sogar die Leugnung der Vernunft selber in sich, die Kant verteidigen und erklären will. Dadurch daß der Philosoph von Königsberg bei diesen zwei Hauptpunkten der Philosophie sich vom heiligen Thomas trennt, und seinen Gedanken über die Ausdehnung als allgemeine Bedingung der sensitiven Erkenntnis übertreibt und fälscht, stürzt er die wissenschaftliche Ordnung über den Haufen und setzt an deren Stelle einen fast vollständigen Skepticismus; und statt die spiritualistische Metaphysik wieder herzustellen, wie er beabsichtigte, neigt seine ganze Philosophie mit aller Gewalt mehr zum Sensualismus hin, als manche glauben.

---

[1]) Transcend. Ästhetik. 1. Thl.
[2]) Transcend. Logik. 1. B. 1. Kap.
[3]) Ebend. Einleit.

Zweiundzwanzigstes Kapitel.
Der heilige Thomas und die schottische Schule.

In letzteren Zeiten ist von der schottischen Schule vielfach die Rede gewesen. Man hat ihre Verdienste um die Sache des Spiritualismus gewaltig erhoben. Indessen worauf reduciert sich im Grunde die Philosophie der schottischen Schule mit Einschluß ihrer größten und würdigsten Repräsentanten: Thomas Reid und Dugald Stewart? Welches sind die wirklichen Dienste, die von dieser Schule dem Spiritualismus geleistet worden sind? Hierauf möge ein Mann die Antwort geben, dessen Wort über diesen Gegenstand eine Auktorität ist.

„Die schottische Schule,"[1]) sagt der berühmte Verfasser des Buches: Verhältnis des Protestantismus und aller übrigen Häresien zum Socialismus (August Nikolas), „läuft auf die Lehre oder vielmehr Lehrmethode der Beobachtung und der Induktion hinaus, die bereits Baco auf dem Gebiete der Naturwissenschaften eingeführt hatte, und die Reid und Dugald Stewart auf das psychologische Gebiet angewandt haben. Sie besteht in der Beobachtung des Ich, aber nicht des Ich an und für sich, sondern in seinen Kräften; aber nicht ihrer Natur oder ihrer Aktion nach, sondern in ihrer Verschiedenheit der einen von den anderen und ihrer Nomenklatur nach. Das ist als wenn wir ein Rad, einen Hebel, eine Achse betrachten. Aber nun das Verhältnis dieses Rades, dieses Hebels, dieser Achse? und ihre Aktion? und ihre Bewegung? Es wäre nichts als Unbescheidenheit, danach fragen zu wollen! Unsere Kräfte voneinander unterscheiden und sie benennen, anerkennen, daß es dergleichen zwei giebt, von welchen die eine Intellekt heißt und die andere Wille: das sind die Herkulessäulen der modernen spiritualistischen Philosophie." —

Das unterscheidende und sozusagen charakteristische Merkmal der schottischen Schule ist, daß sie eine Psychologie eines wesentlich unvollständigen Spiritualismus ist; die exklusive Anwendung der Methode Baco's auf diese Wissenschaft mußte notwendig zu diesem Resultate führen.

Die Erfahrungs- und Beobachtungsmethode hat eine große Bedeutung in der Psychologie; von ihr bei dieser Wissenschaft absehen,

---

[1]) 2. Buch, 2. Kap.

hieße von einer der Hauptgrundlagen und einem der vorzüglichsten Hilfsmittel zu ihrem Fortschritte absehen. Indessen die Erfahrung und die Beobachtung reichen für sich allein nicht hin, um die psychologische Wissenschaft zu kultivieren. Die Thatsachen des Selbstbewußtseins und die inneren Phänomene können nicht die entsprechende wissenschaftliche Entwickelung und nicht die Natur einer wahren Wissenschaft bekommen, wenn man nicht zugleich auch die rationelle Methode hierbei anwendet und sie mit den Principien a priori der Vernunft in Berührung bringt.

Dieses ist der Ursprung der Mangelhaftigkeit und Unvollkommenheit, die in der Psychologie der schottischen Schule zu Tage treten, wenn man sie mit der Psychologie des heiligen Thomas vergleicht.

Jene sieht in der Psychologie und in der Ideologie nur Einzelthatsachen des Selbstbewußtseins und isolierte innere Phänomene. Diese Wissenschaften können dieser Schule zufolge nur mit der Beobachtung dieser Phänomene und nur mit der experimentellen Methode sich befassen. — Thomas dagegen verbindet, ohne je die Erfahrung und die Beobachtung der inneren Phänomene außer acht zu lassen, die experimentelle Methode mit der deduktiven und ontologischen, indem er bei jedem Schritte die ontologischen Ideen anwendet und von den Principien a priori wissenschaftliche Anwendungen macht.

Jene Schule isoliert fast vollständig die Psychologie und die Ideologie, indem sie dieselben von der Ontologie trennt und ihre verschiedenen Beziehungen zu den übrigen metaphysischen Wissenschaften verkennt. Der heilige Thomas dagegen hält die Ontologie für eine der Hauptgrundlagen derselben, und lehrt, daß die psychologischen und ideologischen Probleme mit denjenigen, welche sich auf die andern metaphysischen und ethischen Wissenschaften beziehen, in innigster Beziehung stehen.

In Übereinstimmung mit ihrer exklusiven Methode und engen Basis, worauf sie die Psychologie errichten will, thut die schottische Schule nichts weiter als auf eine völlig unvollständige Weise die Vermögen der menschlichen Seele aufzählen, sie auf eine mehr oder weniger unrichtige Weise klassificieren, ohne sich darum zu bekümmern, ihre wesentlichen Unterschiede, ihre innere Natur, ihren Ursprung, ihre Thätigkeitsweise, und insbesondere die Natur des substantiellen Principes, das ihren Seinsgrund enthält, anzugeben; mit einem Worte: ohne auch nur nach dem apriorischen Grunde der Phänomene zu forschen; ohne zu einer wissenschaftlichen Erkenntnis des Ich oder zu der wahren Wissenschaft seiner Vermögen zu gelangen.

„Diese Vermögen aufzählen und voneinander unterscheiden," sagt Reid,[1]) „ist alles, was wir gethan haben und thun konnten; allein ihre Namen erklären weder die eigentümliche Thätigkeit eines jeden derselben, noch die unwiderstehliche Überzeugung, die sie von uns verlangen. Ihre Natur ist für uns mit einem undurchdringlichen Schleier umgeben." --

Hiermit wird die Psychologie auf eine Wissenschaft von bloßen Namen reduciert; und darum können wir uns nicht mehr wundern, daß Jouffroy, in Übereinstimmung mit den Principien der schottischen Schule, zu behaupten wagt, die Frage nach der Unsterblichkeit der Seele sei eine voreilige; und die Meinung, welche die Thatsachen des Selbstbewußtseins einem, von jedem körperlichen Organe verschiedenen Principe zuschreibe, könne bis jetzt nur für eine bloße Hypothese gehalten werden.

In der That; wenn „unsere Kräfte oder Vermögen nicht bis zur Wissenschaft vordringen", wie Reid behauptet;[2]) wenn es wahr ist, daß „der menschliche Verstand nicht bis dahin gelangt und sich nicht bis dahin erstreckt"; dann hat Jouffroy recht, wenn er sagt, die Frage nach der Unsterblichkeit der Seele sei eine voreilige; denn nach diesen Behauptungen der schottischen Schule muß die Frage über die Unsterblichkeit der Seele auf dem Gebiete der Wissenschaft eine unlösbare Frage sein. Deshalb sagt uns Royer-Collard, den Principien Reid's folgend:[3]) „Wenn man fragt, welches die innere Natur des denkenden Wesens und des ausgedehnten Dinges sei, muß man antworten, daß wir das nicht wissen und niemals wissen werden." --

Ist es jetzt noch möglich, die unbestreitbare Superiorität der Psychologie des heiligen Thomas über die Psychologie der schottischen Schule sowohl in wissenschaftlicher als in religiöser Beziehung zu bestreiten? Man werfe einen Blick auf die Psychologie oder Ideologie des heiligen Lehrers, die wir mit großen Schritten durchgangen sind, und man wird sehen, daß der heilige Thomas sich nicht mit einer genauen Klassificierung und einer einfachen Nomenklatur der Kräfte

---

[1]) Werke. Bd. 4. S. 203.
[2]) Ibid.
[3]) Ibid. S. 316.

des menschlichen Geistes begnügt, sondern daß er ebenfalls auch ihre gegenseitigen Beziehungen, ihre Verschiedenheiten, ihre Aktionsweise, ihren Ursprung und vor allem ihre Natur als Wirkung und Manifestationen des substantiellen Principes, aus dem sie hervorgehen, entwickelt. Wir haben ebenfalls gesehen, daß er, statt dem Sketicismus und dem Zweifel an der wesentlichen Verschiedenheit des substantiellen Principes dieser Vermögen oder Kräfte, d. h. der vernünftigen Seele, von jedweder Materie und Ausdehnung Thür und Thor zu öffnen; und statt auch den Weg zu bahnen, um die Unsterblichkeit der Seele für eine voreilige Frage halten zu können, auf dem rein wissenschaftlichen Gebiete mit einer solchen Gründlichkeit, wie sie die Vernunft nur verlangen mag, jene zwei großen Wahrheiten, welche die Grundlage der Psychologie sind und ohne welche weder diese noch die Ideologie als Wissenschaften bestehen können, aufstellt und entwickelt.

Ohne über die Intention und den Fernblick der schottischen Schule und insbesondere ihrer Hauptrepräsentanten urteilen zu wollen, muß man dennoch gestehen, daß ihre Principien übermäßig pronuncierte Tendenzen zum Materialismus und zum psychologischen Skepticismus involvieren. Dugald Stewart gesteht selber, daß „die Psychologie sich gleicherweise mit dem Materialismus wie mit dem Idealismus Berkeley's verträgt." —

In diesem Punkte und in dieser Hinsicht hat die vollständige, spiritualistische, wissenschaftliche und tief christliche Philosophie des heiligen Thomas offenbare Vorzüge und steht unendlich höher als jene unvollständige, halbspiritualistische, skeptische und in ihren Principien und Tendenzen schwankende Psychologie der schottischen Schule.

Wir wollen die Dienste, welche diese Schule der Philosophie geleistet, nicht verkennen: die Reaktion, welche sie gegen den verzweifelten Skepticismus Hume's inaugurierte; die wissenschaftliche Bedeutung, die sie den Wahrheiten und Principien des gesunden Menschenverstandes beilegte, indem sie die Aufmerksamkeit auf die Notwendigkeit lenkte, gewisse Principien als primitive Thatsachen und notwendige Gesetze der menschlichen Natur anzunehmen; die Menge von Beobachtungen, die Ausführlichkeit und fast minutiöse Sorgfalt, die sie anwendet, um die Kräfte des menschlichen Geistes aufzuzählen und zu klassificieren: verschaffen ihr das Recht, eine vorzügliche Stelle in der Geschichte der Philosophie einzunehmen; allein diese lobenswerten Eigenschaften werden durch die Hauptmängel und Fehler, die wir angedeutet, größtenteils wieder aufgeworfen und beseitigt. Sagen, der menschliche Geist sei nicht imstande, über die Hauptfragen der Philosophie zu einer Wissenschaft zu gelangen; die Kräfte oder Vermögen des denkenden Ich klassificieren, und zugleich behaupten, daß wir über die wahre Natur des Ich nichts wissen können, auch nicht ihren realen und absoluten Unterschied von den körperlichen Organen beweisen können, desgleichen nicht die Geistigkeit und Unsterblichkeit der Seele auf eine evidente Weise darthun und nicht zur Lösung der wichtigsten und weittragendsten Probleme der Psychologie und Ideologie gelangen können; endlich behaupten, wie dieses Dugald Stewart thut, daß man das Dasein der Materie unmöglich beweisen könne: heißt den ontologischen und psychologischen Skepticismus an die Stelle des absoluten Skepticismus Hume's setzen; heißt den sensualistischen und idealistischen Lehren Thür und Thor öffnen; heißt mit einer Hand niederreißen, was man mit der anderen Hand aufbaut.

Bekanntlich ist einer der Punkte, worauf die schottische Schule besonderes Gewicht legt, die Leugnung der Zwischen-Species oder intermediären Vorstellungen zwischen dem wahrnehmenden Vermögen und dem Objekte, sowohl in der sensitiven wie in der rein intellektuellen Ordnung. Ziemlich häufig findet man Schriftsteller, die diese Lehre für eine specielle Entdeckung oder Erfindung der schottischen Schule halten. Indessen behaupte ich, ohne Furcht Lügen gestraft zu werden, daß die schottische Schule wohl das Verdienst der mehr oder weniger vollständigen Entwickelung dieser Lehre haben kann, aber nicht das Verdienst der Originalität oder ersten Erfindung.

Abgesehen vom heiligen Thomas und von Albertus Magnus, die, wie wir gesehen haben, sehr wahrscheinlich die unmittelbare Aktion der Objekte auf die sensitiven Vermögen annahmen, ist es unbestreitbar, daß Durandus von Saint-Pourçain dieselbe Lehre einige Jahrhunderte früher, als die schottische Schule auftauchte, gelehrt hat. Ohne die Meinung dieses Schriftstellers und der schottischen Schule hinsichtlich der intellektuellen Ordnung zu billigen, indem wir die Meinung, welche die Verbindung des Verstandes mit dem Objekte ohne die Ideen für unerklärlich hält, für begründeter halten, wollen wir einige Stellen aus dem eben genannten Schriftsteller hersetzen, in denen sich ähnliche Behauptungen wie die der schottischen Schule über diesen Punkt vorfinden.

„Diese Vorstellungen[1]) scheinen ursprünglich wegen des Gesichts-

---

[1]) Sent. Lib. 2. Dist. 3. Quaest. 8.

sinnes und der Objekte dieses Sinnes aufgestellt zu sein; denn die Farbe scheint ein Bild von sich im Medium und im Organe hervorzubringen, wie sich das augenscheinlich bei der Refraktion zeigt, die im Spiegel stattfindet. Wenn nicht aus diesem Grunde, würde wahrscheinlich niemand auf diese Species, die für die Erkenntnis notwendig sein sollen, verfallen sein. ... Ich halte dieses nicht für wahr weder hinsichtlich der Sinne, noch hinsichtlich des menschlichen oder englischen Verstandes. Daß es nicht nötig ist, Species für die Sinne, z. B. für das Auge, um diesem die Farben vorzustellen, anzunehmen, läßt sich auf folgende Weise beweisen: Alles dasjenige, mittels dessen als eines Repräsentativmittels das erkennende Vermögen sich auf ein anderes Ding bezieht, muß durch dieses Vermögen zuerst erkannt werden. Da nun aber das Bild der Farbe nicht zuerst durch das Auge erkannt oder gesehen wird, vielmehr dieses letztere durchaus keine Anschauung von demselben besitzt; so nimmt auch das Gesicht das Objekt nicht wahr mittels jener Vorstellung. ... Andererseits, wenn diese Species zur Erkenntnis eines anderen Dinges diente, würde sie dieses als Ähnlichkeit oder Bild thun. Darum nennt man sie auch Ähnlichkeit des Dinges; allein das Bild, das uns zur Erkenntnis desjenigen führt, dessen Bild es ist, muß im voraus als Bild erkannt werden, was man aber von dieser Species nicht behaupten kann. Und ohne allen Zweifel ist es unmöglich, daß das erkennende Vermögen zur Erkenntnis eines Dinges mittels eines anderen Dinges, das ihm völlig unbekannt ist, geführt werde. ... Es ist deshalb klar, daß im Auge keine Species vorhanden ist, um ihm die Farbe vorzustellen, auf daß sie gesehen werde. ... Aus dem nämlichen Grunde läßt es sich auch beweisen, daß jene Species auch im Verstande nicht vorhanden ist; denn sie müßte zuerst vom Verstande erkannt werden, was gegen unsere Erfahrung ist. ...

„Ferner; da der Verstand ein reflexives Vermögen ist, so erkennt er sich selber und diejenigen Dinge, die erfahrungsmäßig mit Gewißheit in ihm vorhanden sind. Da wir nun aber durch die Erfahrung wissen, daß wir erkennen, und daß in uns das Princip, durch welches wir erkennen, vorhanden ist; so müßten wir auch, wenn jene Species in uns existierte, auch mit Gewißheit erkennen, daß sie in uns vorhanden ist, wie wir auch andere Dinge erkennen, die im Intellekte existieren."

Diese Stelle aus Durandus erinnert unwillkürlich an folgende Worte Reid's: „Wenn die Ideen etwas Reales und nicht ein Verstandesdinge wären, müßten wir eine vollkommene Erkenntnis davon besitzen, weil wir den innigsten Verkehr mit ihnen haben. Und doch giebt es keinen Gegenstand, über den eine größere Meinungsverschiedenheit unter den Philosophen geherrscht hätte." —

Man denke über diese Stellen nach und ziehe auch die zu Rate, wenn man will, die wir der Kürze wegen ausgelassen haben; und man sage uns alsdann, ob die schottische Schule weiter vorgedrungen ist als Durandus? und ob Reid, Dugald Stewart und Royer Collard etwas anderes gethan, als die Lehre des alten Dominikaners hinsichtlich der Theorie über die Ideen kommentirten, weiter entwickeln und ihr eine neue Form und einen neuen Ausdruck geben?

Auch findet man hier einen offenbaren Beweis und die Bestätigung dessen, worauf wir mehr als einmal in diesem Werke hingewiesen haben, daß nämlich viele scholastische Philosophen, und besonders diejenigen, welche in der Schule des heiligen Thomas gebildet worden, eher als Baco und Cartesius auf dem litterarischen Schauplatze erschienen, die Wichtigkeit der experimentellen Methode erkannten und in die Psychologie die Beobachtung der inneren Phänomene und die Thatsachen des Selbstbewußtseins als eines der Hauptelemente dieser Wissenschaft einführten.

Da sich die Gelegenheit gerade darbietet, so will ich dieses Kapitel nicht schließen, ohne die Aufmerksamkeit auf eines von jenen Vorurteilen zu lenken, das durch die beständige kritiklose Wiederholung und Fortpflanzung von Mund zu Mund nach und nach dahin gelangt ist, daß es den Anschein einer wirklichen Wahrheit bekommen hat. Nichts ist häufiger als von der Intoleranz des Ordens des heiligen Dominikus sprechen und ihn den allerunduldsamsten in den Lehren nennen hören. Wenn irgend eine Korporation ein Recht haben könnte, von ihren Mitgliedern Unterwerfung und Kompromisse dieser Art zu fordern, so würde keine so augenscheinliche Rechtstitel hierfür aufweisen können, als wie sie die Philosophie und die Theologie des heiligen Thomas besitzt. Und doch ist es wahr, daß man schwerlich eine Korporation finden wird, die mehr praktische Beweise von Toleranz in diesem Stücke gegeben hätte. Natalis Alexander in der Geschichte, Campanella in der Philosophie, Ambrosius Colarino in der Theologie und Moral, Cajetan in der Exegese, Durandus in der Philosophie und Theologie haben mit Freimut und sogar mit übertriebenem Freimute gesprochen, wie dies Freund und Feind anerkennt; sie haben selbst gefährliche Behauptungen aufgestellt und auch Lehren vorgetragen, die den Lehren des heiligen Thomas entgegen sind. Aber wo sind die großen Verfolgungen, die sie dieserhalb von dem Orden, dem sie angehörten, erfahren haben?

Es giebt in der Geschichte eine Institution (die Inquisition), zu der der Orden des heiligen Dominikus zufälligerweise in Beziehung gekommen ist, und die der wahre Ursprung jener Anschuldigungen ist, welche jede andere Korporation ebenso getroffen hätte, die zu jenem Institute in Beziehung gekommen wäre. Es giebt im Reallexikon ein Wort, das jene Vorurteile und ungerechten Anschuldigungen hinlänglich erklärt. Man streiche aus der Geschichte jene Institution aus, die zu unseren Zeiten so falsch beurteilt wird, da man hierbei keine Rücksicht nimmt auf die Verhältnisse und Ideen, die in damaliger Zeit herrschten: und jene Anschuldigungen werden verschwinden. Man streiche im Reallexikon dieses Wort aus, und der „intolerante" und verfolgungssüchtige Orden des heiligen Dominikus wird sicherlich sofort bei allen denjenigen, die ihn jetzt so nennen, zum tolerantesten und duldsamsten Orden werden.

Im ersten Buche dieses Werkes haben wir bereits von der Ungerechtigkeit und Übertreibung gesprochen, die sich nicht wenige Schriftsteller haben zu schulden kommen lassen, wenn sie über den dominierenden Einfluß des Aristoteles in den Schulen sprachen. Diejenigen, welche ähnliche Ansichten haben, wie wir damals bekämpft haben; diejenigen, welche sich die alten Scholastiker ungefähr wie das unutum et turpe pecus des Horaz vorstellen, das blindlings dem Aristoteles folgt; diejenigen, welche meinen, jene Schriftsteller des Mittelalters hielten mehr auf die Auktorität des Aristoteles als auf die der Kirchenväter, und zögen die Meinung des Stagiriten dem klaren Vernunftausspruche vor; diejenigen endlich, welche denken und in allen möglichen Tonarten beständig ausposaunen, Cartesius sei der erste gewesen, der die Menschen den Gebrauch der eigenen Vernunft gelehrt habe, indem er die übermäßige Auktorität des Aristoteles in den Schulen in die richtigen Schranken gewiesen: mögen die Schriften des Durandus zur Hand nehmen, da uns gerade dieser Schriftsteller in den Weg gekommen ist. Wer sich die Mühe nehmen und seine Kommentare über die Sentenzen des Petrus Lombardus durchgehen will, wird sehen, daß dieser Dominikaner am Anfange des vierzehnten Jahrhunderts die Auktorität des Namens des Aristoteles mit einer fast übertriebenen Freiheit und Unabhängigkeit bekämpft, und den Cartesius durchaus nicht zu beneiden braucht. Man lese jene Kommentare, und man wird sehen, daß der alte Bischof von Meaux fast bei jedem Schritte sowohl von der Auktorität des Aristoteles als auch von seinen Lehren und Meinungen absieht. Quia nos, sagt er an einer Stelle,[1]) non tenemus Aristotelem quantum ad hoc etc. — Quod postea dicitur, sagt er anderswo,[2]) de intentione Aristotelis, dicendum, quod quidquid intenderit, de quo non est tantum curandum sicut de veritate, tamen ratio, quam ad hoc adduxit, parum valet. — An einem anderen Orte sagt er:[3]) Aristoteles ponendo mundum aeternum, erravit non solum contra fidem, sed etiam contra rationem naturalem, et rationes, per quas probat suum intentum, sunt omni homini intelligenti faciles ad solvendum. — Quod concedendum est,[4]) quidquid senserit vel dixerit, Aristoteles, per verba obscura et insolita etc. — Nihil prohibet Aristotelem,[5]) qui fuit purus homo, dixisse in pluribus locis aliqua sibi invicem dissonantia. — Quamvis non multum sit curandum, so schließt er,[6]) quid senserit Aristoteles etc.

Und man beachte, daß diese Stellen nur der praktische Ausdruck der allgemeinen Lehre sind, die er in der Einleitung zu seinem Werke aufstellt, in welchem er, nachdem er gesagt, die heilige Lehre oder die Theologie müsse, wenn es sich um Sachen handele, die zum Glauben gehören, mehr nach der heiligen Schrift als nach der menschlichen Weisheit behandelt werden, also fortfährt:[7]) „Indessen die richtige Art und Weise, jene Dinge und Wissenschaften, die mit dem Glauben in keiner Beziehung stehen, zu behandeln, besteht darin, daß man mehr Gewicht legt auf die Vernunft als auf die Auktorität irgend eines einzelnen Lehrers, so berühmt und angesehen er auch sein mag, und daß man sich nicht um irgend eine menschliche Auktorität kümmert, wenn die entgegengesetzte Wahrheit unserer Vernunft klar und deutlich einleuchtet. Denn wenn wir auch unseren Verstand Christo in Gehorsam unterwerfen müssen bei jenen Dingen, die zum Glauben gehören, und der Auktorität der heiligen Schrift den Vorzug geben müssen vor der Auktorität jeglicher menschlichen Vernunft ... so fällt doch jeder

---

[1]) Sent. Lib. 1. Dist. 7. Quaest. 9. ad 2.
[2]) Ibid. Dist. 8. Quaest. 5.
[3]) Ibid. Lib. 2. Dist. 1. Quaest. 3.
[4]) Ibid. Dist. 3. Quaest. 7.
[5]) Ibid. Dist. 18. Quaest. 9.
[6]) Ibid. nom. 6.
[7]) Ibid. Prol. nom. 12.

Mensch, der seine eigene Vernunft aufgiebt, um der Autorität eines anderen zu folgen, bis zum unvernünftigen Tiere hinab, so daß man ihn vergleichen darf jumentis insipientibus, et similis factus sit illis.... Aus dem bisher Gesagten ergiebt sich, daß, wenn man irgend jemanden verpflichten will, nichts zu schreiben oder zu lehren, was dem entgegengesetzt ist, was irgend ein bestimmter Lehrer geschrieben hat, dieses soviel heißt, als diesen Lehrer den heiligen Kirchenvätern vorziehen, den Weg zur Erforschung der Wahrheit verschließen, der Wissenschaft Hindernisse bereiten und das Licht der Vernunft nicht allein verdunkeln, sondern mit Gewalt unterdrücken. Indem wir also mehr Gewicht auf die Vernunft als auf irgend eine menschliche Autorität legen, ziehen wir die Vernunft der reinen Autorität eines jedweden Menschen vor, indem wir bedenken, daß man vor allem die Wahrheit in Ehren halten muß." —

Abgesehen von der Übertreibung und den Gefahren, die diese Lehre des Durandus wegen ihrer Allgemeinheit und der möglichen Anwendungen auf die theologische Wissenschaft mit sich bringen kann, ist es unbestreitbar, daß diese Lehre, dieselbe in Hinsicht auf die philosophischen und physischen Wissenschaften betrachtet, die modernen Lobredner der Autonomie der menschlichen Vernunft in nichts zu beneiden braucht. Kannten Cartesius und seine Anhänger diese Stellen und diese Lehre, als sie ihre eben so heftigen als übertriebenen Anklagen gegen die despotische Autorität des Aristoteles und das von ihm den Scholastikern auferlegte Sklavenjoch erhoben? Wahrscheinlich nicht. Auf jeden Fall aber darf man nicht außer acht lassen, daß ungeachtet der Übertreibung und der Gewagtheit, die in der eben angeführten Lehre des Durandus in theologischer Hinsicht zu Tage tritt, immer ein bedeutender radikaler Unterschied zwischen ihm und den rationalistischen Anhängern des Cartesius obwaltet. Während diese die absolute Unabhängigkeit und die allmächtige Autonomie der menschlichen Vernunft proklamieren, und auf diese Weise die Basis und Grundlage des Katholicismus zerstören, trägt der alte Dominikanerschriftsteller Sorge, die Interessen der Religion und die Autorität der heiligen Schrift, deren Superiorität über die Vernunft des Menschen er ausdrücklich anerkennt und lehrt, zu wahren.

Und man glaube nicht, daß dieses Beispiel des Durandus ein vereinzeltes sei. Ohne leugnen zu wollen, daß manche Scholastiker die Autorität der Philosophen und besonders des Aristoteles zum Nachteile der Rechte der menschlichen Vernunft spekulativ und praktisch übertrieben haben, ist es nicht weniger gewiß, daß die Mehrzahl der hervorragenden Scholastiker die Autorität der Philosophen nach ihrem wahren Werte wohl zu würdigen und die Rechte der menschlichen Vernunft hinsichtlich der menschlichen Wissenschaften wohl zu wahren wußten, ohne zugleich die gefährlichen Übertreibungen des Durandus in diesem Punkte sich zu schulden kommen zu lassen. Und man beachte, daß dieses hinsichtlich der Schule des heiligen Thomas eine Wahrheit ist, nicht allein wenn es sich um die großen Schriftsteller des sechzehnten Jahrhunderts, die in seiner Lehre unterrichtet waren und ihr folgten, sondern auch wenn es sich um die Scholastiker des dreizehnten Jahrhunderts handelt, die dem Durandus vorangingen.

Ägidius Romanus, der wegen der Gediegenheit seiner Lehren ohne Zweifel einer der berühmtesten Scholastiker und einer der treuesten Interpreten des philosophischen und theologischen Gedankens des heiligen Thomas ist, drückte sich am Ende des dreizehnten Jahrhunderts folgendermaßen aus: „Die menschliche Wissenschaft stützt sich hauptsächlich auf die Vernunft: Scientia humana principalius innititur rationi. „In dieser Art von Wissenschaft," fügt er hinzu, „ist das von der Autorität hergenommene Argument sehr schwach und hat wenig Gewicht. . . . Wir stimmen dem Philosophen nur bei, wenn sie der Vernunft gemäß gesprochen haben:" non credimus philosophis, nisi quatenus rationabiliter locuti sunt. — Diese Gedanken können als der Ausdruck des Gedankens des heiligen Thomas betrachtet werden, dessen Vorlesungen der große Augustinerschriftsteller gehört hatte, und von dem er jene nüchterne Unabhängigkeit erbte; der weder die gefährlichen Übertreibungen des Durandus und die absolute Freiheit und Unabhängigkeit der Cartesianer und Rationalisten adoptiert, noch dem Servilismus und dem übertriebenen Respekt einiger Scholastiker vor den Meinungen des Aristoteles huldigt, indem er die Unabhängigkeit und die Rechte der menschlichen Vernunft bei den rein natürlichen Wissenschaften wahrt. —

Die schottische Schule.

Wir haben im vorstehenden Kapitel angedeutet, daß die schottische Schule der Wissenschaft wirkliche Dienste geleistet hat; denn die schottische Schule, gegründet von Hutcheson und Smith, und alsdann weiterentwickelt durch Reid und Dugald Stewart, war in der That gleichsam ein Aufschrei des richtigen Instinktes der menschlichen Natur; war ein Appell an den gesunden Menschenverstand gegen den sensualistischen Irrtum und gegen die absurden Behauptungen des Skepticismus. In diesem Sinne und in dieser Hinsicht muß man sagen, daß die schottische Philosophie nicht allein eine spiritualistische Restauration involviert, sondern mit Recht auch eine Philosophie des gesunden Menschenverstandes genannt werden kann.

Nichtsdestoweniger aber zeigt uns die kritische Untersuchung ihrer Lehre — die wohlgemeinte Absicht der schottischen Schule wollen wir gerne anerkennen — daß die von dieser Schule versuchte spiritualistische Restauration ohne allen Zweifel nur eine unvollständige ist, und daß ihre Lehre viele wunde Stellen darbietet; und dieses sogar hinsichtlich jener Systeme, deren Irrtümer zu bekämpfen sie sich vorgenommen hatte.

In der That; diese Schule, die sich als Hauptzweck die Bekämpfung der sensualistischen Theorien Locke's zugleich mit dem absoluten Skepticismus Hume's und dem teilweisen und relativen Skepticismus Berkeley's vorgesetzt hatte, zeigt sehr schwache Seiten hinsichtlich dieser Systeme; ja man kann sogar sagen, daß sie ihnen den Weg bereitet.

Indem sie die Wissenschaft auf den gesunden Menschenverstand zurückführen, und den Ursprung der Ideen aus dem Sinne des Wahren erklären und selbst die ganze Philosophie auf diesen Sinn des Wahren gründen wollte, zugleich einen Sinn für das Gute und einen anderen für das Schöne aufstellend; öffnet sie nicht allein dem Mysticismus, sondern auch dem Sensualismus Thür und Thor. Darum haben wir auch Reid, den Hauptrepräsentanten dieser Schule, eine Nomenklatur und Klassifikation der Vermögen des menschlichen Geistes aufstellen sehen, die offenbar zu den sensualistischen Theorien hinneigen.

Das Dugald Stewart, den Hauptschüler Reid's, betrifft, so läßt er nicht allein dem Idealismus und dem Skepticismus, zum Teil wenigstens, die Thür offen, indem er Berkeley zugiebt, daß es unmöglich sei, das Dasein der Körper zu beweisen, sondern seine Hinneigung zu den sensualistischen und materialistischen Theorien ist noch pronuncierter als die des Meisters. Um sich hiervon zu überzeugen, braucht man sich nur daran zu erinnern, daß Stewart die allgemeinen Ideen leugnet und offen den Nominalismus lehrt; denn bekanntlich beweist die Geschichte der Philosophie in Übereinstimmung mit der Vernunft nur allzusehr die logische und wirkliche Verwandtschaft, die zwischen dem Nominalismus und dem Materialismus besteht.

„Der moderne Nominalismus," sagt in dieser Beziehung Rosmini, „hat seinen Ursprung vom Materialismus. Die Nominalisten im allgemeinen sind immer Materialisten gewesen. Hobbes verfocht in energischer Weise den Nominalismus. Die Nachfolger des Hobbes, welche die Existenz der abstrakten Ideen durchaus leugneten, sind La-Mettrie, Helvetius und der Verfasser des „Systems der Natur" und die übrigen aus dieser Sippschaft."

Damit man einsehe, daß wir nicht ohne Grund gesagt, Dugald Stewart sei ein Anhänger des nominalistischen Systems, braucht man nur folgende Stellen zu beachten, die ich so zufällig hier und da aus seinen Werken herausgegriffen habe: „Das Wesen eines Individuums ist nichts anderes als die besondere Qualität, durch die es mit anderen Individuen derselben Klasse übereinstimmt, und vermöge deren man auf dasselbe den nämlichen Gattungsnamen anwendet. Diese Beschaffenheit, die man bei der Klassifizierung wesentlich nennen kann, ist darum das, was bewirkt, daß es zu einer besonderen Gattung gerechnet wird. Alein da jede Klassifizierung bis auf einen gewissen Punkt willkürlich ist, so kann man hieraus nicht folgern, daß jene generische Qualität für die Existenz des Individuums wesentlicher sei, als eine Menge anderer accidenteller Qualitäten.... Es giebt zwei Art und Weisen, zu den allgemeinen Wahrheiten zu gelangen.... Die Aufmerksamkeit kann bei einem einzelnen Individuum stehen bleiben, indem man darauf achtet, daß in unsern Vernunftschlüsse nur die dem Genus eigentümlichen Umstände aufgenommen werden; oder es können auch, indem man die Dinge selbst beiseite läßt, einzig die allgemeinen Worte, welche uns die Sprache liefert, angewandt werden." —

„Wenn wir," sagt er weiter, „über die Klassen oder über die Gattungen Vernunftschlüsse machen, sind die Objekte unserer Gedanken einfache Zeichen; oder wenn einmal der Gattungsname unserem Geiste Individuen vorführt, muß dieser Umstand als die Wirkung einer accidentellen Association angesehen werden, der die Schlußfolgerung eher stört als befördert." —

„Das Objekt unseres Gedankens," sagt er endlich, „können nur die Individuen sein; und was wir allgemeine Ideen nennen, besteht einzig in bloßen Worten oder Zeichen." —

Durandus.

Wilhelm Durandus erhielt den Beinamen Saint-Pourçain von seinem Geburtsorte, der zur Diöcese Clermont in der alten Auvergne gehört. Im Jahre 1290 trat er in den Orden des heiligen Dominikus, und machte nach seiner Profeßablegung große Fortschritte in den Wissenschaften. Im Jahre 1312 erklärte er in Paris mit großem Applaus die Sentenzen, woselbst ihm auch die Universität den Doktorgrad verlieh. Klemens V. machte ihn wegen des großen Rufes seiner Lehre zum Magister sacri Palatii. Im Jahre 1318 wurde Durandus Bischof von Puy, von wo ihn Johannes XXII. nach Meaux versetzte. Hier ereilte ihn der Tod am 13. September 1333.

„Seine Sicherheit und Geschicklichkeit in der Lösung der schwierigsten Fragen," sagt Fritz, „und seine Gewandtheit in der Widerlegung der verwickeltsten Einwürfe haben ihm den Beinamen: Doctor resolutissimus, verschafft. Man hat ihn beschuldigt, die Philosophie mit dunkeln und spitzfindigen Fragen und Distinktionen verunstaltet zu haben; allein dieser Vorwurf ist ungerecht; denn seine philosophischen Werke, die sich durch Kürze des Stils auszeichnen, ragen ebenso auch durch ihre Präcision und Klarheit hervor. Einige Zeit war er der eifrige Verteidiger des heiligen Thomas von Aquin; später bekämpfte er ihn, sowie auch alle Anhänger des Realismus. Seine nominalistische Richtung hat die Veranlassung gegeben, ihn als den Urheber der dritten Periode der Scholastik zu betrachten. Ohne den Realismus förmlich anzugreifen, wie Occam dieses that, suchte er die profane Wissenschaft und die natürlichen Erkenntnisse vollständiger wie seine Vorgänger von der geoffenbarten Lehre oder dem Glauben zu trennen, die erstere unter die weltlichen Dinge rechnend, die keinen wahren und dauerhaften Werl haben." —

Fünftes Buch. Theologie.

Sei dem, wie ihm wolle; wir überlassen dem deutschen Schriftsteller die Verantwortung über diese Behauptung hinsichtlich der nominalistischen Tendenzen des Durandus, und fügen unsererseits nur die Bemerkung bei, daß es über allem Zweifel feststeht, daß dieser Schriftsteller nicht allein eine etwas übertriebene Unabhängigkeit von Aristoteles und jeglicher menschlichen Autorität in den natürlichen Wissenschaften zeigte, sondern auch diese Tendenzen in der That auch auf das theologische Gebiet übertragend, seltsame und selbst gefährliche Meinungen aussprach, die er ohne Zweifel nicht ausgesprochen haben würde, wenn er die Autorität des heiligen Thomas auf dem theologischen Gebiete etwas mehr respektiert hätte, wenn er sie einmal auf dem philosophischen Gebiete nicht respektieren wollte.

Man erinnere sich nur an die im vorstehenden Kapitel mitgeteilten Andeutungen über den ersten Punkt; und was den zweiten betrifft, so würde es leicht sein, aus seinen Schriften eine ziemliche Anzahl von seltsamen und unwahrscheinlichen Meinungen anzuführen. Wir erinnern bloß daran, daß er die unmittelbare Aktion Gottes in betreff der Kreaturen leugnet; daß ihm zufolge die Sakramente bloß die causa sine qua non hinsichtlich der Hervorbringung der gnade sind, aber keine virtus causativa gratiae, characteria, vel cujuscumque dispositionis, seu ornatus existentis in anima sind; daß die Ehe nicht im eigentlichen Sinne des Wortes Sakrament genannt werden könne.

Über das Sakrament der Eucharistie äußert er, nachdem er die katholische Lehre angegeben, folgende Worte, die zum mindesten als ungehörig bezeichnet werden müssen, aber ganz zu seiner Neuerungssucht passen: Negandum non esse, quin alius modus sit Deo possibilis, ita, scilicet, quod remanente substantia panis et vini, corpus et sanguis Christi essent in hoc sacramento.

Ungeachtet seiner Neuerungen und Ausschweifungen in der Lehre sehen wir aber nicht, daß er von seiten des heiligen Stuhles, und noch weniger von seiten des Ordens des heiligen Dominikus belästigt worden ist; denn obwohl Etliche seine Lehre beim heiligen Stuhle beunruhigten, so waren es doch nicht diese Lehren, weder die philosophischen, noch die theologischen, sondern vielmehr diejenigen, welche sich auf die Verhältnisse und Grenzen der beiden Mächte (Kirche und Staat) beziehen, die zu jener Zeit lebhaft diskutiert wurden.

Außer seinem Hauptwerke: Commentaria in quatuor libros Sententiarum, schrieb Durandus noch: De jurisdictione ecclesiastica et de legibus; Synodus dioecesana Anicensis; Quaestiones sexdecim theologiae varii argumenti; Quodlibeta quatuor; Tractatus de statu animarum sanctarum postquam resolutae sunt a corpore u. s. w.

In der zweiten Auflage seines Apparatus macht Possevinus den Durandus zum Bischof von Püttich statt von Meaux, und sagt, er habe im elften Jahrhundert geblüht: ein Anachronismus, der bei einem so sorgfältigen Schriftsteller, wie Antonius Possevinus ist, kaum zu begreifen ist.

Wir wollen diese kurze Biographie des Durandus mit folgenden Worten Echard's schließen, der sich über seine guten und schlechten Eigenschaften folgendermaßen ausspricht: Vir fuit ingenii praestantia clarus, omni scientiarum genere excultus, tenacis memoriae, facili praeditus eloquio, quo mire ac feliciter mentis conceptus exprimebat; sed qui tantis dotibus praeditus, privatis sulis sensus nimium adhaesit. Unde relicta, quam in scholis imbiberat doctrina, hoc fraeno coerceri non patitur, genio se tantum permisit suo.

Ambrosius Catarinus.

Dieser berühmte Schriftsteller, in der Welt Polito Lancelolo genannt, wurde im Jahre 1483 zu Siena geboren. Sich dem Studium des Rechtes widmend, machte er solche Fortschritte in dieser Wissenschaft, daß er Dank seiner herrlichen Geistesanlagen bereits in seinem sechzehnten Lebensjahre Doktor juris utriusque wurde. Nachdem er die Hauptakademien Italiens und Frankreichs besucht und den Schatz seines Wissens vermehrt und überall den Ruf eines großen Gelehrten zurückgelassen, kehrte er in sein Vaterland zurück, wurde Professor der Jurisprudenz, und hatte unter seinen Schülern den nachherigen Papst Julius III. Nach Rom berufen, wurde er Advokat beim Konsistorium und begleitete den Papst Leo X. nach Bologna zu der Konferenz, die dieser mit dem Könige Franz I. von Frankreich hatte.

Einige Schriftsteller haben behauptet, Ambrosio Catarino sei, solange er in der Welt lebte, nicht ganz fest im katholischen Glauben gewesen; aber die Lektüre des „Triumphes des Kreuzes" von Savonarola habe alle seine Zweifel und Bedenken verscheucht. Infolge dessen habe er eine große Achtung vor Savonarola und seiner Lehre bekommen, was ihn aber später nicht abhielt, gegen diesen berühmten Dominikaner, sowie gegen so viele andere zu schreiben. Sei dem, wie ihm wolle; Polito verließ die Welt und verzichtete auf die glänzende Laufbahn, die ihm offenstand, kam nach Florenz, um im dreißigsten Jahre seines Lebens das Kleid des heiligen Dominikus anzuziehen, und veränderte zu Ehren des heiligen Ambrosius, eines Dominikaners des dreizehnten Jahrhunderts, und der heiligen Katharina, die beide seine Landsleute waren, seinen Namen in Ambrosio Catarino um, unter welchem Namen er bekannter ist.

Die übermäßig freie und unabhängige Richtung seines Geistes und seine Neigung zur Aufstellung von seltsamen und gefährlichen Meinungen verdankt er ohne Zweifel seinem energischen und tollkühnen Geiste, aber auch dem Umstande, daß er von sich selber die Theologie erlernte, ohne die Elementarstudien durchgemacht und die Schulen besucht zu haben.

Bereits während seines Noviziates schrieb Catarino sein erstes Werk mit dem Titel: Apologia pro veritate catholicae fidei adversus impia ac valde pestifera Lutheri dogmata. Bald nach seiner Profeßablegung veröffentlichte er seine Excusatio disputationis contra Lutherum ad universas ecclesias; und diesem folgte sein Speculum haereticorum contra Bernardinum Ochinum.

Die fruchtbare Feder dieses Schriftstellers brachte dann weiterhin fast ohne Unterbrechung eine erstaunliche Anzahl von Werken und Broschüren hervor, größtentheils die Kontroverse und die Theologie betreffend. Wir führen einige davon an: De praesentia et providentia Dei; De praedestinatione; De praedestinationis exitu Christi; De angelorum bonorum gloria, et lapsu malorum; De lapsu hominis et peccato originali; Pro immaculata conceptione divae Virginis; De universali omnium morte et omnium resurrectione ac judicio aeterno; De veritate purgatorii; De bonorum praemio, ac suplicio malorum aeterno, et vero igne inferni; De statu futuro puerorum sine sacramento decedentium; De certa gloria, invocatione ac veneratione sanctorum; Claves duae ad aperiendas intelligendasque sacras Scripturas perquam necessariae.

Alle Schriftsteller, die sich mit Ambrosio Catarino beschäftigt haben, sowohl Freunde wie Feinde, stimmen darin überein, daß sowohl in diesen, wie in so vielen anderen Werken, die aus seiner Feder flossen, der berühmte Dominikaner ein sehr großes Talent, lebhaften Schwung des Geistes, umfassende Gelehrsamkeit und ungewöhnlich reiche Kenntnisse zu Tage treten läßt. Indessen muß man gestehen: diese guten Eigenschaften werden durch seine großen Mängel größtenteils wieder aufgewogen. Dieser Schriftsteller scheint von Widerspruchsgeiste beseelt gewesen zu sein; es gefiel sich in der Bekämpfung der bestangesehenen Theologen und schrieb besonders gern gegen seine eigenen Ordensbrüder, selbst wenn er sich von der gemeinsamen Lehre der Theologen trennen und zu seltsamen Meinungen greifen mußte. So sehen wir ihn mit Härte und Bitterkeit nicht allein gegen Savonarola, sondern auch gegen Dominikus Soto, Carranza und Cajetan schreiben. Ich übergehe diese seine Meinungen, da es fast keinen Traktat von Wichtigkeit in der Theologie oder Moral giebt, in dem man nicht irgend eine seltsame und befremdende Meinung von ihm anträfe. Trotz alledem und ungeachtet seiner Neigung, sich von der Lehre des heiligen Thomas zu entfernen, liefert uns die Geschichte seines Beweis von der so viel abgeleiteten Intoleranz des Ordens des heiligen Dominikus in betreff der Freiheit von Lehrmeinungen.

Als das Konzil von Trient eröffnet wurde, wurde unser Catarino in der Eigenschaft eines päpstlichen Theologen hierhin gesandt, und begleitete als solcher seinen ehemaligen Schüler, den Kardinal Johann Maria del Monte, den Präsidenten des Konzils. Sein tiefes Wissen und seine große Gelehrsamkeit machten ihn bald der ganzen hohen Versammlung bekannt. Und wenn er nicht die Neigung gehabt hätte, sich gern von der allgemein angenommenen Lehre zu trennen, würde er vielleicht der erste von allen auf dem Konzile anwesenden Theologen gewesen sein.

Pallavicini in seiner Geschichte spricht häufig und mit Lob von ihm. Und ohne Zweifel müssen seine Eigenschaften und seine Verdienste sehr hervorragend gewesen sein; denn sonst hätten die Gesandten und die Väter des Konzils nicht in ihrem Schreiben an den Papst seinen Eifer und seine Lehre so sehr gerühmt. Paul III. machte ihn deshalb zum Bischof von Minori. In der Eigenschaft als Bischof wohnte er dem Konzile bis zum Jahre 1547 bei, wo es nach Bologna verlegt wurde. Diese Unterbrechung benutzte er, um seine Diöcese zu besuchen.

Im Jahre 1552 wurde Ambrosio Catarino zum Erzbischof von Conza im Königreiche Neapel erhoben. Julius III., der sein Schüler gewesen, rief ihn bald darauf nach Rom, um ihm die Kardinalswürde zu erteilen. Als er sich auf dem Wege nach Rom in Neapel befand, ereilte ihn der Tod im dortigen Dominikanerkloster am 8. November 1553. Obgleich Moreri, Dupin und etliche andere sagen, er sei plötzlich gestorben, so ist doch diese Behauptung unrichtig, nicht allein weil andere Schriftsteller widersprechen, sondern hauptsächlich weil Bolognetti, der Sekretär Catarino's, der bei seinem Tode zugegen war, ausdrücklich sagt, daß die Krankheit des Erzbischofes von Conza, obwohl kurz, ihn nicht allein des Gebrauches der Sinne nicht beraubt, sondern ihm auch Zeit gelassen, alle heiligen Sakramente zu empfangen.

Sixtus von Siena, der der Schüler Catarino's gewesen und einer der hauptsächlichsten italienischen Schriftsteller des sechzehnten Jahrhunderts ist, spricht in seiner Bibliotheca sancta von seinem alten Lehrer in folgender Weise: Vir ingenii viribus valens, disciplinarum opibus excellens, et eloquii, tam etrusci quam latini facundia praepotens. . . . Sacram divi Dominici Ordinem ingressus, in quo dies noctesque in divinis sacrarum Litterarum studiis summa cum vitae sanctitate perseverans, et adversus omnes haereses nostri temporis tamquam in stadio fortissime dimicans, a Julio Pontifice ad episcopatum Cumarum evectus est, et ad onus Cardinalatus, quod ei mors praeripuit, destinatus etc.

Wir wollen die Wahrheit dieser Lobeserhebung, was ihren Kern betrifft, weder bemängeln noch ableugnen, und ebenso auch nicht die vortrefflichen Eigenschaften des berühmten Dominikanerschriftstellers. Ich habe bereits angedeutet daß er diese Eigenschaften durch seine seltsamen und abenteuerlichen Meinungen, sowie durch seinen Mangel an Mäßigung in seinen Schriften gegen seine Gegner, und besonders in seinen Büchern gegen die Kommentare Cajetan's Bücher, die selbst Sixtus Senensis valde acres nennt, zum Teil wieder verdunkelte. —

Dreiundzwanzigstes Kapitel.
Das Problem der Gewißheit.

Vielleicht wird es auffallen, daß wir die Besprechung der Theorie des heiligen Thomas über die Gewißheit bis zu dieser Stelle verschoben haben. Da die Gewißheit gleichsam die Basis und Grundlage der ganzen Philosophie ist, könnte es auf den ersten Blick scheinen, als ob diese Frage gleich anfangs hätte behandelt werden müssen. Indessen, da wir nicht ein philosophisches Handbuch schreiben, sondern bloß den Gedanken des heiligen Thomas über die Hauptprobleme der Philosophie besprechen und den inneren Zusammenhang und die Verbindung seiner Lehren unter sich, die ein abgerundetes harmonisches System bilden, zeigen wollen; mußte das Problem der Gewißheit selbstverständlich nach seiner Theorie über die Wahrheit und auch nach seiner ideologischen Theorie kommen: Theorien, zu denen es in notwendigen innigen Beziehungen steht, da es als eine logische Folgerung aus denselben betrachtet werden kann.

Es ist meine Absicht hier nicht, weder von dem Dasein der

Gewißheit, noch auch von der Art und Weise, wie wir in den Besitz jener Wahrheiten, die ein gemeinsames Erbteil der ganzen Menschheit sind, gelangen. Alle Menschen ohne Ausnahme besitzen eine gewisse Anzahl von Wahrheiten, die sozusagen die allgemeine Vernunft der Menschheit bilden. Da die Spontaneität von Natur aus der Reflexion vorausgeht; da die aufmerksame Beobachtung der inneren Phänomene uns zeigt, daß der direkte Akt früher ist als der reflexe: so kann in Wahrheit gesagt werden, daß die Art und Weise der Entstehung der Gewißheit hinsichtlich dieser Klasse von Wahrheiten, eine naturgemäße, spontane und notwendige ist: eine allgemeine und notwendige Bedingung für die uranfängliche Entwickelung unserer Erkenntniskräfte. Der Mensch befindet sich im Besitze der absoluten Gewißheit einiger Wahrheiten, bevor er mittels der Reflexion zum Selbstbewußtsein gelangt, und folglich auch bevor er imstande ist, über den Modus, wie er zu dieser Gewißheit kam, sich Rechenschaft geben zu können. Der gewöhnliche Mensch wie der Philosoph und der tiefste Denker weiß mit Gewißheit, daß er will, daß er denkt, daß er existiert, daß er sich bewegt; weiß, daß die Ehrfurcht vor den Eltern eine gute Handlung, die Beleidigung derselben eine böse Handlung ist; daß das Ganze größer ist als ein Teil davon, daß unmöglich ein Ding zu gleicher Zeit ist und nicht ist. Wie hat er die Gewißheit von diesen und anderen ähnlichen Dingen erlangt? Er weiß es nicht; er besitzt sie, ohne daß er sich erinnern kann, wie und wann er sie bekommen hat; er fühlt sie in sich als eine unabwendbare Naturnotwendigkeit, als eine Thatsache, die bis zu einem gewissen Grade mit den anderen notwendigen Phänomenen seines Daseins identisch ist. Will dieses nun sagen, diese Zustimmung und diese Gewißheit sei etwas, das der Grundlage ermangele, sei eine blinde Notwendigkeit der Natur?

Keineswegs; der Philosoph, sich stützend auf das Dasein und die Wahrhaftigkeit Gottes, sowie auf die Natur unserer eigenen Vermögen, kann sich selbst davon überzeugen und anderen es beweisen, daß diese Zustimmung und diese Gewißheit eben so begründet wie vernünftig sind. Wenn die Unwissenheit, in der sich der größte Teil der Menschen hinsichtlich der Art und Weise der Erlangung der Gewißheit über gewisse Wahrheiten befindet, nicht der vernünftigen und realen Grundlage derselben entgegen ist, so kann sie um so weniger das Phänomen des Daseins der Gewißheit selber entkräften oder zerstören. In jeder wahren Philosophie, in jeder Wissenschaft, die dieses Namens würdig ist, hat die Frage nach dem Dasein der Gewißheit keinen Sinn; denn nicht allein ist sie dem gesunden Menschenverstande zuwider, sondern auch schon die Aussprache einer solchen Frage, als eines wahren, wirklichen Zweifels, macht jedes Wissen und jede Philosophie unmöglich. Mit dem absoluten Zweifel anfangen, heißt selbst die Möglichkeit des Wissens leugnen; denn jedes Wissen ist affirmativ, und der absolute allgemeine Zweifel ist die Negation jeder Behauptung, und folglich jedweder Wissenschaft und ihrer Möglichkeit.

Ein allgemeiner Skeptiker im strengen Sinne des Wortes; ein Skeptiker, der an allem zweifelt, selbst an seinem Gedanken und an seinem Zweifel, würde ein unbegreiflicher Widerspruch sein; und man kann, ohne Furcht sich zu irren, dreist behaupten, daß ein derartiges Wesen niemals existiert hat.

Dieses ist ohne Zweifel die Ursache, weshalb der heilige Thomas in seinen zahlreichen Werken kaum einmal die absoluten Pyrrhoniker erwähnt und sich nicht damit abgibt, dieses System direkt zu bekämpfen, das durch das Zeugnis des Selbstbewußtseins, des gesunden Menschenverstandes und der Natur selber völlig widerlegt wird.

Andererseits war die christliche Philosophie, zum Teil von den alten Kirchenvätern gegründet und weiter entwickelt, nach und nach in die Gesellschaft eingedrungen und hatte sich der Intelligenzen bemächtigt; hatte bereits zur Zeit des heiligen Thomas den absoluten Pyrrhonismus hinlänglich gewürdigt: ein System, das allein unter dem Schatten großer Irrtümer und Schwankungen der heidnischen Philosophie die Geister beschäftigen konnte. Wenn der heilige Augustin noch in seinen Schriften den absoluten Skeptizismus bekämpfte, so geschah dieses, weil zu seiner Zeit der Streit noch nicht vollständig beendet war und die Überbleibsel der heidnischen Philosophie noch verzweifelte Anstrengungen machten, um nicht den konservativen Principien der christlichen Philosophie das Feld zu überlassen.

Dasselbe ist hinsichtlich der philosophischen Gewißheit oder der Grundlagen und Motive der Gewißheit nicht der Fall; hinsichtlich dieses Problems, über welches vom Beginn der Philosophie bis zu unseren Tagen diskutiert wird, hat der heilige Thomas seinen Gedanken klar und deutlich formuliert; und seine Meinung hinsichtlich dieses Punktes ist nicht allein eminent philosophisch und vernünftig, sondern steht auch mit den Vorschriften des gesunden Menschenverstandes und der Erfahrung in völliger Übereinstimmung.

Man braucht nur ein wenig nachzudenken, um einzusehen, daß die Gewißheit und die Wahrheit, obwohl sie an sich zwei ganz verschiedene Dinge sind, dennoch innige und notwendige Beziehungen zu einander haben. Wir können, wenigstens subjektiv, über eine irrtümliche Sache gewiß sein; denn wir können einer falschen Sache mit Festigkeit zustimmen; dieses kann aber nur unter der Bedingung geschehen, daß das Objekt, auf das die Gewißheit sich bezieht, sich unserem Geiste als eine Wahrheit darstellt oder wenigstens als solche erscheint. In dem Augenblicke, wo wir aufhören, eine notwendige Verknüpfung und ein Übereinstimmungsverhältnis zwischen der Zustimmung unseres Urteiles und dem Objekte als wahr, zu erblicken, kann das Phänomen der Gewißheit in unserem Geiste nur noch kraft des Willens fortbestehen, was dann aber keine wahrhaft philosophische Gewißheit mehr ist. Dieses beweist, daß die Lösung des Problems der Gewißheit nicht vollständig von der Theorie der Wahrheit, in der sie ihre Wurzeln hat, getrennt werden kann; und daß in jeder Philosophie, die dieses Namens würdig ist, und deren Teile im richtigen Zusammenhange miteinander stehen, die Lösung dieses Problems mit der Theorie der Wahrheit in Harmonie stehen muß. Darum müssen wir, um den Gedanken des heiligen Thomas über die Gewißheit leichter zu verstehen, seine Theorie über die Wahrheit kurz wiederholen und auch an etliche Punkte seiner Ideologie erinnern, die gleichsam die Grundlage und den Ausgangspunkt für seine Theorie über die Gewißheit bilden.

„Die Wahrheit ist eine Übereinstimmung zwischen der Vernunft und dem Dinge." Diese Definition der Wahrheit, deren philosophische Tiefe und Exaktheit man um so mehr bewundert, je mehr man darüber nachdenkt, zeigt uns, weshalb derselbe heilige Lehrer behauptet, die Wahrheit beziehe sich notwendig auf den Intellekt. Und in der That; die Vernunft in Übereinstimmung mit der allgemeinen Art und Weise, wie alle Menschen die Wahrheit auffassen, lehrt uns, daß wir nicht die Wahrheit auffassen, ohne zugleich die Beziehung oder Vergleichung zwischen dem als wahr erkannten Dinge oder Objekte und irgend einem Intellekte aufzufassen. Der Intellekt aber, in welchem diese Gleichheit oder Übereinstimmung vorhanden ist, kann entweder die Ursache derselben sein, oder von ihr in der objektiven und in der intellektuellen Ordnung abhangen; er kann aktiv oder passiv hinsichtlich des erkannten Objektes sein, das der Terminus der Gleichheit ist; mit einem Worte: er kann

geschaffen oder unerschaffen sein. Hieraus folgt das Dasein von zwei Arten von Wahrheit: die objektive und die subjektive Wahrheit. Die Übereinstimmung oder Gleichheit zwischen dem realen Dinge und dem göttlichen Intellekte bildet die objektive Wahrheit; denn die objektive Wahrheit, oder die metaphysische Wahrheit, oder die transcendentale Wahrheit, — ist die Entität, das Sein des Dinges selber, insofern es dem göttlichen Intellekte konform ist, oder wenn man will: die äußere Realisierung irgend einer von den ewigen Ideen ist, die in der unendlichen Intelligenz existieren. Die subjektive Wahrheit ist die Übereinstimmung oder Gleichheit zwischen dem menschlichen Intellekte und dem realen Dinge; denn in der That, es ist eine subjektive Wahrheit, eine logische Wahrheit, eine formale oder Erkenntniswahrheit vorhanden, wenn die von unserem Intellekte gebildete Auffassung die treue Darstellung des Dinges ist, auf welches sie sich bezieht.

Sowohl die objektive und transcendentale Wahrheit als auch die subjektive und logische, involvieren notwendig zwei Gleichheitsterminen, den Intellekt nämlich und das erkannte Ding, ohne daß deßhalb die gegenseitige Beziehung zwischen den beiden Gliedern bei den zwei Arten von Wahrheit eine gleiche ist. Bei der metaphysischen oder transcendentalen Wahrheit ist das erste Glied der Gleichung oder der Intellekt höher als das zweite; denn der göttliche Intellekt ist die bewirkende Ursache hinsichtlich des von uns erkannten Dinges; und kraft der Ideentypen, die von allen wirklichen und möglichen Dingen von Ewigkeit her in ihm präexistieren, ist er auch vorbildliche Ursache des Dinges, das wir wahr mit objektiver und metaphysischer Wahrheit nennen. Deßhalb sagt der heilige Thomas, der göttliche Intellekt sei die Regel und das Maß der Wahrheit der Dinge.

Das Gegenteil findet statt bei der logischen oder subjektiven Wahrheit, wo nämlich der hauptsächlichste oder erste Terminus der Gleichheit das erkannte Ding ist. Wie das existierende Ding wahr ist mit transcendentaler und objektiver Wahrheit, insofern es dem in der göttlichen Intelligenz präexistierenden Ideentypus des Dinges konform ist, so ist umgekehrt unser Intellekt insofern wahr mit subjektiver Wahrheit, als er die logische Wahrheit besitzt, als der Begriff, den er von dem Dinge bildet, mit der erkannten Sache, wie sie in sich selber existiert, konform ist. Deßhalb kann das erkannte Objekt Ursache der logischen Wahrheit genannt werden und hat die Natur einer Regel und eines Maßes hinsichtlich der subjektiven Wahrheit. Res naturales,

ex quibus intellectus noster scientiam accipit, mensurant intellectum nostrum, sed sunt mensuratae ab intellectu divino, in quo sunt omnia creata, sicut omnia artificiata in intellectu artificis. Sic ergo intellectus divinus est mensurans, non mensuratus; res autem naturalis, mensurans et mensurata; sed intellectus noster est mensuratus, non mensurans res naturales. Der göttliche Intellekt giebt dem Dinge das Sein und mit dem Sein die objektive und transcendentale Wahrheit; das reale Ding giebt sich selber dem menschlichen Intellekte mittels des Begriffes, den dieser von ihm bildet, und der auf diese Weise zur objektiven Vollkommenheit unseres Intellektes wird. Die transcendentale und logische Wahrheit ist der Reflex des göttlichen Intellektes auf das Ding; die subjektive Wahrheit ist der Reflex des realen Dinges auf den menschlichen Intellekt.

Wenn die objektive Wahrheit als äußere Realisierung des Ideentypus, der ihm in der göttlichen Wesenheit entspricht, die Entität oder das Sein des Dinges selber ist; wenn der göttliche Intellekt Ursache, Regel und Maß des Dinges und folglich auch seiner objektiven Wahrheit ist; ist es klar, daß die Gleichheit zwischen dem göttlichen Intellekte und dem existierenden Dinge eine absolut notwendige, allgemeine und unfehlbare ist. Alles, was existiert, ist eine Realisierung und Teilnahme an den ewigen Ideen, die in Gott sich befinden; alles, was existiert, bezieht sich auf den göttlichen Intellekt als auf seine allgemeine, absolute und unendliche Ursache. Mithin ist die Gleichheit zwischen dem göttlichen Intellekte und dem realen Dinge eine notwendige, absolute und unfehlbare: vorausgesetzt die Schöpfung der Welt. Folglich ist sie eine wesentlich gewisse Gleichheit.

Bei der subjektiven und logischen Wahrheit aber ist der erkennende Intellekt nicht allgemeine Ursache des Objektes und ist nicht eine unendliche Intelligenz wie der göttliche Intellekt, hängt vielmehr vom Objekte als von seiner Norm, seiner Ursache und seiner Vollkommenheit in der intellektuellen Ordnung ab; und ist zugleich eine Intelligenz mit wesentlich endlicher Aktivität.

Da die logische Wahrheit nichts anderes ist, als die Art und Weise, wie wir das Objekt erkennen und darüber urteilen, der Begriff, den unser Intellekt vom realen Dinge bildet: ein Begriff, der der Natur nach später ist als das erkannte Objekt und von ihm abhängt und eine Wirkung desselben ist; kann die Beziehung zwischen den beiden Gleichheitsgliedern bei dieser Wahrheit nicht unveränderlich, notwendig und unfehlbar sein, wie bei der ersteren; denn das reale Ding ist nicht die absolute, allgemeine und unendliche Ursache der Erkenntnis unseres Intellektes, wie das der göttliche Intellekt hinsichtlich des existierenden Dinges ist. Folglich ist die Gleichheit zwischen unserem Intellekte und der realen Ursache kontingent und fehlbar. Mithin ist diese Gleichheit nicht wesentlich gewiß, oder mit anderen Worten: die Gewißheit ist nicht eine wesentliche und notwendige Bedingung, die immer diese Gleichheit begleitet, wie sie die Gleichheit zwischen dem göttlichen Intellekte und dem existierenden Dinge immer begleitet. Somit geht das Problem der Gewißheit aus der Theorie der Wahrheit notwendig und naturgemäß hervor.

Wenn die Wahrheit keine Illusion, sondern eine Wirklichkeit für uns ist; wenn in uns und für uns die Gewißheit in gegebenen Fällen, aber nicht immer, existiert, muß es irgend eine Regel, irgend ein Kennzeichen, irgend ein Kriterium geben, um jene gewissen Erkenntnisse als solche zu erkennen und zu unterscheiden.

Dieses ist das zwischen den absoluten Skeptikern und allen übrigen Philosophen, oder vielmehr zwischen den Skeptikern und der ganzen übrigen Menschheit aufgepflanzte Problem. Die Lösung des Problems in diesem Sinne darf man nicht auf dem philosophischen Gebiete suchen; sie befindet sich in dem Selbstbewußtsein eines Jeden, in der Vernunft und dem gesunden Sinne der ganzen Menschheit, in der Natur des Menschen selber.

Also das auf das philosophische Feld verpflanzte Problem bezieht sich nicht auf die Existenz der Gewißheit, sondern vielmehr auf die nähere Bestimmung der Mittel und der Grundlagen derselben. Welches sind nun die Grundlagen der Gewißheit? Welches sind die Mittel, um in ihren Besitz zu gelangen? Sind sie innerlich und persönlich, oder äußerlich und allgemein? Das sind die Hauptpunkte, um die sich das Problem der Gewißheit auf dem eigentlich wissenschaftlichen Gebiete drehet.

Die letztere Frage bildet den Hauptpunkt unserer Frage und enthält die übrigen in sich. Dieses ergibt sich auch aus der Geschichte der Philosophie. Abgesehen von den Pyrrhonikern, zeigt uns diese Geschichte die Philosophen hinsichtlich des Problems der Gewißheit, wie wir es eben angegeben, in zwei große Klassen geteilt; die einen haben das Kriterium der Wahrheit und das Fundament der Gewißheit im einzelnen Menschen gesucht; andere haben geglaubt, oder wenigstens gesagt, der Mensch sei für sich allein nicht im stande, zur

Gewißheit zu gelangen, und das reale Fundament der Gewißheit müsse einzig bei der Gesammtmenschheit oder in der Übereinstimmung des Menschengeschlechtes gesucht werden. Zur ersteren Klasse gehören die Dogmatisten; die zweite Klasse nennt man gewöhnlich Akademiker; denn diese alten Philosophen bestritten der Gesammtmenschheit nicht absolut den Besitz der Wahrheit, sondern nur dem einzelnen Menschen, der nach dem Ausspruche Cicero's sich mit bloßen Wahrscheinlichkeiten begnügen müsse: Nos probabilia sequimur, percipi quid posse negamus.

Da der Einzelmensch drei große Manifestationen seiner Vermögen oder Kräfte darbietet, nämlich die intellektuellen Kräfte, die moralischen Kräfte und die sensitiven Kräfte, teilten sich die Dogmatisten in drei verschiedene Schulen, je nachdem sie das Kriterium der Gewißheit hauptsächlich in einer der drei Klassen jener Kräfte suchten. Die einen beschränkten die Wahrheit und Gewißheit auf die reine Vernunft, wie z. B. die idealistischen oder rationalistischen Dogmatisten. Zu dieser Klasse gehört ohne Zweifel Plato; denn Cicero, der in seiner Eigenschaft als Akademiker dessen Meinungen sehr gut kannte, sagt von ihm, er habe den Sinnen jegliche Wahrheit abgesprochen, um sie ausschließlich dem Gedanken und der Vernunft beizulegen: Plato omne judicium veritatis veritatemque ipsam, abductam ab opinionibus et a sensibus, cogitationis ipsius et mentis esse voluit.

Die zweite Klasse der Dogmatisten dagegen verlegte das Fundament der Gewißheit in den Einzelmenschen als eines mit inneren Affekten oder Gefühlen begabten Wesens. Dieses sind die Gefühls-Dogmatisten, zu welchen wahrscheinlich die alten Cyrenaiker gehörten, von welchen Cicero sagt, sie anerkannten kein anderes Kriterium der Wahrheit, als die inneren Bewegungen oder Affekte der Seele: permotiones animi intimas.

Und zur dritten Klasse gehören Epikur und alle sensualistischen und materialistischen Schulen, die den Ursprung und das Kriterium der Wahrheit nur in den Sinnen und ihren Wahrnehmungen suchen; dieses sind die sensualistischen Dogmatisten.

Ebenso wie die Dogmatisten zerfielen auch die Akademiker in drei Klassen; erstens die Akademiker, die wir menschheitliche nennen können, da sie als einzigen Ursprung der Gewißheit die allgemeine Übereinstimmung der ganzen Menschheit annahmen. Zweitens die religiösen Akademiker, die behaupteten, der Mensch könne und

Dreiundzwanzigstes Kapitel. Das Problem der Gewißheit.

dürfe an allem zweifeln, mit Ausnahme der Dinge, die zur Religion gehörten. Drittens die **politischen Akademiker**, die dem Menschen erlaubten, an allem zu zweifeln, wenn er nur die **politischen Gesetze** und Einrichtungen der Gesellschaft, in der er lebe, für praktisch gewiß halte und sein Betragen danach einrichte. Diese Lehre, die in unseren Tagen viele Anhänger zählt, wenn diese es auch nicht ausdrücklich sagen, ist in jenem bekannten Spruche enthalten, den Laktantius dem Cicero zuschreibt: Sentiendum philosophice, vivendum politice.

Vielleicht findet sich in der Geschichte der Menschheit keine Revolution, die seit den ersten Schritten ihrer Existenz einen so passenden und richtigen Namen bekommen hat, als diejenige, die unter dem Namen „Renaissance" bekannt ist. Nichts in der That ist richtiger, wie Renaissance (Wiedergeburt, Wiedererweckung) eine Revolution zu nennen, deren hauptsächlichstes und fast ausschließliches Verdienst darin besteht, mitten im katholischen Europa die Wissenschaften, die Künste, die Institutionen, die Litteratur, die Sitten, die philosophischen Sekten und Schulen des alten Heidentums wiedererweckt zu haben. Die Renaissance, die den Plato vergöttlichte und ihm Altäre widmete und Tempel errichten wollte; die Renaissance, für die es keine andere künstlerische Schönheit gab, als die der heidnischen Künste; die die heidnische Litteratur und Wissenschaft viel höher als die christliche Litteratur und Wissenschaft hielt: stellte ebenfalls auch die heidnische Philosophie hoch über die christliche. Darum sehen wir auch seit jener Zeit im christlichen Europa ganz entschiedene Vertreter und Anhänger der alten Koryphäen der heidnischen Philosophie und ihrer verschiedenen Schulen nach und nach auftreten. Der eine tritt auf als Vorkämpfer Plato's und seiner Philosophie in allen ihren Teilen, mit Einschluß ihrer republikanischen Herrlichkeiten; der andere ist im gleichen Sinne ein Anhänger des Aristoteles. Ein anderer übernimmt es, die Schule des Epikur und seine Atome wiedererstehen zu lassen; ein anderer erweckt den idealistischen Pantheismus der eleatischen Schule wieder zum Leben.

Da die Frage über die Gewißheit eine der wichtigsten und weittragendsten in der Philosophie ist, besonders wenn diese das Licht, das ihr die Annäherung an das geoffenbarte Wort verleiht, von sich weist und von der religiösen Idee vorsätzlich absieht; mußte auch das Problem der Gewißheit notwendigerweise seine Renaissance oder Wiedererweckung haben und hatte sie auch. Man werfe einen Blick auf die Geschichte der Philosophie seit jener Zeit bis auf unsere Tage, und man wird unschwer erkennen, nicht allein daß seit der Renaissance die alten Kämpfe zwischen den Dogmatisten und Akademikern mit ihren übertriebenen Prätensionen und ihren Fehlern, welche die christliche Philosophie verscheucht hatte, von neuem wieder auftauchten, sondern daß man auch bei den Philosophen, die sich von den Traditionen jener christlichen Philosophie weiter entfernt hatten, mehr oder weniger deutliche Reminiscenzen der verschiedenen Schulen, in die sich, wie wir angegeben, die alte dogmatistische und akademische Schule teilten, leicht auffinden lassen. Lamenais, der eine traurige Berühmtheit erlangt hat, kann als ein treues Echo der alten **menschheitlichen Aka**demiker betrachtet werden, wenn er jede individuelle Evidenz und Gewißheit leugnet; wenn er lehrt, bloß das Zeugnis und die Übereinstimmung der gesamten **Menschheit** habe eine notwendige Beziehung und eine unfehlbare Verknüpfung mit der Wahrheit, und daß der einzelne Mensch für sich allein nicht in den Besitz der absoluten Gewißheit gelangen könne, selbst wenn diese sich auf das Zeugnis der Sinne und des eigenen Selbstbewußtseins beziehe. Alle wissen, was Huet in seinem Werke: De imbecillitate mentis humanae lehrte; dem berühmten Bischofe von Avranches zufolge giebt es keine andere Gewißheit, als diejenige, welche die Lehren der Religion als geoffenbarte Lehren begleitet. Diese Lehre hat offenbar nicht geringe Ähnlichkeit und Analogie mit der der alten **religiösen Akademiker**, eben so wie die Lehre von Hobbes, der alles auf die **politische Macht** und die **politischen Institutionen** bezieht, als eine Reminiscenz an die von den **politischen Akademikern** gelehrte „**Akatalepsie**" betrachtet werden kann.

Etwas Analoges findet sich auch in betreff des Dogmatismus. Cartesius, der kein anderes Kriterium der Wahrheit annahm, als die „**klare und deutliche Idee**"; und Wolf, der für die Wahrheiten von intellektueller Evidenz das Ratiocinium und die genaue Befolgung der Regeln der Logik als Kriterium aufstellte, nähern sich sehr dem rationalistischen Dogmatismus Plato's. Vorhin sagten wir, daß die Cyrenaiker das Kriterium der Wahrheit in den **inneren Affekten und Gefühlen** suchten. Das System von Malebranche über die unmittelbare Anschauung der Dinge in Gott, und die Lehre der schottischen Schule hinsichtlich der Instinkte und Gefühle haben ohne Zweifel eine Analogie und Beziehung zum Gefühlsdogmatismus der alten Cyrenaiker.

Schließlich können wir sagen, der exklusive Empirismus

Baco's, sowie die Lehre Locke's über die Möglichkeit der denkenden Materie enthalten sehr starke Tendenzen zum sensualistischen Dogmatismus: ein Dogmatismus, der später von Condillac und den materialistischen Philosophen des vorigen Jahrhunderts ganz offen gelehrt wurde.

Vierundzwanzigstes Kapitel.

Fortsetzung: Das Problem der Gewißheit.

Wir haben im vorigen Kapitel gesehen, daß die Philosophen hinsichtlich des Problems der Gewißheit in zwei große Klassen zerfallen. Ohne absolut ihre Existenz zu leugnen, behaupten alte wie neue Akademiker, zu welchen wir besonders die Schule des Lamenais zählen, das einzige Kriterium der Gewißheit für den Menschen sei die allgemeine Übereinstimmung der gesamten Menschheit, und folglich sei das rationelle Fundament für den sicheren und gewissen Besitz der Wahrheit außerhalb des einzelnen Menschen. Die Dogmatisten behaupten dagegen, das Zeugnis der Sinne und des inneren Bewußtseins und besonders die intellektuelle Evidenz bilden für sich allein und unabhängig von der allgemeinen Zustimmung der Gesamtmenschheit sichere und unfehlbare Regeln oder Kriterien der Existenz der Wahrheit und folglich auch der Gewißheit.

Welche von diesen beiden Schulen hat recht? Welche von diesen beiden Behauptungen ist wahr? — Wir glauben mit der christlichen Philosophie und besonders mit der Philosophie des heiligen Thomas, daß beide Schulen recht haben, und beide Schulen unrecht haben. Beide haben recht, insofern sie eine Wahrheit behaupten; und beide haben unrecht, insofern sie diese Wahrheit durch Übertreibung entstellen. Die Schule der allgemeinen Zustimmung hat recht, insofern sie die Behauptung ausspricht, daß diese Zustimmung ein sicheres, natürliches und notwendiges Mittel sei, um in gewissen Fällen zur Sicherheit zu gelangen; und auch insofern sie die Negation der dogmatistischen Exklusivität involviert, d. h. insofern sie leugnet, daß die individuelle Evidenz hinreichend sei, um in den Besitz der Gewißheit aller Wahrheiten zu gelangen. Diese Schule hat aber unrecht, insofern sie leugnet, daß die individuelle Evidenz hinreiche und danach angethan sei, in den sicheren Besitz irgend welcher Wahrheit zu gelangen.

Etwas Ähnliches muß auch von der dogmatistischen Schule gesagt werden. Sie hat recht, wenn sie behauptet, daß der einzelne Mensch nicht aus sich herauszutreten brauche, um ein sicheres und unfehlbares Kriterium für viele Wahrheiten zu finden; aber sie ist im Unrechte, wenn sie will, daß jene inneren Mittel für sich allein genügten und in allen Fällen unfehlbare Kriterien seien.

Gewiß ist, daß die Lehre Lamenais' direkt zum allgemeinen Skepticismus führt; denn wenn der Mensch nur mittels des allgemeinen Zeugnisses der Gesamtmenschheit von irgend etwas gewiß sein kann; wenn er für sich allein nichts mit Gewißheit behaupten kann; wenn seine persönlichen Vermögen oder Kräfte niemals ein unfehlbares Mittel der Wahrheit und Gewißheit sind: dann werden sie es auch ebenso wenig sein, wenn er mittels derselben zum Besitze oder zur Erkenntnis des Zeugnisses oder der Zustimmung der allgemeinen Menschheit gelangt; und folglich bleibt beim einzelnen Menschen logischerweise nur der Skepticismus übrig.

Allein eben so gewiß ist auch, daß diejenigen, welche, ohne zu unterscheiden, in einem allgemeinen und absoluten Sinne behaupten, die Evidenz der Einzelvernunft und der Sinne sei ein unfehlbares Kriterium der Wahrheit, ihrerseits ebenfalls allen Irrtümern und allen Illusionen des menschlichen Geistes Thür und Thor öffnen. Wer weiß nicht, daß wir leider nur zu oft bloß rein wahrscheinlichen Dingen und selbst offenbaren Irrtümern mit Gewißheit unsere Zustimmung geben? Und nichtsdestoweniger sind in den allermeisten Fällen diejenigen, welche jene Irrtümer lehren und verteidigen, der Meinung und Überzeugung, daß sie hinsichtlich jener Behauptungen die Evidenz besitzen. Und dieses findet nicht allein bei der Menschheit im allgemeinen, und hinsichtlich jener Urteile statt, welche die Erziehung, der Unterricht, die Vorurteile und Leidenschaften uns über viele Dinge bilden lassen, die wir für gewiß und evident halten, auch wenn sie sehr weit hiervon entfernt sind; sondern diese Erscheinung zeigt sich selbst bei den Philosophen, bei eben den Männern, die uns Regeln geben, um das Wahre vom Falschen, das Gewisse von der bloßen Meinung unterscheiden zu können, und die zugleich in der Evidenz der Vernunft das Kriterium der Gewißheit finden; bei Männern endlich, die als tiefe Denker allgemein bekannt sind. Cartesius, der die Unmöglichkeit des leeren Raumes lehrte, glaubte ohne Zweifel, daß er der Evidenz zustimme; und Malebranche mußte von der Evidenz seines Systems über die Anschauung der Dinge in der göttlichen Wesenheit sehr überzeugt sein, wenn er lieber für einen Narren gehalten werden wollte, als an seiner Wahrheit zweifeln. Folglich kann und darf die individuelle Evidenz bloß hinsichtlich einiger Wahrheiten, aber nicht aller, als sicheres, natürliches und unfehlbares Kriterium der Gewißheit angenommen werden.

In diesem Sinne sind ohne Zweifel die Ideen und Worte Bonald's wahr, wenn auch etwas übertrieben, wenn er den absoluten Dogmatismus der Philosophie bekämpft. „Das Kriterium der Philosophie," sagt er,[1] „der Gegenstand der Wünsche und Bestrebungen aller Philosophen, und das Kennzeichen, wodurch man den Irrtum von der Wahrheit unterscheiden kann; diese erste Wahrheit, die zum Ausgangspunkte bei der Erforschung aller übrigen dienen kann; diese erste Thatsache, die alle anderen Thatsachen richtig erklären kann: hat man sie bereits gefunden? Der Eine verlegte das Kriterium in die Erfahrung; der Andere in die Evidenz; dieser in den genügenden Grund, in den Instinkt oder in den Habitus; jener in die reflexive oder instinktive Erkenntnis. Der moralische Sinn, der natürliche Sinn, der Gemeinsinn, der innere Sinn, die natürliche Vernunft, die Gesamtvernunft, die Identität, das Princip des Widerspruchs u. s. w.: jedes hat seine Anhänger. Das Princip: Es giebt keine Wirkung ohne Ursache, scheint Einigen evident. Hume aber erblickt in ihm nichts weiter als eine Täuschung, welche die Vernunft beseitigt, und er bezweifelt selbst das Kausalitätsprincip. Berkeley bringt unlösbare Zweifel über die Existenz der Körper vor, und findet nichts weiter als einen Traum, einen leeren Schein in allem demjenigen, was wir Materie, Welt, Universum nennen. Der Eine bestreitet unseren Ideen jeden repräsentativen Charakter; der Andere thut das Gleiche mit unseren Sensationen. Dieser erblickt im Universum nur Intelligenzen; jener findet in ihm nur Materie; ein konsequenter Pyrrhoniker wird in ihm nichts finden; und wir unsererseits wiederholen die Frage: warum giebt es im Universum vielmehr wirklich Etwas als Nichts? und können sie selber nicht lösen." —

Bevor wir den Gedanken des heiligen Thomas über das Kriterium der Gewißheit auseinandersetzen, wollen wir die Bemerkung vorausschicken, daß wir die Gewißheit entweder in Bezug auf das

---

[1] Recherch. phil. Tom. I. pag. 54.

Subjekt, das sie besitzt, d. i. insofern sie einen bestimmten Zustand unseres Geistes bezeichnet, oder in Bezug auf das Objekt und auf die Motive, welche sie in uns bestimmen, betrachten können. Nach der ersteren Weise oder subjektiv betrachtet, ist die Gewißheit nichts anderes als die feste Zustimmung der Vernunft zu irgend einem Dinge, oder vielmehr wie der heilige Thomas sagt: die Festigkeit der Adhäsion des Erkenntnisvermögens an sein erkanntes Objekt (firmitas adhaesionis virtutis cognoscitivae ad suum cognoscibile).

Die subjektive Gewißheit ist also jene, die den anderen zwei Zuständen, die unser Geist hinsichtlich irgend eines Objektes haben kann, nämlich der bloßen Meinung und dem Zweifel, entgegengesetzt ist.

Die objektive Gewißheit ist die Wahrheit des Objektes selber, oder wenn man will: die Fähigkeit und Eigenschaft des Objektes, die Gewißheit in betreff seiner selbst hervorzubringen oder zu bestimmen. Wenn wir sagen: das Dasein Gottes, die Unsterblichkeit der Seele, das Princip des Widerspruchs seien absolut gewisse Dinge, so sprechen wir in diesem Sinne und legen ihnen objektive Gewißheit bei. Diese objektive Gewißheit kann nun in absolute objektive Gewißheit und in relative objektive Gewißheit eingeteilt werden. Ich nenne absolute objektive Gewißheit jene, die dem Objekte an sich, quoad se, eignet, oder abgesehen von seiner Beziehung zu unserem Verstande. Daß Gott Einer in seiner Wesenheit und dreifach in den Personen ist, ist ohne Zweifel an und für sich eben so gewiß mit objektiver Gewißheit, wie daß das Ganze größer ist als sein Teil; und doch ist, abgesehen von der Offenbarung, diese Gewißheit für unseren Geist nicht in dem gleichen Grade vorhanden, wie bei dem erwähnten Axiome. Man kann auch sagen, die absolute objektive Gewißheit ist mit der objektiven und transcendentalen Wahrheit des Dinges ein und dasselbe; und da die transcendentale Wahrheit nichts anderes a parte rei ist, als die Entität oder das Sein selber des Dinges; so folgt hieraus, daß die absolute objektive Gewißheit denselben Grad haben muß wie die transcendentale Wahrheit. Folglich, wie die transcendentale Wahrheit in ihren Graden verschieden ist je nach der Gradation der Vollkommenheit, welche die realen Dinge bilden, muß auch die absolute objektive Gewißheit im Verhältnisse stehen zu der realen Entität und Vollkommenheit des Objektes. In diesem Sinne können wir mit Recht sagen, daß die Behauptungen und Wahrheiten, die sich auf Gott, auf die Engel, auf die vernünftige Seele beziehen, gewisser sind mit objektiver Gewißheit, als die, welche sich auf die Körper beziehen, wenn auch viele von jenen Wahrheiten mit geringerer Gewißheit und größerer Unvollkommenheit, als einige von denen, die sich auf die Körper beziehen, von uns erkannt werden.

Die relative objektive Gewißheit ist jene, welche sich auf das Objekt bezieht, jedoch nicht auf dasselbe an und für sich betrachtet, sondern hinsichtlich der Fähigkeit, die es hat, in unserem Geiste die subjektive Gewißheit zu bestimmen bei jenen Mitteln, die wir gegenwärtig besitzen, um zu ihr zu gelangen. Sie heißt objektive Gewißheit, weil das, was wir in ihr suchen und betrachten, die Motive oder Fundamente sind, die auf Seite des Objektes vorhanden sind, um unsere Zustimmung zu bestimmen; und sie heißt relativ, weil jene Motive in Relation oder Beziehung zu den Bedingungen unserer Natur- und Erkenntniskräfte stehen müssen, was natürlich nicht bei den Engeln und Gott zutreffen kann, da sie nicht, wie wir, sensitive Kräfte haben.

Auf diese Gewißheit bezieht sich das philosophische Problem über die Gewißheit, da die subjektive Gewißheit nichts anderes ist, als eine Wirkung der wahren oder scheinbaren objektiven Gewißheit; auf diese bezieht sich die Theorie des heiligen Thomas, die wir zu besprechen im Begriffe sind; auf diese bezieht sich, was man von den verschiedenen Graden der Gewißheit zu sagen pflegt, wenn man sie eintheilt in die metaphysische, physische und moralische Gewißheit; sie ist es, von der der heilige Thomas spricht, wenn er sagt, daß „die Gewißheit in zweifacher Weise betrachtet werden könne: erstens, nach der Ursache der Gewißheit; und so wird jenes gewisser genannt, das eine gewissere Ursache hat."[1] — „Um so größer aber ist die Gewißheit, je stärker das ist, was die Entschließung (der Vernunft) verursacht."[2] —

Wenn der Mensch als vernünftiges Wesen Gott oder wenigstens den Engeln gleich wäre; wenn bei ihm das Sein und die Intelligenz, das Subjekt und das Objekt, wie bei ersterem, ein und dasselbe wäre,

---

[1] Sum. Theol. 2. 2. Q. 4. a. 8: Certitudo potest considerari dupliciter; uno modo, ex causa certitudinis, et sic dicitur esse certius illud quod habet certiorem causam. —

[2] Sent. L. 3. D. 23. Q. 3. a. 2: Tanto autem major est certitudo, quanto est fortius illud quod determinationem (intellectus) causat. —

oder wenn er wenigstens keine anderen Erkenntniskräfte als die Vernunft hätte, wie das bei den zweiten der Fall ist; würde es vielleicht möglich sein, ihm nur ein einziges Fundament oder Motiv der Gewißheit bei der Erlangung der Wahrheit zuzuerkennen. Statt dessen aber ist der Mensch ein intelligentes und sensitives Wesen; und diese subjektive Dualität, die dem Menschen primitiv und wesentlich ist, wirft ihren Reflex auf das Objekt seiner Erkenntnis, und verursacht dadurch auch eine objektive Dualität. Da nun die Gewißheit in notwendiger direkter Beziehung zur Wahrheit steht, hinsichtlich welcher sie gleichsam eine Modifikation, ein Attribut, eine Manifestation ist, ist das Problem der objektiven Gewißheit oder des Kriteriums der Gewißheit, notwendig komplex und nicht einfach; denn wie es sensitive und intellektuelle Kräfte oder Vermögen, sensitive und rein intellektuelle Objekte, sensitive kontingente Wahrheiten und intellektuelle, allgemeine und notwendige Wahrheiten giebt; ebenso muß auch das Kriterium für die sensitiven Objekte und Wahrheiten, und für die intellektuellen Objekte und Wahrheiten verschieden sein. Darum geschieht es nicht ohne Grund, daß der heilige Thomas das Zeugnis der Sinne und die intellektuelle Evidenz als die zwei großen Kriterien, als die primitiven und fundamentalen Kriterien der Wahrheit für den Menschen bezeichnet.

Wie gesagt, nimmt der heilige Thomas außer der intellektuellen Evidenz als primitives Kriterium auch noch das Zeugnis der Sinne an, ein Zeugnis, das jene Gewißheit mit sich bringt, die er ganz treffend experimentell nennt.[1]) „Unsere Seele wird auf zweifache Weise von etwas gewiß: erstens durch das Licht der Vernunft ... zweitens durch die Sinne; wie z. B. jemand dessen gewiß ist, was er mit den Augen sieht ... und diese Gewißheit wird die experimentelle genannt." —

Dieses will nicht sagen, als wenn der heilige Thomas ausschlöße, was man Kriterium der Autorität und die allgemeine Übereinstimmung und Kriterium des Selbstbewußtseins nennt. Was er sagen will, ist, daß das erstere nicht primitives Kriterium im strengen Sinne genannt werden könne, nicht allein weil es das Kriterium und das Zeugnis der Sinne wesentlich und direkt voraussetzt, sondern auch weil, wie wir sehen werden, in der Theorie des

---

[1]) Ibid. Lib. 3. Dist. 13. Quaest. 6.

heiligen Thomas die allgemeine Übereinstimmung eher ein Komplement der beiden primitiven Kriterien in bestimmten Fällen als ein primitives Kriterium ist.

Was das Kriterium des Selbstbewußtseins betrifft, so braucht man es ebenfalls nicht zu den primitiven Kriterien zu rechnen, einmal, weil es zum Teil mit der intellektuellen Evidenz zusammenfällt, von der es gleichsam eine teilweise Anwendung und Manifestation ist; und zweitens, weil das Selbstbewußtsein nichts anderes als wir selber sind, wenn wir die verschiedenen inneren Zustände und Phänomene und subjektiven Eindrücke unseres Geistes wahrnehmen. Was wir aber bei den eigentlichen Kriterien suchen, ist ein unterscheidendes Zeichen und Kennzeichen der logischen Wahrheit, insofern sie sich eher auf von uns verschiedene Dinge bezieht, als eine subjektive Modifikation unseres Geistes ist; was wir suchen ist das Fundament, das uns die Realität und Existenz der Gleichheit zwischen unserer Vernunft und dem Dinge selber kundgiebt; ist das, was die logische Wahrheit bildet.

In der Ordnung der intellektuellen Wahrheiten und Objekte finden wir zwei Manifestationen der Evidenz: einmal ist die Anschauung des Objektes in sich selber, die Anschauung der Übereinstimmung oder des Widerstreites des Prädikates mit dem Subjekte so klar, so offenbar, so einleuchtend, so deutlich, daß das Objekt kraft des Lichtes der Evidenz, das von ihm ausgeht, um über unsern Intellekt sich auszubreiten, sich gleichsam unseres Geistes bemächtigt und auf eine unwiderstehliche und unbeugsame Weise ihn fortzieht und zu sich hinlenkt, so daß die Vernunft dem Objekte fest anhängt, überwältigt von der objektiven Evidenz, die in diesem Falle das Kriterium und Fundament der Gewißheit wird. Dergleichen sind jene Wahrheiten, die wir erste Principien, Axiome, Dignitäten der Wissenschaft nennen, die man aus und durch sich selber sieht und erkennt, wie der heilige Thomas sagt (per se nota et per consequens visa); die mit unmittelbarer Evidenz evident sind und folglich auch in unserem Geiste eine natürliche, vernünftige, intuitive, unabhängige und absolute Gewißheit erzeugen. Eine natürliche Gewißheit: denn wie das Objekt das Maß und die Ursache der subjektiven Wahrheit unserer Vernunft ist, so ist es auch die eigentliche Norm und Ursache der Gewißheit in derselben. „Die Vernunft stimmt irgend einem Dinge zu, weil sie hierzu vom Objekte selber genötigt wird, das aus und durch selber bekannt ist, wie das bei den ersten Principien der Fall ist."¹) — Eine vernünftige Gewißheit: denn die klare Anschauung des Objektes in sich selber ist das vernünftigste Motiv der Zustimmung. Eine intuitive Gewißheit: denn sie stützt sich auf die Wahrnehmung, die unserem Intellekte mehr als Vernunft, wie als Verstand eigen ist; und ihre Existenz wird durch die unmittelbare Evidenz und durch die direkte Anschauung der transcendentalen Wahrheit des Objektes bestimmt. Eine absolute und unabhängige Gewißheit: denn sie bezieht sich weder auf irgend ein anderes Vermögen, noch erfordert sie andere Kriterien, noch hängt sie von der allgemeinen Zustimmung der Menschheit ab, wie das in einem gewissen Sinne bei der Gewißheit der Wahrheiten von mittelbarer Evidenz und in einigen Fällen auch bei der Gewißheit, welche sich auf die sensitiven Wahrheiten und Objekte bezieht, der Fall ist. Unabhängig von der allgemeinen Zustimmung und sogar wenn per impossibile die übrigen Menschen uns das Gegenteil sagten, würde dennoch meine Vernunft mit aller Sicherheit und Festigkeit an der Behauptung festhalten, daß „das Ganze größer ist als sein Teil"; daß „das absolute Nichts nicht ein reales Ding hervorbringen kann"; daß „ein Ding nicht zu gleicher Zeit sein und nicht sein kann." Deshalb stehen diese Wahrheiten über unserer Vernunft und beherrschen sie; sind gleichsam primitive Bedingungen ihrer Existenz und bilden die notwendigen Gesetze, die der Entwickelung ihrer Thätigkeit vorstehen. Bei dieser Klasse von Wahrheiten übt das Objekt auf unsere Vernunft einen wahren Zwang aus, wie der heilige Thomas sagt: „einige (Seelenkräfte) aber werden vom Objekte gezwungen, wie z. B. der Intellekt." — Hierdurch kommt es, daß, wie derselbe so entschieden behauptet, unser Intellekt solchermaßen diesen Wahrheiten unterworfen ist, daß er auf keine Weise die Zustimmung zu umgehen vermag (unde intellectus non potest subterfugere, quin illis assentiat).

Dies ist der wahre Gedanke des heiligen Thomas hinsichtlich der Gewißheit, welche die Wahrnehmung der ersten Principien begleitet: ein Gedanke, den wir mit hundert Stellen aus seinen Werken beweisen könnten, wenn es nötig wäre. Unsere Vernunft kann hinsichtlich der ersten Principien nimmer irren, da diese ersten Principien die unmittelbare und notwendige Manifestation der Wahrheit

---

¹) Sum. Theol. 2. 2. Q. 1. art. 4: Assentit autem intellectus alicui, quia ad hoc movetur ab ipso objecto, quod est vel per se ipsum cognitum, sicut patet in primis principiis. —

sind, welche das naturgemäße Objekt derselben ist, so daß, wenn man die unfehlbare und notwendige Richtigkeit der Vernunft hinsichtlich dieser Wahrheiten leugnen wollte, es ebensoviel wäre, als wenn man leugnete, daß die Wahrheit das Objekt der Vernunft sei, und würde in Wirklichkeit die Natur und Existenz derselben leugnen heißen. Ferner; dem heiligen Lehrer zufolge präexistieren die ersten Principien implicite oder virtuell in unserer Vernunft als Abglanz und Teilnahme an der göttlichen Intelligenz und als Abdruck ihrer Ideen. Der Mensch braucht mithin nicht allein nicht aus sich herauszutreten, um zur absoluten Gewißheit hinsichtlich dieser Wahrheiten zu gelangen, sondern diese Gewißheit geht aus der Evidenz des erkannten Objektes hervor und ist zugleich das Fundament und der hinreichende Grund der Gewißheit der Wissenschaft oder der Wahrheiten von mittelbarer Evidenz. „Unsere Vernunft ist in Bezug auf die ersten Principien immer richtig, hinsichtlich welcher sie sich nie täuscht."[1] — „Durch das natürliche Licht wird unsere Vernunft über das gewiß, was sie durch jenes Licht erkennt, wie das bei den ersten Principien der Fall ist."[2] — „Und dieses Licht der Vernunft, in welchem wir jene ersten Principien erkennen, existiert in uns als eine Ähnlichkeit der unerschaffenen Wahrheit, die sich in uns offenbart."[3] — „Die Vernunft irrt bei den ersten Principien nicht."[4] — „Das Objekt der Vernunft ist das Wahre[5] ... es findet sich aber etwas Wahres, in welches sich kein Schein eines Irrtums einmischen kann, wie das bei den Dignitäten (ersten Principien) der Fall ist; darum muß ihnen unser Intellekt durchaus zustimmen." — „Die Gewißheit, die in der Wissenschaft und im Intellekte ist, entsteht aus der Evidenz dessen, was man gewiß nennt."[6] —

---

[1] Ibid. I. P. Q. 16. a. 8: Intellectus semper est rectus secundum quod intellectus est principiorum, circa quae non decipitur. —

[2] Sum. c. Gent. Lib. 3. c. 15: Per lumen naturale intellectus redditur certus de his, quae lumine illo cognoscit, ut in primis principiis. —

[3] Quaest. Disp. De Ver. Q. 11. a. 1. —

[4] Sum. c. Gent. L. 1. c. 61: Intellectus in primis principiis non errat. —

[5] Sent. L. 2. D. 25. Q. 1. a. 2: Objectum intellectus est verum ... invenitur autem aliquod verum in quo nulla falsitatis apparentia admisceri potest, ut patet in dignitatibus; unde intellectus non potest subterfugere, quin illis assentiat. —

[6] Ibid. L. 2. D. 23. Q. 1. a. 2.

„Die Wissenschaft und der Intellekt haben die Gewißheit durch dasjenige, was zur Erkenntnis gehört, nämlich durch die Evidenz dessen, dem zugestimmt wird."¹) — Und man beachte, daß der heilige Lehrer hier das Wort „intellectus" nicht als Verstand, sondern als Intelligenz (Vernunft) nimmt, der die Wahrnehmung der ersten Principien eignet, und in welcher Hinsicht sie eine höhere und frühere Manifestation des höheren Erkenntnisvermögens ist als die Manifestation desselben als Verstand.

Übrigens ist diese Theorie des heiligen Thomas über die intuitive Gewißheit und die unmittelbare Evidenz eine ebenso notwendige als legitime und philosophische Folgerung aus seiner ideologischen Theorie und steht mit seiner lichtvollen und tiefen Lehre über die Natur und die verschiedenen Manifestationen jenes intellektuellen Vermögens, das in uns sich befindet und Vernunft genannt wird, in vollständiger Harmonie. Wir haben in der That gesehen, daß jenes Vermögen, obwohl es nur ein einziges Vermögen ist, doch in drei verschiedenen Zuständen oder Manifestationen betrachtet werden kann. Der erste Zustand unseres höheren Erkenntnisvermögens ist jener, der ihm entspricht, bevor es in Aktion tritt und mittels seiner Akte seine Thätigkeit entfaltet; es ist das Erkenntnisvermögen an und für sich als unmittelbare Teilnahme an der unerschaffenen Wahrheit, als Ableitung aus der göttlichen Intelligenz und Abdruck ihrer ewigen Ideen. In diesem Zustande enthält das Erkenntnisvermögen bloß virtuell und implicite die allgemeinsten Ideen, als da sind: die Idee des Seins, des Einen, des Guten und andere ähnliche, die dem Erkenntnisvermögen für seine weitere Entwickelung als Licht dienen und die Basis für die menschlichen Erkenntnisse sind. In dem Augenblicke, wo dieses Vermögen in Thätigkeit tritt und zu wirken anfängt, sei es, daß es durch die Thätigkeit der Sinne angeregt wird, oder sei es durch jedwede andere Ursache, werden jene in ihm virtuell und wie im Werden (in fieri) präexistierenden Ideen zu aktuellen und fertig gebildeten Ideen; und unser Erkenntnisvermögen bildet und erkennt augenblicklich und von Natur aus die notwendigen Verhältnisse unter denselben: Verhältnisse, welche das bilden, was wir erste Principien nennen.

Dieses ist die zweite Manifestation unseres Erkenntnisvermögens als einfacher **Intelligenz** oder **Vernunft**, oder insofern sie durch un-

---

¹) Ibid. art. 3. ad 2.

mittelbare und direkte Anschauung die allgemeinsten Ideen und ihre Verhältnisse erkennt, die in den ersten Principien ausgedrückt sind, welche letztere darum der heilige Thomas bisweilen angeborene und von Natur aus erkannte Principien nennt, und andere Male allgemeine Begriffe der Seele, aus und durch sich selber erkannte Begriffe nennt. Einmal im Besitze der ersten Principien, bewegt sich unser Intellekt alsdann, indem er sich auf sie stützt und durch ihr Licht geleitet wird, weiter zur Aufsuchung von unbekannten Wahrheiten und Objekten, geht von ihnen zu den Folgerungen über oder er schlußfolgert (ratiocinatur).

Dieses ist die dritte Manifestation unseres höheren Erkenntnisvermögens oder des Erkenntnisvermögens als Verstand. Das Erkenntnisvermögen als Vernunft ist die Basis und das Fundament des Erkenntnisvermögens als Verstand und geht dem Verstande naturgemäß voraus, eben so wie die ersten Principien die Basis der Wissenschaft der Schlußfolgerungen und der Ausgangspunkt für das Ratiocinium sind. Das Erkenntnisvermögen als Vernunft ist das feste unbewegliche Auge, welches das intelligibele Objekt als gegenwärtig betrachtet, ist die Anschauung der Wahrheit (visio). Das Erkenntnisvermögen als Verstand ist das Auge, welches sich bewegt und von einem Objekte zum anderen übergeht. Die Gewißheit im Erkenntnisvermögen als Vernunft geht aus der Gegenwart des intellektuellen Objektes selber hervor (ex praesentia intelligibilis); die Gewißheit im Erkenntnisvermögen als Verstand geht aus der Beziehung der Schlußfolge zu den von der Vernunft erkannten ersten Principien hervor. „Unser Intellekt[1]) kann auf zweifache Weise betrachtet werden: Erstens an und für sich; und auf diese Weise wird er durch die Gegenwart des intellektuellen Objektes zur Zustimmung bestimmt; und dieses findet bei jenen Dingen statt, die durch das Licht des intellectus agens sofort erkannt werden, wie das z. B. bei den ersten

---

[1]) Sent. L. 8. D. 23. Q. 2. a. 2: Potest enim intellectus noster considerari, uno modo secundum se; et sic determinatur (ad assensum) ex praesentia intelligibilis; et hoc quidem contingit in his, quae statim lumine intellectus agentis intelligibilia fiunt, sicut sunt prima principia, quorum est intellectus. . . . Et ideo praedicta cognitio intellectus, vocatur visio. Alio modo potest considerari intellectus noster secundum ordinem ad rationem, quae ad intellectum terminatur dum resolvendo conclusiones in principiis per se nota, earum certitudinem efficit; et hoc est assensus scientiae. —

Principien der Fall ist, die Sache der Vernunft sind . . . Deßhalb heißt diese Erkenntniß der Vernunft Anschauung (visio). Zweitens kann unser Erkenntnißvermögen auch betrachtet werden, insofern es Verstand ist, der den Terminus des Erkenntnißvermögens bildet, insofern er nämlich die Schlußfolgerungen auf an und für sich bekannte Principien zurückführend, dadurch deren Gewißheit bewirkt; und dieses ist die Zustimmung der Wissenschaft." —

Aus der bisher auseinandergesetzten Lehre des heiligen Thomas erhellt klar und deutlich, daß, wenngleich das unmittelbare Kriterium und das nächste Fundament der Gewißheit bei den Wahrheiten von intuitiver Evidenz die Evidenz des Objektes selber ist, dieses doch nicht hindert, daß noch ein anderes früheres primitives Fundament derselben angegeben werden kann. Die feste Zustimmung, die wir diesen Wahrheiten leisten, kann entweder als eine empirische und rein psychologische Thatsache, oder sie kann an und für sich und in ihren Verhältnissen zu ihren Ursachen betrachtet werden. Auf die erstere Art betrachtet, ist das eigentliche Fundament der Gewißheit und auch das einzige hinsichtlich der Gesamtheit der Menschheit die unmittelbare und intuitive Evidenz des Dinges. Wenn wir jemanden aus dem gewöhnlichen Volke, oder jemanden, der in die philosophischen Fragen über diesen Punkt nicht eingeweiht ist, fragen, warum er dem Principe: „Etwas kann nicht zu gleicher Zeit sein und nicht sein", fest zustimme, wird er wahrscheinlich antworten: das sei an und für sich klar, und er sehe klar und deutlich, daß das Gegenteil unmöglich sei. Indessen das Phänomen der Gewißheit auf die zweite Art und Weise betrachtet, kann der Philosoph ohne Zweifel eine von der Evidenz verschiedene, frühere und gleichsam ontologische Ursache und Grundlage hierfür angeben. Dieses ist nun bei der vom heiligen Thomas auseinandergesetzten Theorie der Fall, die notwendig dazu führt, in Gott das primitive Fundament und den Grund a priori der Gewißheit, welche die Wahrheiten von unmittelbarer Evidenz begleitet, zu suchen und zu bestimmen.

Da unser Intellekt eine unmittelbare Ableitung aus der unerschaffenen Wahrheit und eine Teilnahme an den göttlichen Ideen ist; und da er deshalb bloß von irgend welcher Ursache angeregt zu werden braucht, um die Beziehungen zwischen den in ihm virtuell präexistierenden und enthaltenen Ideen wahrzunehmen: Beziehungen, die in den ersten Principien, die der Intellekt nach Weise der Anschauung erkennt, ausgedrückt sind; so folgt hieraus, daß man jene Principien als von Gott selber unserem Intellekte aufgedrückt und gegeben betrachten kann, da sie eine notwendige, spontane und primitive Manifestation des menschlichen Intellektes als Teilnahme an den göttlichen Ideen sind. Deshalb lehrt der heilige Thomas, nachdem er gesagt, daß nicht alle intelligibeln Objekte uns für unsere Erkenntnis gleich nahe seien, sondern daß die einen augenblicklich und unmittelbar vom Intellekte erkannt würden, während die anderen bloß mit Beziehung auf die an und für sich bekannten Principien und mittels derselben wahrgenommen würden, und daß der Mensch die Erkenntnis der vorher unbekannten Sachen mittels zweier Dinge, nämlich durch das intellektuelle Licht und durch die ersten an und für sich erkannten Principien erlange: „Was nun diese beiden Dinge betrifft, so ist Gott auf eine ganz vorzügliche Weise die Ursache der menschlichen Wissenschaft, sowohl weil er die Seele selbst mit dem intellektuellen Lichte beschenkte, als auch weil er ihr die Erkenntnis der ersten Principien aufdrückte, die gleichsam gewisse Samenkeime der Wissenschaften sind."[1] —

Es ist klar, daß nach dieser Lehre die Wahrheit der ersten Principien in inniger und notwendiger Beziehung zu dem Dasein, der Natur und Wahrhaftigkeit Gottes selber steht. Wenn die ersten Principien als von Gott selber unserer Vernunft aufgeprägt betrachtet werden müssen; wenn sie eine notwendige, naturgemäße und primitive Manifestation des intellektuellen Lichtes oder der Vernunft als Ableitung aus den göttlichen Ideen und Teilnahme an dem unerschaffenen Lichte sind; so ist ihre Wahrheit ein unmittelbarer Reflex, eine spontane Manifestation der göttlichen Wahrheit, und die Leugnung dieser Wahrheit würde einerseits die Leugnung der menschlichen Vernunft, und andererseits die Leugnung des Daseins Gottes als unmittelbarer Ursache dieses Grundes, und ebenfalls auch die Leugnung der Wahrhaftigkeit als einer Eigenschaft der göttlichen Natur mit sich bringen. Folglich, wie die Wahrheit der ersten Principien sich direkt und unmittelbar auf Gott bezieht, hat auch die sie begleitende Gewißheit in ihm ihr primitives Fundament. Mithin ist die Gewißheit der ersten Principien eine Teilnahme an der Gewißheit

---

[1] De Verit. Q. 11. a. 8: Quantum igitur ad utrumque, Deus hominis scientiae causa est excellentissimo modo, quia et ipsam animam intellectuali lumine insignivit, et notitiam primorum principiorum ei impressit, quae sunt quasi quaedam seminaria scientiarum. —

und Unfehlbarkeit der göttlichen Wahrheit, und ist Gott ihr erster Seinsgrund.

Nicht anders ist die Idee, die sich über den Gedanken des heiligen Lehrers in diesem Punkte die großen Schüler seiner Schule, die den Geist und die Tendenzen seiner Philosophie richtig verstanden und durchdrungen, gebildet haben. „Diese Gewißheit zu verstärken, die in den ersten Principien sich befindet," sagt der berühmte Metaphysiker Suarez,[1]) „dazu kann die Betrachtung des intellektuellen Lichtes selber, von welchem jene Principien eine Manifestation sind, das Nachdenken über ihre Natur und die Zurückführung derselben auf ihre Quelle, aus der sie hervorgehen, nämlich auf das göttliche intellektuelle Licht selber, vieles beitragen. In diesem Sinne folgern wir ganz richtig, daß die ersten Principien deshalb wahr sind, weil das natürliche Licht der Vernunft sie unmittelbar und per se als solche vorstellt; denn das natürliche Licht kann bei dieser Zustimmung keinem Irrtum unterliegen, noch zu einer falschen Sache sich hinneigen, da es eine vollkommene Teilnahme in seiner Art an dem göttlichen intellektuellen Lichte ist... Darum steht diese Wissenschaft (Metaphysik) höher als die Wissenschaft der Seele; denn sie betrachtet auf eine erhabenere Weise die Kraft und Vollkommenheit dieses Lichtes unserer Vernunft, nicht allein, insofern es über jede Materie erhaben ist, sondern auch insofern es teilnimmt an der Gewißheit und Unfehlbarkeit des göttlichen Lichtes." —

Aus den vorhin angeführten Stellen, die wir leicht vermehren könnten, wenn es nötig wäre, ergiebt sich, daß in der Theorie des heiligen Thomas die Gewißheit der Wissenschaft oder der Wahrheiten der Deduktion und des Ratiocinium aus der Gewißheit der ersten Principien hervorgeht und darin wurzelt. „Die ganze Gewißheit der Wissenschaft[2]) entsteht aus der Gewißheit der Principien; denn dann werden die Schlußfolgerungen mit Gewißheit gewußt, wenn sie auf die Principien zurückgeführt werden." — „Wir würden die Gewißheit der Wissenschaft nicht erlangen, wenn in uns nicht die Gewißheit der Principien vorhanden wäre, auf welche die

---

[1]) Metaph. Disp. 1. Lect. 4. num. 22.
[2]) Quaest. Disp. De Verit. Q. 10. a. 1. ad 13: Certitudo scientiae tota oritur ex certitudine principiorum; tunc enim conclusiones per certitudinem sciuntur, quando resolvantur in principia. —

Schlußfolgerungen zurückgeführt werden."[1] — „In der Wissenschaft der Schlußfolgerungen wird die Determination der Vernunft dadurch verursacht, daß die Schlußfolgerung durch einen Akt des Verstandes auf die an sich bekannten Principien zurückgeführt wird."[2] — Deshalb heißen diese Wahrheiten auch Wahrheiten von **mittelbarer** Evidenz. Bei den ersten Principien existiert kein Zwischenglied zwischen dem Vermögen und dem Objekte; die Wahrheit wird durch eine Art von direkter und unmittelbarer Anschauung erkannt. Die Deduktionswahrheiten werden durch den Verstand nur mittels des Lichtes erkannt, das von den ersten Principien über sie ausströmt. Zwischen dem Verstande und diesen Wahrheiten existiert ein notwendiges Zwischenglied, das die ersten Principien sind; und der Verstand kann bis zu ihnen und in ihren Besitz nur gelangen, wenn er durch diese hindurchgeht.

Dieser Unterschied zwischen den Wahrheiten von unmittelbarer und von mittelbarer Evidenz; ein Unterschied, der in jeder gesunden Philosophie anerkannt werden muß, bringt natürlicherweise auch einen radikalen Unterschied hinsichtlich des Kriteriums der Gewißheit für dieselben mit sich. Hinsichtlich der ersteren ist die Wahrheit und die Gewißheit, die sie begleiten, eine primitive, spontane und unmittelbare Manifestation unserer Vernunft als Abdruck der göttlichen Ideen, als Teilnahme an der unerschaffenen Intelligenz; deshalb ist ihre Gewißheit eine notwendige, absolut unfehlbare und unabhängige. Der Mensch braucht nicht aus sich herauszugehen, auch nicht die übrigen Menschen zu Rate zu ziehen, um in den Besitz jener Gewißheit zu gelangen; diese übertrifft alle seine Anstrengungen; und es ist ihm nicht einmal möglich, die ersten Principien für falsch und irrtümlich zu halten.

Ist dieses auch mit den Wahrheiten von **mittelbarer** Evidenz der Fall? — Keineswegs; obgleich es unbestreitbar ist, daß die Wahrheit der ersten Principien imstande ist, ihr Licht auf die Deduktionswahrheiten auszuströmen; obgleich es evident ist, daß die Gewißheit jener die unmittelbare reale Ursache und Grundlage der Gewißheit

---

[1] Ibid. Nos certitudinem scientiae non acciperemus, nisi incesset nobis certitudo principiorum, in quae conclusiones resolvantur.

[2] Sent. L. 3. D. 23. a. 2: In scientia vero conclusionum causatur determinatio (intellectus), ex hoc quod conclusio secundum actum rationis, in principia per se visa resolvitur. —

dieser ist; so ist es doch auch nicht weniger gewiß, daß wir in den Besitz dieser Gewißheit nur unter der Bedingung gelangen können, daß wir die Beziehung zwischen den Deduktionswahrheiten und den ersten Principien erforschen und entdecken und mit aller Evidenz und Klarheit ihre notwendige Verbindung wahrnehmen. Auch wenn wir zugeben wollen, daß dieses hinsichtlich jener Wahrheiten, welche gleichsam unmittelbare Deduktionen aus den ersten Principien sind, sogar leicht geschehen kann; so ist es doch gewiß, daß wir in vielen Fällen zu jener Entdeckung und zur evidenten Wahrnehmung der Verbindung einer Wahrheit mit den ersten Principien nur mittels einer bestimmten Reihe von unter sich verbundenen Sätzen und mehr oder weniger komplizierten Schlußfolgerungen gelangen können. Daher die Möglichkeit des Irrtums bei den Wahrheiten von mittelbarer Evidenz: die Vorurteile der Erziehung und des Unterrichts, die Täuschungen der Phantasie, die Leidenschaften, die Beschränktheit unseres Erkenntnisvermögens: alles trägt dazu bei, daß wir leider nur zu häufig die scheinbare Evidenz mit der wahren Evidenz verwechseln.

Die Schwierigkeiten und die Gefahren, für evident zu halten, was es nicht ist, wachsen mit der Entfernung der Konklusion von den ersten Principien, und wenn man mittels einer langen Reihe von Sätzen zu ihr gelangen muß; denn, wie der heilige Thomas bemerkt, „mischt sich in viele Dinge, die man beweist, zuweilen etwas Falsches ein, das man nicht beweist, sondern das sich bloß auf irgend einen probabeln oder sophistischen Grund stützt, den man leicht für einen wahren Beweis nimmt."[1]

Andererseits zeigen die Vielheit und die Kompliziertheit der Regeln, welche die Logiker für die wahre Demonstration anführen, hinlänglich die Schwierigkeit derselben und das Mißtrauen, mit dem wir die Demonstrationen betrachten müssen, besonders wenn sie weitläufige Prozesse erfordern und die logische Verknüpfung von vielen Sätzen verlangen.

Wenn dieses noch nicht hinreichen sollte, uns von der Unzulänglichkeit der mittelbaren individuellen Evidenz zu überzeugen; so würde die ganze Geschichte der Philosophie uns eines bessern belehren können.

---

[1] Sum. c. Gent. Lib. 1. c. 4: Inter multa etiam vera quae demonstrantur, immiscetur aliquando aliquid falsum, quod non demonstratur, sed aliqua probabili vel sophistica ratione asseritur, quae interdum demonstratio reputatur. —

Vierundzwanzigstes Kapitel. Fortsetzung: Das Problem der Gewißheit. 239

Bei fast allen Philosophen, selbst bei den von großem Ansehen, von Plato und dem Haupte der Stoiker an bis zu Cartesius, von Aristoteles bis Leibniz und Malebranche, finden wir Behauptungen und Lehren, welche die gesunde Vernunft als falsch und absurd erkennt, und die der gesunde Sinn der Menschheit als solche verwirft. Wenn Cicero sagte: „Es giebt nichts so Absurdes, das nicht von irgend einem Philosophen behauptet würde" (nihil est tam absurdum, quod ab aliquo philosophorum non dicatur), sprach er eine Thatsache aus, die auch noch von den späteren Jahrhunderten wahr ist. Und doch, wer kann verkennen oder leugnen, daß, wenn nicht in allen, so doch in den meisten Fällen jene großen Philosophen sich bona fide täuschten oder irrten? Bevor sie ihre Schüler täuschten, täuschten sich jene großen Denker sicherlich selber, indem sie Sätze für evident hielten, die es nicht waren, und indem sie folglich die scheinbare Evidenz mit der wirklichen, die falsche mit der wahren verwechselten.

Ohne also zu leugnen, daß die mittelbare Evidenz in einigen Fällen, oder wenn man will: hinsichtlich der Wahrheiten und Sätze von unmittelbarer Deduktion aus den ersten Principien genügen kann, um zur Gewißheit zu gelangen; ist es doch gewiß, daß sie in vielen anderen Fällen ein sicheres Kriterium der Wahrheit und Gewißheit nur unter der Bedingung sein kann, daß sie mit dem gesunden Sinne der Menschheit in Übereinstimmung steht; denn so evident uns auch ein Ratiocinium, eine Demonstration, ein Satz dieser Art erscheint, so können und müssen wir ihn doch mit einigem Mißtrauen betrachten, so lange wir nicht vergewissert sind, daß ihn die übrigen Menschen eben so wie wir ansehen: ein Mißtrauen, das um so größer sein muß, wenn es sich um eine Behauptung handelt, die der gesunde Sinn der Menschheit als irrtümlich verwirft. Folglich erhält die Gewißheit der mittelbaren Evidenz in einem gewissen Sinne ihr Komplement vom Zeugnisse der übrigen Menschen und hauptsächlich von der allgemeinen Zustimmung der Gesamtmenschheit, welche von Cicero Stimme der Natur (naturae vox) genannt wird, und hängt davon ab.

Die unmittelbare Evidenz als primitive und spontane Manifestation der Intelligenz, als Ableitung aus den göttlichen Ideen mittels der erstern Principien, besitzt in sich alle notwendigen Bedingungen, um die Zustimmung der Vernunft auf eine unfehlbare Weise und mit absoluter Unabhängigkeit von der Zustimmung der übrigen Menschen zu bestimmen. Die mittelbare Evidenz involviert ein eigentümliches Verfahren des Verstandes, eine mehr oder weniger schwierige, mehr oder weniger verwickelte Bewegung. Die Gewißheit, die auf dieselbe sich bezieht, ist sekundär, diskursiv und erworben, eben so wie es die Evidenz ist, welche sie bestimmt. Und hieraus folgt, daß sie, individuell betrachtet, nicht unfehlbar und sicher ist, wie die erstere, besonders wenn es sich um Wahrheiten oder Dedultionen handelt, die nicht in nächster Beziehung zu den ersten Principien stehen. Deshalb sagt der heilige Thomas sehr richtig, „der Intellekt irre nicht hinsichtlich der ersten Principien, aber wohl zuweilen hinsichtlich der Konklusionen, zu denen er mittels des Ratiociniums gelangt, indem er von den ersten Principien ausgeht."[1] — Mithin bedarf unser Intellekt hinsichtlich dieser Dedultionswahrheiten des Zeugnisses der übrigen Menschen, besonders wenn dieses Zeugnis die allgemeine Übereinstimmung der Menschheit bildet, das als die Stimme der Natur selber und ihres Urhebers angesehen werden muß. Folglich hängt das Kriterium der inneren mittelbaren Evidenz zum Teil vom Zeugnisse der übrigen Menschen ab und wird von ihm vervollständigt; denn wie der heilige Lehrer sagt, „kann das Urteil, das von Allen über eine Wahrheit gefällt wird, nicht falsch sein."[2] —

Was wir soeben von der mittelbaren Evidenz gesagt, gilt in analoger Weise auch vom Kriterium der Sinne. Daß diese für sich allein genügen, um in uns die Gewißheit hinsichtlich gewisser Wahrheiten zu bestimmen, wie z. B. des Daseins der Körperwelt, ist eine Wahrheit, die nur allein die absoluten Pyrrhoniker bestreiten können. Indessen ist es nicht weniger gewiß, und die Erfahrung bestätigt es hinlänglich, daß der Mensch in vielen Fällen die sinnlichen Objekte auf eine andere Weise wahrnimmt, als sie an sich sind, und daß in diesen Fällen das natürliche Mittel, den Irrtum zu korrigieren, die Vergleichung unserer Wahrnehmung mit der der anderen Menschen ist. Mithin muß das individuelle Zeugnis der Sinne durch das Gesamtzeugnis bestärkt und verbessert werden. Folglich hängt auch hier das innere individuelle Kriterium zum Teil vom äußeren und kollektiven ab und wird von ihm vervollständigt.

Dies ist in Kürze die Theorie des heiligen Thomas über die

---

[1] Sum. c. Gent. L. 3, c. 61: Intellectus in primis principiis non errat, sed in conclusionibus interdum, ad quas ex primis principiis ratiocinando procedit. —

[2] Ibid. L. 2. c. 34: Judicium quod ab omnibus de veritate datur, non potest esse erroneum. —

Gewißheit: eine Theorie, die eben so wahr und vernünftig, als erhaben und wissenschaftlich ist. In ihr wird dem Einzelmensch ein sicheres und unfehlbares Kriterium zuerkannt, um in den Besitz der Wahrheit zu gelangen, ohne aus sich heraustreten zu müssen. Allein es wird auch zugleich der legitime Einfluß des äußeren Kriteriums oder der Vernunft und der Belehrung des kollektiven Menschen anerkannt. Ohne die übertriebenen Prätensionen der Dogmatisten anzunehmen, verwirft er die Ausschreitungen und Irrtümer der Akademiker und der Traditionalisten.

Sechstes Buch.

Moralphilosophie.

Erstes Kapitel.
Letztes Ziel und Ende des Menschen.

Wir werden die Moralphilosophie (und auch die Rechtsphilosophie) des heiligen Thomas nicht mit der Ausführlichkeit behandeln, wie wir das hinsichtlich der Ontologie, Kosmologie, Psychologie und Ideologie gethan; die Vortrefflichkeit und Superiorität dieser Moralphilosophie (und Rechtsphilosophie) des heiligen Lehrers sind so unbestritten und werden von allen Philosophen so hochgehalten, daß wir eine unnötige oder vielmehr wenig notwendige Arbeit unternehmen würden, wenn wir auch nur die Hauptfragen derselben ausführlich behandeln wollten.

Andererseits braucht man auch nur einen Blick in den zweiten Teil der Summa theologica und in das dritte Buch der Summa contra Gentiles (und in den Traktat De regimine Principum), in denen diese beiden Wissenschaften mit aller Ausführlichkeit, Gründlichkeit und wissenschaftlicher Ordnung, die man nur wünschen kann, behandelt werden, zu werfen, um sich von ihrer Vortrefflichkeit und Superiorität zu überzeugen. Wir haben bereits früher bemerkt, daß wir aus diesem Grunde die Besprechung seiner Theodicee ganz unterlassen werden.

Unsere Aufgabe im gegenwärtigen und dem folgenden Buche besteht also bloß darin, die Aufmerksamkeit der Leser auf einige Hauptpunkte dieser Wissenschaften zu lenken, von welchen die moderne Wissenschaft, mehr wie es recht ist, absieht, und zugleich auf einige gefährliche Irrtümer hinzuweisen, in welche einige Schriftsteller bei diesen Gegenständen geraten sind.

Die heidnische Philosophie scheint gleichsam instinktmäßig die große Bedeutung und Tragweite der Fragen über das letzte Ziel des Menschen empfunden zu haben. Die nähere Bestimmung der Glückseligkeit des Menschen, das Wesen, dessen Besitz diese Glückseligkeit bildet, waren Probleme, die auf eine besondere Weise die Aufmerksamkeit sowohl des Sokrates wie Epikur's, sowohl Plato's wie des Aristippus, sowohl des Aristoteles wie Zeno's und aller übrigen Schulen des Altertums erregten, die der Lösung dieses Problems eine besondere Vorliebe widmeten.

Man kann sogar behaupten, daß die heidnische Philosophie in diesem Punkte einen gesunden Sinn zeigte und richtiger und gründlicher die Natur und die wesentlichen Bedingungen der Moral erkannte, als die moderne Philosophie, die, wie es sehr häufig vorkommt, entweder von dieser Frage gänzlich absieht, oder ihr nicht die Entwickelung giebt, die ihre hohe Wichtigkeit erfordert. Und doch: Giebt es eine bedeutsamere Frage für die Moralwissenschaft und sogar für die Social- und Rechtswissenschaft als diese? Giebt es eine Frage, deren richtige Lösung diese Wissenschaften mehr interessiert? Ist es nicht klar, daß es überflüssig, oder vielmehr unmöglich und absurd ist, die Regel für die menschlichen Handlungen erforschen und bestimmen zu wollen, ohne zuvor den Zweck dieser Handlungen, oder was das höchste Gut des Menschen bildet, zu erforschen und zu bestimmen?

Deshalb stellt der heilige Thomas die Beziehung der menschlichen Handlungen zu Gott als letztem Ziele und höchstem Gute des Menschen als erste Grundlage auf. Der heilige Thomas begnügt sich nicht, wie die moderne Philosophie, mit der Erforschung der Regel oder Norm, mit der die menschlichen Handlungen übereinstimmen müssen; denn diese Regel setzt den Unterschied des Guten, das der Mensch thun, und des Bösen, das er meiden soll, voraus; und die Bestimmung des sittlich Guten und Bösen hängt radikaliter von der Bestimmung des letzten Zieles des Menschen ab. Wie wir in der rein intellektuellen und wissenschaftlichen Ordnung die Wahrheit vom Irrtum unterscheiden und trennen, indem wir sie mit den primitiven Wahrheiten der Intelligenz und den apriorischen Principien der Vernunft gleichsam in Kontakt bringen; ebenso bildet auch in der moralischen und praktischen Ordnung das letzte Ziel, welches das höchste Gut des Menschen bildet und zum Hauptausgangspunkte dient, um zur Festsetzung seiner Bestimmung zu gelangen, die Fundamentalbasis der Unterscheidung zwischen dem sittlich Guten und Bösen. Man lasse Gott als letztes Ziel des Menschen und seinen Besitz als Endzweck seiner Bestimmung verschwinden, und es wird nicht mehr möglich sein, den apriorischen Grund der Unterscheidung und des Unterschiedes zwischen dem Guten und dem Bösen in den menschlichen Handlungen und den Ursprung der respektiven Verpflichtung des Menschen oder die Regeln für sein Betragen anzugeben.

Die wahre Bestimmung des Menschen, das einzige Ziel, das mit der Würde seiner Natur und dem Adel seiner edlen Gefühle in Harmonie sich befinden kann, ist die Annäherung an Gott und das beständige Streben nach Verähnlichung mit ihm, ist der Besitz Gottes als der höchsten unendlichen Wahrheit und als des höchsten unendlichen Gutes. Hieraus folgt, daß die sittlichen Handlungen des Menschen gut oder schlecht sein werden, je nachdem sie mit dieser Bestimmung in Harmonie oder im Widerspruche stehen, je nachdem sie den Charakter von geeigneten Mitteln zu jener Annäherung an Gott und zu jenem Besitze der unendlichen Wahrheit oder des höchsten Gutes haben oder nicht haben. Folglich müssen die Grundregel der menschlichen Handlungen, wie auch die Gesetze und Bedingungen ihrer Moralität und sogar des moralisch Guten und Schlechten beim Menschen in Beziehung auf jenes, was sein letztes Ziel bildet, d. i. in Bezug auf Gott, der das höchste Gesetz der moralischen Welt, die Fundamentalbasis und der apriorische Grund der Vervollkommnung in dieser Hinsicht ist, bestimmt werden.

Jetzt wird man leicht begreifen, warum der heilige Thomas behauptet, nachdem er als eine primitive Thatsache des gesunden Sinnes und als eine unmittelbare Erfahrungswahrheit die notwendige Beziehung der menschlichen Handlung (actio humana), d. h. der freien und überlegten Handlung, zum Endziele oder Endzwecke aufgestellt, da beim Menschen eine überlegte Handlung nicht existieren, ja nicht einmal gedacht werden kann, ohne daß sie sich auf die Erlangung irgend eines wahren oder scheinbaren Gutes bezieht, Gott sei das letzte Ziel des Menschen und sein Besitz bilde seine wahre Bestimmung.

Erstes Kapitel. Letztes Ziel und Ende des Menschen.

„Es ist unmöglich," sagt er,[1] „daß die Glückseligkeit des Menschen in einem geschaffenen Gute bestehe. Die Glückseligkeit ist das vollkommene Gut, das die Begierde vollständig stillt und sättigt; denn sie würde nicht unser letztes Ziel sein, wenn uns, nachdem wir sie erlangt, noch etwas zu wünschen übrig bliebe. Nun ist das Objekt des Willens, d. h. des menschlichen Begehrens, das allgemeine Gut; ebenso wie die allgemeine Wahrheit das Objekt der Vernunft ist. Hieraus ergiebt sich klar, daß nichts den Willen des Menschen stillen kann, als nur das allgemeine Gut, obwohl es sich in keinem geschaffenen Dinge findet, sondern allein in Gott, da jede Kreatur nur eine participierte Güte besitzt. Mithin kann nur Gott allein den Willen des Menschen ausfüllen ... Folglich besteht in Gott allein seine Glückseligkeit." —

„Das Endziel," sagt er weiter,[2] „kann in einem zweifachen Sinne genommen werden; erstens als Objekt selber, das wir zu erlangen wünschen, wie z. B. das Geld das Ziel des Geizigen ist; zweitens als Besitz, Gebrauch oder Genuß dieses Objektes, das man wünscht; so sagen wir, der Besitz des Geldes sei das Ziel des Geizigen. Im ersteren Sinne ist das letzte Ziel des Menschen ohne Zweifel ein unerschaffenes Gut, weil es Gott selbst ist, der allein durch

---

[1] Sum. Theol. 1. 2. Q. 2. a. 8: Respondeo dicendum, quod impossibile est beatitudinem hominis esse in aliquo bono creato. Beatitudo enim est bonum perfectum, quod totaliter quietat appetitum; alioquin non esset ultimus finis, si adhuc restaret aliquid appetendum. Objectum autem voluntatis quae est appetitus humanus, est universale bonum, sicut objectum intellectus est universale verum. Ex quo patet quod nihil potest quietare voluntatem hominis nisi bonum universale, quod non invenitur in aliquo creato, sed solum in Deo, quia omnis creatura habet bonitatem participatam. Unde solus Deus voluntatem hominis implere potest. ... In solo igitur Deo beatitudo hominis consistit.

[2] Ibid. Q. 3. a. 1: Finis dicitur dupliciter; uno modo, ipsa res quam cupimus adipisci, sicut avaro est finis pecunia. Alio modo, ipsa adeptio vel possessio, seu usus aut fruitio ejus rei quae desideratur; sicut si dicatur, quod possessio pecuniae est finis avari. Primo ergo modo ultimus hominis finis est bonum increatum, scilicet Deus, qui solus sua infinita bonitate potest voluntatem hominis perfecte implere. Secundo autem modo ultimus finis hominis est creatum aliquid in ipso existens, quod nihil est aliud quam adeptio vel fruitio finis; ultimus autem finis vocatur beatitudo. Si ergo beatitudo hominis consideretur quantum ad causam vel objectum, sic est aliquid increatum; si autem consideretur quantum ad ipsam essentiam beatitudinis, sic est aliquid creatum. —

die unendliche Güte seiner Natur den Willen des Menschen vollständig ausfüllen kann. Im anderen Sinne dagegen ist das letzte Ziel des Menschen ein geschaffenes Gut, das im Menschen selber subsistiert, weil es nichts anderes ist, als die Erwerbung oder der Genuß des letzten Zieles und weil das letzte Ziel nichts anderes ist als die Glückseligkeit. Wenn man also die Glückseligkeit des Menschen hinsichtlich ihrer Ursache und ihres Objektes betrachtet, ist sie in diesem Sinne ein unerschaffenes Gut; wenn man aber die Wesenheit der Glückseligkeit betrachtet, ist sie ein geschaffenes Gut." — „Die Glückseligkeit heißt auch höchstes Gut des Menschen, insofern sie der Besitz oder Genuß des höchsten Gutes ist."[1] —

Ich halte es für überflüssig, noch mehr Stellen anzuführen; denn diese Lehre, die übrigens nichts weiter als das treue Echo der katholischen Lehre ist, findet sich bei jedem Schritte in den Werken des heiligen Lehrers angegeben und nach allen ihren Phasen und Beziehungen entwickelt. Eine dieser Hauptphasen ist die Beschreibung der Merkmale und Eigenschaften des Besitzes Gottes als höchsten Gutes des Menschen, in seinen Verhältnissen zu den verschiedenen Manifestationen der menschlichen Kräfte oder Vermögen für das Gute oder die Güter und der großen Aspirationen der menschlichen Natur.

„Aus dem in den vorigen Kapiteln Gesagten ergiebt sich,"[2] daß

---

[1] Ibid. ad 2: Beatitudo dicitur esse summum hominis bonum, quia est adeptio vel fruitio summi boni. —

[2] Sum. c. Gent. Lib. 3. c. 63: Ex praemissis autem apparet, quod in illa felicitate quae provenit ex visione divina, omne desiderium humanum impletur, secundum illud: Qui replet in bonis desiderium tuum (Ps. 102 5.); et omne humanum studium ibi suam consummationem accipit. Quod quidem patet discurrenti per singula.

1) Est enim quoddam desiderium hominis, in quantum intellectualis est, de cognitione veritatis, quod quidem homines consequuntur per studium contemplativae vitae. Et hoc quidem maxime in illa visione consummabitur, quando per visionem primae veritatis omnia, quae intellectus naturaliter scire desiderat, ei innotescent.

2) Est etiam quoddam hominis desiderium, secundum quod habet rationem, qua inferiora disponere potest; quod quidem homines consequuntur per studium activae et civilis vitae; quod desiderium principaliter ad hoc est, ut tota hominis vita secundum rationem disponatur, quod est vivere secundum virtutem; cujuslibet enim virtuosi finis in operando est propriae virtutis bonum, sicut fortis ut fortiter agat. Hoc autem desiderium tunc omnino complebitur, quando ratio in summo vigore erit, divino lumine illustrata, ne a recto deficere possit. — Consequuntur etiam civilem vitam

diese Seligkeit, die eine Folge der Anschauung Gottes ist, alle Wünsche des Menschen befriedigt, nach diesem Worte des Psalmisten: „Er erfüllt dein Verlangen durch seine Güter" (Ps. 102. 5.) und all sein Verlangen stillt. Um sich hiervon zu überzeugen, genügt es, sie einzeln durchzugehen.

1) „Der Mensch als intelligentes Wesen wünscht die Wahrheit zu erkennen; und er gelangt dazu, wenn er sich dem contemplativen

quaedam bona, quibus homo indiget ad civiles operationes; sicut honoris sublimitas, quam homines inordinate appetentes superbi et ambitiosi fiunt. Ad summam autem honoris altitudinem per illam visionem Dei homines sublimantur, in quantum Deo quodammodo uniuntur; et propter hoc, sicut ipse Deus „Rex saeculorum est" (I. Tim. 1. 17.), ita et beati ei conjuncti „reges" dicuntur: „Regnabunt cum Christo." (Apoc. 20. 6.) — Consequitur etiam civilem vitam aliud appetibile, quod est fama celebritas, per cujus inordinatum appetitum homines inanis gloriae cupidi dicuntur. Beati autem per illam visionem redduntur celebres, non secundum hominum, qui decipi et decipere possunt, opinionem, sed secundum verissimam cognitionem et Dei et omnium beatorum; et ideo illa beatitudo in Scriptura sacra frequentissime gloria nominatur, sicut dicitur: Exsultabunt sancti in gloria. (Ps. 149.) — Est etiam et aliud in civili vita appetibile, scilicet divitiae, per cujus inordinatum appetitum et amorem homines illiberales et injusti fiunt. In illa autem beatitudine est bonorum omnium sufficientia, in quantum beati perfruuntur illo quod comprehendit bonorum omnium perfectionem; propter quod dicitur: Venerunt mihi omnia bona pariter cum illa (Sap. 7. 11); et dicitur: Gloria et divitiae in domo ejus. (Ps. 111. 3.) —

3) Est etiam tertium hominis desiderium, quod est sibi et aliis animalibus commune, ut delectationibus perfruatur; quod homines maxime consequuntur secundum vitam voluptuosam; et per ejus immoderantiam intemperati et incontinentes fiunt. In illa vero felicitate est delectatio perfectissima, tanto quidem perfectior ea quae secundum sensus est, qua et bruta animalia perfruuntur, quanto intellectus est altior sensu. Tanto etiam illud bonum in quo delectabimur majus est omni sensibili bono et magis intimum et magis continue delectans, quanto etiam illa delectatio est magis pura ab omni permixtione contristantis aut sollicitudinis alicujus molestantis.

4) Est etiam naturale desiderium omnibus rebus commune, per quod conservationem sui desiderant, secundum quod possibile est, per cujus immoderantiam homines timidi redduntur et nimis a laboribus sibi parcentes; quod quidem desiderium tunc omnino complebitur, quando beati perfectam sempiternitatem consequentur, ab omni nocumento securi.

Sic igitur patet quod per divinam visionem consequuntur substantiae intellectuales veram felicitatem, in qua omnino desiderium quietatur, in quo est plena sufficientia omnium bonorum, quae ad felicitatem requiritur.

Leben widmet. Die Erfüllung dieses Wunsches wird durch jene Anschauung verwirklicht, wenn das Schauen der Ersten Wahrheit der menschlichen Vernunft alle Dinge enthüllt, die er von Natur aus zu wissen wünscht.

2) „Der mit Verstand begabte Mensch wünscht auch über alle Dinge, die unter ihm sind, zu disponieren; und er gelangt hierzu durch die Funktionen des aktiven bürgerlichen Lebens. Dieser Wunsch geht hauptsächlich dahin, das ganze menschliche Leben der Vernunft gemäß einzurichten, was ein tugendhaftes Leben führen heißt; denn jeder tugendhafte Mensch setzt sich in seinen Akten das zum Ziele, was es in der Tugend, die ihm eigen ist, Gutes giebt; wie z. B. der Mutige mutig zu handeln strebt. Dieser Wunsch wird vollständig befriedigt, wenn die Vernunft ihre höchste Stärke erreicht, wenn die Klarheit des göttlichen Lichtes keine Abirrung mehr zuläßt. — Mit dem bürgerlichen Leben sind gewisse Güter verbunden, die dem Menschen notwendig sind, um die Funktionen eines Bürgers zu erfüllen. Dieses ist die erhabene Stellung, welche die Ehrenämter begleitet, und welche die Menschen stolz und ehrgeizig macht, wenn sie mit zu großer Begierde danach streben. Die Anschauung Gottes erhebt nun den Menschen zum höchsten Grade der Ehre, insofern er auf eine gewisse Weise mit Gott vereinigt wird. Deshalb giebt die heilige Schrift, die Gott den König der Ewigkeit nennt, auch den Seligen, die mit ihm vereinigt sind, den Namen „König", wenn sie sagt: „Sie werden mit Jesus Christus herrschen." (Apok. 20, 6.) — Das bürgerliche Leben hat auch noch einen anderen Vorteil, nämlich den Glanz des Renommées; und wir halten jene für ehrgeizig, die in ungeordneter Weise danach streben. Die Anschauung Gottes giebt nun den Seligen nicht diese Berühmtheit, die auf der Meinung der Menschen beruht, die sich selbst und andere täuschen können, sondern vielmehr jene, die in der absolut wahren Erkenntnis Gottes und aller Seligen besteht. Deshalb bezeichnet die heilige Schrift sehr oft unter dem Namen „Glorie" das Glück, dessen sie sich erfreuen, wie z. B. in der folgenden Stelle: „Die Heiligen werden sich in der Glorie erfreuen." (Ps. 149, 5.) — Das bürgerliche Leben bringt noch ein anderes Gut mit sich, nämlich die Reichtümer; und diejenigen, welche sie übermäßig lieben und suchen, werden geizig und ungerecht. Alle Güter nun finden sich in dem Glücke, von dem wir sprechen; denn die Seligen besitzen Denjenigen, der die Vollkommenheit aller Güter in sich begreift, wie folgende Stelle angiebt; „Alle Güter sind mir

durch sie geworben." (Sap. 7. 11.) „Glorie und Reichtümer sind in seinem Hause." (Ps. 111..3.)

3) „Der Mensch hat, wie auch die Tiere, noch ein drittes Verlangen, nämlich die Begierde nach sinnlichen Vergnügungen. Er verschafft sie sich besonders durch ein sinnliches Leben; und wenn er sie unmäßig genießt, überschreitet er die Grenzen der Mäßigkeit und Enthaltsamkeit. Man genießt nun in der höchsten Seligkeit die vollkommenste Ergötzung, die alle sinnlichen Ergötzlichkeiten übertrifft, die der Mensch mit den Tieren gemein hat. In jener Glückseligkeit findet sich das vollkommenste Vergnügen, das um so viel vollkommener ist als jenes, das man durch die Sinne erlangt und das auch die Tiere besitzen, und als die Vernunft höher steht als die Sinne. Und da das Gut, dessen wir uns alsdann erfreuen, größer und inniger, dauerhafter und unveränderlicher ist, als jedes sinnliche Gut; so ist das Vergnügen, das aus seinem Besitze entsteht, rein und frei von jeder Beimischung von Traurigkeit, Kummer und Beschwernissen.

4) „Ferner giebt es ein allen Wesen gemeinsames Streben, ihr eigenes Dasein so viel als möglich zu erhalten. Wenn dieses Streben übermäßig wird, wird der Mensch furchtsam und scheut die Mühe. Auch dieses Streben wird alsdann vollkommen erfüllt, wenn die Menschen im Besitze des höchsten Gutes eine nimmer endende Dauer erlangen und frei sind von jeder Sorge und jeder Gefahr.

„Es ist somit klar, daß die vernünftigen Substanzen mittels der Anschauung Gottes die wahre Glückseligkeit erlangen werden, in der jeder Wunsch erfüllt und gestillt wird, und worin sich die Fülle aller Güter befindet." —

Zweites Kapitel.

Fortsetzung: Wichtigkeit dieser Lehre für die Moralwissenschaft.

Wir glauben, jedermann wird unschwer erkennen, daß die vorhin citierte lichtvolle Stelle einerseits die große Bedeutung, die der heilige Thomas den Fragen hinsichtlich des letzten Zieles und der wahren Bestimmung des Menschen beilegte, und andererseits die tief wissenschaftliche Entwickelung, die er diesem Probleme in allen seinen Phasen zu geben verstand, offenbart. Wir sagten bereits, die angeführte Stelle sei bloß eine dieser Phasen, sei nur eine teilweise und unvollständige Zusammenfassung seines Gedankens über diesen Punkt; und dennoch können wir nicht umhin, hier jene Fülle gediegener und exakter Bemerkungen, jenen Reichtum von Ideen, jene tiefe Kenntnis der Bedürfnisse und Wünsche des Menschen in der rein intellektuellen, in der sensitiven und rein natürlichen Ordnung, jene eben so wissenschaftliche als christliche Analyse der Bedingungen des menschlichen Lebens unter allen seinen Manifestationen, in ihren Beziehungen zu den Bedingungen, Eigentümlichkeiten und Wirkungen des Besitzes Gottes als höchsten Gutes des Menschen zu bewundern.

In der in dieser Stelle enthaltenen Lehre, die sowohl der schönste Ausdruck der Moralphilosophie wie zugleich auch der philosophische Ausdruck der katholischen Lehre ist, treten bereits einige von den Hauptlehren zu Tage, welche die ethische Theorie des heiligen Lehrers bilden. So z. B. die Funktionen des sensitiven Teiles können nicht direkt und auf eine wesentliche Art auf den Besitz dieser Glückseligkeit bezogen werden, weil das Gut oder Objekt, das sie bildet, außerhalb des Bereiches der sensitiven Vermögen liegt. „Die Thätigkeit des Sinnes," sagt er,¹) „kann nicht wesentlich zur Glückseligkeit gehören. Denn die Glückseligkeit des Menschen besteht wesentlich in der Vereinigung desselben mit dem unerschaffenen Gute, das sein letztes Ziel ist, mit welchem der Mensch gewiß nicht durch die Thätigkeit der Sinne vereinigt werden kann."

Eine andere, nicht weniger wichtige Folgerung als die vorhergehende, ist, daß die sittliche Güte und Schlechtigkeit der menschlichen Handlungen hauptsächlich von ihrem Verhältnis zum letzten Ziele abhängen, und daß letzteres das apriorische Princip und die Grundregel ist, auf welche alle anderen Regeln über die Handlungen des Menschen sich beziehen und zurückgeführt werden; denn wie der heilige Lehrer sehr tiefsinnig bemerkt, „empfängt der Mensch vom letzten Ziele die Regeln seines ganzen Lebens."²) —

In der Theorie des heiligen Thomas ist also die erste Regel oder Norm der moralischen Handlungen Gott als letztes Ziel des Menschen,

---

¹) Sum. Theol. 1. 2. Q. 3. a. 3: Essentialiter quidem non potest pertinere operatio sensus ad beatitudinem; nam beatitudo hominis consistit essentialiter in conjunctione ipsius ad bonum increatum, quod est ultimus finis, cui homo conjungi non potest per sensus operationem. —

²) Ibid. Q. 1. a. 5: Quia ab eo totius vitae suae regulas accipit. —

die Erste Wahrheit, die ewig lebende Gerechtigkeit, das substantielle Gut, das Ziel seiner Wünsche, seiner Kräfte und seiner großen Aspirationen; diese Regel enthält den Seinsgrund aller Regeln der moralischen Handlung. Darum ergeben sich der Unterschied und die Verschiedenheit des sittlich Guten und Bösen beim Menschen, die Ordnung oder Unordnung in den Akten seines Willens aus ihrem Verhältnisse zum letzten Ziele und der Bestimmung des Menschen. „Die Richtigkeit des Willens besteht in dem gehörigen Verhältnisse zum letzten Ziele."[1] —

Jourdain, den wir schon einmal im Verlaufe unseres Werkes angeführt haben, begriff die wissenschaftliche Bedeutung des Gedankens des heiligen Thomas, als er die Bestimmung des Menschen im Besitze Gottes, und in diesem letzten Ziele und in dieser Bestimmung die Grundlage und das höchste Gesetz der moralischen Ordnung suchte. Ich will seine Worte hersetzen, die zugleich eine Bestätigung dessen sind, was ich über die Superiorität des heiligen Thomas hinsichtlich der Moralwissenschaft gesagt habe.

„Gott,[2]) der der Anfang der Dinge ist, ist er nicht auch ihr Ende? Die Bestimmung des Menschen, besteht sie nicht darin, ihn zu erkennen und zu besitzen? Welchen spekulativen Wert, und welche praktische Bedeutung behält die Moral, wenn von diesen Wahrheiten abgesehen wird?

„Unser Verstand, einmal zur Erkenntnis des Sittengesetzes gelangt, begreift sofort, daß dieses Gesetz einen höchsten Gesetzgeber voraussetzt, der es promulgierte, indem er es in das Herz des Menschen eingrub, und eine höchste Macht, die seine Autorität bestätigt mittels der Belohnung für die Guten und der Strafe für die Bösen. Gott mit einem Worte, erscheint der Vernunft als Urheber und als Rächer des Gesetzes. Ohne Zweifel ist diese Lehre eine grundlegende; und die Schulen, welche sie annehmen, können nicht beschuldigt werden, daß sie die Tugend herabgesetzt oder die Grundlagen der öffentlichen und privaten Moral verrückt haben. Genügt aber diese Lehre, um die innige und wesentliche Verbindung zu erklären, welche die moralische Vollkommenheit auf ihren göttlichen Ursprung bezieht? Der menschliche Gesetzgeber giebt jedem Gliede der Gesellschaft das Ziel an, nach

---

[1]) Ibid. Q. 4. a. 4: Rectitudo voluntatis est per debitum ordinem ad finem ultimum. —

[2]) Philos. des H. Thomas. J. Buch; 6. Kap.

welchem es streben, und die Regel, die es beobachten soll; allein er ist nicht selber dieses Ziel und diese Regel. Er muntert auf durch Belohnungen; allein diese Belohnungen bestehen in gewissen äußeren Vorteilen, die seiner Person fremd und nichts mit ihr zu thun haben. Sollen wir ebenso auch die Gerechtigkeit Gottes und die ewigen Gesetze isolieren? Sollen wir glauben, ähnlich den irdischen Gesetzgebern sei auch der göttliche Gesetzgeber nicht das notwendige Objekt der Befehle und Verheißungen, der die Menschen mittels der Stimme des Gewissens leitet? Erniedrigt nicht eine solche Annahme die unendliche Größe Gottes? Beraubt sie nicht die menschliche Seele ihrer schönsten und erhabensten Aussichten?

„Es genügt also deshalb nicht, zu sagen, Gott sei der Urheber des Sittengesetzes und er werde einstens die Tugend belohnen und das Laster bestrafen; man muß auch anerkennen, daß Gott die Substanz des Guten selber ist, die wesentliche Gerechtigkeit, das lebendige Gesetz, das sich selbst von Ewigkeit her erkennt, und sich der Vernunft durch seine Werke und vor allem durch seine Idee zu erkennen giebt. Wenn die Philosophie innehält, bevor sie zu dieser Höhe gelangt ist, verläßt sie ihre Aufgabe, ohne sie zu Ende zu führen; und wenn die Moral nicht mit ihrem substantiellen Principe verbunden ist, wird sie zusammenstürzen ähnlich wie ein Gebäude, dem man den Schlußstein genommen.

„Wie kann man sich aber die Vollkommenheit Gottes vorstellen, ohne sofort zu glauben, daß er das Ziel aller Begierden der Natur des Menschen ist? Unser Verstand erkennt unveränderliche Wahrheiten, und doch ändert sich alles um ihn her; unser Herz hat unendliche Wünsche, und alles auf Erden regt es auf, ohne es zu befriedigen. Gott allein vermag den unendlichen Kreis unserer Gedanken und unserer Liebe auszufüllen. Die Tugend ist das Mittel der Seele, um sich ihm ähnlich zu machen; die vollkommene Seligkeit besteht in seinem Besitze. Zwischen diesen zwei Gliedern: Glückseligkeit und Tugend, stellt die Vernunft ein Verhältnis auf, dessen Geheimnis in ihm allein sich findet.

„Seit diesem Augenblicke finden sich alle Kräfte der Seele auf die Ausübung des Guten hingerichtet. Wenn uns die Pflicht unter der abstrakten Form eines Gesetzes gegenübertritt, das befiehlt, was wir thun, und verbietet, was wir unterlassen sollen, spricht sie nur zur Vernunft; ihre Stimme wird durch die Leidenschaften und die Interessen leicht erstickt. Allein wenn die Pflicht in einem lebenden Wesen sich gewissermaßen personifiziert, das ihr Princip und Objekt ist, hat sie nicht weniger Macht, die Sinnlichkeit zu bändigen, als die Vernunft. Die Sinnlichkeit liebt alsdann das, erfreut sich über das, will das, was die Vernunft erkannte; eine geheimnisvolle Bewegung des Herzens begleitet und belebt die Betrachtungen der Intelligenz. Und welches Objekt kann mehr das Verlangen der Seele entflammen, als das unendliche Wesen, die unerschöpfliche Quelle aller Gerechtigkeit und aller Güte? Darum ist kein Gefühl energischer, keines hat über den Menschen eine größere Gewalt, als das religiöse Gefühl. Welche Wunder hat es nicht gewirkt? wie viele Verirrungen wieder gut gemacht? wie viele Kräfte neu belebt? wie viele Leiden versüßt? Während die anderen Gefühle mit der Zeit erkalten, behalten der Glaube und die Religiösität ihre Wärme und hören nicht auf, Wunder zu verrichten.

„Mithin verdient das vom heiligen Thomas aufgestellte Princip die volle Beachtung von seiten der Philosophen, da es sowohl das erhabenste als auch das praktischste von allen ist. Wenn man die Stufenleiter der Gedanken hinansteigt, kann es keine erhabenere Definition der Bestimmung der Seele geben, als jene, welche sie im Besitze Gottes bestehen läßt. Wenn man zur praktischen Anwendung herabsteigt, giebt es keine Verhaltungsmaßregel, die eine größere Autorität über die Menschen ausübte. Der Moralist, welcher sich nicht auf diese erhabenen Ideen stützt, wird die Moralwissenschaft logischerweise nicht begründen können; wenn er aber die Menschen bessern und zur Tugend anleiten will, dann sind diese selber Maximen, welche die Vernunft in ihrem kühnsten Fluge nicht überholen kann, zugleich die wirksamsten, um die Begierden und Leidenschaften im Zaume zu halten. Durch diese an sämtliche Menschen gerichtete Lehren hat das Christentum die Welt erobert; hat es so viele große Geister an sich gezogen, und die wilde Energie der germanischen Völker überwunden. Der Ruhm des heiligen Thomas besteht darin, daß er die Theorie dieser göttlichen Vorschriften, welche das Antlitz der Erde veränderten, aufstellte; diese Vorschriften finden sich in seiner Lehre unter der scholastischen Form und Argumentation verborgen.

„Man hat zuweilen dem heiligen Thomas gerade das zum Vorwurfe gemacht, was unserer Meinung nach die Superiorität seiner Moralphilosophie bildet. Es giebt Schriftsteller, die behaupten, wenn man das letzte Ziel des Menschen in die Glückseligkeit setze, verwechsle man das Ehrbare mit dem Nützlichen, beziehe man die Tugend auf die Selbstliebe, und verkenne man die Grundbedingungen der Moralität. Dieser Einwand ist wahrhaft seltsam und beweist, wohin die Übertreibung einer wahren Idee selbst tüchtige Talente führen kann. Als wenn der Engel der Schule sein Princip nicht auf die gründlichste Weise erklärt hätte, um jeder Irrung vorzubeugen! Als wenn eine Philosophie, die uns alle unsere Hoffnungen auf Gott zu setzen lehrt, des Egoismus beschuldigt werden könnte! Ohne Zweifel, daß die freiwillig besiegte Leidenschaft und die selbst unter schmerzhaften Opfern erfüllte Pflicht die Bestimmung, der Triumph der Natur des Menschen ist. Hat nun etwa der heilige Thomas die Schönheit der Uneigennützigkeit und des Heroismus verkannt? Hat er nicht die Selbstverleugnung und das Opfer wie alle großen Männer des Christentums gelehrt? Es ist wahr, er hat den Menschen genommen, wie ihn Gott geschaffen hat, und er hat jenem ungeheueren Verlangen nach Glückseligkeit, das in der Brust aller Menschen sich befindet, Rechnung getragen; er hat aber auch zugleich die erste Bedingung der Glückseligkeit in die Tugend gesetzt, und er verheißt der Tugend als höchste Belohnung den Besitz Gottes. Gewiß ist das eine sehr kleinliche und beschränkte Kritik, die mit dieser Lehre sich nicht zufrieden geben kann, die sie nicht auf der Höhe des wahren Begriffes der Pflicht erblickt, und in ihr nicht die heilsamste und fruchtbarste Lehre erkennt." —

Drittes Kapitel.

Würdigung und weitere Entwickelung dieser Lehre. (Letztes Ziel des Menschen.)

Wir haben im vorigen Kapitel gezeigt, wie der heilige Thomas, Gott als das letzte Ziel des Menschen auf die höchste Stufe der moralischen Ordnung stellend, nicht allein die Grundlage und den ersten Ursprung dieser Ordnung legte, sondern zugleich auch das Herz des Menschen belebte, es gleichsam nötigend, die Gottesidee mit der Idee des Guten in allen seinen moralischen Handlungen beständig zu verbinden.

Aber nicht allein dieses; diese Lehre enthält außerdem die wahre philosophische Erklärung jenes so energischen wie beständigen Verlangens nach dem Unendlichen, das wir in tiefstem Grunde unseres

Selbstbewußtseins finden. Wohl kann der Mensch bei seinem Wandel auf Erden süße Gefühle und Empfindungen, Freuden, lebhafte Befriedigungen, erfüllte Hoffnungen und befriedigte Wünsche antreffen; allein die Ungenügendheit und Leere werden diese Befriedigungen, diese Gefühle und Vergnügen trotz alledem beständig begleiten. Mitten in allen diesen Dingen wird er immer eine geheime Bitterkeit finden; in den Tiefen des Bewußtseins wird er ein Unbehagen antreffen, das er sich nicht erklären kann, das aber nichtsdestoweniger mit nicht weniger Lebhaftigkeit empfunden wird. Inmitten seiner größten Gedanken bewegt eine geheime Unruhe seinen Geist, der ohne Aufhören von einem Gegenstande zum anderen eilt; denn obwohl er in vielen von diesen ein Bild und einen Reflex dessen sieht, was er sucht, findet er doch in keinem ein Objekt, das dem Ziele seiner Handlung entspräche und mit der Größe seines Verlangens in Harmonie stände. Darum findet sich der Mensch in allen seinen Gedanken und Handlungen von dem Gefühle seiner Bestimmung und von dem Wunsche nach einem Endziele beherrscht; und da dieses Ziel in Anbetracht der Größe der Natur des Menschen und der Erhabenheit seiner Kräfte sich nur in einem unendlichen Wesen finden kann, so folgt, daß das Gefühl des Unendlichen und das Verlangen nach ihm allen seinen Gedanken, allen seinen Handlungen, allen seinen Wünschen, allen seinen Neigungen, seinem ganzen Leben zu Grunde liegt. Dieses beständige Verlangen nach dem Unendlichen zeigt sich sowohl beim einzelnen Menschen wie bei der Gesamtheit der Menschen. Dieses Verlangen ist es, das eine ungewöhnliche Kraft und Energie dem Philosophen verleiht, der sich erhabenen Spekulationen hingiebt und die Wahrheit in den Tiefen der Wissenschaft sucht; dieses Verlangen ist es, das den Dichter begeistert, wenn er die Herrlichkeiten und Wunder der Schöpfung besingt; dieses Verlangen ist es, welches die Hand des Malers und den Meißel des Bildhauers führt, wenn sie ihren Werken die ideale Schönheit, die ihren Händen immer entrinnt, zu geben sich bemühen; dieses Verlangen ist es endlich, das sich überall und unter tausend verschiedenen Formen beim einzelnen Menschen wie in der großen Gesellschaft in ihrem mannigfachen und fortwährenden Streben nach der höchsten Vollkommenheit, nach dem allgemeinen Gute, nach der unendlichen Wahrheit, offenbart.

Und was anderes ist jener edle und unwiderstehliche Drang nach Unsterblichkeit, der sich im tiefsten Grunde unserer Seele bewegt, als eine von den vielen Manifestationen jenes Verlangens nach dem Unendlichen, dessen Besitz die höchste Seligkeit des Menschen bildet? Und was anderes bedeutet auch jene allgemeine Hoffnung auf ein künftiges Leben, die sich in jeder Brust, in allen Religionen, in allen Lehren und Traditionen findet?

Darum sagten wir, die Theorie des heiligen Thomas über diesen Punkt enthalte die philosophische Erklärung wie den apriorischen Grund jenes vielfachen Verlangens nach dem Unendlichen, das in der Menschheit sich zeigt. Denn wenn Gott, die erste Wahrheit, das allgemeine Gut, das unendliche Wesen, es ist, der die höchste Vollkommenheit und Seligkeit des Menschen bildet; wenn die Endbestimmung des Menschen die Assimilierung mit dem unendlichen Wesen mittels seines Besitzes ist: ist es klar, daß allein hier sich der wahre Ursprung und die Ursache jenes Dranges, jener Hoffnungen, jenes edlen Verlangens, das den Menschen von allen ihn umgebenden Wesen unterscheidet, findet, indem es ihm das Bewußtsein von seiner fast unendlichen Superiorität über dieselben verleiht und seine Hoffnung belebt, einstens zur endlichen vollständigen Verwirklichung seiner Bestimmung zu gelangen.

Denn diese Lehre des heiligen Thomas enthält auch die christliche und zugleich philosophische Lösung des großen Problems der menschlichen Bestimmung. Der heilige Lehrer, hier wie immer unter den Eingebungen der christlichen Idee wandelnd, behauptet einerseits, der Mensch könne in den Besitz der wahren höchsten Glückseligkeit, und folglich auch zur Verwirklichung seiner Bestimmung, nur in und durch den Besitz Gottes gelangen; und andererseits lehrt er, daß dieser Besitz nicht hier auf dieser Welt zu erlangen sei, auch nicht in dem Bereiche der rein natürlichen Kräfte und Anstrengungen des Menschen liege. Der Mensch, seit seiner ersten Erschaffung in die übernatürliche Ordnung erhoben, kann die wahre vollkommene Glückseligkeit allein in einem Besitze Gottes finden, dessen Bedingungen sich mit den Bedingungen dieser übernatürlichen Ordnung in Übereinstimmung befinden, d. h. in der unmittelbaren Vision, in der klaren Anschauung der göttlichen Wesenheit: eine Anschauung, zu der der Mensch in diesem Leben nicht gelangen kann, und die auch im künftigen Leben nur mittels einer besonderen Erhebung in die übernatürliche Ordnung ihm zu Teil wird. „Die Vollendung oder Vollkommenheit des Menschen," sagt der heilige Lehrer,[1] „besteht in der Erreichung des letzten Zieles,

---

[1] Opusc. 2. c. 149: Consummatio autem hominis est in adeptione ultimi finis, qui est perfecta beatitudo sive felicitas, quae consistit in

welches die vollkommene Seligkeit bildet, die in der Anschauung Gottes besteht. Dieser Anschauung folgt die Unveränderlichkeit des Intellektes und des Willens und ist mit ihr verbunden; des Intellektes, denn wenn er zur Anschauung der ersten Ursache gelangt ist, in der alle Dinge erkannt werden können, hört die Forschung des Verstandes auf. Es wird auch die Bewegung des Willens aufhören; denn das letzte Ziel einmal erlangt, in welchem die Fülle aller Güter sich findet, bleibt nichts mehr zu wünschen übrig; und der Wille ändert sich, wenn er noch etwas verlangt, das er noch nicht besitzt." —

„In der letzten Erfüllung seiner Bestimmung," sagt er weiter,[1]) „erlangt der Mensch die Ewigkeit des Lebens, nicht allein um ewig zu bleiben, was ihm schon durch die Thatsache, daß er eine unsterbliche Seele hat, eigen ist, sondern auch insofern er eine vollkommene Unveränderlichkeit erlangt." —

„Das letzte Ziel des Menschen["]) erfüllt und vollendet alle seine Wünsche, so daß er, einmal im Besitze desselben, nichts weiter mehr wünscht; denn wenn er noch etwas wünschte, würde man nicht sagen können, er befinde sich am letzten Ziele. Da nun aber dieses in dieser Welt nicht geschehen kann, weil hier, je mehr Jemand erkennt und weiß, desto mehr zu wissen begehrt ... es sei denn, es gebe jemanden, der alles erkennt, was über einem bloßen Menschen noch niemals begegnet ist, auch niemals begegnen kann ... ist es folglich unmöglich,

---

divinae visione. Visionem autem divinam consequitur immutabilitas intellectus et voluntatis. Intellectus quidem, quia cum perventum fuerit ad primam causam, in qua omnia cognosci possunt, inquisitio intellectus cessat. Mobilitas autem voluntatis cessat, quia, adepto ultimo fine, in quo est plenitudo totius bonitatis, nihil est quod desiderandum restat. Ex hoc autem voluntas mutatur, quia desiderat aliquid, quod nondum habet. —

[1]) Ibid. c. 150: In ultima igitur consummatione homo aeternitatem vitae consequitur, non solum quantum ad hoc, quod immortaliter secundum animam vivat, quod habet anima rationalis ex sua natura, sed etiam quantum ad hoc quod ad perfectam immobilitatem perducitur. —

[1]) Sum. c. Gent. L. 3. c. 48: Ultimus finis hominis terminat ejus naturalem appetitum ita quod, eo habito, nihil aliud quaeritur; si enim adhuc movetur ad aliud, nondum habet finem in quo quiescat. Hoc autem in hac vita accidere non potest; quanto enim plus aliquis intelligit, tanto magis in eo desiderium intelligendi augetur ... nisi forte aliquis sit qui omnia intelligat, quod in hac vita nulli unquam accidit qui esset solum homo, nec est possibile accidere ... Non est igitur possibile, ultimam hominis felicitatem in hac vita esse. —

daß die höchste Seligkeit des Menschen auf dieser Welt zu finden ist." —

Der heilige Lehrer fügt nun noch viele andere Gründe für diese Unmöglichkeit hinzu, ebenso wie er auch an vielen anderen Stellen seiner Werke die übrigen Punkte lehrt, die wir angegeben, und welche die wahre Lösung des Problems der menschlichen Bestimmung enthalten. „Es wird also[1]) die höchste Seligkeit des Menschen in der Erkenntnis Gottes bestehen, die der menschliche Geist nach diesem Leben haben wird." — „Wir werden ihn unmittelbar sehen.[2]) ... Infolge dieser Anschauung werden wir Gott am meisten ähnlich und werden seiner Seligkeit teilhaftig ... und das ist die Seligkeit." — „Wir haben gezeigt,[3]) daß in der göttlichen Anschauung selber die Seligkeit des Menschen bestehe, welche ewiges Leben genannt wird." — „Nicht in irgend welchen geistigen Akten besteht das letzte Ziel des Menschen,[4]) sondern darin, daß er Gott in seiner Wesenheit schauet." — „Dadurch also[5]) wird eine jegliche vernünftige Kreatur selig, daß sie die Wesenheit Gottes schauet." — „Die Vollendung des Menschen[6]) besteht in der Erreichung des letzten Zieles ... die in der Anschauung Gottes besteht." — „Der menschliche Geist selber[7]) wird unmittelbar in ihm (Gott) als in seinem Ziele selig." — „Keine intellektuelle Substanz[8]) kann Gott in seiner göttlichen Wesenheit selber sehen, wenn Gott dieses nicht bewirkt." — „Diese Anschauung[9]) kann unserem

---

[1]) Ibid.: Erit igitur ultima felicitas hominis in cognitione Dei, quam habet mens humana post hanc vitam. —

[2]) Ibid. c. 51: Immediate eum videbimus.... Secundum autem hanc visionem, maxime Deo assimilamur et ejus beatitudinis participes sumus... et haec est felicitas. —

[3]) Ibid. c. 52: In ipsa enim divina visione, ostendimus esse hominis beatitudinem, quae vita aeterna dicitur. —

[4]) Opusc. 2. c. 168: Non in quibuscumque spiritualibus actibus ultimus finis hominis consistit, sed in hoc quod Deus per essentiam videatur. —

[5]) Quaest. Disp. De Ver. Q. 18. a. 10: In hoc igitur unaquaeque rationalis creatura beata est, quod essentiam Dei videt —

[6]) Ibid. c 149: Consummatio autem hominis est in adeptione ultimi finis ... quae consistit in divina visione. —

[7]) Ibid. ad 7: Ipsa enim humana mens immediate in ipso (Deo) sicut in fine beatificatur. —

[8]) Sum. c. Gent. Lib. 3. c. 52: Nulla igitur intellectualis substantia potest videre Deum per ipsam divinam essentiam, nisi Deo hoc faciente —

[9]) Ibid.: Haec igitur visio non potest advenire intellectui nostro, nisi per actionem Dei. —

Intellekte nur durch die Thätigkeit Gottes zukommen." — „Die Kraft des geschaffenen natürlichen Intellektes[1]) reicht nicht hin zur Anschauung der göttlichen Substanz." — „Die Anschauung der göttlichen Substanz[2]) überschreitet alle natürliche Kraft, weßhalb auch das Licht, durch welches der geschaffene Intellekt zur Anschauung der göttlichen Wesenheit befähigt wird, ein übernatürliches sein muß." — „Es kann ein geschaffener Intellekt[3]) Gott seiner Wesenheit nach nur sehen, insofern Gott durch seine Gnade sich mit dem geschaffenen Intellekte verbindet." — „Da die natürliche Kraft[4]) des geschaffenen Intellektes nicht hinreicht zur Anschauung der göttlichen Wesenheit, muß seine Erkenntnißkraft durch die göttliche Gnade erhoben werden." —

Dies ist in Kürze der Gedanke des heiligen Thomas über diesen Gegenstand. Wenn man diese Stellen gelesen hat, ist es gewiß nicht mehr nötig, darauf aufmerksam zu machen, daß die hier gegebene Lösung des wichtigen Problems der menschlichen Bestimmung der vollständigste und radikalste Gegensatz zu der von der rationalistischen und eklektischen Schule dem großen Probleme gegebenen Lösung ist; denn, wie wir im folgenden Kapitel sehen werden, sind diese Schulen bloß zu unsicheren Schwankungen und Zweifeln gelangt, da sie entweder die Lösung des Problems in der rein natürlichen Ordnung, oder in dem unbestimmten Fortschritte der menschlichen Gesellschaft im gegenwärtigen Leben suchen. „Es mögen darum schamrot werden," können wir hier mit dem heiligen Thomas sagen,[5]) „welche die zuhöchst gelegene Seligkeit des Menschen in den niedrigsten Dingen suchen." —

Eine andere, nicht minder wichtige Folgerung aus dieser Lehre ist, daß man in dem letzten Ziele, nämlich in Gott, das wahre Princip der moralischen Ordnung und die primitive Sanktion des

---

[1]) Ibid. c. 53: Virtus autem intellectus creati naturalis non sufficit ad divinam substantiam videndam.

[2]) Ibid. c. 54: Visio divinae substantiae omnem virtutem naturalem excedit; unde et lumen quo intellectus creatus perficitur ad divinae substantiae visionem, oportet esse supernaturale. —

[3]) Sum. Theol. 1. P. Q. 12 a. 4: Non potest intellectus creatus Deum per essentiam videre, nisi in quantum Deus per suam gratiam se intellectui creato conjungit. —

[4]) Ibid. art. 5: Cum igitur virtus naturalis intellectus creati non sufficiat ad Dei essentiam videndam, oportet quod ex divina gratia superaccrescat ei virtus intelligendi. —

[5]) Sum. c. Gent. L. 3. c. 5: Erubescant igitur, qui felicitatem hominis tam altissime sitam, in infimis rebus quaerunt. —

Gesetzes der nämlichen Ordnung suchen muß. Wenn die höchste Bestimmung des Menschen die vollkommene Verähnlichung mit Gott im anderen Leben ist, soweit es die Beschränktheit seiner Natur gestattet; wenn seine höchste Vollkommenheit in der Teilnahme am inneren Leben Gottes besteht: ist es klar, daß die moralische Vollkommenheit des Menschen und seiner Handlungen im jetzigen Leben in notwendigem Verhältnisse zu der mehr oder weniger vollkommenen Nachahmung der Eigenschaften Gottes, die sich auf die moralische Ordnung beziehen, stehen muß. Die Annäherung des Menschen an Gott im gegenwärtigen Leben hinsichtlich der Gerechtigkeit, der Güte, der Liebe und der übrigen sittlichen Vollkommenheiten, die in seiner unendlichen Heiligkeit sich finden, bildet die größere oder geringere Entwickelung des Menschen hinsichtlich seiner sittlichen Vervollkommnung. Auf diese Weise wird Gott, hinsichtlich seiner Vollkommenheiten in der moralischen Ordnung betrachtet, der primitive, unendliche, substantielle und lebendige Typus der moralischen Person beim Menschen.

Daß Gott das Princip jeder moralischen Ordnung und die substantielle Grundlage der ersten Principien oder notwendigen Wahrheiten ist, die sich auf dieselbe beziehen und zum Teil diese Ordnung bilden, ist eine Wahrheit, die sich aus dem ergiebt, was wir bei der Besprechung der Theorie des heiligen Thomas über die Wahrheit und über die Güte und bei der Untersuchung des Fundamentes der Möglichkeit der Dinge gesagt haben. Wenn in der rein intellektuellen oder spekulativen Ordnung die ersten Principien oder notwendigen Wahrheiten sich schließlich auf das unendliche Wesen, auf die erste Wahrheit beziehen, in welcher sie sozusagen substantiell existieren und aus welcher sie mittels der menschlichen Intelligenz auf uns überströmen, die, wie wir gesehen, eine Teilnahme an der unerschaffenen Intelligenz und folglich ein Abdruck der göttlichen Ideen ist, die der primitive und ursprüngliche Ausdruck der notwendigen, unveränderlichen und ewigen Wahrheiten sind, die der Entwickelung unserer intellektuellen Thätigkeit vorstehen; ist es unbestreitbar, daß dasselbe auch mit den notwendigen Wahrheiten der moralischen Ordnung der Fall sein muß. Diese Wahrheiten sind nicht weniger notwendig und unveränderlich, als diejenigen, welche sich auf die spekulative Ordnung beziehen, und setzen folglich, wie jene, notwendig das Dasein eines ewigen und unveränderlichen Wesens voraus, in welchem sie existieren und wirklich sind (nicht nach Weise der Abstraktion, wie sie in unserem Geiste sich befinden), und das zugleich das reale Fundament für die

Verknüpfung oder Repugnanz ist, die wir zwischen den Ideen finden, welche zu dieser Ordnung gehören.

Wie also die Seinsidee eine Idee ist, die, wenn auch nicht im eigentlichen Sinne angeboren, doch wenigstens quasi natürlich und implicite angeboren ist; so ist auch die Idee des sittlich Guten und Bösen, oder wenn man will, ihr wesentlicher und primitiver Unterschied, eine von jenen Ideen, die in unserem Geiste als Teilnahme an der göttlichen Intelligenz und Abdruck ihrer Ideen virtuell und in fieri proximo präexistieren. Hieraus folgt, daß der wesentliche, notwendige und absolute Unterschied zwischen dem Guten und Bösen, den wir in unserem Gewissen eingegraben finden, ohne daß es unserem Geiste jemals möglich ist, ihn zu verwischen, sich unmittelbar auf Gott selber bezieht, der sein reales Fundament und der unmittelbare Grund seines Vorhandenseins in uns ist. Die Idee des sittlich-Guten und Bösen ist also eine primitive Idee in unserem Geiste und eine unmittelbare Ableitung aus den göttlichen Ideen oder den ewigen Begriffen, wie Augustin sie nennt; und da diese Idee das Hauptelement der notwendigen Principien oder Wahrheiten ist, welche die moralische Ordnung bilden und zur Basis, zur Regel und zum Maße dienen, um das Gute und das Böse in den menschlichen Handlungen zu erkennen und zu unterscheiden, muß man die ganze moralische Ordnung schließlich auf Gott beziehen und ebenfalls in Gott ihre höchste Sanktion anerkennen.

Aus den eben gemachten Bemerkungen ergiebt sich mit aller Klarheit, daß, wenngleich das erste Princip und die höchste Sanktion der moralischen Ordnung sich allein in Gott finden, man deshalb doch nicht leugnen darf, daß unser Verstand die unmittelbare Regel und die nächste Sanktion der moralischen Handlungen ist. Wenn wir einerseits beachten, daß unser Verstand mit der primitiven Idee des sittlich Guten und Bösen und ihrer Verschiedenheit befruchtet ist, und andererseits, daß die ersten Principien und notwendigen Wahrheiten dieser sittlichen Ordnung, die im Grunde nichts anderes sind, als verschiedene komplexe Formen oder Manifestationen jener primitiven und fruchtbaren Idee, die der Entwickelung unseres Geistes in der praktischen Ordnung vorstehen; dann werden wir leicht einsehen, daß unser eigener Verstand, insofern er von jener Idee befruchtet und ihr bei seiner Entwickelung unterworfen ist und von den ersten moralischen Principien beherrscht wird, für uns die nächste Regel und die notwendige Basis zur Unterscheidung des Guten und Bösen ist.

Deshalb können wir mit Wahrheit sagen, daß bei uns die Pflicht in notwendigem und direktem Verhältnisse zu den Vorschriften des praktischen Verstandes, d. h. des von den notwendigen Wahrheiten der moralischen Ordnung beherrschten und geleiteten Verstandes, stehen muß. Nicht anders ist der Gedanke des heiligen Thomas, wenn er bei jedem Schritte in seinen Werken wiederholt, daß die Güte und Schlechtigkeit der menschlichen Handlungen vom Verstande abhange und aus ihm hervorgehe, und die moralische Güte und Schlechtigkeit unserer Handlungen je nach ihrer Übereinstimmung mit dem Verstande bemessen werden (per conformitatem ad rectam rationem). Andere Male drückt er dieselbe Wahrheit aus, indem er sagt, der praktische Verstand (ratio practica) leite unmittelbar die moralischen Handlungen. In diesem Sinne sagt er auch, der Verstand sei die Ursache und die Wurzel der moralischen Güte, die in den menschlichen Handlungen existiert; denn wenn es auch gewiß ist, daß der primitive Ursprung jener Güte höher liegt als der Verstand, so ist dieser es doch, welcher uns den Unterschied zwischen dem Guten und dem Bösen in den moralischen Handlungen offenbart und verkündet, indem er eine permanente, lebendige und konkrete Manifestation desselben ist. „Ursache und Wurzel des menschlichen Guten ist der Verstand."[1] —

Verständig handeln oder dem Verstande gehorchen, kann als die allgemeine Formel der Pflicht betrachtet werden; und folglich bringt jeder moralische Grundsatz und jede moralische Handlung, die mit diesem praktischen Verstande im Widerspruch steht, oder wenn man will, mit dem Verstande, insofern er durch die primitive Idee des Guten befruchtet und den ersten Principien und notwendigen Wahrheiten der praktischen Ordnung unterworfen ist, das Gefühl und das Bewußtsein des moralisch Schlechten mit sich. Alle moralischen Pflichten des Menschen sind in diesem Sinne auf den Verstand basiert; denn alle diese Pflichten vereinigen sich in dem Gehorsame gegen den Verstand (der durch die primitiven und notwendigen Wahrheiten der moralischen Ordnung geleitet wird) als in der höchsten Pflicht, wenngleich diese höchste Pflicht ihrerseits auf Gott, das erste Princip der moralischen Ordnung, und auf die notwendige und unmittelbare Verknüpfung der Idee des moralisch Guten und der moralischen Principien mit den göttlichen Ideen basiert ist.

---

[1] Sum. theol. 1. 2. Quaest. 66. art. 1: Causa et radix humani boni est ratio. —

Drittes Kapitel. Würdigung und weitere Entwickelung dieser Lehre ꝛc.

Aus den Bemerkungen, die wir im gegenwärtigen Kapitel gemacht haben, Bemerkungen, die eigentlich nur eine einfache summarische Auseinandersetzung der Theorie des heiligen Thomas über die moralische Ordnung ist, kann man die Superiorität dieser Theorie über die von Kant sehr leicht erkennen. Bekanntlich stellt der deutsche Philosoph die Pflicht als das erste Princip und als einzige Basis der Moralität der menschlichen Handlungen auf. Ihm zufolge hängt die Güte oder Schlechtigkeit der Handlungen einzig von der Existenz dieser Verpflichtung ab, ohne daß es dem Menschen gegeben ist, in der Erforschung und Bezeichnung des realen Fundamentes der Moralität weiterzugehen. Der Mensch, welcher seine Eltern ehrt; der Mensch, welcher das ihm anvertraute Geld seinem rechtmäßigen Eigentümer zurückgiebt, vollbringt eine gute Handlung in der moralischen Ordnung; denn dies ist seine Pflicht. Derjenige, welcher seine Eltern beleidigt und mißhandelt; derjenige, welcher das ihm anvertraute Geld verleugnet, handelt schlecht, weil er eine Handlung begeht, die seiner Pflicht zuwider ist. Das Vorhandensein der Pflicht oder Verpflichtung ist für den Philosophen von Königsberg das letzte Wort und das letzte Element der wissenschaftlichen Analyse der moralischen Ordnung; eine Handlung ist gut, wenn sie obligatorisch ist, und nichts weiter.

Offenbar liegt hier ein schwerer Irrtum und eine logische Inversion der Termini der moralischen Ordnung vor. Wenn Kant bloß gesagt hätte, für viele Menschen sei das Vorhandensein der Verpflichtung das letzte Fundament und das einzige Hauptmotiv ihrer moralischen Handlungen, könnte man seine Behauptung als wahr annehmen. Für einen nicht geringen Teil der Menschen ist das Vorhandensein der Pflicht, die sie in sich fühlen und tief in ihrem Bewußtsein tragen, der letzte Grund und das letzte Motiv, das sie vielleicht angeben können, wenn sie eine moralische Handlung verrichten. Denken wir uns einen Menschen, dem eine große Summe Geldes anvertraut ist; nehmen wir an, dieser Mensch könne sich das Geld zueignen, ohne Gefahr zu laufen, deswegen vom Richter bestraft zu werden; und daß er, obwohl er eine zahlreiche Familie um sich hat, die er nicht ernähren kann, dennoch das ihm anvertraute Geld ehrlich und redlich zurückgiebt. Wenn wir diesen Menschen fragen, warum er unter solchen Umständen das Geld zurückgebe, wird er ohne Zögern antworten: „weil dies meine Pflicht ist;" und vielleicht würde er gar keine andere Antwort geben können. Aber folgt hieraus, daß man die Analyse der Fundamente der Moralität nicht noch weiter führen kann?

Folgt hieraus, daß der Verstand kein Fundament der Pflicht oder Verpflichtung anzugeben imstande ist, das logischerweise diesem vorausgeht? Keineswegs; man stelle dieselbe Frage an einen anderen Menschen, und er wird antworten: „weil es eine gute Handlung ist; weil sie den ersten moralischen Wahrheiten gemäß ist." —

Gewiß ist, daß in der Praxis und ex parte rei die Pflicht und das sittlich Gute identisch sind, oder vielmehr unzertrennlich miteinander verbunden sind. Allein hieraus folgt nicht, daß dasselbe auch in der logischen Ordnung der Fall ist.

In dieser Ordnung sind die ersten Principien oder die primitiven notwendigen Wahrheiten der moralischen Ordnung eher als die Verpflichtung, sind der unmittelbare Ausdruck der Idee des Guten und seiner wesentlichen Verschiedenheit vom Bösen und eine Offenbarung der notwendigen und allgemeinen Gerechtigkeit. Folglich ist eine menschliche Handlung verbindlich, weil sie gut ist, aber nicht umgekehrt; und die Existenz dieser Verpflichtung setzt den primitiven wesentlichen Unterschied zwischen dem Guten und dem Bösen in den Beziehungen des einen Menschen zum anderen notwendiger- und logischerweise voraus.

Die Vergleichung zwischen den ersten Wahrheiten der spekulativen Ordnung und den notwendigen Wahrheiten der moralischen Ordnung liefert uns einen weiteren Beweis für die eben aufgestellte Lehre. Wenn wir richtig nachdenken, so beziehen sich die ersten Wahrheiten der spekulativen Ordnung allein auf die Vernunft.

Wenn wir sagen: „Unmöglich kann etwas zugleich sein und nicht sein;" „das Ganze ist größer als sein Teil:" so ist es die Vernunft allein, die sich mit diesen Principien beschäftigt, indem sie die natürliche und unveränderliche Konvenienz oder Repugnanz der beiden Satzteile auf eine notwendige Weise wahrnimmt. Indessen, wenn sich unserem Geiste erste moralische Wahrheiten darbieten: „Das Gute ist zu vollbringen, das Böse ist zu vermeiden"; „Man muß Gott verehren"; „Was ihr nicht wollt, das euch die Menschen thuen, das thuet ihnen auch nicht"; so sprechen diese Wahrheiten nicht allein zu unserer Vernunft, sondern auch zu unserem Willen. Zu der Notwendigkeit, diese Wahrheiten mit der Vernunft anzunehmen, kommt noch die Notwendigkeit hinzu, sie mit dem Willen auszuführen oder zu vollbringen. Während die Vernunft das notwendige Verhältnis zwischen den Satzteilen wahrnimmt, sieht sich der Wille ihrem obligatorischen Einflusse unwiderstehlich unterworfen.

Bei den spekulativen Principien ist bloß Notwendigkeit und Unveränderlichkeit der Wahrheit vorhanden; bei den moralischen Principien existiert ebenfalls diese Notwendigkeit und Unveränderlichkeit der Wahrheit; allein die Idee der Verpflichtung begleitet und folgt auf diese Wahrheit als ein unterscheidendes Merkmal und als eine unzertrennliche Wirkung derselben.

Nach dem bisher Gesagten halte ich es für überflüssig, auf die unbestreitbare Superiorität und den unendlichen Abstand, welcher sich zwischen der moralischen Theorie des heiligen Thomas und jener der sensualistischen Schule befindet, weiter aufmerksam zu machen. Die sensualistische Philosophie, die das Interesse oder den Nutzen als Maß und Seinsgrund des Guten bei den menschlichen Handlungen aufstellt, geht hierbei sehr logisch zu Werke; denn in der That, wenn im Menschen nur sinnliche Kräfte existieren; wenn die Psychologie und die Ideologie nicht über den Kreis der Sensation hinausgehen: muß die einzige reale Norm für die Handlungen des Menschen bloß der Nutzen und das Wohlbehagen sein. Indessen eine derartige Theorie hat mit der des heiligen Thomas nichts gemein sowohl wenn man sie an und für sich, als auch wenn man sie hinsichtlich der psychologischen und ideologischen Wahrheiten betrachtet, die ihr logisches Fundament bilden und mit denen sie in notwendiger Beziehung steht. Wir brauchen nicht weiter auf den unendlichen Abstand aufmerksam zu machen, der zwischen der Psychologie und Ideologie des heiligen Lehrers und den Lehren der sensualistischen Schule besteht.

Um zu erkennen, wie tief und radikal die Unterschiede der beiden moralischen Theorien, dieselben an und für sich betrachtet, sind, brauchen wir nur daran zu erinnern, daß die sensualistische Theorie den Willen mit dem sinnlichen Begehren oder mit der Leidenschaft (passio) verwechselt und identificiert, folglich den wesentlichen Unterschied zwischen dem nützlichen, kontingenten und sinnlichen Guten, auf welches einzig die Sensation sich beziehen kann, und dem ehrbaren, intellektuellen und absoluten Guten, welches das eigentliche Objekt des Willens und die wahre Bestimmung des Menschen bildet, auslöscht. Und doch ist jener radikale Unterschied zwischen dem nützlichen Guten und dem ehrbaren und intellektuellen Guten, zwischen dem Nutzen und der absoluten Verpflichtung, die aus der wesentlichen und notwendigen Verschiedenheit des moralisch Guten und Bösen notwendig folgt, eines der Hauptfundamente der Theorie des heiligen Thomas.

Ein anderes Fundament dieser Theorie ist die Freiheit des Willens, deren Idee mit der Idee der Pflicht oder Verpflichtung innig und nothwendig verbunden ist; denn die Idee der Verpflichtung bringt die Idee der Möglichkeit und Fähigkeit, sie zu erfüllen, mit sich. Die sensualistische Theorie aber, welche das Vorhandensein der absoluten Verpflichtung leugnet, führt folgerichtig auch zur Leugnung der Willensfreiheit, da diese mit der Sensation allein nicht bestehen kann, sondern ausschließlich dem Willen als einem Vermögen der rein intellektuellen Ordnung angehört.

Daß die auf den wesentlichen und primitiven Unterschied zwischen dem Guten und dem Bösen gestützte Idee, eine vom Interesse und Nutzen sehr verschiedene Idee ist, ist eine Sache, die dem Verstande durchaus von selbst einleuchtet und zugleich auch durch das unabweisbare Zeugnis des Selbstbewußtseins bestätigt wird. Der Mensch, der in seinen Handlungen sich mit der moralischen Pflicht in Widerspruch setzt, der seiner Verpflichtung nicht nachkommt; fühlt in seinem Gewissen Reue, d. h. er findet in seinem Innern das Gefühl seiner Verschuldung. Derjenige dagegen, welcher gegen sein Interesse handelt; derjenige, welcher eine Handlung vollbringt, die ihm statt Nutzen Schaden bringt, fühlt sich deshalb noch nicht in seinem Gewissen schuldig; und es geschieht sogar sehr häufig, daß das Vergnügen, der eigene Nutzen und das eigene Interesse, wie es die sensualistische Schule versteht, sich im Widerspruche mit der Idee der Pflicht und mit dem inneren Gefühle des moralisch Guten befinden. Mit einem Worte: der Abgang des Nutzens bei einer Handlung kann den Handelnden unglücklich machen; allein das Sichverfehlen gegen die moralische Pflicht macht ihn schuldig; und doch ist es sehr gewiß, daß das Unglück und die moralische Schuld zwei sehr verschiedene Begriffe sind und auch im inneren Bewußtsein ganz verschiedene Gefühle erzeugen.

Diese flüchtigen Bemerkungen, die wir leicht vervielfältigen und noch weiter entwickeln könnten, reichen hin, um einzusehen, daß es zwischen der Moraltheorie des heiligen Thomas und jener der sensualistischen Schule, die auf das Interesse des Handelnden und den Nutzen seiner Thätigkeit gestützt ist, nichts Gemeinsames giebt.

Viertes Kapitel.

Das Problem der menschlichen Bestimmung und die rationalistische Schule.

Da der größte Teil der Schriftsteller über Philosophie seit den letzten dreihundert Jahren bis heute das Problem des letzten Zieles des Menschen entweder völlig übergangen oder nur oberflächlich und wie im Vorbeigehen behandelt haben, muß man bekennen, daß die moderne Philosophie die ganze wissenschaftliche und praktische Bedeutung, die dieses furchtbare Problem involviert, mit seltenen Ausnahmen, entweder gänzlich verkannt oder doch wenigstens nicht hinlänglich gewürdigt hat. Und diese Verkennung und Vernachlässigung ist bei jenen Philosophen, die sich sogar damit rühmen, daß sie von der religiösen Idee auf dem philosophischen Gebiete ganz absehen, indem sie eine vollständige Trennung zwischen der Philosophie und der katholischen Lehre aufstellen wollen, noch viel merkwürdiger und seltsamer.

Und in der That; daß die christliche Philosophie mehr oder weniger von diesem Probleme absieht, oder vielmehr bei seiner Untersuchung und Besprechung nicht übermäßig lange verweilt, begreift sich leicht, da dieselbe, sozusagen vom Lichte des Christentums umgeben, in diesem die Lösung des Rätsels findet, das jenes schreckliche Problem enthält; denn, wie ein Philosoph sehr gut gesagt hat, der, ungeachtet der angestrengtesten Untersuchung, die er über dieses Problem angestellt, aus seinen skeptischen Zweifeln und Schwankungen nicht hat herauskommen können, der Christ findet in seinem Katechismus die vollständigste Lösung der in dem großen Probleme der menschlichen Bestimmung enthaltenen Schwierigkeiten. „Es giebt ein kleines Buch, sagt dieser Philosoph,[1]) das den Kindern gelehrt wird, und worüber sie in Kirche und Schule gefragt werden. Leset dieses kleine Buch, es ist der Katechismus; darin werdet ihr eine Lösung für alle Fragen, die ich aufgestellt, für alle ohne Ausnahme, finden. Fraget den Christen, woher das Menschengeschlecht stamme; er weiß es. Fraget ihn, wohin er gehe; er weiß es. Fraget ihn nach dem Wege, den er wandeln muß; er weiß es. Fraget jenes arme Kind, das nie-

---

[1]) Jouffroy, Melang. phil. pag. 330.

mals hierüber nachgedacht, wozu es auf Erden sei, und was mit ihm nach dem Tode geschehen werde; und es wird eine erhabene Antwort geben, die es vielleicht selber nicht recht versteht, die aber dessenungeachtet nicht weniger bewundernswert ist. Fraget es über die Schöpfung und das Ende der Welt; warum Gott Tiere und Pflanzen auf dieselbe gesetzt; wie die Erde ist bevölkert worden; ob dieses durch eine einzige Familie oder durch mehrere geschehen sei; warum die Menschen verschiedene Sprachen sprechen; warum sie leiden, und warum der eine den anderen bekämpft, und wie dieses alles einmal enden wird: alles dieses weiß es. Den Ursprung der Welt, den Ursprung der Menschen, die Entstehung der Racen, die Bestimmung des Menschen in diesem Leben und im anderen, die Verhältnisse des Menschen zu Gott, die Pflichten des Menschen gegen Seinesgleichen, die Rechte des Menschen über die Schöpfung: alles weiß es; und wenn es älter wird, hat es keinen Zweifel hinsichtlich des natürlichen Rechtes, des politischen Rechtes, des Völkerrechtes; denn alles dieses ergiebt sich sozusagen von selbst und ganz natürlich aus dem Christentume." —

Es giebt vielleicht kein Problem in der Philosophie, das in so unmittelbarer und direkter Beziehung wie dieses zu den Aufschlüssen stehet, welche uns das göttliche Wort liefert. Verknüpft mit den interessantesten Problemen der Ontologie, der Theodicee, der Moral- und der Rechtsphilosophie; in seinem Schoße die Lösung der vitalsten Probleme für den individuellen und socialen Menschen enthaltend; gewissermaßen auf die Grenzscheibe der übernatürlichen Ordnung gestellt: kann es eine vollständige Lösung, die zugleich alle Ansprüche der menschlichen Vernunft befriedigt, nur in der christlichen Philosophie unter dem Einflusse der religiösen Idee erhalten. Man kann sagen, die ganze Geschichte der Philosophie liefere einen beständigen und unwiderlegbaren Beweis von dieser Wahrheit. Wer kennt nicht die Irrtümer und unsicheren Meinungen der alten Philosophen über die Bestimmung und das letzte Ziel des Menschen? Trotz all ihres Genies konnten weder Plato noch Aristoteles zu einer befriedigenden Lösung dieses Problems gelangen; ihre Gedanken über diesen Gegenstand, obwohl sie weniger grobsinnlich sind, als wie die von Epicur, und erhabener und vernünftiger als die der anderen Schulen, konnten doch niemals zur wahren und vollständigen Lösung des Problems, zur Lösung der christlichen Philosophie gelangen.

Wenn wir von der alten heidnischen Philosophie zu der wieder

Viertes Kapitel. Das Problem der menschlichen Bestimmung ꝛc. 269

hebräisch gewordenen Philosophie der letzten Jahrhunderte übergehen, finden wir das nämliche Resultat. Seit dem Augenblicke, wo die Philosophie von dem Worte Gottes zu abstrahieren suchte; seit dem Augenblicke, wo die menschliche Vernunft sich auf sich selber beschränkte, indem sie mit ihren Kräften allein das Gebäude der Wissenschaft aufführen wollte; seit dem Augenblicke, wo die Philosophie unter dem herrlichen Vorwande, daß sie bloß Sache der Vernunft sei, das Licht von sich gewiesen, welches das Wort Gottes auf das Feld der Wissenschaft ausströmt; seit dem Augenblicke, wo der Mensch in seinem Stolze das Ich als Anfang, Mitte und Ende der Wissenschaft aufstellte, das Auge hartnäckig verschließend vor dem befruchtenden Lichte des ewigen Wortes, das jeden Menschen erleuchtet, der in diese Welt kommt, vor dem Lichte Jesu Christi, der da ist der Weg, die Wahrheit und das Leben: seit jenem Augenblicke ist die Philosophie entweder in die grobsinnlichen Ansichten der Schule Epicur's über die Endbestimmung des Menschen zurückgesunken, wie wir das bei vielen Philosophen des vorigen Jahrhunderts sehen, oder sie hat, dem Zweifel und Skepticismus ergeben, zu einer vernünftigen Lösung, oder was noch mehr ist, zu einer vollständigen und befriedigenden Lösung dieses Grundproblems der Wissenschaft es nicht zu bringen vermocht. Darum sehen wir selbst Philosophen von großem Ansehen hoffnungslosen Zweifeln und unbegreiflichen Schwankungen anheimfallen. Einerseits unter den wohlthätigen Einfluß des christlichen Princpes gestellt und umgeben von der lichtvollen Atmosphäre seiner Ideen, wenngleich ohne es zu wollen, und vielleicht auch ohne es zu wissen, neigt ihre Vernunft zur katholischen Lösung des großen Problems, unwiderstehlich angezogen von dem Lichte und der Wahrheit, die in ihr erglänzen; die Anstrengungen aber, die sie zu gleicher Zeit machen, ihre Vernunft von diesem Lichte und dieser Wahrheit abzuwenden, und sich bemühend, die Tiefen des schrecklichen Problems zu ergründen, indem sie auf ihre bloße Vernunft, mit absoluter Ausschließung des geoffenbarten Wortes, sich zurückziehen, verursachen in ihrer Seele einen Zustand von beständigem Zweifel und Skepticismus, einen Zustand, aus dem sie nur herauskommen, um sich den Träumereien einer unaufhörlich von trostlosen Beängstigungen, Finsternissen und Schwankungen gequälten Imagination, oder vielmehr ebenso antichristlichen als grundlosen Hypothesen in die Arme zu werfen.

Wir könnten viele praktische Beweise und Beispiele für unsere Behauptung anführen; ich will aber bloß an den Namen eines

Philosophen unseres Jahrhunderts erinnern, den wir bereits schon einmal in diesem Kapitel angeführt haben, und der eine besondere Aufmerksamkeit und ein anhaltendes Studium, wie man aus seinen Schriften ersieht, der Untersuchung und Besprechung des Problems der menschlichen Bestimmung gewidmet hat.

Nachdem er dieses Problem unter allen Phasen analysiert und besprochen; nachdem er seine ganze Wichtigkeit und Tragweite hervorgehoben; nachdem er viele Seiten mit gründlichen und treffenden Bemerkungen angefüllt: steht der Flug und die Spannkraft seines Geistes plötzlich still, sobald er zur bestimmten Lösung des Problems übergehen will; und man sieht ihn in unsichere Schwankungen, Zweifel und Finsternis geraten, aus denen er nur sich herauswindet, um zu einer müßigen und absurden Hypothese zu greifen. Nachdem er anerkannt hat, wie wir vorhin gesehen, daß die christliche Religion eine vollständige Lösung der großen Fragen darbietet, welche das Problem der Bestimmung des Menschen in allen seinen Beziehungen und verschiedenen Phasen enthält, giebt sich Jouffroy, nachdem er die christliche Lösung verworfen, ohne Zweifel, weil sie nicht von der bloßen Vernunft herrührt, der thörichten Hoffnung hin, daß, wenn das Christentum sich von den civilisierten Staaten vollständig zurückgezogen habe, an denen es seine Mission bereits erfüllt, die philosophische Ära, die dann folgen werde, die wahre Lösung des großen Problems mit sich bringen werde.

„Es ist darum, meine Herren, keine Zeit zu verlieren," sagt uns dieser Philosoph,[1]) „dieses Bedürfnis nach einem neuen Glauben in Erwägung zu ziehen, das bereits bei den gebildeten Klassen sich fühlbar macht, und das auch bald in das gewöhnliche Volk einbringen und alle Gährungselemente in dasselbe übertragen wird, welche jenes Bedürfnis begleiten. Wie können wir hier helfen? Es ist klar, daß es bloß ein Mittel giebt; dieses ist: von neuem das ewige Problem der menschlichen Bestimmung aufstellen und die neue Lösung suchen, die es erheischt. Wie wird diese künftige Lösung beschaffen sein? — Ich weiß es nicht; das Einzige, was ich behaupten kann, ist, daß sie die frühere Lösung nicht umstoßen wird, sie wird sie enthalten. Was die Frage, ob die Lösung eine religiöse oder eine philosophische sein werde, betrifft; so scheint es mir unmöglich, dieses im voraus zu bestimmen. . . . Erinnern Sie sich, meine Herren, daß gemäß der De-

---

[1]) ibid. pag. 341 u. folg.

Viertes Kapitel. Das Problem der menschlichen Bestimmung rc. 271

Funktionen, die ich Ihnen vorgeführt, das Unterscheidende bei der religiösen Lösung darin besteht, daß sie ihre Autorität vom Himmel erhält, und in mehr oder weniger symbolischen Formen erscheint. Ich frage Sie aber: glauben Sie, daß man in der jetzigen Zeit dem Volke eine Lösung, die das Gepräge der Offenbarung an sich trägt, darbieten kann? Glauben Sie, daß das Volk eine Lösung annehmen werde, die voller Bilder ist? Was mich betrifft, so sage ich ganz entschieden nein! ...

„Es bleibt darum meiner Meinung nach nur ein einziger Weg, nur ein einziges Mittel übrig, der bedrohten Gesellschaft zu Hilfe zu kommen. Dieses Mittel besteht darin, diese schrecklichen Probleme, deren Lösung der Gesellschaft absolut notwendig ist, philosophisch zu besprechen; mittels der strengen Prozesse der Wissenschaft eine ebenso strenge Lösung zu suchen, die das helle Licht dieser Vernunft vertragen kann, deren Händen die Civilisation das Scepter der Autorität übergeben hat. ...

„Jetzt, meine Herren, kennen Sie die Gründe, welche zu einer Zeit und in einem Lande, wie das unsrige, mich bewogen haben, das Problem der menschlichen Bestimmung in seiner ganzen Ausführlichkeit aufzustellen und mit der kräftigen und heiligen Waffe der Wissenschaft an dasselbe heranzutreten. Hinsichtlich dieses Problemes verspreche ich Ihnen weder vollständige noch unbestreitbare Lösungen. Ich bin bloß ein einfacher Arbeiter bei dem angegebenen immensen Unternehmen. Nach fünfzehnjährigem angestrengten Nachdenken über das Rätsel der menschlichen Bestimmung bin ich über viele Punkte zu Überzeugungen, über andere zu begründetem Zweifel gekommen. ...

„Die Ereignisse werden durch die Ideen auf eine so absolute Weise bestimmt, und die Ideen folgen sich und sind auf eine so fatale Weise miteinander verkettet, daß das Einzige, was der Philosoph thun kann, ist, mit untergeschlagenen Armen die Umwälzungen ruhig gewähren zu lassen, gegen welche die Menschen so wenig vermögen. Nach einem notwendigen Gesetze entsteht und erscheint eine Lehre; nach einem notwendigen Gesetze bleibt und besteht sie eine Zeit lang; nach einem notwendigen Gesetze geht sie vorüber und verschwindet, wenn sie ihre Aufgabe erfüllt hat. Mir scheint, daß die Mission des Christentums darin bestanden hat, die Erziehung der Menschheit zu vollenden und sie in den Stand zu setzen, die Wahrheit ohne Figuren erkennen zu können, um sie alsdann ohne anderen Titel als bloß auf Grund ihrer eigenen Evidenz anzunehmen. Sobald dieses bei einem Geiste sich verwirklicht, muß das Christentum sich von ihm zurückziehen, und sich zurückziehend, nimmt es den Keim jeglichen Glaubens mit sich fort; und niemals wird es eine Religion, sondern nur eine Philosophie sein, die seine Stelle einzunehmen hat." —

Diese Worte des französischen Philosophen liefern uns das handgreifliche Bild von dem, was der menschlichen Vernunft widerfährt, wenn sie auf die schiefe Ebene des Rationalismus gerät, den Einfluß der religiösen Idee bei der Lösung der Probleme, welche die Menschheit am nächsten interessieren, als da sind das Problem der menschlichen Bestimmung und jene, die mit ihm in Verbindung stehen, hartnäckig verwirft und davon abstrahiert. Trotz seiner edlen Absichten, trotz seines tiefen Nachdenkens, trotz seiner lebhaften Sehnsucht hat die Vernunft unseres Philosophen fünfzehn Jahre angestrengten Nachdenkens gebraucht, um ihn hinsichtlich einiger Punkte zu überzeugen und hinsichtlich anderer im Zweifel zu lassen, und um bloß zum Teile die Unruhe zu beschwichtigen, welche die Gegenwart dieser Probleme in seiner Seele erregte. Und nach allem diesem: welches sind die Überzeugungen, zu denen er gelangt ist? ein Irrtum und eine Gottlosigkeit! Der rationalistische Philosoph kommt mit seiner Vernunft schließlich dahin, daß er den Fatalismus bekennt und sich der trügerischen Hoffnung hingiebt, daß eine neue philosophische Ära, die das Christentum auf der Welt ersetzen werde, das Licht in die Geister bringen und die vollständige und wahre Lösung des schrecklichen Problems darbieten werde.

Nein! tausendmal Nein! Das Christentum wird nicht von der Erde verschwinden, um einer philosophischen Ära das Feld zu überlassen, die allein in der Einbildung derjenigen vorhanden sein kann, die ihre Vernunft nicht dem Worte Gottes unterwerfen wollen; denn das Christentum wird dauern bis zum Ende der Welt, wie sein göttlicher Stifter verheißen hat. Es wird freilich aus dem Herzen und der Vernunft derjenigen weichen, die in ihrem thörichten Hochmute das Wort Gottes an dem Werke des Menschen messen und das Wort Gottes der Vernunft des Menschen unterwerfen wollen; aber es wird nicht aus den einfachen und demütigen Seelen weichen, welche ihre Schwäche und die Unzulänglichkeit ihrer Vernunft gegenüber der unendlichen Vernunft Gottes anerkennen und bekennen. Und darum hat nicht ohne Grund das ewige Wort Gottes dem himmlischen Vater gedankt, daß er „dieses vor Weisen und Klugen verborgen, Kleinen aber geoffenbart hat." (Matth. 11, 25.)

Viertes Kapitel. Das Problem der menschlichen Bestimmung ꝛc. 273

Andererseits dürften sechzig Jahrhunderte der Erfahrung genügen, um jeden denkenden Menschen zu überzeugen, daß es nicht die Philosophie ist, daß es nicht die auf sich selbst angewiesene Vernunft ist, welche die wahre und adäquate Lösung dieses verwickelten und schwierigen Problems zu geben vermag. Man muß die Täuschung aufgeben: die ihren eigenen Kräften überlassene menschliche Vernunft, die von der göttlichen Vernunft getrennte und gegen sie ankämpfende menschliche Vernunft, jene von den rationalistischen Geistern als legitime und notwendige Nachfolgerin des Christentums herbeigesehnte und erhoffte Philosophie wird niemals höher hinauf gelangen, als die großen Geister des Altertums gekommen sind. Es ist eine thörichte Hoffnung, daß diese auf das Christentum folgen sollende völlig rationalistische Philosophie, die jede religiöse Idee abweisen und vom traditionellen Elemente gänzlich absehen soll, das zu leisten imstande sein werde, was das philosophische Genie eines Plato, Aristoteles und Zeno nicht vermocht hat.

Um sich von unserer Behauptung noch mehr zu überzeugen, muß man beachten, daß dieses Problem der menschlichen Bestimmung einerseits das vitalste, interessanteste und praktischste für die Menschheit ist, und andererseits ganz besondere Bedingungen enthält und zudem ein überaus verwickeltes Problem ist.

Da jede geschaffene Natur von einer Intelligenz und nicht durch Zufall oder durch sich selber hervorgebracht ist, ist es klar, daß jede Natur auf ein Ziel hingeordnet sein und eine bestimmte Bestimmung haben muß; und daß, wie es nicht in der Hand der Kreatur liegt, ihre Natur zu verändern, sie ebensowenig auch ihre Bestimmung zu ändern vermag. Die Verwirklichung und Erreichung dieser Bestimmung muß die letzte Vollkommenheit einer jeden einzelnen Natur bilden und bildet sie auch in der That. Und was hinsichtlich jeder geschaffenen Kreatur eine Wahrheit ist, ist es noch vielmehr hinsichtlich des Menschen, wenn man an seine Vernunft, an seine Freiheit und die übrigen besonderen Bedingungen seiner Natur denkt. Wenn jede Natur eine Bestimmung hat, und wenn ihre letzte und vollständige Vollkommenheit in der Verwirklichung dieser Bestimmung besteht, ergiebt sich leicht und folgerichtig, daß diese Bestimmung die Basis, der Urgrund und die oberste Regel des Guten und des Bösen für jede Natur ist. Das Licht, das Wasser, der Wärmestoff sind gut für die Pflanze; denn sie tragen zur Erfüllung und Verwirklichung ihrer Bestimmung bei. Die Äste des

Essens und Trinkens sind für den Stein indifferent; denn sie stehen in keiner Beziehung zur Erfüllung und Verwirklichung seiner Bestimmung; allein diese nämlichen Akte sind gut für das Tier; denn sie sind ein Mittel, um seine Bestimmung zu erfüllen und zu verwirklichen.

Was bei den niederen Naturen der Fall ist, ist auch notwendigerweise hinsichtlich des Menschen der Fall; denn jedes endliche Wesen hat bei seiner Schöpfung und mit seiner Schöpfung eine bestimmte Bestimmung bekommen, die mit den Bedingungen seiner Natur übereinstimmt. Folglich müssen das Gute und Böse beim Menschen in Beziehung zu seiner Bestimmung stehen; mit anderen Worten: gute Handlungen werden beim Menschen jene sein, mittels welcher er seine Endbestimmung erreichen kann; und schlechte Handlungen jene, welche, statt ihn seiner Bestimmung näher zu bringen, ihn davon entfernen. Jede Handlung, die mit der von Gott der menschlichen Natur angewiesenen Bestimmung übereinstimmt, ist gut; jede Handlung, die den Menschen von dieser Bestimmung abzulenken imstande ist, oder ein Hindernis für ihre Verwirklichung ist, ist schlecht. Deshalb sagt der heilige Thomas sehr mit Recht, die Geradheit oder Richtigkeit des Willens werde durch die Beziehung gebildet, die sie zum letzten Ziele hat, das die Endbestimmung des Menschen ist (rectitudo voluntatis est per debitam ordinem ad finem ultimum).

Darum sagten wir vorhin, das Problem der menschlichen Bestimmung sei das vitalste, interessanteste und praktischste für die Menschheit.

Nicht weniger gewiß ist, daß dieses Problem ganz besondere Bedingungen involviert. Wir alle kennen und erfahren leider zu häufig das seltsame Gemisch von Hoheit und Armseligkeit, das in unserer Natur sich offenbart. Einerseits große Sehnsucht nach Wahrheit, edle Aspirationen, Hinneigung zum Guten, Abscheu vor dem Laster, Erhabenheit über die vergänglichen Dinge; und andererseits Unwissenheit und Trägheit, Schwäche und Ohnmacht, dem Bösen zu widerstehen, Schwierigkeit in der Vollbringung des Guten, Kämpfe der Leidenschaften, Hinneigung zur Korruption und zu den vergänglichen irdischen Interessen.

Diese Gegensätzlichkeit von Sehnsucht und Verlangen, diese Divergenz von Neigungen, dieses seltsame und merkwürdige Gemisch von Macht und Schwäche, von Größe und Armseligkeit kann allein eine befriedigende Lösung finden, wenn man einerseits bis zum ersten

Sündenfalle der Menschheit zurückgeht, und andererseits die Erhebung des Menschen in die übernatürliche Ordnung mit in Anschlag bringt. Darum streift das Problem der menschlichen Bestimmung, das in mehr oder weniger direkter und unmittelbarer, aber notwendiger Beziehung zu diesen Wahrheiten steht, an die übernatürliche Ordnung, und kann folglich auf eine befriedigende und vollständige Weise durch die ihren bloßen Kräften überlassene menschliche Vernunft nicht gelöst werden. Daher kommt es ohne Zweifel, daß dieses Gemisch von Größe und Elend, das sich beim Menschen zeigt, immer ein Räthsel für diese menschliche Vernunft gewesen ist; und daher kommt es auch, daß, wenn die vom Hochmut aufgeblähte Philosophie die Lösung der katholischen Philosophie verwarf, um sich auf sich selbst zurückzuziehen und von der christlichen Idee ganz abzusehen, niemals zu einer vernünftigen und wahren, und noch weniger zu einer vollständigen und den erhabenen Bedingungen des Problems entsprechenden Lösung hat kommen können.

Auch wenn man von den besonderen Verhältnissen und der Natur dieses Problems absehen wollte, brauchte man nur an die Komplicirtheit desselben zu denken, um sich zu überzeugen, daß es der sich selbst überlassenen menschlichen Vernunft, wenn nicht reinweg unmöglich, so doch wenigstens sehr schwer fallen dürfte, zu einer wahren und adäquaten Lösung des Problems zu gelangen. Man kann sagen: die fundamentalsten und praktischsten Probleme der Philosophie stehen in notwendiger und direkter Beziehung zu dem Probleme der menschlichen Bestimmung. Auf was reducirt sich das Problem der Geistigkeit und Unsterblichkeit der Seele, wenn man es vom Probleme der menschlichen Bestimmung trennt? Ist es nicht klar, daß diese Unsterblichkeit des Gegenstandes, und folglich das Problem, worauf sie sich bezieht, des Sinnes entbehrt, wenn man das Problem der Endbestimmung des Menschen aus den Augen verliert?

Sogar das Problem des Guten und Bösen, das Grundproblem der Moralwissenschaft, steht in notwendiger Beziehung mit dem Problem der menschlichen Bestimmung. Abgesehen von dem primitiven Ursprunge und dem ontologischen Fundamente des sittlich Guten und Bösen, ist es unleugbar, daß unsere Handlungen gut oder schlecht heißen und in der That auch sind, je nachdem sie mit der Bestimmung des Menschen in Übereinstimmung sind oder nicht. Gott, der dem Menschen eine bestimmte Natur verliehen, hat ihm folglich auch eine bestimmte

Beſtimmung gegeben, zu der er unaufhörlich hinſtrebt. Die Erfüllung
dieſer Beſtimmung, die Verwirklichung und Erreichung derſelben bilden
das Gut, die Vollkommenheit, das Komplement und die Vollendung
der Natur des Menſchen. Die Handlungen, welche geeignet ſind, den
Menſchen dieſem Gute näher zu bringen, bilden und beſtimmen ſeine
allmähliche Entwickelung in der moraliſchen Ordnung. Mit einem
Worte: wenn man richtig nachdenkt, wird man finden, daß dieſe oder
jene Handlung gut iſt, weil ſie unſerer Natur entſpricht und mit
unſerer Beſtimmung übereinſtimmt; dagegen iſt dieſe oder jene
Handlung ſchlecht, wenn ſie unſerer Natur widerſpricht und unſerer
wahren Endbeſtimmung entgegenſteht. Folglich ſteht das Grundproblem des ſittlich Guten und Böſen in inniger und notwendiger
Beziehung zur menſchlichen Beſtimmung.

Man glaube aber nicht, daß dies die einzigen Probleme ſeien,
die in notwendiger und direkter Beziehung zu dem uns jetzt beſchäf-
tigenden Probleme ſtehen. Es ſind der Beziehungen viele, die es
enthält; und kaum giebt es ein Problem von praktiſcher Wichtigkeit,
das nicht auf eine mehr oder weniger unmittelbare Weiſe ſich auf
dasſelbe bezöge. Nehmen wir z. B. das natürliche Recht des
Menſchen in der Geſellſchaft. Das Grundproblem der Wiſſenſchaft
des ſocialen Rechtes iſt ohne Zweifel die nähere Beſtimmung oder
Feſtſetzung der gegenſeitigen Rechte und Pflichten der Menſchen, die
in geſelliger Gemeinſchaft leben. Nun hängt aber die Löſung dieſes
Problems weſentlich von der Löſung des Problems der menſchlichen
Beſtimmung ab. Der Menſch hat ohne Zweifel das Recht, alles
das zu thun, was für die Erfüllung ſeiner Beſtimmung unumgänglich nötig iſt. Und da das Recht auf Seite eines Individuums
auf Seite der Anderen die Pflicht involviert, es zu reſpektieren, iſt es
klar, daß die Rechte und Pflichten des ſocialen Menſchen nur beſtimmt
werden können, wenn man zuvor die Natur ſeiner Endbeſtimmung
feſtgeſtellt hat. Da wir eine Beſtimmung zu erfüllen haben; da unſere
Natur in dieſem wie im anderen Leben auf ein beſtimmtes Ziel hingerichtet iſt: ſo haben wir das Recht, gewiſſe Dinge zu thun, nämlich jene, die für die Verwirklichung und Erreichung dieſer Beſtimmung,
welche die höchſte Vollkommenheit des Menſchen bildet, notwendig ſind.
Aus demſelben Grunde haben wir auch die Pflicht, bei Anderen gewiſſe Dinge zu reſpektieren, nämlich jene Handlungen, mittels welcher
ſie den Beſitz dieſer Endbeſtimmung des Menſchen verwirklichen und
erreichen. Folglich ſteht die Löſung des Problems des ſocialen Rechtes

Viertes Kapitel. Das Problem der menschlichen Bestimmung ꝛc. 277

in inniger Beziehung zur Lösung des Problems der menschlichen Bestimmung und hängt wesentlich davon ab.

Das Problem des staatlichen Rechtes enthält ebenfalls notwendige Beziehungen zum Problem der menschlichen Bestimmung: Beziehungen, die, wenn sie auch nicht so unmittelbar und direkt sind, als diejenigen, welche wir im socialen Rechte gefunden, nichtsdestoweniger wirklich und wahr sind.

Die Feststellung der socialen Rechte und Pflichten würden für den Menschen ohne das Dasein einer öffentlichen Macht, einer höheren Gewalt, mit der Aufgabe, jene Rechte zur Geltung zu bringen, in der Praxis völlig unnütz sein. Und diese öffentliche Macht hat nicht bloß zur einzigen Aufgabe die Aufrechthaltung der socialen Rechte und Pflichten des Menschen; eine der hauptsächlichsten Aufgaben der menschlichen Gesellschaft, und folglich auch der staatlichen Macht und Einrichtungen, welche die Gesellschaft leiten und regieren, besteht darin, die individuelle Kraft zu vermehren, die Kraft eines Individuums durch die Kräfte der anderen Individuen der Gesellschaft zu vervielfältigen, und folglich sie instandzusetzen, daß sie mit größerer Sicherheit zu ihrer Bestimmung gelangen und die Hindernisse besiegen können, die sich ihrer Verwirklichung etwa entgegenstellen. Wenn also gefragt wird: Welches sind die besten staatlichen Einrichtungen, und welches ist die bestmögliche Regierungsform; so kann man als allgemeine Thesis aufstellen: Jene ist die bestmögliche Regierungsform, deren Organisation die zweckmäßigste und geeignetste ist, nicht allein das Gleichgewicht zwischen den gegenseitigen Rechten und Pflichten der Individuen aufzustellen und zu erhalten, sondern auch ihre Kräfte in betreff der Erfüllung ihrer Bestimmung zu leiten und zu vermehren.

Andererseits, um zu bestimmen, welches die beste staatliche Einrichtung einer Gesellschaft sei, muß man zuvor die socialen Rechte und Pflichten des Individuums feststellen: Rechte und Pflichten, die, wie wir gesehen, bloß mit Rücksicht auf das sociale Recht des Menschen richtig bestimmt werden können. Folglich setzt das Problem des staatlichen Rechtes die Lösung des Problems des natürlichen und socialen Rechtes des Menschen voraus; und dieses setzt seinerseits wieder die Lösung des Problems der menschlichen Bestimmung voraus.

Die bisherigen Bemerkungen zeigen uns auch, warum das Problem der menschlichen Bestimmung sich unserem Geiste bei jedem Schritte und auf so verschiedene und vielfache Weise darbietet. Da es, wie wir gesehen, die primitive Regel des Guten und des Bösen in unseren moralischen Handlungen bildet; da es das vitalste und praktisch wichtigste für die Menschheit bildet; da es endlich mit der höchsten wahren Glückseligkeit des Menschen so enge verbunden ist: hat der Urheber der Natur in seiner väterlichen Sorgfalt gewollt, daß alles, was uns umgibt, dazu beitrage, den Gedanken an unsere Bestimmung in unserem Geiste wachzuerhalten. Die Kleinheit des Menschen gegenüber den gewaltigen Naturkräften; der Schatten, welcher sich um den Ursprung der Völker in der Menschengeschichte lagert und die Gesetze ihrer Verbreitung über die Erde; die Täuschungen und die Leerheit, die er bei Befriedigung seiner heißesten Wünsche und Begierden beständig erfährt; das Unglück und Mißgeschick aller Art, das ihn auf seinem Lebenswege immer begleitet: alles trägt dazu bei, in dem bewegten Geiste des Menschen die Idee seiner Bestimmung wachzurufen; alles drängt ihn, ein über das andere Mal sich selbst zu fragen: Wer bin ich? woher stammt die Menschheit? wohin geht sie? was für eine Bestimmung habe ich hienieden? welches ist meine Bestimmung nach diesem Leben? — Glücklich diejenigen, welche im Lichte der christlichen Ideen die vollständige und sichere Lösung für diese großen und schwierigen Fragen finden; und noch glücklicher diejenigen, welche diese christliche Lösung praktisch verwirklichen, indem sie den Eingebungen des Wortes Gottes folgen!

Diejenigen aber, welche ihr Auge dem Lichte des ewigen Wortes hartnäckig verschließen; diejenigen, welche die menschliche Vernunft von der christlichen Idee zu emancipieren suchen, sind dazu verurteilt, ewig das furchtbare Problem der menschlichen Bestimmung aufzustellen, ohne daß sie aus dem engen eisernen Kreise, in den der Hochmut ihrer Vernunft sie festgebannt, herauszukommen vermöchten.

Dieses sehen wir bei den rationalistischen Philosophen, und besonders bei demjenigen, den wir bereits mehrmals in diesem Kapitel angeführt haben. Ohne daß er es zu etwas anderem als zu Zweifeln, unsicheren Schwankungen und unvollständigen Lösungen gebracht, sieht er trotzdem das furchtbare Problem unaufhörlich vor seinem unruhigen Blicke erscheinen. Das Glück des gegenwärtigen Lebens wie das Unglück stellen seinem vom Zweifel gequälten Geiste das schreckliche Problem der menschlichen Bestimmung vor Augen. Vernehmen wir seine Worte, und wir werden ihn mit aller Energie, Entschiedenheit und Sicherheit das große Problem aufstellen und ihn alsdann

Viertes Kapitel. Das Problem der menschlichen Bestimmung ꝛc.

beim Anblick der Ohnmacht seiner Vernunft, das Rätsel zu lösen, der Unruhe und Betrübnis anheimfallen sehen.

„Was die Vernunft angesichts der menschlichen Bestimmung aufregt und in Unruhe versetzt, ist das Übel oder Unglück, das sich überall in der menschlichen Einrichtung findet, sogar bei den flüchtigen Freuden, die man Glück nennt.[1]

„Im Anfange des Lebens findet unsere Natur, die mit allen Bedürfnissen und Kräften, womit sie begabt ist, erwacht, eine Welt vor sich, die ihr ein unbegrenztes Feld zur Befriedigung der einen und zur Entwickelung der anderen darbietet. Beim Anblicke dieser Welt, welche die Glückseligkeit für sie zu enthalten scheint, erhebt sich unsere Natur voll von Hoffnungen und Illusionen. Allein die menschliche Einrichtung hat das Eigentümliche, daß keine dieser Hoffnungen in Erfüllung geht, und keine dieser Illusionen ihre Verwirklichung findet. Alle Begierden, die Gott in uns hineingelegt, alle Kräfte, womit er uns begabt: welche von ihnen kommt hier auf Erden zu ihrem Ziele und findet ihre Befriedigung? Es scheint, als ob die uns umgebende Welt gerade so eingerichtet ist, daß sie ein derartiges Resultat unmöglich macht. Und es gehen diese Begierden und Kräfte aus unserer Natur hervor; was jene wollen, will auch sie; was sie will, ist das Endziel, für welches sie auf diese Welt gesetzt ist, ist das Glück, ist die Glückseligkeit.

„Mithin seufzt unsere Natur, und sie seufzt nicht bloß, sondern sie staunt und ist indigniert. . . .

„Während der Jugendzeit erregt das Mißgeschick mehr unser Erstaunen, als daß es uns erschreckt. Wir denken, was uns widerfährt, sei eine Anomalie; und wir verlieren niemals die Hoffnung. . . . Aber schließlich, sei es, daß wir, von einem schrecklichen Schlage getroffen, plötzlich die Augen öffnen, sei es, daß eine allzulange Erfahrung uns endlich witzigt, stellt sich die traurige Wirklichkeit uns vor Augen; alsdann verschwinden alle jene Hoffnungen, welche unser Mißgeschick versüßt hatten; alsdann erhebt sich aus der Tiefe unseres von Kummer niedergebeugten Herzens, aus der Tiefe unserer in ihren innigsten Überzeugungen verletzten Seele unvermeidlich die melancholische Frage: Warum ist der Mensch in diese Welt gestellt?

„Und man glaube nicht, daß das Mißgeschick des Lebens es einzig sei, welches das Vorrecht hat, die Aufmerksamkeit unseres Geistes auf

---

[1] Jouffroy; S. 310 flg.

dieses Problem zu lenken; denn es ist dieses ein Problem, das sowohl aus unserem Glücke wie aus unserem Unglücke hervorgeht, da unsere Natur eben so gut hinsichtlich des ersteren wie des zweiten sich getäuscht findet. Im ersten Augenblicke der Befriedigung unserer Wünsche haben wir die Meinung, oder vielmehr die Einfalt, uns für glücklich zu halten; wenn aber dieses Glück andauert, verschwindet bald sein Reiz; und hier, wo wir eine vollständige Befriedigung zu fühlen glaubten, finden wir bloß noch eine geringere Befriedigung, auf die eine noch geringere folgt, die nach und nach immer schwächer wird, bis sie zuletzt ganz verschwindet und in Überdruß und Ekel umschlägt. So ist der unvermeidliche Gang alles menschlichen Glückes; so ist das fatale Gesetz, dem niemand ausweichen kann. Wenn wir im Momente des Triumphes einer Leidenschaft das gute Glück haben, daß eine andere sich unserer bemächtigt, werden wir, von dieser neuen Leidenschaft hingerissen, von der Nichtigkeit und Enttäuschung der ersteren nichts gewahr; und nur auf diese Weise geschieht es, daß wir, bei einem Dasein, das von der Befriedigung fortwährender Leidenschaften ganz erfüllt und bewegt wird, uns eine Zeit lang über das Glück dieser Welt freuen können, ehe wir seine Eitelkeit inne werden und erkennen.

„Indessen, diese Betäubung kann nicht lange Zeit andauern; es kommt ein Moment, in welchem diese ungestüme Unbeständigkeit in der Erstrebung der Glückseligkeit, die aus der Mannigfaltigkeit und Unbestimmtheit unserer Wünsche entsteht, endlich stillsteht; und in welchem unsere Natur, in eine einzige Leidenschaft jegliches Bedürfnis nach Glück und Wohlergehen, das in ihr sich offenbart, konzentrierend, dieses Glück in einem einzigen Dinge sieht, nach welchem sie nun mit allen ihren Kräften hinstrebt. Aber nunmehr geschieht es, daß, was es auch für eine Leidenschaft sein mag, die bittere Erfahrung nicht ausbleibt, die der Zufall bis zu dieser Stunde aufgehalten hatte.

„Kaum ist jenes so heiß ersehnte Gut erreicht, so wird die Seele beim Anblicke seiner Unzulänglichkeit kalt; vergebens sucht sie hier das Glück und die Glückseligkeit, von der sie geträumt. . . .

„Alles Glück, das uns das gegenwärtige Leben bieten konnte, ist uns zu teil geworden; und doch ist unser Verlangen nach Glückseligkeit nicht befriedigt. Das Glück ist somit ein Schatten, das Leben eine Täuschung, unsere Wünsche ein Fallstrick. Wenn auch alle Glückseligkeit des Lebens in das Herz des Menschen gekommen, ist das Herz des Menschen doch nicht zufrieden.

„Daher kommt es, daß dieser melancholische Blick des Menschen

Viertes Kapitel. Das Problem der menschlichen Bestimmung ꝛc.

auf sich selber, der in der Tiefe seiner Seele den Gedanken an seine Bestimmung entstehen läßt, der ihn in Unruhe versetzt und ihn antreibt, sich selber zu fragen, worin diese Bestimmung bestehe, häufiger aus der Erfahrung des Glückes dieses Lebens als aus der Erfahrung seines Unglückes und Mißgeschickes entsteht." —

„Vor dem Offenbarwerden des schrecklichen Problems," so schließt der rationalistische Philosoph,[1] „gehorchte der Mensch seinen Instinkten; und ohne Voraussicht, ohne Unruhe gelangte er, oder auch nicht, zu dem Ziele, zu welchem sie ihn hintrieben. Wenn er seinen Gegenstand erreichte, war er glücklich; wenn er ihn nicht erreichen konnte, seufzte er; allein diese vorübergehenden Seufzer, die alsbald durch das Auftreten neuer Wünsche verwischt wurden, gleichen in nichts jener tiefen Traurigkeit, jener unheilbaren Melancholie, die sich dessen bemächtigt, der die Frage der menschlichen Bestimmung sich aufgeworfen und die Dunkelheit entdeckt hat, die sie umgiebt."

Einen peinlichen Eindruck auf die Seele bringen die Worte hervor, die wir soeben gehört haben; einen peinlichen Eindruck verursachen diese Worte, die uns die Unruhe und Trostlosigkeit offenbaren, welche das Herz eines Mannes zernagten, der, von furchtbaren Zweifeln geplagt, eine illusorische Wissenschaft zu erhaschen sucht, die unaufhörlich vor seinem Blicke entflieht, und mit welcher er die ungeheuere Öde und Leere, welche das Aufgeben der katholischen Religion in seiner Seele gelassen, vergebens auszufüllen sucht. Peinlich ist der Eindruck, den der Anblick eines Menschen wie Jouffroy verursacht, der diese Religion lästert und die wissenschaftliche Unzulänglichkeit jenes Christentums behauptet, in welchem die größten und gewaltigsten Geister, deren die Menschheit sich rühmen kann, Ströme von Licht, trostvolle Harmonien, Schätze von Wissenschaft und Wahrheit gefunden haben.

Übrigens sind diese Worte des französischen Philosophen nichts anderes als der Ausdruck der antichristlichen Tendenzen des größten Teiles der philosophischen Schulen und Theorien unseres jetzigen Jahrhunderts, die sich außerhalb des Kreises der katholischen Idee breit machen. Im Grunde identische Manifestationen der rationalistischen Lehre, wenn auch der Form nach verschieden, stimmen diese Schulen und Theorien, mögen sie sich eklektisch nennen, oder mögen sie sich pantheistisch, socialistisch, oder Schulen des unbestimmten Fortschrittes

---

[1] Ebendas. S. 324.

nennen, darin überein, daß sie behaupten, das Christentum habe sich überlebt und habe seine Mission erfüllt, die der Vergangenheit angehöre; seine Lehren seien gut gewesen für die Menschheit der früheren Zeiten, seien aber unfruchtbar und unfähig, ihr Glück in der Gegenwart zu bewirken; seine Wahrheit sei erschöpft und veraltet; mit einem Worte: die Zukunft der Menschheit gehöre ausschließlich der reinen Vernunft und Philosophie an.

Bisher hielt man immer geglaubt, die Wahrheit sei unveränderlich, und das Alter und die Unveränderlichkeit der katholischen Lehre sei eben ein mächtiges Argument zu Gunsten ihrer Wahrheit; allein die Apostel des Fortschrittes haben entdeckt, daß die Wahrheit nicht so sein könne, sondern sich beständig ändern müsse. Darum kann das Christentum mit seiner achtzehnhundertjährigen Dauer, mit seinen unveränderlichen Dogmen, mit dem Alter seiner Lehren in keinem Verhältnisse zum Fortschritte der jetzigen Zeit stehen, noch die Bedürfnisse der Geister befriedigen.

Diese Thoren! Sie wissen also nicht, daß die katholische Religion gerade deshalb, weil sie alt ist, so alt als der Mensch und wie die Welt, eine immer alte und immer neue Wahrheit besitzt, eine Neuheit besitzt, die jene der rationalistischen Lehren, die heute auftauchen und morgen wieder verschwinden, bei weitem übertrifft. Wie die Natur, die im Herbste nachläßt und sinkt, um beim Herannahen des Frühlings mit all ihrer Kraft und Schönheit wieder zu erscheinen, hat auch die katholische Religion ihre Zeiten des Niederganges, wo alle Elemente und Kräfte der Welt und der Hölle gegen sie sich verschworen zu haben scheinen; allein es bleibt der Frühling nicht aus mit dem herrlichen Schmucke der Blätter und Blumen; der Sturm legt sich; und die Braut des Lammes in neuem Schmucke und bedeckt mit den Früchten der Wissenschaft, der Tugend und der Heiligkeit, nimmt ihren majestätischen Gang durch die Jahrhunderte, Völker und Nationen wieder auf; und sie schreitet durch die Nationen, Völker und Jahrhunderte, um die Eroberung der Zukunft zu bewerkstelligen, gerade so, wie sie auch die Eroberung der vergangenen Zeiten bewerkstelligt hat.

Und diese rationalistischen Denker, die nur mit Verachtung und Spott auf die Wahrheiten des Christentums herabblicken, sind es gerade, welche Träume und Hirngespinnste, welche der gesunde Menschenverstand sofort mit aller Energie von sich weist, ohne weiteres glauben. Denn diese frivolen Denker, die ohne Aufhören vom Tode des Katholicismus und seinem Leichenbegängnisse sprechen, und die mit dem nämlichen Grunde auch den Tod des Naturgesetzes und das Aufhören des Dekalogs verkünden könnten, da sie noch älter als das Christentum und eben so unveränderlich wie dieses sind, gerade sie sind es, welche Glaubensbekenntnisse voll von Dunkelheit und Finsternis fabricieren; eben jene frivolen Denker, welche die Lehren und Erfolge der christlichen Idee für Mythen halten, sind es, welche in die Luft gebaute Systeme, die man nur mit den Fieberträumen eines Schwerkranken vergleichen kann, für unerschütterliche Wahrheit halten. Eben jene Menschen, die sich in dem weiten und geräumigen Kreise der katholischen Wahrheit eingeengt fühlen, und bloß Mythen, Figuren und Irrtümer in jener christlichen Idee entdecken, welche der gewaltigen Intelligenz eines Origenes, Augustin, Thomas von Aquin und so vieler anderer großen Geister, die ihren Eingebungen gefolgt sind, reichliche Nahrung lieferte, sind es, welche mit Hegel an die Entwickelung der Idee glauben, welche die absolute Identität des Subjektes und des Objektes annehmen, die uns vom leeren Gedanken sprechen, und von vielen anderen pantheistischen Ungereimtheiten und Irrtümern. Eben sie sind es, welche jene kommunistischen Theorien aufstellen, jene absurden Christologien, jene „rationellen" Lehren über die Trinität, die man lächerlich nennen könnte, wenn sie nicht sakrilegisch und gottlos wären. Man muß es leider zur Beschämung des Menschengeschlechtes gestehen: gerade jene **unabhängigen Denker, jene freien Vernunftmenschen**, die bloß in den christlichen Mysterien Widersprüche und Absurditäten finden, die sich weigern, ihre Vernunft vor der göttlichen Vernunft zu beugen, sind es, welche die **prophetischen Wunder des tierischen Magnetismus**, das Tischrücken, das Herbeicitieren und Erscheinen der abgeschiedenen Geister, die neue Religion und das Priestertum Eller's, das goldene Buch des Patriarchen der Mormonen, die Visionen und Offenbarungen Schwedenborg's ohne die mindeste Schwierigkeit glauben und annehmen. —

Fünftes Kapitel.

Theorie des Willens.

„Bei den hinsichtlich ihrer Vollkommenheit sich untergeordneten Dingen," sagt der heilige Thomas,[1] „muß das erste im zweiten enthalten sein, so daß in diesem nicht bloß die Vollkommenheit sich findet, die ihm seiner eigentlichen Natur nach zukommt, sondern auch jene, die ihm entspricht, insofern es das erstere enthält. So sehen wir, daß dem Menschen nicht allein der Gebrauch der Vernunft zukommt, eine Vollkommenheit, die ihm seiner specifischen Differenz nach, welche die Vernünftigkeit ist, angehört, sondern auch der Gebrauch der Sinne

---

[1] Quaest. Disp. De Ver. Q. 22. a. 5: Ad cujus evidentiam sciendum est, quod in rebus ordinatis oportet primum includi in secundo, et in secundo inveniri non solum id, quod sibi competit secundum rationem propriam, sed quod ei competit secundum rationem primi; sicut homini convenit non solum ratione uti, quod ei competit secundum propriam differentiam quae est rationale, sed uti sensu et alimento, quod ei competit secundum genus suum, quod est animal vel vivum. ... Natura autem et voluntas hoc modo ordinata sunt, ut ipsa voluntas, quaedam natura sit; quia omne quod in rebus invenitur, natura quaedam dicitur; et ideo in voluntate oportet invenire non solum id quod voluntatis est, sed etiam quod naturae est. Hoc autem inest cuilibet naturae creatae, ut a Deo sit ordinata in bonum, naturaliter appetens illud.

Unde et voluntati ipsi inest naturalis quidam appetitus sibi convenientis boni. Et praeter hoc habet appetere aliquid secundum propriam determinationem, non ex necessitate; quod ei competit in quantum voluntas est.

Sicut autem est ordo naturae ad voluntatem, ita se habet ordo eorum quae naturaliter vult voluntas, ad ea respectu quorum a se ipsa determinatur, non ex natura. Et ideo sicut natura est voluntatis fundamentum, ita appetibile quod naturaliter appetitur, est aliorum appetibilium principium et fundamentum.

In appetibilibus autem, finis est fundamentum et principium eorum quae sunt ad finem, cum quae sunt propter finem non appetantur nisi ratione finis. Et ideo quod voluntas de necessitate vult, quasi naturali inclinatione in ipsum determinata, est finis ultimus. ... Ad alia vero non de necessitate determinatur naturali inclinatione, sed propria dispositione absque necessitate.

Quamvis autem quadam necessaria inclinatione ultimum finem voluntas velit, nullo tamen modo concedendum est, quod ad illud volendum cogatur. ...

und der Nahrung, die ihm hinsichtlich der Gattung, oder gemäß dem Begriffe des animal, entspricht. . . . Da nun die Natur und der Wille zu einander in Beziehung stehen, so daß der Wille eine Art Natur ist, weil alles in der Welt Existierende irgend eine Natur ist; so findet man in dem Willen nicht bloß den eigentümlichen Begriff des Willens, sondern auch jenes, was dem Begriffe der Natur entspricht. Jeder geschaffenen Natur ist es allgemein eigen, von Gott auf irgend ein Gut hingerichtet zu sein, das sie von Natur aus erstrebt.

„Hiermit in Übereinstimmung existiert im Willen ein Verlangen oder Streben nach irgend einem Gute, das seiner Natur entspricht; und außer diesem besitzt er die Fähigkeit, etwas seiner eigenen freien Bestimmung nach und nicht aus Nötigung zu erstreben, was ihm entspricht, insofern er Wille ist.

„Wie es eine gewisse Ordnung zwischen der Natur und dem Willen giebt, so existiert auch eine bestimmte Ordnung zwischen den Dingen, welche der Wille von Natur aus, oder als Natur, erstrebt, und denjenigen, welche er sich selbst bestimmend, oder als Wille, erstrebt. Und da die Natur das Fundament des Willens ist, so ist auch das von Natur aus erstrebte Gut das Princip und das Fundament des Wollens der anderen Güter.

„Unter den Gütern, die der Mensch verlangt oder sucht, ist der Endzweck das Princip und Fundament derjenigen Güter, die auf den Endzweck hingerichtet sind, da die Dinge, die man begehrt, um einen Endzweck zu erreichen, nur wegen dieses Endzweckes, den man erreichen will, begehrt werden. Daher ist das, was der Wille notwendig verlangt oder will, durch eine natürliche Neigung hierzu bestimmt, das letzte Ziel oder die Glückseligkeit . . . aber hinsichtlich der anderen partikulären Güter wird er nicht durch eine natürliche Neigung notwendig bestimmt, sondern vielmehr durch seine eigene Anordnung und als frei von jeder Nötigung.

„Obgleich der Wille das letzte Ziel durch eine natürliche Neigung will, darf man aber niemals zugeben, daß er dieses durch äußeren Zwang genötigt wolle. . . .

„Und niemals kann es geschehen, daß der Wille irgend etwas durch äußeren Zwang gezwungen will, es sei denn, daß dieses etwas ist, das er zugleich durch natürliche Neigung will. Es folgt also, daß der Wille nicht irgend etwas durch äußeren Zwang notwendig will, aber wohl, daß er irgend etwas durch natürliche Neigung notwendig will." —

Diese Stelle des heiligen Lehrers enthält eine der hauptsächlichsten Grundlagen seiner Theorie über den freien Willen oder das liberum arbitrium. Aus ihr ergiebt sich mit aller Klarheit: Erstens, daß die Aktivität oder Kraft, die wir Willen nennen, nicht frei ist hinsichtlich aller ihrer Manifestationen; denn die Akte, die der Wille hinsichtlich des letzten Zieles im allgemeinen verrichtet, sind Akte, die er notwendig, und nicht mittels einer freien Bestimmung verrichtet. Allein diese Notwendigkeit ist bloß eine hypothetische, oder wie es in den Schulen heißt: quoad specificationem, d. h. daß der Wille, im Falle er irgend einen Akt hinsichtlich dieses Objektes verrichtet, von Natur aus und notwendig bestimmt wird, den Akt des Verlangens oder Begehrens hinsichtlich der Glückseligkeit zu verrichten, weil er sie nicht verschmähen kann, ohne daß er deshalb aufhört, frei in einem absoluten Sinne zu sein, insofern er die Fähigkeit besitzt, nicht an sie zu denken und folglich sich enthalten kann, Akte hinsichtlich derselben zu verrichten; denn wie der nämliche heilige Thomas bemerkt, bringt die Bestimmung zu der Art des Aktes nicht immer die Bestimmung zu der Setzung oder Verrichtung des Aktes mit sich. „Aus Notwendigkeit begehrt er die Seligkeit, die nach Boethius ein durch die Aggregation aller Güter vollkommener Zustand ist. Ich sage: aus Notwendigkeit, was die Bestimmung des Aktes betrifft, da er nicht das Gegenteil wollen kann; nicht aber hinsichtlich der Verrichtung des Aktes, da jemand alsdann an die Seligkeit nicht zu denken den Willen haben kann."[1] —

Zweitens ergiebt sich hieraus, daß der äußere Zwang derartig dem Willen widerstreitet, daß er demselben nicht allein als Wille oder als freie Potenz, sondern auch als Natur oder als spontane Aktivität betrachtet, unter welch letzterem Begriffe ihm die notwendige Hinneigung zum letzten Ziele entspricht, entgegen ist.

Drittens ergiebt sich hieraus, daß die eigentliche Freiheit sozusagen da anfängt, wo der Wille als Natur endet, oder vielmehr, daß die freie Aktion des Willens nach seiner notwendigen Aktion kommt. Die erstere bezieht sich auf die Mittel; die zweite auf den letzten

---

[1] Ibid. De Mal. Quaest. 3. a. 1: Ex necessitate appetit beatitudinem, quae secundum Boethium est, status omnium bonorum aggregatione perfectus. Dico autem ex necessitate, quantum ad determinationem actus, quia non potest velle oppositum; non autem quantum ad exercitium actus, quia potest aliquis non velle tunc cogitare de beatitudine. —

Endzweck. Die überlegte Aktion, die freie Bestimmung, ist die Form des Willens als Wille; die notwendige Aktion, die Bestimmung ad unum, ist die Form des Willens als Natur.

Diese Lehre des heiligen Thomas befindet sich in vollständiger Harmonie mit dem Zeugnisse des Selbstbewußtseins. Die aufmerksame Beobachtung der inneren Phänomene offenbart uns die Existenz dieser zweifachen Manifestation der Energie unseres Willens. Erfahren wir nicht bei jedem Schritte, daß wir von dem Streben und dem Verlangen nach Seligkeit, nach dem allgemeinen Gute, auf eine notwendige und unwiderstehliche Weise beherrscht werden? Dieses Verlangen nach dem allgemeinen Gute beherrscht uns solchermaßen, daß wir nur bloß unter der Bedingung etwas wünschen und begehren können, daß es für uns ein Mittel sei, zu ihm zu gelangen, eine Form, eine Teilnahme an jenem allgemeinen Gute. Wir fühlen uns frei, die partikulären Güter zu wollen oder nicht zu wollen, zu begehren oder zu verschmähen; wir fühlen und erfahren zugleich aber auch, daß es uns unmöglich ist, die Glückseligkeit zu verschmähen, das Gute nicht zu wollen.

Die wissenschaftliche Bedeutung und Wichtigkeit dieses Teiles der Theorie des heiligen Thomas wird auch von Cousin thatsächlich anerkannt und ausgesprochen, der ebenfalls wie jener eine zweifache Grundmanifestation der Aktivität des menschlichen Willens annimmt. Allerdings übertreibt der Chef des modernen Eklekticismus später die Sache und macht von dieser Lehre unrichtige Anwendungen auf die Freiheit; aber seine Lehre hinsichtlich des Daseins der angegebenen Manifestationen unseres Willens ist mit der des heiligen Thomas im Grunde identisch, und es besteht nur eine Verschiedenheit in Bezug auf die Namen, da das Haupt des modernen Eklekticismus Reflexion nennt, was der heilige Thomas Willen nennt; und Spontaneität, was dieser Wille als Natur nennt.

„Einen Endzweck im Sinne haben, überlegen," sagt uns der französische Philosoph,[1]) „bringt die Idee der Reflexion mit sich. Die Reflexion ist mithin die Bedingung jedes freiwilligen Aktes, wenn jeder freiwillige Akt eine Prämeditation seines Objektes und eine Überlegung erfordert. Kann aber eine reflexe Thätigkeit eine primitive Thätigkeit sein? Wollen heißt, wenn jemand bei dem Bewußtsein, daß er sich entschließen und handeln kann, überlegt, ob er sich entschließen soll oder nicht, ob er auf diese oder jene Weise handeln soll, und schließlich

---

[1]) Fragm. phil. S. 66.

die Wahl hinsichtlich des einen oder des anderen trifft. Das Resultat dieser aus vorhergegangener Überlegung und Prämeditation erfolgenden Wahl oder Entschließung ist das Wollen, eine unmittelbare Wirkung der persönlichen Aktivität.... Die der Reflexion vorausgehende Operation ist die Spontaneität.... Das Phänomen der spontanen Aktivität ist somit eben so real als das der freiwilligen Aktivität." —

„Die Reflexion," sagt er weiter,[1]) „setzt principiell und thatsächlich die Spontaneität voraus und folgt auf sie. Allein da es hier keine Spontaneität giebt, die noch spontaner wäre, so gilt das, was wir von der einen gesagt haben, auch von der anderen; und obgleich die Spontaneität weder von einer Prämeditation noch von einer Überlegung begleitet wird, so hört sie doch deshalb nicht auf, eine reale Aktionspotenz, wie der Wille, und folglich eine hervorbringende Ursache, und mithin persönlich zu sein. Die Spontaneität enthält somit alles, was der Wille enthält, und enthält es früher als dieser." —

Mit Ausnahme einiger Unrichtigkeiten und abgesehen von der verschiedenen Ausdrucksweise, ist es unbestreitbar und über jeden Zweifel erhaben, daß der Kern und die Substanz dieser Lehre mit der vom heiligen Thomas über diesen Gegenstand vorgetragenen völlig übereinstimmt. Die letzteren Worte Cousin's können als eine Übersetzung folgender Worte des heiligen Thomas angesehen werden. „Wie die Vernunft[2]) den ersten Principien notwendig zustimmt, so auch folgt der Wille dem letzten Ziele notwendig, das da ist die Seligkeit. . . . Was irgend einem von Natur aus und unbeweglich zukommt, muß das Fundament und Princip alles übrigen sein, da die Natur in einem jeden Dinge das erste ist, und jede Bewegung von einem Unbeweglichen ausgeht." — „Der Wille, insofern er vernünftig ist,[3]) richtet

---

[1]) Ebendas.
[2]) Sum. Theol. I. P. Q. 82. a. 1: Sicut intellectus ex necessitate inhaeret primis principiis, ita voluntas ex necessitate inhaeret ultimo fini, qui est beatitudo. . . . Oportet enim quod illud quod naturaliter alicui convenit et immobiliter, sit fundamentum et principium omnium aliorum; quia natura rei est primum in unoquoque, et omnis motus procedit ab aliquo immobili. —
[3]) Quaest. Disp. De Ver. Q. 22. a. 5. ad 5 et 7: Voluntas secundum quod est rationalis, ad opposita se habet; hoc enim est considerare ipsam secundum hoc quod est ei proprium. Sed prout est natura quaedam, nihil

Fünftes Kapitel. Theorie des Willens.

sich auf Entgegengesetztes; denn dieses heißt ihn nach demjenigen betrachten, was ihm eigentümlich ist. Allein insofern er eine gewisse Natur ist, wird er zu Einem bestimmt.... Denn das ist dem Willen, insofern er Wille ist, eigen, daß er Herr seiner Akte ist." —

Ich habe bereits gesagt, die Lehrgemeinschaft zwischen Cousin und dem heiligen Thomas beschränke sich bloß auf die Existenz und die Unterscheidung zwischen dem Willen als Naturkraft oder Spontaneität, und dem Willen als Wille oder als Wahlvermögen, oder wenn man will, als freie Reflexion, wie Cousin sich ausdrückt; denn was die Anwendungen dieser Lehre und die Natur der Akte, die aus dieser doppelten Kraft des Willens hervorgehen, betrifft; so ist die Lehre des Vaters des modernen Eklekticismus himmelweit verschieden von der des heiligen Thomas, da ihm zufolge die Akte des Willens als spontane Kraft ebenso frei sind, als die freiwilligen Akte desselben.

„Was ist also diese Potenz," frägt unser Schriftsteller,[1] „die sich nur mittels ihrer Akte, welche sich in der Spontaneität finden und wahrgenommen werden, und im Willen sich wiederfinden und reflektieren, offenbart? Ob spontan oder freiwillig: es haben alle persönlichen Akte etwas Gemeinsames; und darum beziehen sie sich unmittelbar auf eine Ursache, die allein ihren Ausgangspunkt in sich selber enthält, d. h. sie sind frei; dieses ist der eigentliche Begriff des Willens." —

Wie man aus dieser Stelle sieht, sind nach Cousin nicht allein die spontanen und die freiwilligen Akte gleichmäßig frei, sondern auch der eigentliche Begriff der Freiheit verlangt bloß, daß der Akt sich auf eine Ursache oder Kraft beziehe, die ihren Ausgangspunkt in sich selber hat, was mit anderen Worten so viel heißt als: die Freiheit schließt die innere Nötigung und die Bestimmtheit zu Einem nicht aus, sondern bloß den äußeren Zwang, und ein Akt wird immerhin frei sein, wenn er nur aus einer inneren Kraft oder Ursache hervorgeht.

Obwohl der Gedanke des Chefs des Eklekticismus hinlänglich klar ist, drückt er sich doch bei der weiteren Entwickelung dieses Gedankens noch deutlicher und bestimmter aus.

„Die Freiheit," sagt er,[2] „kann nicht allein der Wille sein;

---

prohibet eam determinari ad unum.... Hoc enim est proprium voluntati in quantum est voluntas, quod sit domina suorum actuum. —

[1] Fragm. philos. S. 68.
[2] Ebenda.

denn in diesem Falle würde die Spontaneität nicht frei sein; und andererseits kann die Freiheit die Spontaneität nicht allein sein; denn sonst würde der Wille nicht frei sein. Wenn also die beiden Phänomene gleichmäßig frei sind, so können sie es nur unter der Bedingung sein, daß sie dem Freiheitsbegriffe nehmen, was dem einen und dem anderen der beiden Phänomene ausschließlich angehört, und ihm bloß das lassen, was er Gemeinsames enthält. Und was haben sie anderes gemeinsam, als daß sie ihren Ausgangspunkt in sich selber haben und aus einer Ursache hervorgehen, die ihre eigene Ursache ist und die nur durch ihre eigene Kraft wirkt? Da die Freiheit der gemeinsame Charakter der Spontaneität und des Willens ist, so begreift sie diese beiden Phänomene unter sich.... Die Grundidee der Freiheit ist die einer Potenz, die, unter welcher Form sie wirken mag, nur durch eine Kraft wirkt, die ihr eigen ist." —

Diese Stelle bedarf keiner weiteren Kommentare. Cousin verfuhr übrigens nur folgerichtig, wenn er die spontanen Akte, d. h. die der Überlegung vorausgehenden Akte des Willens und die aus ihm als Natur hervorgehen, frei nennt; denn wenn die Grundidee der Freiheit nichts anderes enthält, als daß das Agens wirkt durch eine Kraft, die ihm eigen ist; so werden diese Akte, obgleich sie aus dem Willen mit Notwendigkeit und mit der Bestimmtheit zu Einem hervorgehen, und obgleich dieser nicht den entgegengesetzten Akt setzen kann, und so unabhängig von einer vorausgehenden Überlegung sie auch sind, oder so naturnotwendig sie auch sein mögen, deshalb nicht aufhören, wahrhaft frei zu sein, da sie aus einer inneren Ursache, aus einer Kraft, die dem Agens eigen ist, wie dieses die Spontaneität ist, hervorgehen. Ich brauche gewiß nicht darauf aufmerksam zu machen, daß diese Lehre den vollständigsten Gegensatz zur Lehre des heiligen Thomas über diesen Gegenstand bildet. —

Sechstes Kapitel.
Der Wille als freie Macht.

Aus dem im vorigen Kapitel Gesagten ergiebt sich, daß der Wille unter seiner allgemeinsten und konkretsten Form und insofern er die Kraft der Spontaneität und Freiheit enthält, eine aktive Hinneigung zum Guten (bonum) ist. Allein im Unterschiede von den partikulären, sinnlichen und körperlichen Gütern, auf welche die affektiven Vermögen der Tiere sich richten, ist das Gut, welches das eigentümliche und adäquate Objekt des Willens ist, das intelligibele, absolute und allgemeine Gut, das alle der Natur des Menschen entsprechenden Güter in sich enthält.

Der apriorische unmittelbare Grund dieses Unterschiedes muß mit Thomas in der respektiven Differenz zwischen den sensitiven und den rein intellektuellen Erkenntnisvermögen gesucht werden. Die mehr oder weniger vollkommene Erkenntnis des Guten ist eine wesentliche Bedingung des Aktes, mit dem sich der Handelnde zum Begehren und zur Erreichung dieses Gutes hinneigt und bewegt. Die innere Erfahrung selber zeigt uns das Dasein dieser psychologischen Thatsache.

Hieraus folgt, daß die Hinneigungsform zu dem Guten in notwendiger Beziehung zu der Erkenntnisform stehen muß, die ihm zur wesentlichen Grundlage und Bedingung dient. Da es nun der Vernunft eigentümlich ist, die allgemeinen Wahrheiten zu erkennen, kann sie allein den allgemeinen, notwendigen und absoluten Begriff des Guten erkennen. Folglich kann allein der Wille, der aus der Vernunft hervorgeht, in ihr gleichsam seinen Wohnsitz und seine Wurzel hat, seine Hinneigung und sein Verlangen bis zum absoluten Gute, bis zum allgemeinen Gute ausdehnen.

Da jede aktive Fähigkeit oder Potenz der Seele zu ihrem eigentümlichen, totalen und adäquaten Objekte hingezogen wird, und sich mit ihm notwendig und von Natur aus vereinigt, wenn die zur Wirkung notwendigen Bedingungen sine qua non vorhanden sind, wie wir das beim Intellekte hinsichtlich der evident vorgestellten Wahrheiten, beim Gesichte hinsichtlich der Farben u. s. w. sehen; so begehrt und liebt die Potenz oder das Vermögen des allgemeinen Guten dieses Gut notwendig, wann und so oft es ihr vom Intellekte vorgehalten wird.

19*

Deshalb sagt der heilige Thomas, der Akt des Willens hinsichtlich des letzten Zieles sei ein notwendiger und kein freier Akt, oder was dasselbe ist, gehe aus dem Willen als Natur und nicht als Willen hervor. Denn da das letzte Ziel das allgemeine Gut selber ist, mag man es im allgemeinen betrachten, d. h. als absolute Glückseligkeit, die der Mensch begehrt und sucht, oder mag man es betrachten als den Besitz und Genuß dieser Seligkeit in Gott, dem höchsten Gute des Menschen, wie das den Seligen im Himmel widerfährt, begehrt es der Mensch notwendig, mit dem einzigen Unterschiede, daß im ersteren Falle diese Notwendigkeit bloß hypothetisch ist, während im anderen Falle diese Notwendigkeit sich nicht allein auf die Art des Aktes, sondern auch auf seine Ausübung bezieht.

Da die kontingenten partikulären Güter nicht den Begriff des allgemeinen Gutes in sich enthalten, werden sie vom Willen beherrscht; und dieser ist Herr seiner Akte hinsichtlich dieser Güter. Denn da er durch das allgemeine Urteil des Verstandes geleitet wird, und da dieser sie betrachten und sich zu ihnen hinwenden kann sowohl was den Teil betrifft, den sie vom Guten besitzen, als auch hinsichtlich ihrer Beschränktheit und Unvollkommenheit; und da dieser in ihnen auch verschiedene Beziehungen zu den übrigen Objekten und hauptsächlich zum letzten Ziele unterscheiden und wahrnehmen und Vergleiche zwischen ihnen anstellen kann: ist der Wille hinsichtlich dieser Objekte wesentlich indifferent und unentschieden, und die Akte, die sich auf sie beziehen, sind seiner Macht und Herrschaft vollständig unterworfen. Der Wille, der durch sein vollständiges und adäquates Objekt, welches das allgemeine Gut ist, in gewisser Weise beherrscht wird, beherrscht seinerseits die partikulären, kontingenten und relativen Güter, in denen er nicht das allgemeine und absolute Gut findet, das allein alle seine Wünsche erfüllen kann und mit den erhabenen Bedingungen seiner Natur in Übereinstimmung ist.

Dieses macht den Willen zum liberum arbitrium. Somit ist er Herr seiner Akte, wenn diese sich nicht auf das allgemeine aktuell erkannte oder betrachtete Gut unmittelbar beziehen. Somit ist der Wille ein freies Vermögen, insofern er das Wahlvermögen hinsichtlich dieser partikulären Güter oder Objekte besitzt.

„Wir sind Herren unserer Akte,[1]) insofern wir dieses oder jenes

---

[1]) Sum. Theol. 1. P. Q. 82. a. 1: Sumus domini nostrorum actuum, secundum quod possumus hoc vel illud eligere. —

wählen können." — „Da die Fähigkeit oder Kraft des Willens sich bis zum allgemeinen und vollkommenen Gute erstreckt, ist er nicht irgend einem partikulären Gute unterworfen; und deshalb bewegt er sich nicht notwendig." —

Der heilige Lehrer erklärt anderswo diese Lehre durch einen sehr passenden und zweckentsprechenden Vergleich:

„Wenn man dem Gesichte irgend eine Farbe vorhält,[1]) wird sie von ihm notwendig wahrgenommen, es sei denn, daß man die Augen von dieser Farbe wegwendet, was zur Ausübung des Aktes gehört.

„Wenn man aber dem Gesichte einen Körper vorhält, der auf einer seiner Oberflächen Farbe hätte, aber auf der anderen nicht, würde in diesem Falle dieses Objekt nicht notwendig gesehen, da es dem Gesichte von jener Seite sich zeigen könnte, welche keine Farbe hat. Wie also der Körper mit der aktuellen Farbe das Objekt des Gesichtes ist, ist das Gute das Objekt des Willens. Wenn man nun dem Willen ein Objekt, das allgemein und in jeder Hinsicht gut ist, vorhält; strebt der Wille im Falle des Thätigseins mit Notwendigkeit zu ihm hin, und er kann nicht das Gegenteil wollen. Wenn aber das dem Willen vorgehaltene Objekt nicht in jeder Hinsicht gut ist, neigt der Wille nicht mit Notwendigkeit zu ihm hin." —

Wir haben bereits gesehen, daß der Wille im Menschen nur unter der Voraussetzung des Daseins des Intellektes vorhanden ist. Die Würde und Erhabenheit der menschlichen Intelligenz ist der zureichende Grund der Erhabenheit und Superiorität des menschlichen Willens. Man nehme dem Menschen die Intelligenz, und man hat ihm auch den Willen genommen. Wenn dieses letztere Vermögen eine primitive Kraft ist, mittels welcher der Mensch über alle partikulären Güter

---

[1]) Ibid. 1. 2. Q. 10. a. 2: Unde si color proponatur visui, ex necessitate movet ipsum, nisi aliquis visum avertat; quod pertinet ad exercitium actus. Si autem proponeretur aliquid visui, quod non omnibus modis esset color in actu, sed secundum aliquid esset tale, secundum autem aliquid non tale, non ex necessitate visus tale objectum videret; posset enim intendere in ipsum ex parte qua non est coloratum in actu, et sic ipsum non videret. Sicut autem coloratum in actu est objectum visus, ita bonum est objectum voluntatis. Unde si proponatur aliquod objectum voluntati, quod sit universaliter bonum, et secundum omnem considerationem, ex necessitate voluntas in illud tendit si aliquid velit; non enim poterit velle oppositum. Si autem proponatur sibi aliquod objectum, quod non secundum quamlibet considerationem sit bonum, non ex necessitate voluntas fertur in illud. —

erhaben ist; wenn er imstande ist, alle diese Güter zu beherrschen und über alle jene von seinen Akten, die sich darauf beziehen, absolut gebieten kann; so kommt dieses daher, daß er der allgemeinen Erkenntnis der Vernunft unterworfen ist und durch das indifferente Urteil des Verstandes geleitet wird.

Hieraus ergiebt sich, daß die Allgemeinheit, objektive Indifferenz und Superiorität der intellektuellen Erkenntnis in Verbindung mit der Weite und Ausdehnung des Willens hinsichtlich seines adäquaten Objektes der apriorische Grund der subjektiven Unbestimmtheit und der Freiheit oder des Wahlvermögens ist, das in eben diesem menschlichen Willen seinen Sitz hat. Denn, wie der heilige Thomas mit Recht bemerkt,[1]) „kann der Verstand hinsichtlich der kontingenten Dinge sich nach dieser oder nach jener Seite wenden. . . .

„Nun ist jede partikuläre Handlung eine Art von kontingentem Dinge; das aus dem Verstande hervorgehende Urteil kann somit zwischen verschiedenen Objekten wählen und ist nicht notwendig auf Eins beschränkt. Hieraus folgt mit aller Klarheit, daß der Mensch aus dem Grunde freien Willen besitzt, weil er Verstand hat." —

Nicht anders ist der Ursprung und zureichende Grund dieser wunderbaren Aktionskraft, die im Willen ihren Sitz hat, mit der er nicht allein seine eigenen Akte absolut beherrscht, und sich zu ihnen frei hinbewegt und bestimmt, sondern die auch alle übrigen Vermögen oder Kräfte des Menschen in Bewegung setzt, da sie auch die Ausübung seiner Akte beherrscht. Darum gehören die Akte und Objekte der übrigen Vermögen zu der Kategorie der partikulären Güter in Bezug auf den Willen. Der Sinn ist ein partikuläres Gut; und dasselbe gilt auch von der Wahrnehmung seines Objektes: die Farbe und das Gesicht sind partikuläre Güter: die Thätigkeit des Verstandes und die Wahrheit, welche er erkennt, haben ebenfalls den Begriff des Guten, und stellen sich dem Willen als partikuläre und bestimmte Güter dar. Folglich setzt die Gleichheit dieses Vermögens mit dem allgemeinen und absoluten Gute, und seine hieraus folgende Erhabenheit und Superiorität über alles, was zu den Bedingungen des parti-

---

[1]) Ibid. 1. P. Q. 83. a. 1: Ratio circa contingentia habet viam ad opposita. . . . Particularia autem operabilia sunt quaedam contingentia, et ideo circa ea judicium rationis ad diversa se habet, et non est determinatum ad unum. Et pro tanto necesse est quod homo sit liberi arbitrii, ex hoc ipso quod rationalis est. —

lulären, unvollkommenen und relativen Gutes gehört, ihn in den Stand, auf alle übrigen Vermögen aktiv zu influiren und über ihre Akte frei zu verfügen, wie er über seine eigenen Akte frei verfügt. „Wenn wir die Bewegungen der Seelenkräfte hinsichtlich der aktuellen Ausübung betrachten," sagt der heilige Thomas,[1]) „ist der Wille das aktive Princip der Bewegung. Denn immer bewegt das Vermögen, dem der Hauptendzweck angehört, jenes Vermögen thätig zu sein, welches sich auf das bezieht, das als Mittel für den Hauptzweck dient. Aus diesem Grunde bewegt der Wille sich selber und alle übrigen Vermögen; denn ich erkenne, weil ich will; und auf dieselbe Weise bediene ich mich aller übrigen Vermögen und Habitus, weil ich will." —

Die im gegenwärtigen wie im vorigen Kapitel gemachten Bemerkungen sind nur die Basis und die allgemeinen Umrisse der großartigen und tiefsinnigen Theorie des heiligen Thomas über diesen Punkt. Der Kürze halber und in Übereinstimmung mit dem, was ich anfangs dieses Buches gesagt, habe ich nicht den ganzen Text hergesetzt, in welchem der heilige Lehrer an verschiedenen Stellen seine ganze Theorie entwickelt und erklärt; ich habe mich darauf beschränkt, einige von ihren Hauptpunkten zusammenzufassen und zu besprechen. Auch ist es meine Absicht nicht, mich in die Untersuchung und Entwickelung ihrer praktischen Anwendungen und ihrer Beziehungen zu den übrigen Problemen der Moralwissenschaft einzulassen.

Ich schließe dieses Kapitel, indem ich eine Stelle hersetze, worin er seine Theorie kurz zusammenfaßt und zugleich mit seiner bekannten philosophischen Exaktheit die eigentümlichen Bedingungen des Willens als unbestimmten oder freien Wahlvermögens entwickelt und erklärt.

„Insofern ist etwas notwendig,[2]) als es auf eine unveränder-

---

[1]) Quaest. Disput. De Malo. Quaest. 6. art. 1.
[2]) Ibid. De Ver. Q. 22. a. 6: Respondeo dicendum, quod ex hoc aliquid dicitur esse necessarium, quod est immutabiliter determinatum ad unum. Unde cum voluntas indeterminata se habeat respectu multorum, non habet respectu omnium necessitatem, sed respectu eorum tantum ad quae naturali inclinatione determinatur, ut dictum est. Et quia omne mobile reducitur ad immobile, et indeterminatum ad determinatum, sicut ad principium, ideo oportet, quod id ad quod voluntas est determinata, sit principium appetendi ea ad quae non est determinata, et hoc est finis ultimus, ut dictum est.

Invenitur autem indeterminatio voluntatis respectu trium, scilicet, respectu objecti, respectu actus et respectu ordinis in finem. Respectu ob-

liche Weise zu Einem bestimmt ist. Da nun der Wille im Zustande
der Unbestimmtheit hinsichtlich vieler Dinge sich befindet, muß man
sagen, daß in ihm die Nothwendigkeit hinsichtlich vieler Dinge nicht
vorhanden ist, sondern bloß hinsichtlich jener Dinge, zu denen er durch
natürliche Hinneigung bestimmt wird. Und da jede Bewegung sich
auf irgend ein unbewegliches Ding bezieht, und das Unbestimmte auf
das Bestimmte als auf sein Princip, so folgt hieraus, daß jenes, zu
welchem der Wille bestimmt ist, welches das letzte Ziel ist, wie wir
gesagt haben, in ihm das Princip des Wollens der übrigen Dinge ist,
hinsichtlich deren er nicht nothwendig bestimmt ist.

„Die Unbestimmtheit des Willens findet hinsichtlich dreier Dinge
statt: nämlich hinsichtlich des Objektes, hinsichtlich des Aktes und

---

jecti quidem, est indeterminata voluntas quantum ad ea quae sunt ad finem,
non quantum ad ipsum finem ultimum, ut dictum est; quod ideo contingit,
quia ad ultimum finem multis viis perveniri potest, et diversis diversae
viae competunt perveniendi in ipsum. Et ideo non potest esse appetitus
voluntatis determinatus in ea quae sunt ad finem, sicut est in rebus naturalibus. ...

Sed voluntas de necessitate appetit finem ultimum, ut non possit ipsum
non appetere, sed non de necessitate appetit aliquid eorum quae sunt ad
finem. Unde respectu hujus, est in potestate ejus appetere hoc vel illud.

Secundo, est voluntas indeterminata respectu actus, quia circa objectum
determinatum, potest uti actu suo cum voluerit, vel non uti; potest enim
exire in actum volendi respectu cujuslibet, et non exire; quod in rebus
naturalibus non contingit. ...

Tertio, indeterminatio voluntatis est respectu ordinis ad finem, in
quantum voluntas potest appetere id quod secundum veritatem in finem
debitum ordinatur, vel secundum apparentiam tantum. ...

Cum autem voluntas dicatur libera in quantum necessitatem non habet,
libertas voluntatis in tribus considerabitur, scilicet, quantum ad actum, in
quantum potest velle vel non velle; et quantum ad objectum, in quantum
potest velle hoc vel illud, et ejus oppositum; quantum ad ordinem finis,
in quantum potest velle bonum vel malum. Sed quantum ad primum horum
inest libertas voluntati in quolibet statu naturae, respectu cujuslibet objecti.
Secundum vero horum, est respectu quorumdam objectorum, scilicet, respectu eorum quae sunt ad finem, et non ipsius finis, et etiam secundum
quemlibet statum naturae. Tertium vero non est respectu omnium objectorum, sed quorundam eorum, scilicet, quae sunt ad finem. Nec respectu
cujuslibet status naturae, sed illius tantum, in quo natura deficere potest.
Nam ubi non est defectus in apprendendo, et conferendo, non potest esse
voluntas mali, in his quae sunt ad finem sicut patet in beatis. Et pro
tanto dicitur quod velle malum, nec est libertas, nec pars libertatis, quamvis sit quoddam libertatis signum. —

Sechstes Kapitel. Der Wille als freie Macht.

hinsichtlich der Beziehung zum Endziele. Was das Objekt betrifft, so ist der Wille indifferent oder unbestimmt, hinsichtlich der Dinge, welche Mittel zum Ziele oder Endzwecke sind, aber nicht hinsichtlich des letzten Zieles selber, wie wir bereits bemerkt haben. Und der Grund hiervon ist, daß man zu diesem letzten Ziele auf verschiedenen Wegen gelangen kann; und verschiedenen Agens entsprechen verschiedene Wege, um zu ihm zu gelangen. Deshalb kann der Wille nicht auf eine notwendige Weise zu jenen Dingen bestimmt sein, die als Mittel zum Zwecke dienen, wie das bei den reinen Naturwesen der Fall ist. . . .

„Jedoch will der Wille notwendig das letzte Ziel und zwar derartig, daß er nicht umhin kann, es nicht zu wollen; er will aber keines von jenen Dingen mit Notwendigkeit, die als Mittel zum Ziele dienen; darum steht es in seiner Gewalt, dieses oder jenes Mittel zu wollen.

„Was den Akt betrifft, ist der Wille ein indifferentes Vermögen; denn auch hinsichtlich eines gegebenen Objektes kann er seinen Akt ausüben oder nicht ausüben, da er sich bestimmen kann, hinsichtlich irgend eines Objektes zu handeln oder nicht zu handeln; was bei den reinen Naturwesen nicht der Fall ist. . .

„Was die Unbestimmtheit des Willens hinsichtlich der Beziehung zum Endziele betrifft, so besteht jene darin, daß der Wille das verlangen oder wollen kann, was sich in Wahrheit auf das vorgesetzte Ziel, oder bloß dem Anscheine nach auf selbiges bezieht. . .

„Da der Wille frei heißt, insofern er die Nötigung ausschließt, besteht oder äußert sich die Freiheit des Willens auf dreifache Weise: nämlich hinsichtlich des Aktes, insofern er wollen oder nicht wollen kann; hinsichtlich des Objektes, insofern er dieses oder jenes und sein Gegenteil wollen kann; hinsichtlich der Beziehung zum Endziele, insofern er das Gute und das Böse wollen kann. In betreff des ersteren kommt dem Willen die Freiheit in jedwedem Zustande der Natur und hinsichtlich jedweden Objektes zu. Was das zweite betrifft, so kommt ihm die Freiheit bloß hinsichtlich einiger Objekte zu, nämlich hinsichtlich jener Objekte, die als Mittel zum Ziele angesehen werden, die aber nicht das letzte Ziel selber sind. Was das dritte betrifft, so kommt ihm ebenfalls die Freiheit nicht hinsichtlich aller Objekte zu, sondern vielmehr bloß hinsichtlich jener, die eine Beziehung zum Endziele haben, auch nicht hinsichtlich eines jedweden Zustandes der Natur, sondern bloß hinsichtlich jenes, in welchem diese mangelhaft ist; denn wenn nicht irgend ein Defekt in der Wahrnehmung und Bestimmung des Gutes vorhanden ist, kann auch im Willen kein Defekt in betreff der Auswahl der Mittel zum Zwecke vorkommen, wie das bei den Seligen des Himmels der Fall ist. Darum sagt man, das Böse wollen sei weder Freiheit, noch ein Teil der Freiheit, obwohl es ein Zeichen des Daseins der Freiheit ist." —

Was das Dasein der Freiheit betrifft, so behauptet sie der heilige Thomas an vielen Stellen seiner Werke, wobei er besonders auf das unüberwindliche Zeugnis des Selbstbewußtseins oder der inneren Erfahrung sich beruft, die uns das Dasein von absolut freien Akten in uns und unser Wahlvermögen bestätigt. Ich halte es für überflüssig, diese Stellen anzuführen, und beschränke mich darum auf eine Stelle, in der der heilige Lehrer nicht bloß die Thatsache der Freiheit aufstellt, wobei er sich auf die gefährlichen Konsequenzen und die sehr großen Mißstände, die ihre Leugnung mit sich bringt, stützt, sondern auch mit aller Klarheit und Bestimmtheit lehrt, daß diese Freiheit nicht bloß den äußeren Zwang, sondern auch die Bestimmtheit zu Einem und jegliche innere Nötigung ausschließt.

„Es behaupten Einige,[1]) der Wille des Menschen setze sich notwendig in Bewegung, um irgend etwas zu wählen, ohne daß sie deshalb annehmen, daß der Wille dem äußeren Zwange unterworfen sei; denn nicht alles, was notwendig ist, ist violent (von außen her erzwungen), sondern bloß jenes, dessen Princip außerhalb des Agens sich befindet. Deshalb giebt es unter den natürlichen Bewegungen einige, die notwendig, aber nicht violent sind . . . Eine derartige Meinung kann man häretisch nennen, da sie den Begriff des Verdienstes und Mißverdienstes bei den Akten des Menschen aufhebt und verschwinden macht. Denn niemals wird man jenes verdienstlich oder mißverdienstlich nennen, was jemand gezwungen thut, so daß er es nicht unterlassen kann. Man muß jene Meinung auch zu den seltsamen und absurden Meinungen der Wissenschaft rechnen, da sie nicht allein dem Glauben zuwider ist, sondern auch alle Principien der Moralphilosophie in der Wurzel zerstört. Denn wenn in uns keine freien Akte existieren, und wir mit Notwendigkeit wollen, dann verschwinden und sind völlig unnütz die Überlegung, die Ermahnungen, der Befehl, die Strafe, das Lob und der Tadel: lauter Dinge, worauf die Moralphilosophie sich bezieht und welche sie voraussetzt." —

---

[1]) Ibid. De Malo, Quaest. 6. art. 1.

Siebentes Kapitel.
Aktion und Herrschaft Gottes über den Willen.

Eine der hauptsächlichsten und beständig wiederkehrenden Behauptungen des heiligen Thomas ist, daß der Wille wie alle übrigen geschaffenen endlichen Agens von der Bewegung und Aktion Gottes bei der Ausübung ihrer Akte abhangen.

Mag man die Aktion der Geschöpfe als ein reales Sein oder als einen Modus des realen Seins betrachten: man muß annehmen, daß Gott, die erste Ursache und das wesenhafte Sein, von welchem alle Dinge und alle Modi des realen Dinges abhangen, auf die Bestimmung und die Existenz des Willensaktes also influirt, ebenso wie er auch auf die wirkliche Hervorbringung, das Dasein und die Erhaltung aller geschaffenen Dinge einen Einfluß ausübt, da der Willensakt als solcher zum Bereiche der realen Modi des Seins und zur Welt der realen Dinge und der unendlichen Wirkungen gehört, und darum wie alle übrigen Dinge und Akte der allgemeinen Bewegung und Aktion Gottes über die Welt unterworfen ist.

„Gott kann den Willen ändern," sagt der heilige Lehrer,[1] „da er in dem Willen sowohl wie in der Natur wirkt. Wie nun jede natürliche oder notwendige Aktion aus Gott hervorgeht; so geht auch jede Aktion des Willens als solche nicht allein vom Willen als unmittelbarem Agens, sondern auch von Gott als einem Agens hervor, das mit größerer Kraft und Vollkommenheit wirkt. Wie darum der Wille seinen Akt in einen anderen verschiedenen, kraft seiner Freiheit, wie wir gesehen, umändern kann; so kann dieses Gott ebenso und noch viel besser vollbringen." —

„Nichts kann den Akt des Willens verändern," sagt er später,[2] „als nur dasjenige, was im Innern des Willens wirkt. Und dieses kann bloß sein entweder der Wille selber, oder dasjenige, welches dem Willen das Sein verleiht, was dem Glauben zufolge niemand anders als Gott ist. Darum kann Gott allein die Hinneigung des Willens ändern, indem er ihn bald nach der einen, bald nach der anderen Seite hinneigt, wie er will." —

---

[1] Quaest. Disp. De Ver. Q. 22. a. 8.
[2] Ibid. a. 9.

„Wenn der Wille von neuem wählt,[1]) geht er von seiner erſten Diſpoſition zu einer anderen, oder von einem Zuſtande zum anderen über, inſofern er vorher das Wahlvermögen beſaß und jetzt wirklich wählt. Und von dieſem Übergange heißt es, er gehe aus einem Beweger hervor, nicht allein weil der Wille ſich ſelber bewegt, ſondern auch weil er durch irgend ein äußeres Agens, nämlich Gott, bewegt wird." —

Bekanntlich meinen Viele, daß dieſe Lehre des heiligen Thomas ſich mit der menſchlichen Freiheit ſehr ſchwer ausſöhnen laſſe. Der Menſch, ſagt man, kann nur unter der Bedingung wahrhaft frei ſein, wenn er ſich ſelber zum Handeln bewegt und beſtimmt. Wenn das Princip der Beſtimmung des Willens ein äußeres Agens iſt, wie kann dieſer alsdann Herr ſeiner Akte genannt werden? Wenn Gott es iſt, der dieſes Vermögen bewegt, indem er es zur aktuellen Operation hinwendet, wie kann da die Indifferenz und Unbeſtimmtheit, die eine weſentliche Bedingung des Willens als einer freien Aktivität und eines Wahlvermögens iſt, gerettet werden?

Man glaube nicht, daß dieſer Einwand, auf welchen alle übrigen Einwürfe ſchließlich ſich reduzieren, wenngleich ſie unter verſchiedenen Formen auftreten, dem Scharfblicke des heiligen Thomas entgangen ſei. Er hat ihn nicht überſehen; im Gegentheil, er macht ſich ſelber dieſen Einwand unter allen ſeinen Formen. „Frei," ſagt der heilige Lehrer,[2]) „iſt dasjenige, was Urſache ſeines Aktes iſt; alſo iſt das, was von einem anderen bewegt wird, nicht frei; nun aber bewegt Gott den Willen; alſo iſt dieſer nicht frei." — „Jedes Agens," ſagt er anderswo,[3]) „dem man nicht widerſtehen kann, bewegt in nötigender Weiſe; nun kann man Gott unmöglich widerſtehen, da er ein Agens von unendlicher Kraft iſt ... alſo bewegt Gott den Willen in nötigender Weiſe."

Man kann alſo nicht ſagen, der heilige Thomas habe die Stärke des Einwandes gegen die Willensfreiheit verkannt oder ſie abgeſchwächt und vertuſcht. Allein ſtatt ſeine Lehre hierüber aufzugeben

---

[1]) Ibid. De Mal. Q. 6. a. 1. ad 17.

[2]) Sum. Theol. 1. P. Q. 83. a. 1: Liberum est quod sui causa est; quod ergo movetur ab alio, non est liberum; sed Deus movet voluntatem... Ergo homo non est liberi arbitrii. —

[3]) Ibid. 1. 2. Q. 10. a. 4: Omne enim agens cui resisti non potest, ex necessitate movet; sed Deo, cum sit infinitae virtutis, resisti non potest... Ergo Deus ex necessitate movet voluntatem. —

oder zu modifizieren, bestätigt er sie vielmehr und entwickelt sie aufs neue, indem er auf diese Einwürfe antwortet. „Der freie Wille," so antwortet er auf den ersten Einwand,[1]) „ist Ursache seiner Bewegung, da der Mensch sich selber zum Handeln bewegt mittels des freien Willens. Es gehört aber nicht zum Wesen der Freiheit, daß jener, der frei ist, die erste Ursache seiner Bewegung sei, ebenso wie es auch nicht nötig ist, damit ein Ding Ursache des anderen sei, daß es die erste Ursache desselben sei. Gott nun ist die erste Ursache, welche sowohl die natürlichen Dinge, wie die freiwilligen bewegt. Und wie er bei den natürlichen Ursachen nicht hindert, wenn er ihnen die Bewegung verleiht, daß ihre Akte natürlich sind; ebenso hindert er auch nicht, wenn er den freiwilligen Ursachen die Bewegung verleiht, daß ihre Handlungen ebenfalls frei sind; er ist es vielmehr, der sie zu solchen macht, da er in jedem Wesen nach dessen Eigentümlichkeiten wirkt." —

Dieselbe Lehre wiederholt er, wenn er auf den zweiten Einwurf antwortet:[2]) „Der Wille Gottes erstreckt sich nicht allein darauf, daß er mittels des Dinges, das er bewegt, etwas hervorbringt; sondern auch darauf, daß es auf die Art und Weise geschieht, die der Natur desselben entspricht." —

Es gehört nicht zur Aufgabe unseres Werkes und es ist auch meine Absicht nicht, die ganze Lehre des heiligen Thomas über diesen Punkt zu besprechen, die den Stoff zu einem ganzen Traktate liefern würde, wollte man sie auch nur kurz behandeln. Ich begnüge mich darum, darauf hinzuweisen, daß es, da diese Lehre von ihm so wohl erwogen ist und alle Arten von Beweisen und Argumenten für sich hat, nicht sehr vernünftig und philosophisch ist, sie bloß deshalb zu leugnen, weil unser Verstand nicht alle Dunkelheit, die

---

[1]) Ibid. ad 3: Ad tertium dicendum, quod liberum arbitrium est causa sui motus, quia homo per liberum arbitrium seipsum movet ad agendum. Non tamen hoc est de necessitate libertatis, quod sit prima causa sui id quod liberum est, sicut nec ad hoc quod aliquid sit causa alterius, requiritur quod sit prima causa ejus. Deus igitur est prima causa movens et naturales causas et voluntarias; et sicut naturalibus causis, movendo eas, non aufert quin actus earum sint naturales, ita movendo causas voluntarias, non aufert quin actiones earum sint voluntariae, seu potius hoc in eis facit; operatur enim in unoquoque secundum ejus proprietatem. —

[2]) Ibid. ad 1: Ad primum ergo dicendum, quod voluntas divina non solum se extendit, ut aliquid fiat per rem quam movet, sed ut etiam eo modo fiat, quo congruit naturae ipsius. —

ihr sich findet, zu zerstreuen imstande ist. „Einige," sagt derselbe heilige Thomas,¹) „nicht begreifend, wie Gott in uns die Aktion des Willens ohne Beinträchtigung seiner Freiheit verursachen kann" u. s. w. und beweist alsdann, wie er es auch an vielen anderen Stellen thut, die Notwendigkeit, sowohl in der rein natürlichen Ordnung wie auch in Hinsicht der religiösen Lehre, die Aktion Gottes über die aktuelle Operation unseres Willens anzunehmen. Sehr vernünftig und philosophisch scheint uns der Gedanke des heiligen Augustin, wenn er, von einem Gegenstande sprechend, der mit dem unsrigen sehr viel Ähnlichkeit hat, sagt: Numquid ideo negandum est, quod apertum, quia comprehendi non potest, quod occultum est?

Da die Existenz der Aktion Gottes auf die Akte des menschlichen Willens sich auf solide Fundamente, auf Gründe und Beweise stützt, die selbst von den Gegnern dieser Lehre als sehr gewichtsvoll und überzeugend angesehen werden, wenn sie von der Schwierigkeit hinsichtlich der Freiheit absehen und bloß die Thatsache an und für sich betrachten, oder wenn man will: die notwendige Beziehung und Abhängigkeit, die zwischen dem menschlichen Willen und der allgemeinen Kausalität Gottes vorhanden sein muß; ist es ohne Zweifel sehr wenig logisch, das Dasein des Phänomens bloß aus dem Grunde leugnen zu wollen, weil wir nicht mit Klarheit eine Seinsweise, oder eine Phase und Beziehung desselben sehen. Der dunkle Teil einer Theorie ist kein genügender Grund, das Dasein der Wahrheit und Gewißheit hinsichtlich anderer Punkte derselben zu leugnen. Auf dem weiten Felde der Philosophie treffen wir fast bei jedem Schritte auf Fragen und Theorien, wo das stattfindet, wovon wir jetzt sprechen. Wir wissen, daß das Licht da ist, das uns dazu dient, um die körperlichen Gegenstände wahrzunehmen, und das auf die Entwickelung der Pflanzen einwirkt. Allein wir kennen nicht die primitiven Bedingungen seiner Ausbreitung und wissen nicht seine innere Wesenheit. Dürfen wir deshalb sein Dasein oder die Wirklichkeit jener Phänomene leugnen? Wir wissen, daß etwas existiert, das wir Elektricität nennen; wir wissen auch, daß sie verursacht, oder wenigstens eine der Bedingungen für die Entstehung gewisser Lufterscheinungen ist; daß sie sich mit

---

¹) Sum. c. Gent. Lib. 8. c. 89: Quidam vero, non intelligentes, qualiter motum voluntatis Deus in nobis causare possit absque praejudicio libertatis voluntatis etc.

Siebentes Kapitel. Aktion und Herrschaft Gottes über den Willen. 303

unglaublicher Schnelligkeit verbreitet und mitteilt. Allein wir wissen nicht, welches das innere Wesen jenes Dinges ist, das wir elektrisches Fluidum nennen, wie wir ebenfalls die Beziehungen nicht kennen, die es mit anderen Fluidums und Naturagentien hat. Dürfen wir deshalb sein Dasein leugnen? Ist es deshalb weniger gewiß, daß dieses bestimmten Bedingungen unterworfene Agens uns dazu dient, den Gedanken mit fabelhafter Schnelligkeit zu übermitteln?

Somit ist es ebensowenig logisch, die Existenz der Aktion Gottes auf den menschlichen Willen bloß deshalb zu leugnen, weil wir nicht mit Klarheit den Modus einsehen und begreifen können, wie Gott diese Aktion, ohne der Ausübung der Freiheit zu nahe zu treten, vollbringt. Die natürliche Vernunft an und für sich, und besonders wenn sie durch die Wahrheiten der übernatürlichen Ordnung noch unterstützt und erleuchtet wird, beweist uns, daß, wenn Gott die erste Ursache aller geschaffenen Wirkungen ist, wenn er das allgemeine und unendliche Agens hinsichtlich aller Wesen und realen Modi des Seins der Welt ist; wenn alles Potentielle, Kontingente und Relative sich auf die reine und unendliche Aktivität, auf das notwendige und absolute Sein bezieht und davon abhängt, der Wille und seine freien Akte, die als solche nicht aufhören, Wirklichkeiten zu sein, hinsichtlich ihrer Existenz und Bestimmtheit wie alle übrigen Wirkungen und Aktionen der geschaffenen endlichen Wesen von Gott abhangen müssen. Gewiß ist, daß unsere Vernunft nicht mit Klarheit den inneren Modus dieser Aktion zu begreifen vermag, da ihr nicht gegeben ist, die Natur und die ganze Ausdehnung der göttlichen Allmacht in ihren Verhältnissen zu den Geschöpfen zu ergründen. Giebt dieses uns aber ein Recht, das Dasein des Phänomens und die Solidität seiner wissenschaftlichen Grundlagen zu leugnen? Numquid ideo negandum est, quod apertum est, quia comprehendi non potest, quod occultum est? Man durchgehe das weite Gebiet der Naturwissenschaften; man durchgehe das Gebiet der intellektuellen, psychologischen und moralischen Wissenschaften: und in allen werden wir nur zu häufig jene Klasse von Problemen antreffen, die auf einer Seite hell und klar, und auf der anderen voll von Dunkelheiten sind.

Und dann dürfen wir auch nicht vergessen, daß die vom heiligen Thomas gegebene Lösung, zum großen Teile und soweit es bei einer ihrer Natur nach so schwierigen und dornenvollen Frage möglich ist, diese große Schwierigkeit zerstreut. Wenn man nur ein wenig über seine Antworten auf die vorhin angeführte Einwendung nachdenkt, wird man erkennen, daß er, die Frage auf das erhabene Terrain stellend, das ihrer Natur entspricht und mit dem Inhalte des Problems in Übereinstimmung ist, in der Natur selber und in den Bedingungen der göttlichen Allmacht die wahre Basis und den apriorischen Grund der Möglichkeit und der Wirklichkeit der menschlichen Freiheit in dem von Gott bewegten und bestimmten Willen sucht und findet. Wenn man nur ein wenig über den Gegenstand nachdenkt, wird man unschwer finden, daß ein nicht geringer Teil der Stärke, die wir dem Einwurfe beimessen, aus der ungenauen und falschen Anwendung stammt, die wir von unseren eigenen Begriffen und der kleinlichen und wenig erhabenen Idee, die wir uns von der Allmacht Gottes bilden, machen. Da wir sehen, daß die geschaffenen endlichen Agens nicht auf die Aktionen anderer Wesen einwirken und Ursache derselben sein können, ohne daß diese Aktionen aufhören, frei zu sein; da die Vernunft und das Selbstbewußtsein uns lehren, daß unser Wille von allen geschaffenen endlichen Agens unabhängig und über sie erhaben ist: so schließen wir ohne weiteres hieraus, daß diese Unabhängigkeit und Erhabenheit auch in Bezug auf Gott Platz greife. Ist aber dieser Schluß logisch richtig? Weil wir einsehen, daß endliche Wesen nicht Ursache unseres Willens sein und ihn nicht bestimmen können, ohne die Freiheit aufzuheben: dürfen wir darum dasselbe auch von Gott sagen, diesem Agens von unendlicher Macht, und das nach dem tief philosophischen Ausdrucke des heiligen Thomas angesehen werden muß „als eine Ursache, die das ganze Sein und alle seine Differenzen hervorbringt?" (ut causa quaedam profundens totum ens et omnes ejus differentias). Heißt dieses nicht, der Natur und Ausdehnung der göttlichen Macht willkürlich Schranken setzen? Sind die Bedingungen der Aktion Gottes die nämlichen wie jene der Aktion der Geschöpfe?

Je mehr man über diesen Gegenstand nachdenkt, um so mehr erkennt man, daß die Stärke jenes Einwurfes gegen die menschliche Freiheit zum großen Teile verschwindet, wenn man sich einen passenden und adäquaten Begriff von der Allmacht Gottes bildet und dann bedenkt, daß die Ausdehnung, Wirksamkeit und Allgemeinheit seiner Aktion nicht nach den Kräften und der Wirkungsweise der Geschöpfe bemessen werden dürfen. Der heilige Thomas zeigt also, wenn er sagt, Gott sei wegen seiner unendlichen Macht und wegen der Wirksamkeit und Allgemeinheit derselben nicht allein Ursache der Aktion des Willens, sondern auch davon, daß diese Aktion in der Weise und mit den Bedingungen, welche ihre Natur erfordert, geschehe; oder mit anderen Worten: daß die Wirksamkeit des göttlichen Willens sich nicht allein auf die Substanz der Aktion, sondern auch auf den Modus der Aktion der geschaffenen Agens erstrecke; und daß er von der göttlichen Allmacht sich eine etwas philosophischere und mit den Bedingungen derselben besser übereinstimmende Idee gebildet hat, als Diejenigen, welche in jener Aktion Gottes den Tod der menschlichen Freiheit zu entdecken glauben. Auf jeden Fall müssen Diejenigen, welche das Dasein und die Wahrheit der Thatsache annehmen, gestehen, daß die Lösung des heiligen Thomas tief philosophisch und die einzige ist, die wegen der Erhabenheit des Gesichtspunktes, auf welchen sie sich stellt, in Übereinstimmung mit der Stärke und Bedeutsamkeit des Einwurfes sich befindet. —

Achtes Kapitel.
Notwendigkeit der Gnade.

Obwohl die Fragen in betreff der Gnade direkt zum Gebiete der Theologie gehören, so darf doch die Moralphilosophie, und besonders jegliche Moralphilosophie der katholischen Schulen, von diesem Gegenstande nicht vollständig Abstand nehmen, wie es leider so häufig geschieht. Man begreift leicht, daß die Schulen des Altertums, welche die Offenbarungslehre nicht hatten und auch keine festen und klaren Ideen über den ursprünglichen Fall des Menschen besaßen, von jeglicher Untersuchung über die Gnade, von der sie keine Idee hatten, vollständig absahen. Wenn es sich aber um Schulen handelt, welche die Atmosphäre des Christenthums einatmen, ist es dann recht und billig, diese Fragen völlig beiseite zu lassen, ohne sich auch nur um die Existenz und Notwendigkeit dieser höheren Hilfe zu kümmern?

Es genügt nicht zu sagen, Gott sei das letzte Ziel des Menschen; es genügt nicht, diesem seine Bestimmung anzuweisen und die Bedingungen der Moralität der menschlichen Handlungen zu bestimmen; es genügt nicht, die Gesetze zu erforschen, welche die moralischen Handlungen leiten müssen: man muß außerdem wissen, ob der Mensch diese Bestimmung unabhängig von einer äußeren Hilfe erreichen kann;

man muß auch irgend eine Idee von der Kraft und Tragweite unserer, ihren eigenen Kräften überlassenen, Vermögen haben. Somit muß in jeder christlichen Moralphilosophie, wenigstens auf eine allgemeine Weise, das Dasein und die Notwendigkeit der Gnade behandelt werden.

Darum übergeht der heilige Thomas in seiner Moralphilosophie das Dasein und die Notwendigkeit der Gnade nicht mit Stillschweigen; er lehrt vielmehr, daß der Mensch ohne dieselbe weder in diesem noch im anderen Leben seine Bestimmung erreichen könne, indem er diese Lehre als eine der Grundlagen und als einen Hauptteil der Moralwissenschaft ansah. Die Kräfte des Menschen, durch den ersten Sündenfall der Stammeltern geschwächt und zum Schlimmeren verändert, sind aus sich allein nicht imstande, den Menschen in den ursprünglichen Zustand zurückzuversetzen, den er empfing, als er aus der Hand des Schöpfers hervorging; sie müssen gekräftigt werden, damit er auch hienieden seine Bestimmung in entsprechender Weise verwirklichen kann. Der Wille muß, so stark und kräftig man ihn auch voraussetzen mag, durch eine höhere Kraft unterstützt und geleitet werden, die ihn zu seiner ewigen und höchsten Bestimmung in unmittelbare Beziehung setzt. Mit einem Worte: die menschliche Natur in ihrem gegenwärtigen Sünden- und Schwachheitszustande kann aus sich allein nicht in den Besitz Gottes, zu seinem letzten Ziele, gelangen; der Mensch kann nicht einmal seine irdische Bestimmung aus sich allein in pflichtschuldiger Weise verwirklichen.

Dies ist in Kürze die Lehre des heiligen Thomas, die er in seiner Moralphilosophie als einen notwendigen Teil derselben behandelt.

Man sage uns nicht, die Lehre über das Dasein und die Notwendigkeit der Gnade und ihre Verhältnisse zu den Vermögen des Menschen gehöre ausschließlich der Theologie und der Offenbarung an. Wir wissen, daß es Sache der Theologie ist, diese großen und schwierigen Fragen unter allen Gesichtspunkten zu behandeln und zu entwickeln; wir glauben aber auch, daß jede christliche Moralphilosophie, die von denselben und besonders vom Dasein und der Notwendigkeit der Gnade völlig Abstand nimmt, eine wesentlich unvollständige Moralphilosophie sein wird.

Andererseits, sagen uns die Beobachtung und die innere Erfahrung etwa nichts in Bezug auf die Grenzen, in welche unsere Vermögen eingeschlossen sind? Wenn wir außerdem die inneren Veränderungen unseres eigenen Willens und besonders die großen moralischen

Achtes Kapitel. Notwendigkeit der Gnade.

Umwandlungen, die beim Menschen mehr als einmal vorkommen, beobachten, wird es uns nicht schwer werden zu begreifen, daß wir, ohne das natürliche und philosophische Gebiet zu verlassen, bedeutende Anzeichen und gleichsam aposteriorische Beweise vom Dasein und der Notwendigkeit der Gnade, oder einer höheren Kraft, die auf den Willen des Menschen einwirkt, finden können.

Es ist in der That unbestreitbar, daß wir, wenn wir unseren Blick in das Innere unseres eigenen Selbstbewußtseins richten; wenn wir mit aufmerksamen Blicke die Reihe der moralischen Phänomene verfolgen, die in unserem Innern während des irdischen Lebenswandels vorkommen; wenn wir die ebenso tiefen und häufigen als unerwarteten Umwandlungen unseres Willens beachten, nicht umhin können, in allen diesen Phänomenen mehr oder weniger sichere Anzeichen einer höheren Kraft, die unseren Willen in seinen moralischen Manifestationen leitet, bewegt, beherrscht und umbildet, anzuerkennen. Einmal finden wir unseren Willen von der Sorglosigkeit und der Trägheit zum Guten beherrscht, während er andere Male mit einer erstaunlichen Energie sich begabt fühlt, die Hindernisse, welche der Erfüllung des Guten entgegenstehen, zu beseitigen. Häufig fühlt er sich der nötigen Kraft und Stärke beraubt, das Gute zu thun; er scheint durch das Gewicht der gegenwärtigen Pflicht wie gelähmt und erdrückt, während er bei anderen Gelegenheiten ohne Zögern, ohne Kampf und gleichsam ohne Anstrengung, Handlungen verrichtet, die an Heroismus grenzen. Können wir diese so großen, radikalen und plötzlichen Veränderungen durch rein natürliche Ursachen erklären? Kann der Wille allein diese merkwürdigen Umwandlungen erklären? Durchaus nicht; der Wille fühlt sich durch eine Kraft, die nicht in ihm ist, beherrscht und unterjocht; und wenn er dieser fremden Kraft gehorcht, so scheint er die Anzeichen einer relativen Passivität in sich zu verspüren und zu erfahren. Unmöglich kann man bei dieser unbegreiflichen Reihenfolge von moralischen Phänomenen und Umwandlungen die Spuren einer göttlichen Kraft auf ihrem Wege zu uns verkennen.

Man muß es gestehen: die Lehre des heiligen Thomas hinsichtlich der Gnade ist eminent philosophisch in dem Sinne, daß ihr Dasein und ihre Notwendigkeit sich in voller Übereinstimmung mit den Kundgebungen und Anzeichen befindet, welche uns die psychologische Beobachtung und Erfahrung liefern. Um sich hiervon zu überzeugen, braucht man nur zu beachten, daß der Gedanke des heiligen Thomas

20*

hinsichtlich des Daseins und der Notwendigkeit der Gnade sich in folgende drei Punkte zusammenfassen läßt:

1) Der Mensch, der bei seinem Ursprunge von Gott in so innige Beziehungen zur Gottheit versetzt worden ist; der Mensch, dem Gott bei seiner Schöpfung ein Aktionsprincip, das über die Kräfte seiner eigenen Natur hinausgeht, die Macht, mittels des guten Gebrauches des „großen Geschenkes" zur klaren und intuitiven Anschauung, zum vollkommenen Genusse der ersten Wahrheit und des höchsten Gutes zu gelangen, verliehen hat, fühlt in sich Neigungen und Begierden in Harmonie mit dieser Erhabenheit seiner Endbestimmung: Neigungen und Begierden nach dem vollen, und folglich die Kräfte seiner eigenen Natur übersteigenden Besitze Gottes, welche Natur ihn bloß zu seiner natürlichen sozialen Bestimmung führen kann. „Der Mensch¹) ist nicht bloß ein Bürger der Erde, sondern ein Bürger der himmlischen Stadt Jerusalem, deren Beherrscher Gott ist, und deren Bewohner alle Engel und Heiligen sind." —

Um Bewohner dieser himmlischen Stadt zu werden, reicht die eigene Natur des Menschen nicht aus; sie muß vielmehr durch die Gnade Gottes erhoben werden: Non sufficit sua natura, sed ad hoc elevatur per gratiam Dei. „Wie der Mensch," sagt er weiter,²) „seine erste Vollkommenheit, welche die Seele ist, durch die unmittelbare Aktion Gottes empfängt; so empfängt er auch unmittelbar von demselben seine letzte Vollkommenheit, welche die vollkommene Glückseligkeit ist; und allein in Gott ruhet er; dieses zeigt sich sogar durch das natürliche Verlangen des Menschen, der in keinem Dinge seine Ruhe findet als allein in Gott." — „Das letzte Ziel des Menschen³) besteht in einer gewissen Erkenntnis der Wahrheit, die seine Kräfte überschreitet, daß er nämlich die erste Wahrheit an und für sich sieht." —

2) Ein großer moralischer Fall ließ den Menschen das Recht auf diese übernatürliche Seligkeit verlieren, schwächte seine Neigungen und Begierden zum Guten, führte eine tiefe Unordnung in seine Natur

---

¹) Quaest. Disp. De Spir. Creat. Q. 4. a. 9: Homo autem non solum est civis terrenus, sed et particeps civitatis coelestis Jerusalem, cujus rector est Dominus, et cives angeli et sancti omnes. —

²) Ibid. art. 10. —

³) Sum. c. Gent. L. 3. c. 147: Sed ulterius ultimus finis hominis in quadam veritatis cognitione constitutus est, quae naturalem facultatem ipsius excedit, ut scilicet ipsam primam veritatem videat in seipsa. —

und Kräfte ein, indem er sie Gott entfremdete. „Die Ursache dieser Korruption,¹) die man Erbsünde nennt, ist die Beraubung der ursprünglichen Gerechtigkeit: eine Beraubung, welche die Unterordnung des Menschen unter Gott zerstörte. . . . In der Erbsünde sind wie in ihrem Principe alle wirklichen Sünden virtuell enthalten." — „Aus der Abkehr des Willens von Gott," sagt er weiter,²) „erfolgte die Unordnung bei allen übrigen Vermögen der Seele . . . und die Unordnung dieser Vermögen zeigt sich hauptsächlich in dem Ungestüm, mit dem er nach den vergänglichen Gütern strebt. Diese moralische Unordnung der Vermögen kann mit einem gemeinsamen Namen Konkupiscenz genannt werden." — Hieraus folgert der heilige Lehrer, daß die Erbsünde gleichsam eine moralische Krankheit der menschlichen Natur ist, und daß sie die sittliche Kraft ihrer Vermögen mittels der Unwissenheit, der Bosheit, der Kraftlosigkeit und der Konkupiscenz schwäche.

3) Die Gnade Gottes, als Manifestation der mächtigen Hand des Allerhöchsten, vermag einzig den ungeheueren leeren Raum auszufüllen, der zwischen der Erhabenheit der übernatürlichen Bestimmung des Menschen und der sittlichen Degradation besteht, in welche die menschliche Natur durch die Erbsünde gekommen ist. Der Mensch bedarf einer außerordentlichen und seine eigenen Kräfte übersteigenden Hilfe:

1) damit seine moralischen Handlungen zu der Erhabenheit seiner Endbestimmung im Verhältnisse stehen können;

2) um seine zum Bösen geneigte Natur wiederherzustellen und seine durch die Sünde geschwächten Kräfte zu erneuern und zu stärken.

Und Gott, der den Menschen in seinen Bedürfnissen nicht verläßt; und Gott, der Gefallen hat an dem Werke seiner Hände; Gott, der den Menschen bei seiner Schöpfung in die übernatürliche Ordnung

---

¹) Sum. Theol. 1. 2. Q. 82. a. 2: Causa autem corruptae dispositionis quae dicitur originale peccatum, est una tantum, scilicet privatio originalis justitiae, per quam sublata est subjectio humanae mentis ad Deum. . . . In peccato originali virtualiter praeexistunt omnia peccata actualia, sicut in quodam principio. —

²) Ibid. art. 8: Ex aversione voluntatis a Deo consequitur inordinatio in omnibus aliis animae viribus. . . . Inordinatio autem aliarum virium animae praecipue in hoc attenditur, quod inordinate convertuntur ad bonum commutabile; quae quidem inordinatio communi nomine potest dici concupiscentia. —

erhob, verleugnet ihn nicht, giebt ihm vielmehr mit freigebiger Hand, wenngleich nicht in demselben Maße, jene außerordentliche Hülfe und jene himmlischen Gnaden. „Da die Dinge, die auf irgend ein Ziel hingeordnet sind," sagt der heilige Lehrer,[1] „irgend eine Proportion oder ein Verhältnis zu diesem Ziele haben müssen, muß es einige Vollkommenheiten geben, mittels welcher der Mensch sich hinordnet und in Beziehung tritt zu seinem übernatürlichen Ziele, welche höher sein müssen, als seine natürlichen Kräfte. Dieses kann nur unter der Bedingung stattfinden, daß Gott dem Menschen gewisse übernatürliche Aktionsprincipien eingießt. . . . Es gießt nun Gott dem Menschen, damit er Handlungen vollbringen kann, die mit dem ewigen Leben im Verhältnisse stehen, erstens die Gnade ein, durch welche der Mensch ein besonderes Sein erlangt (quoddam speciale esse); und zweitens den Glauben, die Hoffnung und die Liebe." — „Im Zustande der verderbten oder degradierten Natur,[2] in welcher er sich gegenwärtig befindet, bedarf der Mensch der Gnade aus zwei Gründen: nämlich um wiederhergestellt zu werden und um das Gute vollbringen zu können, das zur Ordnung der übernatürlichen Tugend gehört." — „Da der Mensch auf ein Ziel hingeordnet ist,[3] das seine natürliche Kraft übersteigt, muß ihm Gott irgend ein übernatürliches Mittel verleihen, mit welchem er sich zu seinem Ziele hinwenden kann." — „Was Gott betrifft,[4] so ist er bereit, allen die Gnade zu geben; denn er will, daß alle Menschen selig werden und zur Erkenntnis der Wahrheit gelangen, wie der Apostel sagt. Und jene allein gehen der Gnade verlustig, die ihrerseits dieser Gnade ein Hindernis in den Weg legen."

Dies ist in Kürze der Gedanke des heiligen Thomas über das Dasein und die Notwendigkeit der Gnade. Was sagt uns nun die Erfahrung und Beobachtung hierüber?

---

[1] Quaest. Disp. De Spir. Creat. Q. 4. a. 8. —

[2] Sum. Theol. 1. 2. Q. 109. a. 2: In statu naturae corruptae, quantum ad duo, scilicet ut sanetur, et ulterius ut bonum supernaturalis virtutis operetur, quod est meritorium. —

[3] Sum. c. Gent. L. 3. c. 147: Si igitur homo ordinatur in finem, qui ejus facultatem naturalem excedit, necesse est ei aliquod auxilium divinitus adhiberi supernaturale, per quod tendat in finem. —

[4] Ibid. c. 159: Deus enim, quantum in se est, paratus est omnibus gratiam dare; omnes enim homines vult salvos fieri et ad agnitionem veritatis venire, ut dicitur I. Tim. 2. 4. Sed illi soli gratia privantur qui in seipsis gratiae impedimentum praestant. —

Achtes Kapitel. Nothwendigkeit der Gnade.

Einerseits, eine Vernunft, deren eigentliche Nahrung die Wahrheit ist; eine Intelligenz, die ohne Aufhören nach dem vollen und vollkommenen Besitz dieser Wahrheit verlangt, ohne jemals durch irgend eine Wahrheit, die sie in dem gegenwärtigen Leben erlangen kann, gesättigt zu werden; eine Vernunft, die bei dem Sammeln der in den Geschöpfen zerstreuten Lichtstrahlen eine Art Vorahnung von der großen Endbestimmung hat, die ihr der Schöpfer bei ihrem Ursprunge verliehen; die in weiter Ferne das Wort Gottes voll Gnade und Wahrheit erblickt, das alle Begierden unserer Natur nach dem Wahren einzig befriedigen kann. Der Wille seinerseits, an der Seite dieser Vernunft einhergehend, fühlt, daß nichts von allem, was ihn umgiebt, seine Wünsche und Begierden erfüllen kann; er fühlt sich unwiderstehlich hingezogen zum allgemeinen Gute, d. h. zu dem allgemeinen, unendlichen, lebendigen, persönlichen, intelligenten Gute, das sein Anfang und sein Ende ist.

Andererseits, welche Unwissenheit in der Intelligenz! welche Schatten und Finsterniß in der Vernunft! wie viele Schwierigkeiten, um zur Wahrheit zu gelangen! wie viele und große Irrthümer! — Und wenn wir von der Vernunft zum Willen übergehen, so finden wir dieselbe Erscheinung. Neben seinen edlen Wünschen, seinen Neigungen, seinen erhabenen Begierden nach dem Unendlichen, sehen wir seine Fehler, seine unedlen Triebe und Neigungen, seine Verdorbenheit. Einerseits Größe, Energie, der magische Schimmer der Tugend, das Gebot der Pflicht, in ihrer Erhabenheit fast unendliche Begierden; andererseits Verdorbenheit, Schwäche, Ohnmacht, Unbeständigkeit im Guten, tiefes Elend. Was kann der Ursprung dieses eben so augenscheinlichen als in seinen Wirkungen so traurigen Widerspruches sein? Die zwei ersten Punkte, in welche wir den Gedanken des heiligen Thomas zusammengefaßt haben, enthalten den Schlüssel zu diesem Widerspruche; und zugleich ist das Dasein dieses Widerspruches, dieses Gemisches von sittlicher Größe und Armseligkeit, das wir in uns erfahren, ein Zeichen der Nothwendigkeit der Gnade und eine natürliche und philosophische Offenbarung dieser theologischen Wahrheit.

Die psychologische Beobachtung zeigt uns ebenfalls, daß der Mensch inmitten seiner sittlichen Gesunkenheit, inmitten seines großen Elendes sich plötzlich durch ein höheres Licht erleuchtet fühlt. Er fühlt eine Kraft in sich, die nicht von ihm stammt, die höher als seine Kräfte ist, die ihn beherrscht, ihn bezwingt, ihm Kraft verleiht, sich aus seiner Erniedrigung zu erheben, und die ihn, in seinem Innern wirkend, plötzlich in eine intellektuelle und moralische Welt versetzt, die er früher nicht kannte; eine Kraft endlich, eine Macht, ein Aktionsprincip, das ihn anleitet, zu lieben, was er früher haßte, und zu hassen, was er früher liebte. Können wir nun diese sittliche Umwandlung, besonders wenn sie plötzlich, energisch und andauernd ist, nicht ganz gut als eine sichtbare Manifestation der Aktion jener göttlichen Hilfe oder Gnade betrachten, von der der heilige Thomas spricht? Müssen wir nicht in den angegebenen Erscheinungen einen natürlichen Beweis und ein Anzeichen des Daseins der Gnade erkennen?

Und was sollen wir von jenen großen und wunderbaren Umwandlungen halten, die wir bei unseren Mitmenschen beobachten, von denen uns die Geschichte erzählt? Können wir jene erstaunlichen Umwandlungen, die wir beim Menschen sich vollziehen sehen, die seine ganze Natur umzuändern scheinen, durch die alleinige Kraft des menschlichen Willens erklären? Nein! Das Selbstbewußtsein sträubt sich, zu glauben, daß die bloße, natürliche Kraft des Willens mächtig genug sei, aus Augustinus dem Manichäer und großen Sünder den heiligen Augustin der „Selbstbekenntnisse" und der „Alleingespräche" zu machen. Wir brauchen zu diesem Behufe nicht die historischen Namen eines heiligen Augustin, eines heiligen Paulus, einer heiligen Maria von Ägypten zu Hilfe zu rufen. So beschränkt auch der Kreis der gesellschaftlichen Verhältnisse sein mag: jedermann hat Gelegenheit, mehr oder weniger zahlreiche Beispiele von Menschen zu beobachten, bei denen wir Sitten, Gewohnheiten, Ideen, und bis zu einem gewissen Punkte sogar den Charakter sich ändern sehen, indem sie eine vollständige sittliche Umwandlung erfahren, die zuweilen durch ihrer Natur nach unbedeutende Ursachen herbeigeführt wurde, die gewiß in keinem Verhältnisse zu der Größe und den Proportionen ihrer Wirkungen stehen.

Die angegebenen Ideen sind mit dem sehr exakten Urteile Jourdain's in vollständiger Übereinstimmung, der, wie wir in folgender Stelle sehen werden, die ganze Bedeutung und Tragweite dieser Lehre des heiligen Thomas, selbst in rein philosophischer Hinsicht, zu würdigen wußte.

„Es ist ein allgemeiner Fehler des größten Teiles der modernen Schulen,[1] daß sie ihren Blick von dieser wichtigen Untersuchung ab-

---

[1] Philos. de s. Thomas. Lib. J. Cap. 6.

Achtes Kapitel. Notwendigkeit der Gnade.

gewandt haben, sei es, daß sie es für unnütz und vergeblich hielten, oder sei es, daß sie vor der Schwierigkeit des Unternehmens zurückgeschreckt sind. Ich spreche nicht bloß von den empirischen Schulen, welche der allgemeine Geist ihrer Lehren von dieser Untersuchung vollständig fern hält. Man kann diesen Vorwurf auch Philosophen machen, welche die Ausdehnung und Erhabenheit ihres Gesichtspunktes auf das Niveau derartiger Probleme zu stellen scheint, und die dessenungeachtet sie vollständig außer acht gelassen haben. Man durchgehe die Werke Kant's, und man wird in ihnen nicht ein Wort über die natürlichen Grenzen und die Macht unserer aktiven Kräfte finden. Da der berühmte Philosoph die Freiheit durch das Sittengesetz beweist, so schließt er notwendig, daß alle Vorschriften des Gesetzes durch die ausschließliche Kraft der Freiheit erfüllt werden können. Dem Anscheine nach gilt bei diesem Philosophen nichts, daß das Verhältnis des Willens zur Gnade der Gegenstand der schwierigsten Streitfrage gewesen, die je unter den Männern der Wissenschaft behandelt worden ist. Indessen, ohne das Licht der Offenbarung anzurufen und uns in die Ordnung der natürlichen Thatsachen, welche die Erfahrung uns bezeugt, einschließend, giebt es nicht gewisse, unverwerfliche Anzeichen von einer höheren Aktion, welche die freien Bewegungen des Geschöpfes unterstützt und befruchtet?

„Unsere Seele würde vergebens sich einbilden, daß sie sich selber genüge und mit absoluter Unabhängigkeit von allen Dingen wirke. Sie vermag sich nicht von der übrigen Menschheit zu isolieren, noch auch von den Eindrücken loszumachen, die sie, zuweilen unbewußt, von allem empfängt, was sie umgiebt. Bei jenen von ihren Entschließungen, welche die freiesten zu sein scheinen, wird sie durch geheime Agens angeregt, die sie zum Handeln bewegen, ohne daß sie es weiß. Die Stimme des Selbstbewußtseins zeigt es klar, daß sie frei ist; allein die dem Herzen so nahe und so teure Freiheit des Menschen würde oftmals schlafen, wenn sie nicht durch ein äußeres Agens angeregt würde. Daher kommt es, daß der größte Teil der Menschen, obgleich sie Herren ihrer Handlungen sind, durch tausend Umstände, die zur Entscheidung ihres Geschickes beitragen, teilweise mit bestimmt werden. Welchen Einfluß übten nicht auf sie die Geburt, das Temperament, das Klima, die Erziehung, die Lehren, der Reichtum und die Armut, die Gesundheit und die Krankheit! Wenn die Atmosphäre sich verändert, in der wir leben, nehmen unsere Gedanken und Gefühle eine andere Richtung; wir ergreifen eine neue Carrière, eine glückliche oder eine unglückliche, eine glänzende oder eine traurige, vielleicht eine verbrecherische oder auch eine heroische.

„Man nehme die am wenigsten beunruhigte Existenz, und man wird bei ihr eine Menge Zwischenfälle antreffen, welche die bloße Kraft des Willens niemals erklären wird. Warum hat der Geist wie das Herz seine Zellen der Blindheit und Unfruchtbarkeit, während welcher die sittliche Aktivität wie aufgehoben ist? Warum fühlt sich die Seele in anderen Momenten wie erweitert, und steht den Eindrücken der Wahrheit und der Tugend leicht offen? Welches ist die Ursache, die uns bald blind macht, bald erleuchtet, unsere Kraft niederbeugt und wiederbelebt, unsere Seele in Traurigkeit versenkt und sie mit den süßesten Hoffnungen erfüllt? Wenn diese auffallenden Wirkungen das Werk des Menschen sind: wie kommt es dann, daß er sie nicht beherrschen kann, wie es ihm beliebt?

„Allein, wenn eine Seele ihre alten Wege, auf denen sie zu ihrem eigenen Verderben wandelte, verläßt, wie ein heiliger Paulus, ein heiliger Augustin, eine La Vallière, gerade dann erkennt man die Gegenwart einer Kraft, die höher als der Wille ist, wenn er auch meistens in Übereinstimmung mit ihr wirkt. Es sind zur Umwandlung von Charakteren jene schrecklichen Schläge nicht notwendig, die eine Existenz umändern; es genügt das gewöhnlichste und gleichgültigste Ereignis: ein Begegnis, eine Lektüre, eine Unterhaltung, ein Herzenskummer, eine Erinnerung. Bei einer plötzlichen Belehrung macht die Verweichlichung der Ausübung, die Zügellosigkeit der Ordnung, der Unglaube dem Glauben, die Selbstsucht der Uneigennützigkeit, das Laster der Tugend Platz. Wie kommt dieser Wechsel, oder vielmehr, diese sittliche Wiedergeburt zustande? Ohne Zweifel steht der Wille ihr nicht fern; er wirkt aber nicht allein, er wird durch einen unsichtbaren Zauber angezogen. Hinter der Bühne ist ein Spieler verborgen, dessen Hand die Triebfedern leitet, die ihn bewegen.

„Untersuchen wir die Merkmale der geheimnisvollen Operation, die in diesem Falle in der innersten Seele sich vollzieht. Wir haben sie im allgemeinen durch keine Handlung, durch keine Anstrengung vorbereitet; sie überrascht uns plötzlich, der Wille fühlt sich angezogen, überwunden, hingerissen, ehe die Vernunft über das Ereignis, das seine plötzliche Umwandlung bestimmt hat, hat nachdenken können. Diese Operation ist folglich rein unverdient, geht unseren Verdiensten voraus, kommt unseren Wünschen und Hoffnungen zuvor.... Wie sollen wir diese unbekannte Macht nennen, die beim Menschen solche

Veränderungen hervorbringt? Werden wir sie Zufall nennen? Allein der Zufall ist ein sinnloses Wort, hinter welchem sich die Unwissenheit oder die Gottlosigkeit verkriecht. Wir tragen kein Bedenken, der Theologie das Wort „Gnade" zu entlehnen, welche das Unverdiente und Zuvorkommende bei dieser Aktion seitens einer höheren Hand, der die Seele untersteht, ausdrückt. Und sagen wir mit dem heiligen Thomas und dem Christenthume, daß der Mensch in seinem gegenwärtigen Zustande der göttlichen Gnade selbst bei Erfüllung seiner irdischer Bestimmung nicht entbehren kann." —

Neuntes Kapitel.
Primitiver und wesentlicher Unterschied zwischen dem Willen und den Leidenschaften (passiones).

Wir müssen hier auf einen großen und weittragenden Irrtum aufmerksam machen, in den dieser selbe Jourdain hinsichtlich der Theorie des heiligen Thomas über den Willen und seine Verschiedenheit von den Leidenschaften (passiones) geraten ist.

„Der Hauptpunkt der thomistischen Theorie über den Willen," sagt dieser Schriftsteller,[1] „ist, wie wir gesehen, die Verwechselung der freiwilligen Aktivität mit der Begierde. Der heilige Thomas hatte ein sehr lebhaftes Gefühl von der Freiheit des Menschen; und dennoch, wenn er über die Natur unserer aktiven Vermögen sich ausspricht, läßt er sie in dem bloßen Vermögen zu lieben bestehen. Wenn die Seele sich zu den Naturdingen hinwendet und durch die Sensation geleitet wird, so ist das soviel als Begehren (appetitus); wenn sie aber von der Vernunft geleitet wird, so ändert sich die Liebe um und wird zum Willen, der ein vernünftiges, d. h. ein von Erkenntnis begleitetes Begehren ist." —

Um besser den Irrtum Jourdain's über diesen Punkt einzusehen, muß man beachten, daß für diesen Schriftsteller die Begierde dem affektiven Vermögen der Sensibilität zukommt und gleichbedeutend ist mit Leidenschaft (passio). Dieses ergiebt sich aus dem Wortlaute vieler Stellen seines Werkes, von welchen wir bloß folgende anführen

---

[1] Ebendas. Kap. 5.

wollen, in der er, nachdem er die Lehre des heiligen Thomas über die Leidenschaften in Kürze angegeben, also fortfährt:[1]

„Die Analyse der Leidenschaften führt uns zur Untersuchung des Willens. Nach dem heiligen Thomas ist der Wille eine von den Formen des appetitiven Begehrens, ist das durch die Intelligenz erleuchtete Begehren, oder wie er sich ausdrückt: das rationelle Begehren. Der heilige Lehrer nimmt also keine Naturverschiedenheit zwischen dem Vermögen, das begehrt, und jenem, das will, an; er bezieht vielmehr das eine wie das andere auf ein und dasselbe Princip." —

Dasselbe ersehen wir, wenn möglich mit noch größerer Klarheit, aus den Worten, welche hierauf folgen.

„Daß die Liebe," sagt er,[2] „den Willen beseelt und belebt, wer kann es leugnen? Indes, unter dem heißen Verlangen, das den Menschen zum Glück und zur Glückseligkeit hintreibt, ist da nicht eine andere Fähigkeit, Aktivität, Kraft, Energie, oder wie man es nennen will, verborgen? Eine Fähigkeit, die zuweilen das appetitive Begehren bekämpft und zuweilen ihm nachgiebt, und die folglich nicht das appetitive Begehrensvermögen selber ist; eine Fähigkeit, die ihre Zeiten der Schwäche und ihre Tage des Sieges hat, die aber, ob Siegerin oder besiegt, von der Leidenschaft (passio) verschieden ist, von welcher sie angeregt wird und welcher sie folgt... Wir können nur unser Bedauern darüber aussprechen, daß der heilige Lehrer, der den Behauptungen des Aristoteles nur allzusehr folgt, die scharfe Scheidungslinie nicht bemerkt oder nicht klar sich darüber ausgesprochen hat, welche die Phänomene der Sensibilität von denen des Willens trennt." —

Ohne Zweifel würde, wenn es wahr wäre, was Jourdain hier sagt, sein Bedauern sehr gerechtfertigt sein; ohne Zweifel würde es sehr zu bedauern und sogar sehr merkwürdig sein, daß der heilige Thomas die Scheidungslinie, welche die Erscheinungen der Sensibilität und besonders das appetitive Passionsbegehren von der freiwilligen Kraft und Aktivität trennt, nicht angegeben habe; denn dieses würde schließlich soviel heißen, als die Lehren Condillac's, der die innere Nötigung zum freien Willen macht, annehmen und bekennen. Ist es denn aber gewiß, daß der heilige Thomas nicht allein nicht das Begehren,

---

[1] Ebendas. I. Buch. 3. Abt. 4. Kap.
[2] Ibid. Lib. 3. c. 5.

Neuntes Kapitel. Primitiver und wesentlicher Unterschied ꝛc. 317

das für Jourdain gleichbedeutend mit der Passio ist, sondern auch im allgemeinen nicht die Erscheinungen der Sensibilität vom Willen getrennt hat? Ist es wahr, daß der heilige Thomas den Willen mit den Passionen identificiert oder verwechselt hat, wie dieser Schriftsteller annimmt? — Wir wollen sehen.

Vor allem erinnere man sich an das, worauf wir in der Psychologie so oft aufmerksam gemacht, besonders wo wir von der modernen Phrenologie und ihrem radikalen Gegensatze zur Psychologie des heiligen Thomas sprachen. Dort haben wir einerseits gesehen, daß es dem heiligen Thomas zufolge bloß zwei Vermögen der rein intellektuellen Ordnung giebt: die Vernunft nämlich und den Willen. Wir haben andererseits gesehen, daß eine der Hauptlehren der Psychologie und Ideologie desselben, worauf er ganz besonderen Nachdruck legt und die er in den klarsten und bestimmtesten Worten ausspricht, die Unabhängigkeit der Vermögen oder Kräfte der rein intellektuellen Ordnung von jedem körperlichen oder materiellen Organe ist, im Gegensatze zu den Vermögen oder Kräften der sensitiven Ordnung, die alle von bestimmten Organen des Körpers abhängen und mittels derselben ausgeübt werden. Diese konstante, allgemeine, klare und deutliche und hundertmal in den Schriften des heiligen Lehrers wiederkehrende Lehre bringt notwendig einen primitiven und wesentlichen Unterschied, eine tiefe, absolute und unübersteigliche Scheidungslinie zwischen dem Willen als einem Vermögen der intellektuellen Ordnung, und den Passionen, die zur Ordnung der Sensibilität gehören, mit sich und bildet ein Princip desselben. Man sieht also schon, wie sehr Jourdain im Irrtume war, als er dem heiligen Thomas eine derartige Behauptung unterlegte.

Obwohl wir es bei dieser allgemeinen Bemerkung bewenden lassen könnten, da sie vollständig genügt, um den unbegreiflichen Irrtum dieses Schriftstellers zu erkennen, so wollen wir doch die Lehre des heiligen Thomas hinsichtlich des realen Unterschiedes des Willens und der Passionen, hinsichtlich der Unabhängigkeit und Superiorität jenes über diese, und hinsichtlich der verschiedenen Natur und Bedingungen der Akte des Willens und jener der Leidenschaften angeben. Damit der Leser über diesen Gegenstand ein eigenes Urteil zu fällen vermag, werden wir diese Bemerkungen auf einige von den unzähligen Stellen stützen, in denen der heilige Lehrer seinen Gedanken über die angegebenen beiden Gegensätze mitteilt. Bekannt ist und auch Jourdain erkennt es in seinem Traktate über die Leidenschaften ausdrücklich an, daß nach dem heiligen Thomas die Leidenschaften (passiones) die Fakultäten der Manifestationen des sensitiven Begehrungsvermögens sind. Darum teilt er dieses sensitive Begehrungsvermögen ein in das konkupiscibele, das sechs von den Passionen enthält, und in das irascibele Begehrungsvermögen, das fünf davon enthält. Folglich ist in der Terminologie des heiligen Thomas das sensitive Begehrungsvermögen soviel als die niederen affektiven Fakultäten der Passionen, ist also das Vermögen der Sensibilität. Bekanntlich gebraucht auch der heilige Thomas, um den Willen zu bezeichnen, ohne Unterschied die Ausdrücke: rationelles oder intellektuelles Begehrungsvermögen, und Wille.

Nun stellt er in der Theologischen Summa die Frage: ob das sensitive und das intellektuelle Begehrungsvermögen verschiedene Vermögen seien; worauf er antwortet:[1]) „Das intellektuelle Begehrungsvermögen ist ein vom sensitiven Begehrungsvermögen verschiedenes Vermögen." — Und er giebt bereits hier, in Übereinstimmung mit dieser Lehre, einen der Hauptunterschiede an, der die Leidenschaften vom Willen trennt; denn während jene sich bloß auf materielle und sensitive Objekte beziehen, dehnt der Wille seine Aktion und Macht auf rein immaterielle Objekte oder Güter aus, die außerhalb des Bereiches der sensitiven Kräfte liegen. „Durch das intellektuelle Begehrungsvermögen können wir die immateriellen Güter, die der Sinn nicht erfaßt, als da sind: die Wissenschaft, die Tugend und dergleichen, begehren."[2]) —

„Der Wille," sagt er anderswo,[3]) „ist eine vom sinnlichen Begehrungsvermögen verschiedene Kraft... Die sensitive Natur, die in größerer Annäherung zu Gott sich befindet als die leblosen Naturen, besitzt in sich etwas, das sie zu irgend einem bestimmten Dinge hinneigt, nämlich das durch die Sinne als begehrenswert wahrgenommene Objekt. Diese Hinneigung aber steht nicht in der Gewalt des Tieres, ist vielmehr ihm durch ein höheres Agens vorgezeichnet; denn das Tier kann, beim Anblicke des begehrenswerten Objektes nicht unterlassen, es zu begehren, da das Tier nicht die Herrschaft über seine

---

[1]) Sum. Theol. 1. P. Q. 80. a. 2: Respondeo dicendum, quod necesse est dicere appetitum intellectivum esse aliam potentiam a sensitivo. —

[2]) Ibid. ad 2: Per appetitum intellectivum appetere possumus immaterialia bona, quae sensus non apprehendit, sicut scientiam, virtutes et alia hujusmodi. —

[3]) Quaest. Disp. De Ver. Q. 22. a. 4. —

Neigungen hat . . . und dies kommt daher, daß die affektiven sensi=
tiven Vermögen mit Abhängigkeit von körperlichen Organen aus=
geübt werden, weshalb sie den Bedingungen der Materie und der
körperlichen Dinge unterworfen sind und davon abhangen, so daß man
eher sagen muß, sie werden bewegt, als sie bewegen sich selber. Die
vernünftige Natur aber, die sich in größerer Nähe Gottes befindet
als die sensitive und die leblose, hat nicht bloß eine Hinneigung zu
irgend einem Dinge, wie die erstere, und sie wirkt nicht allein durch
diese Hinneigung wie von einem anderen bestimmt, wie die zweite,
sondern hat auch außerdem noch die Herrschaft über ihre Hinneigung,
so daß sie nicht genötigt ist, hinsichtlich des begehrenswerten Objektes
zu wirken, sondern sich zu ihm hinneigen oder nicht hinneigen und
sich selber bestimmen kann.

„Diese Erhabenheit über das sinnliche Begehrungsvermögen ist
ihr eigen, insofern sie keines körperlichen Organes bedarf und keines
gebraucht. . . Es folgt mithin, daß das vernünftige Begehrungsver=
mögen, das man Willen nennt, ein vom sensitiven Begehrungsver=
mögen verschiedenes Vermögen ist." —

Diese Stelle bedarf keines Kommentars, und es ergiebt sich aus ihr
mit aller Klarheit, nicht allein daß der Wille eine vom sensitiven Be=
gehrungsvermögen, in welchem die Leidenschaften ihren Sitz haben,
völlig verschiedene und höhere Kraft als jenes ist, sondern auch, daß
unter diesen beiden Vermögen jener primitive, wesentliche, absolut un=
verwischbare Unterschied besteht, den der heilige Thomas zwischen den
Vermögen, die vom Körper bei der Ausübung ihrer Akte unabhängig
sind, und den Kräften der sensitiven Ordnung, die bei ihrer Ausübung
von körperlichen Organen abhangen, lehrt.

Und man glaube nicht, daß dieser Unterschied, wie Jourdain
anzudeuten scheint, zwischen dem Willen und dem sinnlichen Be=
gehrungsvermögen ein bloß accidenteller Unterschied sei, insofern
sich die Passionen auf das durch die Sinne wahrgenommene Objekt,
und der Wille sich auf das nämliche Objekt, aber durch die Ver=
nunft wahrgenommen, beziehe. Dies ist nicht allein dem entgegen,
was wir hinsichtlich der Natur des Objektes des Willens bemerkt
haben, dessen Macht und Aktion sich direkt auf die rein geistigen
Objekte beziehen, sondern steht auch in völligem Widerspruche mit den
Worten der vorigen Stelle aus Thomas, wo er den realen Unterschied
zwischen dem Willen und dem sinnlichen Begehrungsvermögen als affek=
tiver Kraft klar und deutlich lehrt.

Allein noch mehr: derselbe heilige Thomas verwirft positiv und ausdrücklich eine derartige Interpretation, indem er behauptet, daß der direkte und hauptsächlichste Unterschied zwischen dem Willen und dem sinnlichen Begehrungsvermögen ihnen als Vermögen oder Kräften eigen ist; und daß der Unterschied, den wir ihnen zuschreiben hinsichtlich der Wahrnehmung oder Erkenntnis, die ihren Akten vorhergeht und sie begleitet, ein Unterschied a consequente oder a posteriori ist. „Der Wille und das sinnliche Begehrungsvermögen sind zunächst nicht dadurch verschieden,[1]) daß sie dieser oder jener Wahrnehmung folgen, sondern vielmehr dadurch, daß sie ihre Hinneigung sich selber bestimmen, oder eine von einem Anderen bestimmte Hinneigung besitzen: was beides Vermögen verschiedener Art erfordert. Darum ergiebt sich der Unterschied der appetitiven Kräfte, entsprechend dem Unterschiede der apprehensiven Kräfte, gleichsam ex posteriori, aber nicht principaliter."

Kraft dieses Willens und dieser Erhabenheit des Willens über die affektiven Kräfte der Sensibilität kann der Wille letzteren widerstreben, sie besiegen und beherrschen, was einen neuen Beweis von dem Irrtum liefert, in den der französische Schriftsteller geraten ist; denn der Wille würde dieses schwerlich vermögen, wenn die Passionen und der Wille nicht verschiedene Kräfte wären. „In der Macht des Willens steht es," sagt der heilige Thomas,[2]) „den Dingen, zu welchen die Leidenschaft hinneigt, zuzustimmen oder nicht zuzustimmen." — „Es ist klar und die Erfahrung zeigt es,[3]) daß derartige Veranlassungen (zu welchen er kurz vorher auch die Leidenschaften gezählt), seien sie äußere oder innere, nicht die notwendige Ursache der Wahl seitens des Willens ist, da der Mensch mittels des Verstandes ihnen widerstehen oder folgen kann." —

„Da der Wille," sagt er anderswo,[4]) „nicht den Leidenschaften

---

[1]) Ibid. ad 1. —

[2]) Sum. Theol. 1. 2. Q. 77. a. 3. ad 3: In potestate voluntatis est assentire vel non assentire his in quae passio inclinat. —

[3]) Sum. c. Gent. L. 3. c. 85: Manifestum est autem et experientia cognitum, quod tales occasiones, sive sint exteriores sive interiores, non sunt causa necessaria electionis, cum homo per rationem possit eis resistere vel obedire. —

[4]) Opusc. 2. c. 128: Sed quia voluntas passionibus non subditur, ut earum impetum ex necessitate sequatur, sed magis in potestate sua habet, reprimere passiones per judicium rationis etc. —

derartig unterworfen ist, daß er genötigt ist, ihrem Impulse zu folgen, sondern es vielmehr in seiner Gewalt hat, sie mittels der Vernunft zu unterdrücken" u. s. w. — Kann man noch deutlicher und bestimmter lehren, daß der Wille eine von der Leidenschaft unabhängige und über ihr stehende Kraft ist? Kann man angesichts dieser Stellen daran zweifeln, daß nach dem heiligen Thomas der Wille von der Leidenschaft ganz verschieden ist, die ihn sollicitiert und verfolgt: eine Behauptung, die Jourdain als der Theorie des heiligen Thomas zuwider betrachtet. Wir können uns aber nicht wundern, daß jener in einen solchen Irrtum geraten ist, wenn wir sehen, daß seiner Meinung nach der heilige Thomas den Willen in dem bloßen Vermögen zu lieben bestehen lasse, und daß diese Liebe Begehren oder Passio heiße, wenn sie durch die Sensation geleitet, und zum Willen werde, wenn sie durch die Vernunft erleuchtet wird.

Worauf stützt sich dieser Schriftsteller, wenn er außerdem annimmt, daß nach dem heiligen Thomas der Wille ein einfacher Trieb sei, der den Menschen zum Guten und zur Glückseligkeit führt? Der heilige Thomas ist so weit davon entfernt, dieses zu lehren, daß vielmehr seiner Theorie über den Willen nichts mehr entsprechen würde, als ihn Aktivität, aktive Kraft und Energie zu nennen; denn außer dem Vermögen, den Bewegungen der Leidenschaft zu widerstehen und sie zu bekämpfen, hat er auch die nötige Kraft und Energie, sie zu erregen und hervorzurufen, wenn sie nicht vorhanden sind; und was noch mehr ist, auch die Aktionen der übrigen im Menschen existierenden Kräfte, mit Einschluß der Vernunft, zu bestimmen und zum Wirken anzutreiben.

„Durch den Willen[1] wird die Leidenschaft angeregt, insofern die Bewegung des höheren Begehrungsvermögens sich auf das niedere Vermögen erstreckt." — Der Mensch hat auch die Macht, sich selbst zu bewegen und zu bestimmen, indem er über seine Akte frei disponiert:

„Wir sind Herren unserer Akte, insofern wir dieses oder jenes wählen können."[2] — „Der freie Wille kann sich gleichmäßig zum Guten oder zum Bösen wenden."[3] — Er kann alle übrigen Kräfte

---

[1] Quaest. Disp. De Verit. Q. 26. a. 6: Ex voluntate passio excitatur, secundum quod motus superioris appetitus redundat in inferiorem. —

[2] Sum. Theol. 1. P. Q. 82. a. 1. ad 3: Sumus domini nostrorum actuum, secundum quod possumus hoc vel illud agere. —

[3] Ibid. Q. 83. a. 2: Liberum arbitrium indifferenter se habet ad bene eligendum vel male. —

des Menschen, die Vernunft miteingeschlossen, in Bewegung und Thätigkeit versetzen, wie wir bereits gesagt. „Der Wille bewegt sich selbst und alle übrigen Kräfte; denn ich erkenne, weil ich will; und ebenso gebrauche ich alle übrigen Kräfte und Anlagen, weil ich will."[1]

Wenn wir jetzt nach dem Ursprunge des Irrtums und der Täuschungen Jourdain's forschen wollten, würden wir sie in dem unvollständigen Studium und der mangelhaften Analyse der Lehre des heiligen Thomas hinsichtlich dieses Gegenstandes unschwer finden. Jourdain sah, daß der heilige Thomas bei der Entwickelung seiner Theorie über die Leidenschaften als Akte und Manifestationen derselben die Liebe, die Hoffnung, die Traurigkeit, die Freude und andere ähnliche Akte, deren Vorhandensein im Willen uns die Vernunft in Übereinstimmung mit der inneren Erfahrung lehrt, aufführt; und hieraus schloß er, dem heiligen Thomas zufolge seien der Wille und die Passionen ein das nämliche aktive Vermögen, die höchstens accidentell voneinander verschieden wären, je nachdem die Akte der affektiven Ordnung von sensitiven oder von intellektuellen Wahrnehmungen begleitet würden.

Vielleicht bestärkte ihn in diesem Irrtume auch, als er sah, daß der heilige Thomas häufig die Liebe als die allgemeine Bedingung und das Fundament der Akte des Willens, wie auch des sensitiven Begehrungsvermögens angiebt. Indes, wenn dieser Schriftsteller die verschiedenen Werke desselben etwas gründlicher sich angesehen hätte; wenn er die verschiedenen Stellen, die sich auf diesen Gegenstand beziehen, besser mit einander verglichen und analysiert hätte; wenn er tiefer in seinen Gedanken eingedrungen wäre: würde er gesehen haben, daß dieser Gedanke nicht darin bestand, den Willen auf die einfache Liebeskraft zu beschränken, und noch weniger darin die Liebe und die übrigen Akte des Willens mit der zum sensitiven Begehrungsvermögen und zu den Passionen gehörenden Liebe zu verwechseln und zu identificieren, sondern bloß, um eine ebenso wahre als philosophische Lehre aufzustellen, daß nämlich die Liebe oder Neigung zum Guten die ursprüngliche und primitive Form ist, unter der sich die affektiven Vermögen zeigen; daß sie der zureichende Grund der übrigen Akte dieser Vermögen, die erste Manifestation des Willens und des sinnlichen Be-

---

[1] Quaest. Disp. De Malo. Q. 1. a. 1: Voluntas movet se ipsam et omnes alias potentias; intelligo enim quia volo; et similiter utor omnibus potentiis et habitibus, quia volo. —

gehrungsvermögens ist. „Obgleich zum Willen verschiedene Akte gehören," sagt der heilige Thomas,[1]) „als da sind: der Wunsch oder die Begierde, die Freude, der Abscheu und andere; muß man doch sagen, daß die Liebe das einzige Princip und die allgemeine Wurzel von allen ist. . . . Also hat jede Neigung oder Manifestation des Willens, wie auch des sinnlichen Begehrungsvermögens ihren Ursprung von der Liebe; denn wenn wir etwas lieben, so begehren wir es, wenn wir es nicht besitzen; wir freuen uns, wenn wir es besitzen, und sind traurig, wenn uns irgend ein Hindernis seinen Besitz unmöglich macht; wir sind mißgestimmt und ärgerlich über Jene, die uns an diesem Besitze hindern." —

Noch weniger zu entschuldigen ist der andere Irrtum, in den unser Schriftsteller geriet, und der zu seinem Hauptirrtume über die Theorie des heiligen Thomas die Veranlassung gab, indem er ihm nämlich die Verwechselung oder Identifizierung des Willens mit den Passionen unterschob. Gewiß ist, daß der heilige Lehrer die Liebe, den Haß, die Freude, die Hoffnung u. s. w. für Manifestationen des sinnlichen Begehrungsvermögens ausgiebt und zu den Leidenschaften rechnet; es ist aber ebenso gewiß, daß er Sorgfalt trug, diese Akte als Wirkungen und Manifestationen der Leidenschaften von jenen Akten des Willens zu unterscheiden und zu trennen, die wir mit denselben Namen bezeichnen, die aber ausschließlich dem Willen angehören und aus ihm hervorgehen. Wenn wir die nämlichen Namen diesen Akten der Leidenschaften und denjenigen Akten, welche zum Willen gehören, geben, so geschieht dieses darum, weil uns die Sprachenarmut nötigt, auf die eigentümlichen Akte des Willens die Namen zu übertragen, mit welchen wir die Bewegungen der Leidenschaften bezeichnen. Indessen diese Namensgleichheit, die sich auf einige mehr oder weniger exakte Ähnlichkeiten und Analogien gründet, dehnt sich nicht auf die durch die Namen bezeichnete Sache aus; die Akte des Willens sind immer von den Manifestationen oder Bewegungen der Leidenschaften durch primitive und unverwischbare Unterschiede getrennt.

---

[1]) Sum. c. Gent. L. 4. c. 19: Quum autem ad voluntatem plures actus pertinere videantur, ut desiderare, delectari, odire et hujusmodi, omnium tamen amor et unum principium et communis radix invenitur. . . . Omnis igitur inclinatio voluntatis et etiam appetitus sensibilis ex amore originem habet; ex hoc enim quod aliquid amamus, desideramus illud, si absit, gaudemus autem, quum adest; et tristamur, quum ab eo impedimur; et odimus quae nos ab amato impediunt et irascimur contra ea. —

Obwohl die im gegenwärtigen Kapitel gemachten Bemerkungen genügen, um sich davon zu überzeugen, wie der wahre Gedanke des heiligen Thomas über diesen Punkt beschaffen ist, so wollen wir doch noch einige von den zahllosen Stellen, in welchen er seinen Gedanken hierüber klar und deutlich ausspricht, zur größeren Bekräftigung hersetzen. „Die Namen der Operationen des sinnlichen Begehrungsvermögens[1]) werden auf die Operationen des intellektuellen Teiles übertragen. Im sensitiven Teile sind sie auf die Weise vorhanden, die der materiellen Leidenschaft entspricht; im intellektuellen Teile aber existieren sie als einfache Akte mit Unabhängigkeit von der Materie. Daher kommt es auch, daß einige Namen bloß dem intellektuellen Begehrungsvermögen, mit Ausschluß des sensitiven, entsprechen, als: wollen, wählen und andere. Die Hoffnung in dem sensitiven Teile bezeichnet somit eine materielle Passion; im intellektuellen Teile aber besagt sie eine einfache Operation des Willens, mittels welcher er auf eine immaterielle Weise nach irgend einem Gegenstande, der schwer zu erlangen ist, strebt." —

„Das höhere Begehrungsvermögen[2]) oder der Wille hat einige Akte, die denen des niederen Begehrungsvermögens ähnlich, aber frei von jeder Passion sind. Darum werden die Operationen des Willens zuweilen mit den Namen der Leidenschaften benannt. So nennt man den Willen der Rache Zorn, und die Ruhe des Willens in irgend einem begehrenswerten Gute Liebe. Aus diesem Grunde wird derselbe Wille, der diese Akte hervorbringt, zuweilen irascibel und konkupiscibel genannt; das geschieht aber im uneigentlichen Sinne und nach einer gewissen Analogie, jedoch auf keine Weise in dem Sinne, als wenn im Willen die Kräfte oder Vermögen vorhanden wären, die man irascibel und konkupiscibel nennt." — „Die Freude und die Furcht, welche Leidenschaften sind, bleiben nicht in der (vom Körper) getrennten Seele, da sie nicht ohne körperliche Bewegung existieren; wohl aber bleiben die Akte des Willens, die den Leidenschaften ähnlich sind."[3]) —

„Die Liebe," sagt er anderswo,[4]) „die Konkupiscenz und andere

---

[1]) Sent. Lib. 3. D. 26. Q. 1. a. 5.
[2]) Quaest. Disp. De Ver. Q. 26. a. 3. —
[3]) Ibid. ad 7.
[4]) Sum. Theol. 1. P. Q. 82. a. 5. ad 1: Amor, concupiscentia et hujusmodi, dupliciter accipiuntur. Quandoque quidem secundum quod sunt quaedam passiones, cum quadam scilicet concitatione animi provenientes;

ähnliche Namen, werden in einem zweifachen Sinne genommen. Erstens, insofern sie wirkliche Leidenschaften sind, die eine gewisse Erregung der Seele involvieren; und dieses ist der Sinn, in welchem sie gewöhnlich genommen werden; und diese Leidenschaften haben ihren Sitz in dem sinnlichen Begehrungsvermögen. Zweitens können diese Worte eine einfache Affektion der Seele ohne Leidenschaft und Erregung bezeichnen, und dann sind es Akte des Willens; und in diesem Sinne kann man sie den Engeln und Gott zuschreiben. In dieser letzteren Hinsicht kann man sie nicht verschiedenen Vermögen zuschreiben; sie sind sämtlich Akte eines einzigen Vermögens, nämlich des Willens."

Ich habe angedeutet, daß die bei der Besprechung der Phrenologie aufgestellte Lehre mehr als genügend ist, um die Tragweite des Irrtums, in den Jourdain geriet, als er dem heiligen Thomas die Verwechselung des Willens und der Leidenschaften Schuld gab, zu erkennen. Außer den angeführten Stellen könnten wir leicht noch viele andere anführen, in welchen der heilige Thomas das gerade Gegenteil lehrt. Einmal behauptet er, die Thätigkeit des Willens gehe auf das Allgemeine, was in seiner Theorie soviel sagen will, als der Wille sei ein Vermögen der rein intellektuellen Ordnung. „Wir können alles wollen, was wir intellektuell erkennen, wenigstens, um es kennen zu lernen. Der Akt des Willens existiert sichtbar, selbst dann, wenn es sich um das Allgemeine handelt; denn, sagt Aristoteles, wenn wir das Geschlecht der Räuber im allgemeinen betrachten, so verabscheuen wir sie; wir sind aber [aufgebracht] gegen die einzelnen Räuber."[1]) —

Andere Male lehrt er, der Wille sei eine von jedem körperlichen Organe unabhängige Kraft, was seiner Theorie nach eines der unterscheidenden Merkmale der rein intellektuellen Vermögen ist; und das sinnliche Begehrungsvermögen, zu welchem die Leidenschaften gehören, hänge bei der Ausübung seiner Thätigkeiten vom Körper ab. „Der Wille aber kann nicht der Akt irgend eines Teiles des Körpers sein . . . wenn die Akte des irascibeln und konkupiscibeln Begehrungsvermögens hervorgebracht werden, ist das Subjekt passiv, während die Wahl den

---

et sic communiter accipiuntur; et hoc modo sunt solum in appetitu sensitivo. Alio modo significant simplicem affectum absque passione vel animi concitatione; et sic sunt actus voluntatis. —

[1]) Sum. c. Gent. L. 2. c. 60: Omnium enim eorum quae intelligimus, possumus habere voluntatem; odimus enim in universali latronum genus, irascimur autem particularibus tantum. —

Allem des Willens vorhergeht."¹) — Ferner lehrt er, „der Wille sei in dem intellektuellen Teile des Menschen vorhanden, und er könne keinem Vermögen folgen, das der Akt eines Körpers ist... Der Wille ist folglich in der Vernunft und das konkupiscibele und irascibele Princip ist im sensitiven Teile."²) —

Es scheint gewiß unglaubhaft, daß ein Mann, der die Werke des heiligen Thomas fleißig studiert hat, wie man aus seinen Schriften ersieht, der die Erhabenheit und Bedeutsamkeit der Philosophie desselben zu würdigen wußte, und der, mit seltenen Ausnahmen, sich auf die Höhe des philosophischen Gedankens des heiligen Lehrers zu erschwingen verstand, in so grobe und weittragende Irrtümer hinsichtlich seiner Theorie über den Willen geraten konnte, wie wir sie gesehen und bekämpft haben. Mag dem nun sein wie ihm will: wir sind der Überzeugung, daß die von uns gemachten Bemerkungen, die auf klare und deutliche Stellen des heiligen Lehrers sich stützen, vollständig genügen werden, um die Grundlosigkeit und Verkehrtheit der Behauptungen Jourdain's über diesen Punkt einzusehen, und um die Notwendigkeit zu begreifen, in der wir uns befanden, die Theorie des heiligen Thomas über den Willen unter ihrem wahren Gesichtspunkte aufzustellen und dem Leser vorzuführen. —

¹) Ibid.: Voluntas autem non potest esse actus alicujus partis corporis: actus irascibilis et concupiscibilis, cum passione sunt, non autem actus voluntatis, sed cum electione. —

²) Ibid.: Nec consequi potest (voluntas) aliquam potentiam quae sit actus alicujus partis corporis. Igitur voluntas in intellectiva parte est; irascibilis autem et concupiscibilis, in parte sensitiva. —

Siebentes Buch.
Rechtsphilosophie.

Erstes Kapitel.
Gesellschaftliche Bestimmung des Menschen. Notwendigkeit der öffentlichen Macht.

Wie wir bereits bei Beginn des vorigen Buches gesagt, werden wir bloß einige flüchtige Andeutungen über einige Punkte der Rechtsphilosophie (Politik) des heiligen Thomas machen: Andeutungen, die als Leitstern dienen können, wenn man sich in das Studium seiner großen erhabenen Theorien über die Politik tiefer einlassen will.

Die Beobachtung der Bedingungen und Thatsachen, die das Leben des Menschen umgeben, die Bedürfnisse seiner Natur und ihre Vergleichung mit der Natur und den Bedürfnissen der Tiere führen den heiligen Thomas zur Aufstellung und Feststellung der gesellschaftlichen Bestimmung des menschlichen Geschlechtes.

„Es ist der Natur des Menschen eigentümlich, in Gesellschaft zu leben und durch sociale Gesetze regiert zu werden, so zwar, daß es für ihn naturgemäßer und notwendiger ist, in Gesellschaft mit Anderen zu leben, als für die Tiere. Die Bedingung seiner natürlichen Bedürfnisse selber zeigt dieses klar und deutlich. Denn bei den Tieren sehen wir, daß die Natur selber für ihre Nahrung und Kleidung hinlänglich gesorgt, und ihnen außerdem die nötigen Mittel gegeben hat, sich gegen ihre Feinde zu vertreiben, indem sie ihnen Zähne, Hörner, oder wenigstens Schnelligkeit und List zur Flucht verliehen hat. Der Mensch dagegen wird ohne irgend eines dieser von der Natur bereiteten Mittel geboren; statt dessen bekam er den Verstand, mittels welchen er mit Hilfe seiner Hände sich jede Art von Hilfsmitteln bereiten und verschaffen kann. Jedoch vermag er dieses nicht, wenn er auf sich allein angewiesen ist; denn es ist klar, daß ein Mensch für sich allein für alle Bedürfnisse seines Lebens nicht hinreichend sorgen kann. Deshalb ist es natürlich und notwendig, daß der Mensch in Gesellschaft lebe.

„Andererseits ist die natürliche Erkenntnis, um das Nützliche vom Schädlichen zu unterscheiden, wirksamer und sicherer beim Tiere als beim Menschen vorhanden. So sehen wir, daß z. B. das Schaf von Natur aus erkennt, daß der Wolf sein Feind ist; und wir sehen auch, daß viele Tiere instinktmäßig die Pflanzen, welche ihre Krankheit heilen können, sowie auch viele andere für ihr Leben notwendige Dinge erkennen. Der Mensch dagegen besitzt bloß eine allgemeine und gleichsam virtuelle Erkenntnis der für sein Leben notwendigen Dinge, insofern er mittels des Verstandes und der allgemeinen Principien desselben dahin gelangen kann, nach und nach alle seine Bedürfnisse und die passenden Mittel, sie zu befriedigen, zu erkennen. Es ist aber nicht möglich, daß ein Mensch für sich allein dieses durch seinen Verstand erreiche; und darum muß er in Gesellschaft mit Anderen leben, damit sie sich gegenseitig helfen, um die verschiedenen Hilfsmittel zu entdecken, indem der Eine sich der Medizin, der Andere diesem, ein Anderer jenem zum allgemeinen Besten widmet." [1] —

---

[1] De Reg. Princ. cap. 1: Naturale autem est homini, ut sit animal sociale et politicum, in multitudine vivens, magis etiam quam omnia alia animalia, quod quidem naturalis necessitas declarat. Aliis enim animalibus natura praeparavit cibum, tegumenta pilorum, defensionem, ut dentes, cornua, ungues, vel saltem velocitatem ad fugam. Homo autem institutus est nullo horum sibi a natura praeparato, sed loco omnium data est ei ratio, per quam sibi haec omnia officio manuum posset praeparare, ad quae omnia praeparanda unus homo non sufficit; nam unus homo per se sufficienter vitam transigere non posset. Est igitur homini naturale, quod in societate vivat.

Amplius aliis animalibus insita est naturalis industria ad omnia ea, quae sunt eis utilia vel nociva, sicut ovis naturaliter existimat lupum inimicum. Quaedam etiam animalia ex naturali industria cognoscunt ali-

Erstes Kapitel. Gesellschaftliche Bestimmung des Menschen ꝛc.

Die Natur, welche die Tiere mit Nahrung und Kleidung, mit Waffen und Verteidigungsmitteln versah; die Natur, die ihnen die natürliche und instinktive Erkenntnis aller Dinge, die zur Befriedigung der Bedürfnisse, welche ihr Dasein mit sich bringt, nötig sind, gab, verlieh dem Menschen sozusagen bloß den Keim und die Möglichkeit, seine Bedürfnisse zu befriedigen, ungeachtet diese beim Menschen größer, komplicierter und vielfacher sind als beim Tiere. Die Vernunft, womit der Urheber der Natur den Menschen begabte, enthält ohne Zweifel dem Keime nach und gleichsam im Werden die Möglichkeit der passenden Befriedigung dieser Bedürfnisse; allein sie ist anfangs nicht entwickelt; und sie entwickelt sich nur nach und nach und schrittweise.

Es ist ferner unleugbar, daß diese Entwickelung der Vernunft auf eine sehr ungleiche Weise bei den Einzelnen vor sich geht, da bei ihnen die inneren und äußeren Bedingungen dieser Entwickelung nicht dieselben sind. Wenn man zu diesem noch die Verschiedenheit und Vielfachheit der Bedürfnisse beim Menschen hinzunimmt, so sieht man mit aller Evidenz, daß dieser dazu bestimmt ist, in Gesellschaft zu leben, und daß diese gesellschaftliche Bestimmung wie eine Wirkung, so auch eine wesentliche Bedingung seiner Natur ist.

Und man beachte ferner, daß der heilige Thomas bei der Aufstellung der Basis und gleichsam als Vorspiel zu den großen Problemen über das menschliche Wort, worüber in den letzteren Zeiten soviel gestritten wurde, die Notwendigkeit und Existenz der Sprache als einen der kräftigsten und überzeugendsten Beweise für die gesellschaftliche Bestimmung des Menschen auf Erden ansieht. „Am klarsten zeigt sich dieses dadurch," sagt er,[1] „daß der Gebrauch der Sprache dem Menschen eigentümlich ist, weshalb ein Mensch seine Gedanken den anderen vollkommen ausdrücken und offenbaren kann." —

---

quas herbas medicinales et alia eorum vitae necessaria. Homo autem horum quae sunt vitae suae necessaria, naturalem cognitionem habet solum in communi, quasi eo per rationem valente ex universalibus principiis ad cognitionem singulorum quae necessaria sunt humanae vitae pervenire. Non est autem possibile, quod unus homo ad omnia hujusmodi per suam rationem pertingat. Est igitur necessarium homini, quod in multitudine vivat, ut unus ab alio adjuvetur, et diversi diversis inveniendis per rationem occuparentur, puta, unus in medicina, alius in hoc, alius in alio. —

[1] Ibid.: Hoc etiam evidentissime declaratur per hoc, quod est proprium hominis locutionis uti, per quam unus homo alii suum conceptum totaliter potest exprimere. —

Die Notwendigkeit und das Dasein der öffentlichen Macht ist in der Theorie des heiligen Thomas eine notwendige Folge der gesellschaftlichen Bestimmung des Menschen. Es ist in der That nicht möglich, sich eine Anzahl Menschen zu einer andauernden Gesellschaft vereinigt zu denken, ohne zugleich eine Macht, eine Autorität, oder wie man es nennen mag, anzunehmen, welche den verschiedenen Manifestationen der individuellen Thätigkeit eine bestimmte und passende Richtung zu geben vermag; eine Macht, welche die unmittelbare Strafsanktion der Gesetze, die die wechselseitigen Verhältnisse der Glieder dieser Gesellschaft ordnen sollen, involviert; eine Macht endlich, die, über den Einzelnen stehend, diesen die größtmögliche Summe von Gütern zu geben imstande ist, ohne das übermäßige Wachstum der Einen auf Kosten und zum Nachteile der Rechte der Anderen zu gestatten; welche Macht die Gewaltthätigkeit der Mächtigen oder Reichen gegenüber den Schwachen und Armen unmöglich zu machen, die harmonischen Verhältnisse, welche zwischen den verschiedenen Gliedern und Klassen der Gesellschaft bestehen müssen, herzurichten und aufrecht zu erhalten, und endlich zu verhindern imstande ist, daß die individuelle Kraft und das individuelle Element dem gesellschaftlichen Leben des Menschen Hindernisse bereiten. Man nehme diese öffentliche Macht hinweg und die Gesellschaft wird unmöglich, da der Mensch, in diesem Falle nur auf seinen Eigennutzen bedacht, keine weitere Regel und kein anderes Ziel als sein Sonderinteresse haben würde; und der Kampf und Streit der Einzelnen gegeneinander würde nicht ausbleiben, das Recht der Stärke würde zur Geltung kommen und schließlich die menschliche Gesellschaft sich auflösen.

„Und darum würde," wie der heilige Lehrer mit Recht bemerkt,[1]) „eine vereinigte Menschenmenge, in der jeder nach dem strebte, was ihm paßte, ohne irgend eine Macht, welche diese Handlungen zum allgemeinen Besten der Gesellschaft ordnete, notwendigerweise schließlich auseinanderfallen, da die absolute Divergenz bei den individuellen Handlungen die vollständige Zerstreuung der Einzelnen mit sich bringen würde, in ähnlicher Weise, wie der menschliche Körper sich auflöst und

---

[1]) Ibid.: Multis enim existentibus hominibus, et unoquoque id quod est sibi congruum providente, multitudo in diversa dispergeretur, nisi etiam esset aliquis, de eo quod ad bonum multitudinis pertinet, curam habens, sicut et corpus hominis, et cujuslibet animalis deflueret, nisi esset aliqua vis regitiva communis in corpore, quae ad bonum commune omnium membrorum intenderet. —

Erstes Kapitel. Gesellschaftliche Bestimmung des Menschen ꝛc.

in seine Urstoffe zurücksinkt, sobald das Lebensprincip fehlt, also die Kraft fehlt, welche die zweckmäßige Unterordnung der verschiedenen Glieder bewerkstelligte und erhielt und ihren Aktionen dieselbe Richtung und Einheit verlieh." —

Die wesentliche Bedingung jeder öffentlichen Macht ist die Sorge und Erhaltung des allgemeinen Besten der Gesellschaft, welche sie leitet. In dem Augenblicke, wo die Regierenden ihr Augenmerk bloß auf ihren Privatvorteil richten, unter Vernachlässigung und zum Schaden des allgemeinen Nutzens und Besten der Glieder des Staates, artet die Macht in Tyrannei aus; und die Tyrannei, unter welcher Form sie sich auch zeigen mag, ob monarchisch, oligarchisch oder demokratisch, bleibt das größte Übel der Gesellschaft und ist eine wesentlich ungerechte Regierung. „Wenn eine Gesellschaft von freien Menschen[1]) durch den, welcher die Macht hat, zum allgemeinen Besten derselben geleitet wird, so ist die Regierung gut und gerecht; wenn aber derjenige, der die Macht hat, nicht das öffentliche Wohl des Staates, sondern nur seinen Privatvorteil sucht, so ist seine Regierung eine ungerechte und verkehrte. . . . Wenn derjenige, welcher diese ungerechte Regierung ausübt, ein Einzelner ist, so heißt er Tyrann; . . . . wenn es dagegen Mehrere sind, die diese ungerechte Regierung ausüben, so ist es Oligarchie, wenn einige wenige Mächtige das Volk unterdrücken: und Demagogie, wenn viele aus dem Volke diese Tyrannei ausüben. Die Tyrannei in diesen beiden Fällen unterscheidet sich bloß dadurch von der ersteren, daß sie durch Viele statt durch einen Einzelnen ausgeübt wird." —

Diesen drei Formen von Tyrannei stellt der heilige Thomas drei Formen einer gerechten oder nicht tyrannischen Regierung gegenüber: die Regierung eines Königs oder die Monarchie; die Regierung einiger Optimaten oder die Aristokratie, und die Regierung von Vielen oder die Republik. Die Tyrannei eines Einzelnen ist die

---

[1]) Ibid.: Si igitur liberorum multitudo a regente ad bonum commune multitudinis ordinetur, erit regimen rectum et justum, quale convenit liberis. Si vero non ad bonum commune, sed ad bonum privatum regentis regimen ordinetur, erit regimen injustum atque perversum. . . . Si igitur regimen injustum per unum tantum fiat, . . . talis rector tyrannus vocatur. . . . Si vero injustum regimen non per unum fiat, sed per plures, aliquidem per paucos, oligarchia vocatur, id est principatus paucorum, quando scilicet pauci propter divitias opprimunt plebem, sola pluralitate a tyranno differentes. —

gefährlichste und unerträglichste von allen; denn wenn die Tyrannei von Vielen ausgeübt wird, wie das bei der Oligarchie und Demagogie geschieht, hat sie weniger Kraft zur Wirkung des Bösen, weil die Vielen leicht unter sich uneinig werden und ihre Interessen vielfach auseinandergehen, wodurch ihre Macht geschwächt wird.

Wenn es nötig wäre, könnten wir sehr leicht zeigen, daß alle großen und wahren Schüler des heiligen Thomas in ihren Ideen über diesen Gegenstand mit ihm vollständig übereinstimmen. Man lese zum Beispiele das Werk des Ägidius Romanus mit dem Titel: De Regimine Principis, und man wird sehen, daß dieser berühmte Schriftsteller dieselbe politische Theorie lehrt und entwickelt, wie der heilige Lehrer, dessen Schule er nicht vergebens besucht hatte. Um sich davon zu überzeugen, daß der alte Erzbischof von Bourges dieselbe Ansicht von der Verwerflichkeit der Tyrannei hatte, wie der heilige Thomas, braucht nur daran erinnert zu werden, daß er eines von den Kapiteln des angegebenen Werkes dem Beweise widmet, daß „die Tyrannei die schlechteste Regierung sei; und daß die Könige und Fürsten mit aller Sorgfalt darauf achten müssen, daß ihre Regierung nicht in Tyrannei ausarte."[1] —

Nichts ist so ergreifend, als das schreckliche Bild, das der heilige Lehrer von den Übeln entwirft, welche die tyrannische Macht der Gesellschaft verursacht. Seine edle Seele besaß ein so lebhaftes Gefühl von diesen Übeln, daß seine sonst so ruhige, so gelassene, so friedfertige und zahme Feder gegenüber der Tyrannei und bei Besprechung der großen Ungerechtigkeiten, Übel und schlimmen Folgen aller Art, welche sie begleiten, ganz energisch, lebendig und zornmütig wird. Vernehmen wir seine Worte:[2]

---

[1] De Reg. Princ. c. 7: Quod tyrannis est pessimus principatus, et quod summe debent cavere reges et principes, ne eorum dominium in tyrannidem convertatur. —

[2] Ibid. cap. 3: Cum tyrannus contempto communi bono quaerit privatum, consequens est, ut subditos diversimode gravet, secundum quod diversis passionibus subjacet ad bona aliqua affectanda. Qui enim passione cupiditatis detinetur, bona subditorum rapit; si vero iracundiae passioni subjaceat, pro nihilo sanguinem fundit ... quia non pro justitia, sed per potestatem occidit pro libidine voluntatis. Sic igitur nulla erit securitas, sed omnia sunt incerta, cum a jure discedatur, nec firmari quidquam potest, quod positum est in alterius voluntate, ne dicam libidinem. Sed solum in corporalibus subditos gravat, sed etiam spiritualia eorum bona impedit, quia qui plus praeesse appetunt, quam prodesse, omnem profectum sub-

Erstes Kapitel. Gesellschaftliche Bestimmung des Menschen ꝛc.   333

„Dadurch, daß der Tyrann nur seinen Privatvorteil sucht und das allgemeine Beste hintansetzt, muß sein Verhalten gegen seine Unterthanen ungerecht und feindselig werden, je nachdem er von bestimmten Leidenschaften beherrscht wird. Wenn er von der Leidenschaft des Geizes beherrscht wird, nimmt er den Unterthanen ihr Vermögen; wenn vom Zorne, vergießt er wegen unbedeutender Kleinigkeiten, und sogar ohne irgend einen Grund, das Blut des Menschen . . . . denn er verhängt nicht die Todesstrafe aus Liebe zur Gerechtigkeit, sondern aus reiner Willkür und weil er die Macht dazu hat. Die Folge hiervon ist, daß da, wo jedes Recht mit Füßen getreten wird, alle Sicherheit aufhört: Alles ist unsicher, nichts ist beständig, da alles von dem Willen, um nicht zu sagen: von der zügellosen Willkür, eines Einzelnen abhängt. Nicht allein auf die leiblichen Güter erstreckt sich die Tyrannei, sondern sie bereitet auch den geistigen Gütern der Unterthanen Hindernisse. Denn diejenigen, welche lieber befehlen

---

ditorum impediunt, suspicantes omnem subditorum excellentiam suae iniquae dominationi praejudicium esse; tyrannis enim magis boni quam mali suspecti sunt, semperque his aliena virtus formidolosa est. Conantur igitur praedicti tyranni, ne ipsorum subditi virtuosi effecti magnanimitatis concipiant spiritum, et eorum iniquam dominationem non ferant, ne inter subditos amicitiae foedus firmetur et pacis emolumento adinvicem gaudeant, ut sic dum unus de altero non confidit, contra eorum dominium aliquid moliri non possint. Propter quod inter ipsos discordias seminant, exortas nutriunt, et ea quae ad foederationem hominum pertinent, ut connubia et convivia prohibent et cetera hujusmodi, per quae inter homines solet familiaritas et fiducia generari.
 Conantur etiam ne potentes aut divites fiant, quia de subditis secundum suae malitiae conscientiam suspicantes, sicut ipsi potentia et divitiis ad nocendum utuntur, ita timent ne potentia subditorum et divitiae ei nocivae reddantur. Unde et Job, 15. de tyranno dicitur: Sonitus terroris semper in auribus ejus, et cum pax sit, ille semper insidias suspicatur.
 Ex hoc autem contingit, ut dum praesidentes qui subditos ad virtutes inducere deberent, virtuti subditorum nequiter invident, et eam pro posse impediunt, sub tyrannis pauci virtuosi inveniantur. . . . Naturale etiam est, ut homines sub timore nutriti, in servilem degenerent animum et pusillanimes fiant ad omne virile opus et strenuum, quod experimento patet in provinciis quae diu sub tyrannis fuerunt . . . Nec est mirum, quia homo absque ratione secundum animae suae libidinem praesidens, nihil differt a bestia, unde Salomon: „Leo rugiens, ursus esuriens princeps impius super populum pauperem;" et ideo a tyrannis se abscondant homines sicut a crudelibus bestiis, idemque videtur tyranno subjici, et bestiae saevienti substerni. —

und herrschen wollen, als für das allgemeine Wohl sorgen, verhindern jeden wahren Fortschritt bei den Unterthanen, indem sie die Meinung hegen, daß jedes Emporkommen der Unterthanen ihr eigener Schade sein und ihre tyrannische Herrschaft in Gefahr bringen werde; denn den Tyrannen sind die Guten immer viel verdächtiger, als die Schlechten, und die fremde Tugend versetzt sie beständig in Furcht. Darum sorgen sie dafür, daß ihre Unterthanen nicht tugendhaft werden, damit sie nicht hochherzige Gedanken bekommen, infolge deren sie ihre verkehrte Herrschaft nicht länger ertragen möchten. Sie sorgen auch dafür, daß keine Eintracht unter ihren Unterthanen herrscht, und daß sie nicht die Wohlthaten des Friedens genießen, damit sie auf diese Weise, wenn der Eine zum Anderen kein Vertrauen hat, nicht zu dem Gedanken kommen, ihre tyrannische Herrschaft abzuschütteln. Aus diesem Grunde säen sie auch Zwietracht unter den Unterthanen, suchen sie zu unterhalten, wo sie besteht, und verhindern, was Ruhe und Eintracht bei den Menschen zu erzeugen imstande ist, als da sind: Gastmäler und Heiraten und andere derartige Dinge, die gewöhnlich die Versöhnung und Eintracht unter den Menschen bewirken und erhalten.

„Sie thun auch alles mögliche, um zu verhindern, daß sie nicht reich und mächtig werden, weil sie die Anderen nach sich selber beurteilen. Da sie sich ihrer Macht und ihres Reichtumes bedienen, um Anderen zu schaden, so fürchten sie, daß der Reichtum und die Macht ihrer Unterthanen für sie gefährlich werden können. Darum heißt es im Buche Job, wo von den Tyrannen die Rede ist: ‚Der Schall des Schreckens ist immer in seinen Ohren; und wenn's gleich Friede ist, argwohnt er Nachstellungen immer.'

„Dadurch kommt es auch, daß die Regierenden, während sie ihre Unterthanen zur Tugend anleiten sollten, über diejenigen argwöhnisch sind, welche diese besitzen; und sie vernichten sie, so viel in ihrer Macht steht. Darum findet man auch wenig tugendhafte Menschen unter einem Tyrannen. . . . Es ist auch eine ganz natürliche Folge, daß die in der Furcht aufgewachsenen Menschen eine feige und knechtische Seele haben und zu jedem edlen und großmütigen Unternehmen unfähig sind. Dies zeigt die Erfahrung in allen Ländern, die lange Zeit durch Tyrannei unterdrückt worden sind. . . . Über so große und so viele Übel der Tyrannei braucht man sich nicht zu wundern; denn der machthabende Mensch, der nicht den Aussprüchen der Vernunft folgt und bloß seinen schlechten Leidenschaften gehorcht, unterscheidet sich nicht vom Tiere, weshalb Salomo sagt: „Ein gottloser Fürst ist inmitten seines unglücklichen Volkes wie ein brüllender Löwe und hungriger Bär." Deshalb meiden auch die Menschen die Tyrannen wie grausame Tiere; und Unterthan eines Tyrannen sein, ist ebensoviel, als unter den Klauen eines wilden Tieres sich befinden." —

Anmerkung.

Diejenigen, welche die socialen, politischen und ökonomischen Lehren des heiligen Thomas gründlich kennen lernen wollen, mögen seinen Traktat über die Gesetze in der Summa theologica, seine Kommentare über die Politik des Aristoteles und besonders seinen Traktat De Regimine Principum studieren.

Es hat nicht an Schriftstellern gefehlt, welche die Echtheit des letzteren Traktates in Zweifel ziehen. Indes, eine derartige Meinung, die entweder nur aus der Unredlichkeit, oder aus einer wenig entschuldbaren Unwissenheit stammen kann, ist jetzt vollständig diskreditiert, da man sie als falsch erkannt hat. Die unwiderleglichen Beweise und Gründe, worauf jene Echtheit sich stützt, und die unter anderen von Echard und von Rubeis genau untersucht und geprüft sind, zerstreuen jeden Zweifel hierüber und können die strengste Kritik aushalten. Es ist gewiß sehr merkwürdig, daß ein Mann von den kritischen und bibliographischen Kenntnissen wie Casimir Oudin, diesen Traktat dem Ägidius Romanus hat zuschreiben können. Gewiß ist, daß dieser gelehrte Augustiner ein Werk mit demselben Titel geschrieben; es ist aber nicht weniger gewiß, daß sein Werk von dem Werke des heiligen Thomas ganz verschieden ist. Die beiden Werke sind mehrfach gedruckt worden; die Anordnung und Verteilung des Stoffes, die Behandlungsweise, der Gesichtspunkt, die Folgerungen und selbst der Stil sind in beiden Werken so verschieden, daß man sie unmöglich miteinander verwechseln kann. Andererseits ist das Werk des Ägidius Romanus für Philipp den Schönen von Frankreich geschrieben, während der heilige Thomas sein Werk für den König von Cypern schrieb. Jenes fängt an mit den Worten: Clamat politicorum sententia; dieses mit den Worten: Cogitanti mihi, quid offerrem.

Wir müssen jedoch darauf aufmerksam machen, daß, wenn gleich die Echtheit des Werkes von Thomas über allen Zweifel erhaben ist, diese Echtheit sich nicht auf alle seine Teile erstreckt. Aus den von Echard, Rubeis und anderen Kritikern angeführten Gründen ergiebt sich, daß der heilige Thomas sein Werk nicht ganz vollendete, und daß es sehr wahrscheinlich ist, daß ihm nur das erste Buch und ein Teil des zweiten angehört. Dieses erklärt uns auch die Unvollkommenheiten, die in den beiden letzten Büchern hinsichtlich der Methode und der Behandlungsweise des Stoffes im Vergleiche zu den zwei ersten Büchern zu Tage treten.

Die in den beiden letzten Büchern enthaltenen Lehren dürfen also nicht als ein ebenso exacter Ausdruck des Gedankens des heiligen Thomas betrachtet werden, wie das bei den zwei ersten Büchern der Fall ist.

Der wahre Verfasser der beiden letzten Bücher ist der Dominikaner Ptolomäus von Lucca, wie man aus verschiedenen kritischen Denkmälern ersieht, vor allem aus einem alten Manuskripte, das in der Bibliothek zu Florenz aufbewahrt wird, und worin es nach Erwähnung des Traktates des heiligen Thomas

De Regimine Principum heißt: Inceptus... doctore S. Thoma de Aquino, Ord. Praed., postea completus a Fr. Ptolomeo de Lucca, ejusdem ordinis, qui tandem fuit episcopus Torcellanus.

Der größte Teil von denjenigen, welche die Echtheit des fraglichen Werkes in Zweifel zogen, stützten sich hauptsächlich auf die Stellen, wo vom Tode des Kaisers Rudolf und von der Wahl Wolf's von Nassau Erwähnung geschieht, was offenbar erst nach dem Tode des heiligen Thomas eintrat. Die Schwierigkeit verschwindet sofort, wenn man unsere vorhin gemachten Andeutungen nicht aus den Augen verliert, da jene Erwähnungen sich gerade in den zwei letzten Büchern finden, d. h. in dem Teile, der von Ptolomäus von Lucca herrührt, der noch im Jahre 1321 lebte und folglich nach jenen geschichtlichen Ereignissen, die zwischen 1291 und 1298 sich zutrugen.

Da wir im Texte bloß einige Hauptpunkte der politischen oder rechtsphilosophischen Lehre, die der Traktat De Regimine Principum enthält, mitgeteilt, wollen wir für diejenigen, welchen dieses Werk des heiligen Thomas nicht zu Gebote steht, die Worte des bekannten Litteraten Antolin Monescillo, der in großen Zügen den Weg, den der Gedanke des heiligen Thomas einschlägt, angiebt und zugleich treffende Bemerkungen über die hauptsächlichsten politischen Lehren und Tendenzen des heiligen Thomas macht, hersetzen. Die Worte des gelehrten Bischofs von Calahorra lauten: „Von dem gewaltigen Riesengeiste des heiligen Thomas, von der Korrektheit seines Gedankens, von der Sicherheit und Richtigkeit seines Urteils konnte die Welt alles erwarten, was er ihr thatsächlich darbot, da er alles wußte, was man zu seiner Zeit überhaupt wußte, und Mannes genug war, die Wissenschaft von den gefährlichen und verderblichen Elementen, womit sie infiziert war, zu reinigen und sie fruchtbringend zu machen. Auch das spricht sehr zu seinen Gunsten, daß er, ein warmer Verteidiger der menschlichen Vernunft, diese letztere nicht von ihrem Schöpfer emancipiert, sondern vielmehr das Wort Gottes mit dem Worte des Menschen in wunderbare Harmonie bringt, indem er in einer erhabenen Philosophie das Leben, die Macht, die Vernunft, den Willen Gottes im Leben, in der Macht, in der Vernunft, im Willen schildert und darstellt, die der Mensch von seinem Schöpfer empfangen hat. Und mit sicherem Takte giebt er genau die Bereicherung an, welche die menschliche Vernunft durch das geoffenbarte Licht erlangt hat, wobei er das, was dem Menschen natürlich ist, sorgfältig von dem unterscheidet, was eine Gabe Gottes in der übernatürlichen Ordnung ist.

„Auf diese Weise rettete er, was heutzutage durch die rationalistische Richtung Schiffbruch leidet; vermied er die Klippen, an denen heute die pantheistische Philosophie zu Grunde geht; setzte er fest und stellte in das hellste Licht, was die protestantische oder die von Gott emancipierte Vernunft nicht zugestande bringt, die man sonderbarerweise „deutsche Philosophie" zu nennen beliebt; und lieferte Klassifizierungen, die sowohl ihrer Anordnung, wie auch ihrer Form nach überraschen.

„Das Einfachste für den menschlichen Stolz ist, ex cathedra auszusprechen und zu verkünden: ‚Gott ist das All; das All ist Gott;' — das Beste und Vernünftigste aber besteht darin, die feststehenden Verhältnisse der Dinge, ihre Ähnlichkeit wie ihre Verschiedenheit richtig zu erkennen und anzugeben. Hierin

Erstes Kapitel. Gesellschaftliche Bestimmung des Menschen ꝛc.

übertrifft der heilige Thomas alle seine Vorgänger; hierin steht er auch hoch über unseren jetzigen Zeitgenossen. Ein „Engel der Schule" beherrscht er von dem erhabenen Standpunkte seiner Speculation die großen religiösen, ethischen und politischen Fragen; und in der Tiefe seines Gedankens wie in der Erhabenheit seiner Conceptionen finden sich die sichern Ausgangspunkte für jede Art von logischer und wissenschaftlicher Geistesthätigkeit.

„Eine so edle Gestalt und gewohnt, die Fragen gründlich zu prüfen, erklärte er bei Veröffentlichung seines Traktates De Regimine Principum, wie bei ihm der Entschluß hierzu entstanden ist. ‚Nachsinnend,' also schreibt er an den König von Cypern, ‚was ich Ew. Hoheit Würdiges und zugleich meinem Stande und Berufe Entsprechendes bieten könnte, kam ich auf den Gedanken, für den König ein Buch über die Regierung zu schreiben.' —

„Dies ist also seine Aufgabe, die er sich vorsetzt; sie ist mit zwei Worten angegeben: Für einen König eine Unterweisung in der Regierung. Sofort findet ein Schüler des heiligen Thomas, daß sein Meister der Verfasser des Prologes ist; und er ist im voraus sicher, daß ein so delikater Gegenstand, der von der anerkannten Tüchtigkeit des heiligen Lehrers seinem Nachdenken unterbreitet wird, etwas Interessantes enthalten muß.

„Das Werk zerfällt in vier Teile; jeder einzelne Teil gliedert sich in Kapitel. Der erste Teil zählt fünf Kapitel; der zweite sechsundzwanzig; der dritte zweiundzwanzig, und der vierte achtundzwanzig. Dies ist die äußere Einrichtung des Werkes. Wie ist die innere beschaffen? von wo geht der Verfasser aus? welcher Mittel bedient er sich? Zu welchem Ziele gelangt er? Der Verfasser selbst möge uns diese Fragen beantworten.

„Er sucht den Ursprung der weltlichen Macht, ihre Autorität und ihre Obliegenheiten zu erforschen, wobei er sich auf die heilige Schrift, auf die Lehre der Philosophen und die Beispiele erleuchteter Fürsten stützt, und erwartet von Gott, dem Könige der Könige, den Anfang des vorliegenden Werkes, seine Fortsetzung und seinen Schluß. Dies der Inhalt des Prologes und zugleich der kurze Inhalt des ganzen Werkes, den wir im Folgenden ausführlicher angeben werden.

„Aber warum lassen wir neben den Gestalten eines Macchiavelli, eines Agesilaos Milano, eines Mazzini und anderer Störenfriede den erhabenen Schatten eines heiligen Thomas auftreten? Einmal, weil es notwendig ist, die durch die falsche Wissenschaft aufgeblähten Geister teils vor weiterer Verführung zu bewahren, teils sie von den bereits betretenen gefährlichen Wegen zurückzurufen; und dann, weil es recht und billig ist, dem Edelmute, der Würde des Talents, der wahren Erleuchtung und Heiligkeit ein Ehrendenkmal zu errichten, und zwar ist zu errichten über dem widerwärtigen Schauspiele, das wir an der Apotheose des Sophisma, der Niederträchtigkeit, der Zügellosigkeit, des Skandals und des Verbrechens jetzt vielfach sehen und erleben müssen.

„Dies vorausgeschickt gehen wir nunmehr dazu über, den Inhalt des herrlichen Werkes in Kürze dem Leser vorzuführen.

„Wie es bei ihm die Regel ist, giebt es kein ewiges Princip, das der heilige Lehrer nicht auseinandersetzt, giebt es keine Idee, die er nicht aufhellt: die Anfänge und der weitere Fortgang des Gegenstandes, seine Anwendungen, die

Gründe, die für ihn sprechen, seine Form, das Herz und das Haupt dieser bewundernswerten Arbeit werden so geschickt vorgeführt und so zweckmäßig abgeteilt, daß jedem nachdenkenden Menschen sofort der Gedanke kommen muß, daß es vom heiligen Lehrer herrührt: so sehr wird man durch die große Klarheit, durch die originellen und lichtvollen Gedanken, die durchaus nicht gewöhnlich und leichten Gewichtes sind, überrascht.

„Man sollte sagen, es sei ihm die Kunst eigen, den Leser so zu fesseln und für sich einzunehmen, daß er gleichmäßig auf ihn einwirkt, ob er ihn vor sich hat und mündlich unterrichtet oder bloß schriftlich dieses thut.

„Sich zu der menschlichen Natureinrichtung selber und zu ihren natürlichen und socialen Bedürfnissen erhebend, entwickelt der Heilige ruhig und objektiv eine Menge herrlicher Theorien, indem ihm jene erhabenen Gesichtspunkte dazu dienen, um hieraus tausend doktrinelle Thatsachen mit jener Sicherheit abzuleiten und miteinander zu vergleichen, die demjenigen eigen ist, der eine unerschütterliche Grundlage gelegt hat, ohne irgend eine Öffnung oder einen Ausweg übrig zu lassen, auf welchem der menschliche Gedanke entrinnen könnte. Es genügt, das erste Kapitel des Buches zu lesen, um das ungeheuere Gebiet zu erraten, das der durchdringende Blick eines so erfahrenen Führers um vorführen wird. Das animal sociale et politicum: der Mensch, den der heilige Thomas hier definiert; die vis regitiva communis, die ihm zum Stützpunkte für sein unaufhörliches Ankämpfen gegen die Rebellion bient, und um die möglichen Tyranneien unter allen Regierungsformen zu zeigen, bilden den Inhalt eines Unterrichtsbuches über einen so eigenartigen Gegenstand.

„Dieser erhabene Geist konnte nicht davon Abstand nehmen, ganz bestimmt anzugeben und festzustellen, wann und bis wie weit die Gewalt Gewalt ist, wie ihre Seinsbedingungen beschaffen sind; wie und warum Satzungen veralten; wo das kleinere Übel und wo das größere ist; und mit richtigem Blicke die Mißbräuche und Tyranneien aller Art verurteilend, erklärt er den König nicht für schuldlos, wenn er Mißbrauch treibt, noch entschuldigt er die Oligarchien und Demokratien, wenn sie tyrannisch sind.

„Ist die Regierung eines Einzelnen ungerecht, schädlich? regiert er zum eigenen Vorteile und nicht zum Besten der Gesamtheit: alsdann talis rector tyrannus vocatur. Regieren Mehrere und überhäufen das Volk mit Abgaben: in diesem Falle unterscheidet sich die Oligarchie oder die Herrschaft Weniger sola pluralitate a tyranno. Wenn die Regierung demokratisch ist und das Volk unterdrückt die Reichen im Namen des Volkes: als enim populus totus erit quasi unus tyrannus. Gegenteiligen Falles rechtfertigt der heilige Lehrer die richtige Herrschaft in jedweder ihrer Formen, giebt aber aus verschiedenen Gründen der monarchischen Regierung den Vorzug.

„Sehen wir jetzt, welche Formel er bei so verschiedenen Regierungsformen für die von ihm bevorzugte aufstellt. Von der Idee des öffentlichen Wohles beherrscht, geht der erhabene Geist des tiefen Denkers von einem unerschütterlichen Principe aus, und leitet von ihm eine Menge wichtiger Folgerungen ab: „Bonum autem et salus consociatae multitudinis est, ejus ut unitas conservetur, quae dicitur pax; qua remota, socialis vitae perit utilitas, quinimo multitudo dissentiens sibi ipsi fit onerosa.

„Er stellt mithin als Princip die Einheit des Friedens auf; wenn diese verloren geht, ist das Heil und Wohl der Gesellschaft nicht möglich; mit ihr verschwindet der Nutzen des öffentlichen Lebens, und wird die Menge sich selber unerträglich. Wir haben noch eine andere Formel, die man Formel der Einheit selber nennen kann; sie lautet: „Manifestum est autem, quod unitatem magis efficere potest, quod est per se unum quam plures. Uniri autem dicuntur plora per appropinquationem ad unum.

„Je radikaler die Einheit ist; je reduzierter und individuellerer sie ist, um so mehr erkennen wir das Eine, die Einheit, die, so lange sie besteht, den Frieden bildet. Dieses Gut, der Friede, kann von einem Einzelnen eher bewerkstelligt werden, als von Mehreren; denn wenn diese letzteren nicht den nämlichen Gedanken haben, können sie die Gesellschaft nicht erhalten. Denn sie müssen die nämlichen Gesichtspunkte über die Regierung haben, ebenso wie mehrere Arbeiter, die ein Schiff bewegen, irgendwie einig sein müssen, wenn sie zu einem bestimmten Ziele gelangen wollen. Und man ist einig, wenn man zu demselben Ziele strebt. Diese Einigkeit ist offenbar bei Einem eher vorhanden als bei Mehreren.

„Nachdem so der Grund gelegt, auf dem wir das große Gebäude sich erheben sehen, wollen wir nun auch erfahren, wie der Heilige seinen Gedanken weiter verfolgt und entwickelt und schließlich zu einer entscheidenden praktischen Lösung gelangt, indem er sich auf geschichtliche Thatsachen beruft: Si quis praeterita facta et quae nunc fiunt, diligenter consideret, plures invenies exercuisse tyrannidem in terris quae per multos reguntur, quam in illis, quae gubernantur per unum.

„Die republikanische Herrschaft ist noch immer auf einen Diktator übergegangen, der häufig zu einem wütenden Tyrannen wurde; so war es in Rom, so im Altertum, so in neuerer Zeit. Nur äußerst selten und nur durch eine besondere Fügung Gottes kann sich eine Kollektivregierung auf das Legitimitäts- und Besitzumsrecht berufen und für sich beanspruchen. Alles vereinigt sich vielmehr, um zu zeigen, was alles jene Nachahmer der Majestät, die sie nicht erben, jene Nachahmer der Noblesse ohne weiteren Ruhm als den des Abenteuers, ohne weiteren Heroismus, als den des Verbrechens, unrechtmäßig besitzen. Aus aufrührerischen Massen hervorgegangen, maßen sie sich die Herrschaft an, die sie diesen entreißen; sie nehmen alsdann eine gebieterische, drohende Haltung an; ihr ernster Blick drückt der socialen Physiognomie eine zitternde Blässe auf. Alle sich aufthuenden Regierungsgewalten bekommen erst einen Anstrich von Respekt und Macht, nachdem aus der Menge die Ausschüsse gebildet sind, und aus diesen die leitende Spitze, und aus dieser das Vertrauen zu einem einheitlichen Gedanken zustande gekommen ist, also durch einen stufenweisen Prozeß verwirklicht worden ist, was man heutzutage Unifizierung nennt. Dies ist eben jene appropinquatio ad unum, wie der Heilige Thomas so kurz und bündig sich ausdrückt.

„Schon dieser einfache praktische Hergang würde genugsam für die Natürlichkeit des monarchischen Regiments sprechen, wenn auch nicht das Verlangen und Streben der menschlichen Gesellschaften nach Einheit sich auf andere noch deutlichere Weise kundgegeben hätte. Daher kommt, daß wir, mögen wir die sociale Frage theoretisch oder praktisch untersuchen, zu Vereinigungen kommen, die natur-

gemäß immer dahin streben, von Einer Vernunft, die durch Eine Regierungs-
gewalt unterstützt wird, geleitet und regiert zu werden. Dieses ist der Gesichtspunkt des heiligen Thomas: Ratio quae praesideat; Vis regitiva quae gu-
bernet.

„Und ist es anders mit dem sogenannten suffrage universel, das man
sucht, erbittet, erkauft? Die Anzahl derer, die in der Wirklichkeit das ausführen
sollen, was die allgemeine Abstimmung verlangt, läuft schließlich nach oben hin
in Eine Spitze aus; also auch hier wieder: Status suprema ratio."

Zweites Kapitel.
Widerstand gegen die öffentliche Macht.

Wenn wir den heiligen Thomas die ebenso ergreifende wie auch
wahre und richtige Aufzählung der Ungerechtigkeiten und Schrecknisse,
welche die Tyrannei mit sich bringt, machen sehen; wenn wir ihn mit
fester Hand und in so kräftigen Ausdrücken das schreckliche Bild von
den Übeln der tyrannischen Regierung entwerfen sehen, möchte Jedermann geneigt sein, zu glauben, er werde dann im Folgenden das
Recht der Empörung gegen die öffentliche Auktorität und die staatliche Macht proklamiren. So haben ihn auch einige von den Anhängern der Lehre über den Königs- und Tyrannenmord verstanden und eine solche Folgerung gezogen. Wenn eine derartige Im-
putation, die nur aus der mala fides und aus dem Wunsche, die
Irrtümer des Stolzes mit in der Kirche hochangesehenen Namen zu
decken, stammen kann, nicht durch die ausgezeichnetsten Schriftsteller,
unter welchen sich auch der berühmte spanische Philosoph Balmes befindet, hundertmal bekämpft und widerlegt wäre; so brauchten wir nur
daran zu erinnern, daß, als die Kirche die Lehren Wicleff's über den
Königs- und Tyrannenmord verurteilte, die Lehre und die Schriften
des heiligen Thomas sich in den Händen Aller befanden und auf allen
Universitäten Europas gelehrt wurden, ohne daß es Jemandem in den
Sinn gekommen wäre, zu meinen, daß die auf dem Konzil zu
Konstanz erfolgte Verurteilung des Königs- und Tyrannenmordes
auch nur im mindesten die Lehre des heiligen Thomas berühre oder
betreffe. Mit Recht bemerkt Balmes, daß diese Thatsache für jeden
nachdenkenden und unparteilschen Menschen hinreiche, um sich zu überzeugen, daß die Lehre des heiligen Thomas nicht allein nichts mit der
Lehre von dem Königs- und Tyrannenmorde gemein habe, sondern

auch nicht einmal mit dem sogenannten Rechte der Empörung, die in unseren Tagen so häufig und unter den verschiedensten Formen und Vorwänden proklamiert und ins Werk gesetzt wird: eine Lehre, die man als eine unvollständige Anwendung, oder auch als eine neue Phase der Lehre vom Königsmorde ansehen kann.

Der heilige Thomas ist so weit davon entfernt, die Theorie des Königs- und Tyrannenmordes zu lehren, daß er vielmehr lehrt, selbst im äußersten Falle des Widerstandes gegen die Tyrannei, sei dieser Widerstand nicht Sache der Einzelnen, sondern der öffentlichen Autorität. „Es scheint in der That, daß man sich der Tyrannei der Fürsten durch die öffentliche Autorität entgegenstellen muß, aber nicht durch die Unternehmungen Einzelner."¹) — Gewiß ist, daß der heilige Thomas weit davon entfernt ist zu lehren, was Bossuet lehrte, daß man nämlich „den Fürsten wie der Gerechtigkeit selber gehorchen müsse; sonst würde es in den Geschäften weder Ordnung noch ein Ende geben;" weil er davon überzeugt war, daß es Fälle geben könne, wo die Verpflichtung, den Fürsten zu gehorchen, nicht vorhanden ist; und weil er, anstatt den Gehorsam gegen die Könige mit dem Gehorsam gegen die Gerechtigkeit selber zu identifizieren, vielmehr glaubte, daß diese Fürsten Befehle ergehen und Gesetze erlassen könnten, die geradezu der Gerechtigkeit entgegen sind, bei welchen folglich der Grund und die Basis des Gehorsams hinfällig wird. Ebenfalls lehrt der heilige Lehrer nicht, wie der Bischof von Meaux lehrte, daß die Könige wie Götter seien und in gewisser Weise an der göttlichen Unabhängigkeit teilnähmen; ferner lehrt er nicht, „daß es gegen ihre Autorität kein anderes Hilfsmittel als ihre Autorität selber gebe;" denn seine edle und hochherzige Seele, die über jedes Gefühl der Augendienerei und Schmeichelei erhoben war, dachte, daß der Mißbrauch der Macht und die Tyrannei einen solch hohen Grad erreichen könne, daß der Fall eintreten könnte, irgend ein Mittel gegen die Autorität eines Königs außerhalb der Autorität desselben suchen zu müssen. Darum nimmt er seine Stellung mitten zwischen den beiden Extremen; darum verwirft er sowohl den Königsmord wie die Empörung, verwirft oder verurteilt aber nicht den Widerstand gegen den König, wenn der Mißbrauch der Macht zur absolut un-

---

¹) Ibid. cap. 6: Videtur autem magis contra tyrannorum saevitiam non privata praesumptione aliquorum, sed auctoritate publica procedendum. —

erträglichen Tyrannei ausartet, und vorausgesetzt, daß der Herrscher durch das Volk selber eingesetzt ist und es nicht möglich ist, an einen Höheren sich zu wenden, der seinem Treiben ein Ende machen kann.

Ohne also absolut und in allen möglichen Fällen den Widerstand gegen die öffentliche Macht, selbst wenn diese Macht von einem Könige ausgeübt wird, zu verurteilen, verlangt der heilige Thomas als unerläßliche Bedingungen für die Erlaubtheit des Widerstandes:

1) Daß die Tyrannei übermäßig groß sei, so daß sie sich absolut unerträglich macht; denn wenn der Mißbrauch der Macht gewisse Grenzen nicht überschreitet, dann sind gewöhnlich die Übel, welche den Widerstand gegen die tyrannische Macht begleiten und ihm folgen, in der Regel viel größer, als die, welche aus der Tyrannei selber erwachsen.

„Wenn die Tyrannei nicht übermäßig groß ist,[1]) ist es besser, sie einige Zeit zu ertragen, als gegen den Tyrannen aufzutreten, wodurch man größere Übelstände herbeiführen würde, als die Tyrannei selber ist. Denn es könnte der Fall sein, daß diejenigen, welche sich gegen den Tyrannen erheben, nicht obsiegen; und dann würde dieser in seinem Zorne nur noch blutdürstiger werden. Und auch in dem Falle, wo die Erhebung die Oberhand bekommt, entstehen nicht wenige und sehr große Zwistigkeiten im Volke, teils während der Insurrektion, teils nach dem Umsturze der Gewalt, indem unter den Staatsbürgern bei der Entscheidung über die Regierung, die an die Stelle des Tyrannen treten soll, Zwietracht entsteht." —

2) Eine andere Bedingung, damit der Widerstand gegen den Tyrannen nicht unerlaubt sei, besteht darin, daß dem Volke das Recht zustehe, hinsichtlich der Autorität und der Ausübung der öffentlichen Macht Vorsorge zu treffen; denn wenn das Volk oder der Herrscher von einer anderen höheren Macht oder Autorität abhangen, dann muß das Volk an diese mit der Bitte um Hilfe gegen die Ausschreitungen der Tyrannei sich wenden.[2])

---

[1]) ibid. c. G: Si non fuerit excessus tyrannidis, utilius est remissam tyrannidem tolerare ad tempus, quam tyrannum agendo multis implicari periculis, quae sunt graviora ipsa tyrannide. Potest enim contingere, ut qui contra tyrannum agunt, praevalere non possint, et sic provocatus tyrannus magis desaeviat. Quod si praevalere quis possit adversus tyrannum, ex hoc ipso proveniunt multoties gravissimae dissensiones in populo, sive dum in tyrannum insurgitur, sive post dejectionem tyranni erga ordinationem regiminis multitudo separatur in partes. —

[2]) ibid. Si ad jus multitudinis alicujus pertineat sibi providere de rege, non injuste ab eodem rex institutus potest destitui, vel refrenari

Zweites Kapitel. Widerstand gegen die öffentliche Macht.

Wenn der Widerstand unter diesen Bedingungen nicht eintreten kann; ja wenn selbst diese Bedingungen vorhanden sind, aber die Übel und Mißstände, die aus dem Widerstande entspringen, viel größer und bedeutender sind als diejenigen, welche aus dem Mißbrauche der Macht erstehen; wenn endlich das Volk keinen höheren menschlichen Richter hat: rät der heilige Thomas zur christlichen Geduld und zum inbrünstigen Vertrauen auf Gott, den König aller Menschen und Nationen, der immer mächtig genug ist, ein Volk von seinem Tyrannen zu erlösen; aber in allen Fällen verwirft er durchaus den Königsmord. „Einige meinen," sagt er,[1]) „wenn das Joch der Tyrannei unerträglich geworden sei, so könnten und dürften die Tapfersten den König töten und für das Wohl des Volkes sich selbst dem Tode aussetzen... jedoch ist dieses gegen die Lehre der Apostel.

„Der heilige Petrus lehrt uns, daß wir unterthänig sein sollen nicht allein den gütigen und gelinden Herren, sondern auch den schlimmen... Darum hat man auch, obwohl mehrere römische Kaiser den christlichen Glauben grausam verfolgt, und eine große Menge Menschen aus allen Klassen der Gesellschaft sich zum Christentume bekehrt hatten, niemals offenen Widerstand geleistet, sondern man hat Geduld geübt, welche Geduld die Opfer bis aufs Amphitheater und zum Scheiterhaufen begleitete, obgleich die Märtyrer sich öfters hätten zur Wehr setzen können — z. B. die thebaische Legion — und sie werden deswegen gelobt, daß sie es nicht gethan." —

Wenn wir also den Gedanken des heiligen Thomas über diesen Gegenstand kurz zusammenfassen wollen, können wir sagen:

1) Er nimmt im Principe und als allgemeine Thesis die Möglichkeit des erlaubten Widerstandes gegen die tyrannische Macht an.

2) Die notwendigen Bedingungen für die Erlaubtheit dieses

---

ejus potestas, si potestate regia abutatur.... Si vero ad jus alicujus superioris pertineat multitudini providere de rege, spectandum est ab eo remedium contra tyranni nequitiam. —

[1]) Ibid. 6: Et si sit intolerabilis excessus tyrannidis, quibusdam visum fuit, ut ad fortium virorum virtutem pertineat tyrannum interimere, aeque pro liberatione multitudinis exponere periculis mortis.... Sed hoc apostolicae doctrinae non congruit.

Docet enim Petrus, non bonis tantum et modestis, verum etiam discolis dominis reverenter subditos esse... unde cum multi romani imperatores fidem Christi persequerentur tyrannice, magnaque multitudo tam nobilium quam populi esset ad fidem conversa, non resistendo, sed mortem patienter et armati sustinentes pro Christo laudantur, ut in sacra Thebaeorum legione manifeste apparet. —

Widerstandes sind derartig, daß sie nur äußerst selten und nur mit der größten Schwierigkeit realisiert werden können.

3) Auf jeden Fall und unter allen Umständen ist der Königsmord unerlaubt und der christlichen Moral zuwider.

Wenn man den soeben angeführten klaren und deutlichen Text gelesen, der gerade aus der einzigen Stelle seiner Werke genommen ist, wo der heilige Thomas direkt und ex professo die Frage von der Tyrannei und dem Königsmorde behandelt, kann scheint es nach so klaren, deutlichen und bestimmten Worten durchaus unglaubhaft, daß es hat Menschen geben können, die dem heiligen Lehrer die blutige und schreckliche Lehre vom Königs- und Tyrannenmorde unterzuschieben sich erdreistet haben. Und doch hat es in unserem Jahrhundert solche gegeben; und einer von diesen ist Huerta in seinem „Fiskalischen Gutachten" über die Wiederherstellung der Gesellschaft Jesu in Spanien im Jahre 1815; ein Gutachten, das niemals das Staatsarchiv hätte verlassen sollen, schon wegen der falschen und ungerechten Anklagen gegen den Predigerorden und die Lehre des heiligen Thomas.

Der Konseilsfiskal, seiner gewöhnlichen Methode folgend, um die Jesuiten gegen die Anklage, welche die Feinde dieses Ordens und der Kirche ungerechterweise gegen diese erheben, zu verteidigen, findet kein anderes besseres Mittel, als diese Anklage auf den heiligen Thomas abzuwälzen, behauptend, der heilige Thomas lehre den Königs- und Tyrannenmord. In der That — und es sei dieses im Vorbeigehen gesagt — war Huerta nicht allein ungerecht, sondern er zeigte auch bei diesem Punkte der Verteidigung sehr wenig Geschick; denn selbst wenn es wahr wäre, daß die Lehre vom Tyrannenmorde dem Jesuitenorden angehöre und von ihm verteidigt werde, so würde doch dieser von der Anklage dadurch noch nicht freizusprechen sein, daß der heilige Thomas sie gelehrt.

Indes, für den Augenblick hiervon und von anderen Erwägungen absehend, beschränke ich mich darauf, zu fragen: Ist es wahr, daß der heilige Thomas die Lehre vom Tyrannenmorde verteidigt? Ist es wahr, was der Konseilsfiskal mit so unerschütterlicher Gewißheit behauptet, daß „es nicht allein eine, sondern hundert Stellen in seinen Werken giebt, in welchen er die blutige Lehre von der Erlaubtheit des Tyrannenmordes, sowohl des Tyrannen, wenn er ein fremder Usurpator oder Eindringling ist, als auch des Tyrannen, der ein legitimer Herrscher ist, vorträgt, ohne daß es nötig ist, seinen Traktat De Regimine Principum anzuführen, über dessen Echtheit die Kritik so viel und mit Recht gestritten hat." — Huerta hält sich hier ein Hinterpförtchen offen, indem er andeutet, es herrsche über die Echtheit dieses Werkes ein gerechter Zweifel; aber das Schlimme für ihn ist, daß der Zweifel sich bloß auf das dritte und vierte Buch und auf einen Teil des zweiten erstreckt, und kein Zweifel über die Echtheit des ersten Buches herrscht, in welchem gerade die oben angeführten Worte vorkommen. Der Herr Fiskal zeigt sich hier als eben so tiefen Kenner der Kritik hinsichtlich dieses Punktes, als der Lehre des heiligen Thomas, vorausgesetzt, daß er in gutem Glauben gehandelt hat.

Diese Bemerkung dispensiert uns davon, uns in weitere Erörterungen einzulassen. Denn wenn ein Schriftsteller auf eine so klare und deutliche Weise seine Denkungsart über irgend einen wichtigen Lehrpunkt kundgegeben, ist es überflüssig und fast ein Zeichen von Unredlichkeit, wenn man abgerissene Stellen und einzelne Worte eines Schriftstellers aufsucht: was bloß ohne Verdacht zu erregen geschehen kann, wenn es sich in den Schulen darum handelt, den Geist der Schüler zu üben. Indessen, da das „fiskalische Gutachten" gedruckt vorliegt und sogar in andere Bücher übergegangen ist, sehen wir uns genötigt, über die zwei Hauptstellen, auf welche Huerta seine eben so ungerechte wie befremdende Behauptung stützt, einige kurze Bemerkungen zu machen.

„Es genügt, die Summa zu öffnen," sagt der theologische Fiskal,[1]) „und in der Secunda Secundae Frage 69, Artikel 4, das allgemeine Princip zu lesen, das beide Arten von Tyrannei umfaßt und behandelt, und durch welches er den Widerstand gegen die schlechten Fürsten wie gegen die Räuber als gerecht und erlaubt anerkennt: eine Lehre, bei der bloß die Vergessenheit und Verachtung, der sie anheim gefallen ist, den Eindruck des Abscheues, den ihre Erwähnung verursacht, neutralisieren kann." —

Die beste Antwort, die hier Huerta gegeben werden kann, ist die wörtliche Anführung der Worte des heiligen Thomas: Worte, die unser Fiskal zu entstellen und zu verstümmeln sich sehr angelegen sein ließ. Sehen wir also, ob die hier vom heiligen Lehrer vorgetragene Lehre wert ist, vergessen und verachtet zu werden und jenen Eindruck des Abscheues, von dem uns der Verfasser des „fiskalischen Berichtes" spricht, hervorzubringen imstande ist.

Nachdem der heilige Thomas in den vorhergehenden Artikeln be-

---

[1]) S. 140.

hauptet und bewiesen hat: 1) daß der vor Gericht befragte Angeklagte schuldig ist, die Wahrheit zu sagen; 2) daß er nicht lügen oder verleumden darf, auch wenn er unschuldig ist; 3) daß er nicht von einem Urteilsspruche appellieren darf, der notorisch richtig ist; frägt er endlich im vierten Artikel: ob es dem zum Tode Verurteilten erlaubt sei, sich zu wehren, wenn er kann? (utrum liceat condemnato ad mortem, se defendere, si possit); und er antwortet folgendermaßen:[1])

„Der heilige Paulus in seinem Briefe an die Römer (13. Kap.) sagt, derjenige, welcher der Gewalt widerstehe, widerstehe der Anordnung Gottes und begehe hierdurch ein Verbrechen, das die ewige Verdammung verdiene. Nun widerstehet aber ein Verurteilter, der sich selber verteidigt oder wehrt, der Gewalt; denn die Gewalt ist von Gott aufgestellt, zur Bestrafung der Bösen und zur Belohnung der Guten; also sündigt er, indem er sich wehrt.

„Die Verurteilung zum Tode kann auf eine zweifache Weise vorkommen: es kann ein Mensch gerechterweise zum Tode verurteilt werden; und dann ist es ihm nicht erlaubt, sich zu wehren... Diese Verurteilung kann aber auch ungerecht sein; und ein solches Urteil kann einem von Räubern gegen uns gerichteten Angriffe verglichen werden nach jenem Worte Ezechiel's (22, 27.): ‚Ihre Fürsten in ihrer Mitte sind wie Beute raubende Wölfe, um Blut zu vergießen, Seelen zu verderben und gierig nach Gewinn zu haschen.‘ Wie es also erlaubt ist, den Räubern zu widerstehen, ebenso ist es auch in diesem Falle erlaubt, den schlechten Fürsten zu widerstehen, es sei denn, um Ärgernis zu vermeiden, wenn man nämlich befürchten müßte, daß dieser Widerstand eine große Unordnung herbeiführen werde." —

---

[1]) Sum. Theol. 2. 2. Q. 69. a. 4: Sed contra est, quod dicit Apostolus (Rom. 13.): Qui potestati resistit, Dei ordinationi resistit, et ipse sibi damnationem acquirit. Sed condemnatus, se defendendo, potestati resistit, quantum ad hoc in quo est divinitus instituta, ad vindictam malefactorum, laudem vero bonorum. Ergo peccat se defendendo.

Respondeo dicendum, quod aliquis damnatur ad mortem dupliciter: uno modo juste, et sic non licet condemnato se defendere.... Alio modo condemnatur aliquis injuste, et tale judicium simile est violentiae latronum, secundum illud Ezech. (22.): Principes ejus in medio illius quasi lupi rapientes praedam ad effundendum sanguinem. Et ideo, sicut licet resistere latronibus, ita licet resistere in tali casu malis principibus, nisi forte propter scandalum vitandum, cum ex hoc aliqua gravis turbatio timeretur. —

Soweit der heilige Thomas in dem von Huerta angeführten Artikel. Und wo ist nun jenes „allgemeine Princip", das beide Tyranneien umfaßt und behandelt, von welchem der neue theologische Fiskal spricht? Nicht ein Wort hierüber! nichts vom Königs- oder Tyrannenmorde! nichts von Tyrannen oder Tyrannei! bloß über einen speciellen Fall handelt es sich; es handelt sich darum, zu wissen, ob es in irgend einem Falle dem Angeklagten erlaubt sei, dem Richter Widerstand zu leisten, wenn der Angeklagte zum Tode verurteilt wird und dieses Urteil ungerecht ist.

Huerta muß ein sehr kluger und scharfblickender Mensch gewesen sein, um hier die Theorie über den Königsmord und das allgemeine Princip zu entdecken, das beide Tyranneien umfaßt und bespricht.

Was mich betrifft, so bekenne ich frei und offen, daß mein Blick nicht so weit reicht. Was ich hier einzig finde, ist, 1) daß, wenn jemand ungerechterweise von einem Richter zum Tode verurteilt wird, er erlaubterweise dem Richter widerstehen kann, unter der Bedingung jedoch, daß infolge dieses Widerstandes kein Aufruhr oder sonstiges Ärgernis bei den Anderen zu befürchten ist, was soviel sagen will, als: daß dieses bloß stattfinden kann, wo es sich um niedere Richter oder eine niedere Autorität handelt, und wo zugleich auch eine allgemeine und öffentliche Kenntnis der Ungerechtigkeit des Urteilsspruches vorhanden ist; denn es ist klar: wo eine dieser Bedingungen fehlt, würde beim Volke Aufruhr oder Ärgernis entstehen; und dann wäre es nicht erlaubt, zu widerstehen, ungeachtet der Ungerechtigkeit der Verurteilung.

2) Sehe ich aus dieser Stelle, daß Thomas vom Rechte der Verteidigung und des Widerstandes spricht, aber nicht von der Tötung des Richters und noch viel weniger vom Königsmorde.

3) Daß dieses Recht allein dem ungerechterweise zum Tode Verurteilten zuerkannt wird, d. h. bloß einem Einzigen, nicht aber Allen und Jedermann aus dem Volke, wie die Theorie vom Königs- und Tyrannenmorde dieses behauptet.

Es ergiebt sich also aus dem Gesagten, nicht allein, daß der angeführte Text nichts mit der Lehre oder dem allgemeinen Principe des Königsmordes zu thun hat, sondern auch, daß der Verfasser des „Berichtes" hinlänglich Veranlassung giebt, an seiner bona fides zu zweifeln, da er den Text verstümmelt und gerade jene Worte unterdrückt, welche die Gestalt der Frage völlig verändern, und deren Unterdrückung nötig war, um dem Beweise, den der Texte suchende Flötal liefern wollte, einen gewissen Schein, wenn auch nur einen entfernten und notgedrungenen, zu geben.

Untersuchen wir nun, ob die zweite von Huerta angeführte Stelle die Bedeutung besitzt, die er ihr zu geben sucht. „Man vergleiche auch," sagt er[1]), „das zweite Buch der Sentenzen, Dist. 104, Frage 2, wo der Heilige untersuchen will, ob ein vom Glauben abgefallener Fürst durch dieses Verbrechen die Gewalt über seine Unterthanen verliere, so daß diese verpflichtet sind, ihm nicht zu gehorchen; dann beachte man auch den Einwand, den er sich macht, und die Antwort, die er darauf giebt; und man wird finden, daß er hinsichtlich des Tyrannen, der ein fremder Eindringling ist, folgendermaßen schließt: „Tunc enim, qui ad liberationem patriae tyrannum occidit, laudatur et praemium accipit." —

Sehen wir uns an, was der heilige Thomas sagt. Auf diese Weise können wir, wie im vorigen Falle, am besten zur Erkenntnis der soliden Argumente kommen, auf die sich unser Flötal stützt, um dem heiligen Thomas ohne weiteres die Lehre vom Königs- und Tyrannenmorde zuzuschreiben.

Zunächst wird es uns schwer, die citierte Stelle des neuen Theologen klar zu stellen, da das zweite Buch der Sentenzen bloß 44 Distinktionen und nicht 104 hat; jedoch unter Voraussetzung, daß dieses ein Druckfehler ist, und uns nach den Andeutungen des Flötals richtend und besonders nach der Stelle, wo der Einwand vorkommt, stoßen wir auf den 2. Artikel der 2. Quästion der 44. Distinktion, wo Thomas die Frage aufwirft: „ob die Christen verpflichtet sind, den weltlichen Obrigkeiten, und insbesondere den Tyrannen, zu gehorchen?" (utrum Christiani teneantur obedire potestatibus saecularibus et maxime tyrannis), was, im Vorbeigehen sei es gesagt, etwas abzuweichen scheint von der ohne Zweifel etwas freien (um nicht mehr zu sagen) Übersetzung, die sich Huerta erlaubte, als er behauptete, der heilige Thomas wolle „untersuchen, ob ein vom Glauben abgefallener Fürst durch dieses Verbrechen die Gewalt über seine Unterthanen verliere, so daß diese verpflichtet seien, ihm nicht zu gehorchen." Indes, übergehen wir diese Zeugnisse der bona fides und vernehmen wir die Antwort des heiligen Thomas.

---

[1]) Ebendas.

„Die Tugend des Gehorsams erblickt bei der Erfüllung des Gebotes, das sie beobachtet, die Pflicht, es zu beobachten. Diese Verpflichtung, das Gebot zu beobachten, entsteht aus der Einrichtung der Ordnung der Obrigkeit selber, welche die Macht hat im Gewissen zu verpflichten, nicht allein in der weltlichen Ordnung, sondern auch in der geistigen Ordnung, wie der Apostel lehrt, da die Ordnung der Einrichtung der Obrigkeit von Gott stammt, wie derselbe Apostel lehrt. Darum sind die Christen, insofern diese Gewalt von Gott kommt, verpflichtet, diesen (den weltlichen Fürsten) zu gehorchen, aber nicht insofern, als diese Gewalt nicht von Gott stammt.

„Vorhin haben wir gesagt, auf zweifache Weise könne es geschehen, daß ein Befehl irgend einer Macht oder Behörde nicht von Gott stammt: entweder hinsichtlich der Art und Weise, wie die Macht erlangt wird, oder hinsichtlich der Art und Weise, wie die Macht angewandt wird.

„Das erstere kann auch auf zweifache Weise geschehen, nämlich: 1) wenn der Mangel an der Person liegt, z. B. wenn sie unwürdig ist, zu befehlen; 2) wenn der Mangel an der Art und Weise liegt, wie die Gewalt erlangt ist, z. B. wenn man sie durch Zwang, durch Simonie oder auf eine andere unerlaubte Weise erlangt. Der erstere Mangel, nämlich die Unwürdigkeit der Person, nimmt ihr das Recht des Befehlens nicht . . . . und folglich sind die Untergebenen verpflichtet, solchen Vorgesetzten zu gehorchen, auch wenn sie unwürdig sind (ideo talibus praelatis, quamvis indignis, obedire tenentur subditi).

„Aber die zweite Art und Weise hebt das Recht, zu befehlen, auf; denn derjenige, welcher durch Violenz die Prälatur oder das obrigkeitliche Amt erlangt, ist kein wahrer Prälat oder Vorgesetzter; und darum kann man, wenn es möglich ist, einen solchen Vorgesetzten verwerfen, vorausgesetzt, daß er nicht nachträglich legitim wird, sei es durch die Zustimmung der Untergebenen, sei es durch die Auktorität irgend eines höheren Vorgesetzten.

„Der Mißbrauch der Gewalt kann ebenfalls auf doppelte Weise geschehen: 1) wenn der Befehl des Vorgesetzten der Ordnung und dem Objekte des Gesetzes oder Befehles selber zuwider ist, z. B. wenn er etwas Sündhaftes oder Unerlaubtes befiehlt . . . . In welchem Falle der Untergebene nicht allein nicht verpflichtet ist, zu gehorchen, sondern vielmehr verpflichtet ist, nicht zu gehorchen, wie wir das bei den heiligen Märtyrern sehen, die eher den Tod erlitten, als den gottlosen

Befehlen der Tyrannen zu gehorchen. 2) Ein zweiter Mißbrauch der Gewalt ist es, wenn die Untergebenen zu etwas verpflichtet werden, das außerhalb der legitimen Macht des Vorgesetzten liegt, z. B. wenn dieser einen Tribut verlangt, den der Untergebene nicht zu zahlen braucht, und andere ähnliche Dinge. In diesem Falle ist der Untergebene nicht im Gewissen verpflichtet, zu gehorchen; aber ebenso ist er auch nicht verpflichtet, nicht zu gehorchen." —

Dieses ist die famose Stelle, aus welcher der Conseilsstaat die blutige Lehre von der Tödtung des Tyrannen, sowohl des fremden Eindringlings als auch des rechtmäßigen Herrschers, sich wie ein schreckliches Ungeheuer hat erheben sehen! Und doch, was enthält diese Stelle anderes, als die allgemeine Lehre der katholischen Theologie? Giebt es hier etwas anderes, als die von den katholischen Theologen gelehrte Doktrin über die Gehorsamspflicht gegenüber den Vorgesetzten, seien sie weltlich oder geistlich? Daß dieses und nichts anderes hierin enthalten ist, werden Alle, welche lesen können, ohne Schwierigkeiten zugeben; und fast möchten wir Huerta dafür danken, daß er uns Gelegenheit gegeben hat, diese Stelle herzusetzen, in welcher der heilige Lehrer mit jener Klarheit, Gediegenheit und Präcision, die wir an ihm gewohnt sind, die Ausdehnung und die Grenzen des pflichtschuldigen Gehorsams seitens der Untergebenen, selbst wenn diese Christen sind, gegenüber den weltlichen Obrigkeiten angiebt. Die in dieser Stelle enthaltene Lehre kann man in folgende Punkte zusammenfassen:

1) Jeder Untergebene ist verpflichtet, den Befehlen oder Gesetzen seiner rechtmäßigen Vorgesetzten nicht bloß aus Furcht vor der Strafe, sondern auch aus Gewissenspflicht, d. h. unter einer Sünde, zu gehorchen, gerade wie die Lehre des Apostels lautet.

2) Die Macht eines Vorgesetzten kann sich nicht auf Gott beziehen und ungerecht sein auf eine doppelte Weise: entweder wenn derjenige, der sie ausübt, wegen seiner persönlichen Fehler oder Gebrechen moralisch unwürdig ist; oder wenn es an der Rechtmäßigkeit mangelt, z. B. wenn ein Prälat aufgedrungen wird, oder ein Fürst, der dazu gar kein Recht hat, in einem ungerechten Kriege sich einer Nation zu bemächtigen sucht.

3) Wenn die befehlende Macht ungerecht im ersteren Sinne ist, bleibt die Verpflichtung, zu gehorchen, auf Seite der Untergebenen bestehen, da die moralische Unwürdigkeit des Vorgesetzten kein hinreichender Grund ist, vom Gehorsam zu entbinden. Wenn sie im

zweiten Sinne ungerecht ist, d. h. wenn der Vorgesetzte durch unrechtmäßige Mittel oder durch Gewalt sich der Herrschaft bemächtigt hat, hört alsdann die Gehorsamspflicht für die Untergebenen auf, und diese haben das Recht, seinen Befehlen und seiner unrechtmäßigen Auktorität zu widerstehen, indem sie Gewalt mit Gewalt von sich weisen, wenn es nötig ist, es sei denn, daß der Vorgesetzte, der anfangs unrechtmäßig war, später rechtmäßig wird, sei es durch die Zustimmung der Gesellschaft, wenn es ein unabhängiger Staat oder eine Republik ist, sei es durch Zustimmung und Approbation eines höheren Obern, wenn es sich um eine niedere Gemeinschaft handelt, die ihre Vorgesetzten von einer höheren Auktorität empfängt.

4) Die Macht kann aber auch ungerecht sein und sich nicht auf Gott beziehen wegen Mißbrauchs der Ausübung derselben. Wenn dieser Mißbrauch darin besteht, daß sie ihrer Natur nach unerlaubte und sündhafte Dinge befiehlt, ist nicht allein keine Pflicht vorhanden, zu gehorchen, sondern vielmehr die Pflicht, nicht zu gehorchen, wie es die christlichen Märtyrer thaten. Wenn der Mißbrauch darin besteht, daß etwas befohlen wird, worauf sich die Auktorität des Vorgesetzten nicht erstreckt, oder wenn dieser nicht das Recht zu befehlen hat, es sich aber auch nicht um etwas an sich Unerlaubtes handelt: alsdann ist der Untergebene nicht im Gewissen verpflichtet, zu gehorchen; aber er hat auch nicht die Pflicht, nicht zu gehorchen; und folglich kann und muß er gehorchen, wenn durch die Unterlassung für ihn selbst, für eine dritte Person, oder für die Gesellschaft ein Nachteil oder ein Ärgernis daraus entstände.

Dies ist in Kürze die Lehre des heiligen Thomas in der von Huerta angeführten Stelle. Giebt es hier etwas, das auch nur im Entferntesten der Theorie des Königs- und Thyrannenmordes gliche? Ist hier eine andere Lehre vorhanden, als wie sie von den namhaftesten Theologen der katholischen Kirche gelehrt wird? Das einzige, was hier sich findet und irgend eine Beziehung zum Thyrannenmorde hat, obwohl nichts von der Tötung gesagt wird, ist, daß es erlaubt ist, dem Thyrannen, der ein fremder Eindringling ist, und der durch äußere Gewalt zur Herrschaft zu gelangen sucht, zu widerstehen, was aber mit den vom heiligen Thomas hier und an anderen Orten seiner Werke und besonders in seinem Traktate De Regimine Principum gelehrten Beschränkungen allein verstanden werden kann und muß. Eine dieser Beschränkungen lautet: Der Widerstand und der Krieg, den man gegen den Thyrannen führt, muß ausgehen von der öffentlichen Autorität, wie das der Fall ist, wenn die Hauptkorporationen eines Staates oder die Provinzen eines Königreiches in Masse dem Usurpator den Krieg erklären: in welchem Falle die durch unseren Fiskal mit seiner bekannten bona fides angeführten Worte, um seine Meinung zu verteidigen, zur Geltung kommen: tom enim, qui ad liberationem patriae tyrannum occidit, laudatur et praemium accipit: so daß derjenige erlaubterweise handelte, der unter den angegebenen Bedingungen beim rechtmäßigen Widerstande den Tyrannen tötete, vorausgesetzt, daß er die Naturgesetze und die Kriegsgesetze nicht verletzt.

Meint etwa unser Fiskal, es sei nicht erlaubt, dem Tyrannen, der ein fremder Eindringling ist, bis zur Tötung desselben Widerstand zu leisten? In der That würde es merkwürdig sein, wenn ein Fiskal der obersten Junta im Jahre 1815 eine solche Meinung aussprechen wollte, wo Ferdinand VII. wieder zur Regierung gekommen, und wo unser Fiskal mit so vielen Kriegern und Generalen, die gegen Joseph Bonaparte und Napoleon so tapfer gekämpft, verkehrte, und der aus einem Volke stammt, das durch seinen heldenmütigen Widerstand gegen den französischen Imperator Europa in Staunen und Bewunderung setzte. Ich weiß nicht, was der Herr Fiskal meint; allein ich bin der Überzeugung, daß, wenn Mina, Empecinado oder Merino den Joseph Bonaparte oder Napoleon gefangen bekommen hätten, sie wahrscheinlich sich nicht lange besonnen haben würden, sie zu erschießen, wenn dieses zur Rettung Spaniens notwendig gewesen und die allgemeinen Kriegsgesetze es nicht verwehrt hätten.

Außer der angegebenen Bedingung verlangt der heilige Thomas auch noch, daß der Widerstand keine größeren Übel mit sich bringe, welche Bedingung eigentlich schon in der ersteren enthalten ist; und der Gesellschaft in Masse oder ihren rechtmäßigen Repräsentanten kommt es zu, hierüber zu urteilen, da sie es sind, welche den Krieg erklären müssen.

Endlich verlangt er noch, daß die Macht wirklich unrechtmäßig sei und bleibe; denn wenn sie, sei es durch die freie Zustimmung der Republik oder durch eine andere genügende Ursache, zu einer rechtmäßigen wird, ist der Widerstand alsdann nicht mehr erlaubt, und noch weniger die Tötung.

Es ist in der That zu verwundern und es würde völlig unglaublich scheinen, wenn man es nicht mit eigenen Augen sähe, daß es Menschen wie Huerta gegeben, die die Dreistigkeit gehabt, dem

Zweites Kapitel. Widerstand gegen die öffentliche Macht. 353

heiligen Thomas die Lehre vom Königs- und Tyrannenmorde zuzuschreiben.

Wenn wir über seine Lehre hierüber nachdenken; wenn wir die Stellen, die auf diese Frage sich beziehen, analysieren und miteinander vergleichen; wenn wir ihn den Königsmord, wo es sich um rechtmäßige Könige handelt, absolut verwerfen sehen; wenn wir ihn den Widerstand gegen den usurpatorischen Tyrannen unter so vielen und so wichtigen Beschränkungen erlauben sehen: kann man gewiß befürchten, daß man ihn beschuldige, er begünstige eher die Tyrannei, als daß er ein Anhänger des Königs- und Tyrannenmordes sei. Und dennoch hat Huerta sich erdreistet, in seinem „Fiskalischen Gutachten" zu behaupten, der heilige Lehrer „lehre und verteidige die blutige Lehre von der Erlaubtheit der Tötung des Tyrannen, sowohl wenn er ein fremder Eindringling, als auch wenn er ein rechtmäßiger Herrscher ist". Er hat sich nicht geschämt, ihm das „allgemeine Princip, das beide Arten von Tyranneien aufstellt und umfaßt, und nach welchem er den Widerstand gegen die schlechten Fürsten wie gegen Räuber für erlaubt und gerecht hält", zuzuschreiben!

Und hiermit noch nicht zufrieden, sucht Huerta, nachdem er diese Beschuldigung gegen den heiligen Thomas geschleudert, sie auch noch gegen den ganzen Orden des heiligen Dominikus zu schleudern, indem er behauptet, diese Lehren seien in seiner Schule herkömmlich!

Solche Anschuldigungen erregen Indignation! sie sind rein lächerlich, da sie absurd sind! Indes, das „Gutachten", das diese Anschuldigungen enthält, kommt ohne Unterschied in die Hände Aller, und die unwissenden und einfältigen Gemüter sind nicht imstande, die haarsträubende Ungerechtigkeit dieser so gehässigen wie ungerechten und falschen Anschuldigungen gehörig zu würdigen.

Die gerechte Entrüstung und das Erstaunen, welche die verleumderischen Beschuldigungen Huerta's bei jedem denkenden und unparteiischen Menschen hervorrufen müssen, werden noch größer, wenn man bedenkt, daß Huerta die einzige Stelle, in welcher der heilige Thomas seine Gedanken direkt und ex professo über die Theorie des Königsmordes ausspricht, übergeht und dafür nach einzelnen Worten und abgerissenen Stellen und Texten sucht, die außerhalb der Frage sind, und auch dieses nur, um sie zu entstellen, zu verfälschen und zu verstümmeln. Fürwahr, eine solche Verfahrungsweise zeigt uns nicht bloß seine fehlerhafte Logik und seine beschränkten Kenntnisse über diesen Gegenstand, sondern sie spricht auch sehr wenig zu Gunsten seines guten Glaubens und seiner redlichen Gesinnung.

Für jeden, der die Werke des heiligen Thomas an den auf die gegenwärtige Frage bezüglichen Stellen ohne Vorurteil gelesen hat, ist es unbestreitbar und über allen Zweifel erhaben, daß sein ganzer Gedanke über diesen Gegenstand sich in folgende zwei Sätze zusammenfassen läßt:

1) Wenn es sich um einen Tyrannen handelt, der ungerechterweise in ein anderes Land einfällt, um es mit Waffengewalt sich zu unterwerfen, dann hat jenes Volk das Recht des Widerstandes bis zur Tötung dieses Tyrannen, wenn es nötig ist, jedoch mit den angegebenen Einschränkungen; und was die Art und Weise und die Formen des Widerstandes betrifft, hat jenes Volk das Recht des Widerstandes unter Beachtung der Vorschriften des Naturrechtes und des allgemein angenommenen Kriegsrechtes.

2) Wenn es sich um einen Tyrannen handelt, der ein rechtmäßiger König ist und seine Macht mißbraucht, um sein Volk zu tyrannisieren, so muß man, wenn diese Tyrannei nicht übermäßig ist, sie ertragen, ohne daß weder der Gesamtheit noch den Einzelnen die Empörung gegen den Tyrannen erlaubt ist; wenn die Tyrannei aber übermäßig groß wäre, so daß sie absolut unerträglich würde, ist der Widerstand nur unter folgenden Bedingungen erlaubt:

a) Daß nicht zu befürchten ist, daß der Widerstand größere Übel für die Gesellschaft herbeiführe, als die Tyrannei selber.

b) Daß der Widerstand durch die öffentliche oder allgemeine Autorität der Gesellschaft und nicht durch die Einzelnen oder durch eine Privatautorität geschehe.

c) Daß es keine über den Tyrannen stehende Autorität giebt, die seinen Ausschreitungen Einhalt gebieten kann; wenn es eine solche giebt, muß man sich zuvor an diese wenden, ehe man den Widerstand bis zur Absetzung treibt.

d) Wenn es nicht möglich ist, der übermäßigen Tyrannei durch eines der angegebenen Mittel Einhalt zu thun, muß man sie ertragen, ohne daß es je erlaubt wäre, dem Tyrannen nach dem Leben zu streben.

Ich gestehe offen, wenn ich über die in diesem Kapitel vorgetragene und in den zwei Sätzen zusammengefaßte Lehre des heiligen Thomas nachdenke, so möchte ich beinahe glauben, sie begünstige allzusehr die Tyrannen. Und fürwahr, wenn Huerta den heiligen

Lehrer, statt ihn als Anhänger der blutigen Lehre über den Königs- und Tyrannenmord anzuklagen, beschuldigt hätte, er begünstige die Tyrannei mehr als recht sei, und beschränke das Recht des Widerstandes über Gebühr: könnte seine Anschuldigung vielleicht einen größeren Anschein von Wahrheit haben; ich sage Anschein: denn in der Wirklichkeit wäre diese Beschuldigung ebenso ungerecht als die erstere.

Der heilige Thomas aber, der hier wie bei allen anderen großen philosophischen, moralischen und politischen Fragen durch das Christentum inspiriert war, mit dessen Lehren und Tendenzen er sich identificierte, wußte die Extreme zu vermeiden; und einen neuen Beweis von der Exaltheit und Gründlichkeit seines Urteils gebend, geht er ohne Schwanken mit jener wunderbaren Sicherheit zu Werke, die ihn auszeichnet, wenn es sich darum handelt, die gefährlichen Klippen zu vermeiden, die eine Frage umgeben. Der heilige Thomas gehört nicht zu jenen, welche sagen, die Völker seien für die Könige da, und welche die Gesellschaft gebunden an Händen und Füßen der Gnade des Machthabers überliefern, selbst wenn dieser ein rechtmäßiger Herrscher ist; denn er wußte, daß die Menschen keine Sklaven sind und Würde und Rechte besitzen. Er verurteilt aber zugleich auch die Empörung, den revolutionären und aufrührerischen Widerstand; er verurteilt vor allem und unter allen Umständen den Königsmord. Der heilige Thomas verwirft ebenfalls den Königsmord durch Privatautorität, selbst wenn es sich um einen Tyrannen handelt, der ein fremder Eindringling ist. Er verwirft aber nicht, vielmehr nimmt er das Recht des nationalen Widerstandes an, wenn ein Usurpator das Land mit Waffengewalt zu unterwerfen und dem Volke die Unabhängigkeit zu nehmen sucht. Denn der heilige Thomas war kein Anhänger der modernen Theorie der „vollbrachten Thatsachen"; und er wußte wohl, daß die äußere Gewalt nicht das Recht und die Rechtmäßigkeit der Macht erzeugen und begründen kann. Der heilige Thomas nimmt nicht die Lehre derjenigen an, welche sagen, man müsse jedweder Regierung gehorchen, eben weil sie Regierung ist, selbst wenn sie eine unrechtmäßige wäre. Nichts von allem diesen lehrt der heilige Thomas; denn wie der berühmte Verfasser des „Protestantismus" (Balmes) sehr richtig sagt,[1] „ist dieses der gesunden

---

[1] Protestant. Kap. 55.

Vernunft zuwider, und ist auch nie von der katholischen Kirche gelehrt worden.

„Wenn die Kirche den Gehorsam gegen die Obrigkeiten einschärft, spricht sie von den rechtmäßigen Obrigkeiten; das katholische Dogma enthält nicht das Absurdum, daß die bloße Thatsache das Recht erzeuge. Wenn es wahr wäre, daß man jeder aufgestellten Regierung gehorchen müsse, auch wenn diese unrechtmäßig ist; wenn es wahr wäre, daß es nicht erlaubt sei, ihr Widerstand zu leisten, dann wäre es ebenfalls wahr, daß die unrechtmäßige Regierung das Recht zu befehlen hätte; denn die Pflicht des Gehorsams ist mit dem Rechte des Befehlens aufs engste verbunden; und dann würde die unrechtmäßige Regierung durch die alleinige Thatsache ihres Bestehens zu einer rechtmäßigen werden.

„Es würden alsdann alle Usurpationen gerechtfertigt dastehen, die heroischen Widerstandsleistungen des Volkes verwerflich und die Welt der reinen Herrschaft der Gewalt überlassen sein.

„Aber nein! eine solch entwürdigende Lehre ist nicht wahr; jene Lehre, welche nach dem Resultate der Usurpation die Rechtmäßigkeit beurteilt; jene Lehre, welche einem durch irgend welchen Usurpator besiegten und unterjochten Volke sagt: Gehorche deinem Tyrannen; seine Rechte beruhen auf seiner Macht, und deine Pflicht liegt in deiner Schwäche. Nein! jene Lehre ist nicht wahr, welche aus unserer Geschichte (nämlich Spaniens) eine der schönsten Seiten auslöschen würde, als das Volk sich gegen die aufgedrungenen Behörden erhob und sechs Jahre lang für seine Unabhängigkeit kämpfte und endlich den Besieger Europas überwand. Wenn sich die Macht Napoleon's unter uns festgesetzt hätte, würde das spanische Volk auch nachher dasselbe Recht zur Erhebung gehabt haben, das es im Jahre 1808 hatte; der Sieg würde die Usurpation nicht gerechtfertigt haben. Die Opfer des 2. Mai rechtfertigen nicht die Gewaltmaßregeln Murat's; und selbst wenn sich in allen Winkeln der Halbinsel die Greuelscenen, die auf dem Prado vorgekommen, wiederholt hätten, würde das Blut der Märtyrer des Vaterlandes, das den Usurpator und seine Helfershelfer mit unauslöschlicher Schmach bedeckt, das heilige Recht der Erhebung zur Verteidigung des rechtmäßigen Thrones und der Unabhängigkeit der Nation nur noch mehr verstärkt haben.

„Ich muß es wiederholen: die bloße Thatsache erzeugt kein Recht, weder auf dem Privat- noch auf dem öffentlichen Gebiete. Und an jenem Tage, wo dieses Princip zur allgemeinen Geltung käme, würden die Begriffe „Vernunft" und „Gerechtigkeit" aus der Welt verschwinden." —

Wenn Huerta noch lebte, würde ich ihm raten, dieses Kapitel weiter zu lesen und auch noch einige folgende. Dort würde er den großen spanischen Schriftsteller nicht allein die Lehre des heiligen Thomas in Bezug auf die Frage von dem Widerstande gegen die öffentliche Macht annehmen, sondern ihn vielleicht sogar noch etwas weiter gehen sehen als der heilige Thomas geht. Und doch glaube ich nicht, daß es Jemandem einfallen wird, den berühmten Schriftsteller als einen Anhänger der Lehre vom Königs- und Tyrannenmorde anzusehen. Es möge darum unser theologischer Fiskal von seinem Irrtume zurückkommen; es mögen sich Huerta und alle diejenigen, die in ihrer Unwissenheit seine verleumderischen Beschuldigungen geglaubt, beruhigen. Nicht in der Lehre des heiligen Thomas, und noch weniger in der „herkömmlichen" Lehre des Dominikanerordens liegt die Gefahr für die Könige. Es ist nicht in den Schriften oder in der Schule des heiligen Thomas, wo die Anhänger des Königs- und Tyrannenmordes gebildet werden. Nicht hier ist es, wo man den Dolch eines Milano schärft; nicht hier werden die Orsinischen Bomben verfertigt; nicht hier holen die Meuchelmörder sich Instruktionen; nicht hier werden die Revolutionen und die politischen Meuchelmorde angezettelt. O, wenn die Könige keine anderen Feinde hätten, als die Anhänger der politischen Lehre des heiligen Thomas, fürwahr, dann brauchten sie nicht die Schrecknisse der Revolution zu befürchten; ihre Throne würden nicht gleich einem Strohhalme alle Augenblicke in die Luft fliegen, und sie brauchten sich auch nicht mit Panzerhemden zu versehen!

Drittes Kapitel.
Die Regierungsformen.

Was die Regierungsformen betrifft, so erwägt und untersucht der heilige Thomas mit der Gründlichkeit und Sicherheit des Urteils, die ihn so sehr auszeichnen, die Vorteile und Nachteile dieser verschiedenen Formen. Seine Diskussion hierüber ist interessant und verdient von allen denjenigen mit Aufmerksamkeit gelesen und ſtudiert zu werden, welche ſociale und politiſche Studien lieben. Sie werden aufs angenehmſte überraſcht werden, wenn ſie den heiligen Lehrer in der Mitte des 13. Jahrhunderts ſich in eine ruhige wiſſenſchaftliche Discuſſion über die Vorteile und die Nachteile der verſchiedenen Regierungsformen einlaſſen ſehen, wie dieſes ein Schriftſteller des 19. Jahrhunderts wohl thun könnte. Wenn wir ihn mit edlem Freimute die Pflichten und die Schranken, innerhalb welcher die Könige ſich bewegen müſſen, angeben ſehen; wenn wir ihn ſeine Ideen entwickeln und auf die Geſchichte und Wechſelfälle der alten Reiche, auf die Ereigniſſe ſeiner Zeit, auf die Natur der Neigungen des menſchlichen Herzens ſtützen ſehen: Neigungen, über welche er lange reichlich nachgedacht, wie auch über ihre Bedeutung und ihre Anwendungen auf die politiſche und ſociale Ordnung: haben wir faſt Mühe, zu glauben, daß dieſe Worte bereits vor ſechshundert Jahren geſchrieben ſind. Da es uns unmöglich iſt, ſeine ganze Theorie über die Regierungsformen vollſtändig auseinander zu ſetzen, werden wir bloß einige Punkte derſelben und das Schlußreſultat ſeiner Diskuſſion mitteilen.

Der größte und ſchlimmſte Nachteil der monarchiſchen Regierung iſt die Gefahr der Tyrannei, die, wie wir geſehen, unerträgliche Übel und Mißſtände mit ſich bringt, indem es allzu häufig geſchieht, daß die Tyrannei unter dem Vorwande und unter dem Schatten der königlichen Würde ausgeübt wird. Bei den republikaniſchen Regierungen, wenn ſie in Tyrannei ausarten, iſt es gewiß, daß ſie nicht ſo hart, nicht ſo feſt eingewurzelt und ſo ſchwer zu beſeitigen ſind, wie die der Könige; es iſt aber nicht weniger gewiß, daß ſie den inneren Spaltungen und Zwietrachten, den hartnäckigen und zuweilen blutigen Rivalitäten der einen Familien gegen die anderen, den Ränken und Beſtechungen der Mächtigen, um ſich über die Anderen zu erheben und ſich auf dieſe Weiſe den Weg zur Herrſchaft zu bahnen, den Käuflichkeiten und der Korruption bei den Wahlen und Anſtellungen, und endlich den inneren Revolutionen und Umwälzungen, die zu häufig den Ehrgeizigen zur Leiter dienen, um das Vaterland zu tyranniſieren und die Freiheit zu beſeitigen, leichter Eingang verſchaffen. „Es geſchieht öfter,[1] daß die Ideen mehrerer Menſchen dem öffentlichen

---

[1] Ibid. c. 5: Plerumque enim contingit, ut ex pluribus aliquis ab intentione communis boni deficiat, quam quod unus tantum. Quicumque autem ex pluribus praesidentibus divertat ab intentione communis boni,

Drittes Kapitel. Die Regierungsformen. 359

Wohle zuwider sind, als die eines Einzelnen. Denn in der Opposition eines Gliedes einer aus Mehreren zusammengesetzten Regierung ist immer Gefahr für die Gesellschaft vorhanden, weil diese Zwistigkeiten immer Verwirrung im Volke anrichten: Ein einziger Chef hat aber gewöhnlich das Wohl des Volkes im Auge. Wenn er hiervon abläßt, so folgt noch nicht sofort die Unterdrückung seines Volkes, was die völlige Tyrannei und der äußerste Grad der Korruption einer Regierung wäre, wie wir bewiesen haben. Vor allem muß man mithin die Gefahren vermeiden, welche aus der Regierung eines Einzelnen entstehen können. Es kommt aber ebenso häufig, ja noch häufiger bei einer aus mehreren Bürgern bestehenden Regierung vor, daß sie tyrannisch wird, als bei der eines einzigen Herrn. Denn bei den bürgerlichen Zwietrachten sieht man häufig, daß Einer allein die Herrschaft sich aneignet und sich über die Anderen erhebt. Die Geschichte bezeugt dieses; denn fast alle republikanischen Regierungen arten in Tyrannei aus, wie wir das bei der römischen Republik sehen, die, nachdem sie mehrere Magistratspersonen an ihrer Spitze gehabt, in die Hände eines sehr grausamen Tyrannen kam, nachdem sie Volkstumulte und Bürgerkriege durchgemacht. Und wenn man seinen Blick auf die Vergangenheit und auf das, was in unseren Tagen passiert, richtet, sieht man, daß die durch Mehrere regierten Völker mehr tyrannisiert worden sind, als diejenigen, welche nur der Herrschaft eines Einzelnen unterworfen waren." —

---

dissensionis periculum in subditorum multitudine imminet, quia dissentientibus principibus consequens est, ut is multitudine sequatur dissensio. Si vero unus praesit, plerumque quidem ad bonum commune respicit; aut si a bono communi intentionem avertat, non statim sequitur, ut ad subditorum depressionem intendat, quod est excessus tyrannidis et in malitia regiminis maximum gradum tenet, ut supra ostensum est. Magis igitur sunt fugienda pericula, quae proveniunt ex gubernatione unius. Amplius non minus contingit in tyrannidem verti regimen multorum quam unius, sed forte frequentius. Exorta namque dissensione per regimen plurium, contingit saepe unum super alios superare et sibi soli multitudinis dominium usurpare, quod quidem ex his quae pro tempore fuerunt, manifeste inspici potest. Nam fere omnium multorum regimen est in tyrannidem terminatum, ut in romana republica manifeste apparet. Quae dum diu per plures magistratus administrata fuisset, exortis simultatibus, dissensionibus et bellis civilibus, in crudelissimos tyrannos incidit, et universaliter si quis praeterita facta et quae nunc fiunt diligenter consideret, plures inveniet exercuisse tyrannidem in terris quae per multos reguntur, quam in illis quae gubernantur per unum. —

Wahrscheinlich dachte der heilige Lehrer, als er diese Werke schrieb, an die traurigen Wirren und blutigen Bürgerkriege, die zu seiner Zeit die vielen stürmischen Republiken Italiens zerfleischten, die unaufhörlich durch innere und äußere Zerwürfnisse beunruhigt wurden und fast ohne Unterbrechung bald dem einen, bald dem anderen Tyrannen anheimfielen.

Trotz dieser Gefahren und Nachteile hat die republikanische Regierung doch auch ihre gute Seite. Obwohl sie der Gefahr ausgesetzt ist, tyrannisch zu werden, so pflegt doch ihre Tyrannei im allgemeinen weder so excessiv, noch so andauernd und schwer zu heilen zu sein, als der Mißbrauch der monarchischen Regierung. Das Gefühl des Patriotismus ist gewöhnlich auch lebhafter und stärker in den Republiken. Die Mitglieder des Staates opfern sich bei den republikanischen Regierungen mit größerer Bereitwilligkeit und ertragen die Lasten und Abgaben zum Wohle des Ganzen viel leichter. Denn in den monarchischen Staaten ist der Mensch geneigt, zu glauben, daß seine Opfer mehr zum Vorteile des Königs, als zum allgemeinen Besten verwandt werden, während in den republikanischen Staaten das allgemeine Beste als jedem Einzelnen im besonderen angehörend betrachtet wird. „So sehen wir durch die Erfahrung,[1]) daß eine Stadt, welche Vorsteher hat, deren Herrschaft jedes Jahr zu Ende geht, zuweilen mächtiger ist, als ein König, der drei oder vier Städte unter seiner Herrschaft hat. Und geringe öffentliche Abgaben, von einem Könige auferlegt, werden viel ungerner ertragen, als viel größere Lasten, die durch das Volk auferlegt werden." —

Dessenungeachtet aber, und nach Erwägung aller Vorteile der verschiedenen Regierungsformen und nach Abwägung aller ihrer Schattenseiten, ist doch die Monarchie vorzuziehen, da es unter den vielen Vorteilen und Gründen, die für sie sprechen, einen sehr wichtigen giebt, nämlich den, daß mit größerer Leichtigkeit und auf eine sicherere Weise der Hauptzweck jeder menschlichen Gesellschaft in ihr erreicht wird. Bekanntlich ist der Hauptgegenstand, der in dieser Gesellschaft erstrebt wird und den Seinsgrund der Gesellschaft bildet, die Ruhe des Staates, der Friede unter den Bürgern und die Sicherheit der

---

[1]) Ibid. c. 4: Unde experimento videtur, quod una civitas per annuos rectores administrata, plus potest interdum quam rex aliquis, si haberet tres vel quatuor civitates; parvaque servitia exacta a regibus gravius ferunt, quam magna onera, si a communitate civium imponantur. —

Person und des Eigentums. Es unterliegt keinem Zweifel, daß die Einheit der Regierungsaktion, die man in der Monarchie antrifft, die günstigsten Bedingungen zur Verwirklichung dieser Resultate enthält. Die Centralisierung der Macht in der Hand eines Einzigen macht sie stärker und macht ihre Aktion wirksamer und mächtiger, um die komplicierten Zweige der Verwaltung im Gleichgewichte zu erhalten und die Elemente der Unordnung, welche die öffentliche Ruhe stören können, im Zaume zu halten. Mit einem Worte: Die Einheit der Initiative und der Aktion macht die monarchische Regierung kräftiger und stärker, um das allgemeine Beste zu wirken (virtuosior ad operandum bonum); und sie ist um so vorteilhafter und nützlicher, je wirksamer ihre Verwaltung zur Erhaltung der Einheit und des Friedens beiträgt (quanto igitur regimen efficacius fuerit ad unitatem pacis servandam, tanto est utilius).

Folgt aber etwa hieraus, daß der heilige Thomas ein Anhänger der despotischen Regierung ist? Hiervon ist der heilige Lehrer sehr weit entfernt; zu wiederholten Malen verurteilt er den Despotismus und den Mißbrauch der königlichen Gewalt.

Aber noch mehr: Ungeachtet seiner Vorliebe für die Monarchie; ungeachtet der Vorzüge, die er ihr vor den anderen Regierungsformen beimißt: so entscheidet er sich doch schließlich für die gemäßigte Monarchie, da die absolute Monarchie leicht despotisch und tyrannisch wird.

Wenn man seine Worte liest und miteinander vergleicht, erkennt man sofort, daß sein Gedanke von unseren heutigen konstitutionellen Monarchien, in denen „der König herrscht, aber nicht regiert"; von jenen Repräsentativregierungen, in welchen die königliche Gewalt in Wirklichkeit sehr wenig oder gar nichts bedeutet; von jenen Versammlungen und Parlamenten, die ein wahrer Tummelplatz von Leidenschaften und ein beständiges Hindernis der Einheit und Aktion der königlichen Gewalt sind; von jenen Regierungen endlich, die dem Namen nach monarchisch, in der That aber republikanisch sind, in welchen der Staat durch Minister regiert wird, die ebensogut Consuln oder Diktatoren genannt werden könnten, — sehr weit entfernt ist. Nichts von allem diesen meint der heilige Thomas; denn er wollte die Einheit der königlichen Gewalt und zwar einer kräftigen, starken, energischen und angesehenen Gewalt. Dieses hindert aber nicht, daß er, ein Feind der Tyrannei, zugleich will, daß diese Gewalt durch einige Restriktionen beschränkt werde, die ihren Mißbrauch und Übergang zur

Tyrannei erschweren. „Es muß sorgfältig erwogen werden,[1]) was ein Volk zu thun hat, damit derjenige, den es sich zum Könige erkoren, niemals ein Tyrann werde. . . . Die Konstitution des Staates muß derartig eingerichtet sein, daß sie dem Könige jeden Vorwand zur Tyrannei benimmt, und seine Macht muß so gemäßigt sein, daß es ihm schwer wird, ein Tyrann zu werden." —

Dieselbe Lehre trägt er auch in der Summa theologica vor, wo er seinen Gedanken wo möglich noch deutlicher ausspricht.[2]) „Was die gute Organisation der Gewalt in einer Stadt oder in einem Staate betrifft, so müssen zwei Dinge berücksichtigt werden: Erstens, daß alle Glieder einen Anteil an der Regierung haben: das einzige Mittel, das Volk im Frieden zu erhalten und ihm Liebe zu seiner Konstitution einzuflößen. Zweitens, die Regierungsform, die für dieses Volk paßt. . . . Die best eingerichtete Gewalt ist diejenige, welche auf einem obersten Chef beruht, der unter sich subalterne Chefs oder Beamten hat, deren Rang sich je nach ihren Verdiensten richtet. Eine derartige Regierung gehört in Wahrheit allen Mitgliedern der Stadt oder des Staates an, teils weil alle dazu erhoben werden können, teils weil sie alle das Recht haben, sich ihre Chefs zu wählen. So verhält es sich mit einem Staate, der erstens die Vorteile des Königtums besitzt, weil man in ihm nur einen einzigen Chef hat; zweitens die Vorteile der Aristokratie, weil die

---

[1]) ibid. c. 6: Laborandum est diligenti studio, ut sic multitudini provideatur de rege, ut non incidat in tyrannum. Primum autem necessarium est, ut talis conditionis homo ab illis ad quos hoc spectat officium, promoveatur in regem, quod non sit probabile in tyrannidem declinare. —

[2]) Sum. Theol. 1. 2. Q. 105. a. 1: Respondeo dicendum, quod circa bonam ordinationem principum in aliqua civitate vel gente duo sunt attendenda. Quorum unum est, ut omnes aliquam partem habeant in principatu; per hoc enim conservatur pax populi, et omnes talem ordinationem amant et custodiunt. Aliud est quod attenditur secundum speciem regiminis vel ordinationis principatuum. . . . Unde optima ordinatio principum est in aliqua civitate vel regno, in quo unus praeficitur secundum virtutem qui omnibus praesit, et sub ipso sunt aliqui principantes secundum virtutem; et tamen talis principatus ad omnes pertinet, tum quia ex omnibus eligi possunt, tum quia etiam ab omnibus eliguntur. Talis enim est omnis politia bene commixta ex regno in quantum unus praeest, et aristocratia, in quantum multi principantur secundum virtutem, et ex democratia, id est potestate populi, in quantum ex popularibus possunt eligi principes, et ad populum pertinet electio principum. —

besseren Bürger an der Ausübung der Regierung teilnehmen; und drittens die der Demokratie, oder der Herrschaft des Volkes, weil die Chefs aus dem gewöhnlichen Volke gewählt werden können und das ganze Volk an der Wahl teilnimmt." —

Indessen ist der Vorzug, den der heilige Thomas der monarchischen Regierung mit gewissen Einschränkungen und Vorbehalten giebt, um ihre Ausartung in Tyrannei zu erschweren, bloß ein relativer, aber kein absoluter Vorzug.

Wenn die Monarchie, die Aristokratie und die Demokratie miteinander verglichen werden, ist im allgemeinen die erstere den beiden anderen vorzuziehen; aber es kann sich auch anders verhalten, wenn man die verschiedenen Neigungen der Menschen, die verschiedenen Stufen der intellektuellen und moralischen Entwickelung und die vielfachen Verhältnisse und Umstände berücksichtigt, die bewirken können, daß eine Regierungsform, die für das eine Volk zweckmäßig und nützlich ist, für ein anderes Volk, dessen sociale Verhältnisse nicht die nämlichen sind, schädlich ist.

„Die europäischen Völker," sagt der berühmte Balmes,[1]) „sind nicht so geduldig und gelassen, daß sie irgend welche Unbilden ruhig ertragen könnten. Das Gefühl, das der Europäer von seiner Würde hat, ist so groß, daß er jene Gleichgültigkeit der asiatischen Völker, die in tiefster Erniedrigung ruhig dahin leben, die sich vor dem Despoten, der sie unterdrückt und verachtet, in den Staub werfen, gar nicht begreifen kann. Wenn man darum in Europa gleichwohl die Notwendigkeit einer sehr starken Regierung gefühlt und erkannt hat, so hat man doch auch immer nach jenen Mitteln sich umgesehen, welche ihrem Mißbrauche vorbeugen und ihn beseitigen konnten. Nichts offenbart uns die Größe und Würde der Völker Europas so sehr, als wenn man sie in dieser Hinsicht mit den asiatischen Völkern vergleicht. In Asien kennt man kein anderes Mittel, sich der Unterdrückung zu entziehen, als den Regenten zu erdrosseln. Noch raucht das Blut des einen, und schon besteigt ein anderer den Thron, der mit stolzer Verachtung seinen Fuß auf den Nacken jener so grausamen und verkommenen Menschen setzt.

„In Europa ist es nicht so; in Europa greift man und hat man immer nach den Mitteln der Intelligenz gegriffen; man hat Ein=

---

[1]) Der Protest. Kap. 61.

richtungen getroffen, welche die Völker dauernd und beständig vor
den Bedrückungen und Gewaltthätigkeiten sicherstellen." —

„Die kühne Nachkommenschaft Japhet's,"¹) sagt der Graf de
Maistre, „hat fortwährend nach dem hin gravitiert, wenn man
so sagen darf, was man Freiheit nennt, d. h. nach jenem Zustande,
wo der Herrscher so wenig wie möglich herrscht und das Volk möglichst wenig regiert wird. Der Europäer, immer auf der Hut vor
seinen Herrn, hat sie teils vertrieben, teils ihnen Gesetze vorgeschrieben.
Er hat alles versucht, hat alle möglichen Regierungsformen angewandt,
um sich seiner Herren zu entledigen oder um ihre Gewalt einzuschränken.
Die unermeßliche Nachkommenschaft Sem's und Cham's hat einen
anderen Weg eingeschlagen... Sie hat nie wissen wollen oder ge-
kannt, was eine Republik ist; sie weiß nichts von dem Gleichgewichte
der Gewalten; nichts von allen diesen Privilegien, von allen diesen
Grundgesetzen, worauf wir so stolz sind. Bei ihnen würde der reichste
und unabhängigste Mensch, der Besitzer eines ungeheueren beweglichen
Vermögens, der absolut frei ist, wohin er es führen will, und der
auf europäischem Boden einer vollständigen Sicherheit genösse,
die seidene Schnur oder den Dolch, die er vor Augen sieht,
dem Unglücke vorziehen, unter uns vor langer Weile sterben zu
müssen." —

Ohne im geringsten das Verdienst dieser beiden großen katholischen Schriftsteller schmälern zu wollen, wage ich doch zu behaupten,
daß ihre Erwägungen über diesen Punkt mit denen, welche der heilige
Thomas im dreizehnten Jahrhunderte aufstellte, im Grunde identisch
sind; und daß ihr Gedanke als eine exakte Übersetzung und als ein
treues Echo des Gedankens des heiligen Lehrers angesehen werden
kann, welcher, ein ebenso exakter Beobachter der Thatsachen, als ein
tiefer Denker in betreff der Theorien und der Wissenschaft, zum
Schlusse sagt, die Regierungsform eines Volkes müsse mit den intellektuellen und moralischen Bedingungen, mit den Sitten, Gewohnheiten
und den anderen socialen Verhältnissen desselben in Harmonie stehen.
Die Lehre des heiligen Augustin (welcher sagt, wenn ein Volk ernst und
sittsam sei, müsse man ihm das Recht, die Beamten zur Verwaltung
des Gemeinwesens zu wählen, zugestehen; wenn es aber unmoralisch
sei, und, seine Stimme verkaufend, verdorbene und lasterhafte Personen wähle, sei es nicht ungerecht, ihm dieses Recht zu nehmen) zu

---

¹) Vom Papste. 2. Buch. 2. Kap.

der seinigen machend, entwickelt und verallgemeinert er diesen Gedanken in folgender Weise: „Die Regierung und die Gesetze¹) müssen mit dem Geiste eines Volkes harmonieren. Es giebt einige Provinzen, deren Bewohner einen slavischen Geist haben; und diese müssen eine absolute Regierung haben, unter welcher absoluten Regierung auch die königliche mit einbegriffen ist. Die Provinzen aber, deren Bewohner einen entschlossenen Geist, ein kühnes Herz, edle Gedanken und Selbstvertrauen zu ihrer Einsicht haben, können nur durch freie Regierungen regiert werden." —

So lautet der letzte Gedanke des heiligen Thomas über die Theorie der Regierungsformen; so lautet sein letztes Wort über diesen interessanten Gegenstand, der zu nicht wenigen litterarischen Fehden und zu den leidenschaftlichsten Diskussionen Veranlassung gegeben hat; denn so lautet das letzte Wort der Philosophie, der Geschichte, der Vernunft und der Erfahrung, ebenso wie es auch das letzte Wort des Christentums ist, das in seinem weiten Schoße alle Regierungsformen duldet.

Viertes Kapitel.
Theorie des Gesetzes und die Haupteinteilungen desselben.

Was ist das Gesetz nach dem heiligen Thomas? Eine auf die allgemeine Wohlfahrt gerichtete Anordnung der Vernunft, und promulgiert von demjenigen, dem die Obsorge für die Gesamtheit obliegt (ordinatio rationis ad bonum commune, ab eo, qui curam communitatis habet, promulgata).

Die großen und wohlverdienten Lobsprüche, die man dieser Definition des Gesetzes gespendet, dispensieren uns, uns über ihre Exaktheit, ihre philosophische und sociale Tragweite näher zu ergehen.

„Ihr," sagt der unsterbliche Balmes,²) „die ihr mit so großer Verachtung auf das Mittelalter herabsehet; die ihr glaubt, daß man damals nichts von der Staatskunst und von politischen Rechten ge-

---

¹) Ibid. Lib. 4. cap. 8.
²) Der Protestant. 53. Kap.

mußt; die ihr meint, damals habe die Religion mit dem Despotismus in einem unnatürlichen Bunde gestanden; die ihr denkt, daß damals die Klöster, zufolge eines schmählichen Übereinkommens, die finstere Brutstätte der Tyrannei gewesen: was meint ihr wohl, was ein Mönch des dreizehnten Jahrhunderts über die Natur des Gesetzes gedacht? meint ihr nicht, daß er die Gewalt alles beherrschen lasse, und daß er den groben Betrug mit einigen lügnerischen Worten, Religion genannt, zudecke? — Allein ich sage euch: ihr werdet keine so milde Definition, wie er gethan, geben; ihr werdet nicht daran denken, selbst die Idee der Gewalt in der Definition beiseite zu lassen; und ihr werdet euch wundern, wie er mit so wenigen Worten alles sagen konnte, und zwar mit solcher Bestimmtheit, solcher Klarheit, in Ausdrücken, die der wahren Freiheit der Völker und der Würde des Menschen so günstig sind.... „Eine Anordnung der Vernunft," rationis ordinatio: hiermit ist die Willkür und die rohe Gewalt beseitigt; hiermit ist der Grundsatz proklamiert, daß das Gesetz nicht eine reine Wirkung des Willens sei; hiermit ist der berüchtigte Spruch korrigiert: „Der Wille des Fürsten hat Gesetzeskraft;" ein Spruch, der allerdings in einem richtigen und vernünftigen Sinne sich deuten läßt, gleichwohl aber nicht ganz richtig ist und nach Schmeichelei riecht.

„Ein berühmter moderner Schriftsteller hat viele Seiten geschrieben, um zu beweisen, daß das Gesetz seine Wurzel nicht im Willen, sondern vielmehr in der Vernunft habe; und er schließt, daß dasjenige, was über die Menschen befehlen muß, nicht der Wille, sondern die Vernunft sei. Mit viel geringerem Aufwande von Gelehrsamkeit, jedoch ebenso exakt und viel einfacher drückte es der heilige Lehrer in den eben angeführten Worten aus: „Anordnung der Vernunft." Wenn man näher zusieht, sind der Despotismus, die Willkür, die Tyrannei nur der Mangel an Vernunft bei der Handhabung der Gewalt, sind nur die Herrschaft des Willens. Wenn die Vernunft befiehlt, herrscht Gesetzlichkeit, Gerechtigkeit und Freiheit. Wenn der bloße Wille befiehlt, herrscht Gesetzlosigkeit, Ungerechtigkeit, Despotismus. Darum besteht die Grundidee eines jeden Gesetzes darin, daß es mit der Vernunft harmoniert, daß es ein Ausfluß aus derselben ist, daß es eine Anwendung derselben auf die bürgerliche Gesellschaft ist. Und wenn der Wille es sanktioniert und es ausführen läßt, dann soll er nichts weiter als ein Hilfsmittel der Vernunft, ihr Werkzeug, ihr Arm sein." —

Ich habe bereits gesagt, es sei nicht meine Absicht, mich in Einzelheiten einzulassen oder diese Definition zu analysieren; denn diese Arbeit ist bereits von vielen Schriftstellern und besonders von dem eben angeführten, mit Geschick unternommen und zu Ende geführt. Ich erlaube mir jedoch die Aufmerksamkeit des Lesers auf die große Geschicklichkeit zu lenken, mit der der heilige Lehrer bei dieser Definition die Allgemeinheit der Formel mit der strengen Exaktheit der Idee zu vereinigen wußte.

Auf den ersten Blick scheint es, als wenn die allgemeinen und dem Anscheine nach unbestimmten Formen, unter denen er diese Definition darbietet, der Exaktheit und Bestimmtheit der Idee, die er erklären will, notwendigerweise Eintrag thun müsse; und jedermann wird sagen, eine so allgemeine und unbestimmte Formel könne nicht alle wesentlichen Merkmale des Gesetzes ausdrücken. Und doch, wer wird diese Definition für eine mangelhafte ausgeben wollen? Läßt sich irgend ein wesentliches Merkmal des Gesetzes angeben, das in derselben nicht enthalten wäre? Nachdem er als Grundursache und als Fundamentalbasis des Gesetzes sein Hervorgehen aus der Vernunft und seine Übereinstimmung mit derselben angegeben, also lehrt, daß das Gesetz nicht wahrhaft ein solches sein könne, wenn es nicht nach den ewigen, notwendigen und unveränderlichen Principien der Vernunft, die ihrerseits eine Ableitung und ein Abdruck des ewigen Gesetzes ist, gleichsam modelliert ist: setzt der heilige Lehrer den wesentlichen Zweck des Gesetzes in die allgemeine Wohlfahrt: ordinatio rationis ad bonum commune. Die alten Rechtsgelehrten Roms pflegten das Gesetz „geschriebene Vernunft", scripta ratio, zu nennen. Der heilige Thomas nimmt den Kern dieser großen Idee an, giebt ihr aber einen der Natur des Gesetzes entsprechenderen Ausdruck; denn das Gesetz ist nicht die Vernunft selber, auch nicht eine einfache Manifestation derselben; es ist die Vernunft, welche die Ausführung irgend eines Dinges vorschreibt; es ist die Manifestation der praktischen Vernunft; es ist die vom Willen begleitete Vernunft, der ihr die Wirksamkeit, die Macht, die Kraft seiner Aktion mitteilt, während er von ihr die Richtung und das Licht empfängt; das Gesetz endlich ist der erleuchtete, milde und humane Befehl der Vernunft, nicht aber ein brutaler, blinder und willkürlicher Befehl des Willens.

Wenn die erstern Worte die Willkür und die Gewalt ausschließen, mithin der Tyrannei den Weg versperren, machen sie die folgenden womöglich noch unmöglicher und stellen ihr eine unübersteigliche Schranke entgegen. Das Gesetz, das hinsichtlich seines Ursprungs und Princips der Ausdruck der Vernunft und der sittlichen Gerechtigleit sein muß, muß hinsichtlich seines Zweckes und Gegenstandes der Ausdruck der allgemeinen Wohlfahrt sein: ad bonum commune. Seit dem Augenblicke, wo sich das Gesetz von der allgemeinen Wohlfahrt entfernt; seit dem Augenblicke, wo es diese aus dem Gesichte verliert; seit dem Augenblicke, wo an die Stelle der allgemeinen Wohlfahrt der Privatvorteil des Machthabers tritt: hört das Gesetz auf, Gesetz zu sein, und kommt die Tyrannei zum Vorschein; denn seit dem Augenblicke, wo der Gesetzgeber die allgemeine Wohlfahrt vergißt, indem er sie seinem Privatvorteile opfert, hört das Gesetz auf, der Ausdruck der Vernunft zu sein, und die eigentliche Idee des Gesetzes verschwindet, um von der Negation oder Umkehr des Gesetzes, wie der heilige Lehrer sagt, abgelöst zu werden: lex tyrannica, cum non sit secundum rationem, non est simpliciter lex, sed magis est quaedam perversitas legis.[1])

Das Gesetz kann Jene nicht, für die es gegeben ist, zu seiner Beobachtung führen, wenn es ihnen nicht auf die eine oder die andere Weise kundgemacht ist; denn der Mensch, der ein vernünftiges und freies Wesen ist, kann nicht in Übereinstimmung mit einer Regel wirken, die ihm nicht bekannt ist. Ferner muß das Gesetz von einer rechtmäßigen Autorität herrühren, von der Autorität, der die Sorge für die allgemeine Wohlfahrt, für das Gedeihen und Wohlergehen der Gesellschaft obliegt. Auch muß das Gesetz die Idee einer öffentlichen Macht, welche die unmittelbare Sanktion desselben bildet, in sich enthalten: ab eo, qui curam communitatis habet promulgata.

Und man beachte hier, daß diese Definition, wie sie alle wesentlichen Merkmale des Gesetzes enthält, ebenso auch alle Arten von Gesetzen umfaßt, ungeachtet ihrer großen Verschiedenheit und ihres ungeheueren Abstandes von einander: das Naturgesetz und das göttliche Gesetz, das ewige Gesetz und das menschliche Gesetz: alle sind in diese Definition eingeschlossen. Noch bewunderungswürdiger ist aber die Erhabenheit des Blickes und die Philosophie im Ausdruck, die in ihr zu Tage treten, wenn man sie auf das menschliche Gesetz anwendet, auf welches sie sich zunächst bezieht. Nicht die geringste Andeutung über den unmittelbaren Ursprung der Autorität, welche

---

[1]) Sum. theol. 1. P. Q. 89. A. 1.

die Gesetze zu geben hat, nicht das letzte Wort über die Regierungsform, welche die Gesellschaft regieren muß, für welche das Gesetz promulgiert wird. Ganz im Gegenteil, der heilige Lehrer vermeidet mit großer Sorgfalt, was beim Gesetze sekundär und indifferent ist, und nicht wesentlich zur Idee desselben gehört. Darum sind in seiner Definition alle rechtmäßigen Regierungsformen enthalten: die absolute und die gemäßigte Monarchie, die Aristokratie und die Demokratie mit allen ihren möglichen Formen und Einrichtungen: alle sind in seiner Definition inbegriffen, da alle mit der Idee des Gesetzes verträglich sind. Man erinnere sich an seine Lehre über die Regierungsformen, die wir im vorigen Kapitel mitgeteilt; und man wird unschwer erkennen, daß die uns beschäftigende Definition für alle Staatsformen das Feld frei läßt, da sie von ihren Verschiedenheiten gänzlich absieht.

Es giebt eine politische Schule, die, Rousseau folgend, im Gesetze nichts anderes sieht, als den Ausdruck des allgemeinen Willens, der für sich allein alle Pflichten des socialen Lebens bestimme und regulire. Man braucht nur ein wenig nachzudenken, um sofort die ungeheuere Superiorität der Definition, wie sie der heilige Thomas gegeben, über die aus der Schule Rousseau's kommende zu erkennen.

Hobbes lehrt, das moralisch Gute und Böse existire nicht vor dem menschlichen Gesetze, und ihre Verschiedenheit sei nicht eine primitive Thatsache der Natur, sondern vielmehr die Konsequenz und das Resultat der gesetzlichen Sanktion. Ist der Abstand, welcher diese Lehre von der im Begriffe des menschlichen Gesetzes, wie Rousseau und seine Schule ihn aufstellt, trennt, etwa groß? Besteht nicht vielmehr eine geheime Verwandtschaft zwischen der Lehre Rousseau's und der Lehre von Hobbes?

Ich weiß wohl, daß Hobbes durch den Philosophen von Genf lebhaft angegriffen und bekämpft wird, und daß dieser letztere die absurde und empörende Lehre des englischen Philosophen verwirft; allein dieses hindert nicht, daß dennoch eine große Verwandtschaft unter ihren Lehren über diesen Gegenstand besteht, und daß die Theorie des allgemeinen Willens auf die Negation des primitiven Unterschiedes zwischen dem moralisch Guten und Bösen hinausläuft.

In der That; wenn das Gesetz nur der Ausdruck des menschlichen Willens ist; wenn die Vernunft mit ihren ewigen, notwendigen und unveränderlichen Principien hier nichts zu bedeuten hat; wenn das Gesetz sich nicht ursprünglich auf Gott bezieht, d. h. auf das ewige Gesetz mittels der Vernunft des Menschen, die ein Abdruck und eine Teilnahme an diesem ewigen Gesetze ist: muß man zugeben, daß der Unterschied zwischen dem Guten und dem Bösen bei den der Herrschaft des menschlichen Gesetzes unterworfenen Handlungen vom Willen des Menschen abhängt; muß man sagen, die Angemessenheit der Strafe, der Begriff der Gerechtigkeit und Ungerechtigkeit beim Raube, beim Morde, beim Ehebruche und anderen ähnlichen Handlungen, die sich direkt auf die Ausübung der staatlichen Macht und auf die Konstitution der Gesellschaft beziehen, hangen vom Gutdünken des Willens ab. Quod si populorum jussis, sagt Cicero,[1]) si principum decretis, si sententiis judicum, jura constituerentur, jus esset latrocinari, jus adulterare, testamenta falso supponere, si haec suffragiis aut scitis multitudinis probarentur?

Nein; der Wille, so groß, so berechtigt, so allgemein man ihn auch voraussetzen mag, kann nicht im mindesten die Natur des moralisch Guten und Bösen verändern; kann nicht gerecht machen, was wesentlich ungerecht ist; kann nicht machen, daß jenes keine Strafe verdient, was der Vernunft und den ewigen und unveränderlichen Principien, welche sie leiten, entgegen ist.

Wenn die Konsequenzen dieser Definition des menschlichen Gesetzes in philosophischer und moralischer Hinsicht traurig sind; so sind sie nicht weniger traurig und gefährlich auf dem politischen Gebiete. Das Gesetz zum einfachen Ausdruck des Willens des Menschen machen, heißt dem Despotismus und der Tyrannei den Weg bereiten; heißt die Herrschaft der Gewalt und der Willkür statt der Herrschaft der Vernunft und der Gerechtigkeit aufrichten; heißt die Macht und die Autorität an den Rand des Abgrundes bringen. Es ist leicht zu erkennen, daß die Anwendung einer derartigen Theorie entweder die Anarchie, oder den Despotismus und die Tyrannei zum unvermeidlichen Resultate haben muß: die Anarchie in den demokratischen Staaten, wo der Einzelwille zur Formation des Gesetzes mitwirken muß; die Tyrannei, wenn diese Einzelwillen in einem einzigen Haupte konzentriert sind. Eine derartige Theorie ist fürwahr die absoluteste Übertreibung der in der bekannten Sentenz enthaltenen Idee: quod principi placuit, legis habet vigorem: eine Sentenz, welche, im strengen Sinne genommen, direkt zur Tyrannei führt.

Nach dem bereits Gesagten halte ich es durchaus nicht mehr für

---

[1]) De Legibus. 1. Buch. 16. Kap.

nötig, noch länger den ungeheueren Abstand, der zwischen dieser Lehre und der des heiligen Thomas besteht, beweisen zu sollen. Die vom heiligen Thomas gegebene Definition des Gesetzes ist die radikale Negation des Begriffes desselben, wie ihn Rousseau und seine Schule aufstellt. Während diese letztere Schule, die das Gesetz schließlich in den willkürlichen Bestimmungen des Willens bestehen läßt, die Würde des Menschen herabsetzt, und die Linie, welche die Wahrheit vom Irrtume, das Gute vom Bösen trennt, zu verwischen sucht, wahrt der heilige Thomas, der das Gesetz auf die Vernunft bezieht, und verlangt, daß es nach ihren ewigen und notwendigen Principien gemacht werde, die Würde des Menschen, und errichtet die wahre Basis der gegenseitigen Verhältnisse und Pflichten zwischen den Regierenden und Regierten. Auf diese Weise ist das Gesetz über den menschlichen Willen gestellt; denn über allen Manifestationen des Willens des Menschen, über allen Formen der politischen Gesellschaft: über der Monarchie, der Demokratie, der Aristokratie, über dem Volke oder Parlamente, steht die Vernunft mit ihren ewigen Principien der Gerechtigkeit: welche Vernunft ein Abglanz und eine Ableitung aus der göttlichen Vernunft und eine Teilnahme an dem ewigen Gesetze ist.

Nach dem Graf de Maistre ist das Gesetz „der Wille des Gesetzgebers, kundgethan seinen Untergebenen, damit sie ihr Verhalten darnach einrichten". — Ohne Zweifel war der berühmte Verfasser der „Abendstunden", als er diese Worte schrieb, sehr weit von dem Gedanken des Philosophen von Genf (Rousseau) entfernt. Der Gesamtinhalt und die Tendenzen seiner Lehren lassen diese Voraussetzung nicht zu. Es ist aber auch gewiß, daß seine Definition außer ihrer Fehlerhaftigkeit den nämlichen Mißständen und Gefahren ausgesetzt ist, worauf wir bei jener aufmerksam gemacht. Sobald das Gesetz auf den einfachen Ausdruck des Willens reduziert wird; sobald man von seiner Übereinstimmung mit der richtigen Vernunft absieht und es nicht als eine Vorschrift der Vernunft, die richtig ist durch die Gerechtigkeit, die aus den ersten moralischen Wahrheiten, die ihrer Entwickelung vorstehen und die, wie wir gesehen, nur ein Abdruck der göttlichen Ideen und eine Teilnahme am ewigen Gesetze sind, abgeleitet ist, bleibt dem Mißbrauche der Gewalt unter den Menschen und ihren tyrannischen Auswüchsen Thür und Thor geöffnet. Auf jeden Fall aber muß man anerkennen, daß die eben genannte Definition nicht alle wesentlichen Merkmale des Gesetzes enthält, wie die des heiligen Thomas, und daß sie von der philosophischen Exaktheit, die bei dieser sich zeigt, sehr weit entfernt ist.

Sprechen wir nun jetzt auch noch einige Worte über die Haupteinteilungen des Gesetzes und seiner verschiedenen Beziehungen zum menschlichen Gesetze.

Wie in Gott dem höchsten Urheber und Schöpfer des Weltalls von Ewigkeit her die Urbilder aller geschaffenen Dinge vorhanden sind, so sind auch in seiner unendlichen Intelligenz von Ewigkeit her die oberste Ordnung und Richtung aller Handlungen und Bewegungen dieser geschaffenen Dinge. Mithin ist das ewige Gesetz nichts anderes als die göttliche Weisheit selber, welche von vornherein die Handlungen und Bewegungen der Geschöpfe ordnet und sie zu ihren Bestimmungen hinleitet: ratio divinae sapientiae, secundum quod est directiva omnium actuum et motionum.

Zwei wichtige Folgerungen bringt diese Idee des ewigen Gesetzes mit sich:

1) Obwohl allein Gott und diejenigen, welche seine göttliche Wesenheit schauen, dieses ewige Gesetz an sich vollkommen erkennen, da es mit der göttlichen Weisheit und folglich mit der unendlichen Wesenheit Gottes identisch ist; so erkennt doch auch der Mensch dieses ewige Gesetz in seinen Wirkungen und hauptsächlich in der Erkenntnis der Wahrheit, die ein Abglanz, eine Ausstrahlung und Teilnahme an diesem Gesetze ist, das mit der unveränderlichen Wahrheit identisch ist: Omnis enim cognitio veritatis est quaedam irradiatio et participatio legis aeternae, quae est Veritas incommutabilis.

Da also jeder Mensch, so roh und unwissend er sein mag, irgend eine Erkenntnis der Wahrheit besitzt, indem Alle wenigstens die ersten Prinzipien des Naturgesetzes kennen; erkennt jedes vernünftige Geschöpf auf irgend eine Weise das ewige Gesetz.

2) Zweite Folgerung: Das ewige Gesetz ist die primitive Basis und der apriorische Grund jeglichen Gesetzes. Jedes Gesetz, das mit dem ewigen Gesetze nicht in Übereinstimmung steht; jedes Gesetz, das nicht eine mehr oder weniger direkte und unmittelbare Ableitung aus dem ewigen Gesetze ist, verdient diesen Namen nicht. Darum ist Gott, die erste Wahrheit und deshalb auch der Ursprung und die Quelle aller Wahrheit, auch die wesentliche und lebendige Gerechtigkeit, und darum auch Quelle und Ursprung jeder moralischen Richtigkeit und der in jedem niederen Gesetze enthaltenen Gerechtigkeitsordnung.

So gewiß es indessen ist, daß das menschliche Gesetz die Natur eines wahren Gesetzes nur unter der Voraussetzung seiner Beziehungen zum ewigen Gesetze und seiner Abhängigkeit von demselben hat, da es immer eine Ableitung aus demselben sein muß, so ist doch zu beachten, daß diese Beziehungen und diese Abhängigkeit für den Menschen nicht leicht zu erkennen wären, wenn er sie unmittelbar auf das ewige Gesetz beziehen müßte; denn da dieses ihm nicht an sich bekannt ist, würde er in vielen Fällen nicht wenige Schwierigkeiten haben, um die Beziehungen des menschlichen Gesetzes zum ewigen Gesetze zu erkennen und aufzustellen. Hieraus ergiebt sich die Notwendigkeit des Daseins des Naturgesetzes, das im Grunde nichts anderes ist, als eine Teilnahme und ein Abdruck des ewigen Gesetzes in der Natur des Menschen: impressio divini luminis in nobis. Unde patet, quod lex naturalis nihil aliud est, quam participatio legis aeternae in rationali creatura.

Wie in der spekulativen und in der Ordnung der absoluten Wahrheit die Vernunft des Menschen eine Teilnahme an der höchsten Vernunft Gottes, ein Abglanz, ein Abdruck seines intellektuellen Lichtes ist; so ist auch in der moralischen Ordnung das Naturgesetz ein Abdruck der göttlichen Vernunft, eine Teilnahme am ewigen Gesetze, durch welches der Mensch zu den Akten und Endzwecken, die mit seiner Natur übereinstimmen, hinstrebt, und das moralisch Gute und Böse erkennt und unterscheidet. „Es giebt also in ihr (der vernünftigen Kreatur) eine Teilnahme an der ewigen Vernunft, die sie zu dem entsprechenden Akte und Endzwecke hinneigt . . . . so daß das Licht der Vernunft, womit wir das Gute und das Böse unterscheiden (was eine dem Naturgesetze eigentümliche Funktion ist), nichts anderes ist, als der Abdruck des göttlichen Lichtes in unserer Seele."[1] —

Mittels dieses Abdruckes, der das ewige Gesetz gleichsam auf die menschliche Natur überträgt, tritt der Mensch in direkte und unmittelbare Berührung mit dem ewigen Gesetze, und hat auf diese Weise in sich selber eine leichte, beständige und sichere Regel, um die Beziehungen des rein menschlichen Gesetzes zum ewigen Gesetze zu beurteilen und zu würdigen.

---

[1] Ibid. Q. 91. art. 2: In ipsa (creatura rationali) participatur Ratio aeterna, per quam habet naturalem inclinationem ad debitum actum et finem . . . ut lumen rationis naturalis quo discernimus quid sit bonum, et quid malum, quod pertinet ad naturalem legem, nihil aliud sit, quam impressio divini luminis in nobis. —

Da das Naturgesetz in gewisser Weise mit der Natur des Menschen selber und mit dem praktischen Verstande identisch ist, bleibt es hinsichtlich seiner ersten Vorschriften, welche die Grundbegriffe der moralischen Ordnung und insbesondere die Ideen des Guten und Bösen mit ihrer wesentlichen und primitiven Verschiedenheit enthalten, sich immer gleich und ändert sich niemals.

„Wie die Seinsidee das erste Objekt ist,[1]) das unter die Erkenntnis des spekulativen Verstandes fällt, so ist das Gute das erste, was unter die Wahrnehmung des praktischen Verstandes fällt, welcher die Akte leitet; denn jedes Agens handelt wegen eines Endzweckes, der die Idee des Guten involviert. Folglich beruht das erste Princip des praktischen Verstandes auf der Idee des Guten; und da diese Idee also lautet: „Das Gute ist jenes, das alle Wesen erstreben;" so ist die erste Vorschrift des Naturgesetzes: „Man muß das Gute thun und das Böse meiden." Alle anderen der Seele eingedrückten Vorschriften beruhen auf dieser." —

Hieraus ergibt sich auch, daß das Naturgesetz in seinen ersten Principien absolut unveränderlich ist, und daß es unmöglich ist, daß dasselbe im Herzen des Menschen vollständig ausgelöscht werde, oder daß dieser sich in absoluter Unkenntnis seiner ersten Principien befände, weil es nicht allein ursprünglich in das Herz des Menschen eingegraben ist, sondern auch, weil die Ideen des Guten und Bösen, die seine primitiven Elemente sind, der Vernunft gleichsam angeboren und ihr von Natur ausgegeben sind, woraus folgt, daß jeder Gebrauch der Vernunft, so unvollkommen er sein mag, die Erkenntnis der ersten Principien des Naturgesetzes notwendigerweise mit sich bringt. Dasselbe ist aber nicht der Fall hinsichtlich der sekundären Vorschriften desselben; denn da sie nicht eine so unmittelbare Evidenzverknüpfung mit den Urbegriffen der moralischen Ordnung haben, kann die Stärke ihres Eindruckes durch den Einfluß der Leidenschaften, durch die praktischen Irrtümer des Verstandes, durch die der Natur

---

[1]) ibid. 1. 2. Q. 94. a. 2: Sicut autem ens est primum quod cadit in apprehensione simpliciter, ita bonum est primum quod cadit in apprehensione practicae rationis, quae ordinatur ad opus; omne enim agens agit propter finem, qui habet rationem boni. Et ideo primum principium in ratione practica est quod fundatur supra rationem boni, quae est: „Bonum est quod omnia appetunt;" hoc est ergo primum praeceptum legis, quod „bonum est faciendum et prosequendum, et malum vitandum". Et super hoc fundantur omnia alia praecepta legis naturae. —

widerstrebende Sitte, und durch eingewurzelte verkehrte Gewohnheiten mehr oder weniger verdunkelt oder ausgelöscht werden.

„Was die anderen sekundären Vorschriften betrifft,[1]) so kann das Naturgesetz aus dem Herzen vertilgt werden teils durch die schlechten Zuflüsterungen (die auch den spekulativen Irrtum in den notwendigen Schlußfolgerungen herbeiführen), teils durch die verdorbenen Sitten und lasterhaften Gewohnheiten, so daß bei Einigen der Diebstahl und selbst die Sünden gegen die Natur für erlaubt galten, wie der heilige Paulus dieses im 1. Kapitel des Römerbriefes mitteilt."

Diese Möglichkeit und insbesondere die Leichtigkeit, womit, wie die Erfahrung lehrt, aus dem Herzen des Menschen die Vorschriften des Naturgesetzes ausgelöscht werden, legt uns die Notwendigkeit des menschlichen Gesetzes nahe, das, die Aktion des Menschen ordnend und leitend, ihn hindert, sich von den Vorschriften des Naturgesetzes zu entfernen, und ihm Festigkeit und Sicherheit in seiner Erkenntnis verleiht. Andererseits läßt sich der Mensch auch bei Voraussetzung der Erkenntnis der Vorschriften des Naturgesetzes, nur zu häufig durch seine Leidenschaften und Gewohnheiten hinreißen, gegen diese Vorschriften zu handeln. Wenn man nun noch hinzunimmt, daß das Naturgesetz wegen seiner Allgemeinheit, die es in gewisse Schranken einschließt, nicht zu gewissen Einzelheiten und praktischen Anwendungen herabsteigt, die aber dennoch für die zweckmäßige Einrichtung der Gesellschaft unumgänglich nötig sind; so ist es absolut klar, daß eine moralische Gewalt, die, sanktioniert durch die Furcht vor Strafe und die Hoffnung auf Belohnung, den Menschen antreibt, in Übereinstimmung mit den Vorschriften des Naturgesetzes zu handeln, und die andererseits imstande ist, die gegenseitigen Verhältnisse der Mitglieder der Gesellschaft festzusetzen, notwendig vorhanden sein muß. Das menschliche Gesetz ist folglich eine Notwendigkeit und muß als eine praktische Evolution und als ein notwendiges Komplement des auf die Gesellschaft angewandten Naturgesetzes angesehen werden.

Das menschliche Gesetz, das diesen Namen nur verdient, wenn

---

[1]) Ibid. Q. 94. a. 6: Quantum vero ad alia praecepta secundaria, potest lex naturalis deleri de cordibus hominum vel propter malas persuasiones, vel etiam pravas consuetudines et habitus corruptos: sicut apud quosdam non reputabantur latrocinia, peccata, vel etiam vitia contra naturam, ut etiam Apostolus dicit ad Rom. 1. —

es in Übereinstimmung mit dem Naturgesetze steht oder doch ihm nicht positiv widerspricht, kann sich auf dieses Naturgesetz auf zweifache Weise beziehen: erstens mittels der Deduktion oder Folgerung kraft seines Zusammenhanges mit den Vorschriften des Naturgesetzes; und zweitens mittels der einfachen näheren Bestimmung oder Feststellung, insofern in ihm mittels speciellen Anwendungen die allgemeinen Vorschriften des Naturgesetzes partikularisiert werden. Im ersteren Falle involviert das Gesetz außer der menschlichen Sanktion auch noch zum Teil die Sanktion des Naturgesetzes. Im zweiten Falle involviert es bloß die menschliche Sanktion. „Gewisse Dinge," sagt der heilige Thomas,[1] „werden wie Schlüsse aus den allgemeinen Principien des Naturgesetzes abgeleitet. So wird das Gebot: „Du sollst nicht töten" mittels der Schlußfolgerung aus dem folgenden abgeleitet: „Du sollst keinem Böses zufügen." Andere Dinge werden aus den nämlichen Principien als specielle Bestimmungen abgeleitet. So schreibt das Naturgesetz z. B. die Bestrafung des Schuldigen vor; allein daß er diese oder jene Strafe erleiden solle, ist eine besondere nähere Bestimmung, eine Anwendung des Naturgesetzes. Diese beiden Dinge nun gehören zum positiven Gesetze. Die ersteren, welche die Regeln der Deduktion befolgen, gehören nicht allein zum menschlichen Gesetze, sondern sie haben einen Teil ihrer Kraft aus dem Naturgesetze. Die anderen, welche den Prozeß der näheren Bestimmung befolgen, haben ihre Kraft einzig aus dem menschlichen Gesetze." —

Das menschliche Gesetz muß den Menschen nehmen, wie er einmal ist, mit seinen Unvollkommenheiten und Schwächen, ohne von ihm eine absolute und höhere Vollkommenheit zu verlangen, als zu welcher die Individuen gewöhnlich zu gelangen pflegen. Da es seine Aufgabe nicht ist, die Menschen in der Tugend vollkommen zu machen, muß

---

[1] Ibid. Q. 95. a. 2: Derivantur ergo quaedam a principiis communibus legis naturae per modum conclusionum, sicut hoc quod est: non esse occidendum: ut conclusio quaedam derivari potest ab eo quod est: nulli esse faciendum malum. Quaedam vero per modum determinationis; sicut lex naturae habet, quod ille qui peccat, puniatur; sed quod tali poena, vel tali puniatur, hoc est quaedam determinatio legis naturae.

Utraque igitur invenientur in lege humana posita; sed ea quae sunt primi modi, continentur in lege humana, non tamquam sint solum lege posita, sed habent etiam aliquid vigoris ex lege naturali. Sed ea quae sunt secundi modi, ex sola lege humana vigorem habent. —

es damit zufrieden sein, die wichtigeren Dinge zu verbieten, insbesondere jene, welche zum Schaden des Nächsten gereichen, da sonst die Existenz der menschlichen Gesellschaft unmöglich sein würde. „Das menschliche Gesetz," sagt der heilige Lehrer,[1]) „verbietet nicht alle Sünden, welche die tugendhaften Personen vermeiden, sondern bloß die Vergehen, welche der größere Teil der Menge vermeiden kann; und besonders jene, welche dem Nächsten schaden, und deren Verbot für die Erhaltung der Gesellschaft notwendig ist. So sehen wir, daß das menschliche Gesetz den Mord, den Diebstahl und dergleichen verbietet." —

Der heilige Thomas aber, ohne zu verkennen, daß das Objekt des Gesetzes die Wohlfahrt der Gesellschaft und ihrer einzelnen Glieder ist; ohne zu verkennen, daß die Wirkung des Gesetzes darin besteht, die Menschen zum Guten und zur Tugend zu führen: cum proprius effectus legis sit bonos facere eos, quibus datur; vergißt deswegen nicht, daß das menschliche Gesetz den Menschen mit seinen Schwächen und Mängeln nehmen muß; daß es nicht die Schwierigkeiten aller Art, um zur vollkommenen Tugend zu gelangen, vergessen darf; und daß, würde man von der Allgemeinheit der Menschen die Vollkommenheit verlangen, zu der Einige gelangen, dieses nur größere Übel herbeiführen würde, da „die Schwachen, die unter der Last seiner Vorschriften erliegen, nur noch tiefer in das Böse fallen würden".[2])

Diese Betrachtung samt der Lehre über das Naturgesetz führen von selbst zur Anerkennung der Notwendigkeit und des Daseins des göttlichen Gesetzes. Alle einzelnen Handlungen des Menschen müssen in Übereinstimmung mit den Vorschriften des Naturgesetzes stehen. Allein da aus seinem Herzen leicht einige von seinen Vorschriften ausgewischt werden können, und da es außerdem gewiß ist, daß es nicht Sache des menschlichen Gesetzes ist, jegliches Böse zu verhüten und jegliches Gute vorzuschreiben, sondern sich bloß auf die äußeren Handlungen, welche die öffentlichen Verhältnisse der Gesellschaft ver-

---

[1]) Ibid. Q. 96. a. 2: Et ideo lege humana non prohibentur omnia vitia, a quibus virtuosi abstinent, sed solum graviora a quibus possibile est majorem partem multitudinis abstinere, et praecipue quae sunt in nocumentum aliorum, sine quorum prohibitione societas humana conservari non posset: sicut prohibentur lege humana homicidia et furta, et hujusmodi. —

[2]) Ibid. ad 2: (Homines imperfecti) praecepta contemnuntur, et ex contemptu ad pejora mala prorumpunt. —

wirken können, beschränkt; so folgt hieraus, daß es irgend ein anderes Gesetz geben muß, welches das Naturgesetz und das menschliche Gesetz vervollständigend und vervollkommnend, zur sicheren, einfachen, vollständigen und absoluten Norm für alle Handlungen des Menschen, selbst für jene, die den größtmöglichen Grad von moralischer Tugend und Vollkommenheit zu erlangen suchen, dienen kann.

„Der Mensch[1]) kann nur Gesetze machen über Dinge, über die er urteilen kann. Nun kann er aber nicht über die inneren verborgenen Bewegungen des Herzens, sondern bloß über die äußeren Werke urteilen, die an das Tageslicht treten; und doch verlangt die Vollkommenheit der Tugend die Richtigkeit dieser beiden Arten von Handlungen; das menschliche Gesetz kann also nicht den ganzen Menschen regieren, da es die inneren Bewegungen nicht ordnen kann; es muß darum das göttliche Gesetz mit seinem Lichte und seiner Kraft hinzukommen.

„Endlich vermag das menschliche Gesetz nicht, wie der heilige Augustin bemerkt, alle Übelthaten, die begangen werden, zu verbieten und zu bestrafen. Denn wenn es alle bösen Handlungen verbieten wollte, würde es dadurch viele gute Handlungen verhindern, und würde der öffentlichen Wohlfahrt, die zur Erhaltung der Gesellschaft notwendig ist, einen schlimmen Schlag versetzen. Wenn wir also wollen, daß nichts Böses ohne Verbot und ohne Strafe bleibe, so müssen wir das göttliche Gesetz eintreten lassen, das alle Sünden verbietet."

Die Erfahrung selber lehrt uns, daß die Urteile des Menschen über die moralische Richtigkeit gewisser menschlichen Handlungen, besonders wenn diese von vielen verwickelten Umständen umgeben sind, dunkel, zweifelhaft und ungewiß sind, so daß hier nicht wenige Male

---

[1]) Ibid. Q. 91. a. 4: Quia de his potest homo legem facere, de quibus potest judicare; judicium autem hominis esse non potest de interioribus motis qui latent, sed solum de exterioribus actibus qui apparent, et tamen ad perfectionem virtutis requiritur quod in utriusque actibus homo rectus existat; et ideo lex humana non potuit cohibere et ordinare sufficienter interiores actus, sed necessarium fuit, quod ad hoc superveniret lex divina.

Quarto, quia sicut August. dicit, lex humana non potest omnia quae male fiunt, punire vel cohibere; quia dum auferre vellet omnia mala, sequeretur quod etiam multa bona tollerentur, et impediretur utilitas boni communis quod est necessarium ad conservationem humanam; ut ergo nullum malum improhibitum et impunitum remaneat, necessarium fuit supervenire legem divinam, per quam omnia peccata prohibentur. —

Viertes Kapitel. Theorie des Gesetzes und die Haupteinteilungen. 379

Verschiedenheit und Widerspruch bei den Urteilen zum Vorschein kommen. Es war darum sehr zweckmäßig, ja sogar notwendig, daß Gott dieser praktischen Notwendigkeit und Gefahr zu Hilfe kam mittels der Verkündung des göttlichen Gesetzes, das dem Menschen mit aller Sicherheit sagt, was er in allen seinen Akten, den äußeren wie den inneren, zu thun und zu lassen hat.

Zu allen diesen Beweisen von der Notwendigkeit des göttlichen Gesetzes fügt der heilige Thomas noch einen anderen hinzu, der aus dem Zwecke des Gesetzes und der Bestimmung des Menschen hergenommen ist. Da der Endzweck des Gesetzes darin besteht, den Menschen zu seinem Endziele hinzuleiten und zu führen, sind das Naturgesetz und das menschliche Gesetz für sich allein hierzu nicht ausreichend. Wenn die Bestimmung des Menschen eine rein natürliche wäre, könnte man vielleicht die Sufficienz des menschlichen und natürlichen Gesetzes, um allen Bedürfnissen des Menschen vorzusorgen, annehmen. Da dieser aber eine übernatürliche Bestimmung hat, nämlich die ewige Seligkeit, folglich eine Bestimmung, die über seine Kräfte und Anlagen hinausgeht, muß der Mensch außer vom Natur- und menschlichen Gesetze auch noch von einem göttlichen Gesetze in seinen Handlungen geleitet und regiert werden, das ihn mit seiner übernatürlichen Bestimmung in Beziehung und Verbindung zu bringen vermag.

Die oberste primitive Sanktion des Gesetzes findet sich in Gott, der wesentlichen und lebendigen Gerechtigkeit, in dessen Weisheit der Grund von allen menschlichen Handlungen enthalten ist. Und dieses ist nicht allein wahr hinsichtlich des göttlichen und des Naturgesetzes, dessen Beziehungen zu, dessen Abhängigkeit von und dessen Ableitung aus dem ewigen, mit Gott identischen Gesetze, leicht zu erkennen sind; sondern auch hinsichtlich des menschlichen Gesetzes, welches, obwohl es dem ewigen Gesetze nicht so nahe steht, dennoch eine wahre Ableitung aus demselben ist. Auch dieses entging dem Scharfblicke des heiligen Thomas nicht. „Das menschliche Gesetz enthält mehr oder weniger den Begriff des Gesetzes, je nachdem es mehr oder weniger mit der gesunden Vernunft übereinstimmt, und je nachdem es sich aus dem ewigen Gesetze ableitet." [1])

---

[1]) Ibid. Q. 93. a. 6. ad 2: Lex humana in tantum habet rationem legis in homine, in quantum est poena consequens divinam justitiam, et secundum hoc manifestum est quod derivatur a lege aeterna. —

So muß also die oberste und letzte Sanktion des menschlichen Gesetzes in dem ewigen Gesetze gesucht werden, von dem es auch ursprünglich seine Kraft empfängt, die es hat, zu seiner Beobachtung selbst im inneren Forum des Gewissens zu verpflichten. „Die durch die Menschen") aufgestellten positiven Gesetze sind entweder gerecht oder ungerecht. Wenn sie gerecht sind, haben sie vom ewigen Gesetze, aus dem sie stammen, die Kraft, im Gewissen zu verpflichten." —

Dies ist in Kürze die große herrliche Theorie des heiligen Thomas über die Gesetze: eine Theorie, die wir infolge des uns gesteckten Zieles bloß in großen Zügen haben auseinandersetzen können, und deren große Schönheiten bloß richtig gewürdigt werden können, wenn man seine unsterbliche Abhandlung über die Gesetze liest und studiert. „Eine erhabene Theorie," sagt der berühmte spanische Philosoph, dessen vollgültiges Wort wir schon mehrmals im Verlaufe unseres Werkes vernommen haben,¹) „in der die Gewalt ihre Rechte, ihre Pflichten, ihre Stärke, ihre Auktorität, ihre Hoheit empfängt; und in der die Gesellschaft die stärkste Bürgschaft für die Ordnung, für die Wohlfahrt und die wahre Freiheit findet; eine erhabene Theorie, die den Willen des Menschen aus dem Gesetze beseitigt, und ihn zu einem Werkzeuge des ewigen Gesetzes, zu einem Diener Gottes macht." —

„Mit vollem Vertrauen," so will ich mit diesem großen Schriftsteller schließen, „können wir unsere Gegner herausfordern, daß sie uns einen Juristen oder einen Philosophen namhaft machen, der mit solcher Klarheit, mit solcher Besonnenheit, mit einem solchen edlen Freimute und solcher hochherzigen Erhabenheit die Principien dargestellt hat, auf welche die weltliche Macht zu achten hat. Seine Abhandlung über die Gesetze ist ein unsterbliches Werk. Wer dieses gründlich aufgefaßt hat, weiß alle die großen Principien, die den Gesetzgeber leiten müssen." —

---

¹) Ibid. Q. 96. a. 4: Leges positae humanitus, vel sunt justae vel injustae. Si quidem justae sint, habent vim obligandi in foro conscientiae a lege aeterna, a qua derivantur. —

²) Balmes, Protest. Kap. 53.

Fünftes Kapitel.
Veränderlichkeit des menschlichen Gesetzes.

Abgesehen von der sogenannten praktischen Schule, die wir der Aufmerksamkeit eines Philosophen wenig wert halten, weil sie ihren Blick nicht über die Phänomene der rein praktischen Anwendung erhebt, giebt es in unserem Jahrhundert zwei Hauptschulen des menschlichen Rechtes und seiner Beziehungen zum Naturrechte oder Naturgesetze.

Kant, der seine Theorie der reinen Vernunft auf das Gebiet der menschlichen Gesetzgebung überträgt und anwendet, sieht in dieser letzteren nur eine notwendige und allgemeine Manifestation des Naturgesetzes. Dieses ist der Grundgedanke der philosophischen Schule, die, von dem Königsberger Philosophen gegründet, nachher von seinen Schülern und insbesondere von Hegel fortgesetzt und weiterentwickelt wurde.

Nach dieser Schule ist das menschliche Gesetz etwas Absolutes wie das Naturgesetz; und die Aufgabe des Gesetzgebers besteht darin, die im Naturrecht enthaltene natürliche und ewige Gerechtigkeit zu erkennen, ihre Diktate in abstrakte allgemeine Sätze zu fassen, welche die Aktion des Einzelnen in der Gesellschaft zu regeln und zu leiten vermögen. Das menschliche Gesetz muß von der Verschiedenheit, wie sie in der Herkunft, in den Nationalitäten, im Klima, in den Charakteren, in den Gewohnheiten und anderen Bedingungen und Verhältnissen vorhanden sein können, absehen und sich darüber hinwegsetzen. Mit einem Worte: Die philosophische Schule sucht das menschliche Gesetz mit dem Naturgesetze zu identificieren, indem es auf jenes die Merkmale der Einheit, Unveränderlichkeit und Allgemeinheit überträgt, die letzterem eigentümlich sind.

Gegenüber der philosophischen Schule steht die sogenannte historische Schule, welche das menschliche Gesetz als die natürliche Manifestation und das Resultat der Ideen, Gewohnheiten, Einrichtungen, der Abkunft, des Klimas und des Charakters eines Volkes betrachtet. Nach dieser Schule muß die Gesetzgebung eines Volkes im genauen Verhältnisse zu den besonderen Bedingungen desselben stehen, indem sie notwendigerweise auch seine geschichtlichen Wechselfälle wiederspiegelt; und die Aufgabe des Gesetzgebers besteht bloß darin, daß er die verschiedenen Elemente eines Volkes studiert, um eine Gesetzgebung in Übereinstimmung mit denselben aufstellen zu können. Wie also die philosophische Schule darauf ausgeht, das rein menschliche Recht mit dem Naturrechte zu verwechseln und zu assimilieren; so sucht dagegen die historische Schule beide vollständig voneinander zu trennen. Hieraus folgt auch die Erscheinung, daß, während in der ersteren Schule das menschliche Gesetz an der Allgemeinheit, Unveränderlichkeit und Notwendigkeit des Naturgesetzes participiert, die andere Schule, da sie das menschliche Gesetz von der Erfahrung und von der Vielfältigkeit der empirischen Elemente und Bedingungen abhangen läßt, wesentlich hypothetisch, progressiv und veränderlich ist.

Welche von diesen beiden Schulen hat recht? Unserer Überzeugung nach haben sie beide recht, und haben beide unrecht. Sie haben recht, denn beide enthalten eine Wahrheit. Sie haben unrecht, da sie diese Wahrheit und ihre Anwendungen übertreiben und entstellen.

Daß das menschliche Gesetz etwas Absolutes, Unveränderliches und Allgemeines haben müsse, ist eine Wahrheit, die nur diejenigen leugnen können, welche verkennen, daß eine der Hauptbedingungen und vielleicht die wesentlichste eines jeden menschlichen Gesetzes darin besteht, daß es eine Ableitung aus dem Naturgesetze ist. Und wenn ich Ableitung sage, so will ich nicht sagen, das menschliche Gesetz müsse immer eine streng logische Folgerung aus dem Naturgesetze sein, oder die durch dasselbe gebotene oder verbotene Sache müsse ein bestimmtes und ausdrückliches Gebot oder Verbot des Naturgesetzes sein; sondern es müsse wenigstens eine negative Ableitung sein, d. h. daß es nicht im Widerspruche stehe mit den Vorschriften des Naturgesetzes; denn da dieses beim Menschen der Ausdruck der wesentlichen, unveränderlichen und ewigen Gerechtigkeit ist, hört jedes menschliche Gesetz, das mit dem Naturgesetze im Widerspruche steht, auf, gerecht zu sein, und verliert folglich die Natur eines wahren Gesetzes; denn wie der heilige Augustin sagt, non videtur esse lex, quae justa non fuerit. In diesem Sinne muß verstanden werden, wenn der heilige Thomas sagt, das menschliche Gesetz habe insofern den Begriff des Gesetzes, als es sich aus dem Naturgesetze ableitet; und wenn es mit diesem nicht in Übereinstimmung stehe, verliere das menschliche Gesetz die Natur eines Gesetzes: Omnis[1]) lex humanitus posita in tantum

---

[1]) Sum. theol. 1. 2 Q. 95. a. 2.

habet de ratione legis, in quantum a lege naturae derivatur; si vero in aliquo a lege naturae discordet, jam non erit lex, sed legis corruptio).

Ein anderer, überzeugender Beweis, daß die philosophische Schule recht hat, wenn sie irgend eine Unveränderlichkeit und Allgemeinheit für das menschliche Gesetz behauptet, findet sich in der Natur und den Bedingungen der menschlichen Gesellschaft selber. In der That; das Naturgesetz verbietet viele Sachen, ohne welches Verbot die menschliche Gesellschaft nicht weiter bestehen könnte, z. B. den Mord, den Diebstahl, den Ehebruch. Allein das im Individuum sich befindende Naturgesetz enthält keine Strafsanktion für das jetzige Leben, etwa die Gewissensbisse ausgenommen, sondern bloß für das zukünftige Leben: eine Sanktion, die für den größten Teil der Menschen, die in Gesellschaft leben, offenbar unwirksam ist. Daher die absolute Notwendigkeit, daß die menschliche Gesetzgebung viele von den Vorschriften des Naturgesetzes in sich aufnehmen muß, wodurch es ihnen neue Kraft verleiht und vor allem eine bessere Beobachtung mittels der Strafsanktion sichert. Darum sehen wir, daß jede sociale und politische Gesetzgebung, mag sie auch sehr unvollkommen sein, einen größeren oder geringeren Teil der Vorschriften des Naturgesetzes in sich aufnimmt, so daß man sagen kann, jede Gesetzgebung eines Volkes sei ein Gemisch von rein menschlichen oder positiven Gesetzen und von Naturgesetzen, die menschlicherseits sanktioniert werden.

Es ist also gewiß, daß das menschliche Gesetz im allgemeinen, oder wenn man will, jede Gesetzgebung jedes Volkes teilweise mit dem Naturgesetze identisch ist, und folglich an seiner Unveränderlichkeit und Allgemeinheit teilnehmen muß. Folglich sowohl aus diesem Grunde als auch wegen der wenigstens negativen Übereinstimmung, die jedes menschliche Gesetz mit dem Naturgesetze haben muß, hat das menschliche Gesetz etwas Absolutes und nimmt an der Einheit des Naturgesetzes teil.

Bis hierher hat die philosophische Schule recht und sie kann die Behauptungen der rein historischen Schule vorteilhaft bekämpfen; allein sie entfernt sich von der Wahrheit, wenn sie, diese Behauptung übertreibend, sagt, das menschliche Gesetz müsse eine Festigkeit und Allgemeinheit haben, ähnlich wie sie das Naturgesetz hat. Behaupten wollen, das menschliche Gesetz müsse absehen von den veränderlichen Elementen, die in der natürlichen, politischen und socialen Einrichtung des Menschen vorhanden sein können, um die Gesetze diesen Elementen und Einrichtungen entsprechend aufzustellen und zu modifizieren, heißt jede menschliche Gesetzgebung zu einer vollständigen absoluten Unbeweglichkeit verurteilen, heißt sich mit der Vernunft und der legislativen Geschichte der Völker in Widerspruch setzen.

Da der Hauptzweck des menschlichen Gesetzes als solchen darin besteht, die größtmögliche Summe von Wohlergehen dem Untergebenen und insbesondere die Sicherheit und den Frieden unter demselben herzustellen und zu erhalten, ist es klar, daß das rein menschliche Gesetz je nach den verschiedenen Elementen, die bei den einzelnen Völkern vorhanden sein können, verschieden sein muß. Ein Handelsgesetz, das für eine Nation zweckmäßig ist, kann für eine andere in Anbetracht der Bedingungen ihrer Industrie, ihrer kommerziellen Lage, ihrer Sitten und Gewohnheiten und sogar ihrer geographischen Lage nachteilig sein. Eine Strafart, die hinreichend ist, um bei einem civilisierten Volke ein Verbrechen zu unterdrücken, kann bei einem weniger civilisierten Volke gegen das nämliche Verbrechen sehr leicht unwirksam sein. Folglich muß das menschliche Gesetz, wenn es nicht seinen Hauptzweck verfehlen und folglich ganz unnütz sein soll, eine wesentlich veränderliche und progressive Seite haben, da es mit den Ideen, Gewohnheiten, Einrichtungen, mit der materiellen, intellektuellen und moralischen Bildung, mit dem Charakter, dem Klima und anderen veränderlichen Elementen eines Volkes im Verhältnisse stehen muß. Wenn man noch hinzunimmt, daß die fortschreitende Civilisation eines Volkes einen mehr oder weniger radikalen Wechsel in seinen Ideen, Gewohnheiten und Einrichtungen und folglich eine Modifikation hinsichtlich der anderen veränderlichen Elemente mit sich bringt, wird man anerkennen, daß es absurd ist, wenn man die Gesetzgebung zur Unbeweglichkeit verurteilen will, da eine voranschreitende oder rückgängige Bewegung in großen oder wenig bemerkbaren Proportionen bei der Gesellschaft, die durch sie regiert werden soll, vorhanden sein kann.

Die Theorie der Unbeweglichkeit und Allgemeinheit des menschlichen Gesetzes kann also nur in einem hypothetischen Sinne angenommen werden, d. h. bei der unstatthaften Annahme, daß die ganze Menschheit plötzlich zu einer Stufe socialer Vollkommenheit und zu einem Bildungsstande gelange, der unter den möglichen der vollkommenste wäre und von welchem sie nicht herabfallen könne, obwohl das Gesetz auch in diesem Falle nicht notwendig, einzig und unveränderlich in demselben Sinne wie das Naturgesetz genannt werden könnte.

Die Beweglichkeit, die wir beim menschlichen Gesetze hinsichtlich der Untergebenen, deren Verhältnisse es regeln und leiten soll, antreffen, kommt demselben auch zu, wenn wir es seinem Ursprunge nach betrachten. Obgleich das menschliche Gesetz, wie wir gezeigt, eine Ableitung aus dem Naturgesetze in dem Sinne sein muß, daß es nichts demselben Widersprechendes enthalten darf, ist es doch unbestreitbar, daß das rein menschliche Gesetz, d. h. dasjenige, das keine bestimmte Vorschrift des Naturgesetzes direkt involviert, ein Produkt oder eine Vorschrift der Vernunft ist, ordinatio rationis, indem der eigentliche unmittelbare Ursprung dieses rein menschlichen Gesetzes die Vernunft des Gesetzgebers ist, sei es, daß diese legislative menschliche Vernunft durch einen Einzelnen, wie in der absoluten Monarchie, repräsentiert wird, sei es durch Viele, wie bei den Repräsentativverfassungen und den Republiken.

Da nun die legislative Vernunft sich ebenso wie auch die individuelle und die sociale Vernunft nur nach und nach entwickelt, oder wie der heilige Thomas sagt, „vom Unvollkommenen zum Vollkommenen" fortschreitet, bemerken wir darum auch bei der socialen und bei der gesetzgebenden Vernunft der Völker eine ähnliche Bewegung, wie sie sich bei der Einzelvernunft vollzieht. Die Erfahrung zeigt uns, daß der Prozeß der Einzelvernunft in ihrer Entwickelung ein notwendig graduellen und progressiver Prozeß ist. Die Vernunft des Erwachsenen ist ungeheuer weit von der Vernunft desselben in den ersten Zeiten ihrer Ausübung und Entwickelung entfernt; und dieser ungeheuere Abstand ist auf eine graduelle und allmähliche Weise vollbracht worden. Es ist klar, daß etwas Ähnliches auch mit der gesetzgebenden Vernunft der Fall sein muß, mag man sie als Einzelvernunft oder als den Ausdruck der socialen und kollektiven Vernunft betrachten; denn die Gesellschaften entwickeln und vervollkommnen sich allmählich und schrittweise, gerade wie die Einzelvernunft. Folglich muß das menschliche Gesetz wegen seines Ursprunges, welcher die menschliche Vernunft ist, der Veränderlichkeit unterliegen; denn wenn die Wirkung zu ihrer Ursache im Verhältnisse stehen muß, ist es unzweifelhaft, daß die Vervollkommnungsfähigkeit der menschlichen Vernunft, sowohl der individuellen wie der socialen, die Vervollkommnungsfähigkeit ihrer Wirkung, die das menschliche Gesetz ist, mit sich bringen muß, und dieses seinerseits die Fortschritte jener notwendigerweise abspiegeln muß. Darum sehen wir auch, daß die Gesetzgebungen aller Völker der mehr oder weniger genaue Ausdruck nicht allein der Sitten, Einrichtungen, Charaktere u. s. w. derselben, sondern auch hauptsächlich ihrer Ideen und ihrer intellektuellen Bildung ist. Die Gesetze Lykurg's über den Kindesmord, über die Erziehung und die Sklaven stehen ohne Zweifel mit den socialen Sitten und Einrichtungen des Heidentums und sogar mit dem eigentümlichen Charakter der wilden Bewohner Sparta's im Verhältnisse; sie sind aber auch zugleich der Ausdruck der allgemeinen Ideen der heidnischen Gesellschaft in Bezug auf die Sklaverei und die Ehe, ebenso wie auch der Ausdruck der unvollkommenen intellektuellen Bildungsstufe der Bewohner Lakonien's, besonders hinsichtlich der Verhältnisse zwischen den Individuen und dem Staate. Die im Edictum Theodorici und im Breviarium Alarici enthaltenen Gesetze zeigen, indem sie eine relativ leichte Strafe auf schwere Verbrechen und Übelthaten, wenn diese von den Eroberern gegen die Eingeborenen und Sklaven verübt werden, dagegen aber schwere, ja grausame Strafen auf die Verbrechen oder Gewaltthaten setzen, die von den letzteren begangen wurden, offenbaren uns nicht bloß das Dasein und den Antagonismus zwischen den beiden Rassen, der erobernden und der unterworfenen, sondern sie spiegeln auch die niedrige intellektuelle Bildung der Gesetzgeber und die Unvollkommenheit und Unrichtigkeit ihrer Ideen über die Sklaverei, wie auch über die Würde und die Rechte des Menschen gegenüber dem Gesetze ab.

Wir müssen also nach dem bisher Gesagten zugestehen, daß in dieser Beziehung die historische Schule ihre Vorzüge vor der philosophischen hat. Wenn man sich nicht mit der gesunden Vernunft, mit der Geschichte und Erfahrung in Widerspruch setzen will, muß man anerkennen, daß das menschliche Gesetz nicht unveränderlich und allgemein ist wie das Naturgesetz, sondern vielmehr in einer zweifachen Hinsicht veränderlich ist, erstens nämlich wegen der Veränderlichkeit und Vielfältigkeit der Elemente, die in der vom Gesetze geleiteten Gesellschaft vorhanden sind, von welchen dieses nicht Umgang nehmen darf; und zweitens wegen der Natur der menschlichen Vernunft selber, die sowohl beim Individuum, als auch bei der Gesellschaft oder beim Gesetzgeber, ihre Entwickelung und Vollkommenheit nur nach und nach erlangt.

Unter diesem Gesichtspunkte können wir den Ausspruch, den einige Schriftsteller, die sich im Gesetzgebungsfache einen Namen erworben, gethan, als wahr gelten lassen, daß nämlich die Gesetzgebung eines Volkes der Reflex der Bildungsstufe desselben sei. Denn wenn wir auch diesen Ausspruch nicht in dem Sinne für richtig halten, daß die Gesetzgebung immer der vollständige und mathematisch genaue Ausdruck der Ideen, Gewohnheiten und der Bildung eines Volkes sei, dasselbe nach der ganzen Veränderlichkeit und Vielfältigkeit seiner Verhältnisse und Umstände betrachtet; so halten wir ihn doch für wahr und zulässig, insofern die Gesetzgebung einer Epoche und eines Volkes auf eine mehr oder weniger genaue Weise den Zustand ihrer Civilisation und die hauptsächlichsten Elemente und Merkmale derselben widerspiegelt.

Auf jeden Fall ist es eine unbestreitbare Wahrheit, was wir über den doppelten Ursprung, worauf sich hauptsächlich die Beweglichkeit des menschlichen Gesetzes bezieht, angegeben haben. Und der angeführte Spruch, der ohne Zweifel wenigstens der teilweise rechtmäßige Ausdruck dieser Wahrheit ist, ist auch der Gedanke des heiligen Thomas, der, nachdem er gelehrt, daß das menschliche Gesetz etwas Absolutes habe und an der Unveränderlichkeit und Allgemeinheit des Naturgesetzes in dem angegebenen Sinne teilnehme, in ihm auch das veränderliche Moment, von welchem das Naturgesetz frei ist, anerkennt, indem er als Hauptursachen der Veränderlichkeit die nämlichen anführt, die wir angegeben haben. Vernehmen wir seine Worte:[1])

„Das menschliche Gesetz kann von zwei Seiten her eine Veränderung erfahren: erstens von seiten der Vernunft, welche die Vorschriften diktiert; und zweitens von seiten der Menschen, welche sie beobachten sollen. Von seiten der Vernunft: denn es ist der Vernunft eigen, daß sie sich nach und nach vom Unvollkommenen zum Vollkommenen erhebt. So sehen wir bei den spekulativen Wissenschaften, daß die Gedanken der Philosophen anfangs unvollkommen waren, im Laufe der Zeiten aber sich nach und

---

[1]) Sum. Theol. 1. 2. Q. 97. a. 1: Duplex causa potest esse, quod lex humana juste mutetur: una quidem ex parte rationis; alia vero ex parte hominum, quorum actus lege regulantur. Ex parte quidem rationis, quia humanae rationi naturale esse videtur ut gradatim ab imperfecto ad perfectum perveniat; unde videmus in scientiis speculativis, quod qui primo philosophati sunt, quaedam imperfecta tradiderunt, quae postmodum per posteriores sunt tradita magis perfecte, ita etiam in operabilibus. Nam primi qui intenderunt invenire aliquid utile communitati hominum, non valentes omnia ex seipsis considerare, instituerunt quaedam imperfecta, in multis deficientia, quae posteriores mutaverunt, instituentes aliqua quae in paucioribus deficere possent a communi utilitate. Ex parte vero hominum quorum actus lege regulantur, lex recte mutari potest propter mutationem conditionum hominum, quibus secundum diversas eorum conditiones diversa expediunt. —

nach vervollkommneten. Dasselbe nehmen wir auch bei den praktischen Wissenschaften wahr. Die ersten Weisen konnten nicht allein alle Elemente der öffentlichen Wohlfahrt entdecken; sie hinterließen darum mangelhafte Einrichtungen, die andere Weise weiterentwickelt, modifiziert und durch neue Vorschriften, die für die sociale Ordnung entsprechender waren, ersetzt haben. Zweitens von seiten der Menschen, welche die Vorschriften befolgen sollen; denn das menschliche Gesetz muß mit den Bedingungen Jener im Verhältnisse stehen, denen es auferlegt wird. Wenn sich diese Verhältnisse ändern, muß auch das Gesetz modifiziert und verändert werden." —

„Das Naturgesetz," sagt er weiter,[1]) „ist eine Teilnahme am ewigen Gesetze, wie vorhin gesagt ist; und darum bleibt es immer unveränderlich, welches Vorrecht es durch die Unveränderlichkeit und absolute Vollkommenheit der göttlichen Vernunft besitzt. Die menschliche Vernunft aber ist in ihrer Entwickelung und ihren Arten der Veränderung unterworfen, ist an sich unvollkommen. Darum ist auch das aus ihr flammende Gesetz der Veränderung unterworfen." —

Es ist indes zu beachten, daß diese Veränderlichkeit, die der heilige Thomas beim menschlichen Gesetze anerkennt, sich hauptsächlich auf das rein menschliche Gesetz bezieht, oder mit anderen Worten: auf dasjenige, welches aus dem Naturgesetze nicht wie eine Folgerung aus ihren Principien abgeleitet wird, sondern das eine nähere Bestimmung der allgemeinen und unbestimmten Vorschriften desselben ist. Denn unter den menschlichen Gesetzen giebt es einige, die, obwohl sie solche sind, hinsichtlich der Strafsanktion, die sie von der menschlichen Autorität empfangen, dennoch wahre Vorschriften des Naturgesetzes sind, da sie in seinen ersten Principien enthaltene Folgerungen sind. Daher kommt, daß diese Klasse von Gesetzen, welche **menschliche und Naturgesetze zugleich** sind, eine **doppelte Kraft** haben: nämlich eine, die ihnen durch das Gebot oder Verbot der socialen rechtmäßigen Macht zukommt, welche durch ihre Strafsanktion dem Gesetze Kraft und Nachdruck verleihet; und die andere, die ihnen zukommt als Vorschrift des Naturgesetzes, unabhängig von der öffentlichen menschlichen Gewalt und der aus ihr flammenden Strafsanktion.

---

[1]) Ibid. ad 1: Naturalis lex est participatio quaedam legis aeternae, ut supra dictum est; et ideo immobilis perseverat, quod habet ex immobilitate et perfectione divinae rationis instituentis naturam. Sed ratio humana mutabilis est et imperfecta; et ideo ejus lex mutabilis est. —

Neben diesen Gesetzen giebt es andere, die wir rein menschliche nennen können. Es sind solche, welche kein bestimmtes Gebot des Naturgesetzes in sich enthalten, die bloß etwas festsetzen, was mit irgend einer allgemeinen und unbestimmten Vorschrift desselben in Harmonie steht. Die Gesetze für den Handel und die Industrie gehören ihrem größten Teile nach zu dieser Klasse. Denn wenn auch das Naturgesetz im allgemeinen vorschreibt, daß man keinen Betrug oder keine Ungerechtigkeit verübe, so überläßt es doch dem menschlichen Gesetzgeber mittels besonderer Gesetze diese Klasse von Verhältnissen unter den Unterthanen seines Staates unter sich und mit den Menschen anderer Staaten festzusetzen. Das Naturgesetz sagt, daß der Dieb bestraft werden muß; es schreibt auch vor, Jedem das Seine zu lassen, und daß man keinen Unschuldigen verurteile. Aber es bestimmt nicht, welche Strafe Jenen aufzuerlegen sei; auch sagt es nicht, welche Veranstaltungen und Einrichtungen getroffen werden müssen, um Jedermann zu geben, was ihm nach dem bürgerlichen Rechte oder nach dem Strafrechte zukommt. Diese besonderen Bestimmungen der allgemeinen Vorschriften des Naturgesetzes sind es, die wir rein menschliche genannt haben, welche sozusagen da anfangen, wo das Naturgesetz aufhört.

Der heilige Thomas faßt diese Lehre mit seiner bekannten Exaktheit und Prücision in wenige Worte zusammen:

„Einige Gesetze," sagt er,[1] „werden von den allgemeinen Principien des Naturgesetzes nach Weise der Schlußfolgerung abgeleitet; z. B. das Gesetz: „Du sollst nicht töten," wird als richtige Schlußfolgerung aus jener Vorschrift des Naturgesetzes abgeleitet: „Du sollst Keinem etwas Böses zufügen." Andere aber werden aus dem Naturgesetze als nähere Bestimmungen desselben abgeleitet; das Naturgesetz sagt z. B., die böse Handlung müsse bestraft werden; daß aber

---

[1] Sum. Theol. 1. 2. Q. 95. a. 2: Derivantur ergo quaedam a principiis communibus legis naturae per modum conclusionum, sicut hoc quod est: „non esse occidendum" ut conclusio quaedam derivari potest ab eo quod est: „Nulli esse faciendum malum." — Quaedam vero per modum determinationis, sicut lex naturae habet quod ille qui peccat, puniatur; sed quod tali poena vel tali puniatur, hoc est quaedam determinatio legis naturae. Utraque igitur invenitur in lege humana posita; sed ea quae sunt primi modi continentur in lege humana, non tanquam sint solum lege posita, sed habent etiam aliquid vigoris ex lege naturali; sed ea quae sunt secundi modi, ex sola lege humana vigorem habent. —

diese oder jene Strafe zu verhängen sei, ist bereits eine Bestimmung, die außerhalb des Naturgesetzes liegt. Die menschliche Gesetzgebung enthält Gesetze der ersten und zweiten Klasse: die ersteren, welche die Regeln der Deduktion befolgen, gehören nicht allein dem menschlichen Gesetze an, sondern entnehmen auch einen Teil ihrer Kraft aus dem Naturgesetze; die anderen, welche den Prozeß der näheren Bestimmung befolgen, haben ihre Kraft einzig aus dem menschlichen Gesetze." —

Wir sagen also, indem wir das bisher Gesagte kurz zusammenfassen:

1) Jedes menschliche oder positive Gesetz darf nichts dem Naturgesetze Widerstrebendes enthalten, sonst hört es auf, ein wahres Gesetz zu sein. Das Naturgesetz ist das allgemeine Fundament und die eigentliche Grenze des positiven Rechtes; und das oberste Gesetz des menschlichen Rechtes ist, daß es nicht gegen das Naturgesetz ist. In diesem Sinne und unter diesem Gesichtspunkte hat die philosophische Schule recht, indem sie das menschliche Gesetz auf das Naturgesetz als auf ihre allgemeine Basis und Richtschnur bezieht, auch wenn es sich um die rein menschlichen Gesetze handelt.

2) Da dieses positive Recht und jede menschliche Gesetzgebung eine Summe von Regeln oder Gesetzen ist, welche die socialen Verhältnisse der Menschen unter sich regeln und leiten sollen, hat das menschliche Gesetz im ganzen und im allgemeinen genommen, positive Vorschriften in sich, die wir rein menschliche Gesetze genannt haben, und Naturgesetze, die mittels der Strafen menschlicherseits sanktioniert werden.

3) Die auf diese Weise betrachtete Gesetzgebung muß eine durchaus veränderliche Seite besitzen, da auch die Elemente veränderlich und vielfältig sind, die bei den Individuen vorkommen können, deren sociale Verhältnisse das Gesetz regelt und leitet. Zugleich muß es aber auch eine unveränderliche Seite haben; denn unveränderlich sind die Vorschriften des Naturgesetzes; und folglich nimmt auch diese Gesetzgebung, insofern sie Naturgesetze in sich aufnimmt, an der Unveränderlichkeit und Allgemeinheit des Naturgesetzes teil. Die Veränderlichkeit findet sich in der Gesetzgebung hinsichtlich der rein menschlichen Gesetze, und ebenfalls auch hinsichtlich der Strafsanktion der Naturgesetze. Die Unveränderlichkeit und Allgemeinheit kommen derselben zu hinsichtlich der Naturgesetze, welche sie enthält und sanktioniert.

4) Sowohl in betreff der gesetzgebenden Vernunft, die sich nach und nach entwickelt und vervollkommnet, als auch in Bezug auf die

Individuen, deren sociale Verhältnisse das Gesetz regeln soll, ist dieses letztere notwendig der Veränderung unterworfen, wenn es in Übereinstimmung mit den Erfordernissen der öffentlichen Wohlfahrt und des allgemeinen Besten der Regierten stehen soll. Und unter diesem Gesichtspunkte sind die Behauptungen der **historischen** Schule wahr. Indessen, wenn es sich um das fragliche Gesetz handelt, insofern es einige Naturgesetze enthält, hat es etwas Absolutes wie das Naturgesetz; es ist unveränderlich und allgemein wie dieses, und zwar in dem vorhin angegebenen Sinne. Unter diesem Gesichtspunkte sind die Behauptungen der **philosophischen** Schule wahr.

5) Die rein menschlichen Gesetze und die näher bestimmte Strafsanktion der Naturgesetze empfangen ihre ganze Kraft von der öffentlichen socialen Gewalt. Die durch diese Gewalt sanktionierten Naturgesetze empfangen ihre Kraft vom Naturgesetze und von der eben genannten socialen Gewalt. Dieses ist jedoch von der **unmittelbaren und nächsten Sanktion** des rein menschlichen Gesetzes zu verstehen; denn die fundamentale, ursprüngliche und primitive Sanktion des Gesetzes, insbesondere des rein menschlichen, muß, wie gesagt, in dem ewigen Gesetze gesucht werden. —

Schlußwort.

Wenn wir den Blick auf den von uns zurückgelegten Weg nochmals zurücklenken, beschleicht uns eine gewisse Furcht; und wir sind voll Mißtrauen über unser eigenes Werk. Haben wir, so fragen wir uns, das Ziel erreicht, dessentwegen wir zur Feder griffen? Haben wir die Philosophie des heiligen Thomas unter dem vorteilhaftesten Gesichtspunkte dargestellt, und haben wir sie auf eine Weise entwickelt, wie sie der Größe, der Wahrheit und Erhabenheit derselben entspricht? Haben wir den wahren Geist dieser Philosophie richtig aufgefaßt? Haben wir den wahren philosophischen Gedanken des heiligen Lehrers mit Treue wiedergegeben?

Es würde Unbescheidenheit, und zwar keine geringe, sein, wenn wir die Überzeugung hegen wollten, daß wir auf die zwei ersten Fragen mit einem Ja! antworten können. Bloß ein Genie, das dem des heiligen Thomas gleichkäme, könnte alle die Schönheiten und Herrlichkeiten, welche seine Philosophie in sich enthält, auf eine würdige und vollständige Weise zur Darstellung bringen.

Wenn ich mir also damit nicht schmeicheln kann, ein so großes Resultat auch nur von ferne erreicht zu haben: kann ich mir wenigstens schmeicheln, auf die beiden letzten Fragen mit einem Ja! antworten zu können?

Der Wunsch, dieses letztere Ziel zu erreichen, hat uns bei Abfassung dieses Werkes angespornt und Mut gemacht. Darum war es unser besonderes Bestreben, auf die Irrtümer hinzuweisen, in die viele Schriftsteller geraten sind und noch immer geraten, indem sie den Gedanken des heiligen Lehrers unrichtig und falsch interpretieren, ihm Lehren und Meinungen zuschreibend, die er nie gehabt, und die mit seiner Lehre nichts zu schaffen haben, ja sogar Meinungen, die von ihm ausdrücklich bekämpft wurden.

Indes glaube ich, ungeachtet meiner geringen Kräfte und der Mangelhaftigkeit meiner Arbeit, doch genug vorgebracht zu haben, damit ernsthafte und höherstrebende Geister, damit Männer, welche Liebhaber ernster Studien sind, in der Philosophie des heiligen Thomas eine Philosophie erkennen, welche das Studium und Nachdenken der Männer der Wissenschaft verdient; eine Philosophie, die den Vergleich mit allen philosophischen Systemen, die auf dem litterarischen Felde nach und nach erschienen und wieder verschwunden sind, mit Vorteil bestehen kann; eine Philosophie endlich, die einzig imstande ist, die metaphysischen und moralischen Wissenschaften zu regenerieren und wieder auf den richtigen Weg zu bringen, d. h. auf den Weg der Vernunft, des gesunden Sinnes und der christlichen Philosophie, von der man sich getrennt hat, als man die Philosophie des heiligen Lehrers aufgab.

Denn die Philosophie des heiligen Thomas ist nichts anderes, als die katholische Vernunft, sich entwickelnd unter dem Schatten der religiösen Idee und der christlichen Tradition. Seine große und erhabene Ontologie, die Basis der metaphysischen Wissenschaften und folglich aller Wissenschaften; seine bewundernswerte Kosmologie, eine Wissenschaft, die der menschlichen Vernunft immer so viele Klippen und Gefahren bereitet: sind sie etwas anderes als die ruhige, sichere und majestätische Entwickelung der menschlichen Vernunft, die, auf die katholische Idee wie auf einen sicheren Eckstein sich stützend, zu einer immensen Höhe und zu kühnen Spekulationen sich erhebt, zu welchen die größten Repräsentanten der heidnischen Philosophie niemals gelangen konnten, und zwar ohne zu schwanken, ohne jemals auf Abwege zu geraten, immer die gefährlichen Klippen vermeidend, an denen diese selbe menschliche Vernunft so oft Schiffbruch gelitten. Was kann man gegen seine so philosophische Psychologie, und gegen seine so tiefsinnige wie lichtvolle Ideologie haben, in der man die gelungenste und beste Lösung aller großen und schwierigen Probleme dieser Wissenschaft findet? Giebt es etwas, das an philosophischer Wahrheit, Exaktheit und Tiefe die Theodicee, die Moral- und die Rechtsphilosophie des heiligen Lehrers überträfe?

Es ist durchaus nicht meine Absicht, zu behaupten, die Philosophie des heiligen Thomas sei der Ausdruck des absoluten philosophischen Optimismus. Die Werke des Menschen tragen immer das Zeichen des Menschen, d. h. der Fehlbarkeit und der Ohnmacht an sich.

Darum haben wir zu Anfang dieses Werkes gesagt, daß, obwohl unserer Überzeugung nach die Einführung der Philosophie des heiligen Thomas in die Hochschulen und der Unterricht in derselben für die Wissenschaft, die Religion und die Gesellschaft von großem Nutzen und Vorteil sein würde, diese Einführung und dieser Unterricht sich auf den Kern dieser Lehre beschränken müsse; denn die fortschreitende Entwickelung der Wissenschaften, die Tendenzen und Ansprüche der jetzigen Zeit, der Zustand der Geister, die aus den letzten Jahrhunderten stammenden litterarischen Traditionen gestatten diese Einführung und diesen Unterricht nur, wenn Stil und Lehrmethode geändert und insbesondere mehr in Übereinstimmung mit den Verhältnissen der Wissenschaft und den Anforderungen des menschlichen Geistes in unserer jetzigen Zeit gebracht werden. Wir verwerfen und verachten die neuere Wissenschaft nicht; im Gegenteil, wir nehmen sie mit Freude und Dank an. Wir wollen und wünschen den Fortschritt des Menschen auf dem intellektuellen, moralischen und materiellen Gebiete, und nehmen ihn gerne an; wir wünschen aber auch, daß dieser dreifache Fortschritt unter harmonischen Bedingungen und richtigen Proportionen geschehe, d. h. daß er den notwendigen Parallelismus unter sich beobachte, damit nicht der intellektuelle und moralische Mensch vom Menschen der Materie und der Sinne absorbiert werde. Wir wünschen, um es mit einem Male zu sagen, daß dieser dreifache Fortschritt des Menschen mit Unterordnung unter die religiöse Idee geschehe, ohne jemals aus dem Gesichte zu verlieren, daß die Seele mehr wert ist, als der Leib, die Ewigkeit mehr als die Zeit, und daß die Schrift nicht vergebens sagt, der Mensch lebe nicht vom Brote allein, sondern von jedem Worte, das aus dem Munde Gottes kommt. Nur so verstehen wir die wahre Civilisation; nur so erkennen wir das heiße Streben nach einer wahrhaft fortschreitenden Civilisation als berechtigt an; nur so verstehen wir die wirklichen Vorteile und den praktischen Nutzen der Wissenschaft.

Und wenn wir von der Wissenschaft sprechen, so meinen wir nicht ausschließlich die Wissenschaften, die einen praktischen Nutzen gewähren und materiell sich anwenden lassen; wir meinen auch die metaphysischen und moralischen Wissenschaften, wir meinen auch die Wissenschaften, die das eigentliche Feld der Philosophie bilden; Wissenschaften, die wir für die wahre Civilisation und Wohlfahrt der Völker für ebenso wichtig und von ebenso praktischem Nutzen halten, als die eigentlichen Naturwissenschaften. Denn wir können die Ansicht derjenigen nicht billigen, welche die Menschen überzeugen wollen, daß die moderne Gesellschaft mit ausschließlicher Vorliebe auf die praktisch anwendbaren Wissenschaften, auf die Wissenschaften, welche sich auf die Entwickelung der Industrie, des Handels und der Gewerbe direkt und unmittelbar beziehen, zu sehen habe. Als ob die eigentlichen philosophischen Wissenschaften, die metaphysischen und moralischen Wissenschaften, nicht die Grundbasis aller übrigen Wissenschaften wären! Als ob sie nicht durch ihre Würde und Erhabenheit und durch die Interessenverwandtschaft mit den religiösen Wahrheiten dazu bestimmt wären, den Mißbrauch der anderen Wissenschaften zu verhüten, ihren fortschreitenden Gang zu regeln und zu verhindern, daß ihre Entwickelung zum Nachteile der vorhin betonten dreifachen harmonischen Entwickelung sich vollziehe: eine notwendige Bedingung jeder wahren Civilisation, da diese Klasse von Wissenschaften mit den Wahrheiten der Religion in innigerer und unmittelbarerer Beziehung stehen als die physischen und materiell anwendbaren Wissenschaften! Deshalb ist es unzweifelhaft, daß die moralischen und metaphysischen Wissenschaften, während sie einerseits die rationelle und wissenschaftliche Basis der niederen Wissenschaften bilden, zugleich auch die Bestimmung haben, die Geistigkeit und Unsterblichkeit der Seele, ihre Freiheit, das Dasein und die Natur des moralisch Guten und Bösen beim Menschen, die gegenwärtige und zukünftige Bestimmung des Menschen, die freie Schöpfung der Welt, das Dasein und die Eigenschaften Gottes und viele andere ähnliche Wahrheiten festzustellen, zu beweisen und weiter zu entwickeln. Wahrheiten, die nicht allein eine notwendige Bedingung für die moralische Existenz des Menschen und der Gesellschaft, sondern auch die Grundlage der christlichen Religion und eine Bedingung sine qua non der geoffenbarten Wahrheiten bilden, welche ohne sie nicht bestehen und gedacht werden können. Ohne also die Wichtigkeit und Nützlichkeit der eigentlichen Naturwissenschaften, die mit dem materiellen Fortschritte der Völker auf eine unmittelbarere Weise in Beziehung stehen, zu leugnen oder zu verkennen, müssen wir doch auch gestehen und anerkennen, daß, wenn der Geist über der Materie steht und die Interessen der Ewigkeit den Zeitinteressen vorgehen, die reale Wichtigkeit und der praktische Nutzen der metaphysischen und moralischen Wissenschaften, die mit diesen großen und wichtigen

Gegenständen sich unmittelbar beschäftigen, nicht geringer sein können, als die materiell anwendbaren Wissenschaften.

Nach diesen Erwägungen, und in Anbetracht der großen Bedeutung, die jeder denkende Mensch und jeder katholische Philosoph den metaphysischen und moralischen Wissenschaften zuerkennen muß, kann niemand den Gedanken seltsam finden, den ich im Verlaufe dieses Werkes mehrfach angedeutet, daß man nämlich den philosophischen Unterricht mittels der Philosophie des heiligen Thomas konsolidieren und vervollkommnen müsse. Und wenn wir diesen Gedanken aussprechen, wenn wir auf die Zweckmäßigkeit hinweisen, die Philosophie des heiligen Lehrers wieder auf den Hochschulen einzuführen, so wollen wir jedoch nicht und wünschen es auch nicht, daß dieses in einem absoluten Sinne oder auf eine ausschließliche Weise geschehe.

Diese Philosophie ist nicht allein der Verbesserung fähig, was den Stil, die Methode und die litterarischen Formen betrifft; sondern sie kann auch, was den Kern betrifft, weiter entwickelt und vervollkommnet werden, wenn sie mit der neueren Philosophie in Berührung gebracht wird, deren verschiedene Zweige oder Schulen teilweise sehr erhabene Theorien, sehr lichtvolle Seiten und Gedanken und Ideen enthalten, die sehr geeignet sind, die philosophische Lehre des heiligen Thomas weiter zu entwickeln und zu vervollständigen.

Wenn wir also die Wiederherstellung und Rehabilitierung der Philosophie des heiligen Thomas wünschen, so geschieht es deshalb, weil diese Philosophie es ist, welche dem Kerne nach die eminentesten Metaphysiker und Männer mit den gesundesten Lehren, auch nach der unter dem Einflusse des Cartesianismus vollzogenen Reaktion, gelehrt haben, als: Leibniz, Fenelon, Bossuet, Rosmini, Balmes und Ventura, und zum Teil auch selbst Cartesius, die schottische Schule, Kant und Cousin; so geschieht es deshalb, weil die Philosophie des heiligen Thomas ein vollständiges System von erhabenen und tiefsinnigen, und zugleich auch dem gesunden Sinne der Menschen entsprechenden und eminent katholischen Lehren enthält, während man in den verschiedenen Schulen und Autoren der modernen Philosophie bloß mehr oder weniger unvollständige Systeme antrifft, die nur abgerissene Theorien, hier und da zerstreute Wahrheiten, die aber bei jedem Schritte mit vielen groben Irrtümern vermischt sind, enthalten; so geschieht es vor allem und hauptsächlich deshalb, weil die Philosophie des heiligen Thomas frei ist von jener, der modernen Philosophie durch die cartesianische Bewegung aufgedrückten, rationalistischen Tendenz, welche Bewegung der wahre Ursprung der großen und seltsamen Irrtümer ist, in welche die Philosophie in den folgenden Jahrhunderten geraten ist, und die auch heutigen Tages noch in ihr sich zeigen.

Fürwahr; die ebenso hochmütige als absurde und gefährliche Prätension des Cartesius, das ganze Gebäude der menschlichen Wissenschaft aufrichten zu wollen, ohne die durch die Tradition der christlichen Philosophie der früheren Jahrhunderte gelieferten Elemente im geringsten zu beachten, und was noch mehr ist: die Prätension, die Wissenschaft schaffen zu wollen, dabei aber das Auge vor dem Lichte der geoffenbarten Wahrheiten verschließen und ihren Einfluß abweisen, um sich in den engen Kreis der Einzelvernunft einzuschließen: ist es gewesen, welche die verschiedenen Manifestationen des Rationalismus erzeugt hat, die sich in der modernen Philosophie gezeigt haben und noch zeigen; denn eine derartige Prätension mußte eine Trennung zwischen der Philosophie und der Religion herbeiführen: eine Trennung, die schließlich in offene Feindschaft ausarten mußte. Und so kam es auch in der That. Die Vernunft in Übereinstimmung mit der Geschichte der Philosophie der letzteren Jahrhunderte lassen hierüber keinen Zweifel aufkommen.

Um die Natur des durch den Cartesianismus auf die Philosophie ausgeübten Einflusses zu erkennen und zu würdigen, braucht man nur über die drei Hauptmerkmale, die ihn als philosophisches System auszeichnen, näher nachzudenken, welche nämlich sind: 1) die unbeschränkte Gedankenfreiheit; 2) der allgemeine Zweifel; ein Zweifel, den wir bloß für Denjenigen vorteilhaft, zweckmäßig und auch nur für möglich halten, dessen Vernunft bereits durch die Wissenschaft gebildet und entwickelt ist, aber nicht für Alle, und am wenigsten für Jünglinge, die eben erst ihren Fuß in das Heiligtum der Philosophie setzen. 3) Die Neuerungssucht; und wir möchten hinzufügen: der unqualifizierbare Hochmut, der sich vermißt, die starke und glänzende Kette der Lehrtradition der christlichen Philosophie zu zerreißen: eine Kette, deren Hauptglieder Männer bilden wie ein Clemens von Alexandrien, Origenes, Athanasius, Basilius, Lactantius, Tertullian, Augustin, Anselmus, Albertus Magnus, Bonaventura und Thomas: eine Neuerungssucht, die nachdem sie sich gerühmt, daß sie diese Kette der christlich-wissenschaftlichen Tradition der Vergessenheit und Verachtung geweiht, sich der Welt mit der ebenso seltsamen als unsinnigen Prätension ankündigt, eine neue Philosophie bilden und das Gebäude der menschlichen Wissenschaft von der Basis bis zur Spitze mit einem Schlage neu aufrichten zu wollen.

Man lese die Werke des Cartesius und man wird sehen, daß er sich bei jedem Schritte rühmt, den wahren Weg der Wissenschaft entdeckt zu haben, eine neue und vollständige Philosophie für das Menschengeschlecht gebildet und geschaffen zu haben: integrum philosophiae corpus humano generi darem. Wenn wir die Schriften des philosophischen Reformators durchgehen, sehen wir jeden Augenblick den Gedanken durchblicken, daß er sich der Welt nicht bloß als den Erfinder einer Philosophie, sondern auch als originellen Erfinder darstellen will, der diese Philosophie einzig seinen eigenen Kräften verdankt, ohne auf die Arbeiten und Schriften der Vorfahren geachtet zu haben, da diese für ihn hierbei von gar keinem Nutzen gewesen wären. Um die ganze Philosophie zu schaffen, brauchte Cartesius nicht zu wissen, was Plato, Aristoteles, Augustin und Thomas gedacht; er brauchte nicht die Werke dieser großen Denker des Altertums und des Mittelalters zu Rate zu ziehen; denn, wie er uns selbst sagt, auch wenn die Wissenschaft, die wir suchen, in ihren Schriften sich fände, „so ist doch das Gute, das sie enthalten, mit so vielen unnützen Lehren vermischt, und in einer solchen Menge von dicken Bänden zerstreut, ... daß mehr Talent unsererseits dazu erforderlich wäre, das Nützliche herauszuziehen, als es von neuem zu entdecken." — D. h., es hieße seine Zeit damit verlieren, mit Aufmerksamkeit die Werke Augustin's und des heiligen Thomas zu studieren und zu registrieren; einfacher ist, diese Werke selber zu schreiben, indem man die unnützen Sachen, die sie enthalten, einfach beiseite läßt.

Das Gebäude der Wissenschaft errichten, die Philosophie gründen, weiterentwickeln und vervollständigen, indem man sich hierzu der durch die großen Denker der Vorzeit gelieferten Elemente bedient, ist für sich allein schon ein großes Werk, ein Werk, das allein durch ein nicht gewöhnliches Genie zu Ende geführt werden kann. Aber dieses Gebäude errichten wollen, die ganze Philosophie neu schaffen wollen allein mit den Kräften der Einzelvernunft, mit Verachtung jener Elemente, mit Verachtung und Vernachlässigung der Arbeiten, die von der menschlichen Vernunft im Verlaufe der Zeiten aufgehäuft sind, ist ein Unternehmen, das nicht allein die Kräfte des Cartesius, sondern auch selbst solcher Männer übersteigt, die eine viel größere Fähigkeit als der französische Philosoph besitzen; ein Unternehmen, das einen unbegreiflichen Hochmut und ein übermäßiges Selbstvertrauen auf Seiten desjenigen zeigt, der sich daran zu machen wagt. Die Philosophie kann verbessert, vervollständigt, weiterentwickelt, vervollkommnet werden; aber sie kann nicht von neuem geschaffen werden; denn die Philosophie existiert, seitdem es Menschen giebt, die über den Menschen, über die Welt und über Gott nachgedacht haben. Die Philosophie als Ausdruck der notwendigen Grundwahrheiten, welche das gemeinsame Erbteil der Menschheit und das Grundkapital der Vernunft bilden, fing an mit dem Menschen ins Dasein zu treten und wird nur wieder mit dem Menschen verschwinden. Als wissenschaftlicher und reflexer Ausdruck dieser Wahrheiten, als rationelle Entwickelung derselben und als Entdeckung und Ansammlung neuer Wahrheiten zu den vorhandenen früheren kann sie nicht das Produkt der Einzelvernunft irgend eines Menschen sein, am wenigsten des Cartesius, sondern nur das Produkt des kollektiven Menschen, das Produkt der ganzen Menschheit, das Produkt der großen Denker, die sich im Laufe der Zeiten gefolgt sind, indem ein jeder seinen Stein mitbrachte, um das schöne und majestätische Gebäude aufzurichten.

Es ist wahrscheinlich, daß Cartesius die ganze Tragweite seiner Principien und die gefährlichen Folgerungen, zu denen die von ihm aufgestellten Prämissen führen, nicht erkannt und beherzigt hat. Durch seinen gesunden moralischen Sinn und mehr noch durch die religiösen Principien, die er nie aufgab, zurückgehalten, rettete er in seiner Philosophie die Grundwahrheiten über die Seele und über Gott. Und obgleich er sich den Anschein gab, als ob er die christlich-wissenschaftliche Tradition ignoriere und geringschätze, ist es doch gewiß, daß er sozusagen trotz seiner Principien und im Widerspruche mit ihnen sich in diesen Punkten von den Eingebungen der christlichen Philosophie des heiligen Augustin und des heiligen Thomas leiten ließ. Selbst bei jenen Dingen, wo er am originellsten erscheinen will, entdeckt man die Spuren der christlich-philosophischen Tradition; denn bekanntlich ist sein viel gepriesener ontologischer Beweis vom Dasein Gottes eine Reproduktion, um nicht zu sagen ein Plagiat, des Gedankens des heiligen Anselm, und der sich auch in der Summa des heiligen Thomas erwähnt findet.

Indes, wenn der Mensch Herr ist, die Principien aufzustellen, steht es doch nicht in seiner Macht, die Rechtmäßigkeit der Konsequenzen abzuwehren. Die Principien waren aufgestellt; die Zeit und die Logik, unbeugsam in ihren Gesetzen, übernahmen es, ihre Folgerungen zu ziehen und ihre Anwendungen aufzustellen. Nachdem der Faden der christlich-philosophischen Tradition zerrissen, und das Princip des allgemeinen Zweifels, der Freiheit des Gedankens und folglich die Unabhängigkeit der menschlichen Vernunft proklamiert war, fing die Philosophie, die bis dahin an der Seite der Theologie und der Religion als eine von ihnen real verschiedene Wissenschaft, aber doch in Harmonie mit ihnen und ihre Inspirationen empfangend, einhergegangen war, an, sich von der christlichen Wissenschaft und von dem geoffenbarten Worte zu trennen und davon gänzlich abzusehen; sie verwarf die heilsamen Eingebungen der Religion, um in der Opposition und Negation aller von ihr gelehrten Wahrheiten zu endigen. Wir wollen nicht leugnen, daß man den Namen des Cartesius mehr oder weniger mißbraucht hat, und daß Einige etliche von den Folgerungen und Anwendungen seiner Lehren übertrieben haben; es ist aber nichtsdestoweniger gewiß, daß die Grundfolgerungen, die wir vorhin angedeutet, und insbesondere die absolute Trennung der Philosophie von der Religion, ganz von selbst aus den von Cartesius aufgestellten Principien hervorgehen mußten. Dieses ist so wahr, daß, als kaum der Cartesianismus entstanden, Männer mit einem prophetischen Blicke bereits seine gefährlichen Tendenzen und die großen Irrtümer erkannten, die er mit der Zeit erzeugen müsse. „Ich sehe," rief Bossuet aus, „unter dem Namen der cartesianischen Philosophie einen großen Kampf gegen die Kirche sich vorbereiten."

Ob die Vorhersagungen des großen Bischofs von Meaux sich erfüllt haben oder nicht, brauchen wir nicht zu sagen; die Geschichte der Philosophie im vorigen und im jetzigen Jahrhundert ist da und kann es bezeugen. Außerdem sind da die enthusiastischen Anhänger des Cartesius, und sie bekennen, daß der Idealismus und der Sensualismus, ohne Zweifel zwei von den Hauptmanifestationen des Rationalismus, der nicht aufgehört hat, gegen die Kirche und die Religion in den letzten Jahrhunderten zu kämpfen, eine logische Entwickelung der cartesianischen Lehren und eine in ihren Principien enthaltene Folgerung sind.

Wir haben bereits gesehen, daß nach dem Geständnisse Cousin's der englische und französische Sensualismus wie auch der Idealismus der deutschen Schule das logische Resultat des Cartesianismus sind. „Dank dem Cartesius, sind wir Alle Protestanten in der Philosophie, wie wir dank dem Luther Alle Philosophen in der Religion sind." — Diese Worte, mit welchen der „Globe" das Lob des Cartesius auszusprechen glaubt, können als die Erfüllung der prophetischen Worte Bossuet's und zugleich als der genaue Ausdruck des Endresultates angesehen werden, zu welchem die Philosophie durch die cartesianische Bewegung gelangt ist, ohne daß wir darum Cartesius für ein derartiges Resultat in allen seinen Teilen und Erscheinungen verantwortlich machen wollen.

Vor Cartesius und besonders während der Epoche der scholastischen Philosophie gab es verschiedene Systeme, verschiedene Meinungen, verschiedene Lehren. Die Philosophen stritten und kämpften unter sich über verschiedene Punkte; hinter dieser Verschiedenheit von Meinungen aber entdeckt man einen gemeinsamen Fond von Lehren; inmitten dieser Streitigkeiten bewahrte man die wichtigsten und fundamentalsten Lehren der Wissenschaft; inmitten dieser Verschiedenheit von Meinungen und Systemen zeigte sich die Einheit der Wissenschaft, bestand ein gemeinsames Symbolum von Lehren; denn Alle sahen darauf, das Depositum der großen metaphysischen, moralischen und politischen Wahrheiten, insbesondere jener, die mit der religiösen Wahrheit in mehr oder weniger direkter Beziehung stehen, intakt zu erhalten. Es herrschte Verschiedenheit bei den Nebendingen und bei den Wahrheiten von sekundärer Wichtigkeit; Einheit und Identität aber, was den Kern und die Hauptwahrheiten der Wissenschaft betrifft. Ist die Geschichte der Philosophie seit Cartesius eine gleiche oder ähnliche?

Dieses ist so wenig der Fall, daß man vielmehr sagen muß, daß die Geschichte der Philosophie seit dem sechzehnten Jahrhundert die Geschichte der Zerstörung und des Verschwindens ihrer fundamentalen Einheit ist.

Während der ersten Jahre seines Erscheinens auf dem Schauplatze der litterarischen Welt wurde das verborgene Gift und die zerstörende Kraft des cartesianischen Princips durch das christliche Element, das Cartesius und seine ersten Schüler in ihrer Philosophie zu erhalten suchten, neutralisiert; allein ein derartiges Gegengewicht konnte auf die Dauer nicht bestehen; der Keim des Bösen, das Element der Auflösung, das Princip des allgemeinen Zweifels und der Unabhängigkeit der menschlichen Vernunft waren einmal da und mußten sich weiter entwickeln. Und sie entwickelten sich in der That. Die Logik ist unbeugsam in ihren Gesetzen: und immer findet sich Jemand, der diese unbeugsame Logik auf die einmal aufgestellten Principien anzuwenden sucht.

Und von jetzt an sah man die Philosophie sich schrittweise von der katholischen Lehre entfernen; und diese Trennungsbewegung artete sehr bald aus in erklärte Opposition und offene Feindschaft gegen die Kirche und die Religion. Auch sah man alle großen Irrtümer der heidnischen Philosophie von neuem auftauchen, zu denen andere neue hinzukamen, welche die wissenschaftliche Einheit, die fundamentale Übereinstimmung in den großen Wahrheiten, welche die christliche Philosophie so sorgfältig bewahrt hatte und noch bewahrt, vollständig verschwinden und untergehen ließen. Spinoza sucht aus dem Cartesianismus die absolute Substanzeinheit abzuleiten; Malebranche leugnet das Dasein der zweiten Ursachen (causae secundae) und giebt sich gefährlichen Träumereien über die Anschauung der Objekte in Gott hin. Hume lehrt den Skepticismus; Berkeley vertritt den Idealismus; Locke legt die Fundamente zum Materialismus; Condillac entwickelt den Sensualismus; Cabanis, La-Mettrie und Bolney mit ihren Genossen des vorigen Jahrhunderts leugnen die Unsterblichkeit der Seele, die Religion und selbst das Dasein Gottes. Die schottische Schule übernimmt die Reaktion gegen die materialistische Schule, kommt aber bloß zu einem unvollständigen, schwankenden und mit groben Irrtümern geschwängerten Spiritualismus, und zu einer Psychologie, die nach dem Geständnisse eines der Hauptrepräsentanten der Schule, „sich ebensogut mit dem Materialismus als mit dem Idealismus Berkeley's verträgt." Kant will das Werk der spiritualistischen Reaktion weiter verfolgen, bringt aber bloß die transcendentale Philosophie hervor, die die Grundlagen des idealistischen Skepticismus und des deutschen Pantheismus in sich schließt: Grundlagen, welche seine Schüler und Nachfolger weiter zu entwickeln suchen. Hegel vergeudet die Kraft seines Ratiociniums und die Macht seines Geistes, um den pantheistischen Theorien eine neue Form zu geben und sie zu consolidiren, und gelangt zuletzt zu der metaphysisch atheistischen Formel: das Sein ist gleich dem Nichts. Strauß überträgt die Hegelsche Theorie auf die religiöse Theorie, um zur Leugnung der Gottheit Christi zu gelangen, dem Eckstein der katholischen Religion. Feuerbach und Bauer übertragen die Hegelschen Principien auf das politische und sociale Gebiet. Cousin erneuert den Synkretismus der alten alexandrinischen Schule, um in ihm den deutschen Pantheismus und den übertriebenen Psychologismus der schottischen Schule zusammenzufassen. Die politischen Wahngebilde und die socialistischen Theorien der Anhänger Owen's, Fourier's und Saint-Simon's wollen wir ganz mit Stillschweigen übergehen.

Baco hat gesagt: „Die Religion ist das Gewürz, das die

Wissenschaft konserviert." Wenn dieses tiefsinnige Wort nicht eine Offenbarung und der Ausdruck der gesunden Vernunft wäre und in ihr seine Sanktion fände, würde das bisher Gesagte genügen, um seine Richtigkeit zu beweisen. Sobald die Philosophie anfing, sich von der Religion zu trennen; sobald die menschliche Vernunft ihre absolute Unabhängigkeit und ihre allgemeine Autonomie proklamierend, aufhörte, sich der göttlichen Vernunft zu unterwerfen, und die Inspirationen des geoffenbarten Wortes verwarf: mußte diese menschliche Vernunft irregehen und ist auch in der That in die Tiefen des Irrtums hinabgefallen; denn das „Gewürz der Wissenschaft" war nicht mehr vorhanden, um sie auf der schiefen Ebene aufzuhalten und ihren Sturz in die Tiefe zu verhindern.

Darum hat man die Philosophie, nachdem jenes Princip der Trennung und Unabhängigkeit proklamiert war, eine nach der anderen von jenen großen metaphysischen und moralischen Wahrheiten leugnen sehen, welche die Basis und das Piedestal der religiösen Wahrheiten bilden. Allein hierbei blieb es nicht. Nachdem man die Grundwahrheiten der Wissenschaft angegriffen und geleugnet, deren Umsturz den Sturz aller Religion direkt und unmittelbar herbeiführt, als da sind: das Dasein Gottes, die übernatürliche Ordnung, die Geistigkeit und Unsterblichkeit der Seele, die freie Schöpfung der Welt, und andere ähnliche, ist der Irrtum weiter gegangen, um ein anderes Gebiet von philosophischen Wahrheiten, deren Beziehungen zur katholischen Lehre weniger offenbar, aber nicht weniger wirklich sind, zu bekämpfen und zu entstellen. Darum hat sich die Kirche in den letzten Jahren genötigt gesehen, auf das philosophische Gebiet herabzusteigen, um vor gewissen Lehren zu warnen, die sich festzusetzen und sogar in die katholischen Schulen einzunisten suchten. Vor etlichen Jahren veröffentlichte die Kongregation des Index vier Sätze, worin sie im allgemeinen die Beziehungen feststellte, die zwischen der menschlichen Vernunft und dem übernatürlichen Glauben vorhanden sind, und worin sie die wissenschaftliche Methode der christlichen Philosophie in Schutz nahm. Offenbar wollen diese vier Sätze Verirrungen des Supernaturalismus und den übertriebenen Prätensionen der traditionalistischen Schule Einhalt thun.

Die Kirche mußte neuerdings wieder auf die philosophische Palästra herabsteigen, da sie sich genötigt sah, einige Sätze bezüglich des pantheistischen und ontologistischen Irrtums zu verurteilen.

Nun ist aber die Philosophie des heiligen Thomas nicht allein von derartigen Irrtümern frei, sondern sie schließt auch die radikale Negation des Princips derselben in sich; denn ohne die Philosophie mit der Theologie zu verschmelzen, ohne die Wissenschaft zu vernichten, ohne die legitimen Rechte und die wahre und wirkliche Kraft der menschlichen Vernunft herabzusetzen oder zu verkürzen, wie die traditionalistische Schule thut, proklamiert sie zugleich gegen die rationalistische Schule die unvergängliche Wahrheit des Wortes Gottes, die Superiorität der göttlichen Vernunft über die menschliche, und die hieraus sich ergebende Notwendigkeit, die philosophische Wahrheit nicht absolut von der im Worte Gottes enthaltenen religiösen Wahrheit zu trennen.

Und in diesem Sinne verkünden wir ohne Furcht die Superiorität der Philosophie des heiligen Thomas. Ohne behaupten zu wollen, daß sie absolut vollkommen sei, ist sie aber doch die einzige, welche den katholischen Schulen entspricht; denn sie ist nicht allein frei von groben Irrtümern, sondern sie ist auch frei von den rationalistischen Tendenzen der cartesianischen Philosophie, welche sie positiv ausschließt. Diese letztere Philosophie ist der wahre Ursprung jener großen Irrtümer, die sich in den philosophischen Wissenschaften gezeigt haben und noch heutigen Tages vorkommen.

Und wenn wir also sprechen, so meinen wir bloß die eigentliche Philosophie. Denn wenn man unter dem Namen Philosophie alle übrigen Zweige dieser Wissenschaft mitbegreift, so haben wir bereits angedeutet, daß die Physik (Naturphilosophie) des heiligen Thomas oder vielmehr die Physik seiner Zeit, auf keine Weise einen Vergleich mit dieser Wissenschaft in ihrem gegenwärtigen Zustande aushalten kann. Ich sage: die Physik seiner Zeit; denn der heilige Thomas, dessen Aufgabe und Absicht nicht war, eine Physik zu schreiben, oder diese Klasse von Wissenschaften weiter zu entwickeln und zu vervollkommnen, sondern bloß die moralischen, politischen und metaphysischen oder die eigentlich philosophischen Wissenschaften, that im allgemeinen nichts weiter, als diese Wissenschaft nehmen, wie er sie vorfand, oder vielmehr den Gedanken des Aristoteles auseinandersetzen und anwenden, je nachdem die Gelegenheit sich darbot.

Diese Naturwissenschaften, wie der heilige Thomas selber bemerkt, sind wesentlich Beobachtungs- und Erfahrungswissenschaften: ex singularibus et per experimentum: es sind Wissenschaften, bei denen die Induktion und die Beobachtung die naturgemäße Methode und die wesentlichen Bedingungen ihres Bestehens und ihrer Weiterentwickelung bilden. Und wie die Beobachtung und die Erfahrung mit der Zeit sich vervielfältigen, anwachsen und vervollkommnen, so müssen auch die Fortschritte der Naturwissenschaften ihrerseits sich vervielfältigen, anwachsen und vervollkommnen. Wer kann verkennen, daß die Geologie, die Chemie, die Astronomie mit so vielen anderen Zweigen der Naturwissenschaft wunderbare Fortschritte seit einigen Jahrhunderten bis heute gemacht haben? Wer weiß nicht, daß einige von diesen Wissenschaften zur Zeit des heiligen Thomas nicht einmal dem Namen nach bekannt waren?

Wenn das Wort „unbestimmter beständiger Fortschritt" je einen richtigen Sinn haben kann und ohne die Gefahren und Ungereimtheiten im Gefolge zu haben, die es bei anderen Gegenständen einschließt, dann findet dieses ohne Zweifel bei den Naturwissenschaften statt.

Wenn man unter dem Namen der Philosophie des heiligen Thomas die Naturwissenschaften mit verstehen will, dann muß dieser Teil seiner Philosophie im Vergleiche mit der heutigen mangelhaft genannt werden, ebenso wie es auch die unsrige für unsere Nachkommen sein wird.

Verhält es sich aber ebenso mit der eigentlichen Philosophie? Man zeige mir die neu entdeckten Wahrheiten und den wirklich geschehenen Fortschritt in der Ontologie, Kosmologie, Ethik, Theodicee, Psychologie und Ideologie, seitdem man sich von der Philosophie des heiligen Thomas und von der katholischen Tradition getrennt? Man sage mir, ob die Psychologie und die Ideologie in ihrem gegenwärtigen Zustande und nach ihren weiten Wanderungen außerhalb der Philosophie des heiligen Thomas, bessere und annehmbarere Lösungen als die seinigen hinsichtlich aller ihrer welttragendsten Probleme darbieten. Mit einem Worte, ich möchte wissen, welche wichtige Entdeckungen, welche neue Lösungen, welche bedeutende Wahrheiten die Ontologie, Moralphilosophie, die Theodicee und die übrigen metaphysischen Wissenschaften gelehrt haben oder jetzt lehren, die nicht in der Philosophie des heiligen Thomas enthalten und entwickelt oder doch wenigstens angedeutet wären?

Was sich aber in dieser Philosophie gewiß nicht findet, ist der methodische Zweifel des Cartesius, sind die skeptischen und idealistischen Tendenzen seiner Schule, bezeugt durch die Geschichte der Philosophie und ausgesprochen durch ihre eifrigsten Anhänger. Was hierin sich nicht findet, ist der übertriebene und exclusive Empirismus Baco's, die prästabilierte Harmonie und die Monadologie des Leibniz, die Träumereien Malebranche's über die Anschauung der Dinge in Gott, der Sensualismus Locke's und Condillac's, der grobe Materialismus Volney's und La-Mettrie's, der unvollständige Spiritualismus und die Schwankungen der schottischen Schule, der Pantheismus der transcendentalen Philosophie, die Vergötterung des individuellen oder kollektiven Ich, der pantheistische Synkretismus Cousin's und der eklektischen Schule, die gefährlichen Übertreibungen des Traditionalismus: von allem diesen findet man in der Philosophie des heiligen Thomas nichts! Denn alle diese Systeme und alle diese Irrtümer sind das Resultat des Rationalismus, der auf dem Gebiete der Philosophie sich einzuschleichen und zu herrschen anfing, seitdem man sich von der katholischen Idee zu trennen und ihre Eingebungen zu verwerfen für gut fand. Sie sind das Resultat des Hochmuts der Vernunft in ihrer Prätension, das Gebäude der Wissenschaft zu gründen mit absolutem Ausschlusse der religiösen Idee. Und eine derartige Prätension konnte den menschlichen Geist nur zum Skepticismus Hume's führen, zur Philosophie des Ich, zu der Hegel'schen Idee, zum pantheistischen Eklekticismus mit allen übrigen rationalistischen Manifestationen, die in den letzteren Jahrhunderten nach und nach auf der litterarischen Schaubühne erschienen sind.

Was wir in der Philosophie des heiligen Thomas finden statt dieser Systeme und Irrtümer, ist die entschiedenste Bekämpfung und die vollständigste Widerlegung derselben, ist eine Philosophie, die der erhabenste Ausdruck der menschlichen Vernunft ist, welche von den unergründlichen Höhen des Glaubens mit sicherem Schritte und im raschen Fluge in die unergründlichen Tiefen der Wissenschaft hinabsteigt, ist eine Philosophie, in der dem menschlichen Geiste ein ebenso großes wie wissenschaftliches System dargeboten wird, in der die Wahrheit, die Schönheit und die Harmonie überall erglänzen; Wahrheit, Schönheit und Harmonie im ganzen wie in den einzelnen Teilen; Wahrheit, Schönheit und Harmonie in den Principien und bei den Applikationen; Wahrheit, Schönheit und Harmonie in der Wissenschaft und in der Methode; Wahrheit, Schönheit und Harmonie in der Beziehung und bei den Terminen der Beziehungen; Wahrheit, Schönheit und Harmonie in der analytischen und synthetischen Entwickelung der Wissenschaft.

Indes, inmitten all dieser partiellen Wahrheiten, Schönheiten und Harmonien giebt es eine Wahrheit, eine Schönheit und eine Harmonie, welche sie alle umfaßt und sie alle widerspiegelt und sie alle enthält, denn sie ist die Synthese von allen: es ist die Harmonie der

Wissenschaft mit der Offenbarung; es ist die Harmonie der philosophischen mit der theologischen Idee; es ist die Harmonie der menschlichen mit der göttlichen Vernunft.

Auf dem Fundamente dieser Philosophie steht das Wort der Offenbarung, welches der Wissenschaft Wahrheit und dem Gebäude Festigkeit und Dauer verleiht. Im Mittelpunkte und auf der Spitze dieses Gebäudes befindet sich die Gottesidee, das erste und letzte Wort der Wissenschaft; inmitten dieses Gebäudes entdeckt man ein gewaltiges Genie, — den heiligen Thomas — das mit der einen Hand jenes Fundament und mit der anderen diese Spitze berührend, lebhafte Strahlen über alle philosophischen Wissenschaften ausgießt, dadurch daß es sie mit der Gottesidee in Berührung bringt. Mit seiner mächtigen Intelligenz die vielfachen innigen Beziehungen dieser Idee umfassend, ist seine ganze Philosophie die wissenschaftliche Entwickelung der göttlichen Idee unter allen ihren Phasen und in allen ihren Beziehungen zum Menschen und zur Welt. Darum begegnen wir auch fast bei jedem Schritte dieser Idee; wir haben sie in der Moral gefunden, wo sie die Grundlage derselben und den Hauptgrund ihres Seins bildet; wir haben sie in der Politik angetroffen; wir haben sie in der Ontologie gefunden, wo sie den Kern der Theorie der Wahrheit bildet, und der Theorie des Guten zur Basis dient und die wahre Formel für die Lösung des großen Problems hinsichtlich des Ursprunges des Bösen bildet. Beim Übergange zur Kosmologie haben wir diese Idee aufs innigste mit der Theorie der Schöpfung verflochten gesehen; und bei der Durchwanderung der Psychologie und Ideologie haben wir bei jedem Schritte tiefe Spuren derselben bei der Lösung ihrer Hauptprobleme gefunden.

Darum ist in dieser Philosophie die ideale und intellektuelle Ordnung in vollkommener Übereinstimmung mit der realen und empirischen Ordnung, die Ordnung der Wahrheit mit der der Wirklichkeit. Gott, das Alpha und Omega des Seins und der Wahrheit ist auch das Alpha und Omega der Wissenschaft in der Philosophie des heiligen Lehrers. Darum ist auch seine Philosophie, ohne etwas von ihrer wissenschaftlichen und rationellen Tiefe zu verlieren, eminent katholisch; ist eine Philosophie, tief wie die katholische Gottesidee, erhaben wie das Christentum, schlicht und einfach wie das Evangelium, groß und erhaben wie die menschliche Vernunft, deren Macht sie offenbart.

Man werfe einen unparteiischen Blick auf jene Teile seiner Philosophie, die wir weitläufig besprochen haben; man denke nach über die Theodicee, die Moral und die Politik, die sich in seinen

Schriften verzeichnet finden, und man sage uns alsdann, ob es möglich ist, im heiligen Thomas nicht den gewaltigen von Gott inmitten der Finsternis erweckten Geist zu erblicken, um uns die immense Höhe und die äußerste Grenze anzugeben, bis zu welcher sich die Vernunft erheben kann, wenn sie sich unter dem Schatten der Religion und des Glaubens entwickelt? Und zwar zu einer Zeit, wo die Elemente der Wissenschaft zerstreut waren und sich in der größten Unordnung und Verwirrung befanden; in einem Jahrhundert, wo die litterarische Welt durch die seltsamsten und entgegengesetztesten Tendenzen hin und her bewegt wurde, und in welchem die pantheistischen und rationalistischen Lehren, die auf eine beunruhigende Weise in den Schulen gährten, die Religion zu untergraben und die christliche Philosophie für immer zu vernichten drohten. Es war in der That nötig, daß der außerordentliche Mann damals erschien, dessen Geist und dessen litterarische Mission der berühmte Verfasser der „Philosophischen Studien über das Christentum" (A. Nikolas) mit so kräftigen Federstrichen zeichnet, dessen Worte zur Bestätigung des in unserem Werke Gesagten dienen können:

„Zu jener Zeit[1]) erhob sich über dem Horizonte der katholischen Welt einer der erhabensten, gewaltigsten und reinsten Geister, die jemals die Menschheit geziert haben, zu dessen Lobeserhebung kaum hinreichen dürfte, wenn wir auf ihn das Lob anwenden wollen, das die heilige Schrift über die menschliche Natur ausspricht, sie ein Miniaturbild der englischen Natur nennend: minuisti eum paulo minus ab angelis. Ich habe bereits den Engel der Schule genannt, den Adler der Philosophie, den großen heiligen Thomas. Dieses glänzende Genie wurde von Gott zu jener Zeit, wo die rationalistischen Geister stark divergierten, und am Vorabende der großen Spaltung zwischen der Vernunft und dem Glauben, die durch den Protestantismus verursacht wurde, erweckt, um zwischen beiden die herrlichste Allianz zu stiften, um die ganze Höhe, zu der der menschliche Geist gelangen kann, die ganze Kraft, die ganze Fülle, das ganze weite Gebiet der durch den Glauben entwickelten Vernunft näher zu bestimmen und die ganze Erniedrigung, die ganze Dunkelheit, die ganze Armseligkeit, der er verfällt, wenn er sich von ihm trennt, besser fühlen zu lassen.

„Die große ‚Summe' des heiligen Thomas stellt alle möglichen Fragen über die Natur und die Verhältnisse des Endlichen und des

---

[1]) Der Protestantismus in seinen Beziehungen zum Social. Kap. 6.

Unendlichen auf und löst sie. Sie präcisiert und entwickelt zugleich alle Fragen mit einem Geschick, einer Leichtigkeit, einer Gediegenheit und lichtvollen Klarheit, die vom Glauben als von einem gemeinsamen Brennpunkte ausgehend, sich in intellektuellen Lichtstrahlen ergießt, die nach allen Richtungen hin den ausgedehntesten Gesichtskreis beleuchten, der sich dem Auge der Intelligenz eröffnen kann. Man bemerkt in diesem unsterblichen Werke weder Schüchternheit, noch unbesonnene Verwegenheit, weder Weitschweifigkeit, noch allzugroße Kürze, sondern vielmehr eine volle, natürliche und sichere Handhabung des Gedankens, der, seinen Flug durch seine Unterwerfung unter den Glauben regelnd dafür vom Glauben eine Art intellektueller Unfehlbarkeit empfängt. Es giebt keine Frage, die irgend einmal ventiliert worden ist, welche der heilige Thomas nicht gründlich behandelt; und unzählige andere regt er an, an die man nicht einmal gedacht. Nicht wie der Menschengeist, der bloß die Fragen aufwerfen, aber nicht lösen kann, verfährt er; bei ihm ist es gerade umgekehrt; er giebt bereits die Lösung und Antwort auf Fragen, die erst später auftauchen, und die er nur nicht formell aufstellt, um die Richtigkeit seiner Lösungen zu zeigen, von denen schließlich nicht eine einzige fraglich bleibt; so groß ist die Exaltheit, der innere Zusammenhang, die Fülle und der Gehalt an Wahrheit, die man in ihnen antrifft. Das Merkwürdigste ist, daß die Vernunft der Häresiarchen beim ersten Schritte, den sie thut, in den Pantheismus fällt, die Vernunft des heiligen Thomas dagegen bis an den Rand des Abgrundes, bis an die äußerste Grenze der Natur und das Ende der Dinge streift, ohne je zu straucheln, ohne je zu wanken, ohne jemals zu ermatten; im Gegenteil, sie findet eben an diesen Grenzen die harmonische Rechtfertigung ihres Blickes und den volltönenden Widerhall der Wahrheit.

„Außer diesem großen Werke, dieser herrlichen Pyramide der katholischen Lehre, die allen Irrtümern zuvorkommt und sie durch die Auseinandersetzung und die Stabil der Wahrheit im voraus widerlegt, schrieb der heilige Thomas besonders gegen diesen ein- oder zweiköpfigen satanischen Pantheismus, der, aus Indien und Persien stammend und alle analogen Irrtümer der talmudischen und hellenischen Schulen in sich vereinigte, die erste Klippe für die christliche Civilisation in den gnostischen und neuplatonischen Sekten bildete; der sie von neuem in Gefahr setzte bei den Häresien der Albigenser und Waldenser; und der, aus Südeuropa vertrieben, von neuem zum Vorschein kam, indem er sein Gift in die slavischen und germanischen Völker träufelte. Der

Genius des heiligen Thomas kam der Civilisation besonders mit zwei Werken zu Hilfe: mit der Summa contra Gentiles, in der der katholische Glaube siegreich den Manichäismus bekämpft, und mit seinem Traktate „Gegen die Irrtümer der Orientalen". In diesem letzteren zerstreut er die Finsternisse des Pantheismus, indem er mit einer unbesieglichen Klarheit den wahren Begriff eines von allen geschaffenen Wesen wesentlich verschiedenen Gottes aufstellt, Gott an und für sich, dann Gott in seinem Verhältnisse zu den Geschöpfen und die Geschöpfe in ihrer Beziehung zu Gott betrachtet; und er schließt diese fundamentalen Distinktionen und diese natürlichen Beziehungen mit der Besprechung der unaussprechlichen Verbindung Gottes mit der menschlichen Natur in der Menschwerdung des Wortes, und der Endbestimmung des Menschen, die nach der Lehre des Christentumes in der Anschauung Gottes besteht.

„Als die katholische Lehre unter der Feder dieses großen Geistes, der sich mit dem Glauben identificiert hatte, die ganze Entwickelung ihres Ausdruckes und ihrer Synthese erhalten hatte, erlaubte es Gott dem Irrtume, seinerseits alle Elemente der falschen Philosophie und der irrtümlichen Theologie, womit damals das Abendland angesteckt war, in den großen Sektierern zu concentrieren. Wicleff und Johann Hus kamen und bereiteten Luther den Weg." —

Inhaltsverzeichnis des dritten Bandes.

Fünftes Buch.
Ideologie.

Erstes Kapitel.

Einleitung: Die inneren Sinne und die sensitiven Vorstellungen.

Äußere und innere Sinne. Stelle aus Augustin über den Gemeinsinn. Die Einbildungskraft. Superiorität dieser über die übrigen Sinne. Vereinigung des Objektes mit dem Erkenntnisvermögen. Die sensitiven Species. Sie sind weder die Ausflüsse des Demokrit, noch durch die Körper den Sinnen übermittelte wahre Vorstellungen oder Bilder. Man hat die Worte des heiligen Thomas hierüber unrichtig verstanden. Feststellung des wahren Gedankens des heiligen Thomas hierüber. Diese Interpretation wird mit seinen eigenen Worten bewiesen. Albert der Große lehrt dieselbe Lehre 3

Zweites Kapitel.

Wesentlicher und primitiver Unterschied zwischen den sensitiven Vermögen und dem Intellekte.

Der Unterschied zwischen den Sinnen und der Intelligenz bildet eine der Hauptgrundlagen der Ideologie des heiligen Thomas. Seine Lehre und Beweise über diesen Punkt. Sind ein weiterer Beweis davon, daß er, wenn es der Gegenstand erfordert, die experimentelle und psychologische Methode anwendet 11

Drittes Kapitel.

Die Existenz der intellektuellen Ideen. Die Ideae impressae und expressae (erkennbare und erkannte Ideen).

Es giebt in uns intellektuelle Ideen. Die inneren Phänomene zeigen die allmähliche Erlangung dieser Ideen. Die ursprüngliche Unbestimmtheit des Intellektes und sein Übergang zur aktuellen Erkenntnis kann allein durch Ideen, die vom erkannten Objekte verschieden sind, erklärt werden. Grund der Existenz und wahrer Sinn der Ideae impressae. Die Ideae expressae. Stelle aus Balmes. Feststellung des Sinnes, in welchem man sagen kann, die intellektuellen Ideen seien Bilder oder Vorstellungen. Mit Unrecht schreibt man dem heiligen Thomas die Lehre von den Ideenbildern zu. Ansicht der Encyklopädie des neunzehnten Jahrhunderts über die Theorie der ideae impressae und expressae. Irrtum des Genovesi. Die Theorie des heiligen Thomas über die Ideae impressae und expressae ist im Grunde mit der des heiligen Augustin identisch. Lehre und Stelle aus diesem 13

Viertes Kapitel.

Die Ideen und der intellektuelle Erkenntnisakt.

Wichtige Stelle aus Thomas über das Verhältnis des Erkenntnisaktes zu den Ideen und besonders zu den Ideae expressae oder dem verbum mentis. Es muß einen modalen Unterschied zwischen der Idee und dem intellektuellen Akte angenommen werden. Stellen zu Gunsten dieser Ansicht. Sie stützt sich auch auf die inneren Phänomene. Wichtige Stelle aus Suarez. Die Schwierigkeit und Dunkelheit, welche wir bei den Fragen hinsichtlich der Ideen bemerken, spricht ebenfalls für den Unterschied der Ideen und des intellektuellen Aktes. Dieser Unterschied ist ein bloß modaler. Diese Frage ist sekundär und unabhängig von den Fragen hinsichtlich der Natur und des Unterschiedes zwischen den sensitiven und intellektuellen Species und der Existenz dieser letzteren 24

Fünftes Kapitel.

Allgemeine Theorie des menschlichen Intellektes.

Radikaler Unterschied zwischen dem Intellekt und den Vermögen der sensitiven Ordnung. Die Geschöpfe und die göttliche Wesenheit. Der Mensch als intelligentes Wesen ist eine Teilnahme an der göttlichen Intelligenz. Ursprung der Macht und Erhabenheit der menschlichen Vernunft. Verhältnis der objektiven Vollkommenheit der menschlichen Vernunft zu ihrer subjektiven Vollkommenheit. Worte Fenelon's. Geheimnisvolles Gemisch von Kraft und Schwäche der menschlichen

Vernunft. Grund dieser Erscheinung und erster Ursprung der Ohnmacht der Vernunft. Zusammenfassung der ganzen allgemeinen Theorie der menschlichen Vernunft 29

Sechstes Kapitel.
Der intellectus possibilis und der Intellectus agens. Die Vernunft und der Verstand.

Lehre des heiligen Thomas über die Natur des intellectus possibilis. Warum er also heißt. Dasein dieses Intellektes bewiesen durch die Beobachtung der inneren Phänomene. Notwendigkeit des Intellectus agens. Es dürfen die Ausdrücke passivus und possibilis nicht verwechselt werden. Worte des Grafen de Maistre's über die Theorie des heiligen Thomas. Große Irrtümer, welche diese Stelle enthält. Falsche Ansichten Reid's über diesen Gegenstand. Der heilige Bonaventura. Unterschied zwischen den Engeln und den Menschen hinsichtlich des Erkenntnismodus. Auf diesen Unterschied stützen sich die Ausdrücke Verstand und Vernunft. Warum Gott und die Engel intellektuelle Substanzen genannt werden, und dem Menschen nur die Bezeichnung rationell zukommt. Der menschliche Intellekt, obwohl eigentlich Vernunft, ist ebenfalls auch Verstand. Wichtige Lehre des heiligen Thomas über diesen Punkt. Drei wichtige Folgerungen aus dieser Lehre 35

Siebentes Kapitel.
Der Intellectus agens.

Irrtümliche Ansichten Bonald's über den Intellectus agens. Er meint, diese Lehre widerstreite dem katholischen Glauben. Der heilige Thomas nimmt ganz sicher den Intellectus agens an. Stelle desselben über die Notwendigkeit und Existenz des Intellectus agens. Die Existenz des Intellectus agens führt nicht zur Leugnung der Einheit des Lebensprincipes im Menschen, wie Bonald meint. Er schreibt fälschlicherweise Aristoteles die Negation dieser Einheit zu. Mit mehr Recht müßte sie Plato zugeschrieben werden 49

Achtes Kapitel.
Theorie des Intellectus agens.

Stelle aus Thomas, die seine Theorie über den Intellectus agens enthält: drei Beweise des Daseins Gottes als höchster Intelligenz gestützt auf das, was wir in unserer Intelligenz beobachten: das Dasein dieser höchsten Intelligenz oder des getrennten Intellektes genügt nicht, um die Phänomene der intellektuellen Erkenntnis zu erklären: es muß auch im Menschen eine intellektuelle Kraft geben als Teilnahme an dieser höchsten Intelligenz, welche (Kraft) die Objekte aktuell intelligibel machen kann; diese intellektuelle Kraft, welche die potenziell intelligibeln Objekte zu aktuell Intelligibeln machen kann, ist der Intellectus agens. Er bekämpft die Meinung derjenigen, welche behaupten, der Intellectus agens sei eine von den getrennten intellektuellen Substanzen (Engel). Der eigentliche intellectus agens ist eine innere Kraft unserer Seele. Gott als die hervorbringende allgemeine Ursache unserer ganzen Intelligenz kann getrennter Intellectus agens genannt werden. Diese Theorie des heiligen Thomas läßt uns die irrige Ansicht Bonald's über diesen Gegenstand erkennen. Der Intellectus agens des Aristoteles, des heiligen Thomas und der Schule ist sehr verschieden von demjenigen, den der heilige Thomas den getrennten intellectus agens nennt, was nichts anderes als Gott selber ist 54

Neuntes Kapitel.

Weitere Entwickelung der vorigen Theorie des heiligen Thomas. Existenz des Intellectus agens.

Die Nothwendigkeit und Existenz des Intellectus agens steht in inniger Beziehung zu den Phänomenen des Selbstbewußtseins. Die sinnlichen Objekte sind die ersten, welche sich der intellektuellen Aktivität darbieten. Radikaler Unterschied zwischen dem Objekte der sensitiven Vermögen und dem der intellektuellen Vermögen. Der Übergang aus der sensitiven Ordnung in die rein intellektuelle Ordnung ist ohne die Existenz einer inneren Aktivität des menschlichen Geistes unerklärlich. Diese Aktivität oder Kraft, mittels welcher das materielle sinnliche Objekt aktuell intelligibel gemacht wird, nennt der heilige Thomas intellectus agens. Bloß die strengen Anhänger der eingebornen Ideen können die Existenz dieses intellectus agens unter diesem oder unter einem anderen gleichbedeutenden Namen leugnen. Nothwendige Beziehung dieses Problems zu dem der eingebornen Ideen. Worte des heiligen Thomas hierüber. Neuer Beweis der Existenz des Intellectus agens geliefert durch das innere Bewußtsein. Die Allgemeinheit ist der eigentliche Charakter der intellektuellen Erkenntniß. Diese Erkenntniß läßt sich nicht erklären ohne die Existenz einer Kraft im menschlichen Geiste, die den realen singulären Objekten den Charakter der Allgemeinheit mittheilen kann. Diese Kraft, welchen Namen man ihr auch geben mag, wird dem Wesen nach der Intellectus agens sein 62

Zehntes Kapitel.
Die „angebornen" Ideen.

Wichtigkeit dieser Frage. Plato. Der heilige Augustin. Stelle aus demselben über die Platoniker. Leibnitz, Malebranche und Cartesius. Irrthum und Widersprüche des letzteren über die angebornen Ideen.

Theorie des heiligen Thomas über diesen Punkt. Er erklärt und bespricht die verschiedenen Meinungen der Philosophen hierüber. Nach seiner Lehre gehen die Ideen und die Wissenschaft der sensitiven Dinge teils aus den äußeren Objekten selber, teils aus der inneren Kraft der Intelligenz hervor. Diese Theorie des heiligen Thomas wird durch die Abhängigkeitsverhältnisse und Verwandtschaft zwischen der Ausübung der sensitiven Vermögen und der Existenz der intellektuellen Erkenntnis bestärkt. Sie wird auch durch den gesunden Menschenverstand und das Selbstbewußtsein bestärkt. Stelle aus Balmes. Stelle aus Thomas. Das System der angeborenen Ideen führt zur Leugnung der naturgemäßen Vereinigung der Seele mit dem Leibe. In der Theorie der angeborenen Ideen läßt sich kein hinreichender Grund der Vereinigung der Seele mit dem Körper angeben. Unzulänglichkeit der von den Anhängern der angeborenen Ideen gegebenen Lösung 70

Elftes Kapitel.

Unrichtige Ansichten Bonald's über diesen Gegenstand.

Bonald rechnet den heiligen Thomas zu den Anhängern der angeborenen Ideen. Diese Behauptung ist falsch. Axiom des Aristoteles über den menschlichen Intellekt. Ist nicht dem christlichen Glauben entgegen, wie Bonald meint. Worte des heiligen Thomas. In welchem Sinne der heilige Thomas die Potenzialität der Seele und des Intellektes hinsichtlich der Ideen annimmt. Seine Lehre hierüber hat nichts mit der Theorie der Materialisten und der Sensualisten gemein . . . 81

Zwölftes Kapitel.

Unrichtige Meinung von Balmes über den intellectus agens. Philosophische Wichtigkeit der Lehre des heiligen Thomas hierüber.

Worte des Balmes über den intellectus agens der Aristoteliker. Die von ihm dem Probleme des Ursprunges gegebene Lösung ist der des heiligen Thomas analog. Stelle, in der er im Grunde den intellectus agens im Sinne des heiligen Thomas annimmt. Konsequenzen, die aus dieser Stelle folgen. Die Existenz des intellectus agens ist nach den Behauptungen von Balmes wahrscheinlich. Widerspruch, in den er fällt, wenn er ihn eine geistreiche poetische Erfindung nennt. Seine Bekämpfung der angeborenen Ideen. Neue Stelle, in der er in Wirklichkeit den intellectus agens annimmt. Wahres Fundament der Notwendigkeit und Existenz des intellectus agens. Die Theorie des intellectus agens vom heiligen Thomas vervollständigt und weiter entwickelt. Wichtige Stelle aus ihm. Der intellectus agens, den der heilige Thomas annimmt, ist eine Teilnahme an der unendlichen Intelligenz und eine Ableitung aus den göttlichen Ideen. Dieses ist der apriorische Grund seiner Macht bei der Bildung der Ideen. Diese Theorie erklärt besser als jede andere die Würde und Macht der Vernunft und die Aktivität des menschlichen Geistes. Sie erklärt auch das Verhältnis zwischen der idealen und realen Ordnung und den Übergang aus der subjektiven in die objektive Ordnung. Vergleichung dieser Theorie mit der der Anhänger der angeborenen Ideen. Das System der angeborenen Ideen beraubt den menschlichen Geist seiner intellektuellen Aktivität. Es genügt zur Wahrung dieser Aktivität nicht das Reflexionsvermögen und das Ratiocinium. Es öffnet auch dem Idealismus den Weg. Die Theorie des heiligen Thomas entfernt sich vom Idealismus und zerstört zugleich die Basis des Sensualismus 85

Dreizehntes Kapitel.
Neue Phase des Pantheismus und neue Widerlegung desselben seitens des heiligen Thomas.

Pantheistische Tendenzen einer irrtümlichen Lehre über den Intellectus agens. Meinung der Schüler des Averroes. Führt zum Pantheismus und Materialismus. Bekämpfung des psychologischen Pantheismus der Averroisten seitens des heiligen Thomas. Er beweist, daß dieser psychologische Pantheismus die Unsterblichkeit der Seele und die religiösen Wahrheiten zerstört, und der Lehre des Aristoteles zuwider ist, worauf er gerade sich stützen will; auch zerstört er die Freiheit und jede moralische Ordnung. Der psychologische Pantheismus ist an sich absurd und den Phänomenen der inneren Erfahrung zuwider. Thomas bekämpft ihn ganz energisch 96

Vierzehntes Kapitel.
Der heilige Thomas und die sensualistische Schule.

Was es zwischen dem heiligen Thomas und der sensualistischen Schule Gemeinsames giebt. Allgemeiner Unterschied zwischen den beiden Schulen. Die Theorie des heiligen Thomas ist von der sensualistischen durch vielfache und tiefgehende Differenzen getrennt. Zwei Hauptlehren desselben, die seine ideologische Theorie von der sensualistischen radikal trennen. Die Seelenwanderung der heidnischen Philosophie. Ihr Verhältnis zur sensualistischen Theorie. Sensualistische Tendenzen der schottischen Schule. Unrichtige Klassifizierung und Nomenklatur Reid's 104

Inhaltsverzeichnis des dritten Bandes.

Fünfzehntes Kapitel.

Grobe Irrtümer Jourdain's über diesen Gegenstand.

Jourdain nimmt an, in der Theorie des heiligen Thomas finde sich die Lehre, daß die intellektuelle Erkenntnis eine umgeformte Sensation sei. Falschheit dieser Meinung. Nicht jedes System, das die Sinne für den Ursprung der intellektuellen Erkenntnis hält, kann sensualistisch genannt werden. Erklärung des Sinnes, in welchem der heilige Thomas die intellektuelle Erkenntnis auf die Sinne bezieht. Nicht alle intellektuellen Erkenntnisse oder Ideen beziehen sich direkt auf die Sinne. Beispiel. Der Intellekt als Teilnahme an der höchsten Vernunft wirkt nicht allein an den sinnlichen Vorstellungen, sondern er enthält auch virtuell gewisse allgemeine Ideen. Zwei Arten von intellektueller Erkenntnis. Ihre Unterschiede. Erkenntnis Gottes im jetzigen Leben. Die Erkenntnis der geistigen Wesen hängt nicht von den Sinnen auf dieselbe Weise ab, wie die Erkenntnis der materiellen Wesen. Erkenntnis unserer Seele. Die geistigen Substanzen werden von uns nicht durch eine wahre Abstraktion erkannt. Wichtige Stellen aus Thomas über diesen Punkt 110

Sechzehntes Kapitel.

Fortsetzung: Weitere Aufschlüsse über diese Lehre.

Es sind in unserer Intelligenz gewisse eingeborene Wahrheiten und quasi natürliche Wahrheiten vorhanden. In der Theorie des heiligen Thomas muß man einige Ideen annehmen, die implicite angeboren genannt werden können und dürfen. Der intellectus agens als unmittelbare Teilnahme an der ersten Wahrheit und an den göttlichen Ideen enthält die allgemeinsten Ideen so fort proximo. Die Erregung der intellektuellen Aktivität genügt, daß die implicite angeborenen Ideen in den Zustand der fertigen aktuellen Ideen übergehen. Beziehungen und Harmonie dieser Lehre mit anderen Behauptungen des heiligen Thomas. Sie ist auch eine Konsequenz aus seiner Lehre über den Modus, mit welchem wir die im intellectus agens enthaltenen ersten Principien erkennen. Stelle aus Albert dem Großen. Die Theorie der Erkenntnis der Engel. Obwohl dieses der wahre Sinn der ideologischen Theorie des heiligen Thomas ist, braucht man doch nicht auf sie zu rekurrieren, um sie von der sensualistischen zu trennen. Es reicht hierzu der absolute und radikale Unterschied zwischen den sensitiven und den intellektuellen Vermögen hin. Stelle aus Balmes. Verhältnis zwischen der Lehre Kant's und der des heiligen Thomas über diesen Gegenstand. Warum die Alten nicht besonders die doppelte intellektuelle Erkenntnis und die implicite angeborenen Ideen, wie

27

Thomas sie lehrt, betont haben. In unseren Tagen ist es nötig, den
wahren Sinn seiner Ideologischen Theorie festzustellen und zu entwickeln 119

Siebzehntes Kapitel.

Neue Verhältnisphase zwischen der intellektuellen und der sinn- lichen Ordnung.

Im gegenwärtigen Zustande der Vereinigung der Seele mit dem Leibe
ist die Ausübung der sensitiven Vermögen eine notwendige Bedingung
für die Ausübung der Intelligenz. Zwei aus der Erfahrung hergenommene Beweise. Gleichzeitigkeit der sinnlichen Vorstellungen und
der intellektuellen Begriffe. Täuschung Maret's über diesen Gegenstand. Er meint, in der Theorie des heiligen Thomas dienten die
sensitiven Vorstellungen unmittelbar dem Intellekte zur Erkenntnis
der allgemeinen Natur oder Wesenheit. Diese Behauptung ist der
Lehre des heiligen Thomas absolut zuwider. Die sinnlichen Vorstellungen sind von den intellektuellen wesentlich verschieden. Neuer
Jrrtum Maret's. Erklärung des wahren Sinnes der Stellen, auf
die er seine Behauptung zu stützen sucht. Lehre des heiligen Thomas,
welche die rationelle Erklärung des angegebenen Phänomens enthält.
Doppelte Phase dieses Phänomens. Drei Zustände des menschlichen
Intellektes. Objekt des Intellektes an und für sich betrachtet. Eigentümliches Objekt des Intellektes in der Trennung vom Körper. Eigentümliches Objekt des Intellektes im Zustande der Verbindung mit dem
Körper.

Das Phänomen der Konkomitanz oder Gleichzeitigkeit der sinnlichen Vorstellungen, insofern es sich auf rein geistige Vorstellungen
oder Objekte bezieht. Die Verbindung der Seele mit dem Körper ist
der apriorische Grund dieses psychologischen Phänomens. Ist eine
Folgerung aus der Einheit des Lebensprincipes und zugleich ein Gegenbeweis für dieselbe. Das System der eingeborenen Ideen kann dieses
Phänomen nicht befriedigend erklären. Übereinstimmung der Lehre
des heiligen Thomas mit der von Kant hinsichtlich der notwendigen
Abhängigkeit und Beziehung zwischen der Sensibilität und der Intelligenz. Worte Kant's. Sie können in einem doppelten Sinne verstanden werden. Kant macht von dieser Lehre eine verkehrte Anwendung, wenn er von ihr die Veranlassung nimmt, den objektiven Wert
der Begriffe der reinen Vernunft zu leugnen 127

Achtzehntes Kapitel.

Zwei Einwendungen gegen die in den vorigen Kapiteln vorgetragene Lehre.

Einwand, der sich auf die Priorität der Sinnesidee in unserer Erkenntnis stützt. Antwort. Anderer Einwand, der sich auf den vom heiligen Thomas angenommenen Grundsatz stützt: Intellectus est tanquam tabula rasa, in qua nihil est scriptum. Erklärung des Sinnes dieses Grundsatzes, und Antwort auf den Einwurf. Dieses Axiom muß eher auf den intellectus possibilis als auf den intellectus agens bezogen werden. Zusammenfassung der Theorie des heiligen Thomas über den Ursprung der Ideen 140

Neunzehntes Kapitel.

Maret und die ideologische Theorie des heiligen Thomas.

Maret war nicht imstande, den ideologischen Gedanken des heiligen Thomas richtig zu würdigen. Er legt ihm die Meinung unter, daß die Sinne nicht die Veranlassungen, sondern wahre Ursachen der intellektuellen Erkenntnis seien. Falscher und wahrer Sinn seiner Worte. Es ist falsch, daß nach dem heiligen Thomas jede intellektuelle Erkenntnis von den Sinnen als von einer wahren Ursache und nicht als einer gelegentlichen Ursache abhange. Er schreibt dem heiligen Thomas die Meinung zu, daß die Sensationen die unmittelbare Materie jeder intellektuellen Erkenntnis und daß jede Idee zuvor eine Sensation gewesen sei. Falschheit dieser Behauptungen. Sie sind der Lehre des heiligen Thomas durchaus entgegen. Seine ideologische Theorie ist einerseits vom Sensualismus, und andererseits vom reinen Ontologismus gleich weit entfernt. Worte von Balmes. Maret meint fälschlicherweise, der heilige Thomas nehme im Intellekte und in jedem Gedanken Bilder an. Eben so falsch ist es, wenn er meint, die Intelligenz habe keine Ideen ohne Bilder. Ursprung der falschen Ansicht Maret's. Die Idee darf nicht mit dem erkannten Objekte verwechselt werden. Widerlegung der Platoniker. Wichtigkeit und Gründlichkeit dieser Lehre. Andere Irrtümer Maret's hinsichtlich des heiligen Thomas. Unverzeihlicher Irrtum desselben über die Zahl und die Natur der allgemeinen Begriffe. Neue große Irrtümer desselben über den heiligen Thomas. Er verwechselt das instinktive uneigentliche Urteil der Tiere mit dem Urteile, das ein Akt des Intellektes ist. Er meint, daß nach dem heiligen Thomas die Intelligenz oder der intellectus possibilis zu den sensitiven Vermögen gehöre. Beweise für die Falschheit einer solchen Behauptung. Grund der Schwierigkeit, die Maret hatte, die Principien des heiligen Thomas über die menschliche Erkenntnis zu verstehen und miteinander auszusöhnen. Verschiedene Bedeutungen des Wortes Intellectus in der Theorie des heiligen Thomas 148

Zwanzigstes Kapitel.

Fortsetzung: Die Ideologie des heiligen Thomas und des heiligen Augustin.

Maret meint, die Ideologie des heiligen Thomas sei anders als die des heiligen Augustin. Falschheit dieser Meinung. Vergleichung der Hauptpunkte der Ideologie des heiligen Augustin mit der des heiligen Thomas. Übereinstimmung der beiden Ideologien auch in jenen Punkten, die Maret als dem heiligen Augustin eigentümlich angehörend betrachtet. Es ist bloß ein Unterschied in einigen Nebenpunkten vorhanden. Maret schreibt dem heiligen Augustin die Lehre zu, daß die Sinne reine Gelegenheiten der intellektuellen Erkenntnis seien. Falschheit dieser Meinung. Er giebt auch die Lehre des heiligen Augustin über die Anschauung der Wahrheit in Gott falsch an. Gedanke des heiligen Thomas hierüber. Er ist auch die wahre Theorie des heiligen Augustin über diesen Punkt 170

Einundzwanzigstes Kapitel.

Kant und der heilige Thomas.

Philosophische Bewegung, durch Kant verursacht. Er nähert sich häufig der Philosophie des heiligen Thomas, er entfernt sich aber in Hauptpunkten von ihr und macht falsche Anwendungen von ihr. Urteil von Palmieri. Beispiel von der Übertreibung und den falschen Anwendungen, die Kant von der Lehre des heiligen Thomas macht. Radikale Trennung zwischen Kant und dem heiligen Thomas hinsichtlich des objektiven Wertes der Ideen oder Begriffe der reinen Vernunft. Die Existenz des objektiven Wertes der Ideen ist eine Hauptlehre in der Ideologie des heiligen Thomas. Kant dagegen spricht den Prinzipien und Begriffen des Intellektes jeden objektiven Wert ab. Diese Lehre führt zum Idealismus. Kant bahnt auch dem Sensualismus den Weg, den er bekämpfen will. Er zweifelt, ob die intellektuelle Anschauung möglich sei. Der heilige Thomas nimmt nicht bloß die Möglichkeit, sondern auch die Wirklichkeit dieser Anschauung an. Sie existiert bei Gott. Sie ist auch bei uns im gegenwärtigen Leben vorhanden. Beweise. Kant spricht dem Menschen im gegenwärtigen Zustande jede Anschauung, außer der sinnlichen, ab. Der Gesamtinhalt der Lehren Kant's hat die Leugnung des reinen Intellektes zur Folge und sie bahnen dem Skeptizismus den Weg 186

Zweiundzwanzigstes Kapitel.
Der heilige Thomas und die schottische Schule.

Urteil von A. Nicolas über die schottische Schule. Charakter dieser Schule. Ausschließliche und fehlerhafte Methode ihrer Psychologie. Vergleichung mit der vom heiligen Thomas befolgten. Konsequenzen dieser ausschließlichen Methode. Worte Reid's. Stelle aus Jouffroy. Superiorität der Psychologie und Ideologie des heiligen Thomas über die der schottischen Schule. Verwandtschaft dieser Schule mit dem durch Stewart gelehrten Materialismus. Die von der schottischen Schule der Philosophie geleisteten Dienste. Ihre Mängel. Lehre der schottischen Schule hinsichtlich der unmittelbaren Aktion des Objektes auf das Erkenntnisvermögen. Sie ist Jahrhunderte früher von Durandus gelehrt. Stelle aus letzterem. Ein Wort über ein gewöhnliches Vorurteil. Freiheit, womit Durandus über die Autorität des Aristoteles spricht. Unabhängigkeit der Vernunft hinsichtlich der menschlichen Wissenschaften, von diesem Schriftsteller gelehrt. Der Kern dieses Gedankens von den anderen Scholastikern angenommen. Ägidius Romanus 197

Dreiundzwanzigstes Kapitel.
Das Problem der Gewißheit.

Verhältnis dieses Problems zur Theorie der Wahrheit und zur Ideologie. Die Existenz der Gewißheit selber hinsichtlich gewisser Wahrheiten ist ein Phänomen der Spontaneität und ist folglich früher als die Reflexion. Möglichkeit, den Grund der Gewißheit zu untersuchen. Zwei Gründe, warum der heilige Thomas nicht direkt den absoluten Skeptizismus bekämpft. Unterschied zwischen der Wahrheit und Gewißheit. Innige Beziehungen derselben. Definition der Wahrheit nach dem heiligen Thomas. Die objektive und die subjektive Wahrheit. Bedeutender Unterschied zwischen diesen beiden Wahrheiten. Das Objekt Ursache der subjektiven Wahrheit. Der göttliche Intellekt und die Wahrheit. Notwendige und allgemeine Gleichheit zwischen diesen zwei Gliedern. Der menschliche Intellekt und die Wahrheit. Fehlbare und kontingente Gleichheit zwischen den beiden letzteren. Notwendigkeit eines Kriteriums der Gewißheit und Wahrheit. Das Problem der Gewißheit auf dem rein philosophischen Gebiete. Das dogmatische und das akademische System. Die idealistischen, sentimentalistischen und sensualistischen Dogmatiker. Die menschheitlichen, religiösen und politischen Akademiker. Die Renaissance. Ihr Einfluß auf die Wiederauflebung der alten Systeme über den Ursprung der Gewißheit. Lamennais, Huet, Hobbes, Cartesius und Wolf. Malebranche, Locke und Leibniz 213

Vierundzwanzigstes Kapitel.
Das Problem der Gewißheit (Fortsetzung).

Unterschied zwischen den Dogmatistien und den Akademikern hinsichtlich des Kriteriums der Gewißheit. Die zwei Schulen enthalten Wahrheit und Irrtum zugleich. Die Theorie des Lamennais führt zum Skepticismus. Die Theorie der ausschließlichen individuellen Evidenz öffnet jeder Klasse von Irrtümern den Weg. Cartesius und Malebranche. Wichtige Stelle aus Bonald. Die subjektive und die objektive Gewißheit. Diese letztere kann absolut und relativ sein. Die absolute objektive Gewißheit und die transcendentale Wahrheit. Das philosophische Problem der Gewißheit bezieht sich auf die relative objektive Gewißheit. Unterschied zwischen Gott, den Engeln und dem Menschen als mit Erkenntnis begabten Wesen. Das Problem des Kriteriums der Gewißheit ist komplex. Die Sinne und die intellektuelle Evidenz primitive und fundamentale Kriterien der Wahrheit. Das Kriterium der Autorität ist nicht primitiv. Warum das Selbstbewußtsein nicht zu den primitiven Kriterien gerechnet werden darf. Die objektive Evidenz Kriterium der Gewißheit der Wahrheiten mit unmittelbarer Evidenz. Die Gewißheit dieser ersten Wahrheiten ist das Fundament der wissenschaftlichen Gewißheit oder der Deduktionswahrheiten. Stelle aus Thomas. Harmonie und Verhältnis dieser Theorie zur Theorie desselben über die Ideen und über die menschliche Vernunft. Drei Zustände oder Manifestationen unserer intellektuellen Aktivität. Die Gewißheit als empirisches Phänomen und die Gewißheit auf dem ontologischen Gebiete. Gott Hauptgrund der Gewißheit der ersten Wahrheiten in der ontologischen Ordnung. Die Wahrheit der ersten Principien und das Dasein Gottes. Stelle aus Suarez. Die Gewißheit der Wissenschaft wurzelt in der Gewißheit der ersten Principien und bezieht sich auf sie. Bedeutender Unterschied zwischen den ersten Wahrheiten und den Deduktionswahrheiten oder den Wahrheiten von mittelbarer Evidenz. Schwierigkeit, den Irrtum zu vermeiden und Täuschung bei gewissen Deduktionswahrheiten. Beispiele. Notwendigkeit, zum Zeugnisse der Anderen seine Zuflucht zu nehmen, um den Irrtum bei diesen Wahrheiten zu vermelden. Die allgemeine Übereinstimmung ein Komplement des Kriteriums der intellektuellen Evidenz bei den Deduktionswahrheiten. Sie ist auch ein Komplement für das Kriterium der Sinne in gewissen Fällen. Vorteile dieser Theorie über die Gewißheit, und Rückblick . . .

Sechstes Buch.
Moralphilosophie.

Erstes Kapitel.
Letztes Ziel und Ende des Menschen.

Superiorität der Moralphilosophie des heiligen Thomas. Die heidnische Philosophie und das Problem des letzten Zieles des Menschen. Philosophische Wichtigkeit dieses Problems. Die Feststellung des letzten Zieles des Menschen ist die Grundbasis der Moralwissenschaft. Lehre des heiligen Thomas über diesen Gegenstand. Beschreibung der höchsten Glückseligkeit des Menschen 242

Zweites Kapitel.
Wichtigkeit dieser Lehre für die Moralwissenschaft (Fortsetzung).

Anwendung und Folgerungen aus der vorigen Lehre. Die Funktionen der Sinne tragen nicht wesentlich und direkt zum Besitze der Glückseligkeit bei. Gott als letztes Ziel des Menschen ist das apriorische Princip und die Grundnorm der moralischen Ordnung. Stelle aus Jourdain, worin er die Wahrheit und Erhabenheit dieser Theorie des heiligen Thomas über die Beziehungen Gottes als letzten Zieles zur moralischen Ordnung anerkennt 249

Drittes Kapitel.
Würdigung und weitere Entwickelung dieser Lehre. (Letztes Ziel des Menschen.)

Gott als letztes Ziel des Menschen ist der Ursprung seines beständigen Strebens nach dem Unendlichen. Manifestationen dieses Strebens. Gott als höchste Bestimmung des Menschen ist der apriorische Grund dieses mannigfachen Strebens nach dem Unendlichen. Enthält die wahre Lösung des Problems der menschlichen Bestimmung. Gedanke des heiligen Thomas hierüber. Die Gottesidee als letztes Ziel des Menschen führt zu Gott als dem Principe jeder moralischen Ordnung und der primitiven Sanktion des Gesetzes. Gott reales Fundament und Princip der notwendigen Wahrheiten der moralischen Ordnung. Er ist auch das reale Fundament des wesentlichen und primitiven Unterschiedes zwischen dem Guten und dem Bösen. Die menschliche Vernunft ist die unmittelbare Regel der moralischen Handlungen. Allgemeine Formel der moralischen Pflicht. Meinung Kant's über das Fundament der Moralität der Handlungen. Täuschung desselben und Widerlegung seiner Lehre. Die Verpflichtung ist logischerweise später als die ersten moralischen Principien. Ihre Idee setzt den wesentlichen und nothwendigen Unterschied zwischen dem Guten und dem Bösen voraus und stützt sich darauf. Unterschied zwischen den ersten Wahrheiten der spekulativen Ordnung und den der moralischen Ordnung. Die Moraltheorie des heiligen Thomas und die der sensualistischen Schule. Radikaler Unterschied zwischen den beiden. Die Pflicht und der Nutzen sind in der moralischen Ordnung zwei ganz verschiedene Dinge. Beweis aus dem Gewissen 254

Viertes Kapitel.
Das Problem der menschlichen Bestimmung und die rationalistische Schule.

Wissenschaftliche und praktische Bedeutung dieses Systems. Die katholische Philosophie und das Problem der menschlichen Bestimmung. Stelle aus Jouffroy. Schwierigkeit, dieses Problem ohne das Licht des Christenthumes befriedigend zu lösen. Historische Beweise. Ohnmacht der rationalistischen Philosophie hinsichtlich dieses Punktes bezeugt durch die Geschichte der modernen Philosophie. Zweifel und Schwankungen Jouffroy's bei der Lösung dieses Problems. Er gesteht die Ohnmacht der Vernunft, eine befriedigende Lösung hiervon zu geben. Er sieht von der religiösen Lösung ab. Illusorische Hoffnung desselben über den philosophischen Zustand, der dem Christenthume folgen und die vollständige befriedigende Lösung des Problems der menschlichen Bestimmung mit sich bringen werde. Bemerkungen über diese Lehre. Bedeutsamkeit dieses Problems hinsichtlich seiner Beziehungen zum Probleme des moralisch Guten und Bösen. Besondere Bedingungen des Problems der menschlichen Bestimmung. Es streift an die übernatürliche Ordnung. Beziehungen dieses Problems zu den wichtigsten Problemen der Philosophie. Das Problem der menschlichen Bestimmung und das Problem des Guten und Bösen. Das Problem der menschlichen Bestimmung und das des socialen Rechtes des Menschen. Das Problem der menschlichen Bestimmung und das des politischen Rechtes. Leichtigkeit und Häufigkeit, womit sich dieses Problem dem menschlichen Geiste darbietet. Das Glück und die Freuden wie das Unglück und der Kummer erwecken in uns den Gedanken an das Problem der menschlichen Bestimmung. Stelle aus Jouffroy hierüber 262

Fünftes Kapitel.

Theorie des Willens.

Lehre des heiligen Thomas: der Wille als Natur, und der Wille als Wille. Der Wille ist das Princip der notwendigen und der freien Akte. Das Wollen des letzten Zieles im allgemeinen oder der vollkommenen Glückseligkeit ist ein notwendiger Akt des Willens. Diese Notwendigkeit im gegenwärtigen Leben ist bloß hypothetisch. Die eigentliche Violenz oder der Zwang widerstreitet absolut dem Willen. Verhältniß zwischen den freien und den notwendigen Akten des Willens. Der Unterschied zwischen der notwendigen und der freien Manifestation des Willens bezeugt durch das innere Bewußtsein. Dieser Unterschied wird auch von Cousin anerkannt und gelehrt. Stelle aus diesem Philosophen. Die Lehre Cousin's über diesen Pnnkt ist im Grunde mit der des heiligen Thomas identisch. Diese Lehrgleichheit zwischen den beiden Philosophen bezieht sich bloß auf die Existenz der doppelten Manifestation der freiwilligen Aktivität. Cousin trennt sich vom heiligen Thomas, indem er die spontanen Akte frei nennt. Stelle aus ihm. Nach seiner Lehre schließt die Freiheit die natürliche Nötigung und die Bestimmtheit zu Einem nicht aus 284

Sechstes Kapitel.

Der Wille als freie Macht.

Unterschied zwischen dem Objekte der assektiven Vermögen der sinnlichen Ordnung und dem Objekte des Willens. Grund dieser Verschiedenheit. Warum der Wille das letzte Ziel oder das allgemeine Gut notwendig liebt. Doppelte Manifestation dieser notwendigen Liebe. Die partikulären beschränkten Güter können die Aktion des Willens auf eine notwendige Weise nicht bestimmen. Die zweifache Beziehung des Willens zum allgemeinen Gut und zu den partikulären Gütern ist das unmittelbare Fundament der Trennung zwischen seinen freien und seinen notwendigen oder spontanen Akten. Stelle aus Thomas. Der Wille als freie Macht steht in notwendiger Beziehung zum Intellekte. Die objektive Superiorität steht in Beziehung zu der Macht desselben, um die übrigen Vermögen des Menschen zur Ausübung zu bringen. Stelle aus Thomas, welche die Hauptpunkte seiner Theorie über den Willen enthält. Beweise desselben über die Existenz der Freiheit 291

Siebentes Kapitel.

Aktion und Herrschaft Gottes über den Willen.

Gott erste Ursache und allgemeines Agens hinsichtlich aller realen Wesen und Modi des Seins. Er wirkt auch auf den Willen ein. Wichtige Stelle aus Thomas hierüber. Einwand, gestützt auf die Schwierigkeit, diese Lehre mit der Freiheit zu versöhnen. Diesen Einwand hatte Thomas vorausgesehen und speciell aufgestellt. Seine Antwort auf diesen Einwurf. Inkonsequenz derjenigen, welche die Aktion Gottes auf den Willen leugnen einzig wegen der Schwierigkeit unserer Vernunft, sie mit der Freiheit auszusöhnen. Bemerkungen und Beispiele. Die Stärke, welche die Vernunft dieser Schwierigkeit beimißt, stützt sich zum Teil auf die unvollständige und irrige Ansicht, welche sie sich von der göttlichen Allmacht bildet. Philosophische Erhabenheit und Gediegenheit der von Thomas gegebenen Lösung . 290

Achtes Kapitel.

Notwendigkeit der Gnade.

Die heidnische und die christliche Philosophie hinsichtlich der Gnade. Angemessenheit, die Notwendigkeit und Existenz der Gnade in der christlichen Moralphilosophie aufzustellen. Der Gedanke des heiligen Thomas über die Notwendigkeit der Gnade. Die innere Erfahrung und die Beobachtung liefern Beweise von der Existenz einer höheren Kraft, als der Wille ist. Stelle aus Jourdain und Urteil desselben . 305

Neuntes Kapitel.

Primitiver und wesentlicher Unterschied zwischen dem Willen und den Leidenschaften (passiones).

Jourdain meint, der heilige Thomas verwechsele und identificiere den Willen mit der Begierde. Nach diesem Schriftsteller ist Begierde synonym mit der Passion. Es ist falsch, daß der heilige Thomas den Willen mit den Leidenschaften verwechsele. Beweise aus seiner Psychologie hinsichtlich der Phrenologie. Die Leidenschaften sind Manifestationen des sensitiven Begehrens in der Theorie des heiligen Thomas. Radikaler Unterschied und absolute Trennung, die der heilige Thomas zwischen dem Willen und dem sensitiven Begehren aufstellt. Beweise und Stellen. Dieser Unterschied zwischen dem Willen und den Leidenschaften ist wesentlich. Anderer Beweis von der Unrichtigkeit der Behauptung Jourdain's. Jourdain meint auch, nach dem heiligen Thomas sei der Wille keine aktive Kraft. Falschheit dieser Meinung. Beweise und Texte. Wahrscheinlicher Ursprung des Irrtumes Jourdain's. Die Liebe ist die erste Manifestation des

Willens und die Wurzel der übrigen Akte. Die Namensgleichheit bei den Akten der Leidenschaften, und des Willens verhindert nicht den realen Unterschied derselben in der Theorie des heiligen Thomas. Stellen aus demselben, die seinen wahren Gedanken erklären und die vorigen Erklärungen bestätigen 315

Siebentes Buch.

Rechtsphilosophie.

Erstes Kapitel.

Gesellschaftliche Bestimmung des Menschen. Notwendigkeit der öffentlichen Macht.

Unterschied zwischen dem Menschen und den Tieren hinsichtlich der Natur ihrer Bedürfnisse. Die Vernunft allgemeines Mittel zur Befriedigung der Bedürfnisse beim Menschen. Jene Unterschiede und die Bedingungen der Entwickelung der Vernunft beweisen die Notwendigkeit der Gesellschaft. Neuer Beweis dieser Notwendigkeit, hergenommen aus der Sprache. Notwendigkeit der öffentlichen Macht für die Existenz und die Erhaltung der Gesellschaft. Wesentliche und notwendige Bedingungen bei der rechtmäßigen Ausübung jeder öffentlichen Macht. Drei Formen einer tyrannischen Regierung und drei Formen einer gerechten Regierung. Die Tyrannei eines Einzelnen ist gefährlicher als die Vieler. Übel, welche die Tyrannei der Gesellschaft verursacht. Die politische Theorie des heiligen Thomas und die des Ägidius Romanus. Gedanke des heiligen Thomas über die Tyrannei 327

Zweites Kapitel.

Widerstand gegen die öffentliche Macht.

Die Lehre des heiligen Thomas hat nichts mit der gemein, die den Königsmord lehrt, ebenso auch nicht mit dem Rechte der Empörung, das Einige lehren. Die Lehre Bossuet's über die königliche Autorität und die des heiligen Thomas. Notwendige Bedingungen für die Erlaubtheit des Widerstandes gegen die tyrannische Macht. Verurteilung des Königsmordes als der christlichen Moral zuwider. Zusammenfassung des Gedankens des heiligen Thomas über diesen Gegenstand. Fiskalischer Bericht Huerta's zu Gunsten der Jesuiten. Huerta verleumdet den heiligen Thomas, indem er ihm die Lehre vom Königs- und Tyrannenmorde unterschiebt. Das Verfahren desselben läßt Unredlichkeit vermuten. Über die Echtheit des Traktates De Regimine Principum. Stelle aus Thomas, die Huerta verfälscht und verstümmelt. Mitteilung der ganzen Stelle aus Thomas und Angabe ihres wahren Sinnes. Zwischen dieser Stelle und der Theorie über den Königs- und Tyrannenmord giebt es nichts Gemeinsames. Zweite von Huerta angeführte und verstümmelte Stelle. Vollständige Mitteilung dieser Stelle. Vier Sätze, welche die in derselben enthaltene Lehre zusammenfassen. Diese Lehre hat mit der Theorie des Königs- und Tyrannenmordes nichts gemein. Der heilige Thomas lehrt hier bloß das Recht des Widerstandes bis zur Tötung des fremden Eindringlings, jedoch unter zweckmäßigen Einschränkungen und Bedingungen. Große Ungerechtigkeit Huerta's, daß er den heiligen Thomas deswegen anklagt. Huerta entstellt und verstümmelt die Stellen und übergehet die mit Stillschweigen, worin der heilige Thomas ex professo diese Fragen behandelt. Zwei Sätze, in denen die ganze Lehre des heiligen Thomas über den Widerstand gegen die öffentliche Macht und gegen die Tyrannen zusammengefaßt wird. Wahrheit und Gediegenheit seiner Theorie, die die beiden Extreme bei dieser wichtigen Frage vermeidet. Stelle aus Balmes in Übereinstimmung mit dieser Lehre des heiligen Thomas . . . 310

Drittes Kapitel.
Die Regierungsformen.

Ansicht des heiligen Thomas über die Regierungsformen. Die öffentliche Macht artet leichter in Tyrannei aus in den Republiken als in den Monarchien. Einige bedeutende Vorteile der republikanischen Regierung. Dessenungeachtet ist die Monarchie der Republik vorzuziehen. Hauptgrund dieses Vorzuges. Der heilige Thomas verurteilt nicht bloß den Despotismus, sondern er neigt auch zur gemäßigten Monarchie und giebt ihr den Vorzug. Der Vorzug, den er der Monarchie vor den anderen Regierungsformen giebt, ist ein bloß relativer. Worte des Balmes. Stelle aus de Maistre. Letztes Wort des heiligen Thomas über die verschiedenen Regierungsformen 357

Viertes Kapitel.
Theorie des Gesetzes und die Haupteinteilungen desselben.

Definition des Gesetzes nach Thomas. Stelle aus Balmes über die wissenschaftliche Exaktheit dieser Definition. Ungeachtet ihrer allgemeinen Form enthält sie doch alle wesentlichen Merkmale des Gesetzes. Ursprung des Gesetzes. Eigentlicher Zweck und Gegenstand des Gesetzes. Notwendigkeit der Veröffentlichung. Ist anwendbar auf alle Arten von Gesetzen. Schließt keine Regierungsform aus. Meinung Rousseau's. Ihre Verwandtschaft mit der Lehre des Hobbes. Widerlegung dieser Lehre. Superiorität der Definition des Gesetzes des heiligen Thomas über die von Rousseau. Definition des Gesetzes nach be Maistre. Ihre Unrichtigkeit und ihr Nachstehen gegen die des heiligen Thomas. Begriff des ewigen Gesetzes. Zwei wichtige Folgerungen aus diesem Begriffe. Grund der Notwendigkeit und Existenz des Naturgesetzes. Idee dieses Gesetzes. Das Naturgesetz dient als Zwischenglied zwischen dem ewigen und dem rein menschlichen Gesetze. Unveränderlichkeit der ersten Principien des Naturgesetzes. Unterschied zwischen den primären und sekundären Vorschriften des Naturgesetzes. Notwendigkeit des positiven menschlichen Gesetzes. Doppelte Beziehungs- und Abhängigkeitsweise zwischen dem menschlichen und dem Naturgesetze. Grenzen, zwischen denen das menschliche Gesetz sich halten muß. Notwendigkeit und Existenz eines göttlichen Gesetzes. Das ewige Gesetz die primitive Sanktion aller Gesetze mit Einschluß des menschlichen. Gedanke des Balmes über die Gesetzestheorie des heiligen Thomas 365

Fünftes Kapitel.
Veränderlichkeit des menschlichen Gesetzes.

Die philosophische und die historische Schule. Entgegengesetzte Tendenzen dieser beiden Schulen. Es giebt etwas Wahrheit und etwas Übertreibung in jeder derselben. Das menschliche Gesetz als Ableitung aus dem Naturgesetz participiert an der Unveränderlichkeit und Allgemeinheit dieses letzteren. Anderer Sinn, nach welchem das menschliche Gesetz unveränderlich und allgemein genannt werden kann. Worin die Übertreibung der philosophischen Schule besteht. Das menschliche Gesetz hat eine wesentlich veränderliche Seite. Beispiele. Die absolute Unveränderlichkeit und Allgemeinheit können ihm bloß in einem rein hypothetischen Sinne beigelegt werden. Das menschliche Gesetz ist auch veränderlich und progressiv hinsichtlich der Vernunft des Gesetzgebers. Beispiele. Die historische Schule hat recht, insofern das menschliche Gesetz einer doppelten Art von Veränderlichkeit unterworfen ist. Die Gesetzgebung eines Volkes spiegelt seine Civilisation ab. In welchem Sinne diese Ansicht wahr ist. Lehre des heiligen Thomas, welche die über die Veränderlichkeit des menschlichen Gesetzes angegebene Theorie enthält. Das rein menschliche Gesetz und das aus dem menschlichen und dem Naturgesetze zusammengesetzte Gesetz. Zwei Arten und Weisen, wie das menschliche Gesetz sich aus dem Naturgesetze ableiten kann. Stelle aus Thomas 381

Schlußwort 392

www.ingramcontent.com/pod-product-compliance
Lightning Source LLC
Chambersburg PA
CBHW032141010526
44111CB00035B/759